DICTIONNAIRE

DES OUVRAGES

ANONYMES ET PSEUDONYMES

PUBLIÉS

PAR DES RELIGIEUX DE LA COMPAGNIE DE JÉSUS

Depuis sa fondation jusqu'à nos jours

PAR

CARLOS SOMMERVOGEL, S. J.

STRASBOURGEOIS

DEUXIÈME PARTIE

R — Z

SUPPLÉMENT

TABLE DES PSEUDONYMES. — TABLE DES AUTEURS

PARIS

LIBRAIRIE DE LA SOCIÉTÉ BIBLIOGRAPHIQUE
195, boulevard Saint-Germain, 195

SOCIÉTÉ GÉNÉRALE DE LIBRAIRIE CATHOLIQUE
VICTOR PALMÉ, DIRECTEUR GÉNÉRAL
76, rue des Saints-Pères, 76

BRUXELLES		GENÈVE
12, rue des Paroissiens.		rue Corraterie, 4.

MDCCCLXXXIV

DICTIONNAIRE

DES OUVRAGES

ANONYMES & PSEUDONYMES

DICTIONNAIRE

DES OUVRAGES

ANONYMES ET PSEUDONYMES

PUBLIÉS

PAR DES RELIGIEUX DE LA COMPAGNIE DE JÉSUS

Depuis sa fondation jusqu'à nos jours

PAR

CARLOS SOMMERVOGEL, S. J.

STRASBOURGEOIS

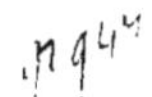

PARIS

LIBRAIRIE DE LA SOCIÉTÉ BIBLIOGRAPHIQUE

195, boulevard Saint-Germain, 195

SOCIÉTÉ GÉNÉRALE DE LIBRAIRIE CATHOLIQUE

VICTOR PALMÉ, DIRECTEUR GÉNÉRAL

76, rue des Saints-Pères, 76

BRUXELLES | **GENÈVE**

12, rue des Paroissiens. | rue Corraterie, 4.

MDCCCLXXXIV

Accademie. In Modena, per Giovanni Montanari, 1770. (Par le P. Jacques Belgrado.)

Rapporto della commissione istituita per la ricerca di acque potabili a servizio della Città di Ferentino fatto a Sua Eccellenza il Sig. Comm. Baldini Ministro del Comm° e de' Lavori pubblicé. Roma, tipografia delle belle arti, 1869, 8°, pp. 27. (Par le P. Ange Secchi.)

Le Rapport est signé par l'auteur.

Ratio atque Institvtio Stvdiorvm per sex Patres ad id iussu R. P. Præpositi Generalis deputatos conscripta. Romæ. In Collegio Societatis Iesu. Anno Domini M.D.LXXXVI, 8°, pp. 330, sll. et l'errat. — *A la fin :* Romæ, Excudebat Franciscus Zanettus, MDLXXXVI. — Ratio atque Institutio Studiorum Societatis Iesu. Superiorum Permissu. Neapoli, in Collegio ejusdem Societatis. Ex Typographia Tarquinii Longi, MDXCVIII, 8°, pp. 208, slt. (Par les PP. Jean Azor, Gaspar Gonzalez, Jacques Tyrie, Pierre Busée, Antoine Guisani, Etienne Tucci.)

Cet ouvrage célèbre a eu de nombreuses éditions. A son sujet, on lit dans les *Supercheries* de Qu. rard (III, 446, f) cette note assez singulière, qui est tirée de la *France littéraire* (t. XI, p. 8) : « Rollin, sans en rien « dire, traduisit pour son *Traité des études* un ouvrage « peu répandu de son temps et presque inconnu du nôtre, « le *Ratio studiorum* du P. Aquaviva. »

Ratio atque Institutio Studiorum Societatis Jesu. Romæ, in Collegio Urbano, 1832, 8°, pp. XXIV-145. (Par les PP. Manera, Garofalo, Loriquet, Gil et Van Hecke.)

Cette édition n'est pas la simple reproduction des anciennes.

Ratio et via recte atque ordine procedendi in literis humanioribus ætati teneræ tradendis, Docentium et Discentium commoditati atque utilitati conscripta a Sacerdote quodam e Societate Jesu. Monachii, Anno Christi MDCCXXXVI. Typis Joannis Jacobi Vötter, 8°, pp. 288. (Par le P. François-Xavier Kropff.)

J'ai trouvé ce renseignement à la p. 133 du t. I de l'*Apparatus eruditionis* du P. Pexenfelder.

Ratio implorandi opem S. Ignatii Loyolæ Fundatoris S. J. Vilnæ, typ. acad. S. J., Anno 1708.

Ratio ponderum libræ et Simbellæ : in qua quid e Lotharii Sarsii libra Astronomica Quidque e Galilei Galilei Simbellatore de Cometis statuendum sit, collatis utriusque rationum momentis, Philosophorum arbitrio proponitur. Auctore eodem Lothario Sarsio Sigensano. Lutetiæ Parisiorum, Sumptibus Sebastiani Cramoisy, MDCXXVI, 4°. (Par le P. Horace Grassi.)

Ratio status animæ immortalis asceticé, historicé, polemicé, commodo eorum, qui aut in dominico Ecclesiæ agro, ad procurandam animarum messem, aut inter gentem convulsam et dilaceratam, ad extirpanda vitiorum et hæreseon zizannia, concionibus destinantur ; ex divinis Scripturis, PP. Patrum commentariis, controversarum in fide quæstionum Scriptoribus, vitæque spiritualis Magistrorum commentationibus, ac historiarum monumentis, compendiosa methodo combinata, præmissis singula anté capita brevioribus dissertationibus, quibus aut virtus commendatur, aut exagitatur vitium. Opus cuilibet hominum statui pro discursu utile. A quodam Societatis Jesu Sacerdote. Tyrnaviæ, Typis Acad. per Frederic. Gall, anno 1715, 8°, pp. 563. (Par le P. François Partinger.)

Il y a d'autres éditions.

Ratio supputandi eclipses, ab Academico Vertumnio. ?, (163.. [?].) (Par le P. Melchior Inchofer.)

Ratio tradendæ philosophiæ in Scholis Provinciæ Siculæ Soc. Jesu. Panormi, 1754, 4°. (Par le P. Joseph Marie Gravina.)

Rational (A) compendious way to convince without any dispute, all persons whatever dissenting, from the true religion by J. K. Printed in the Year 1674, 12°, pp. 124. (Par le P. Jean Keynes.)

Rationalisme en Liberalisme, beschouwd in hunne beginselen en gevolgen en hunne verhouding tot de katholieke Kerk. Door A. V. G..., Schryver van « Het Christendom en de Staat in onzen tyd. » 's Bosch, P. N. Verhoeven, s. a. (*1865*), 12°, pp. 256. (Par le P. Adrien van Gestel.)

Ratione (De) critica legendi libros moderni temporis sine jactura Religionis et veritatis. Libri II. Posonii et Cassoviæ, 1776, 8°. (Par le P. J. B. MOLNAR.)

Ratione (De) meditandi. Romæ, typis Jo. Baptistæ Marini et Bernardi Morini, 1847, 8°, pp. xxxix. (Par le P. Jean Philippe ROOTHAAN.)

Cet opuscule a été plusieurs fois réimprimé, anonyme ou non.

Ratione (De) scribendi epistolas. S. l. et a. (1830 ?), 12°, pp. 15. (Par le P. André VAN ISEGHEM.)

Ray Panieński, w którym, się rozkwitają zbawienne kwiaty, to jest : Cnoty święte, istotnie należące do za chowania całosci czystości Paniénskiey. w Krakowie, 1682, 12°. (Par le P. Mathias Ignace TLUCZYNSKI.)

Raymundi Principis Montecuculii Commentarii de ratione belli cum Turcis in Ungaria gerendi. Pars I. Generales artis bellici Aphorismi. Græcii, 1716, 8°, pp. 117. (Par le P. François WAGNER.)

Real Grandeza de la Republica de Genova escrita en langua Española por D. Luis de Gorgora, Alcaçare e Pempiceleon; y despues añadida y traducida en lengua Italiana por Carlos Esperon Noble Genoves, Capelan Mayor de la Capilla Real de la Serenissima Republica de Genova.... En Madrid, por José Fernandes de Buendia, el anno M.DC.LXV. — Genova, per Gio. Battista Tiboldi, 1669, fol. (Par le P. Charles SPERONI.)

L'auteur s'est caché sous un double pseudonyme : *Luis de Gorgora Alcaçar e Pempicceleon*, et *Carlos Esperon*, qui cacherait son nom, son prénom et sa situation. (Melzi, I, 468.) Le P. de Backer ne donne aucun détail sur cet auteur, (III, 890.)

Realità (La) del progetto di Borgo-Fontana, dimostrata dalla sua esecuzione. S. l. et a., 8°, 2 vol., pp. 360 et 440. (Par le P. Antoine Marie AMBROGI.)

Cet ouvrage a été réimprimé; c'est la traduction du suivant :

Réalité (La) du Projet de Bourg-Fontaine; démontrée par l'exécution. A Paris, Chez la Veuve Dupuy, MDCCLV, 12°, 2 vol., pp. xvi-464 et xi-383. (Par le P. Henri Michel SAUVAGE.)

Le P. Feller qui en a donné une nouvelle édition en 1777, l'attribue à tort au P. Patouillet. Grosley dit aussi que cet ouvrage est du P. Patouillet et d'un *Père Mathe*, qui aurait été professeur de rhétorique à Louis-le-Grand; mais l'abbé Maydieu, éditeur de la *Vie de M. Grosley*, fait observer, en note, qu'il n'y avait pas, dans ce collège, de professeur de ce nom. Voici un renseignement qui, peut-être, appuie le dire de Grosley : en 1752, un P. Christophe Gabriel *Mat*, né à Vannes, le 30 octobre 1720, entré au noviciat, le 26 septembre 1736, était au collège de Tours, en qualité de professeur de philosophie, et en 1755 à Tours. Rien n'empêche que ce Père n'ait eu part à l'ouvrage de son confrère.

Realtà del progretto filosofico anarchia e deismo. S. l. et a. 178.. (?) (Par le P. Pierre Xavier (CASSEDA.)

Reason and Religion : or the certain rule of Faith, where the Infallibility of the Roman Catholick church, is asserted against Atheists, Iewes, Turks, and all Sectaries; with a refutation of Mr Stillingfleets many gross errors By E. W. author of the book called « Protestancy without principles. » Printed at Antwerp by Michael Cnobbaert, in the Year 1672, 4°, pp. 681. (Par le P. Edouard WORSLEY.)

Reasons for coming into the Mission of England.

Alegambe attribue cet ouvrage au P. Robert PARSONS, d'autres au P. Edmond CAMPIAN.

Rebellion de los animales contro los hombres. Ficta voluptatis causa sint proxima veris. Hor. Art. Poet. v. 335. Valencia, por Francisco Brusola, 1813, 8°. (Par le P. Jean LLOPIS.)

Le P. Laurent Ignace THIULEN composa ce poème en italien, et le fit imprimer à Bologne, chez Sassi, en 1794; le P. Llopis le traduisit en espagnol. Voir infra : *Ribellione degli animali...*

Rebus (De) Sanctæ Elizabethæ Lusitanorum Reginæ. Lugduni, apud Jacobum Cardon et Petrum Cavellat, 1677, 12°. (Par le P. François FREIRE.)

L'auteur publia son livre sous le nom de son frère, *Blasius de Piña Freyre.*

Recepta na plaster Czechowicza Ministra nowochrześciańskiego. Kraków, 1597, 4°. (Par le P. Martin LASZCZ.)

Sous le pseudonyme de *Felix Zebrowski.*

Recherches (Les) des Recherches et autres Œuvres de Me Estienne Pasquier, Pour la défense de nos Roys, Contre les outrages, calomnies, et autres impertinences dudit Autheur. Actorum XXIII.

Scriptum est, Principem populi tui non Maledices. A Paris, Chez Sebastien Chappelet, M.DC,XXII, 8°, pp. 985, sllclt. (Par le P. François GARASSE.)

Recherches (Les) du Blason, seconde partie de l'Usage des Armoiries. A Paris, Chez Estienne Michlallet (*sic*), 1673, 12°, pp. 332, sllelt. (Par le P. Claude François MENESTRIER.)

La faute : *Michlallet*, n'existe pas sur tous les exemplaires.

Recherches et dissertations sur Hérodote. Ouvrage posthume de M. le Président Bouhier, avec des Mémoires sur la vie de l'auteur. Dijon, Pierre Desaint, 1746, 4°. (Par le P. François Oudin.)

Barbier date à tort de *1749* (IV, 19, *f*), car les *Mémoires de Trevoux* rendent compte de cet ouvrage en juin 1747.

Recherches historiques et critiques sur les principales preuves de l'accusation intentée contre Marie Stuart, reine d'Ecosse, traduit de l'Anglois. Paris, Edme, 1772, 12°. (Par le P. Louis AVRIL.)

Cet ouvrage fut réimprimé à Paris, chez Amyot, en 1860, par les soins du prince Labanoff, qui substitua une nouvelle préface à l'ancienne. Le P. Avril est plus connu sous le nom de l'abbé *Mai*, qu'il prit après la suppression de la Compagnie.

Recherches sur la manière d'inhumer des anciens, à l'occasion des Tombeaux de Civaux en Poitou, par le R. P. B. R. Poitiers, Jean Faulcon, 1738, 12°, pp. 34-183, sll. (Par le P. Bernard ROUTH.)

Rechtfertigung der Beantwortung acht wichtiger einem Mainzer Theologen vorgelegten Fragen über den Ursprung, die Geschichte des Fasten-und Abstinenzebots, und über die Abanderung in Betreff des letztern. 1786, 8°. (Par le P. Jean JUNG.)

Recit de ce qvi s'est fait à la solennité de la canonization de S. François de Borgia au College Royal des PP. Iesuites de la Flêche. A La Flêche, chez la Vefue George Griveau, 1671, 4°, pp. 11. (Par le P. Antoine François PARIS.)

Récit de la Conversion d'une famille anglaise au catholicisme. Extrait du Messager du Cœur de Jésus. Février-Mars

1875. Toulouse, Imprimerie L. Hébrail, Durand et Delpuech, 8°, pp. 67. (Par le P. Léon BARBIER.)

Récit des derniers moments de S. A. R. Marie-Immaculée de Bourbon, comtesse de Bardi, etc., décédée à Pau, le 23 août 1874. Pau, imp. V° Vignancour, 1875, 8°, pp. 26. (Par le P. Léon BARBIER.)

Reclamacion de tres ex-jesuitas Españoles residentes en la Peninsula. Cadiz, N. Gomez de Requeno, 1813, 4°. (Par le P. Jean Joseph TOLRA.)

Les PP. OTERO et ROYO signent cette Réclamation avec le P. Tolra.

Réclamation pour l'Eglise Gallicane contre l'invasion des biens ecclésiastiques, et l'abolition de la dîme, décrétée par l'Assemblée prétendue Nationale. Paris, 1792, 8°. (Par le P. J. B. BONNAUD.)

Recollectie ofte Vertreck van dry daghen of de Parabel ofte Ghelyckenisse van den vygheboom. Siet het zyn nu dry jaeren, dat ick kome soeckende vruchten, etc. Luc. 13 v. 5. Opghedragen aen alle Godtvrughtighe Zielen voor een Nieu-Jaer. Door G. P. Priester der Societeyt Jesu. Tot Amsterdam, By de Weduwe van Metelen, Anno 1678, 8°, pp. 112. (Par le P. Gislain PERDUYN.)

Reconfort des ames desolées, composé en forme de Conferences, ou devis familiers. Par le R. P. Philippe Servius de la Compagnie de Jesus. A Liège, chez Jean Ouwerx, M.DC.XXXVII. 12°, pp. 279, sld. (Par le P. Philippe BOUCHY.)

Records of the English Province of the Society of Jesus. Historic Facts illustrative of the Labours and Sufferings of is Members in the Sixteenth and Seventheenth Centuries, Second, Third and Fourth Series. By a member of the Same Society. The Manresa Press, Roehampton : Printed by James Stanley, 1875, 8°, pp. XVI-666. (Par le Frère Henri FOLEY.)

La première série est intitulée : *Jesuits in Conflict...* (Voir supra) ; les volumes suivants : *Records...*, mais portent le nom de l'auteur.

Recreation mathematique composée de plvsievrs problemes plaisans et facetievx en faict d'Arithmeticque, Geometrie, Mecanicque, Opticque et avtres parties de ces belles sciences. Av Pont à Movsson. Par Jean Appier Hanzelet, M.DC.XXVI, pet. 8º, pp. 144 et 5 pl. (Par le P. Jean LEURECHON.)

La première édition est peut-être de 1624. La dédicace est signée : *Van Etten*, nom d'un élève du collège de Pont-à-Mousson. Denis Henrion et Mydorge ont fait subir à cet ouvrage des modifications considérables.

Récréations dramatiques à l'usage des écoles, patronages, pensionnats, par un Ami de la Jeunesse. A. M. D. G. Paris, Douniol, 1864, 12º, pp. vi-366. (Par le P. Victor ROPERS.)

Recreios collegiaes por meio de toda a especia de jogos excepto os de cartas e de armas collegidos pelo Pe Pedro Aloy. Lisboa, typographia universal de Thomaz Quintino Antunes, 1882, 8º, pp. vii-406. (Par le P. Pierre ALOY.)

Recta (De) Doctrina morum, quatuor libris distincta. Quibus accessit : De natura Opinionis Appendix. Auctore Antonio Celladei. Lugduni, apud Petrum Chevallier, 1670, 4º. (Par le P. Michel DE ELIZALDE.)

Réimprimé à Fribourg en 1681.

Recüeil d'apophtegmes ou bons mots anciens et modernes, mis en Vers François. Dedié A Monseigneur le Duc de Bourgogne. A Toulouse, Chez J. Boude, s. a. (*1694*), 12º, pp. 251, sld. (Par le P. Michel DE MOURGUES.)

Nouvelles éditions en 1695 et 1701. La dédicace est signée : **

Recueil d'exercices de piété à l'usage de la Ste Mission et convenable à toutes sortes de personnes. Seconde édition Revüe, corrigée et augmentée Adressée à la nombreuse Congrégation des Marchands et des Artisans, canoniquement érigée sous l'invocation de la Reine de tous les Saints, chez les Pères de la Compagnie de Jésus. A Lille, Chez Charles Louis Prévost, 1732, pet. 12º, pp. 330, slt.

L'approbation est datée de Luxembourg, 10 septembre 1723; il y a d'autres éditions de 1725 et 1726.

Recueils d'observations physiques tirées des meilleurs écrivains. A Paris, Chez Joseph Mongé, M.DCC.XIX, 12º, pp. 507,

sllelt. (Par le P. Guillaume Hyacinthe BOUGEANT.)

Le P. Nicolas Grozelier, de l'Oratoire, donna deux autres volumes en 1726 et 1730. (Voir Barbier, IV, 54, c.)

Recueil de cantiques, motets, hymnes à plusieurs parties, à l'usage des élèves du Collége Saint-Joseph à Lyon. Paris, Poussielgue, 1874, 8º, pp. 144. (Par le P. Joseph BURNICHON.)

Recueil de cantiques spirituels. 1810... — Recueil... avec des airs notés; à l'usage des petits séminaires. A. M. D. G. Avignon, Seguin aîné, 1822, 12º. (Par le P. Jean Nicolas LORIQUET.)

Réimprimé plusieurs fois. La préface et les *Exercices du Chrétien*, qui y sont joints, sont du P. Louis SELLIER.

Recueil de chefs d'œuvre de poésie et d'éloquence françaises à l'usage des colléges et des maisons d'éducation. Namur, Douxfils, 1855, 8º, pp. viii-247. (Par le P. Joseph BROECKAERT.)

Recueil de Dissertations critiques sur les endroits difficiles de l'Ecriture Sainte, et sur des matières qui ont rapport à l'Ecriture. A Paris, Chez Pierre Witte, M.DCC.XV, 4º, pp. 629, sllelt. (Par le P. Etienne SOUCIET.)

Des exemplaires portent : *A Paris, Chez Pierre François Giffart.*

Recueil de dissertations litteraires, par l'Auteur des Lectures de etc. Paris et Senlis, 1763. A Nantes, Chez la Veuve Marie, M.DCC.LXVI, 12º, pp. 258, sld. (Par le P. Yves VALOIS.)

D'après l'article de Barbier (IV, 59, *f*) on pourrait croire que cet ouvrage a eu deux éditions, 1763 et 1766; c'est une erreur : l'indication : *Paris et Senlis, 1763*, se rapporte aux *Lectures de etc.*, c'est-à-dire aux *Lectures de piété...* (Voir supra.)

Recueil de divers ouvrages en prose et en vers, par le P. Br. de la Compagnie de Jésus. A Paris, Chez Rollin fils, M.DCC.XLI, 8º, 4 vol. (Par le P. Pierre BRUMOY.)

Recueil de diverses pièces sur les questions du temps. S. l., 1668, 12º. (Par les PP. Dominique BOUHOURS et Louis MAIMBOURG.)

On y trouve la *Lettre à un seigneur de la Cour* du premier, et les trois *Lettres* du second, publiées sous le nom de *François Romain.*

Recueil de lettres critiques...

Voir supra : Lettres critiques sur les Vies des Saints...

Recueil de lettres des plus saincts et meilleurs esprits de l'antiquité. Touchant la Vanité du monde. A Paris, Chez Sebastien Cramoisy, M.DC.XXVIII, 8°, pp. 108-423, slt. — A Rouen, chez Laurens Maury le jeune, 1658, 12°, pp. 205. (Par le P. Jean CANAYE.)

L'auteur signe la lettre dédicatoire au P. de Gondy, de l'Oratoire.

Recueil de lettres pour servir d'éclaircissements à l'histoire militaire du Règne de Louis XIV, depuis 1671 jusqu'en 1694. La Haye et Paris, Boudet, 1760-1764, 12°, 8 vol. (Par le P. Henri GRIFFET.)

Recueil de lettres sur la doctrine et l'institut des Jésuites. S. l. et a. (1763 [?]), 12°, pp. 155. (Par le P. Guillaume François BERTHIER.)

J'ai trouvé le nom du P. Berthier sur l'exemplaire que j'ai vu.

Recueil de Méditations, de Considérations et d'Examens pour une retraite selon la méthode de Saint Ignace. A Lyon, chez Périsse frères, 1833, 12°. — Seconde édition. Paris, Poussielgue, 1837, 12°, s. pagin. (Par le P. Robert DEBROSSE.)

Réimprimé sous le titre : *Retraite spirituelle selon la méthode...* (Voir infra.)

Recueil de plaidoyers et Discours oratoires pour servir de modèle aux jeunes gens, à l'éloquence en général et à celle du barreau en particulier. Paris, Nyon l'aîné, 1783, 12°. (Par le P. J. B. GEOFFROY.)

Voir supra : *Exercice en forme...*

Recueil de poésies diverses. A Amsterdam, chez Pierre Humbert, 1715, 8°, pp. XXXII-235. (Par le P. Jean Antoine DU CERCEAU.)

Plusieurs éditions ; en 1749, il en parut une sous le titre de : *Poésies diverses...* (Voir supra.)

Recueil de poésies françoises et latines. Par M. l'abbé B*. Avignon, 1789, 8°. (Par le P. Jean Marie BORELLY.)**

Recueil de poésies sur la naissance de Monseigneur le Duc de Bourgogne. Dedié à son Excellence Monseigneur Pascal Aquaviva d'Aragona, Vice-légat. Par les Pères de la Compagnie de Jésus, du Collège d'Avignon. Avignon, chez Jacques Girard, 1751, 8°, pp. 148, n. chiff.

Cet ouvrage contient des poésies du P. Jean François FÉRAUD, éditeur du Recueil, et des PP. Jean Jacques BERNARD, François Esprit Simon BORELLY, Joseph Antoine JOUBERT, Charles François BESSON, Pierre Antoine ROUBAUD et Jean Marie VELLIET.

Recueil de Pratiques pieuses, pour servir de suite au Mois Angélique. A Bordeaux, chez Racle, 1818, 18°. pp. XXXVIII-315. (Par le P. Louis BARAT.)

Le *Mois Angélique* est du P. Robert Debrosse. (Voir supra.)

Recueil de prières et d'œuvres indulgenciées. A. M. D. G. Liége, H. Dessain, 1864, 32°, pp. 48. (Par le P. Alphonse DEHAM.)

Recueil de prières, les devoirs du Chrestien, le discernement de la vraye Eglise, par ses marques, par sa creance, par ses motifs. Par un Pere de la Compagnie de Jesus. A Fribourg en Brisgau, Chez Jean Jacques Wehrlin, M.DC.LXXXVI, 16°, pp. 312, slt.

Recueil de quelques guérisons miraculeuses et autres faveurs octroyées par Notre-Seigneur Jésus-Christ, en son monument, situé près de Marche en Famenne. Liége, H. Hoyoux, 1678, 18°, pp. 67, slt. (Par le P. Philippe DE SCOUVILLE [?].)

Barbier dit : *par le P. Schouville.* (IV, 87, c.)

Recueil de quelques pièces de littérature en prose et en vers. A Glasgow, 1784, 8°, pp. 60, 27 et 79. — ..... A Glasgow et se trouve à Paris, Chez Prault, 1784, 8°, pp. 87. (Par Joseph Antoine Joachim CERUTTI.)

Recueil de quelques pièces de poésies françoises et latines, à l'honneur de Monseigneur le Duc de Bourgogne et de Monseigneur le Duc de Berry, présentées à Lyon à Monseigneur le Duc de Bourgogne. Par le College de la Compagnie de Jésus. A Lyon, De l'Imprimerie de Marcellin Sibert, s. a. (1701), 4°, ff. 28.

Les pièces sont généralement signées d'initiales. Au moyen du Catalogue des Jésuites du Collège de Lyon en 1701, je crois pouvoir les traduire comme il suit : P. D.

C. (Dominique *de Colonia*), A. C. (André *Cottin*), P.
B. (Pierre *Bonnet*), P. F. (Pierre *Fabre*), F. P. (François *Paulin*), F. G. (François *Guerin*), C. D. (Claude
Deneyron), C. G. (Claude *Ganchet*).

**Recueil de sermons sur les Evangiles
du Carême, et sur plusieurs autres sujets.
A Bruxelles, Chez François Foppens,
M.DCC.VI, 12°, 4 vol. — ..... Suivant
la Copie de Bruxelles, M.DCC.VII, 12°,
4 vol. — Recueil... du Carême, et sur
les mystères de N. S. et de la Sainte
Vierge,... par le Père le Maure, prêtre de
l'Oratoire. Nouvelle édition. Bruxelles,
Fr. Foppens, 1734, 12°, 4 vol. (Par le
P. Charles DE LA RUE.)**

Ces sermons furent imprimés d'abord à l'insu de
l'auteur et sur des copies infidèles. Pour écouler sa première édition, Foppens en changea le frontispice et attribua les sermons au P. Le Maure.

**Recueil de vers choisis. A Paris, Chez
George et Louis Josse, M.DC.XCIII, 12°,
pp. 330, slt. (Par le P. Dominique BOU-
HOURS.)**

Il y a une autre édition de la même année, non anonyme et quelque peu modifiée. D'après M. Rochebilière,
ce serait une contrefaçon de Hollande. (Voir *Cabinet
Rochebilière* (1882), 1° Partie, n° 183.)

**Recueil de versions latines et de discours latins donnés à la faculté des lettres
de Toulouse. Baccalauréat ès-lettres. Périgueux, Dupont, 1873, 8°, pp. 256.
(Par le P. Georges LACASSIN.)**

**Recueil des Ceremonies que l'on doit
observer, quand on administre l'Eucharistie, et l'Extrème-onction aux malades ;
et lorsqu'on fait des funérailles dans les
Eglises de la Compagnie de Jesus. A
Bordeaux, de l'imprimerie de Jacques
Mongiron Millanges, M.DC.LXXX, 4°,
pp. 152.**

**Recueil historique des bulles et constitutions, brefs, décrets et autres actes
concernant les erreurs de ces deux derniers siècles, tant dans les matières de la
foi, que dans celles des mœurs, depuis le
Saint Concile de Trente jusqu'à notre
temps. Mons, Gaspar Migeot, (*Rouen*),
1697, 8°, pp. 438, sll. — Quatrième
édition Augmentée de plusieurs Pieces.
Sur l'Imprimé A Mons, Chez Gaspard
Migeot, M.DCCIV, 8°, pp. 570, sllelt.
(Par le P. Michel LE TELLIER.)**

Reflexiones sanctæ pro diebus mensis

salubriter ponderandæ. A quodam Societatis Jesu sacerdote sibi et proximo in
cautelam et solatium conscriptæ Anno Salutis MDCCLIII. Pragæ et Wirceburgi,
impensis Pauli Lochneri et Mayeri, 1766,
12°, pp. 222.

**Réflexions chrétiennes pour les jeunes
gens qui entrent dans le monde. Paris,
Nicolas Le Clerc, 1708, 12°. (Par le
P. Claude BUFFIER.)**

Cet opuscule a été attribué à tort au P. Bretonneau.

**Réflexions chrétiennes sur les grandes
vérités de la foi et sur les principaux mystères de la Passion de Notre-Seigneur. A
Paris, Chez de Bure, M.DCC.XLVIII, 12°,
pp. 358. (Par le P. Claude JUDDE.)**

Cet ouvrage, qui a eu d'autres éditions, fut publié, après
la mort de l'auteur, par l'abbé Lemascrier. Les *Mémoires
de Trevoux* (Février 1758, p. 545) disent, à propos de
l'édition de 1757, que ces *Réflexions* ont été imprimées
plusieurs fois sous le titre de : *Retraite*. Ce serait alors
la *Retraite spirituelle pour les personnes religieuses*
(non anonyme), dont l'éditeur fut le P. Philippe Lallemant : *Paris, Chez Gissey, M.DCC.XLVI, 12°,
pp. XXVIII-411.*

**Réflexions d'un Academicien sur la vie
de M. Des Cartes, envoyées à vn de ses
amis en Hollande. A La Haye, chez
Arnout Leers, M.DC.XCII, 12°, pp. 180,
s. l'avert. (Par le P. Antoine BOS-
CHET.)**

Cet ouvrage a été attribué à Jean Gallois, directeur du
Journal des Savants, à Denys de Sainte-Marthe, bénédictin, et aux PP. Bouhours et Le Tellier. Dans le *Catalogue Ms de la Bibliothèque du Collège de Louis-le-
Grand*, conservé au Collège de Vaugirard, il est sous le
nom du P. Boschet. Dans les *Supercheries* (I, 172, *a*),
l'auteur est nommé à tort : BOCHET.

**Réflexions d'un Docteur en Théologie
de l'Université de.... sur la Déclaration du
Roi du 10 Décembre 1756, et sur l'état
présent de la Sorbonne, attribuées à M^{rs} de
la Faculté de Paris. 1757. (Par le P. Louis
PATOUILLET.)**

Cette attribution se trouve dans l'ouvrage anonyme de
l'avocat Le Paige : *La légitimité et la nécessité de la
loi du silence...*

**Réflexions d'un Franciscain, avec une
Lettre préliminaire adressée à Monsieur ***
Auteur en partie du Dictionnaire Encyclopédique. Est etiam vobis Francisci à fune
cavendum. Buch. S. L., M.DCC.LII, 18°,
pp. X-60. — M.DCC.LII, 8°, pp. 53.
(Par le P. François Marie HERVÉ.)**

Le véritable auteur de cette brochure ne serait-il pas le P. Fruchet ou le P. Bonhomme, l'un et l'autre religieux cordeliers ? Dans ce cas, le P. Hervé n'aurait été que l'éditeur. Les *Nouvelles Ecclésiastiques* (1760, p. 212) disent que ces *Réflexions* sont du P. Fruchet et qu'elles ont été « corrompues par le P. Hervé, jésuite. » Voir Barbier (IV, 124, *f*) et les *Supercheries* (II, 85, *d*).

Réflexions d'un vicaire ardennois sur le serment d'égalité. 1792 [?].) (Par le P. Jean BILLY.)

Réflexions impartiales sur les *Observations critiques* de M. Clément, adressées à lui-même. Orléans, chez la veuve Rouzeau-Montaut, et Paris, 1772, 12°, 2 vol. pp. 47 et 48. (Par le P. Charles François CHAMPION DE NILON.)

Dans le *Journal des Beaux-Arts* (décembre 1774, p. 565-574), l'auteur publia, au sujet de ces *Réflexions*, une lettre qu'il signe de son anagramme : *Pilchamonin*, et non *Pitchamonin* comme dit Barbier (IV, 134, f.)

Réflexions morales avec des Notes sur le Nouveau Testament traduit en français, avec le texte latin à côté, et la Concorde des Évangélistes, à l'usage de divers diocèses. A Paris, Chez le Comte et Montalant, 1713-1725, 12°, 12 vol. (Par le P. Jacques Philippe LALLEMANT.)

La traduction française est du P. BOUHOURS, et les notes sont du P. LANGUEDOC. Barbier (IV, 134, *c*) cite un ouvrage assez semblable quant au titre : *Réflexions morales sur les Évangiles. Paris, 1716, 12°*, et l'attribue au *P. Salemandet, jésuite*. La concordance des dates et une certaine ressemblance dans les noms des auteurs m'avaient fait supposer que cet ouvrage n'était autre que celui du P. Lallemant, ainsi qu'on peut le lire dans le P. de Backer (III, 495). Mais j'ai eu l'ouvrage entre les mains et en voici le titre exact : *Réflexions morales sur les Évangiles. Pour servir de méditations chaque jour de l'année. A Paris, chez Jean de Nully, M DCC.XVI. 12°, pp. 678*. On lit dans l'approbation qu'il a été composé pour une jeune Bénédictine. Comme ce livre n'a pas l'approbation du Provincial de la Compagnie, je doute qu'il soit d'un jésuite, d'autant plus que je n'ai pas trouvé, dans nos catalogues, le nom du P. Salemandet. Les *Mémoires de Trévoux*, me semble-t-il, n'auraient pas laissé passer, sans le citer au moins, un ouvrage d'un jésuite, et ils n'en parlent pas. — Dans l'*Histoire* du Ponthieu, t. II, p. 306, on dit que le P. Longueval est l'auteur de la plupart des notes des *Réflexions morales*. N'a-t-on pas confondu le P. Longueval avec le P. Languedoc ?

Réflexions Philosophiques, politiques et chrétiennes, à l'occasion d'un ouvrage intitulé : Les dangers des spectacles, ou les mémoires de M. le Duc de Champigny. A Paris, 1781. Par l'abbé F. X. D. F. A Luxembourg, de l'imprimerie des héritiers d'André Chevalier, s. a. (*1781*), 12°, pp. 38. (Par le P. François Xavier DE FELLER.)

Ni Barbier, ni Quérard ne citent : *Les dangers des spectacles*.

Réflexions pieuses sur les prerogatives de l'Immaculée Conception de la Sainte Vierge Marie données en étrène à la sodalité nationale érigée sous le titre de la Conception Immaculée. Par un Père de la Compagnie de Jésus. A Anvers, chez Jacques Bernard Jouret, 1736, 8°, pp. 47. (Par le P. Joseph WIELENS.)

Réflexions, sentiments et pratiques de piété sur les Sujets les plus intéressants de la morale chrétienne. Par l'Auteur de l'Ame élevée à Dieu. A Lyon, chez les Frères Perisse, M.DCC.LXXVIII, 12°, pp. XII-384. (Par le P. Barthélemi BAUDRAND.)

Plusieurs fois réimprimé et avec le nom de l'auteur. Le privilège est du 13 Décembre 1775. Le P. de Backer (I, 459, 12) cite une édition de Lyon, 1776, intitulée : *Réflexions pour chaque jour du mois tirées des Conseils de la Sagesse*. Est-ce exact ? L'édition de 1778 a le titre que j'ai donné ; celle de 1780 porte : *Seconde édition, corrigée considérablement et augmentée*.

Réflexions spirituelles et sentimens de piété du Reverend Pere Charles de Lorraine de la Compagnie de Jesus. A Dijon, chez l'Imprimeur du Roy, s. a. (*1720*), 12°, pp. LXXIX-156. (Par le P. François BALTUS.)

Le P. Baltus est l'auteur de la préface et l'éditeur de l'ouvrage.

Réflexions sur Jésus-Christ mourant pour se preparer sur ce divin modèle à une mort chrétienne. A Paris, Chez Didot, 1729, 12°, pp. 352. sll. (Par le P. Bernard TRIBOLET.)

Le nom de l'auteur est dans l'approbation et sur le titre de l'édition de Bruxelles, 1855. — A propos du P. Tribolet, je ferai remarquer que Barbier (II, 1278, *e*) se trompe en lui attribuant les *Lettres instructives et historiques sur la divinité de J. C.* ; elles sont de son frère, l'abbé Jacques Tribolet, et c'est le P. Bernard qui les publia. Barbier dit juste le contraire.

Réflexions sur l'éloquence. Paris, Josse, 1700, 12°.

Le P. Dominique BOUHOURS est auteur de la préface de cet ouvrage, qui contient des *Réflexions* de Brulard de Sillery, évêque de Soissons, du P. Lami, bénédictin, et d'Antoine Arnaud.

Réflexions sur l'usage de l'Eloquence de ce temps. A Paris, chez Claude Barbin et Muguet, M.DC.LXXII, 12°, pp. 175. (Par le P. René RAPIN.)

La dédicace est signée par l'auteur. Une troisième édition parut en 1679.

Réflexions sur la Foi adressées à M. l'Archevêque de Paris. Trevoux, 1760, 12°, pp. 224. (Par le P. Isaac Joseph BERRUYER.)

C'est un ouvrage posthume.

Réflexions sur la nouvelle liturgie d'Asnière. S. l., 1724, 8°. (Par le P. Jacques DE LA BAUNE.)

D'après son exemplaire, Picot dit que cet ouvrage est de l'abbé Blin, chanoine de Rouen, et aurait été imprimé dans cette ville. Barbier (IV, 153, f) dit : « par le P. Jacques de la Beaune, jésuite, neveu du P. Jacques de la Beaune, éditeur des œuvres du P. Sirmond. » Dans le Catalogue de la Province de France, 1723, il y a, en effet, deux jésuites du nom de Jacques de la Baune (sic); mais le plus jeune n'était pas encore prêtre. Ce catalogue étant incomplet, je n'ai pu, par la date de sa naissance, me rendre compte s'il est possible de lui attribuer ces Réflexions.

Réflexions sur la philosophie ancienne et moderne, et sur l'usage qu'on en doit faire pour la religion. A Paris, Chez Muguet et Barbin, M.DC.LXXVI, 12°, pp. 263. (Par le P. René RAPIN.)

Réflexions sur la Poétique d'Aristote, et sur les ouvrages des Poètes anciens et modernes. A Paris, Chez François Muguet, M.DC.LXXIV, 12°, pp. 257. (Par le P. René RAPIN.)

Réflexions sur le libelle intitulé Véritables sentimens des jesuites touchant le péché philosophique. Addressées à l'Autheur même de ce Libelle. A La Haye, M.DC.XCI, 12°, pp. 46. — Ibid., M.DC.XCI, 12°, pp. 54. (Par le P. Michel LE TELLIER.)

L'auteur du Libelle est le P. Serry, dominicain.

Réflexions sur le Mandement de M. l'Evêque de Metz, pour la publication de la nouvelle constitution Unigenitus, par un Docteur. S. l., 1714, 4°. (Par le P. Joseph PETITDIDIER.)

Réflexions sur le Tolérantisme. 1787, 8°. (Par le P. Barthélemi BAUDRAND.)

Voir infra : Tolérantisme (Du).

Réflexions sur les applications des passages de l'Ecriture sainte dans les actions publiques, pour les réceptions des princes, etc. S. l. (Paris) et a. (1687), 4°. (Par le P. Claude François MENESTRIER.)

Reflexions sur les jugements des sçavans, envoyées à l'auteur. Par un Acadé-micien. A La Haye, chez Arnout Leers, M.DC.XCI, 12°, pp. 215. (Par le P. Antoine BOSCHET.)

Les quatre lettres qui composent cet ouvrage sont de 1687. Barbier nomme l'auteur : Bosquet (IV, 116, e) et déjà à l'article Anti-Baillet (I, 209, d). Dans ce dernier livre, les Réflexions sont reproduites; mais on a joint une nouvelle lettre « qui, bien que signée Boschet, pour Bosquet, n'est pas de cet auteur. »

Réflexions sur les obstacles et les moyens du salut. Confirmées par des Exemples. Par un Pere de la Compagnie de Jesus. Quatrième Edition nouvellement revuë et augmentée D'un Entretien avec Jésus-Christ sur les mêmes sujets. A Dole, chez J. B. Tonnet, 1734, 16°, pp. 61 et 110. (Par le P. Paul LE CLERC.)

La 2ᵉ partie est intitulée : Reflexions sur les moyens du salut... L'Entretien commence à la p. 91. La permission d'imprimer est donnée à Jacques Lions, marchand libraire de Lyon, pour trois ouvrages : Reflexions sur les obstacles..., Réflexions sur les moyens... et Entretien avec J. C. Dans l'approbation, datée de Lyon, 14 novembre 1710, on dit : « Un Pere de la Compagnie « de Jesus... a revû les Reflexions sur les Obstacles « et les Moyens du Salut et a augmenté cet Ouvrage « d'un Entretien... » D'après cela, le P. Paul le Clerc ne serait pas l'auteur de cette addition. Sur l'exemplaire que j'ai vu, on a écrit que l'ouvrage est du P. Pinamonti; ce serait alors une traduction. Or le P. Pinamonti n'a pas d'ouvrage semblable pour le titre à celui que j'ai cité. L'avertissement commence par ces lignes : « Les fruits « merveilleux qu'on a tiré du petit livre intitulé : Pen- « sez-y bien ou Réflexions sur les quatre fins de « l'homme; a engagé l'Auteur de cet ouvrage à en « donner au Public un autre à peu près dans le même « genre... » En effet, chaque réflexion et chaque exemple se terminent par ces mots, imprimés en italique au milieu de la ligne : Pensez-y bien. Or le P. Le Clerc est auteur du Pensez-y bien ou Réflexions... (voir suprà); donc il est bien l'auteur de ces Réflexions sur les obstacles..., qui doivent avoir une édition bien antérieure à 1734 et même à 1710.

Réflexions sur les Sentimens de Callisthènes touchant la Diane d'Arles. Avignon, 1684, 12°. (Par le P. Albert DAUGIERES.)

Réflexions sur les 73 articles du Pro Memoria présenté à la diète de l'Empire touchant les nonciatures de la part de l'archevêque Electeur de Cologne. A Ratisbonne (Cologne), MDCCLXXXVIII, 8°, pp. 240. (Par le P. François-Xavier DE FELLER.)

Reformatio Brixinensium. ?, 160.. (Par le P. Baltasar HAGEL.)

Le P. Sotwel donne en latin le titre de cet ouvrage qui parut en allemand, sous le pseudonyme de Daniel Paradinus.

Réformation (La) du Calendrier, faite par ordre de Grégoire XIII, par Ed. T. Bruxelles, 1853, 18°, pp. 72. (Par le P. Edouard TERWECOREN.)

Reformatione (De) Religionis Christianæ per Ministros evangelicos introductæ deliberatio a studiosis danis et norvegis proposita Professoribus Academiæ haffniensis die 10 Octobris 1602. Editio altera in titulos et capita digesta. Cracoviæ, N. Lob, 1606, 16°. (Par le P. Laurent Nicolai Norvegus.)

Son nom, d'après Baillet (*Des Satyres personnelles*, t. I, p. 199), serait *Laurent Nicolai de Norwege*. Sotwel se contente de le donner comme je l'ai fait; mais il dit : « Norvegus non solùm nomine, verùm, et patria, unde illi nomen adhæsit. » Le P. de Backer le place au mot *Nicolai* (II, 1524.)

Refutatio accusatoris anonymi damnatas ab Innocentio XI. Propositiones adscribentis Ordinum Religiosorum Theologis ac præcipuè Societatis Jesu. Auctore Wilhelmo Sandæo S. Th. Licent. Moguntiæ, typis Viduæ Nicolai Heyl, 1679, 12°, pp. 84, sll. (Par le P. Egide Estrix.)

Refutatio responsionis ad stateram protestantium expensam per theologum Romano-Catholicum. Prostat Lovanii Apud Guilielmum Stryckwant, s. a. (*1719*), 8°, pp. 32. (Par le P. Liévin de Meyere.)

Réfutation d'un libelle impie intitulé : l'Evangile du jour, précédé de la défense du Canon des livres saints, contre les philosophes modernes et autres ennemis de la religion révélée. A Liège, chez J. Dessain, 1769, 12°, 4 vol., pp. 168, 318, 423 et... (Par le P. Etienne de la Croix.)

L'Évangile du jour est une collection d'opuscules composés ou publiés par Voltaire, 1769-1778, 18 vol. in-8. Barbier donne le détail des 16 premiers, les seuls que Beuchot ait pu réunir (II, 328.)

Réfutation d'un nouveau système de métaphysique proposé par le P. M..., auteur de la Recherche de la vérité. A Paris, chez Mazières, M.DCC.XV, 12°, 3 vol., pp. 319, 343 et 384. (Par le P. Rodolphe du Tertre.)

C'est une réfutation de Malebranche.

Réfutation des calomnies répandues dans un écrit imprimé à Metz en forme de Requête adressée à S. A. R. sous le nom des Supérieurs et Chanoines Réguliers de l'Ordre de Saint-Augustin à Pont-à-Mousson au sujet de l'établissement des Jésuites de la même ville, dans l'église et la maison qu'ils y occupent. A Nancy, chez François Midou, 1728, fol. (Par le P. Joseph Petitdidier.)

Réfutation des Critiques de Monsieur Bayle sur Saint Augustin, où sont contenus trois traités : Le premier : Véritable Clef des ouvrages de S. Augustin, contre les Pélagiens. Le second. Examen des critiques répandues dans le Dictionnaire de M. Bayle sur divers endroits des Ecrits du même saint Docteur. Le troisième. Dissertation touchant la nature de la Loy de Moyse. Avec trois Tables : La première des Textes de la Sainte Ecriture, la seconde, des Textes de S. Augustin, et la troisième, des matières. A Paris, Chez Rolin fils, 1732, 4°, pp. 194, 126 et 108, sll. (Par le P. Charles Merlin.)

Réfutation des Lettres adressées à Messieurs les commissaires nommés par le Roi pour deliberer sur l'affaire présente du Parlement, au sujet du refus des Sacremens, ou des Lettres *prétendues* pacifiques. S. l., M.DCC.LIII, 12°, pp. 417. (Par le P. Louis Patouillet.)

Cet ouvrage a été généralement attribué à Dom Louis Bernard de la Taste; mais une note de la septième des *Lettres pacifiques*, qui sont d'Adrien le Paige, l'attribue au P. Patouillet. (Voir Barbier, IV, 181, f.)

Réfutation des propheties faussement attribuées à S. Malachie sur les élections des Papes, depuis Celestin jusqu'à la fin du monde. S. l. et a. (*1689*), 4°, pp. 12. — A la fin : A Paris, chez R. J. B. de la Caille. (Par le P. Claude François Menestrier.)

Voir supra : *Examen de la suite des Papes...*

Réfutation du prétendu Catéchisme de la grâce...

Voir infra : *Réponses Catholiques...*

Refutation (The) of the errors of John Trask. S. Omer, 1618, 4°. (Par le P. Jean Falconer.)

Sous les initiales : *R. D.* L'auteur prit aussi le nom de *Dingley*.

Regalis Domus Sabaudiæ nexus Gordio validior nullius manu ac ne ferro quidem solvendus Imperium sua magis firmitate quam dissolutione pertendens Serenissimo Principi Mauritio Cardinali a Sabaudia Theses inter Philosophicas ab Hadriano

Talbotto Anglicani Collegii Convictore publice disputatas Dithyrambico carmine ad modos dictus. Romæ, apud Alexandrum Zannettum, 1624, 4°, pp. 16. (Par le P. François Brivio ou Brippio.)

Regel der Societeit Jesu. Gedruckt zu Dilingen, durch Johannem Mayer, MDLXXXIII, 12°, pp. 156. (Par le P. Ferdinand Alber.)

Regelen der Societeit van Jezus. S' Gravenhage, T. C. B. ten Hagen, 1857, 12°, pp. 96. (Par le P. Paul Bongaerts.)

Regeln der Gesellschaft Jesu. Sion, Calpini und Holderman, 1834. (Par le P. Pierre Souquat.)

Reggia (La) delle grazie aperta per celebrare le gloriossisime Nozze seguite tra l'Altezze del Sereniss. Francesco duca di Parma, Piacenza, ec., e della Serenissima Principessa Palatina Dorotea Sofia Farnese Duchessa di Parma, Piacenza, ec., e considerata per oggetto di solenne Accademia, mista di Lettere e d'Esercizi Nobili del Ducal Collegio di Parma che per tributo d'umilissima venerazione riverentemente la dedica alle medesime Serenissime Altezze. In Parma, per gli Eredi di Galeazzo Rosati, 1696, 4°. (Par le P. Paul Pedrusi.)

Regi Christianissimo Lvdovico XIV, popvlorvm Svmmo Pacificatori Pacifer Delphinvs. Carmen heroicvm. Parisiis, Apud Sebastianvm Cramoisy, Regis et Reginæ Archi-typographum, M.DC.LXII, fol., pp. 12, sld. (Par le P. René Rapin.)

L'auteur signe la dédicace. Bien que M. Aug. Bernard ne cite pas cet ouvrage parmi les productions de l'imprimerie royale du Louvre, ne pourrait-on pas lui appliquer ce qu'il dit d'un autre ouvrage du P. Rapin (p. 136): *Pax Themidis…* : « il y a lieu de penser que ce livre « sort des presses de l'imprimerie royale, comme beau- « coup d'autres imprimés au compte de Cramoisy, direc- « teur de cet établissement ? »

Regia Parnassi, seu Palatium Musarum in quo Synonyma, Epitheta, Periphrases, et Phrases poeticæ, ex Officina Textoris, delectu Epithetorum, Scalà Parnassi, arte Poetica, Thesauro Poetico et Elegantiis poeticis, etc. excerptæ. Editio nova a P. V. S. J. Parisiis, 1679, 8°.— Editio novissima, A. P. V. S. I. Parisiis, Thiboust, 1689, 8°. — Tolosæ, 1705, 8°.

Barbier (IV, 1362, *e*) attribue ces différentes éditions au P. Vanière ; passe pour celle de 1705 ; mais, né en 1664, entré chez les Jésuites en 1681, il n'aurait eu que 15 ans en 1679 et 19 en 1683. Alors quel est ce *P. V.* ? Serait-ce le P. François Vavasseur ?

Regiis Angliæ Divis Dithyrambus Præside Octavio Card. Bandinio in Disput. Thomæ Grini Coll. Angl. Alum. emodulatus. Romæ, 165.. (?), 4°, pp. 15. (Par le P. Edouard Courtenay.)

Reginæ Palatium eloquentiæ, primo quidem a RR. PP. Societatis Jesu in Gallia studio et arte magnifica exstructum. Nunc vero revisum, ac sensui, moribus Germanorum, aliarumque nationum, accommodatum, et in bonum, non modo, Eloquentiæ studiosorum sed etiam Verbi divini Præconum ac Concionatorum editum a RR. PP. Societatis Jesu Mogunt. Cum indice locupletissimo. Moguntiæ, impensis Johannis Godefridi Schönwetteri, Typis Nicolai Heylij, MDCLII, 4°, pp. 802, slt.

Cet ouvrage qui, sous cette forme, a eu plusieurs éditions, a été primitivement composé par le P. Gérard Pelletier, sous le titre de : *Palatium Reginæ eloquentiæ.* (Voir supra, col. 682.)

Règlement de l'association de N. D. des bons livres, établie à Nantes ; faisant suite à la Notice sur cette œuvre. Nantes, Mazeau, 1855, 18°, pp. 90. (Par le P. Alexandre Reulos.)

Réglement de la vie utile à toute sorte de personnes, par un Père du collège de Fribourg en Suisse. Fribourg, 184.. (?), 16°. (Par le P. Louis Geoffroy.)

Barbier (IV, 190, *c*) nomme à tort l'auteur : *Gottofrey.*

Règlement des Zélatrices du Cœur de Jésus, suivi du Cérémonial de leur réception. Toulouse, chez le Directeur du Messager du Cœur de Jésus, 1882, 16°, pp. 32. (Par le P. Henri Ramière.)

Règlement pour sanctifier sa vie par la dévotion au Sacré Cœur de Jésus et au Cœur immaculé de Marie à l'occasion de l'Acte de Consécration Approuvé par le Saint-Père. A. M. D. G. Paris, G. Téqui, 1875, 16°, pp. 61. (Par le P. Félix Fressencourt.)

Règlements et statuts des Congrégations de la B. V. Marie affiliées à la Congrégation romaine Prima-Primaria , traduits du latin. Lyon , Briday, 1865, 12°, pp. 45. (Par le P. Florian MONNERET.)

Reglemens pour Messieurs les pensionnaires des Pères Jésuites du Collége de Lyon, qui peuvent leur servir de regle de conduite pour toute leur vie. Par un Père de la Compagnie de Jésus. A Lyon, Chez André Molin, M.DCC.XI, 12°. (Par le P. Jean CROISET.)

Plusieurs éditions qui, à partir de 1733, ne sont plus anonymes.

Regles de la Compagnie de Iesvs. Avec permission des Superieurs. S.l., M.DC.X, 24°, pp. 184. (Par le P. Michel COYSSARD.) — Regles de la Compagnie de Iesvs. A Paris, De l'Imprimerie de G. Sassier, M.DC.LXVI, 16°, pp. 174, sll. (Par le P. Antoine GIRARD.)

Le P. Coyssart est, peut-être, le premier qui traduisit en français les Règles de la Compagnie de Jesus. Faudrait-il alors lui attribuer l'édition de *Verdvn, par Martin Marchant, CIↃ IↃXXCVI, 16°?* — Quant à celle de 1666, le nom du P. Girard se trouve dans l'Approbation du Provincial.

Règles de la Congrégation de la Sainte Vierge, érigée par autorité du St Siege dans les maisons de la Compagnie de Jésus. A Mons, Chez Charles Michel, 1600, 16°.

Nombreuses éditions.

Régles de la prononciation française éditées par A. V. I. S. J. Alost, imprimerie de Spitaels-Schuermans, 1854, 12°, pp. 43. (Par le P. André VAN ISEGHEM.)

Règles de la Société des Missionnaires d'Afrique d'Alger, placés sous la protection de N.-D. d'Afrique. Alger, typographie A. Jourdan, 1876, 18°, pp. 24. (Par le P. François TERRASSE.)

Régles du chrétien, ou les maximes évangéliques dans leur ordre naturel pour tous les jours de l'année. A Lyon, chez Pierre Vialon, 1725, 12°. (Par le P. François DE PIERRE.)

Règles et constitutions des Dames du Sacré Cœur. Paris, 1828, 12°, 2 vol. (Par le P. Joseph Désiré VARIN.)

Règles et constitutions des Sœurs des écoles chrétiennes et charitables du diocèse d'Evreux. Paris, 1839, 18°. (Par le P. Joseph Désiré VARIN.)

Règles, Indulgences, Prieres et pratiques de denotion, à l'usage des pensionnaires et autres qui sont de la Congregation de Nostre Dame, érigée ès Maisons et Colleges de la Compagnie de Iesus. Par un Pere de la mesme Compagnie. A Paris, chez Gaspar Metvras, 1645, 24°.

Regni Sinensis descriptio Ex Varijs Authoribus. Lvgd. Batav. Ex offic. Elzeviriana, CIↃIↃCXXXIX, 16°, pp. 365, slpelt. (Par le P. Nicolas TRIGAULT.)

Le titre courant de tout l'ouvrage est : *Nic. Trigart. de Reg. Chinæ,* car il est entièrement tiré de son livre : *De Expeditione apud Sinas suscepta,* sauf deux additions : *Additamentum à Purchasio Anglo,* p. 288-296, et *Ex Itinerario Marco Pauli de Venetiis,* p. 355-365.

Regolamenti delle congregazione mariane, erette ne' collegi di Sicilia. Palermo, 1830, 24°. (Par le P. Alexis NARBONE.)

Réimprimé.

Regolamento dell' Accademia Ecclesiastica di Macerata. Macerata, 1781. (Par l'abbé Joseph Salvador VARGAS MACCIUCCA, ancien jésuite.)

Regole della Congregazione de' giovanetti di S. Luigi Gonzaga, esistente nel collegio massimo di Palermo. Palermo, 1817, 16°. (Par le P. Aloys BARTOLI.)

Plusieurs éditions.

Regole e statuti della Congregazione di S. Luigi Gonzaga, ec. In Bergamo, per il Locatelli, 1795, 12°. (Par le P. Louis MOZZI DE' CAPITANI.)

Plusieurs éditions.

Regvla Societatis Iesv. Romæ. In Collegio eiusdem Societatis. MDLXXX, 8°, pp. 234. (Par le P. Jacques MIRO.)

Le P. Miro rédigea ces Règles sur l'ordre du P. Général Everard Mercurian. On peut regarder cette édition comme l'édition *princeps* des *Regulæ Societatis Iesu.* Précédemment, il y avait bien eu quelques publications analogues, intitulées : *Quædam ex Constitutionibus Societatis Iesu Excerpta. Romæ,* 1560 (?), 1567; — *Neapoli,* 1561; — *Virduni,* 1572; mais elles sont loin d'être aussi complètes que celle de 1580, et elles manquaient d'une approbation officielle qui fut donnée à cette dernière par la quatrième Congrégation générale. Du reste, la rédaction du P. Miro fut elle-même modifiée dans les rééditions suivantes. Melzi (*Dizion de Anon.,* II, 420) cite une note manuscrite de son exemplaire de

1580 : « Exemplar hoc Regularum Societatis Jesu dili-
« genter conservandum, et custodiendum est, eo quod
« plura contineat in pagellis (suit l'énumération de
« 70 pages) quæ cum experimento habito, minus apta
« fortasse visa sunt, in subsequentibus editionibus vel
« omissa, vel immutata fuerunt. » Le P. Miro fut aussi
chargé de rédiger les *Regulæ communes* et le *Summarium Constitutionum.*

Regulæ Sodalitatis B. Mariæ Virginis. (Par le P. Jean LEON.)

Il m'est impossible de dire sous quelle date parut la
première édition de ces *Regulæ*, bien souvent réimprimées et, je le suppose, avec quelques modifications. Jean
Leon, alors professeur de sixième, institua à Liège, en
1563, la première congrégation de la Sainte Vierge. Il
en a toujours été considéré comme le fondateur, bien que
le P. Aguilera, t. I, p. 476 et 480 de son *Historia Provinciæ Siculæ S. J.*, soutienne qu'il ne fit que trans-
porter à Rome ce que le P. Sébastien Cabarrasius avait
établi déjà à Syracuse.

Rejouissances (Les) de la Paix faites dans la ville de Lyon le 20 Mars 1660. A Lyon, par Guillaume Barbier et Jacques Justel, 1660, fol., pp. 50, sll. et 18 pl. gravées. (Par le P. Claude François MENESTRIER.)

Cette édition fut faite à l'insu de l'auteur, qui se pré-
parait à publier sa Relation chez Benoît Coral, où elle
parut la même année sous le titre : *Les Réjovissances
de la Paix, avec vn recveil de diuerses pieces sur
ce suiet : Dedié à Messievrs les Prevost des Marchands et Escheuins de la Ville de Lyon. Par le P.
C. F. M. de la Compagnie de Iesvs. A Lyon, chez
Benoist Coral, M.DC.LX, 8°, 3 ff. nch., pp. 54 et
32, avec 19 pl.* — L'auteur signe la dédicace.

Rejonissances (Les) du college de Cler- mont de la Compagnie de Jesus. Pour la naissance de Monsieur Duc de Bourgogne. A Paris, Rüe S. Jacques, aux trois Cailles, M.DC.LXXXII, 4°, pp.7. (Par le P. Claude François MENESTRIER.)

Rejouissances (Les) faites à Ratisbonne, pour la naissance de Monsieur Duc de Bourgogne, Par M. le Comte de Crecy, Plenipotentiaire pour S. M. à la Diete ge- nerale de l'Empire. A Paris, ruë Saint Jacques, aux trois Cailles, MDCLXXXII, 4°, pp. 20. (Par le P. Claude François MENESTRIER.)

Reiouissances (Les) faites pour la nais- sance de Monseigneur le Dauphin, avec un recueil de quelques pieces composées sur ce sujet, Dedié à Messieurs les Conseils de la ville d'Avignon. A Avignon, Chez George Bramereau, M.DC.LXII, 4°, pp. 54. (Par le P. Charles Joseph TULLE.)

L'auteur signe la dédicace.

Rękoprowadzenie do nawrócenia Ma- chometanów w manudukcyi Przewiel. X. Thyrsa Gonzalez, Generala S. J., łacińskim językiem wydaney, Innocen- temu XI, Naywyższemu Biskupowi rzym- kiemu przypisaney, przez jednego Kapłana tegoż Zakonu na polski język przełożone. Lwów, druk. S. J., 1694, 4°, pp. 2- 416-3. (Par le P. Théophile RUTKA.)

Relação da conversão a nossa Santa Fé da Rainha e Principe na China e de outras pessoas de casa Real, que se baptisarão o anno de 1648. Lisboa, 1650, 4°, pp. 16. (Par le P. Mathias DE MAYA.)

Relação da prizão, e morte dos quatro Veneraveis Padres da Companhia de Jesus Bartholameo Alvares, Manoel de Abreu, Vicente da Cunha Portuguez, e João Caspar Crats Alemão mortes en odio da Fé na Corte de Tunkin aos 12 de Janeiro de 1737, com huma breve suma do prin- cipio desta perseguição, e do seu primeiro efeito, que foy a prizão, e morte de outros dous Padres da Companhia Italianos o V. P. Francesco Maria Bucarelli, e o V. Padre João Baptista Massari com nove Christaos Tunkins. Lisboa, por Antonio Isidoro da Fonseca, 1738, 4°. (Par le P. Emmanuel DE CAMPOS.)

Relação das Fiestas que os Padres da Companhia de Jesus da Casa professa de S. Roque em a Cidade de Lisboa fizerað em a Beatificacað de B. João Francisco Regis Sacerdote professo da mesma Com- panhia. Lisboa, por Paschal da Sylva, 1717, 4°. (Par le P. Louis GONZAGA.)

Relaçað do apparato triunfal, e Procissað solemne, com que os Padres da Companhia de Jesus do Collegio de Evora applaudiraõ publicamente aos gloriosos S. Luiz Gon- zaga, e Stanislað Kostka da mesma Com- panhia novamente Canonisados pelo San- tissimo Padre Benedicto XIII. Evora, na Officina da Universidade, 1728, 4°. (Par le P. Blaise DE ANDRADE.)

Relaçað Geral das Festas, que fez a Religiaõ da Companhia de Jesus na Pro- vincia de Portugal na Canonizaçaõ dos gloriosos Santos Ignatio de Loyola seu fundador, e S. Francisco Xavier Apostolo da India Oriental no anno de 1622. Lisboa,

por Pedro Crasbeeck, 1623, 4°, pp. 223. (Par le P. George CABRAL.)

Relacion de la conquista de la provincia de las Nayaritas, en el reyno de la Nueva España, que consiguieron las armas de S. M. a principios de este año de 1722. Madrid, Phelipe Alonso, s. a. (*1722*), 4°, pp. 30.

Relacion de la fiestas de la proclamacion de Carlos III, publicada por D. Mauro Oller. Valencia, por Benito Montfort, 1759, 4°. (Par le P. Raymond ALAFONT.)

Relacion de los Patronatos que tien San Francisco de Borja en varios Reynos, y Ciudades de la Christiandad contra los terremotos, y beneficios que con dichos Patronatos recibieron sus habitadores; sacada de varios Authores. En Valencia, por Joseph Estevan Dolz, 1748, 8°. (Par le P. Blaise Antoine CAZORLA.)

Relacion, origen i milagros del S. Cristo i nuestra Señora de la Caridad, que estan en la Iglesia de Carmelitas descalzos, en la villa de Guadalaçara. Malaga, por Iuan René, 1621, 12°. (Par le P. Martin DE ROA.)

Le nom de l'auteur est au bas de la dédicace et dans le privilège.

Relatio de Cocincina R. P. Christophori Borri e Societate Jesu, ex Italico latine reddita pro strena DD. Sodalibus Inclytæ Congregationis Assumptæ Deiparæ in Domo Professa Societatis Jesu. Viennæ Austriæ. Excudebat Michaël Rictius, in novo mundo. Anno MDCXXXIII, 8°, pp. 142. (Par le P. Jean BUCELLENI.)

Relatio de vita et moribus Fratris Hieronymi Benete, Societatis Jesu, prælo data a Nobilissima Civitate Valesoletana. Anno 1707, 4°. (Par le P. Emmanuel Ignace REGUERA.)

Relatio martyrii Patrum Rochi Gonzalez, Alphonsi Rodriguez, et Joannis de Castillo, Societatis Jesu, qui anno 1628 in Urvai Paraquariæ Provinciæ, passi sunt. Viennæ, Matthæus Formica, 1631, 16°. (Par le P. Henri LAMOURMAINI.)

Relation d'une guérison miraculeuse opérée par Saint Louis de Gonzague à Rome, le 24 Juin de l'année 1864. Publiée le jour de l'Assomption de la très-sainte Vierge, le 15 août de la même année. Traduction de l'italien. Lyon, Pélagaud, 1864, 16°, pp. 32. (Par le P. Antonin MAUREL.)

Voir infra : *Relazioni di una guarigione...*

Relation de ce qui s'est fait à Lyon au passage de Mgr le duc de Bourgogne et de Mgr le duc de Berry, avec les dessins, les devises et les inscriptions des feux d'artifice. Lyon, 1701, 4° et 12°. (Par le P. Dominique DE COLONIA.)

Relation de ce qui s'est passé à la Chine en 1697, 1698 et 1699 à l'occasion d'un établissement que M. l'abbé de Lyonne a fait à Nien-Tcheou ; Ville de la province de Tche-Kiang. A Liége, chez Daniel Moumal, 1700, 12°, pp. 44. (Par le P. Jean DE FONTANEY.)

C'est dans l'Avertissement qu'on lui attribue cette Relation.

Relation de ce qvi s'est passé dans les Indes orientales en ses trois provinces de Goa, de Malabar, dv Iapon, de la Chine, et autres païs nouuellement descouuerts. Par les Peres de la Compagnie de Iesvs. Presentée à la sacrée Congregation de la Propagation de la Foy, Par le P. Iean Maracci Procureur de la Prouince de Goa au mois d'Auril 1649. A Paris, Chez Sebastien Cramoisy, et Gabriel Cramoisy, M.DC.LI, 8°, pp. 114, sll. (Par le P. Jacques DE MACHAULT.)

Le traducteur signe la dédicace.

Relation de ce qvi s'est passé depvis qvelques années, iusques à l'An 1644, au Iapon, à la Cochinchine, av Malabar, en l'Isle de Ceilan, et en plusieurs autres Isles et Royaumes de l'Orient compris sous le nom de Prouinces du Iapon et du Malabar de la Compagnie de Iesvs. Diuisée en deux Parties, selon ces deux Prouinces. (*Faux-titre.*) — Première partie. Relation de la Prouince dv Iapon. Escrite en Portuguais par le Pere François Cardim de la Compagnie de Iesvs, Procureur de cette Prouince. Traduitte, et reueuë en François. A Paris, chez Mathvrin Henault et Iean Henavlt, M.DC.XLVI, 8°, pp. 182.

— Seconde partie. Relation des Missions de la Province de Malabar, de la Compagnie de Iesvs. Escrite En Italien par le Pere François Barretto Procureur de cette Prouince à Rome. Et puis traduite et corrigée en François. A Paris, De l'Imprimerie de Mathvrin et Iean Henavlt, M.DC.XLV, p. 185-314. (Par le P. Jacques DE MACHAULT.)

La dédicace est signée : *J. M.* Ces Relations avaient déjà été traduites en français par le P. François Lahier, en 1645, et publiées à Tournay; le P. de Machault fait remarquer, dans sa dédicace à Victor Le Bouthillier, archevêque de Tours, qu'il a « changé le langage Wallon « de la première traduction avec le nostre... »

Relation de ce qvi s'est passé de plus remarqvable ès Missions des Peres de la Compagnie de Iesvs en la Novvelle France, ès années 1645 et 1646. Enuoyée au R. P. Prouincial de la Prouince de France. Par le Superieur des Missions de la mesme Compagnie. A Paris, Chez Sebastien Cramoisy, M.DC.XLVII, 8°, pp. 184. (Par le P. Jérôme LALLEMANT.)

Tel est le titre de la première Relation anonyme (quant au titre) des Missions du Canada. Les précédentes de 1616 à 1646 portent, sur le frontispice, le nom du Jésuite qui les envoie en France, mais qui n'en est pas toujours le rédacteur, ou le seul rédacteur. La série de ces Lettres s'arrête à l'année 1672. Voici celles qui sont anonymes : 1647 (par le P. Jérôme LALLEMANT), 1647 et 1648 (le même), 1651-1652 (le P. Paul RAGUENEAU), 1652-1653 (le P. François LE MERCIER), 1655-1656 (le P. Jean DE QUEN) 1656-1657 (le P. Paul LE JEUNE), 1657-1658 (les PP. Paul RAGUENEAU et Simon LE MOYNE), 1659-1660 (le P. Jérôme LALLEMANT (?), 1660-1661 (le P. Paul LE JEUNE), 1661-1662 (le P. Jérôme LALLEMANT), 1662-1663 (le même), 1663-1664 (le même), 1664-1665, 1665-1666, 1666-1667, 1667-1668, 1668-1669, 1669-1670 (le P. Joseph François LE MERCIER), 1670-1671 (le P. Claude DABLON). Toutes ces lettres ont été réimprimées sous le titre : *Relations des Jésuites contenant ce qui s'est passé de plus remarquable dans les Missions des Pères de la Compagnie de Jésus dans la Nouvelle France. Ouvrage publié sous les auspices du gouvernement Canadien. Québec, Augustin Coté, 1858, gr. 8° à 2 coll., 3 vol.* Malgré cette réimpression, les éditions originales ont conservé une valeur considérable, soit dans les ventes, soit dans les catalogues de libraires. Ces *Relations* sont minutieusement décrites dans l'ouvrage de M. Harisse : *Notes pour servir à l'histoire, à la bibliographie et à la Cartographie de la Nouvelle-France et des pays adjacents. 1545-1700. Par l'auteur de la Bibliotheca Americana vetustissima. Paris, Tross, 1872, pet. 8°, pp. XXXIII-367.*

Relation de ce qvi s'est passé en l'année 1649. Dans les Royaumes où les Peres de la Compagnie de Iesvs de la Prouince du Iapon, publient le Saint Euangile Dediée à la Reyne de Pologne et de Suede. A Paris, chez Florentin Lambert, M.DC.LV, 8°, pp. 120, sld. (Par le P. Alexandre DE RHODES.)

Relation de l'appareil et ceremonies faites en l'Eglise de St Pierre de Rome en la beatification du glorieux evesque de Genève, François de Sales. Avec un Abrégé de la Vie, vertus et miracles du mesme bienheureux. Et le Bref de N. S. P. le Pape Alexandre VII, touchant cette béatification. A Lyon, chez Guillaume Barbier, s. a. (*1662*), 4°, pp. 16. (Par le P. Claude François MENESTRIER.)

La dédicace est signée : *C. F. M.*

Relation de l'entrée de l'Eminentissime Cardinal Flavio Chigi, neveu de Sa Sainteté et son légat apostolique, dans la ville de Lyon. A Lyon, chez Ant. Juilleron, 1664, fol., pp. 38. (Par le P. Claude François MENESTRIER.)

Il y a à la fin un feuillet pour un sonnet signé par l'auteur.

Relation de l'état présent de la ville d'Athènes, ancienne capitale de la Grèce bâtie depuis 3400 ans, avec un abrégé de son histoire et de ses antiquités. A Lyon, chez L. Pascal, 1674, 12°. (Par le P. Jacques Paul BABIN.)

La *Relation* seule est à lui; le reste est de Spon, éditeur de cet ouvrage. Barbier (IV, 208, e) se trompe, je crois, en donnant 1672 pour date.

Relation de la mission de Nankin confiée aux religieux de la Compagnie de Jésus. I. 1873-1874. — II. 1874-1875. Chang-hai, imprimerie de la mission catholique à l'orphelinat de Tou-sai-wai, 1875-1876, 8°, 2 vol., pp. x-153 et 260. (Par le P. Gabriel PALATRE.)

Relation de la Mission des Peres de la Compagnie de Iesvs, Establie dans le Royaume de Perse par le R. P. Alexandre de Rhodes. Dressée et mise au iour par un Pere de la mesme Compagnie. A Paris, Chez Iean Henavlt, M.DC.LIX, 8°, pp. 115, sll. (Par le P. Jacques DE MACHAULT.)

Le nom de l'auteur est dans la Permission du Provincial.

Relation derniere de ce qui s'est passé dans les Royaumes de Maduré, de Tangeor, et autres lieux voisins du Malabar, aux Indes Orientales. Eclairez de la lumiere de l'Evangile, par les Peres de la Compagnie de Jesus. Composée en italien, par le Pere Hyacinthe de Magistris, Missionnaire de la mesme Compagnie en ces pays-là et traduite en François par un autre Pere. A Paris, Chez Sebastien Cramoisy, M.DC.LXIII, 8°, pp. 453, sll. (Par le P. Jacques DE MACHAULT.)

Le nom du traducteur est dans l'Approbation.

Relation des Ceremonies faites à Grenoble dans les deux monasteres de la Visitation, avec les deux Desseins, l'un de saint François de Sales, l'ouvrage de la Grace en sa vie, et sa Conduite en l'Etablissement de la Visitation; et l'autre, les Transfigurations sacrées. A Grenoble, Chez Robert Philippes, 1666, 4°. (Par le P. Claude François MENESTRIER.)

Relation des ceremonies faites dans la ville d'Annessy, à l'occasion de la solemnité de la canonisation de St François de Sales, Evesque et prince de Genève, fondateur de l'Institut de la Visitation Sainte-Marie. A Grenoble, Chez Robert Philippes, 1666, 4°, 3 ff. nch. et pp. 40. (Par le P. Claude François MENESTRIER.)

Il signe la dédicace.

Relation des conquêtes faites dans les Indes par D. P. M. d'Almeida, marquis de Castelnuovo, Comte d'Assumar, etc., Vice-Roi et Capitaine général des Indes; traduite du Portugais de D. Emmanuel de Meirelles, qui s'y est trouvé présent; et de l'Italien d'un Auteur anonyme imprimé à Rome en 1748. Paris, Bordelet, 1749, 12°, pp. XIV-125. (Par le P. Bertrand Gabriel FLEURIAU.)

Relation des insignes progrez de la religion chrestienne, faits av Paraqvai, province de l'Amerique Meridionale, et dans les vastes Regions de Guair et d'Vruaig. Nouuellement decouuertes par les Peres de la Compagnie de Iesvs, es années 1626 et 1627, Ennoyée au R. P. Mvtio Vitelesci par le P. Nicolas Dvran, prouuincial en la prouince de Paraqvai. A Paris, chez Sebastien Cramoisy, M.DC.XXXVIII, 8°, pp. 162, sll. (Par le P. Jacques DE MACHAULT.)

Il signe la dédicace.

Relation des miracles de saint Paris, avec un abrégé de la vie du saint.

Bruxelles, Utrecht, 1731, 12°. (Par le P. Guillaume Hyacinthe BOUGEANT.)

Réimprimé avec le nom de l'auteur, dit Barbier, IV, 222, e. Est-ce exact?

Relation des missions des Peres de la Compagnie de Iesvs, dans les Indes Orientales. Où l'on verra l'estat present de la Religion Chrestienne, et plusieurs belles curiositez de ces Contrées. Dressée par vn Pere de la mesme Compagnie. A Paris, Chez Iean Henavlt, M.DC.LIX, 8°, pp. 238, sll. (Par le P. Jacques DE MACHAULT.)

Relation des missions du Paraguai. Traduit de l'Italien de M. Muratori. A Paris, Chez Bordelet, M.DCC.LIV, 12°, pp. XXIV-483. (Par le P. Félix Esprit DE LOURMEL.)

Relation des progrez de la Foy av royavme de la Cochinchine és années 1646 et 1647. Envoiée av R. P. General de la Compagnie de Iesvs. Par le P. Metelle Saccano Religieux de la mesme Compagnie, employé aux Missions de ces païs. A Paris, chez Sebastien Cramoisy; et Gabriel Cramoisy, M.DC.LIII, 8°, pp. 139, sld. (Par le P. Jacques DE MACHAULT.)

Il signe la dédicace.

Relation des progrez de la Foy av royavme de la Cochinchine vers les derniers quartiers du levant. Envoiée au R. P. General de la Compagnie de esvs (sic). Par le P. Alexandre de Rhodes, employé aux Missions de ces païs. A Paris, Chez Sebastien Cramoisy et Gabriel Cramoisy, M.DC.LII, 8°, pp. 134, sld. (Par le P. Jacques DE MACHAULT.)

Il signe la dédicace.

Relation du Parnasse sur les ceremonies du baptesme de Monseigneur le Duc de Bourbon, fils de Monseigneur le Duc et petit-fils de Son Altesse Serenissime Monseigneur le Prince de Condé, Faites à S. Germain en Laye, le 16 Janvier 1680. A Paris, chez R. J. B. de la Caille, 1680, 4°, pp. 14. (Par le P. Claude François MENESTRIER.)

Relation fidèle des troubles arrivés dans l'empire de Pluton, au sujet de l'histoire de Sethos, en quatre lettres écrites des

Champs élisées à M. l'abbé *** auteur de cette histoire. A Amsterdam, chez les Wetsteins, 1731, 8°, pp. 211. (Par le P. Bernard Routh.)

L'auteur de *Sethos* est l'abbé Terrasson.

Relation (A) of a Tryal made before the King of France, in the Year 1600, between the Bishop of Eureux and the Lord Plessis Mornay; about certains Points of corrupting and falsifying Authors, whereof the said Plessis was openly convicted, by N. D. St Omers, 1604, 8°. (Par le P. Robert Parsons.)

Relation (A) of the missions of Paraguay wrote originally in Italian by Mr Muratori and nowe done into English from the French Translation. London, printed by J. Marmaduke in Long-Acre, MDCCLIX, 12°. (Par le P. Jacques Dennett.)

La traduction française est du P. de Lourmel. (Voir supra, col. 822) : *Relation des missions du Paraguai...*

Relation più distinta della conversione alla Fede del già Mamèt Celebi, hoggi Don Filippo Primogenito d'Amar dai Re di Tunisi. Aggiuntovi il Battesimo nella Chiesa del Giesù di Palermo, 6 di Maggio, 1646. S. l. et a., 4°, pp. 11. — *A la fin :* In Palermo per Nicolao Bua, e Micheli Portanova, 1646. (Par le P. Joseph Spucces.)

Relatione della grande monarchia della Cina del P. Alvaro Semedo Portvghese della Compagnia di Giesv. Romæ. Sumptibus Hermanni Scheus, M.D.CXXXXIII, 4°, pp. 309, sllelt. — *A la fin :* In Roma, Nella Stamperia di Lodouico Grignani, 1643. (Par le P. J. B. Giattini.)

Cet ouvrage fut réimprimé sous le même titre en 1678, et en 1653 sous celui de : *Historica Relatione...* (Voir supra.)

Relatione della morte di papa Urbano VII. Composta del R. P. Gio Pietro Rossi, della C. di G. Penitenziare di San Pietro. Roma, per Giovanni Martinelli, 4°, (Par le P. Pierre Paul Rossi.)

Relatione delle persecutioni mosse contro la fede di Christo. In varii regni del Giappone Ne gl' Anni M.DC.XXVIII. M.DC.XXIX. e M.DC.XXX. Al Molto

Reuer. in Christo P. Mvtio Vitelleschi Preposito Generale della Compagnia di Giesv. In Roma, et in Milano, Per Filippo Ghisolfi, MDCXXXV, 8°, pp. 218.

Cette relation est sans doute traduite par un Jésuite, qui n'est pas, en tous cas, comme le dit Melzi (II, 424) le P. André *Palmeiro* (et non *Palmieri*); il n'y a de lui, dans cet ouvrage, qu'une lettre adressée au P. Ixida. Si la relation entière était de lui, elle devrait être en portugais, et non en italien.

Relations des Peres Loys Froes et Nicolas Pimenta de la compagnie de Iesvs. Av R. P. Clavde Aqvaviva General de la mesme Compagnie. Concernant l'accroissement de la foy Chrestienne au Iappon et autres contrées des Indes Orientales ès années 1596 et 1599. Traduittes du Latin imprimé à Rome. A Lyon, Par Iean Pillehotte, M.DC.II, 8°, pp. 175 et 114. (Par le P. Michel Coyssard [?].)

Le P. Sotwel dit qu'il traduisit « permulta Japonica. »

Relatorio de Apostolado da Oração liga do Coração de Jesus e Communhão reparadora en Portugal no anno de 1880-1881. X Anno. Lisboa, typographia da « Cruz do Operario » 1882, 8°, pp. 46. (Par le P. Louis Prosperi.)

L'auteur signe la dédicace à l'archevêque de Goa.

Relazione autentica dell' accaduto in Parnasso. In Ferrara, Giuseppe Rinaldi, 1780, 8°. (Par le P. Matthieu Aymerich.)

Relazione del funerale celebrato in Milano per commando della Sacra Maestà Cesarea e Cattolica l'Augustiss. Imperadore Carlo VI all' Augustissima Imperadrice madre Leonora Maddalena Teresa, con un ristretto delle molte sue virtù e segnalate azioni di pietà cristiana. In Milano, per Giuseppe Richino Malatesta, 1721, fol., pp. 45. (Par les PP. Thomas Ceva, Jean Paul Alciati et J. B. Capriati.)

Le premier est auteur du récit, les autres des inscriptions.

Relazione del funerale nel Duomo di Milano alla Reina di Spagna Maria Anna d'Austria, sue Iscrizioni, Emblemmi, Elogj. Milano, per Marc' Antonio Pandolfo Malatesta, 1696, fol. (Par le P. Thomas Ceva.)

Relazione del solenne ottavario celebrato nella Chiesa del Collegio della Compagnia di Gesù di Trapani per la Canonizzazione de' SS. Luigi Gonzaga e Stanislao Kostka. Palermo, 1728, 4°. (Par le P. Aloys BONGIARDINA.)

Relazione della pia casa eretta in Malta per gli Esercizi spirituali di S. Ignacio Lojola, sotto titolo di Manresa; e degli onori fatti al corpo di S. Calcedonio Martire, mandato alla chiesa di detta pia casa dalla Santità di Nostro Signore Papa Benedetto XIV, e de' prodigj, che opera Iddio per i meriti del Santo Martire scritta ad un amico, il quale desiderava d'esserne informato. Dedicata al medesimo gloriosissimo martire S. Calcedonio primario protettore di quell' opera pia. In Napoli, 1753, 4°, pp. 88, sldelp. (Par le P. Pierre François ROSIGNOLI.)

Relazione della segnalata e come miracolosa conquista del paterno imperio, eseguita dal seren° giovine Demetrio, granduca di Moscovia, ec. raccolta da sincerissimi avvisi da Barezzo Barezzi. Venezia, appresso il suddetto Barezzo Barezzi; e Firenze, presso il Guiducci, 1606. (Par le P. Antoine POSSEVINO [?].)

D'après Melzi (I, 112), on ne peut douter que ce jésuite ne soit l'auteur réel de cet ouvrage. Je serais moins affirmatif, car aucun autre bibliographe ne le lui attribue, et ses historiens n'en parlent pas.

Relazione della virtuosa vita, e preziosa morte del fratello, e maestro Pietro Alamanni della Compagnia di Giesù defunto in Firenze nel Noviziato di Pinti 30. Ottobre 1700. descritta da un Religioso della medesima Compagnia e dedicata a gl' illustriss. SS. Paggi dell' Altezza Reale del Granduca di Toscana. In Firenze, per Michele Nestenus, et Antonmaria Borgligiani, 1708, 4°, pp. XVI-92. — In Palermo, nella nuova Stamperia di Angello Felicella, 1708, 12°, pp. 149. (Par le P. Fabius MANSI.)

Relazione della Vita, e Martirio del Venerabil Padre Ignazio de Azevedo Ucciso dagli Eretici con altri trentanove della Compagnia di Gesù. Cavata da' Processi autentici formati per la loro Canonizzazione Dedicata alla Sacra Real Maestà di D. Giovanni V. Re di Portogallo. In Roma, nella stamperia di Antonio de' Rossi, 1743, 4°, pp. 202, sld. (Par le P. Antoine CABRAL.)

Il signe la dédicace. Melzi a tort (II, 423) de l'attribuer au P. Cordara. Au t. I, 230, il met le même ouvrage sous le titre de : Compendio della vita...

Relazione delle Pompe di Palermo per la Festa dell' Inventione del Corpo di S. Rosalia Vergine Palermitana alli 15 di Luglio di quest' Anno 1650. Dedicata da Nicolò Delfino all' Illustriss. Senato li Signori Lancellotto Castelli ... Spett. Senatori. In Palermo, appresso i Cirilli, MDCL, 4°, pp. 24. (Par le P. Philippe SCAFILIS.)

Melzi (II, 424) nomme l'auteur : Scafli Trapani. Le second nom est celui de sa ville natale.

Relazione delle publiche feste fatte dalla città di Milano alli 7 di giugno 1716 per la nascita del Serenissimo arciduca Leopoldo, principe delle Asturie. Milano, Malatesta, 1716, 4°. (Par le P. Thomas CEVA.)

Relazione scritta ad' un Amico delle feste celebrate nel Collegio Romano della Compagnia di Giesù per l'anno centesimo dopo la fondazione di essa. In Roma, Nella Stamperia di Lodovico Grignani, MDCXXXX, 4°, pp. XXXII. (Par le P. Sforza PALLAVICINO.)

Relazioni di una guarigione prodigiosa operata dall' angelico Giovine S. Luigi Gonzaga in Roma al 24 di Giugno dell' anno 1864 pubblicata nella festa dell' Assunzione di Maria SS. ai 15 di Agosto del medesimo anno. Roma, tip. della Civiltà, 1864, 12°, pp. 29. (Par le P. Félix MASSARUTI.)

Religieuse (La) angloise, ov bien Petit traitte touchant le bonheur et felicité de la vie Religieuse. Composé en Anglois, et traduit du depuis en François par vn Pere de la Compagnie de Iesvs. A Liege, Chez Léonard Streel, 1647, 8°, pp. 273.

Le P. Henri More avait publié en anglais la traduction d'un abrégé de l'ouvrage du P. Jérôme Platus : De bono status religiosi ; c'est cette traduction qui est mise en français par un autre jésuite.

Religieuse (La) dans la solitude ; retraite spirituelle de dix jours, par l'auteur du Directeur dans les voies du salut, traduite de l'italien sur la douzième Edition. A Amiens, Chez Louis Godart, 1731, 12°. (Par le P. Joseph DE COURBEVILLE.)

Le nom du traducteur est dans la permission du Provincial. L'original italien est du P. Pinamonti. Ce livre a été réimprimé en 1740, et dans ce siècle sous le nom de l'auteur.

Religio, seu conservandæ religionis adjumenta argumentum quatuor meditationum quas congregatio latina major B. V. Mariæ Matris Propitiæ ab angelo salutatæ tempore quadragesimæ exhibuit Monachii anno MDCCLXV. Meditatio I. Cor humile. Typis Viduæ Joannis Christophori Mayr, 4°, s. pag. (pp. 42.) — ... II. Cor mundum. Ibid., (pp. 35.) — ... III. Cor generosum. Ibid., (pp. 35.) — ... IV. Cor tenerum. Ibid., (pp. 36.) — Religio, seu conservandæ religionis impedimenta argumentum quinque meditationum... anno MDCCLXVI. Meditatio I. Turba negotiorum. Ibid., (pp. 43.) — II. Vita mollis. Ibid., (pp. 38.) — ... III. Respectus humanus. Ibid., (pp. 41.) — ... IV. Educatio mala. Ibid., (pp. 40.) — ... V. Libri perversi. Ibid., (pp. 39.) (Par le P. Joseph PEMBLE.)

Réimprimé dans son *Theatrum asceticum*.

Religio seu cultæ religionis emolumenta. Argumentum quinque meditationum, quas congregatio latina major B. V. Mariæ Matris Propitiæ ab angelo salutatæ tempore quadragesimæ exhibuit Monachii Anno MDCCLXIII. Meditatio I. Religio in regnis. Typis Viduæ Joannis Christophori Mayr, 4°, s. pag. (pp. 44.) — ... II. Religio in aulis. Ibid., (pp. 38.) — III. Religio in curiis. Ibid., (pp. 40.) — IV. Religio in castris. Ibid., (pp. 36.) — ... V. Religio in privatis familiis. Ibid., (pp. 39.) (Par le P. Joseph PEMBLE.)

Réimprimé dans son *Theatrum asceticum*.

Religio, seu neglectæ religionis detrimenta argumentum quatuor meditationum, quas congregatio latina major B. V. Mariæ Matris Propitiæ ab angelo salutatæ tempore quadragesimæ exhibuit Monachii Anno MDCCLXIV. Meditatio I. Detrimentum bonorum. Typis Viduæ Joannis Christophori Mayr, 4°, s. pag. (pp. 42.) — ... II. Detrimentum honoris. Ibid., (pp. 38.) — ... III. Detrimentum vitæ. Ibid., (pp. 38.)

— ... IV. Detrimentum salutis. Ibid., (pp. 43.) (Par le P. Joseph PEMBLE.)

Réimprimé dans son *Theatrum asceticum*.

Religio Vindicata sive Relatio Belli Turcici inter Augustissimum Cæsarem Carolum sextum et Orientem gesti... Viennæ, typis Joan. Bapt. Schilgen, 1720, 8°, pp. 124 et cartes. (Par le P. Antoine VANOSSI.)

Religion (La) chrétienne prouvée par l'accomplissement des Propheties de l'Ancien et du Nouveau Testament, suivant la methode des SS. Peres. A Paris, Chez Esprit Billot, et Gabriel François Quillau, M.DCC.XXVIII, 4°, pp. 297. (Par le P. Jean François BALTUS.)

L'auteur signe la dédicace.

Religion (La) cristiana provata da un solo fatto, o sia Dissertazione, in cui si dimostra, che que' Cattolici, a' quali Uldarico Rè de' Vandali fece troncar la lingua parlarono miracolosamente per tutto il restante della loro vita, e da questo miracolo si traggano le conseguenze contro gli Ariani, i Sociniani, e gli Deisti, e particolarmente contro l'autore dell' Emilio, rispondendo alle principali loro difficoltà. In Montefiascone, nella stamperia del Seminario Onofrio Fanelli, 1786, 8°, pp. XXIII-203. (Par le P. François Antoine ZACCARIA.)

Religion (La) dans les Révolutions. S. l. et a. (*1791*), 8°. (Par le P. Augustin BARRUEL.)

Le nom de l'auteur est à la fin de cette brochure.

Religion (La) pratique ou l'âme sanctifiée par la perfection de toutes les actions de la vie. A Lyon, Chez Jacquenod père et Rusand, 1766, 12°, pp. VIII-374. (Par le P. Barthélemi BAUDRAND.)

Souvent réimprimé sous le titre: *Ame* (*L'*) *sanctifiée...* (Voir supra.)

Religion (La) prétendue réformée Détruite par elle-même... (Par le P. Jacques LE GRAS.)

Voir supra : *Luthero-Calvinisme* (*Le*)...

Religione (De) Antiquorum Ubiorum Dissertatio Historico-Mythologica instituta in aula publica Trium Coronarum Col.

Claud. Agrippin., anno à reparata salute CIↃ.IↃCCLXVI Kal. Aug. ab Rhetorices Candidatis... Coloniæ Agrippinæ, Typis Viduæ Nicolai Theodori Hilden, 4°, pp. xxxv. (Par le P. Augustin ALDENBRUCK.)

Cette Dissertation fut réimprimée en 1769, sous le nom de l'auteur, avec des additions.

Religione (La) trionfante, ovvero il cambio degli affetti. Trattenimento drammatico per il carnevale dell' anno santo 1700. Brescia, 1720, 12°. (Par le P. François ERCOLANI.)

Ne faut-il pas lire *1700* pour l'année de l'impression?

Religionis Romano-Catholicæ fundamentum. securitas et veritas explicata juventuti studiosæ Gymnasii Societatis Jesu Hildesiensis Mariano Josephini, eidemque in strenam data. Hildesii, typ. Joannis Leonardi Schlegelii. 1705, 12°, pp. 83. — Ibid., 1712. (Par le P. Pierre SCHMITTMANN.)

Religions-Journal. Auszüge aus den besten und neuen Schriftstellern und Vertheidigungen der christlichen Religion. mit Anmerkungen. Mainz, 1776-1794. (Par le P. Hermann GOLDHAGEN.)

Le P. Goldhagen dirigea ce Journal, où ont écrit différents auteurs, jusqu'à sa mort qui arriva en 1794. De 1797 à 1804, ce recueil prit le titre de : *Journal der Religion, Wahrheit und Litteratur.*

Religiosa (Della) perfezione, e della Cristiana e civile educazione. Trattato diviso in due parti. Bologna, dalla tipografia di S. Tommaso d'Aquino, 1785, 8°. (Par l'abbé François-Xavier PEROTES, ancien jésuite.)

Religiösen (Die) Orden zur Orientirung über ihre Stellung in Reiche und Kirche. Von einem Freund der Wahrheit und Gerechtigkeit. Paderborn. Pape, 1865. (Par le P. Rodolphe MARTY.)

Religiosus in solitudine opus, quo personis præcipue religiosis traditur modus utiliter vacandi exercitiis spiritualibus S.P. Ignatii de Loyola profuturum et aliis, qui hujusmodi medio statum suum reformare desiderant; italice olim editum a R. P. Jo. Petro Pinamonti Societatis Jesu; nunc vero latinitate donatum ab alio ejusdem Societatis Sacerdote. Ratisbonæ,

sumptibus Felicis Bader, Anno 1733, 8°, pp. 555, sll.

Plusieurs éditions.

Reliqves (Les) de Messire Iean dv Verger de Havranne, abbé de Saint Cyran. extraites des ovvrages qu'il a composez et donnez au public. Diuisées en trois Parties. A Lovvain, Chez la vefue de Iaqves Gravivs, M.DC.XLVI, 8°, pp. XXIV-507. (Par le P. François PINTHEREAU.)

Remarks upon F. Le Courayer's Book in Defence of the English Ordinations, by Clerophilus Alethes. S. l. et a. (*1740* ?) 8°, pp. 384. (Par le P. Jean CONSTABLE.)

Remarques (Les) de l'illustre Pèlerin très curieuses et très importantes à la Géographie et à l'Histoire Sacrée et Profane, tirées sur divers voyages en Syrie, Mesopotamie, Babylonie, Assyrie, Susianne, Parthie, Medie, Arménie, Mer Caspienne, Tartarie, Moscovie. Lyon, 1673, 12°. (Par le P. François RIGORDI.)

Je ne garantis pas que cet ouvrage soit anonyme.

Remarques iudicieuses sur le livre intitulé : De la fréquente communion, par le Sieur Arnauld, Docteur en theologie. Pour seruir d'eclaircissement aux intentions et à la doctrine de l'Autheur. A Paris, Chez Sebastien Cramoisy et Gabriel Cramoisy, 1644, 8°. (Par le P. Jacques DE LA HAYE.)

Bayle attribue cet ouvrage au P. Nouet, et Baillet à un prêtre séculier, François Renard.

Remarques nouvelles sur la langue françoise. A Paris, chez Sebastien Mabre-Cramoisy, M.DC.LXXV, 4°. (Par le P. Dominique BOUHOURS.)

La dédicace à Patru est signée : B. J. Cet ouvrage a eu plusieurs éditions anonymes; celle d'Amsterdam, 1693, 12°, ne l'est pas.

Remarques sur la langue françoise à l'usage de la Lorraine, par monsieur ***. Paris (*Nancy*), les libraires associés, 1775, 12°. (Par DUBOIS DE LAUNAY, ancien jésuite.)

Je trouve cette indication dans Barbier. Le P. de Backer (I, 1665) inscrit aussi Dubois de Launay parmi les écrivains de la Compagnie. S'il fut jésuite, ce fut peu de temps. Dans mon catalogue de la Province de Champagne, j'ai un *Henri Dubois*, mort à Nancy, le 18 août 1794; c'est, je pense, le même, puisqu'il mourut, dit-on, à Nancy, dans le courant des premières années de la révolution.

Remarques sur la théologie du P. Gaspard Juenin, par un docteur en Théologie. A Nancy, chez Charlot, 1708, 12°. (Par le P. Jean Joseph PETITDIDIER.)

Remarques sur le système Gallican moderne ou sur les articles de la déclaration du clergé de France de l'assemblée de 1682. Par le R. P. G.*** Mons, 1796. (Par le P. Jean BILLY.)

Barbier (IV, 257, d) dit : *par R. P. S. (H. J. Sclain, curé primaire de Seraing. [Liège]. Mons, Liège, 1803, in-12°, 227 p.* Il serait extraordinaire qu'il y eût deux ouvrages du même titre de deux auteurs différents. Or, parmi les MSS. du P. Billy conservés dans la Bibliothèque de l'Ecole Ste-Geneviève, on trouve deux exemplaires de cette brochure, de sa main, un peu différents l'un de l'autre et préparés pour une seconde édition. Un autre de ses manuscrits est intitulé : *Idée historique et succincte de la déclaration faite dans l'assemblée du clergé de France en 1682.*

Remarques sur les nouvelles Réflexions touchant la Poétique. Paris, Billaine, 1675, 12°, pp. 121. (Par le P. François VAVASSEUR.)

Cet ouvrage est dirigé contre les *Réflexions sur la Poétique* (voir supra) du P. Rapin. L'auteur, dit-on, supprima cette édition ; mais les *Remarques* sont insérées, p. 680-700, dans ses *Opera omnia*. (Amsterdam, 1709, fol.)

Remarques sur les premiers versets du premier livre des Maccabées, ou Dissertation sur une médaille d'Alexandre-le-Grand, du cabinet de l'Hôtel-de-Ville de Lion. A Lion, de l'imprimerie d'Aymé Delaroche, M.DCC.XXXIX, 4° pp. 52. (Par le P. Alexandre Xavier PANEL.)

Il signe la dédicace.

Remarques sur un écrit intitulé : Compte rendu des Constitutions des Jésuites, par M. de la Chalotais, Procureur général au Parlement de Bretagne. S. l. et a. (1762), 12°, pp. 99. (Par le P. Henri GRIFFET.)

Remedes (Les) choisis de l'herboriste d'Attigna. La Table qui est à la fin en facilitera l'usage. Edition premiere. A Lion, chez Matthieu Desmares, M.DC.XC, 12°. — Lyon, chez Jean Thioly et Ant. Boudet, 1695, 12°, 3 vol. (Par le P. Antoine GOLLETI.)

L'Avis au lecteur est signé : *Antoine Golleti D. L. C. D. J.* Il publia d'autres petits livres analogues, mais sous des titres un peu différents et de la même époque : *Les petits secrets de l'herboriste d'Attignat, — Medecine aisée de l'herboriste... — Œuvres medicinales de l'herboriste...*

Remembrance (A) for the living to pray for the dead. St Omer, 1641, 12°. (Par le P. Jacques MUMFORD.)

La 2e édition, 1660, porte : *by J. M.*

Remontrance à Monseigneur l'Archevesque de Reims. Sur son Ordonnance du quinziéme de Juillet 1697. A l'occasion de deux Theses de Theologie soûtenuës dans le College des Jesuites de la mesme Ville, les 5. et 17. de Decembre 1696. S. l. et a. (1697), 4°, pp. 24. — In-12°, pp. 69. (Par les PP. Gabriel DANIEL et Dominique BOUHOURS.)

Remontrance chrétienne à l'auteur de la traduction des Homélies de saint Chrysostome, à l'occasion de l'avertissement qu'il a donné au public touchant quelques fautes de sa traduction. S. l., 1693, 12°, pp. 18. (Par le P. Barthélemi GERMON.)

J'emprunte cet article à Barbier (IV, 266, a).

Remontrances à M. l'Evêque d'Auxerre au sujet de son ordonnance et instruction pastorale, portant condamnation de plusieurs propositions extraites des cahiers dictés au Collège d'Auxerre, par le P. le Moyne, de la Compagnie de Jésus. A Paris, Chez Pierre Simon, 1726, 4°. (Par le P. François de Paule BRETONNEAU.)

Renaud ou les voies de la Providence. Histoire tirée de la guerre de Trente ans, et dédiée à la jeunesse catholique. (Imitation de l'allemand.) Tournai, Casterman, 1854, 8°, pp. 216. (Par le P. Paul BARBIEUX.)

Rendete a Cesare cio, ch' è di Cesare, ma si a Dio rendete quel, ch' è di Dio, o sia Dissertazione sulla Podestà regolatrice della Disciplina offerta al merito sublime Dell' Emo e Revmo Principe il Signor Cardinale Gregorio Barnaba Chiaramonti Vescovo d'Imola, ec. ec. In Faenza, presso Gioseffantonio Archi, MDCCLXXXVIII, 8°, pp. viii-280. — In Piacenza, Per Niccolò Orcesi, MDCCLXXXVIII, 8°, pp. 264. — Roma, presso Giovanni Ferretti, 1836, 8°, pp. 274. (Par le P. François Antoine ZACCARIA.)

Reparatie van eere ende respect benomen aen de opperste Majesteyt Godts

Waerachtelyck rustende in het Hoogweerdigh H. Sacrament des Autaers Toe-Ghe-Eyghent aën alle Godt-minnende Zielen, den yver hebbende om voor ende in te staen de Eere van haeren Wel-Beminden. Door eenen Priester vande Societeyt Jesu. Tot Brugge, gedruckt by de Weduwe van Joannes Clouwet, 1668, 12º, pp. 221. — Tweeden Druck vermeedert. Ibid., 1669, 12º, pp. 236. (Par le P. Michel CRABEELS.)

Replique à la reponse que les ministres ont faite sous le nom d'Eusebe Philalethe, contre le Traité des Images du P. Gontery, par Antoine de Bonastre. Rouen, Jean Osmont, 1609, 12º. (Par le P. Jean GONTERY.)

Reply (A) to a notorious Libell intituled A briefe Apology or Defence of the Ecclesiastical Hierarchie, by W. C. 1603, 4º. (Par le P. Robert PARSONS.)

Reponse à ce qu'on a écrit contre le Livre intitulé : Instruction pour les nouveaux Catholiques. Caen, 1687, 12º. (Par le P. Louis DOUCIN.)

A l'ouvrage du P. Doucin : Instruction pour les nouveaux catholiques, M. Guilbert opposa : Lettres d'un nouveau converti à un catholique de ses amis, ou Remarques sur le Livre du P. Doucin, jésuite... Amsterdam, Desbordes, 1686, 12º.

Response à l'apologie du Sieur Arnauld, contenuë en sa lettre adressée à la Reyne Regente Mere du Roy : avec l'analyse de la Doctrine de la Penitence, comprise dans le livre de la Frequente Communion, publié sous le nom dudit Sieur Arnauld. A Paris, 1644, 4º. — Rouen, 1645, 4º. (Par le P. Jérôme SEGUIN.)

Réponse à l'Histoire des Oracles de M. de Fontenelle de l'Académie françoise. Dans laquelle on réfute le Systeme de M. Van-Dale, sur les Auteurs des Oracles du Paganisme, sur la cause et le temps de leur silence; et l'on établit le sentiment des Peres de l'Eglise sur le même sujet. A Strasbourg, Chez Jean Renauld Doulssecker, MDCCVII, 8º, pp. 274, slpelt. — Seconde édition. Ibid., MDCCIX, 8º, pp. 371. (Par le P. Jean François BALTUS.)

Voir infra : *Suite à la Réponse.*

Réponse à la demande de M. de Marillac, conseiller du Roi en ses Conseils d'Etat et privé, par un très-docte Pere et professeur en theologie de la Compagnie de Jesus, suivant le commandement de son superieur, sur le fait des Carmelines de Bourges. S. l., 1625, 4º. (Par le P. Etienne BAUNY.)

Reponse à la grande question agitée actuellement en France : Si l'on peut accorder, sans danger pour la tranquillité publique, l'état civil aux Protestants? ou Discours à lire au Conseil, en présence du Roi, par un Ministre Patriote, sur le projet d'accorder l'Etat civil aux Protestants. A Paris, M.DCC.LXXXVIII, 8º, pp. 228. (Par le P. J. B. BONNAUD.)

Réponse à la lettre de Messieurs des Missions Etrangères au Pape sur les cérémonies chinoises. S. l. et a. (*1700*), 4º, pp. 125.

Responce à quelques difficultez Proposées à un Theologien sur la Publication qui a esté faite d'un Iubilé Particulier, à l'Eglise de Saint Iean de Lyon, à l'occasion du concours de la Feste-Dieu, auec celle de la Natiuité de Saint Iean Baptiste, qui arriue le 24 Iuin de cette Année 1666. Où il est solidement traitté de l'Establissement de ce Iubilé; du pouvoir accordé aux Confesseurs pendant ce saint temps; et de ce qu'un chacun doit faire pour le gagner. A Lyon, Chez Antoine Iullieron, M.DC.LXVI, 4º, pp. IV-40, — ou 12º, pp. 39. (Par le P. François DE LA CHAIZE.)

La dédicace est signée : F. D. L. C. I.

Responce à un écrit anonyme contre les religieux. Par Dom Pacifique d'Avranches. S. l., 1654. (Par le P. Josselin DES DÉSERTS ou par le P. Georges PIROT.)

Response à vn escrit dv sievr Tricotel Ministre de Calais, contre l'honneur de la Sainte Croix de Iesus-Christ, donné par Monsieur Monet aux Peres de la compagnie de Iesus, sur la fin de leur mission à Calais, Le 9 de Février 1657. In-4º, pp. 24. (Par le P. Claude VALDORY.)

L'auteur signe à la fin.

Réponse à un écrit intitulé Mémoire publié sur le différent qui est entre M. S.

de Tournay et les réguliers de son diocèse. Lille, Ignace de Rache, 1672, 12°, pp. 64. (Par le P. Antoine BOULOGNE, jésuite, et le P. Ange HENNOTELLE, dominicain.)

Réponse à un libelle intitulé : Idée générale des vices principaux de l'Institut des Jésuites, tirée de leurs constitutions et des autres titres de leur Société. A Avignon, Chez Louis Chambeau, M.DCC.LXI, 8°, pp. 220. — Seconde Edition Augmentée. A Toulouse, Chez Birosse, M.DCC.LXII, 12°, pp. 162. (Par le P. Théodore LOMBARD.)

L'*Idée générale* est de l'abbé Coudrette.

Response à une epistre liminaire de Pierre Viret, ministre des reformez de Lyon, en faveur de ceux de la Compagnie de Iesvs, communement appelez Iesvites : En laquelle est un beau discours et Histoire de l'estat, source, progrés et maniere de vivre d'iceux, par le translateur du Seigneur Diegho portugois... Lyon, Michel Iove, 1565, 8°. — Ibid., 1595, 8°. (Par le P. Emond AUGER.)

Sotwel indique simplement : *Epistola con'ra Petrum Viretum pro Societate Iesu.* Si c'est bien celle que je viens de citer, il faudrait attribuer au P. Auger : *Premier (Le) livre des explications catholiques...* (Voir supra.)

Réponse à une lettre imprimée dans le Mercure de Janvier 1723, sur la nouvelle traduction de Denys d'Halicarnasse, du R. P. L. J. D. L. C. D. I. Paris, 1723, 12°. (Par le P. Claude René HONGNANT.)

Cette défense de la Traduction de Denys d'Halicarnasse faite par le P. Gabriel François Le Jay, contre les critiques de Bellenger insérées dans le Mercure, a été à tort attribuée au P. Bougeant.

Réponse au discours sur les sciences et les arts Par un citoyen de Genève. Genéve, 1751, 8°, pp. 346. (Par le P. Joseph DE MENOUX.)

On dit que le roi Stanislas eut part à cette réfutation de Jean Jacques Rousseau.

Response Apologetiqve à l'Anticoton, et à ceux de sa suite Presentée à la Royne, Mere du Roy, Regente en France. Ov il est monstré, qve les Autheurs anonymes de ces Libelles difamatoires sont atteints des crimes d'Heresie, leze Majesté, Perfidie, Sacrilege, et tres enorme Imposture. Par vn Pere, de la Compagnie de Iesvs.

La verité vous deliurera. Ioan. viij. xxij. Av Pont, Par Michel Gaillard, M.DC.X, 8°, pp. 320. (Par le P. François BONALD.)

Plusieurs réimpressions; celle de 1611 porte : *Par François Bonald, de la Compagnie de Iesus.* On attribue à tort, selon moi, cette *Response* au P. Coton lui-même; il ne pouvait s'exprimer sur son propre compte dans les termes qu'on trouve, par exemple, à la page 220 et suivantes. — D'après M. Deschamps (*Diction. de Géographie... à l'usage des libraires*, art. *Pons*, col. 1037), *Au Pont* signifie *Charenton*, et en voici la preuve singulière : « Ce nom est employé au XVII° siècle par les publicistes réformés pour désigner *Charenton.* Ainsi nous trouvons : *Bonald, de la Compagnie de Jésus. Response..* »

Response au livre intitulé : Apologie povr l'vniversité de Paris. Contre le Discours d'un Iesuite. Par vne Personne affectionnée au bien public. Troisieme Edition. S. l. (*Paris*), An. D. M.DC.XLIII, 8°, pp. 69. (Par le P. Jacques DE LA HAYE.)

Les deux premières éditions sont de la même année.

Reponse au livre intitulé : « Extraits des assertions dangereuses et pernicieuses en tout genre » que les soi-disant jésuites ont, dans tous les temps et persévéramment soutenues, enseignées et publiées dans leurs livres, avec l'approbation des supérieurs et généraux, vérifiées et collationnées par les commissaires du Parlement, 1763-1765, 4°, 3 vol. (Par les PP. Jean Nicolas GROU et Henri Michel SAUVAGE.)

Réponse au manuel civique. Le poison civique du Dr Paul Bert par Jules Anglade. Deuxième édition revue et augmentée. Paris, Palmé, 1882, 16°, pp. 96. (Par le P. Jules ANGLADE.)

Voir supra : *Poison (Le) civique...*

Reponse au R. P. Thomiste triomphant de l'Ordre de S. Dominique par un P. de la Compagnie de Jésus. ?, 12°.

On lit à la fin : « On ne debitera pas ces conférences où « elles sont imprimées, mais à Lille, on aura soin qu'il « n'en manque pas. »

Réponse aux défenseurs des facultés de théologie. Lyon, Louis Lesne, 184., 8°. (Par le P. Nicolas DESCHAMPS.)

Voir supra : *Facultés (Des) de théologie...*

Response avx demandes d'vn grand prelat, touchant la Hierarchie de l'Eglise. Et la ivste defense des Privilegiez, et des Religieux. Tirée des Conciles, des saincts

Docteurs, et des plus sçauants Theologiens. Par François de Fontaine, Predicateur du Roy. Au Pont-à-Mousson, par Sebastien Cramoisy, 1625, 12°, pp. 328, sld. (Par le P. Etienne Binet.)

Plusieurs éditions.

Response aux impostures des Lettres que les Jansenistes publient contre les Jesuites. S. l. et a. (1656), 4°, pp. 11. (Par le P. Jacques Nouet.)

Reponse aux invectives contenues en un livre intitulé : Le grand Colisée bâti d'injures contre les camarades et compagnons de Jesus-Christ, imprimée à Saint-Gervais en chretienté en l'an 1611. Par M. D. L. S. l. et a., 8°. (Par le P. Guillaume Baile.)

L'auteur signe à la fin.

Réponse aux lettres provinciales de Montalte, ou Entretiens de Cleandre et d'Eudoxe. A Cologne, Chez Pierre Marteau, M.DC.XCVI, 12°, pp. 402. — .... augmentée en cette nouvelle édition de plusieurs pièces qui ont du rapport à la même matière. Bruxelles, E. H. Frick, 1698, 12°, 4 ff. et pp. 424. (Par le P. Gabriel Daniel.)

Voir supra : *Entretiens de Cleandre....*

Reponse aux Lettres provinciales publiées par le secretaire du Port-Royal, contre les PP. de la Compagnie de Jesus sur le sujet de la Morale desdits Peres. Paris, 1657, 4°. — Ibid. 1658, 12°, pp. 532. (Par les PP. François Annat, Jacques Nouet et Jean Brisacier.)

Le P. Ribeyrete attribue cet ouvrage au seul P. Nouet ; c'est une erreur, mais je crois que cette attribution concerne la plus grande partie de l'ouvrage, qui parut par brochures successives, réunies ensuite sous ce titre : *Réponse...* et augmentées d'une *Response d'un theologien...* qui est du P. de Brisacier, bien qu'il ne soit pas nommé, et de deux *Réponses*, l'une à la 16° Lettre de Pascal, l'autre à la 17°, et qui portent le nom du P. Annat.

Réponse aux nouveaux ecrits de Messieurs des Messions (*sic*) etrangeres contre les Jésuites. Par une Lettre de Monseigneur Alvare Benaventé, Evêque d'Ascalon, Vicaire apostolique de Kiam-si ; Par la conduite de Monseigneur Charles Maigrot, Evêque de Conon, Vicaire Apostolique de Fokien ; Et par les attestations des Chres-

tiens de Fo-tchcou. S. l., M.DCII, 12°, pp. 148 et 107. (Par le P. Jacques Philippe Lallemant.)

Barbier (IV, 306, *b*) lui attribue cet ouvrage.

Réponse aux observations de Mr. S. P. Ernst, Curé d'Afden sur la Déclaration exigée des Ministres des Cultes en vertu de la loi du 7 Vendémiaire An 4. Par P. D. Prêtre. Nemo vos seducat... eorum. Ephes. v. 6. S. l. 1797, 8°, pp. 80. (Par le P. Pierre de Doyar.)

L'auteur signe à la fin.

Réponse critique d'un Académicien de Rouen à l'Académie de Bourdeaux sur le plus profond de la musique. Paris, 1754, 12°. (Par le P. Louis Bertrand Castel.)

Réponse d'Eusèbe au Theologien de Courte Robe. Sur le sujet du Libelle diffamatoire, intitulé : *Theologie morale des Jésuites.* Et lacéré par Arrêts du Parlement de Bordeaux. S. l., 1644, 8°. (Par le P. François Pinthereau.)

Le libelle est d'Antoine Arnauld.

Réponse d'un citoyen helvétique au Prince Charles d'Autriche, le 15 juin 1799. S. l., 12, pp. 8. (Par le chanoine Charles Louis Fontaine, ancien jésuite.)

Réponse d'un ecclésiastique à la Lettre d'une Dame religieuse de Fontevrault, sur un libelle imprimé sous ce titre : Factum pour les religieuses de Fontevrault, touchant les différends dudit Ordre. Paris, M. Soly, 1611. 4°. (Par le P. Jean Chevalier.)

L'auteur signe sous le nom de : *François Chrestien.*

Réponse d'un jeune jésuite à un de ses amis qui le pressoit d'abandonner la Société. S. l., 1762, 12°. (Par Joseph Antoine Joachim Cerutti.)

On lui attribue cette brochure dans la *Liste* (manuscrite) *des livres en défense de la Compagnie,* trouvée parmi les papiers du R. P. Général Laurent Ricci.

Réponse d'un Théologien aux propositions extraites des lettres de Jansenius par quelques curés de Rouen. 1656. (Par le P. Jean de Brisacier.)

Reponse d'un Theologien, domestique d'un grand Prélat, à M. d'Alet, sur la lettre circulaire signée de quatre Evêques,

S. l. et a. (*1668*), 4°. (Par le P. Louis Maimbourg.)

Elle est signée : François Romain, 25 juin 1668.

Response de Rene de la Fon povr les religievx de la Compagnie de Iesvs. Av Playdoyé de Simon Marion en l'arrest donné contre iceux le 16. Octobre 1597. Auec quelques notes sur le playdoyé et autres subiects des recherches d'Estienne Pasquier. A Nos-Seigneurs de la Cour de parlement de Paris. A Ville-Franche, Chez Gvillavme Grenier, 1599, 8°, pp. 238. (Par le P. Louis Richeome.)

Réponse de Théophile François, à la Lettre du prétendu Eusébe Romain. Cologne *(Paris)*, 1692, 12°. (Par le P. Jean Hardouin.)

C'est une réponse à Mabillon, qui avait publié : Eusebii Romani ad Theophilum Gallum Epistola de cultu Sanctorum ignotorum.

Réponse du P*** D*** à la Lettre que le R. P. Serry, docteur et professeur en théologie à l'Université de Padoue lui a écrite. S. l. *(Paris)*, 1705, 12°, pp. 57. (Par le P. Gabriel Daniel.)

Response dv sievr Hydaspe av sievr de Balzac, sovs le nom de Sacrator. Touchant l'Anti-Theophile, et ses Escrits. Æneid. X. *Cædicus Alcathoum obtruncat, Sacrator, Hydaspen.* S. l., M.DC.XXIV, 8°, pp. 31. (Par le P. François Garasse.)

Cet opuscule a été réimprimé dans l'appendice qui accompagne la notice sur Théophile (Viau), édition donnée par M. Alleaume dans la « Bibliothèque elzevirienne », 1855-56, 2 vol. in-12. (Supercheries, II, 322, a.)

Response generale à l'auteur des Lettres qui se publient depuis quelque temps contre la doctrine des Jesuites. Par le Prieur de Sainte-Foy, Prestre theologien. A Lyon, Chez Guillaume Barbier, M.DC.LVI, 4°, pp. 64. (Par le P. Andoche Morel.)

Réponse nécessaire aux griefs et plaintes publiques de quelques RR. PP. Bénédictins de la Congrégation de St Vannes de Verdun contre les RR. PP. Jésuites, par un Père de la même Compagnie, à Saint-Michel. S. l. et a. (165. [?]), 4°. (Par le P. Nicolas Roger.)

Il existe de cet ouvrage une copie manuscrite, in-8°, de 79 ff., à la Bibliothèque de St Pétersbourg.

Réponses à quelques objections concernant l'Institut des Jésuites. S. l. et a. (*1762*), 12°, pp. 36. — In-12, pp. 23. (Par Joseph Antoine Joachim Cerutti.)

Réimprimé sous le titre : Dix principaux chefs... (Voir supra.)

Réponses aux diverses questions du clergé et des familles sur l'œuvre qui se propage dans les paroisses sous le titre l'Association des Familles consacrées à la Sainte-Famille de Jésus, Marie, Joseph, suivies d'un appel de S. Joseph et de la consécration générale des familles. Lyon, Girard, 1869, 12°, pp. 24. (Par le P. François Francoz.)

Réponses aux Eclaircissements historiques et aux additions. 1766, 8°. (Par le P. Claude Adrien Nonnotte.)

Ces Réponses ont été insérées à la suite d'un ouvrage du même auteur : Erreurs de Voltaire. Les Eclaircissements historiques sont de Voltaire, ainsi que les Additions.

Reponses aux principales raisons de la nouvelle defence du Nouveau Testament de Mons. Rouen 1672, 8°. (Par le P. Michel le Tellier.)

Responces catholiques aux questions proposées dans le pretendu catechisme de la grâce. Paris, Florentin Lambert, 1650, 12°, pp. 66. (Par le P. Jean Dorisy ou par le P. Claude Boucher.)

L'un de ces deux jésuites ne serait-il pas aussi l'auteur de : Réfutation du prétendu catéchisme de la Grace, par la seule doctrine de S. Augustin. A Paris, Florentin Lambert, 1653 ? Le Catéchisme de la Grâce est de Godefroy Hermant.

Représentations (Des) en musique anciennes et modernes. A Paris, Chez René Guignard, M.DC.LXXXI, 8°, pp. 333, sllelt. (Par le P. Claude François Menestrier.)

Le nom de l'auteur est dans le privilège.

Reprimende aux Ministres sur la declaration d'Emond pretendu Jesuiste, et de deux autres deserteurs de la Foy Catholique... par L. des Montaignes, Jouxte la copie imprimée à Bordeaux. Par François Budier et Arnaud du Breil, 1601, 8°, pp. 77. — Tournon, 1601, 12°. (Par le P. Louis Richeome.)

Repubblica (La) Romana. Appendice all' Ebreo di Verona. Corretta dall' Autore e corredata di note. Ferrara, 1853, per Domenico Taddei, 8°, pp. 314 à 2 coll., sld. (Par le P. Antoine Bresciani.)

Plusieurs fois réimprimé et avec le nom de l'auteur.

République (La) de Platon, ou dialogue sur la justice, Divisé en dix Livres. A Paris, chez Brocas et Humblot, MDCCLXII, 12°, 2 vol., pp. ciii-261 et 400. (Par le P. Jean Nicolas Grou.)

Plusieurs éditions anonymes ou non. Les éditions universitaires se gardent, naturellement, d'indiquer que l'auteur fut jésuite; on lit seulement sur le titre : *Traduction par Grou.*

Rerum a Societate Jesu in Oriente gestarum ad annum usque a Deipara Virgine M.D.LXVIII, Commentarius Emanuelis Acostæ Lusitani recognitus et latinitate donatus. Accessere de Iaponicis rebus Epistolarum libri IIII. Item recogniti et in latinum ex Hispanico Sermone conversi. Dillingæ, apud Sebaldum Mayer, anno M.D.LXXI, 8°, ff. 228, sldclt. (Par le P. Jean Pierre Maffei.)

Cet ouvrage a eu quelques éditions ; la seconde est intitulée : *Emmanue 's Acostæ Lusitani historia rerum...* (Voir supra.)

Rerum gestarum Ludovici Andreæ S. R. I. Comitis a Khevenhüller brevis commentarius. Dicatus honoribus... Dominorum Neo-Doctorum... Anno Salutis M.DCC.XLIV. Mense Julio, die VII. Viennæ Austriæ. Ex Typographia Kaliwodiana, 8°, pp. 76, sld. (Par le P. Charles Klein ou par le P. Antoine Pamer.)

La dédicace est signée : *Studiosissimi Rhetores Viennenses.*

Rervm memorabilivm in regno Iaponiæ gestarvm Litteræ an. M.DC.XIX.XX.XXI.XXII. Societatis Iesv ad Reu. Admodum P. Mvtivm Vitelleschi, Præpositum Generalem eiusdem Societatis. Antverpiæ, Ex Officina Hieronymi Verdvssii, M.DC.XXV, 12°, pp. 136 et 288. (Par le P. Adrien Crucius ou Van den Cruyce.)

Rervm memorabilivm in regno Sinæ gestarvm Litteræ annuæ Societatis Iesv. Ad Reu. Admodum in Christo Patrem P. Mvtivm Vitelleschi, Præpositum Generalem eiusdem Societatis. Antverpiæ, Ex officinæ Hieronymi Verdussii, M.DC.XXV,

12°, pp. 148. (Par le P. Adrien Crucius ou Van den Cruyce.)

Resolution du cas de conscience que fait naître le serment civil en France, ou Réponse à ceux qui demandent si l'on peut faire ou non le serment exigé? Par l'Auteur des Helviennes. Paris, 1790, 8°. (Par le P. Augustin Barruel.)

Respects (Les) de la ville de Paris, en l'érection de la statue de Louis-le-Grand, justifiés contre les ignorances et les calomnies d'un heretique françois refugié en Hollande. Lyon, 1690, 12°, pp. 84. (Par le P. Claude François Menestrier.)

Cette brochure est dirigée contre le ministre Jurieu qui, en 1689, avait critiqué un ouvrage du P. Menestrier : *Statue (La) du Roi* (voir infra), dans un livre intitulé : *La Religion des Jésuites...* La critique tombait sur l'inscription : *Viro immortali*, qui faisait partie de la décoration et du dessin du feu d'artifice dressé pour l'érection de la statue de Louis XIV.

Responsa moralia cujusdam Theologi Soc. Jesu ad aliqua quæsita de Jejunio Ecclesiastico. Panormi, typis Francisci Valenza, 1742, 4°. (Par le P. Benoît Plazza.)

Responsio ad famosum libellum contra Patres Societatis Jesu, qui inscribitur : Consilium de temperanda et stabilienda pace Reipublicæ. Cracoviæ, 1610, 4°. (Par le P. George Tyszkiewicz.)

Publié sous le pseudonyme : *Nicolas Ziemecki.* Le libelle réfuté parut en 1607, sans nom d'auteur ni d'imprimeur, sous le titre de : *Gravis et maximi momenti deliberatio de compescendo perpetuo crudeli conatu Jesuitarum.* C'est une traduction de l'original publié en polonais.

Responsio Francisci Fontani ad cujusdam Prælati circa Hierarchiam Ecclesiasticam. Viennæ, Matthæus Formica, 1634. (Par le P. Henri de Lamormaini.)

C'est la traduction de l'ouvrage du P. Binet : *Response aux demandes d'un grand prélat...* (Voir supra.)

Responsio Laurentii Castellani Patritii Romani ad expostulationem Francisci Vietæ adversus Christophorum Clavium. Romæ, apud Aloysium Zannettum, 1603. 4°, pp. 16. (Par le P. Christophe Clavius.)

Responsio Matthæi Torti Presbyteri, et Theologi Papiensis, ad librum inscriptum : Triplici nodo triplex cuneus. Coloniæ

Agrippinæ, 1608, 8º, pp. 156. — Romæ, 1609, 4º. (Par le P. Robert Bellarmin.)

Réimprimé en 1610 sous le nom de l'auteur.

Responsum ad Examen Francisci Manseau Præpositi, etc. turpissime patrocinantis infami Archi-episcopi Mechliniensis calumniatori, per Didacum de Oropega. S. l. (*Louvain*) et a. (*1691*), 12º, pp. 56. (Par le P. Jacques de la Fontaine.)

Respuesta de Claudio Trebasco en defensa de la rima.?, 177... (?). (Par le P. François Lloses.)

Restauração de Portugal prodigiosa. Lisboa, por Antonio Alvares, 1643, 4º, pp. xvi-399. — Terceira parte. Ibid., 1644, 4º, pp. 96. (Par le P. Jean de Vasconcellos.)

Sous le nom du Docteur *Gregorio Almeida*.

Resumen de la Vida, y Milagros di S. Francisco de Borja, Duque de Gandia, Marqués de Lombay, Cauallerizo Mayor, etc. despues Religioso de la Compañia de Jesus, y su Tercer Preposito General : Compuesto primero en Italiana por el P. Scipion Sgambata de la Compañia de Jesus. En Viena de Austria, per Mateo Cosmerouio, 1671, 12º, pp. 192, sld.

La dédicace est signée : *El Colegio de la Comp. de Iesus.*

Rétablissement (Du) et de l'éducation publique. Nouvelle édition, revue et corrigée. A Emmerich, chez J.-L. Romen, 1800, 8º, pp. 2-144. — Ibid., 1800, 16º, pp. iv-249. (Par le P. Louis Abel Bonafoux, dit : *l'abbé de Fontenay.*)

La *Biographie Universelle* de Michaud attribue cet ouvrage à l'abbé Proyart, sans doute parce que le faux-titre porte : *Du rétablissement...; pour servir de suite à l'ouvrage qui a pour titre : Louis XVI détrôné avant d'être roi, par M. l'abbé Proyart.* C'est une erreur. Outre une lettre autographe de Proyart qui affirme que ce livre est du P. Fontenay, il existe une autre preuve dans l'ouvrage même : à la page 24 de l'édition in-16, on lit en note : « l'auteur de cet ouvrage a « fait les notices qui se trouvent au bas de chaque « estampe représentant un Tableau de la Galerie (du « Palais Royal)... »

Retiro espiritual para las comunidades religiosas, escrito en Frances por el Padre Luis de Burdalue, de la Compañia de Jesus, y traducida en Español por otro Padre de la misma Compañia. Segunda Impression. En Madrid. Por Manuel Fernandez, s. a. (*1736*), 8º, pp. 416, sllelt. (Par le P. Jean de Loyola.)

Le nom du traducteur est dans l'approbation. La première édition est, je crois, de 1727.

Retiro espiritual para un dia cade mes muy util para la reforma de las costumbres, y para disponerse con una Santa vida para una buena muerte. La escrivio en Frances el R. P. Juan Croiset de la Compañia de Jesus, y le ha traducido de Italiano en Español el Maestro Joseph Altamirano. En Madrid, 1729, 12º, pp. 399, sldelt. (Par le P. Gabriel Bermudez.)

Quelques éditions.

Retour (Le) de l'enfant prodigue, ou Connaissance abrégée des dispositions convenables pour approcher avec fruit du sacrement de pénitence : Recueil de passages extraits du B. Liguori, du P. Segneri et du P. Lejeune. A. M. D. G. Turin, Marietti, 1829, 18º. (Par le P. Pierre Charles Marie Leblanc.)

Plusieurs éditions. Voir infra : *Voie (La) du pardon ou connaissance...*

Retraite de dix jours à l'usage de Messieurs les Ecclésiastiques et des Religieux, d'après l'Ecriture-Sainte et les Péres de l'Eglise. Par M. l'abbé ***. A Paris, chez Pierre Berton, M.DCC.LXXIV, 12º, pp. xxiv-472. — Seconde édition. Paris, 1805, 12º. (Par le P. Pierre Nicolas Vanblotaq, dit : *l'abbé de Saint-Pard.*)

Retraite de dix jours à l'usage des religieuses de Sainte-Aure. Paris, 1788, 16º. (Par le P. Nicolas Verron.)

Retraite (La) de Vennes, ou la façon dont la Retraite se fait dans Vennes, sous la conduite des Peres Jesuites, et les grands biens que Dieu opere par elle. A Vennes, chez Jean Galles, 1678, 16º, pp. 136. — Douai, Michel Mairesse, 1681, 12º.

Retraite ecclésiastique ou Meditations sur les principaux devoirs des prêtres, par le R. P. G. D. L. C. D. J. A Bar-le-Duc, chez Nicolas Baltazard, 1709, 16º, pp. 136. (Par le P. Claude Gentil [?].)

Je hasarde cette attribution. Le libraire Ballazard signe la dédicace à l'évêque de Toul ; il dit que le livre est d'un auteur qui a publié plusieurs ouvrages. Le P. Gentil, mort en 1704, est dans ce cas. Cette *Retraite* ne serait-elle pas un extrait de son ouvrage intitulé : *L'esprit du sacerdoce de Jésus-Christ, ou la vie et les vertus apostoliques de Notre-Seigneur Jésus-Christ : Tirées de l'Évangile et des Saints Pères, mises en méditations pour une retraite de huit jours, à l'usage des séminaires...* Lyon, 1704, 12°, 2 vol. ?

Retraite ou exercice qu'il faut faire tous les mois pour se disposer à bien mourir, par un Père de la Compagnie de Jésus. Reims, 1700, 12°. (Par le P. Daniel BEGUIN.)

Si la date est exacte et que ce soit la première édition, l'ouvrage serait posthume, l'auteur étant mort en 1696 à Reims.

Retraite pour se préparer aux vacances, ou méditations pour les Elèves des Séminaires sur la nécessité et les moyens de les passer saintement. Par un Professeur de Séminaire. Lille, Lefort, 1832, 12°. (Par le P. Alexis POSSOZ.)

Retraite spirituelle de dix jours pour toutes sortes de Personnes. Par l'Auteur... A Amiens, chez Louis Godart, 1734, 12°, pp. 450, slpelt. (Par le P. Joseph DE COURBEVILLE.)

Des exemplaires portent : *Par l'Auteur du..... A Amiens, et se vend à Paris, chez Henry, 1734.* Cet ouvrage a été réimprimé à *Paris, chez Berton, 1779.*

Retraite spirituelle ou conduite d'une âme qui aspire à la perfection de l'Etat Religieux et séculier, par un Père de la Compagnie de Jésus. Liège, 1747.

Retraite spirituelle pour tous les états à l'usage des personnes du monde et des personnes religieuses. Par le P. de Belingan de la Compagnie de Jésus. A Paris, chez Gissey et Bordelet, M.DCC.XLVI, 12°, pp. XII-541. (Publié par le P. Gilles François DE BEAUVAIS.) — Retraite spirituelle pour tous les états. Par le Père... Troisième Edition, revue par un Père de la même Compagnie. Paris, Baltenweck, 1879, 12°, pp. X-427. (Par le P. Félix FRESSENCOURT.)

L'auteur mourut le 9 mars 1713 ; le P. de Beauvais publia cette Retraite et signe la dédicace de l'édition 1746.

Retraite spirituelle pour un jour chaque mois. Par un Père de la Compagnie de Jésus. Lyon, Horace Molin, M.DC.XCIV, 12°, pp. 488, slt. (Par le P. Jean CROISET.)

Nombreuses éditions, le plus souvent anonymes.

Retraite spirituelle selon la méthode de Saint Ignace, à l'usage des ecclésiastiques, des religieux et des séculiers. A. M. D. G. Troisième édition. Le Mans, Imprimerie de Julien Lanier, 1847, 12°. (Par les PP. Robert DEBROSSE et Hippolyte AUGRY.)

La première édition avait pour titre : *Recueil de Méditations, de Considérations...* (*Voir supra*); la seconde : *Retraites spirituelles.* . Une quatrième parut en 1854 avec le nom des auteurs.

Retraite spirituelle sur les vertus de Jésus-Christ avec un Discours sur la nécessité de le connoître et de l'aimer. A Paris, Chez Rollin fils, MDCCXXXI, 12°, pp. 332. (Par le P. J. B. DE BELINGAN.)

Le nom de l'auteur se trouve dans l'approbation et sur le titre des éditions suivantes.

Retraite sur le courage. Enfants de Marie de Paris (1864). Paris, Douniol, 1867, 18° jés., pp. 174. (Par le P. Armand de PONLEVOY.)

Retraites (Les) d'hommes. Extrait des Lettres de Vals. Octobre 1879. Le Puy, imprimerie catholique de J.-M. Freydier, 1879, gr. 8°, pp. 23. (Par le P. Henri WATRIGANT.)

Retrato de morte-côr, que em romance quer dizer : Noticia conjectural das principaes qualidades do auctor de uns papeis, que aqui andam, mas nâs correm, com o titulo de « Verdadeiro Methodo de estudar » ... Exposta em outra carta do R. P. Aletophilo Candido Lacerda. Sevilha, na Imp. de Antonio Buccaferro, s. a. (*1749*), 4°, pp. 71. (Par le P. Joachim REBELLO.)

Reumüthige (Das) and zerknirschte Herz, in Demuth vor Gott. Ein vollständiges Betthuch für fromme Katholiken. Herausgegeben von einem Priester der Gesellschaft Jesu. Zweite Auflage. Augsburg. Doll, 1848, 18°, pp. 288.

Reveil (Le) des Jésuites. 1762 [?]. (Par le P. J. B. SEREL.)

Je trouve cette indication dans la *Liste* (manuscrite) *des livres en défense de la Compagnie de Jésus,* trouvée dans les papiers du T. R. P. Général Laurent Ricci, en 1773.

Réveil (Le) du pécheur Dans une mission, D'après les meilleurs Auteurs ascétiques par l'auteur du trésor du pénitent. Quatrième édition, soigneusement revue et corrigée. S. l. et a., 24°, 2 vol., pp. xvi-233 et 193. (Par le P. Francisque Dubost.)

Cet ouvrage a eu une approbation de 1880.

Reverendi P. Gerardi Pauli Societatis Jesu Theologi Vielfache Predigen auf alle Sontäg des Iahrs. Wie auch dreyfache Fasten – verschiedene Feyerstags–Kirchweyhe–Primiz–Ehren–Professions–und andere dergleichen Predigen, jetzt zum ersten mal an den Tag gebracht. Augspurg und Grätz, Verlegts Philipp, Martin, und Johann Veiths seel. Erben, 1728, fol., 2 vol., pp. 526 et 588, à 2 coll., slpelt. (Edité par le P. Joseph Stöcklein.)

Le P. Pauli mourut en 1713. Le P. Stöcklein édita ses sermons et mit en tête du 1ᵉʳ volume une préface, où il se cache sous un pseudonyme : *Panthalus Rauracus è Soc. Jesu...*

Review of ten public Disputations, or Conferences held within the Compass of four Years, under K. Ed. and Q. Mary, concerning some principal Points in Religion, specially of the Sacrement and Sacrifice of the Altar. By N. D. St Omers, 1604, 8°. (Par le P. Robert Parsons.)

Revision (A) of Doctor George Morlei's judgment in matters of religion : or an answer to several treatises written by him upon several occasions concerning the Church of Rome and most of the doctrines controverted betwint her and the Church of England to which is annexed a treatise of pagan Idolatry. By J. W. 1683, 4°, pp. 286. (Par le P. Jean Warner.)

Revocation Vnd offentlicher Widerruff, Wie M. Conradus Andreæ etc. bald nach dem, Anno 1604 zu Regensburg gehaltenem Postcolloquio, vonn freyen stücken vnnd vnuersehens inn sein Gewissen gangen, vnnd in optima forma an jetzo bekent, welcher massen er dem theuren Mann D. Martin Luther, in den 15 bisshers aussgangenen Tractätlein dess vnschuldigen Luthers genant, Vnrecht gethan habe. Philippo Heilbrvnner, etc. Als dem Principal vnd fürnembsten Vrsacher dieser heilsamen Reuocation, zu gebüren-

den Ehren vnnd Freuden, von dem Authore selber zugeschrieben vnd dedicirt, etc. Gedruckt zu Ingolstadt, in der Ederischen Truckerey; durch Andream Angermyer (*sic*), Anno M.DCCII, 4°, pp. 17. (Par le P. Conrad Vetter.)

Révolution (La) maîtresse d'école; Etude sur l'instruction laïque, gratuite et obligatoire. Avignon, Seguin, 1880, 18° jés., pp. 516. — 2° Edition. Paris. Palmé, 1880, 18° jés. pp. 516. (Par le P. Frédéric Rouvier.)

Reyse van Marcellus Mastrillus Priester der Soc. Jesu, ende van XXXII. Syne medeghesellen, als noch van XVI. andere Religieusen nae Indien, die door de hulpe van den H. Franciscus Xaverius seer gheluckich is geweest. Beschreven by den selven P. Marcellus, ende over-ghesonden tot de Catholycke Coninginne van Spañien. 'T Hantwerpen, Ian van Meurs, M.DC.XXXVII, 8°, pp. 89. (Par le P. André de Boeye.)

Reysende (De) siele tot d'eewigheydt voor een nieuw-jaer gheschoncken aen alle lief-hebbers van haere saelighey door eenen priester der Societ. Jesu. Den tweeden Druck. T'Antwerpen, By Michiel Cnobbaert, 1669, 12°, pp. 48 et 5 grav.

Rezolucya sumienia penitentowi statyście od spowiednika dana. Warszawa, 1758, 8°. (Par le P. Martin Kurzeniecki.)

Rhabarbarum domandæ bili quem in Apologia sua proritavit Ludovicus Camerarius, propinatum a Fabio Hercyniano I. C. Monachii, 1625, 4°. (Par le P. Jacques Keller ou Cellarius.)

Rhetorica. Pompeiopoli, apud Carolum de la Baen, 1618, 8°. (Par le P. Sébastien de Matienzo.)

Sous le pseudonyme de *Sebastianus Burgensis.*

Rhetoricæ exercitationes in præcipuas Æneidos orationes auctore P. Carolo Ruaro, e Societate Iesu. Nova editio emendatior. Toulouse, Privat, 1859, 12°. pp. 116. (Par le P. Michel Lanusse.)

Riaprimento della Casa dei Professi della Compagnia di Gesù in Napoli. S. l. et a. 8°, pp. 12°. — *A la fin :* Roma 1859.

Ribellione degli animali contra gli Uomini. S. l. et a., 4°, pp. XXIX. — *A la fin :* In Cesena 1793. Per gli Eredi Biasini. (Par le P. Laurent Ignace THIELEN.)

Ricordi agli Spettatori delle Comedie oscene. Firenze, Sermartelli, 1640, 4°. (Par le P. Jean Dominique OTTONELLI.)

Publié sous l'anagramme. *Odomenigo Lelonotti.* Voir supra : *Memoriale agli Spettatori…*

Ricordi lasciati in Lipari. Palermo, appresso Pietro Isola, 1688, 12°. (Par le P. Joseph FERRUGGIA.)

Ricorso divoto al miracoloso P. Luigi Gonzaga. Bologna, Lelio della Volpe, 1736, 12°. (Par le P. Bernardin ARIENSI.)

Riflessioni d'un dottore di Sorbona. Roma, 1697, 8°. (Par le P. Jean DEZ.)

Dans sa *Relation de l'origine… du quiétisme* (1732), p. 364 de la 1re partie, l'abbé Phélipeaux dit : « le « Pere Dez Jesuite qui en étoit l'auteur, l'avoit composé « en françois, mais pour le mieux cacher, il le fit traduire « en italien par l'abbé Mico. »

Riflessioni ed affetti per la visite cotidiane SS. Sacramento a profitto de' pii fedeli di Chiari. Brescia, Spinelli e Valotti, 1815, 12°. (Par le P. Etienne MORCELLI.)

Riflessioni Morale e Theologiche sopra l'Istoria Civile del Regno di Napoli, composta da Pietro Giannone, ec., esposte al publico in più Lettere familiari di due amici da Eusebio Filopatro. Colonia, (*Roma, per Girolamo Mainardi*), 1728, 4°, 2 vol., pp. 412 et 445. (Par le P. Joseph SANFELICE.)

Riflessioni proposte ai peccatori più rozzi. Roma, Lazarini, 1801. (Par le P. Philippe Marie SALVATORI.)

Riflessioni sopra la causa della Cina dopo venuto in Europa il decreto dell' Eminentiss. Card. Tournon. S. l. et a., 8°. (Par le P. Thomas CEVA.)

Riflessioni sopra la *Difesa del foglio volante*, ec. Palermo, Amato, 1729, 4°. (Par le P. Emmanuel AGUILERA.)

Voir infra : *Risposta ad un foglio…*

Riflessioni sopra la Relazione del ritrovamento dell' nova delle Chiocciole, di A. F. M. inviate in una Lettera all' Em. Cardinale Conti da Godefrido Fulberti.

Roma, per il Varese, 1683, 12°. (Par le P. Philippe BUONANNI.)

Riflessioni sopra la religione rivelata, e particolarmente del Cristianesimo. Bassano, Remondini, 1771, 8°. (Par le P. J. B. NOGHERA.)

Riflessioni sopra la santità e dottrina del B. Alfonso Liguori, già vescovo di S. Agata de' Goti. Opera publicata in francese, ed ora riprodotta in italiano con schiarimenti. Reggio, Davolio, 1825, 8°. — Monza, Corbetta, 1827, 12°. (Par le P. Jean REGOLI.)

Riflessioni su i mali prodotti in Italia dalla Democrazia e su i mezzi per istabilirci l'ordine Sociale. Bologna, per le Stampe de Sassi, 1800, 8°, pp. 456. (Par le P. Laurent Ignace THIELEN.)

Le P. de Backer (III, 1011) dit qu'on a écrit sur son exemplaire : « Opera dall' Ab. Talhen, ex-jesuita Spagnolo. » C'est une fausse indication.

Riflessioni sulla podestà della Chiesa cristiana sopra le persone e cose sacre. Bassano, Remondini, 1778, 8°. (Par le P. J. B. NOGHERA.)

Riforma dell' Alcorano di Seich Mansur. S. l. (*Florence*), 1787, 12°. (Par le P. François GUSTA.)

Rijk (Het) Larantocka op het eiland Flores in Nederl. Indië, door F. Heynen. 'S Hertogenbosch, W. van Gulick, 1876, 8°, pp. 103. (Par le P. François HEYNEN.)

Rijm en Zang. Luimige Stukjes. Eerste tiental. Utrecht, by P. W. v. d. Weyer, 1868, 16°, pp. 39. — Rijm en Zang. Twee dozijn luimige Stukjes, door. B. van Meurs. Utrecht, Wed. J. R. van Rossum, 1868, 16°, pp. 87 (et 24 pour la musique). (Par le P. Bernard VAN MEURS.)

Sur le titre de la 2e partie, il y a une vignette signée : *B. v. M. del.* Cette partie a eu trois éditions la même année. L'auteur avait publié auparavant : Rijm en Zang. Tusculaansche bedjes (niet in den handel), in-16°, pp. 74 et grav.

Rime di Nimeso Ergatico, Pastore Arcado, in morte del Serenniss. Signor Duca Francesco I. Duca di Parma ecc. In Parma, nella stamperia di sua Altezza

Serenissima, 1727, pet. in-fol. (Par le P. Simon Marie Poggi.)

Rime Eroiche, Morali e Sacre. Parte Prima delle Poesie di Clearco Froscienna dedicato all' Illustrissimo ed Eccellentissimo Sig. Ant. Rambaldo del S. R. I. Conte di Collalto... In Venezia, nella stamperia d'Andrea Poletti, 1724, 4°, 3 vol., pp. 464, 304 et 286. (Par le P. François Ercolani.)

Rime per la Signora Teresa Zanardi che veste l'abito di S. Teresa. Mantova, Panzoni, 1764, 4°. (Par le P. Xavier Bettinelli.)

Sous le nom de : *Academico timido.*

Rimostranza a Monsig. l'Arcivescovo di Reims sopra la sua Ordinanza de' 15 di Luglio 1697. In-12. (Par le P. J. B. de Benedictis.)

C'est la traduction de : *Remontrance à M**r* *l'archevêque de Reims.* (Voir supra.)

Rischio che si corre nell' uscir di carrozza mentre i cavelli sono in fuga. Milano, presso gli Eredi di Domenico Bellagatta, 1726, 8°, pp. 26. (Par le P. Thomas Ceva.)

Risposta ad un Cavaliere erudito desideroso di sapere, ciocché debba intendere intorno al libro del Signor Antonio Lampridio, nel quale si asserisce Imprudente, Superstizioso, Sanguinario e Peccaminoso il voto di defendere usque ad sanguinem la Concezione Immacolata della Madre di Dio. In Palermo, nella Stamperia di Stefano Amato, 1744, 4°, pp. viii. (Par le P. Melchior di Lorenzo.)

Antonio Lampridio est le pseudonyme de Muratori.

Risposta ad un foglio volante intitolato : *Prova evidente che i nomi de' paesi, provincie ed isole ec. possono mettersi, e dia più famosi autori del buon secolo si sono posti nel genitivo, quando siena della prima e seconda declinazione.* S. l. (*Palermo*), et a. (1729) (?). (Par le P. Emmanuel Aguilera.)

Risposta ad un libro contro le dodici Riflessioni intitolato Difesa del Giudizio formato dalla S. Sede Apostolica nel di 20 Novembre 1704. S. l. et a., 4°,

pp. 75. — Edizione seconda. In-12°, pp. 95. (Par le P. Thomas Ceva.)

Risposta al libro La Nuova Italia i vecchi zelanti del Sac. C. M. Curci, per un Padre della Compagnia di Gesù. Prato, Giachetti, 1881, 16°, pp. 180. (Par les PP. François Salis-Seevis et Raphael Ballerini.)

Risposta al Parere di Marcantonio Cappello sopra le controversie tra il summo Pontefice, e la Republica di Venezia. Roma, per Gugliemo Faciotto, 1607, 4°. (Par le P. Benoît Giustiniani.)

Sous le pseudonyme : *Giulio Roffo Teologo di Val di Toro.*

Risposta al Sig. Abate Paolo Marcello del Mare, sopra un opuscolo da lui dato alle stampe col sequente titulo : Principj teologici per servire di preservativo contro gli errori contenuti nell' Esame teologico del voto. Venezia, per Antonio Zatta e figli, 1786, 8°. (Par le P. Joseph Marinovich.)

Risposta alla Censura fatta alle canzonette marinesche per la festività di Maria Sanctissima. Cosmopoli (*Napoli*), s. a. (*1738*), 8°. (Par le P. Janvier Sanchez de Luna.)

L'auteur prend la défense des *Sette canzonette...* du P. Tornielli. (Voir infra.)

Risposta alle Lettere Teologico-Morali scritte dal P. N. N. sotto nome di Eusebio Eraniste in difesa della Storia dal Probabilismo del P. Daniello Concina. Modena, per gli Eredi di Bartolommeo Soliani, 1753-54, 8°. (Par le P. Philibert Balla.)

Quatre lettres parurent sous ce titre de 1753 à 1754 ; elles furent réimprimées, avec une cinquième, et sous le nom de l'auteur en 1755, in-8°, 2 vol., pp. 261 et 235. Le P. Jean Vincent Patuzzi s'est caché sous le pseudonyme d'*Eusebio Eraniste.*

Risposta alle richieste di un gran prelato circa la Gerarchia della Chiesa. E la Giusta difesa delli Privilegiati, e Religiosi cauata de' Concilij, da' Santi Dottori, e dalli più dotti Theologi dalla Chiesa. Per Francesco Fontana Predicatore del Rè Christianissimo in lingua Francese e traportata nell' Italiana da Giuseppe de Neri Teologo, e Sacerdote Romano. In Fiorenza, nella stamperia de' Sermatelli, 1638, 12°, pp. 142. (Par le P. Joseph Fozi.)

C'est la traduction de l'ouvrage du P. Binet : *Response aux demandes d'un grand prélat.....* (Voir supra.)

Risposta d'un teologo ad un amico, ove si dà la vera *analisi delle prescrizioni di Tertulliano* dell' ab. Pietro Tamburini. Si confronta colle dottrine degli altri Padri, e si confutano gli errori di quel preteso analizzatore. Bologna, 1784, 4°. (Par l'abbé Louis CUCCAGNI.)

Cet auteur serait un ancien jésuite, dit Melzi (II, 463), il ne se trouve pas dans le P. de Backer. Cette *Risposta* fut réimprimée à Rome, sous le nom de l'auteur, augmentée d'un index.

Risposta data in quattro Dialoghi all' ottava Lettera del sig. Ferdinando Valdesio, ne' quali si pruova lodevolissimo il voto di difendere sino all' effusione del sangue la pia sentenza dell' Immacolata Concezione della Madre di Dio. Palermo, Giuseppe Gramignani, 1743, 12°, pp. 234. (Par le P. Melchior DI LORENZO.)

Risposta di Giovanni Filotheo d'Asti alla Lettera d'un Theologo incognito. In Bologna, 1606, 8°. (Par le P. Antoine POSSEVINO.)

Risposta di Golmario Pepugies Marsigliano, maestro nella Città di Clusideropoli, a una scrittura scritta da N. N. maestro della medesima città. Trevigi (*Arezzo*), 1723, 4°. (Par le P. Jérôme LAGOMARSINI.)

Golmario Pepugies Marsigliano est l'anagramme de *Girolamo Giuseppe Lagomarsini.*

Risposta di un Religioso della Compagnia di Gesù alla lettera da un Religioso dell' Ordine de' Predicatori a' PP. Gesuiti del Collegio di Pechino nella Cina. S. l., M.DCCI, pet. 4°, 20 ff. nch. (Par le P. J. B. DE BENEDICTIS.)

Risposta generica al Cerotto specifico per un divoto Capellano di Santa Rosalia. In Palermo, Nella Stamperia di Agostino Epiro, Impress. cam., 1704, 8°, pp. 94. (Par le P. Antoine Ignace MANCUSO.)

Risposte alle accuse date al praticato sin'ora da' Religiosi della Compagnia di Giesù, nelle Missioni del Madurey, Mayssur, e Carnate, in due libri diversi dal Reverendissimo Padre Fra Luigi Maria Lucino del Venerabil' ordine de' Predicatori, Maestro di Sacra Teologia, e Commissario Generale del Santo Uffizio in Roma. Opera d'un Professore della medesima Sacra Teologia. In Colonia, MDCCXXIX, 4°, 3 vol., pp. 528, 762 et 168, slt. (Par le P. Broglia Antoine BRANDOLINI.)

Ristretto de' Sacri misteri della S. Casa di Loreto, per una breva notizia di quella eretta nella Città di Salemi nel 1705, con varie meditazioni; dato in luce da un padre d. C. d. G. Palermo, 1718, 12°. — Di nuovo rifatto. Ibid., 1854, 16°. (Par le P. Louis MINIMI.)

Ristretto della santa Vita dell' Apostolo dell' Indie S. Francesco Xaverio della Compagnia di Giesù. In Bologna, per l'Herede del Benacci, s. a. (*1622*), 32°, pp. 176. (Par le P. François SCORTIA.)

Ristretto della santa vita di S. Francesco Borgia Duce di Gandia, Marchese di Lombai, Cauallerizzo maggiore, ec. poi Religioso della Comp. di Giesù, e suo terzo Generale. In Bologna, per l'Herede di Vittorio Benacci, s. a. (*1624*), 32°, pp. 167. — Ibid., per l'Herede del Benacci, s. a., 32°, pp. 123. (Par le P. François SCORTIA.)

Ristretto della vita della B. Caterina Tomás. Roma, Salomoni, 1792, 4°. (Par le P. Jean François MASDEU.)

Ristretto della vita di Suor Maria Vito di Gesù messinese oblata benedettina, da un Sacerdote della Compagnia di Gesù. Messina, 1719, 12°. (Par le P. André Marie SCIMONE.)

Ristretto di meditazioni per tutti i giorni dell' anno, a profitto specialmente delle persone religiose, dato in luce da un Sacerdote della Compagnia di Gesù. In Venezia, presso Nicolò Pezzana, 1718, 12°. 2 vol., pp. 398 et 338. — Bologna, tip. pont. Mareggiani, s. a. (*1880*), 16°. 2 vol., pp. 423 et 359.

L'édition 1880 est donnée par le P. Philippe Sottovia.

Risurezione (La) di Gesù Cristo. Oratorio di Filippo Irenico. Firenze, Carli, 1814. (Par le P. Philippe Stanislas DEL PACE.)

Publié avant son entrée au noviciat.

Riti (I) degli antichi Romani; nelle faustissime nozze del nobile uomo sig. Lelio Orsetti con la nobil donzella signora Benedetta Ottolini, patrizj lucchesi. Parma, nella stamperia Reale (presso Bodoni), 1791, 4°. (Par Conrad MIGLIACCIO.)

Cet ancien jésuite, né à Palerme, est cité par Melzi (II, 468), mais pas dans la *Bibliothèque* du P. de Backer.

Ritiramento spirituale per impiegar in bene dell' Anima Otto, overo Dieci giorni nella Consideratione delle verità Eterne all' Idea degli Esercitij Spirituali di S. Ignazio Loiola. Facilitato per le persone Laiche, Regolari ed Ecclesiastiche da un Religioso della Compagnia di Gesù, e dedicato a Gesù et a Maria da Andrea Caviari Sacerdote, e Teologo Veronese. Editione quinta accresciuta con la lettione spirituale per ciascun giorno. Venetia, appresso Nicolo Pezzana, 1697, 12°, 2 vol., pp. 408 et 352. (Par le P. Camille ETTORI.)

Souvent réimprimé. La 8ᵉ édition (Venise, 1718), porte le nom de l'auteur.

Ritrattazione solenne di tutte le ingurie, bugie, falsificazioni, calunnie, contumelie, imposture, ribaldiere, stampate in varj libri da Francesco Daniello Concina domenicano gavotto, contro la Venerabile Compagnia di Gesù, da aggiungersi per modo di appendice alle due infami lettere teologico-morali contro il rever° P. Benzi, della medesima Compagnia. Napoli, 1744, 4°. (Par le P. Jules César CORDARA ou par le P. Jérôme TORNIELLI.)

Melzi (1, 236) dit qu'on a aussi attribué cette soidisant *Rétractation* au P. Cordara, au P. Tornielli, au P. Zaccaria; mais qu'il parait plus probable qu'elle est du P. COCCONATI, qui serait le P. Lelius Ignace Cocconati. Le fait est que le P. Cordara s'en défend pour son compte : « hac me suspicione liberavit ipse Concina, auditus palam cum diceret, cognitum sibi maledicum scriptorem esse, eumque Venetiis extra ictum degere. » (Voir page 10 de : *Beiträge zur... Cultur-Geschichte, von Döllinger. Tome III. Wien, 1882, 8°.*)

Ritratto della falsa dottrina di Lamindo Pritanio esposto da Fulgoso Montepelero Palermitano alla Considerazione de' Savj Cattolici più dotti, e fedeli.. In Palermo, nella stamperia di Stefano Amato, 1742, 4°, pp. 71. (Par le P. Antoine Ignace MANCUSO.)

L'exemplaire du collège de Palerme porte cette note : « Opera postuma. » Melzi (I, 433) dit aussi : « questo

« libro non fu compito dall' autore, e fu pubblicato postumo. » Le P. de Backer indiquerait alors une date fausse pour la mort de l'auteur, en la plaçant le 1ᵉʳ mars 1745.

Ritus sacri et Preces ad usum Patrum Societatis Jesu. Anicii, typogr. J. M. Freydier, MDCCCLXXVI, 8°, pp. 79. — Editio secunda. Ibid., 1876, 8°, pp. 317. (Par le P. Ferdinand HÉRAUDEAU.)

Rivoluzione (La) romana al giudizio degli impartiali. Firenze, presso Simone Birindelli, 1850, 8°, pp. 359. (Par le P. Joseph BOERO.)

Réimprimé à Naples.

Rob. Bellarmini S. R. E. C. Epistolæ familiares. Romæ, typis Dominici Manelphi, 1650, 12°, pp. 442. (Publié par le P. Jacques FULIGATTI.)

Barbier (IV, 1367, *c*) le nomme à tort : *Fuligali*. Melzi (II, 472) a mal compris Sotwel, quand il donne le titre de cet ouvrage en italien et qu'il le dit publié par le P. Fuligatti sous le pseudonyme : *Francesco Roghi.*

Roger Joseph Boscovich der Gesellschaft Jesu Priester und öffentl. Lehrer der Mathem. auf den hohen Schule zu Pavia, Abhandlung von den verbesserten dioptrischen Fernröhren, aus den Sammlungen des Instituts zu Bologna, sammt einem Anhange des Uebersetzers C. S. S. J. Wien, bey v. Trattner, 1765, 8°. (Par le P. Charles SCHERFFER.)

Rok łaski, albo Jubileusz zwyczajny od O. S. Benedykta XIV na sześć miesięcy w R. 1751, pozwolony. Wilno, Dʳ Akad. S. J., 1751, 12.

Rok niebieski, albo przewodnik do szczęsliwej wieczności, Jezusowi Królowi niebieskiemu, Maryi Królowey Nieba y wszystkim Swiętym Mieszkańcom Nieba na cześć y chwalę przez miesiące y dni rozlozony od jednego Kaplana S. J. roku, którego życie przedwieczne w ciele ludzkim dla nas żyć poczęło 1697. Kalisz, Dr S. J., 8°, 4 vol., pp. 2103. (Par le P. François IWORSKI.)

Réimprimé en 1730 et 1749.

Rok wieczności, albo sposób prostowania intencyi dobréj w sprawach naszych wszystkich do zasługi wiecznej i otrzymania szczęśliwej po śmierći wieczności, wydany najprzod przez W. O. Hieremasza

Drexeliusza S. J. łacińskim językiem, a teraz na polskie przetłumaczony i do druku podany przez jednego Kapłana tejże S. J. Zakonu. Krakow, A. Piotrkowczyka, 1638, 8°, pp. 24 et 78. (Par le P. Jean Chomentowski.)

Rolandi Mirtei Onatini Commentarius rerum in Belgio gestarum a Petro Henriquez de Azevedo Comite de Fuentes, etc., ad Joannem Ferdinandum Velasquium, magnum Castellæ Comestabilem, etc. Matriti, Ex typographia regia, MDCX, 4°, pp. 68, sll. — *A la fin :* Matriti, apud Ioannem Flandrum. (Par le P. Martin Antoine Delrio.)

Rolandi Mirtei Onatini est l'anagramme de Martini Antonii Delrio. Les Supercheries (III, 1220, c) disent à tort : Mirileus pour Mirteus. — Voir supra : Historia Belgica...

Rom, Jesuiten und Redemptoristen. Ein Sendschreiben an die Redaktion der historisch-politischen Blätter von einem ihrer Leser. Münster, Druck und Verlag der Theissing'schen Buchhandlung, 1846, 8°, pp. 49. (Par le P. Joseph Kleutgen.)

Roman (The) Martyrologe set forth by the command of Pope Gregory XIII. and reviewed by the avthority of Vrban VIII. Translated ovt of Latin into English, by G. K. of the Society of Jesvs. The Second Edition, in which are added divers Saints, put in to the Calender, since the former Impression. Printed At S. Omers by Thomas Gevbels, 1667, pet. 8°, pp. 376, sll. (Par le P. George Keynes.)

La première édition est antérieure à 1654 ; il y en eut plusieurs autres.

Roman (De) I, door B. van Meurs, Pr. en Leeraar aan Seminarie te Kuilenburg. 'S Hertogenbosch, W. van Gulick, 1868. — De Roman II. Zijn invloed op geesten hart... Ibid., 1869. — De Roman III. Eenige tegenwerpingen beantwoord... Ibid., 1871. In-8°, 3 vol. (Par le P. Bernard van Meurs.)

Romani (De) Pontificis principatu adversus Justinum Febronium Theologico-Historico-Critica Dissertatio. Faventiæ, 1771, 8°. (Par le P. Joseph Mariano Vallarta y Palma.)

Sous le pseudonyme : *Ennodius Faventinus.*

Romani (De) Pontificis suprema potestate docendi disputatio theologica. Neapoli, typis Vincentii Manfredi, MDCCCLXX, 8°, pp. 64. (Par le P. Joseph Kleutgen.)

Römische (Die) catholische Familie. Von einem gesperrten Kath. Priester. Freiburg, Herder, 1875. (Par le P. André Ehrensberger.)

Römischer Katechismus, welcher aus bevelch bäpstlicher hayligkeit Pii den V. nach hievor gegebenen Ordnung des hayl. zu Triendt gehaltenen Concilii gefertigt worden. Anjetzo in hochteutsche Sprach gebracht, mit Holzschn. Dilingen, Seb. Mayer, 1568, 4°. (Par le P. Paul Hoffœus.)

Roomsche (De) Katechismus, uit lest der H. Kerkvergadering van Trente opgesteld, en door bevel van den H. Paus Pius V uitgegeven. Nieuwe nederduitsche vertaling, nagezien en verbeterd. A. M. D. G. Antwerpen, Drukkery van J. P. van Dieren en Comp., s. a. (*1860*), 8°, 2 vol., pp. 358 et 686. (Par le P. Pierre Grietens.)

Le P. Grietens n'a fait que réimprimer une traduction de 1746, en en corrigeant l'orthographe.

Rosa centifolia primi Sæculi Academici Græcensis, seu Elogia et Epigrammata centum Illustribus Professoribus ac discipulis, qui primo sæculo docuere vel studuere, dedicata. Græcii, Widmanstadius, 1685, 8°. (Par le P. André Krenmayr.)

Rosa centifolia, seu Primum Sæculum Archiducalis Gymnasii Clagenfurtensis S. J. historica synopsi effigiatum. Clagenfurti, Kleinmeyr, 1705, 8°. (Par le P. Charles Pfeiffersberg.)

Rosa cœlestis recens patefacta, contra grassantem pestilentiam salutare remedium seu S. Rosaliæ, Siculæ, Quisquinæ et Rosarum Principis, Eremitæ, Virginis, brevis vitæ enarratio ex iis, quæ hactenus Romæ de Ea typis evulgata fuerunt, confecta... Cracoviæ, Of. A. Petricovii, 1630, 4°, pp. 16. (Par le P. Frédéric Szembek.)

La dédicace est signée : *F. S. S. J.*

Rosaire (Le). Avignon, L. Aubanel,

1833, 24°, pp. 35. (Par le P. Jean François BARRELLE.)

Rosaire de l'Apostolat, à l'usage des associés de l'Apostolat et du rosaire vivant. Paris, Ruffet, 1862, 32°, pp. 32. (Par le P. Henri RAMIÈRE.)

Rosaire (Le) des âmes zélées, offert aux associés du Rosaire vivant et de l'Apostolat de la prière. Clermont-Ferrand, librairie catholique, 1856, 18°, pp. 32. (Par le P. Henri RAMIÈRE.)

Rosaire-Vivant, Explication des Mystères du Saint-Rosaire. 185.., 18°, pp. 488. (Par le P. Firmin POUGET.)

Rosalia (La) Guerriera in ajuto del re Cattolico, contro la sforza di doppo nostro pestilenza, e ribellione, dialogo. Palermo, Nicolo Bua, 1652, 4°. (Par le P. Jean ONOFRIO.)

Rosarii Hyperaspistes, hoc est depulsio levissimarum cavillationum et nugarum, quibus Calvinianæ Theologiæ studiosus, nescioquis apodixin Theologicam pro ritu precandi Rosarium B. Virg. Mariæ ab Academiæ Parthenicæ sodalibus Moguntiæ divulgatam, frustra obscurare conatus est : Edita per M. Godefridum a Driell Noviomagum Catholicæ Theologiæ in Academia Moguntinensi studiosum. Proverb. XXVI. Responde stulto secundum stultitiam suam. Herbipoli, Ex officina Henrici Aquensis, MDLXXXVIII, 4°, pp. 90. (Par le P. Jean BUSÉE.)

Rosario della B. V., nel quale si tratta del modo di exercitarsi in esso... In Genova, 1616, 12°. (Par le P. Bernardin ZANONI.)

Sous le pseudonyme : *Pantaleo Carmagnolo.*

Rossignols (Les) spirituels liguez en duo : dont les meilleurs accords, nommement le bas, relèvent du Sr. Pierre Philippes, organiste, regaillardis au primevere de l'an 1621. Valenciennes, de l'imprimerie de J. Veruliet, 1621, pet. 12°, pp. 257. (Par le P. Guillaume MARC ou MARCI.)

Le P. Sotwel dit que le P. Marci composa en Français : *Lusciniæ Spirituales. Valencenis, apud Jo. Veruliet;* ce ne peut être, je pense, que l'ouvrage ci-dessus. Le Catalogue de la Bibliothèque Dinaux, 3ᵉ partie, n° 1963, cite une édition de 1616, et au n° 1972 celle de 1621, mais sans indiquer l'auteur.

Royalle (La) Reception de leurs maiestez tres chrestiennes en la ville de Bourdeaus, ou le Siecle d'Or ramené par les Alliances de France et d'Espaigne. Recueilli par le commandement du Roy. A Bourdeaus, par Simon Millanges, 1615, 8°, pp. 128. (Par le P. François GARASSE.)

Różaniec żywy czyli sposób odmawienia Różanca sw., na czetery stany ułożony i wydany przez Kaplana T. J. Poznań, 1860, 24°. (Par le P. Théophile BACZYNSKI.)

Rozbiór rady daney do ustalenia pokoju Polski wypredziwszy Jesuitów. Kraków, 1611. (Par le P. Gaspard SAWICKI.)

Sous le nom de *Lucas Linowski.*

Rozbiór wiadomości pomieszczonych w recensyi poematu Pultawa. Polock, Dʳ. S. J., 1818, 8°. (Par le P. Vincent BUCZYNSKI.)

Rozmowy duchowne do szczerego Spówiedzi czynienia Wiernych Chrystusowych sposobiące, przez pewnego Theologa S. J. Warszawa, Dʳ. S. J., 1762.

Rozmyślania naboźne S. Augustyna, mowy tajemme z P. Bogiem, Broń duchowna, Traktacik o skrusze, Traktacik o marności swiata, tlumaczenia X. Tryzny, przedrukowane w Krakowie, 1620, 8°, pp. 384. — Plock, typ. coll. S. J., 1788, 8°. (Par le P. Jean ALAND.)

Rozmyślania o tajemnicach wiary naszey, żywoćie y mece Pana Jezusowey y Blogoslawioney Maryi Panny, Swietych Bożych y Ewangeliach przypadajacych, z naukami dostatecznemi skoło nich y skoło rozmyślaney modlitwy przez Ludwika Pontana Zebrania Jezusowego po hiszpańsku nayprzod wydane, potem po lacinie przez jednego z tegoz Zakonu Kaplana, nakoniec na polski jezyk przeloźone. Wilno, Dr. Akad. S. J., 1646, 8°, 6 vol.

Cette traduction des Méditations du P. Louis du Pont est, je pense, faite par un Jésuite, d'après la traduction latine du P. Trevinnius, qui est le *jednego : tegoz Zakonu Kaplana* anonyme du titre.

Rozmyślanie rzeczy duchownych pożytek i sposób przez jednego S. J. Kaplana. Kraków, 1631, 8°.

Rozrywki ucieszne i dowcipne z przydatkiem wielu nowych zabawnych historyi. Warszawa, Dr. S. J., 1763, 8°. (Par le P. François Bohomolec.)

Rozsądek wedlug Teologii o sakramentalnen rozgrzeszeniu i grzechach żolnierzy w Królestwie polskiem z konfederowanych. S. l., 1663, 4°. (Par le P. Martin Olszewski.)

RR. Patrum Societatis Jesu theologia dogmatica polemica, scholastica et moralis, prælectionibus publicis in alma Universitate Wirceburgensi accommodata. Editio altera opera et studio Patrum ejusdem Societatis. Lutetiæ Parisiorum, sumptibus Julien, Lanier et sociorum, 1852-1854, 8°, 10 vol.

Tel est le titre général de chaque volume; au-dessous un titre particulier indique les différents traités qui y sont contenus et le nom des auteurs. Les nouveaux éditeurs sont : le P. Eleshan de Guilhermy pour le 1er volume, le P. Jules Tailhan pour les tomes II-IX, le P. Edmond Letierge pour le dernier. Le texte primitif a été reproduit, sauf quelques changements dans l'ordre des traités; on a ajouté, au *Tractatus de Deo, de Virtutibus* et *de Justitia*, un supplément tiré de Lessius. Les professeurs de Würtzbourg, auteurs de cette *Theologia*, sont les PP. Henri Kilber, Ignace Neubaner et Thomas Holtzclau.

Rudimenta geographiæ. Claudiopoli, 1734.

Le P. de Backer cite cet ouvrage à l'art. *Klausenbourg* (II, 468), sans en nommer l'auteur. Ne serait-ce pas le P. Ladislas Nedetzki et l'ouvrage serait-il différent de celui qu'il publia (voir de Backer, II, 1889) sous le titre : *Geographica globi terraquei Synopsis. Claudiopoli, 1737, 12°?*

Rudimenta historica, sive brevis facilisque methodus Juventutem orthodoxam notitia historica imbuendi, pro Gymnasiis Societatis Jesu in Germaniæ Superioris Provincia Auctore Societatis ejusdem Sacerdote. Augustæ Vindelicorum, Sumptibus Mathiæ Wolff, MDCCXXVI-XXXVI, 8°, 6 vol. (Par le P. Maximilien Dufrêne.)

Plusieurs éditions. C'est, sans doute, le même ouvrage qui est attribué au P. Fr. Ant. Zaccaria (Voir de Backer, III, 1637, 1); mais il n'aurait eu que 22 ans en 1736.

Rudiments de la langue grecque composez à l'usage des classes inférieures. Par un Père de la Compagnie de Jésus. A Lyon, Chez Antoine Molin, MDCCX, 8°, pp. 87. — Ibid., s. a., 8°, pp. 79. (Par le P. Etienne Bernou.)

Dans la Permission l'auteur est désigné sous les initiales : « *le P. E. B. J.* » Dans la préface, il dit qu'il

a déjà donné, à l'usage des classes inférieures, un abrégé de la langue latine, et que Molin a l'édition la plus complète des livres qu'il a composés pour ces classes. Ils sont, je crois, tous anonymes; j'en cite plusieurs dans ce *Dictionnaire*.

Rudiments de la langue latine composés sur la Grammaire du P. Emmanuel Alvarez de la Compagnie de Jésus, par un Père de la même Compagnie. A Paris, Chez la veuve d'Horace Molin, MDCCIX, 8°, pp. 176. — *A la fin :* Lugduni, typis Marcelini Sibert, MDCCIX. — Nouvelle édition, revüe, augmentée et corrigée avec soin par l'auteur. A Lyon, Chez Antoine Molin, MDCCXIII, 8°, pp. 136. (Par le P. Etienne Bernou.)

Il y a encore une édition de 1722, 8°, pp. 176, chez le même Molin.

Rudiments des langues latine et grecque, à l'usage des collèges de la Compagnie de Jésus, province Gallo-Belgique. Nouvelle édition, revue, corrigée et augmentée. A Douay, chez J. F. Willerval, 1757, 12°, pp. xx-88.

Ce n'est qu'une partie du cours de grammaire; après la préface : *De l'utilité de la langue grecque*, vient un second titre : *Introduction à la langue grèque* (sic) *à l'usage des... Pour les Cinquièmes.*

Rudimentum Concionatoris christiani. In quo de Concionis præcipue supellectile tractatur. Illustrissimo ac Reverendissimo Domino Carpophoro Soteri, Abbati S. Crucis. L. I. e Societate Jesu. Lugduni, Sumptibus Petri Prost, M.DC.XLII, 12°, pp. 161. (Par le P. Louis Janin.)

Rührende Andachtsübungen zur Zeit der H. Kommunion, sammt einem Unterrichte, und einigen weglichen Betrachtungen. Von einem Priester der Gesellschaft Jesu zusammengetragen. Vierte Auflage. Augsburg, 1788, 12°, pp. 40.

Rules and instructions for the Sodality of the Immaculate Conception of the most glorious and ever Virgin Mary Mother of God. With a short appendix relating to the second Congregation of the same Sodality. Printed in the year MDCCIII, 12°, pp. 150. (Par le P. Edouard Scarisbrick ou Nevill.)

Rules of the Apostolic school. Dublin, M. H. Gill et son, 1881, 24°, pp. 72. (Par le P. William Ronan.)

S

S. Casimiri theatrum, seu Ipsius prosapia, vita, miracula. Vilnæ, typ. S. J., 1604, 4º.

S. Fran. Borgia emblemata solaria. Bituricis, excudebat Joan. Cristo, Collegii Bituricensis Soc. Jesu typographus, 1671, 4º, pp. 27.

S. Francisci Xaverii e Soc. J. Indiarum Apostoli epistolarum omnium libri quatuor ex Petro Maffejo, Horatio Tursellino, Petro Possino, et Francisco Cutillas. Accedit denuò earumdem Chronotaxis ; tum Index multiplex, et Appendix. Opera R. M. Olim Soc. J. Sacerdotis in Castellana Provincia. Bononiæ, apud Gasparem de Franciscis, s. a., 8º, 2 vol., pp. VIII-CXLIV-351 et 575. (Par le P. Roch MENCHACA.)

S. Francisci Xaverii Indiarum Apostoli beneficia et miracvla Potami, Neapoli et alibi facta annis 1652, 1656, 1658. Antverpiæ, Apud Iacobvm Mevrsivm, anno MDCLVIII, 12º, pp. 265, sll.

C'est une réédition, avec additions, de l'ouvrage du P. BACHIN : *Franciscus Xaverius e S. J. Orientis Apostoli...* (Voir supra, col. 320.)

S. Ignatius de Loyola, Cura animæ, per scintillas Ignatianas, sive S. Ignatii Soc. Jesu fundatoris apophtegmata sacra divino amore succensa. Græcii, 1725, 18º.

C'est, je pense, ou une nouvelle édition ou un extrait des *Scintillæ Ignatianæ* du P. Gabriel HEVENESI. (Voir infra.)

S. Ivone (De) Oratio... Romæ (1620-1679.)

Chaque année, un élève du Séminaire Romain prêchait le panégyrique de S' Yves, dans l'église qui portait son nom. Ces discours, composés par des Jésuites, paraissaient sous le nom des orateurs. Le P. de Backer en donne la liste (III, 312-315).

S. Leonis Papæ I. cognomento Magni Opera. Partes II. Sermones et Epistolæ. Præfationem, Vitam S. Leonis et notas addidit Sacerdos è Societate Jesu. Tyrnaviæ, Typis Academicis, 1766, 8º. (Par le P. J. B. PRILESZKY.)

S. Luigi Gonzaga Giovane Angelico proposto a Regolari, massime Giovani, a fine di vivere, come esso, esemplarmente, nel Chiostro. Con dieci Considerazioni sopra la di lui Vita Regolare. Stese da un divoto del medesimo Santo, e dedicate a' Religiosi studenti della Compagnia di Giesù. In Roma, nella stamperia di S. Michele a Ripa, 1727, 12º, pp. 192, sll. (Par le P. François Marie GALLUZZI.)

S. Luigi Gonzaga Giovane angelico proposto per esemplare a Giovani Secolari a fine di mantenersi, come esso, innocenti nello secolo. Con dieci Considerazioni. Sopra la di lui Vita Secolare, stese da un

Divoto del medesimo Santo. In Bologna, nella stamperia di Lorenzo Martelli, 1738, 12º, pp. 102. (Par le P. Jean CAPEL-LUCHI.)

Plusieurs éditions.

S. Luigi Gonzaga vivente nel secolo proposto a' secolari. Reggio, Vedrotti, 1735, 16º. (Par le P. Jérôme GIUSTI-NIANI.)

S. Paulus exemplum veræ conversionis, quam Timor coepit, Spes promovit, et Amor perfecit. Argumentum trium meditationum, quas congregatio latina major Matris propitiæ B. V. Mariæ ab angelo salutatæ tempore quadragesimæ exhibuit Monachii anno Domini MDCCLXXII. Meditatio I. Timor conversionis initium. Typis Mariæ Magdalenæ Mayrin, Viduæ, 4º, s. pag. (pp. 31.)—...II. Spes conversionis adjumentum. Ibid., (pp. 28.) — ... III. Amor conversionis complementum. Ibid., (pp. 31.) (Par le P. François Xavier SCHERER.)

S. Peters Complaint. And Saint Mary Magdalens Fvnerall Teares. With sundry other selected and devout Poems. By R. S. of the Society of Iesvs. Is any among you sad? Let him pray. Is he of a cheerfull hart? Let him sing. Iac. 5. S. l. (*Douai*), M.DCXVI, 12º, pp. 4-170. (Par le P. Robert SOUTHWELL.)

Voir supra : *Peters Complaint...* et infra : *Saint Peters Complaint*.

S. Rosalia (Di) Vergine Palermitana Libri tre. Composti dal R. P. Giordano Cascini della Compagnia di Giesù. Nelli quali si spiegano l'Inventione delle sacre Reliquie, la vita solitaria, e gli Honori di lei. Con aggiunta di tre Digressioni historiche, del Monte Pellegrino, ove visse e morì : di suo Parentado, e' hebbe discendenza dell' Imperadore Carlo Magno, e d'alcuni componimenti in sua lode. Dedicati all' Illustrissimo Senato di Palermo. In Palermo, appresso i Cirilli, MDCLI, fol., pp. 400 et LX. (Par le P. Pierre SALERNO.)

Le P. Salerno est auteur des trois *Digressioni historiche*.

S. Spiritu (De) Oratio... Romæ. (1614-1772.)

Dès l'an 1614, les élèves du Séminaire Romain furent chargés par les Souverains Pontifes de prêcher, en leur présence, le jour de la Pentecôte. Ces sermons étaient ordinairement composés par un Jésuite et étaient imprimés sous le nom de ceux qui les prononçaient. Le P. de Backer (III, 303-312) en donne la liste de 1614 à 1772, avec les noms des véritables auteurs.

S. Stanislao Kostka novizio della Compagnia di Gesù. Torino, Pietro di G. Marietti, 1869, 16º, pp. 39. (Par le P. Joseph MELANDRI.)

Le nom de l'auteur est au verso du titre.

S. Xaverius apud Sinas moriens. Tragœdia a Serenissima, Illustrissima, Perillustri, Generosa, Nobili, Prænobili, Lectissimaque Celeberrimi Trium Coronarum Gymnasii juventute acta Ludis Autumnalibus, MDCCXXXIV. Coloniæ, Die XXVII et VIII Septembris... Cöllen, bey Johan Engelert, 8º, pp. 64.

Cette pièce de théâtre en cinq actes compte 1223 vers. Les chœurs sont en allemand.

Sacer apparatus Sacerdotum ea complectens, quæ ad notitiam Sacerdotii spectant, nec non ea, quæ ad scientiam illi necessariam pietatemque pertinent, in Gratiam Auditorum Theologiæ, qui ad Sacerdotium promoventur, ex variis probatisque Authoribus collectus. Posnaniæ, typ. S. J., 1685, 8º, pp. 2-131-12. — Ibid., 1778, 8º. (Par le P. Barthélemi Nathanael WASOWSKI.)

saCer MarIanæ stIrIæ zoDIaCVs, seu celebriores, gratiis et prodigiis claræ Beatissimæ Virginis, Deique Matris Mariæ in Styria Imagines... ab Illustrissimo Parnasso Græcensi in Applausum dedicatus. Typis Hæredum Widmanstadii, s. a. (*1709*), 8º, s. pag. (dernière signature : F₅.) (Par le P. Antoine MAURISPERG.)

Sacer recessus seu Exercitia spiritualia ad mentem et Methodum S. P. Ignatii authore R. P. Francisco Nepveu e Soc. Jesu, gallice primum, edita Parisiis, anno 1691, et subinde recusa, nunc etiam latinitate donata ab alio ejusdem Societatis Sacerdote. Ingolstadii, sumptibus Jo. And. de la Haye, 1701, 12º, pp. 384.

Plusieurs éditions.

Sacerdos ad SS. Missæ Sacrificium rite instructus, seu varia de SS. Missæ Sacrificio opuscula in unum collecta ab uno e

S. J. Sacerdote. Lutetiæ Parisiorum, Julien, Lanier, Conard et Socii, 1857, 18°, pp. 447. (Par le P. J. B. Maris.)

Sacerdote (Il) Sanctificato nella divota recitazione del divino ufficio ; nella divota celebrazione del Sanctissimo Sacrifizio ; nella retta amministrazione del Sacramento della Penitenza. Operetta divisa in quatro lettere. Venezia, Zatta, 1786, 12°. (Par le P. Frédéric Marie Pallavicini.)

Le P. Leblanc traduisit en français les deux dernières lettres ; voir supra : *Prêtre (Le) sanctifié...*, et sur cette traduction il s'en fit une italienne, intitulée :

Sacerdote (Il) sanctificato nella recta amministrazione del sacramento della Penitenza Operetta divisa in due lettere. Torino, Presso Giacinto Marietti, 1826, 18°, pp. 304.

Sacerdotum Zelus pie solideque animatus per Sacras Meditationes et Lectiones a P. Udalrico Probst, S. J. Olim per 18 annos Concionatore celeberrimo in insigni Collegiata Ecclesia ad S. Mauritium, Opusculum Germanice Scriptum ab Auctore p. m. Alius e Societate Jesu Sacerdos latinitate donavit. Augustæ Vindelicorum, Sumptibus Joannis Georgii Dorner, Anno 1755, 8°, pp. 384, slt.

Sacra atqve hilaria Mvssipontana, ob relatos a Gregorio XV, avctoritate apostolica, in ecclesiasticum Sanctorum Album et Canonicum Ignativm Loyolam et Franciscum Xaverium, sanctitate et miraculis claros, Societatis Iesu soles geminos : Primum gallicé edita, post e Gallico in latinum sermonem conversa, vtrobique formis æneis illustrata. Mvssiponti, Apud Sebastianvm Cramoisy, M.DC.XXIII, pet. 4°, pp. 65. (Par le P. Léonard Périn.)

C'est la traduction de l'ouvrage du P. Wapy : *Honneurs (Les) et applaudissements...* (Voir supra.)

Sacra e divota Novena in apparecchio alla festa di Gesù Nazareno, ec. Roma, Ignazio Poggioli, 1809. (Par le P. Aloys Panizzoni.)

Sacra novena in onore di San Giovanni Battista. Palermo, Stefano Amato, 1737, 16°. (Par le P. Vincent Bevilacqua.)

Sacra novena in onore di San Ignazio di Loyola. Palermo, Stefano Amato, 1731, 12°. (Par le P. Michel del Bono.)

Sacra Rituum Congregatione Emo et Rmo D. Cardinali Nigronio Ponente Oxomen. beatificationis et Canonizationis P. Servi Dei Joannis de Palafox et Mendoza, Episcopi prius Angelopolitani, postea Oxomensis. Nouum Summarium objectionale super dubio, etc. Romæ, typis Rev. Cameræ Apostolicæ, 1788, fol., 8 vol. (Par le P. Janvier Sanchez de Luna.)

On attribue cet ouvr.ge à cet ancien jésuite ; ce qui paraît du moins certain, c'est qu'on lui doit, en grande partie, les tomes 1 et 2 de la première partie.

Sacra Tempe, seu de Sacro exercitiorum secessu exempla. Ingolstadii, Typis Georgij Hænlini, 1622, 12°. (Par le P. Wolfgang Schœnsleder.)

Sacra (De) veterum Christianorum romana peregrinatione disquisitio quam Emo ac Rmo Domino S. R. E. Cardinali Francisco Xaverio de Zelada Collegii Romani Studiorum Præfecto Carolus Lazzarini Romanus Historiæ Ecclesiasticæ Auditor disceptaturus D. D. D. Romæ, Typis Salomoni, 1774, 4°, pp. 23, slt. (Par le P. Pierre Lazeri.)

Sacri ritiri nelle Piaghe di Gesù, nel sino di Maria e nella considerazione del suo stato per l'anima che desidera avvanzarsi nella virtù. Proposti in alcuni tempi dell' Anno alle spose di Gesù ne' sacri chiostri da un Religioso della Compagnia di Gesù. Quinta impressione. In Venezia, presso Andrea Poletti, 1716, 12°, pp. 166. (Par le P. Livio Pagelli.)

La première édition est de 1699.

Sacrifizio (Il) d'Abramo, rappresentazione tragicomica di Lelio Palombo. Roma, 1648, 4°. (Par le P. Paul Belli.)

Sacro-civilis Politia. 1636. (Par le P. Wenceslas Krzykowski.)

Sacro Quinario en cinco dias dedicado a San Juan Nepomuceno, para implorar su imitacion, y patrocinio, con unas Letanias latinas my devotas al mismo Santo. Todo en Valencia, por Joseph Estevan Dolz, 1734, 4°. (Par le P. Jérôme Julian.)

Sous le nom de : *Dr. Don Gavino Romelini.*

Sacro (Il) rito antico e moderno della

elezione, coronazione e solenne póssesso del Sommo Pontefice, esposto in tre lezioni, che seguono ad una dissertazione preliminare. Roma, presso Casaletti, 1769, 12°. (Par le P. Joseph DE NOVAES.)

Sacro Monte Parnaso de las Musas Catholicas de los Reynos de España, que Unidas pretenden coronar su frente, y guarnecer su faldas con elegantes poemas en varias lenguas, en elogio del Prodigio de dos mundos, y sol de Oriente S. Francesco Xavier, de la Compañia de Jesus, que recogidos, y dispuestos con veinte y una Lamina del Santo, dà a la Estampa el Licenciado Francisco Ramon Gonçalez, y reverente dedica a la Serenissima Señora Sor Ana Dorotea de Austria, Religiosa Professa en al Real Convento de las Señoras Descalças de la Villa de Madrid. En Valencia : Por Francesco Mestre, junto a Molino de la Rovella, Año 1687, 4°, 12 ff. nch, et pp. 267. (Par le P. Vincent CLAUDIUS.)

Sacro Triduo in onore del Sacro Cuore di Gesù. (Par le P. Etienne Antoine MORCELLI.)

Sacro Triduo in onore di S. Michele. ?, 178... (Par le P. Etienne Antoine MORCELLI.)

Sacro Triduo in onore di Santa Agape. ?., 178.. (Par le P. Etienne Antoine MORCELLI.)

Sagesse (La) divine à Monseigneur le Cardinal Duc de Richelieu. A Paris, chez Sebastien Cramoisy, M.DC.XXXIX, 4°, pp. 26, sld. (Par le P. Pierre LE MOYNE.)

L'auteur signe la dédicace.

Saggi delle Liriche, e Musicali Poesie raccolti da Orlando Cinami. Napoli, per Lucantonio di Fusco, 1670, 12°. (Par le P. Léonard CINAMI.)

Saggi teologici per formare un' errata corrige da aggiungersi a due volumi, che per apologia del signor Blasi... contro l'impugnazione de' tre biglietti confidenziali critici ha recentemente pubblicati Crisostomo Amerista. Lugano, 1773-1774, 8°, 2 vol. (Par le P. J. B. FAURE.)

Saggi teologici sopra la confusa ortodossia Palafoxiana. ? (Par le P. J. B. FAURE.)

Melzi (III, 7) lui attribue cet ouvrage. Ne serait-ce pas celui que j'indique plus bas, sous le titre de : *Supplementi alle prime animadversioni...*?

Saggio critico contra il libro : Sull' autorità della Podestà laica sugl' impedimenti del matrimonio. 179... (?) (Par le P. Jean Charles BRIGNOLE.)

Saggio critico della corrente letteratura straniera dagli autori della storia letteraria d'Italia Proposto ugualmente agli oltramontani, che agl' Italiani, Per servire a questi d'informazione di ciò che giornalmente esce di meglio di là da' monti; a quelli d'utile celebrazione delle loro intraprese. In Modena, a spese Remondiani, MDCCLVI-LVIII, 8°, 3 vol., pp. VIII-903, VIII-775 et VIII-350. (Par le P. François Antoine ZACCARIA.)

A partir du tome II, on lit en marge les initiales du nom des collaborateurs du P. Zaccaria : *G. G.* sont celles du P. Joachim GABARDI; *D. T.*, celles du P. Dominique TROILI.

Saggio critico sulle Crociate. Se sia giusta la idea invalsane comunemente. E se siano adattabili alle circostanze presenti fattovi qualche cambiamento. Ferrara, 1794, 8°. (Par le P. François GUSTA.)

Saggio d'un più longo discorso sopra i sette Angeli, che piamente si crede esser ministri della provvidenza divina nel governo del mondo. Palermo, appresso il Bisagnio 1650, 8°. (Par le P. Georges TAGLIAVIA.)

Saggio de' Supplementi Teologici, Morali, Critici, di cui abbisogna la Storia del Probabilismo, e del Rigorismo scritta dal P. F. Daniello Concina. Lucca, Marescandoli, 1744, 4°. (Par le P. Nicolas GHEZZI.)

Réimprimé en 1745 sous le nom de l'auteur.

Saggio della buona fede, e del criterio dell' Ex-Gesuita Bolgeni Autore d'un libro sull' Episcopato in una Lettera da un antico confratello. Firenze, Antonio Giuseppe Pagani, 1791, 8°. (Par le P. Vite Marie GIOVINAZZI.)

Saggio della vita, delle virtù e di prodigj del Padre Giovanni di Santiago della Compagnia di Gesù morto nella città di

Cordova nella Spagna ai 25 Dicembre 1762. Parma, della Stamperia Carmignani, 1798, 12°. (Par le P. Onuphre PRAT DE SABA.)

Saggio di alcune riflessioni sopra l'Epistola prima ad amicum adversus dissertationem... S. l. et a. (*vers 1736*). (Par le P. Jean François RICHELMI.)

Saggio di analisi e di confutazione dagli Elementi d'ideologia del conte Destutt di Tracy, ec., diretto a vantaggio della italiana gioventù. Orvieto, 1828, 12°. (Par le P. Jean REGOLI.)

Saggio di Annotazioni sopra l'Opera che hè per titolo : Confutazione della Lettera di un' Teologo all' Autore dell' Opera intitolata : Risposta alla Lettera del P. Paolo Segneri della Compagnia di Gesù su la materia del Probabile. Si aggiugne il Compendio della suddetta Lettera di un Teologo confrontata con la medesima Confutazione. S. l. et a. (*1736*), 4°, pp. xxx-72. (Par le P. Jean François RICHELMI.)

Contre Pierre Ballerini, prêtre de Vérone.

Saggi di avvertimenti sopra l'opera del P. Concina intitolata : Della storia del Probabilismo, e del Rigorismo Dissertazioni Teologiche, Morali, e Critiche, ec. presentato a' legitori della medesima, affinchè la leggano con maggior utilità. Lubiana, 1745, 4°, pp. 307, sllelt. (Par le P. Jean François RICHELMI.)

L'auteur signe la dédicace.

Saggio di Panegirici, e Questioni Theologiche, furto innocente del Canonico D. Pietro Antonio Casaccio. Venetia, presso Antonio Tivano, 1680, 4°. (Par le P. Sigismond ROSSI.)

Saggio di poesie morali di Gio. Battista Bartoli. In Bologna, per gli Eredi del Benacci, 1642, 12°. (Par le P. Daniel BARTOLI.)

Plusieurs éditions.

Saggio di prosa per la Scuole di Rettorica. Roma, 1830. (Par le P. Jean Pierre SECCHI.)

Saggio sulla cosmogania egiziana. Estratto dagli Annali delle Scienze religiose.

Vol. vɪɪɪ. Fasc. xxɪv. Roma, della tipografia Salviucci, 1839, 8°, pp. 34. (Par le P. J. B. PIANCIANI.)

Le nom de l'auteur est à la fin.

Sagrado Consuelo a la Casa de Austria, y Monarquia Catholica en tiempo de las guerras y calamitades publicas. Valencia, per Bernardo Nogues, 1641, 8°. (Par le P. Jean Antoine XARQUE.)

L'auteur publia cet ouvrage sous le nom de son frère *François Xarque*.

Saint (Le) amour des maris et des femmes, des parents et des enfans, des freres et des sœurs, des maistres et des serviteurs. Représenté dans diverses pieces de tapisserie, dont le sujet est tiré de l'Escriture Sainte, et des histoires de diverses nations. Par un Père de la Compagnie de Jésus. A Lyon, Chez Simon Matherot, 1658, 12°, pp. 157. (Par le P. Joseph FILERE.)

La dédicace est signée par l'auteur.

Saint (Le) déniché, ou la Banqueroute des marchands de miracles, comédic. La Haye, 1732, 12°, pp. 168. (Par le P. Guillaume Hyacinthe BOUGEANT.)

Souvent réimprimée anonyme, cette comédie l'a été en 1826, à Paris, avec le nom de l'auteur.

Saint (Du) et fréquent usage des Sacremens de Penitence et d'Eucharistie. A Paris, Chez Chardon, Berton, Lambert, Durand, M.DCC.XXXIX, 12°, pp. xix-310. (Par le P. Martin PALLU.)

Quelques éditions. Le nom de l'auteur est dans l'approbation.

Sainct Jean Chrysostome, chef d'œuvre de la bouche d'or et éloquence incomparable par où il est monstré évidemment que personne n'est intéressé sinon de soymesme. Mis en françois par un pere de la Compagnie de Jesus, et présenté aux affligez de toute condition et maniere pour estreiner l'an 1641. A Mons, De l'Imprimerie de Jean Havart, 1641, 8°, pp. 197. (Par le P. Jean Erard FOULLON.)

Saint Louis de Gonzague, proposé pour modèle d'une sainte vie, par un religieux de la Compagnie de Jésus. Paris, Guérin et Delatour, M.DCC.LVI, 24°, pp. xii-144.

C'est la traduction, faite peut-être par un Jésuite, de l'ouvrage du P. Pascal de Mattei, intitulé : *Giovane (Il) Angelico*...

Saint Peters Complaint, With other Poëms. Edinbvrgh, Printed by Robert Walde-grave, s. a. (*1597*), 4°, ff. 28. (Par le P. Robert Southwell.)

Plusieurs éditions sous des titres semblables ou un peu modifiés ; voir supra : *S. Peters Complaint...* et *Peters Complaint...*

Saint Procope Enfant-Martyr. A. M. D. G. Bordeaux, typographie V° Justin Dupuy et Comp., 1867, 12°, pp. 68. (Par le P. Léonard Cros.)

Saint (Du) Sacrifice de la Messe et de la manière d'y assister. Par le R. P. de B. de la C. de J. Lyon, Girard et Josserand, 1861, 32°, pp. 96. (Par le P. Edouard de Bouchaud.)

Plusieurs éditions, augmentées à partir de 1867.

Saint (Du) Scapulaire. Avignon, Seguin aîné, 1828, 12°, pp. 74. — Ibid., 1830. (Par le P. Jean François Barrelle ou par le P. François Renault.)

Sainte (La) Eucharistie. Pensées et prières. A. M. D. G. Dole, Bluzet-Guinier, 1873, 16°, pp. 340. (Par le P. Pierre Mazoyer.)

Sainte (La) Famille, ou Histoire de Tobie. Bruyères, 1788, 12°. (Par le P. Jean Couturier.)

Cette première édition, faite à l'insu de l'auteur, peut-être par l'abbé Latasse, a été suivie de plusieurs autres, données par le P. Couturier lui-même.

Sainte (La) liberté des enfans de Dieu, et Frères de Christ, en cent-cinquante articles, qui contiennent tout ce qu'il est permis de croire et de ne pas croire dans la Religion reformée, avec quelques Reflexions sur l'Apologie du Synode de Montpellier ; sur le livre que le sieur Charles Drelincourt a fait contre les quarante-deux premiers articles, et sur le livre que le Sieur de Croï a fait contre les vingt-cinq premiers articles. Lyon, Canier, 1658, 12°, pp. 439. (Par le P. Bernard Meynier.)

Cette édition serait la 14° ; la première parut en 1655, la 20° en 1660, avec des additions.

Sainte (La) mort du chrestien. Tres utile à toutes sortes de personnes. Par un Pere de la Compagnie de Jesus. A Paris, chez Estienne Michallet, M.DC.LXXII, 16°, pp. 149, slp. (Par le P. Claude Valdory.)

L'auteur est nommé dans l'Approbation.

Sainte (La) Tunique de N. S. J. C. Souvenir pour les élèves du Pensionnat de Fribourg, 1843. Fribourg, Chez Galley et Cie, 1843, 12°, pp. 24. (Par le P. Aloys Geoffroy.)

Saintes (Les) occupations des Predestinez pendant qu'ils sont sur la terre. Par un Pere de la Compagnie de Jesus. Quatrieme édition. Revüe et augmentée par l'Auteur. A Amiens, chez la Veuve de R. Hubault, M.DC.XCVI, 12°, pp. 270. — A Rouen, chez Jean B. Besongne, M.DC.XCV, 12°, pp. 270.

Saincts (Les) de Lyon du R. P. Theophile Raynaud de la Compagnie de Jesus, traduits en françois par un religieux de la mesme Compagnie, Lyon, Esprit Scot (*ou* Gautherin), 1629, 12°. (Par le P. François Allian.)

Saincts (Les) Devoirs de l'Ame devote. Où il est enseigné au Chretien la maniere d'employer les jours au service de Dieu. Par les PP. de la Compagnie de Iesus. Avec l'Office de la Vierge Marie, pour tous les temps de l'année, reformé au Sainct Concile de Trente. Ensemble quelques Prieres d'un tres-devot Religieux de L. C. D. I. A Paris, Chez Gabriel Clopejay, M.DC.XLVII, 12°, pp. 236 et 240. — Les Saincts Devoirs de l'Ame devote. Où il est enseigné av Chrestien, la maniere d'employer le jour au service de Dieu. Dediez à la Reyne. Et de novveav tres exactement reueus, corrigez et augmentez par les Reuerends Peres de la Compagnie de Iesvs. Avec l'office... Concile de Trente. Et les offices des Morts, du sainct Sacrement, et de la Conception. Ensemble quelques Prieres d'vn tres-deuot Religieux de ladite Compagnie de Iesvs. A Paris, Par la Compagnie des Associez au Priuilege des Saints Deuoirs, M.DC.LVII, 24°, pp. 216 et 180.

L'édition de 1647 a une approbation datée du 6 mars 1627. Celle de 1657 a une dedicace à la Reyne, signée : *Antoine Estienne, Premier imprimeur et Libraire ordinaire du Roi*; il y dit qu'on a été longtemps sans connaître l'auteur de cet ouvrage; mais on a su enfin que c'était un Jésuite, bien que plusieurs autres familles religieuses eussent réclamé ce livre pour un de leurs membres. Quel est ce Jésuite? Je l'ignore; il me semble du moins probable que l'*Office de la Vierge Marie* doit être de l'édition du P. Pierre COTON, aussi bien que les *Prieres d'un tres dévot Religieux*. Enfin *Les Saints devoirs de l'âme dévote* ne seraient-ils pas la même chose que l'*Intérieure occupation de l'âme dévote* du même P. Coton?

Salazar, ou la chapelle expiatoire du très-saint Sacrement de miracle, à Bruxelles, par Ed. T. Bruxelles, 1852, 18°, pp. 59. (Par le P. Edouard TERWECOREN.)

Salmista (Il) Evangelico e Cristiano. Parafrasi sopra i salmi di Davide; dove il Santo Re e Profeta ci assoda nelle Verità della Cattolica Fede, e c' insegna a vivere e operare cristianamente, e secondo il Vangelio di Giesù Cristo... Di un Sacerdote della Compagnia di Giesù. Venezia, Nella Stamperia Baglioni, MDCCXXI, 12°, pp. 610, sll.

Saltatoria (De) quæ Epternaci quotannis celebratur, supplicatione. Cum præviis in choreas sacras animadversionibus. Tractatum historicum edidit Ant. Jos. Binterim, SS. Theologiæ Doctor, parochus in Bilk et suburbio Dusseldorpiensi, etc., etc. Dusseldorf, Schaub'sche Buchhandlung (W. H. Scheller), 1848, 8°, pp. 45, slpelt. (Par le P. Joseph VAN DER MOERE.)

Salut (Le) de la France. Poitiers, F. A. Barbier, 1815, 8°, pp. 23. — Seconde édition. A Poitiers, chez Fr.-Aimé Barbier, 1816, 8°, pp. 23.

On dit que le P. LORIQUET fit réimprimer et modifia cet opuscule sur la dévotion au Sacré-Cœur : ce serait, je pense, dans les éditions telles que : *Huitième édition. Amiens, Caron-Vitet, Avril 1818. 12°, pp. 34.* Mais quel est l'auteur ? Le P. de Backer (II, 814, 32) se demande si ce ne serait pas le P. Louis Debussi, dans les papiers duquel on trouva à sa mort, en 1822, un manuscrit intitulé : L'*Unique Sauveur de la France.* De mon coté, j'ai trouvé sur l'exemplaire de la 2° Edition citée plus haut, cette note manuscrite : *Par M. Lambert, missionnaire.*

Salut (Le) facilité aux pécheurs par la dévotion au très-saint et Immaculé Cœur de Marie, dans l'archiconfrérie de N. D. des Victoires. 1re Partie. 1° Naissance, progrès, fruits étonnants de l'archiconfrérie ; 2° Principaux statuts de l'archiconfrérie ; ses avantages, conditions à remplir ; 3° Esprit qui doit animer ses membres ; 4° Manière d'ériger et d'agréger les confréries particulières. 2me Partie. Méditations, office, Prières à l'usage des membres de l'archiconfrérie. Approuvé par l'autorité épiscopale. Troisième édition. Angers, Launay-Gagnot, août 1841, 18°, pp. vi-138. (Par le P. Pierre CHAIGNON.)

La même année parut une édition abrégée : *in-32°, pp. 128.*

Salutaris exercitatio hominis christiani complectens. 1. Brevem Methodum plerasque actiones diurnas pie et utiliter instituendi. 2. Actus internos præcipuarum virtutum. 3. Modum rite sumendi Sacratissimum Eucharistiæ sacramentum, variaque pietatis exercitia eo spectantia. 4. Affectus erga Christum patientem, illiusque acerbissimos cruciatus. Ex variis auctoribus collecta. Per M. D. L. Antverpiæ, Typis Arnoldi van Brakel. Año 1655, 4°, pp. 79. (Par le P. Guillaume DE LANDSHEERE.)

Cet ouvrage a été réimprimé plusieurs fois sous ce titre un peu différent :

Salutaris hominis christiani exercitatio ex varijs et optimis quibusque auctoribus collecta per Marium de Landsheere. Editio Quinta. Quid hoc libello contineatur sequens pagina indicabit in præfatione ad lectorem. Antverpiæ, typis Michaelis Cnobbari, M.DC.LXI, 8°, pp. 282.

Dans la Permission du Provincial qui se trouve dans l'édition 1707, on lit : « olim compositus a R. P. G. de « Landsheere, et editus sumptibus ac nomine R. admr. « Domini Marii de Landsheere Canonici Presbyteri. »

Sammlung der Kuhrbayrischen Schulen der Gesellschaft Jesu. München, 1770, 8°. (Par le P. François Antoine NEUHAUSER.)

San Patrizio Apostolo dell' Ibernia Attione da representarsi (nel mese di maggio, a 13 del 1697) nel collegio di Brera della Comp. di Gesù. Milano, Ramellati, 1697, 8°. (Par le P. J. B. MUSCA.)

Melzi (III, 24) le nomme *Mosca*, mais je pense que c'est le P. *Musca*, cité par le P. de Backer, II, 1436.

Sancta Mors hominis christiani, opusculum primum a quodam Patre S. J. gallice scriptum, dein latine redditum per A. G. S. J. Braunsbergæ, 1675, 24°.

C'est, je pense, la traduction de l'ouvrage du P. Valdory : *Sainte (La) mort du chrestien...* (Voir supra.)

Sanctæ Ecclesiæ Conchensi salus plurima. Index doctrinarvm pro Deipara Petri Galatini Minoritæ, maxime circa Immaculatum conceptum : in opere de arcanis catholicæ veritatis, quod præcedente examine Cardinalium et Prælatorum Leo X. ut egregium et vtilissimum approbavit. Habentur literæ Apostolicæ ad finem iuxta impressionem anni 1518. Orthenæ, per Hieronimum Suncinum. Quod Societas primitiva Iesu his doctrinis firmiter adhæserit. S. l. et a., 4°, pp. 4. — *A la fin :* Collectore, et compilatore Ioanne de Fonte. — Conchæ. Ex mandato Ordinarij. Apud Salvatoris à Viader, Anno Domini 1647. (Par le P. J. B. Poza.)

Sanctæ Intentionis Hagiophilæ tribus et triginta pactis declaratæ a R. P. Paulo de Barry e Soc. Jesu, gallico idiomate. Quas in gratiam sodalium B. V. Annunciatæ Neoburgensis juris latini fecit ex eadem Societate Sacerdos. Ingolstadii, typis Gregorii Haenlini, 1646, 16°, pp. 161, sll. (Par le P. Christophe Ott.)

Cet ouvrage fut réimprimé en 1655, à Munich, avec le nom du traducteur.

Sancti Francisci Borgiæ solemnia poetica. Parisiis, typis Cramoisy, 1673, 4°. (Par le P. Léonard Frizon.)

Le nom de l'auteur est cité dans l'épître dédicatoire, qui n'est pas de lui.

Sancti Stanislai Kostka S. J. vita, symbolis, et doctrinis moralibus illustrata, ac ejusdem Divi sacris honoribus denuo consecrata. Wratislaviæ, Typis Academicis Collegii Societatis Jesu, MDCCXXXI, 8°, pp. 256.

Sancti Thomæ Aquinatis Summæ Theologicæ compendium authore P. Petro Alagona Theologo Societatis Jesu. Venetiis, 1763, 12°. (Edition du P. François Antoine Zaccaria.)

Le P. de Backer la cite à l'art. *Alagona* (I. 45, 2), mais ne la donne pas dans son long article : *Zaccaria* (III, 1636-1693). En tous cas, il a tort d'attribuer une édition 1723 au P. Zaccaria, né en 1714.

Sanctification (La) des actions ordinaires. Extrait des œuvres du P. Alphonse Rodriguez, de la C. de J., par un Père de la même Compagnie. Nantes, Mazeau,

1872, 32°, pp. 157. (Par le P. Henri Pottier.)

Sanctissimi Cordis Jesu Laurea Theologica. Venetiis, 177... (?), 12°. (Par le P. Benoît Tetamo.)

Sanctissimi Cordis Jesu sodalium manuale. Gestel S. Michaelis, 1865, 16°, pp. 60. (Par le P. J. B. van Meurs.)

Sanctissimi Domini Nostri Domini Clementis Papæ XI. Constitutio Unigenitus Theologice propugnata. Romæ, apud Jo. Mariam Salvioni, 1717-1724, fol., 4 vol., coll.. 865, 1117, 1293 et 1409, sll. et les *Synopses.* (Par le P. Jacques de la Fontaine.)

Le 4° volume fut imprimé *apud Hieronymum Mainardi.*

Sanctissimi Domini nostri Pii Divina Providentia Papæ IX Constitutio qua ecclesiasticæ censuræ latæ sententiæ limitantur. In utilitatem confessariorum accedunt plurimæ annotationes. Lugduni, apud Pelagaud, 1870, 12°, pp. 57. (Par le P. Justin Guigou.)

Sancto (De) Angelo Gabriele. Lugduni, 1653, 8°. (Par le P. Honoré Nicquet.)

M. Reboul (*Anonymes... de Provence*, n. 1908) dit que cet ouvrage est anonyme ; Sotwel ne le dit pas.

Sanctorum belli præsidum vitæ et virtutes compendio traditæ, et Serenissimo Archiduci Leopoldo Guilielmo in menses singulos sorte propositæ a Patribus Castr. Societatis Iesv. Antverpiæ, apud Viduam et Heredes Ioan. Cnobbart, 1650, 12°.

Les *Patres Castrenses* sont les Jésuites attachés aux armées en qualité d'aumôniers militaires.

Sanctorum Ignatii et Xaverii in divos relatorum Triumphus Bruxellæ ab Aula et Urbe, celebratus. Bruxellæ, apud Joannem Pepermannum, 8°, pp. 105. (Par le P. Gaspar Maximilien van Habbeke.)

Il signe : *C. van Hemmel J. V. L.* — Barbier (IV, 1397, c) dit à tort : *Auctore Maximiliano Habrequio.*

Sanctorvm Martyrvm Abvndii Presbyteri, Abvndantii diaconi, Marciani, et Ioannis eius filij, Passio Ex tribus vetustissimis, et manu scriptis Codicibus deprompta, Cui additæ sunt Inuentiones, et Translationes, et ad historiam Notæ.

Romæ, apud Franciscum Zanettum, CIƆ.IƆ.LXXXIV, 8°, pp. 165 (pour 156). et 8 grav. — *A la fin* : Romæ, Apud Franciscum Zanettum, M.D.LXXXIII. (Par le P. Fulvius CARDULUS.)

La dédicace à Grégoire XIII est au nom du Collège Romain. Melzi (II, 5) dit que l'auteur se nomme *Cardali*; mais il cite inexactement l'ouvrage, sous le titre : *Historia de inventione SS. MM. Abundii...* — Ce livre n'est, sans doute, pas commun, mais il est moins rare que ne le dit la note suivante, qui se trouve. p. 117, nᵒ 834, de la 1ʳᵉ partie du Catalogue de la Bibliothèque du Marquis d'Astorga rédigé par Bachelin-Deflorenne (Paris, 1870) : « Cette vie de quatre martyrs, mis à mort « sous l'empereur Dioclétien, paraît totalement inconnue. « Elle n'est pas indiquée par Brunet. Moreri et autres. » Le nom de l'auteur n'est pas dévoilé dans cette note.

Sanctorum Patrum opera selecta, nonnullis patrum Societatis Jesu notis illustrata, ad usum scholarum. Tours, Mame, 1880, 12°, pp. 189. (Par le P. Joseph ROUSSEAU.)

Sanctuaires (Les) de la Mère de Dieu dans les arrondissements de Lille, Douai, Hazebrouck et Dunkerque. A. M. D. G. Lille, Lefort, 1847, 12°, pp. XVI-242 —... dans les arrondissements de Cambrai, Valenciennes et Avesnes, suivis d'une notice sur Notre-Dame de Fives, près de Lille, et de Notre-Dame des affligés, au hameau de Sart, près de Herville. A. M. D. G. Lille, Leleu, 1848, 12°, pp. XVII-270. (Par le P. Alexis POSSOZ.)

Sanctus Aloysius Societatis Jesu Æmulator Angelorum, in Solemnitate Canonizationis ejusdem ad imitationem propositus per pias considerationes, primo Italice editus a Patre Antonio Francisco Mariani Soc. Jesu. Nunc in linguam latinam traductus ab alio dictæ Societatis Sacerdote. Sumptibus Joan. Andreæ de la Haye, Bibliopolæ Academici Ingolstadii. Monachii, typis Mariæ Magdalenæ Riedlin Viduæ. Anno 1727, 12°, pp. 113.

Sanctus Josephus illustris in Terris illustrior in cœlis : in terris nobilitate prosapiæ et virtutum splendore in cœlis sublimitate gloriæ et miraculorum fulgore a Sodalitate B. Mariæ V. Annuntiatæ quæ est Monasterii piis Magnæ Matris et Josephi clientibus in strenam oblatus, Anno 1697. Typis Viduæ Raesfeldii, 8°, pp. 64.

Sanctus Stanislaus Societatis Jesu ætate juvenis, sanctitate consummatus, nuper inter sanctos relatus, ad imitationem propositus Per pias Considerationes a P. Ant. Franc. Mariani S. J. Italicè conscriptas, et in Latinum ab alio ejusdem Societatis Sacerdote traductas. Sumptibus Joan. Andreæ de la Haye Bibliopolæ Academici Ingolstadii. Monachii typis Mariæ Magdalenæ Riedlin Viduæ. Anno 1727, 12°, pp. 127.

Sanglante (La) deroute de cinq cens rebelles du pays de Vivarets, lesquels pensant surprendre la ville d'Issingeaux en Vellay, ont été taillés en pièces par M. de la Chatte et autre noblesse du pays, assistés de plusieurs villageois : ensemble l'heureuse conversion de plusieurs habitants du dit pays, par un P. Jesuite. Rouen, D. Ferrand, jouxte la copie imp. à Paris par F. Huby, 1621, 8°.

Voir supra : *Defaite tres veritable.*

Santa (La) conversatione di Giesv, Maria Givseppe, da honorarsi da' fedeli per impetrar à tutti il perdono de' peccati, la virtuosa Vita, la buona Morte, e la presta liberatione del Purgatorio, Inuentata, come Diuotione, nel Regno di Napoli, insegnata nel Regno di Sicilia, predicata in molte Città d'Italia da un Seruo di Dio, e da cui fu anche in Fiorenza prima publicata con licenza di Monsig. Illustriss. Arciuescovo Pietro Niccolini l'anno 1640. E poi nella Chiesa della Compagnia di Giesv instituita in forma di Congregatione, sotto l'invocazione della B. V. Maria conuersante con Giesù Figliuolo, e con Giuseppe Sposo, secondo l'approuatione della Santità di N. S. PP. Vrbano VIII, per Breue spedito à di 7 di Febbraro 1640. con molte Indulgenze alle persone aggregate, per le quali si propone vn' Auuiso, vn Discorso, ed vna Iconologia con sedici Immagini, per dichiarare le cose principali di questa Diuotione, e Conuersatione. E si aggiunge vna Selua Alfabetica latina intitolata, Floriferium, per dar materia a' Predicatori d'esortar tutti a conuersar christianamente in vita, per saluarsi con la buona morte. Stampata ad instanza dell' Illustrissimo Senatore Sig. Francesco Orlandini, ed à lui diretta da Odomenigico Lelonotti da Fanano. In Fiorenza, nella stamperia di Gio : Antonio

Bonardi, MDCLII, 4°, pp. 46 et 268. (Par le P. Jean Dominique OTTONELLI.)

A la p. 49, il y a un nouveau titre : *Editione seconda del discorso Intorno alla Santissima Conversatione di Giesu, Maria, e Givseppe. Composto da vn Religioso da Fanano.*

Santa (La) Cueva di Manresa. Reseña historica por D. Fidel Fita y Colomé, de las reales Academias Española y de la Historia. Manresa, Imprenta de Roca Bán Miguel, 1872, 48°, pp. 270. (Par le P. Fidèle FITA.)

Santa (La) Infanzia di Gesù Cristo in theatro rappresentazioni, e Trattenimenti Dramatici di Presepio Presepi. Firenze, 1713. (Par le P. Joseph Antoine PATRIGNANI.)

Cet ouvrage fut réimprimé, et en 1768 avec le nom de l'auteur.

Santa Solitudine ovvero Soliloquii dell' anima intorno à quelle verità cristiane che più dell' altre vagliono per allettar l'anima all' ossequio di Dio, e le quali sono acconcie a servir di motivo per gli atti di tutte le virtù. Opera del P. Pietro Maria della Compagnia di Giesu. Tradotta del Francese nell' Italiano da un Religioso della medesima Compagnia. In Roma, a spese di Giovanni Casoni, 1658, 12°, pp. 432, sll.

C'est la traduction de la *Sainte Solitude* du P. Pierre Marie.

Santa Vita e morte del venerabile sacerdote Luigi Cantova, canonico di S. Stefano maggiore in Milano, descritta da un religioso della Compagnia di Gesù. Milano, Malatesta, 1717, 8°. (Par le P. Jean Antoine CANTOVA.)

La dédicace est signée : G. A. C.

Santo (Il) simile senza simile nella gloria de' Santi, S. Giuseppe Padre Putativo di Dio Umanato : Similem illum fecit in Gloria Sanctorum. Eccl. 45. Non est inventus similis illi in Gloria. Eccl. 44. Considerazioni per tutti i Mercoledi dell' Anno sopra i Titoli principali di questo gloriosissimo Patriarca di Giuseppe Silva Sacerdote. In Firenze, nella stamperia di S. A. R. per Gio Gaetano Tartini, e Santi Franchi, 1719, 12°, pp. 142. (Par le P. Joseph Marie SOTOMAYOR.)

Santuario (Il) di Maria Santissima detta de' Bisognosi nei' Marsi. In Roma, Nella Stamperia Salomoni, L'anno MDCCLXXXV, 12°, pp. 167 et 1 grav. (Par le P. Joseph Marie MAZZOLARI.)

Sapiens a divina Gratia instructus seu fertilissimus conceptuum apparatus selectissimis Sacræ scripturæ sententiis, SS. Patrum saluberrimis Effatis, antiquitatis tam Sacræ, quam profanæ eruditione, omnique rerum copia ac varietate refertissimus in ideis evangelicis ac moralibus ad communem Parochorum usum, faciliorem concionum laborem, et copiosum animarum fructum divini Verbi præconibus oblatus opera et studio celeberrimi per Hispaniam Concionatoris R. P. Francisci Garau, Soc. Jesu, SS. Theologiæ Professoris Primarii in Collegio Barcinonensi, Examinatoris Synodalis, et S. Officii qualificatoris. Nunc vero in postrema editione ab ipso Authore auctus, et ab uno ejusdem Societatis Sacerdote ex Hispano Idiomate in latinum translatus. Accessit Triplex Index Idearum unus, alter Concionum, tertius Rerum. Ingolstadii, sumptibus Joannis Andreæ de la Haye, Anno 1731, 4°, pp. 485, sll.

Sapienza (La) evangelica per Trattenimento Spirituale nel Sacro tempo dell' Auvento Opera del P. Nicolò Caussino della Compagnia di Giesù. Tradotta dalla lingua Francese nella Italiana da un Padre della medesima Compagnia. In Roma, appresso Manelfo Manelfi, 1647, 12°, pp. 176, sld. — Sapienza (La)... nel tempo della Quaresima del P... In Bologna, Per Carlo Zenero, MDCLII, 12°, pp. 407, sll.

Satire (La) universelle, prospectus dédié à toutes les puissances de l'Europe. Paris, 1788, 8°, pp. 33. (Par Joseph Antoine Joachim CERUTTI.)

Grouvelle collabora à ce pamphlet dirigé contre Rivarol.

Satyre (La) d'un curé picard sur les vérités du temps, par le R. P.***, jésuite. Avignon, Claude Lenclume, à l'enseigne du Mecheten Pot, 1754, 12°.

Il me paraît plus que probable que cette facétie n'est pas d'un Jésuite.

Sauber Præsent vnd Verehrung Auff Philip Heilbrunners newlich aussgesprengtes Regenspurgisch Postcolloquium, so jhme, vnnd seinem Bruder Jacob, sampt dem Neuburgischen Prædicantischen Consistorio zu sonderen gebürenden Ehren, vnd dissmals allein auff ein interim, mit Erbietung völliger vnnd vnverzoglicher Antwort, zugefertiget worden. Durch M. Conradum Andreæ etc. Gedruckt zu Ingolstadt, Inn der Ederischen Truckerey, durch Andream Angermayer, Anno M.DCII, 4º, pp. 71, slp. (Par le P. Conrad VETTER.)

Saulus door do genaede Gods geworden Paulus een uytverkoren vat des Heere, opgedraegen voor een nieuw Jaer-Gifte aen alle Christi geloovige door een Priester der Societeyt Jesu, tot Antwerpen, 1721. T'Antwerpen, By Jacobus van Gaesbeeck, pet. 12º, pp. 28.

Scala virtutum cum nonnullis exercitiis ad Sodalitatem ipsam et B. Virginis cultum spectantibus. Coloniæ Agrippinæ, 1618. (Par le P. Philippe BEBIUS.)

Scala virtutum, et Porta Cœli una cum Scala Jacob selecta ex opere Mariano P. Delrio, et Francisci Ariæ de præsentia Dei et utilitate frequentis Confessionis et Communionis. Coloniæ Agrippinæ, 1621. (Par le P. Philippe BEBIUS.)

Scamno-manie (La), ou le Banc, poëme Heroï-Comique. Par M. L. R. (*Paris*), Guillyn, 1762, 12º, pp. 61. — Amsterdam, 1763, 12º, pp. 62. (Par le P. LE ROY.)

Je ne sais quel est ce P. Le Roy. Parmi ceux qui étaient, de ce nom, dans la Province de Paris, à cette époque, je n'en trouve aucun qui soit né à Angers, comme le serait l'auteur de ce poème, au dire de Barbier (IV, 436, *d*.)

Scelta d'azioni egregie operate in guerra da' generali e da' Soldati italiani nel secolo ultimamente trascorso, decimosettimo di nostra salute, cioè dall' anno 1600 fino al 1700, e singolarmente de' tre supremi comandanti d'eserciti conte Mattia Galasso, trentino; D. Ottavio Piccolomini, sanese; conte Raimondo Montecuccoli, modanese. Venezia, Recurti, 1742, 4º. (Par le P. Jacques SANVITALE.)

Scelta di classici latini per uso delle scuole d. C. d. G. Palermo, 1841, 12º, 5 vol. (Par le P. Ignace CUTRONA.)

Scelta di elogi fatti a monsig. Jacopo Benigno Bossuet. Venezia, Zerletti, 179.. (?), 4º. (Par le P. André RUBBI.)

D'après Melzi (III, 36), c'est une traduction du français.

Scelta di miracoli della Beata Vergine, ec. Bologna, Recaldini, 1668, 12º. (Par le P. Archange BELBONO.)

Cet ouvrage parut sous le pseudonyme : *Antonio Francesco Guerrero*, et d'abord sous le titre : *Compendio de' Miracoli...* (Voir supra,)

Scelta di orazioni italiane. Carpi, 1764.

Le P. Joachim GABARDI aurait mis une préface à ce recueil.

Scelta di poemi latini appartenenti a scienze ed arti, di autori della Compagnia di Gesù, colla traduzione in verso sciolto italiano. Tom. I. Venezia, Bassaglia, 1749, 8º.

Cette collection devait avoir plusieurs volumes ; le premier seul parut ; il contient la traduction du *de Origine fontium* du P. Lagomarsini, et des *Botanicorum libri quatuor* du P. Savastano, faite par le theatin Jean Pierre Bergantini.

Scharwerck. Vnd Frondienst für den Würdigen Herrn Abraha Brucker Euangelischen Diener dess Worts. Wider Die nichtige, vntüchtige, vnnd vnmügliche Ehrnrettung, vnd Retorsion, M. Bartl Rülichs Lutherischen Clamantens zu Augspurg. Durch Andream de Cornu, etc. Anno M.DC.VIII. Getruckt zu Ingolstadt, inn der Ederischen Truckerey, durch Andream Angermeyer, 4º, pp. 30. (Par le P. Conrad VETTER.)

Schat (Den) van Godvruchtigheyd verzameld door C. A. S. Priester der Soc. Jesu. Gent, by de Wᵉ J. Poelman de Pape, 1847, 24º, pp. 588. (Par le P. Charles SPILLEBOUT.)

Schatz der Seele. Prag, 1677, 12º. (Par le P. Georges KASTEL ou CASTULUS.)

Schola affectuum sive de moderandis passionibus, collecta ex aliquot Asceticis scriptoribus Societatis Jesu. Coloniæ Agrippinæ, 1625. (Par le P. Philippe BEBIUS.)

Publié sous le nom d'*Albert Malberg.*

Schola virtutum a Deo homine omnibus hominibus aperta, argumentum quinque meditationum, quas congregatio latina major B. V. Mariæ, Matris Propitiæ ab angelo salutatæ tempore quadragesimæ exhibuit. Monachii anno M.DCC.LV. Meditatio I. De charitate proximi. Monachii, Typis Joannis Jacobi Vötter, 4°, s. pag. (pp. 35.) — ... II. De paupertate. Ibid., (pp. 36.) — ... III. De patientia. Ibid., (pp. 32.) — ... IV. De dilectione inimicorum. Ibid., (pp. 30.) — ... V. De doctrina Christi. Ibid., (pp. 34.) (Par le P. François-Xavier GACHET.)

Réimprimé en 1759 dans son *Theatrum asceticum.*

Scholæ Zeteticæ metaphysica, interprete Jano Toscantoni Florentino S. Theologiæ doctore. Romæ, R. Bernabò, 1725, 4°. (Par le P. Antoine CASINI.)

D'après Melzi (II, 15) le pseudonyme serait : *Jano Toscanini.*

Scholia in Constitutiones, et Declarationes S. P. N. Ignatii auctore P. Hieronymo Natali e Societate Jesu nunc primum in lucem edita. Prati in Etruria ex typographia Giachetti, filii et soc., MDCCCLXXXIII, 16°, pp. x-435. (Edité par le P. Joseph BOERO.)

L'éditeur mit en tête une préface.

Scholia seu breves elucidationes in librum Psalmorum in usum et commodum omnium qui Psalmos cantant vel recitant, ut quæ difficilia sunt intelligant. Adduntur Scholia in Cantica Breviarii Romani. Auctore Stephano Thiroux Societatis Jesu Sacerdote. Lugduni, Apud Marcælinum Duplain, M.DCC.XXVII, 8°, pp. 455, sllelt.

Papillon dit au sujet de cet ouvrage : « Comme le « P. Thiroux est l'Auteur de l'Epître dédicatoire à M. Bou- « hier, ... l'imprimeur crut que ce Père était aussi l'au- « teur de l'ouvrage, et mit mal à propos : *Autore*, pour « *edente Stephano Thiroux...* » Le P. Oudin dit, dans une lettre imprimée par l'abbé Bertrand, p. 171 de *L'Abbé Laurent Josse Le Clerc* : ... « Le P. Etienne « Thiroux, celui dont le nom paraît à la tête des notes « du P. Lescalopier sur les Psaumes, imprimées à Lyon... » — D'autre part, le P. Thiroux, dans l'Epître dédicatoire, dit : *Opus istud meum...* — Par contre, Michault (*Mélanges*, t. II, p. 310) dit que l'Epître dédicatoire est du P. Oudin. — Il me semble que l'opinion du P. Oudin, qui dut connaître le P. Thiroux, doit être suivie et qu'il faut restituer cet ouvrage au P. Pierre LESCALOPIER. — Peut-être tout se concilierait-il, si les mots : *Auctore Stephano Thiroux*, ne se rapportaient qu'aux *Scholia in Cantica Breviarii*; car le P. Oudin n'attribue au P. Lescalopier que les *Scholia in librum Psalmorum.*

Schreiben eines gebohrnen Schlesiers an einen seiner Freunde in Deutschland, gegeben aus dem grossen Kaiserthume China, und desselben Residenzstadt Pekin. Augsburg, durch Ioh. Iac. Mauracher, 1771, 8°. (Par le P. BENEDICT.)

Christophe de Murr donne cette indication et cite cette lettre dans la 4e partie de son Journal, p. 231.

Schulmonopol (Das) unter der Zwangsjacke des modernen Staates, von Annuarius Osseg. Amberg, Habbel, 1876. (Par le P. Michel PACHTLER.)

Schutz-Engel-Hülff, Oder Englische Gutthaten, So die heilige Schutz-Engel jederzeit dem Menschen erwisen. Durch Exempel, und Historien auss dem Alten und Neuen Testament. Neben sittlichen Lehren vorgestellt, und zusammen getragen Von einem Priester der Gesellschaft Jesu. Dillingen, In Verlag Iohann Caspar Bencards, Im Iahr Christi, 1712, 8°, pp. 400 et 74, sll.

La deuxième partie est intitulée : *Zwölf Betrachtungen Von den Heiligen Schutz-Englen, Auff jedes Monat dess Jahres gericht. Neben einer absonderlichen Betrachtung Für das Fest Dess Heil. Schutz-Engels. Meissentheils auss dem Französischen Eines Priesters der Soc. Jesu genommen.*

Science (La) des Medailles, Pour l'instruction de ceux qui commencent à s'appliquer à la connoissance des Medailles Antiques et Modernes. A Paris, Chez Louis Lucas, Michel David, et Jean Ricœur, M.DC.XCII, 12°, pp. 304, sllelt. (Par le P. Louis JOBERT.)

Plusieurs éditions.

Science (La) des Saints, ou Cours de lectures spirituelles, extraits méthodiques des principaux ouvrages du P. Louis de Grenade, de l'ordre de S. Dominique, par un Père de la Compagnie de Jésus. Paris, Palmé, 1873, 18°, 5 vol. (Par le P. Henri POTTIER.)

Science (La) du Crucifix, en forme de méditations, divisée en deux parties. Par le R. P. Pierre Marie de la Comp. de Jésus. Nouvelle édition revue et corrigée par le R. P. G***. A Paris, Chez Didot l'aîné, 1783, 12°, pp. xxiv-177. (Par le P. Jean Nicolas GROU.)

Science (La) pratique du Crucifix dans l'usage des Sacrements de Pénitence et d'Eucharistie, pour servir de suite à un livre intitulé : *La Science du Crucifix.* Par l'abbé G***. A Paris, Chez Onfroy, s. a. (*1789* ou *1790*), 12°, pp. viii-351. (Par le P. Jean Nicolas GROU.)

Scientia Sanctorum, nosse mori Pauculis præceptis comprehensa, per Virtutum præcipuarum exercitium breviter digesta, omnibus vitæ bonæ studiosis et mortis bonæ cupidis proposita a quodam Societatis Jesu Sacerdote. Vulgata typis Wilhelmi Friessem Bibliopolæ Coloniensis. In fèlicem mortalibus omnibus strenam 1654, 24°, pp. 72. (Par le P. Jacques BOYMAN.)

Plusieurs éditions.

Scieszka pobożnego chrześcianina, to jest : nauki i przestrogi co potrzobniejsza na poratowanie wszystkich zbawienia pragnących, z włoskich skryptów Kaplana jednego S. J. Kraków, Dr. J. Siebeneychera, 1600, 4°, pp. 160.

Scieszka pobożnego chrześciana z włoskich skryptów przez kaplana, jednego S. J. przełożona. Kraków, 1608, 4°, pp. 78. (Par le P. Simon WYSOCKI.)

C'est la traduction de l'ouvrage du P. Fulvius Androzzi : *Semita pii christiani*, écrit en italien.

Scimia (La) del Montalto cioè un libricciulo intitolato Apologia in favore de' Santi Padri contra quelli che in materie morali fanno de' medesimi poca stima convinta di Falsità da Francisco de Bonis Sacerdote. A Gratz, l'anno 1698 ad instanza dell' Autore, 12°, pp. 171, sll. (Par le P. J.-B. DE BENEDICTIS.)

Cet ouvrage fut réimprimé et forme le t. IV de *Raccolta d'Apologie edite e inedite della Dottrina, e Condotta de PP. Gesuiti .. In Fossombroso, 1760-1761, 12°, 18 vol.* Mais dans cette réimpression il y a une addition sous ce titre: *Premessavi una Lettera Cristiana proposta da leggersi alle malevoli della Ven. Compagnia di Gesù di Ernesto Sabiniano...*

Scintillæ asceticæ ad excitandum spiritus incendium in singulos anni dies accommodatæ ab uno Sacerdote S. J. Vilnæ, typ. Acad. S. I., , 1737, 8°.

Scintillæ divini amoris ex variis S. J. Ascetis collectæ et auctæ a quodam ejusdem Societatis Sacerdote. Cracoviæ, 1684, 12°. (Par le P. Jean MORAWSKI.)

Scintillæ Ignatianæ, sive Sancti Ignatii de Loyola, Societatis Jesu Fundatoris

Apophtegmata Sacra per singulos anni dies distributa Et ulteriori considerationi proposita Noviter recusa. Brunsbergæ, typis collegii Societatis Jesus Anno 1712, 12°, pp. 320, slpell. (Par le P. Gabriel HEVENESI.)

La préface est signée : *G. H.* Il y a deux éditions antérieures : *Viennæ*, *1705, 12°* et *S. l., 1707, 24°, pp. 238*, et plusieurs postérieures, dont au moins une, celle de Vienne, 1749, n'est pas anonyme.

Scintille poetiche di Paolo Brinaccio. In Napoli, per il Parrino e Muzj, 1690. (Par le P. Jacques LUBRANI.)

Scogli del Christiano naufragio, quali va scoprendo la Santa Chiesa di Christo. Alli suoi diletti figliuoli, perche da quelli possano allontanarsi. Stampato con Licenzia de' Superiori, S. l., MDCXVIII, 12°, pp. 166, sll. — Londra, Billio, 1618, 18°. (Par le P. Marc Antoine DE DOMINIS.)

Scriptores Provinciæ Austriæ Societatis Jesu Collectionis Scriptorum ejusdem Societatis Universæ Tomus primus. Viennæ, Typis Congregationis Mechitaristicæ, 1855, 8°, pp. 414. (Par le P. Jean Nepomucène STOEGER.)

L'année suivante, l'auteur modifia un peu le titre de cet ouvrage et y mit son nom.

Scriptum cui titulus Quæstiones de Constitutione Unigenitus Refutatum a Belga Catholico. Diversis locis sunt diversæ (Hæreses) sed una mater superbia omnes genuit. S. Aug. Libro de Past. c. 8. in Ezech. 34. Bruxellis, Apud Simonem T'Serstevens, s. d. (*1719*), 8°, pp. 203, sll. (Par le P. Alphonse HUYLENBROUCQ.)

Scritti (Gli) editi e inediti dell' Angelico Giovane San Luigi Gonzaga della Compagnia di Gesù, ora la prima volte tutti insieme pubblicati. Roma, tipografia forense, 1862, 8°, pp. 56. (Par le P. Joseph BOERO.)

Scrupules (Les) de M. P. Bert. Monsieur P. Bert en consultation Chez le R. P. Gury Jésuite à la portée de tout le monde. Arras, Laroche, s. a. (*1879*), 16°, pp. 32. (Par le P. Achille HATÉ.)

Scrutator veritatis. 1680. (Par le P. Jean François HACKI.)

Scuola di Filosofia e di Religione e metodo d'insegnarla, proposto da un sacerdote della Compagnia di Gesù à formare
i costumi e lo spirito della gioventù del
secolo XIX. Edizione terza. Bologna, tipografia Marsigli, 1817, 12°, pp. 221.
(Par le P. Jean REGOLI.)

La 1re édition est de *Cesena, Giuseppe Basini,
1802, 12°.* La 13e parut à Rome, en 1832.

Secoli (I) della città di Cuneo composti
da Teofilo Partenio. In Mondovi, per Vincenzo Gio: Francesco Rossi, MDCCX,
4°. (Par le P. Joseph MARIANI.)

Second (Le) Mariage du duc de Sa-
voye, sous l'allégorie des nopces d'Alpin
et de Nemorine. S. l. et a. (*1665*), 4°.
(Par le P. Claude François MENESTRIER.)

Seconda lettera ad un prelato Romano...
(Par le P. Charles BORGO.)

Voir supra : *Lettera ad un prelato...*

Seconde lettre à M*** Conseiller au
Parlement... (Par le P. Jean Nicolas
GROU.)

Voir supra : *Lettre à M*** Conseiller au Parlement...*

Seconde lettre à Monsieur Mayer, sur
une autre pièce antique. S. l. (*Paris*) et
a. (*1692*), 4°, pp. 8. (Par le P. Claude
François MENESTRIER.)

L'auteur signe à la fin.

Seconde lettre du P. D... au P. Serry
touchant un nouveau libelle d'un de ses
confrères contre les Jésuites. S. l.,
M.DCCV, 12°, pp. 33. (Par le P. Gabriel
DANIEL.)

Seconde lettre du Sr François Romain
à un de ses amis d'Alet sur la Lettre circulaire signée des quatre Evêques. A
Paris, Chez François Muguet, 1668, 4°.
(Par le P. Louis MAIMBOURG.)

Seconde Lettre pour ivstifier l'inscription latine du Temple de l'Honneur,
18 août 1689. Paris, Robert J. B. de la
Caille, 1689, 4°, pp. 4. (Par le P. Claude
François MENESTRIER.)

Elle est signée : *C. F. M.* Voir plus haut : *Lettre à
M*** sur la Description...*

Seconde partie de l'Histoire sainte de
Chatillon svr Seine. Contenant L'Origine,
la situation, les qualitez de la Ville et des
Habitans. La Religion, et les Eglises. La
Genealogie, Education, Estudes, et Vocation de S. Bernard. Les Miracles de
l'Image de la Ste Vierge, qui donna du
laict au dit S. Bernard. L'Histoire prodi-
gieuse de l'Image de S. Antoine, attribuée au mesme lieu de Chatillon. Par le
mesme P. E. L. G. de la Compagnie de
Iesvs. A Avtvn. Chez Blaise Simonnot,
s. a. (*1651*), 8°, pp. 279, sldl. et errata.
(Par le P. Étienne LEGRAND.)

Malgré l'affirmation des *Supercheries* (III, 64, f), la
première partie n'est pas anonyme.

Seconde partie de la perspective pratiqve qui donne vne grande facilité à
trovver les apparences de tous les Corps
Solides, tant Reguliers qu'Irreguliers,
penchez, renversez, inclinez, et declinez
comme l'on vovdra Soit Qu'ils posent sur
Terre, ou Qu'ils soient suspendus en
l'Air. Par Vn Religieux de la Compagnie
de Iesvs. A Paris, Chez la Vefue de François Langlois dict Chartres, M.DC XLVII,
4°, pp. 123, slpelt. (Par Jean DU BREUIL,
frère coadjuteur.)

Voir supra : *Perspective pratique...*

Seconde partie des Impostures que les
Iansenistes publient dans leurs lettres
contre les Iesuites. S. l. et a., 4°, pp. 88.
(Par le P. Jacques NOUET.)

Secondo (Il) centenario del culto al
sacro Cvore dell' Vomo Dio festeggiato in
Napoli dalla Compagnia di Gesv nel giorno
XVI di Giugno MDCCCLXXV. Napoli,
Tipografia della Sacra Famiglia di Salva-
tore Marchese, 1875, pet. 4°, pp. 157.

Cet ouvrage, publié par le P. J. B. ROSSI, renferme
un certain nombre de pièces, en prose ou en vers et en
diverses langues, qui sont toutes signées par leurs auteurs.

Secret (Le) dv Iansenisme descovvert et
refvté Par un Docteur Catholique. Seconde
Edition reveuë et augmentée. A Paris, Chez
Sébastien Cramoisy, et Gabriel Cramoisy,
M.DC.LI, 12°, pp. 295, slp. (Par le
P. Etienne DECHAMPS.)

Le privilège etant du 13 octobre 1650, la première édi-
tion est, sans doute, de cette année; une 3e parut encore :
Avec des reflexions sur la reponse des jansenistes.
Ibid., M.DC.LIII, 8°, pp. 356.

Secrette (La) politique des Iansenistes,
et l'etat present de la Sorbonne de Paris,

decouverts par un docteur, lequel avoit appris le jansenisme lorsqu'il etudioit en theologie sous la conduite d'un professeur qui l'enseignoit publiquement, s'est enfin désabusé et suit maintenant le parti des catholiques. Troies, Chrestien Romain, à la vraie foi, près la grande église, 1667, 12°. (Par le P. Etienne DECHAMPS.)

Cet ouvrage fut aussi attribué à Marandé.

Secrets (Les) de la sainteté ou petits traités sur la vie spirituelle. Extraits des œuvres du P. Alphonse Rodriguez, de la C. de J., par un Père de la même C. Nantes, Mazeau, 1873, 32°, 3 vol. (Par le P. Henri POTTIER.)

Secrets (Les) de la vie Religieuse. Découuerts à vne deuote Nouice, par vn sien Pere Spirituel de la C. de I. Dabo tibi thesauros absconditos et arcana secretorum. Io. 45. Quatriesme Edition reueuë et augmentée. A Rennes, Chez Iean Hardy, s. a., 16°, pp. 238. — *A la fin :* Acheué d'Imprimer le douxiéme iour d'Auril, mil six cens cinquante et six.

L'approbation est de Lyon, 9 août 1646, ce qui me fait croire que l'auteur était de la province de Lyon. Cet ouvrage a été réimprimé par le P. Fressencourt, sous ce titre : *Les secrets de la vie religieuse découverts à l'âme désireuse de la perfection; par Un P. de la Compagnie de Jésus. Lille, Lefort, 1883, 32°, pp. 135.*

Secrets du Parti de M. Arnauld découverts depuis peu. S. l., M.DC.XCI, 12°, pp. 96. — Troisième édition. Avec un Avertissement touchant les Plaintes de M. Arnauld. S. l., M.DC.LXXXXII, 12°, pp. 71, slp. (Par le P. J. B. DE WAUDRIPONT.)

Sectæ Calvinianæ in Gallia iam tota Catholica tvmvlvs. S. l. et a. (*1686*), 4°, pp. 32. — *A la fin :* Valentiæ, apud Carolum Barbier. (Par le P. Benoît IMBERT.)

Il signe la dédicace à Daniel de Cosnac, évêque de Valence.

Secunda Ritrattazione di P. B. P. V. Autore del Libro intitolato Epistolæ quatuor Theologico-Morales adversus Dissertatorem Soc. Jesu seu Censura, etc., 4°, pp. 16. — *A la fin :* In Verona, 1735, per Pierantonio Berno. (Par le P. Jean François RICHELMI.)

Voir supra : *Prima Ritrattazione...*

Sedeci Pellegrinaggi per 365 chiese di Roma. Roma, per Egidio Ghizzi, 1665, 8°. (Par le P. Guillaume GUMPPENBERG.)

Sous le pseudonyme : *Ridolfo Grimming*. Le titre de cet ouvrage est donné, à tort, en latin dans les *Supercheries* (III, 1189, f).

Sedecia Ré di Gerusalemme Oratorio d'Alindo Scirtoniano P. A. posto in Musica dal Sig. Alessandro Scarlatti. Dedicato dai convittori del Seminario Romano all' Eminentissimo e Reverendissimo Principe il Signor Cardinale Ottoboni. In Roma, Per il Zenobj, MDCCVI, 8°, pp. 20, sll. (Par le P. Philippe FABRI.)

Sedecia ultimo re di Giuda Tragedia rappresentata nel Collegio di S. Luigi Gonzaga della Compagnia di Gesù in Bologna nel Carnavale dell' Anno MDCCXXXI. E dall' Autore all' Eminentissimo Principe il Sig. Cardinale Giorgio Spinola della Città medesima Legato a Latere dedicata. S. l. et a. (173..), 12°, pp. 96. — *A la fin :* In Bologna, Nella Stamperia di Lelio della Volpe. (Par le P. Jean GRANELLI.)

La dédicace est signée par l'auteur.

Sedecias, par le P. Granelli. Flavius Clemens, par le P. Etienne Raffei de la Compagnie de Jésus. Chefs d'œuvre de la scène italienne du XVIII° siècle, librement traduit de l'italien par un Père de la même Compagnie. Tournai, Casterman, 1867, 8°, pp. 144. (Par le P. André VAN ISEGHEM.)

Sedecias Tragœdia, Authore Thyrrho Creopolita P. A. Romæ, apud Franciscum Antonium Ansillioni, 1738, 12°, pp. 56. (Par le P. Joseph CARPANI.)

Sedecyasz, tragedia od szlachetney mlodzi Konwiktu warszawskiego S. J. przedstawiona. w Warszawie, typ. S. J., 1752, 4°, pp. 320. (Par le P. Michel KIELPSZ.)

En vers latins et polonais.

Sedes Pacis Martis Austriaci, seu Palatium et Hortus Serenissimi Principis Eugenii.... a Parnasso Viennensi dedicata Anno Reparatæ Salutis MDCCXXV. Mense... Die... Viennæ Austriæ, Typis Mariæ Theresiæ Voigtin, 8°, pp. 72 et 2 pl. (Par le P. François HOELLER.)

Seelen-Hulff, das ist : allerhand Aussbündige, zur Erlösung der armen Seelen aus dem Fegfeuer sehr dienliche Mittel, gezohen auss göttlicher Schrifft. Heil. Vättern, und bewehrten Historien, sehr nutzlich sowohl alle und jeden ins gemein, als sonderbahr denen Seelsorgern, Predigern und Hauss-Vättern. Erstens in Latein. Verfasset von R. P. Laurentio Keppler Soc. Jesu. Hernach von einem andern gemelter Societät vertentschet, nun in vielen verbesseret, und versehen mit einem Dopleten Register, deren eines den Innhalt der Capitlen, das andere die Wundervolle Exempel anzeiget. Das Andermahl in Druck gegeben. In Verlag Benedict und Johann Sani, Buchhändlern in Burghausen. Landshut, gedr. bey Simon Golowitz, 1737, 8º, pp. 429, sllelt.

Il y avait déjà eu précédemment une autre traduction allemande de l'ouvrage du P. Keppler ; elle est intitulée :

Seelen-Hülff, Das ist Allerhand Geistliche vnd wolbewehrte Mittel, wodurch den armen Christglaubigen Seelen So In dem Fegfeuer ligen vnd ringste Kan gestöllet, oder gar geleschet werden. Allen Mitleyd-und barmhertzigen Seelen-Eyferer anerbotten. Erstens in Latein von Laurentio Keppler Soc. Jesu Priestern verfasset. Hernach dem gemainen Nutzen zu Guten von einem andern Priester gemelter Soc. in die teutsche Sprach übersetzt. Gedruckt zu Saltzburg bey Ioh. Bapt. Mayr, Anno 1679, 12º, pp. 562, sllelt.

Sehr verdienstliche Andachtsübungen für Gesunde, Kranke, und Sterbende : sammt beweglichen Betrachtungen und einem wichtigen Religions Unterrichte. Herausgegeben von einem Priester der Gesellschaft Iesu. Zweyte Auflage... Im Iahre 1788. Augsburg, Gedruckt bey Iohann Georg Schwabl, 12º, pp. 24.

Sei (Le) domeniche ad onore di S. Luigi Gonzaga. Mantova, Alberto Pazzoni, 1740, 12º. (Par le P. Dominique FACCANONI.)

Sei poemetti in ottava rima, di Diodoro Delfico P. A. Padova, stamperia del Seminario. 1767. 8º. (Par le P. Xavier BETTINELLI.)

Selecta epigrammata, et fragmenta vetervm poetarvm. De affectibus humanis. Vnus è Societate Iesu collegit et recensuit. Parisiis, Apud Sebastianum Cramoisy, M.DC.XXX, 24º, pp. 84.

Selecta ex optimis græcis auctoribus ad usum Scholarum Societatis Jesu. Madrid, Eusebio Aguado, 1829, 12º, pp. 226.

Selecta poetica auctorum latinorum notis exquisitissimis Juvencii, Pontani, Schrevelii et variorum illustrata. Volun en prius pro media et suprema grammatica. Parisiis, Ad. Le Clère, 1855, 12º, pp. XXXIV-418. — ... Volumen alterum pro classibus humanitatis et rhetoricæ. Ibid., 1856, 12º, pp. 449. (Par le P. Louis LANGLOIS.)

La préface est signée : L. L. S. J.

Selecta poetica auctorum latinorum, veterum et recentiorum. Friburgi, 1851. — Selecta poetica auctorum latinorum. Poetæ veteres obscœnitate purgati et notis illustrati. Alosti, Spitaels-Schuermans, MDCCCXXXIV. 8º. pp. 275. (Par le P. André VAN ISEGHEM.)

Plusieurs éditions.

Selecta variorum Commentaria in Orationes Marci Tullii Ciceronis. Coloniæ, 1621, 8º, 3 vol. (Par le P. André SCHOTT.)

Selectæ ex Amœnitatibus Academicis Caroli Linnæi Dissertationes, ad universam naturalem Historiam pertinentes, quas edidit et additamentis auxit L. B. e S. J. Græcii, apud Hæredes Widmanstadii, 1764-1766-1769, 8º, 3 vol. (Par le P. Léopold BIWALD.)

Selectæ fabulæ ex libris Metamorphoseon P. Ovidii Nasonis notis illustratæ, quibus accesserunt præviæ notiones de mythologia et quædam Virgilii eclogæ. Editio tertia. A. M. D. G.*** Lugduni, Rusand, 1816, 18º. (Par le P. Jean Nicolas LORIQUET.)

Selectæ orationes Panegyricæ Patrvm Societatis Iesu. Lvgdvni, Sumptib. Bartholomæi Riviere, M.DC.LXVII. 12º. 2 vol., pp. 459 et 346. (Par le P. Antoine VERJUS.)

La dédicace est signée : A. V. E. S. J.

Selectæ PP. Soc. Iesv Tragœdiæ.
Antverpiæ , Apud Ioan. Cnobbarum ,
M.DC.XXXIV, 16°, 2 vol., pp. 367 et
348, sllelt.

Les pièces contenues dans ce recueil sont signées ; elles
ont pour auteurs les PP. Alexandre Donati, Bernardin
Stephoni, Charles Malapert, Denys Petau, Jacques Libens,
Louis Cellot. — Le catalogue de la Bibliothèque drama-
tique de M. Soleinne (I , n. 507-508) donne à ce sujet
une note inexacte : « La seconde partie... fut imprimée
« par Gaspar Estrix, tandis que la première l'avait été
« par Balthazar Moret. » Il y a, en effet, au bas de la
p. 348 de la 2e partie ces mots : « Imp. P. Gaspar
Estrix ; » mais c'est la permission d'imprimer donnée par
le P. Gaspar Estrix, S. J., chargé de réviser l'ouvrage.

Selectæ rhetorum in Regio Ludovici
Magni Collegio Societatis Jesu Scriptiones,
propositis præmiis ac distributis in prima
declamatione mensis Martii Kal. ejusdem
mensis edita anno 1698. Parisiis , 1698,
8°. (Par le P. Joseph DE JOUVANCY.)

C'est la collection de neuf pièces de vers latins composées et signées par des élèves du P. Jouvancy et corrigées par lui.

Selectæ rhetorum in Regio Ludovici
Magni Collegio Societatis Jesu Scriptiones,
propositis præmiis ac distributis in prima
declamatione mensis Decembris Die
15 ejusdem mensis edita ann. 1699.
Parisiis, ex typ. Viduæ Antonii Lambin,
1700, 8°, pp. 16. (Par le P. Gabriel LE
JAY.)

Selecti affectus amoris Sponsi cœlestis
et animæ devotæ; excerpti ex Sacris Can-
ticis. Opus pium et devotum , orationi et
maxime Communioni apprimé serviens a
P. Gregorio Ferrario Soc. Jesu. Idiomate
Italico concinnatum, et nunc in Domo Professa Viennæ donatum latinitate. Anno
1651. Viennæ Austriæ , typis Matthæi
Cosmerovij, 8°, pp. 359 , sldpelt. (Par le
P. Jean BUCELLENI.)

Selige (Die) gute Bertha von Reute. Ein
Gebet-und Erbauungs-büchlein für das
Katholische Volk. Nach P. Gregorius
Nidermayer S. J. Neu bearbeitet und he-
rausgegeben von einem Priester der Gesell-
schaft Jesu. Freiburg, Herder, 1877, 16°.
— Zweite, verbesserte Auflage. Ibid.,
188..., 16° pp. XII-344. (Par le P.
Charles DOLFINGER.)

Seltnere Urkunde aus dem innern Ar-
chiv der Religions-philosophie. Vom Verfasser derselben. Augsburg , bey den Gebrüdern Veith, 1791, 8°, pp. 442. (Par
le P. Sigismond STORCHENAU.)

Semaine sainte composée d'autant de
dévotion à S. Joseph qu'elle a de jours,
traduite du latin, imprimé à Rome en
1659, en faveur des dévots de cet incomparable Tuteur de l'Enfant Dieu, Plénipo-
tentiaire pour la paix entre les hommes
mortels, et Patron des agonisants à la
mort, par un Père de la Compagnie de
Jésus. A Lille, Nicolas de Rache, 1676,
12°, pp. 108.

Je pense que cet ouvrage est la traduction de celui du
P. Nadasi, cité plus haut sous le titre : *Dies et hebdomada S. Josepho...* Le P. de Backer (II, 1455, 25) cite :
Dies S. Josepho sacer. Rome, 1656. Faut-il lire 1659,
ou bien y a-t-il une nouvelle édition sous cette date?

Semaine (La) sanctifiée par la dévotion
au Sacré-Cœur de Jésus. Treizième édition. A. M. D. G. Montpellier, imprimerie
typographie de Gras, s. a. (*1863*), 32°,
pp. 32. (Par le P. Eugène DESJARDINS.)
La première édition est de 1860.

Semana Angelica de devocion al Santo
Angel de la Guarda, propuesta en motivos,
exemplos, oraciones y practicas de virtud
por el P. Joseph Antonio Panignani (*sic*)
de la Compañia de Jesus. En Sevilla, por
Joseph Padrino , s. a. (*1765*) , 12°, pp.
418.

C'est la traduction espagnole de l'ouvrage intitulé :
Settimana angelica di divozione..., dont l'auteur est
le P. Joseph Antoine PATRIGNANI : le nom de cet écri-
vain a été défiguré dans le titre ci-dessus.

Semana Mariana, y Devocion utilissima
à Maria Santisima Immaculada Madre de
Dios, y Señora Nuestra Restauradora de
la culpa de Eva, Medianera de la Gracia
para lograr por su poderosa intercesion
una buena muerte. Sacada de las Obras
del P. Pedro de Ribadeneira. En Zaragoza, en la Imprenta Real, s. a. (*176..*)
12°. (Par le P. Joseph François CLA-
VERA.)

Le P. de Backer (art. *Clavera*, II, 1288, 4) semble
dire, d'après Latassa, que cet ouvrage aurait été réimprimé
sous le titre suivant, qui porte le pseudonyme de l'auteur :
Constantino Arsonio. Je crois qu'il y a là une erreur,
comme je l'explique dans la note de l'article ci-dessous :

Semana Santa, y devocion à Maria Santisima , dividida en diversas Oraciones
Jaculatorias para cada dia de la Semana,
muy provechosa para lograr por su medio
buena muerte. Compuesta en Latin por el
R. P. Constantino Arsonio, Clerigo Re-
glar de San Pablo. Dedicada à Nuestra
Señora del Pilar de Zaragoza, y traducida

en Castellano por un Devoto Esclavo de Maria. En Zaragoza, 1785, 12º.

En comparant ces deux titres, on remarque une différence notable : dans le second on indique que l'ouvrage espagnol est une traduction du latin, ce qu'on ne dit pas dans le premier. Le pseudonyme du P. Clavera ne serait-il pas plutôt : *un Devoto Esclavo de Maria* que celui de : *Constantino Arsonio?* De plus, je ferai observer que le titre de cet ouvrage espagnol est la traduction fidèle de celui que j'ai cité plus haut : *Hebdomas Mariana...*, et que j'attribue au P. Zwicklin. Cet auteur, comme je l'ai noté, dit que ce livre est d'un *Parthenophila*, qui serait alors, peut-être, le P. Constantin Arsonius, clerc régulier de St Paul.

Semana (La) santificada por la devocion al Sagrado Corazon de Jesus, por un Padre de la Compañia de Jesus. Barcelona, 186.., 16º.

C'est la traduction de : *Semaine (La) sanctifiée...*, citée plus haut, du P. Eugène Desjardins. Est-elle d'un jésuite ?

Semita perfectionis Pro Octiduana Spiritûs collectione, Ad normam exercitiorum S. Patris Ignatii à P. Antonio Boissieu Soc. Jesu gallicè conscripta et Ab alio ejusdem Societatis Sacerdote latine reddita. Monachii, Impensis Joannis Jacobi Remy Bibliopolæ Typis Matthiæ Riedl, 1722, 12º, pp. 289, sll.

Semita Salutis pretiosis S. Joannis Francisci Regis Societatis Jesu Presbyteri vestigiis pariter et doctrinis signata, in solemni ejusdem Apotheosi per considerationes aliquot in sequelam proposita, et Congregationi Marianæ Ecclesiasticorum quæ est sub directione Patrum Soc. Jesu dicata ab ejusdem Societatis Sacerdote. Coloniæ, apud Joannem Engelert, et Hæredes Odendal, prope Unnaw, 1738, 12º, pp. 83. (Par le P. Jean LAMBERTZ.)

Semplice esposizione dei fatti seguiti nella uscita dei PP. Gesuiti da Napoli, con un appendice al fine. S. l. (*Malta*) et a (*1848*), 8º, pp. v-107. (Par le P. Charles Marie CURCI.)

Send-Schreiben über die strittige Glaubens-Fragen : worinn die fürnehmste Berweg-Ursachen enthalten : Krafft deren der Durchleugtigste Furst und Herr Ihr. Friderich Pfaltz-Graff bey Rhein... entschlossen mit der Heiligem, Catholischen, Apostolischen, Römischen Kirch sich wieder zu vereinigen. Von einem Priester der Gesellschafft Jesu aus dem Frantzösischen in das Teutsche übersetzt. Mannheim,

gedruckt von Nicolao Pierron, 1748, 8º, pp. 628, slp.

C'est la traduction des *Lettres sur divers points de controverse* du P. Féguely de Seedorff (voir supra)

Sendtschreiben Auss den weitberhümpten Landschafften China, Japon vñ India, dess sechs vnnd achtzigisten, vnnd siben vnd achtzigisten Jahrs. Sampt Angehenckter erzehlung eines mereklichen Schiffbruchs, wie in andern schreiben dess P. Petri Martonez (*sic*) an den Ehrwürdigen P. General der Societet Jesu den 9. Decembris, Anno 1586. gethan, vermeldet wirdt. Getruckt zu Dilingen, durch Johannem Mayer, M.D.LXXXIX, 12º, pp. 211, sld. (Par le P. Christophe RosENBUSCH.)

La dédicace est signée par l'imprimeur. Le P. *Martonez* est le P. Pierre *Martines* ou *Martins*.

Seneca Christianus collectus e Senecæ sententiis ad mores instituto christianæ perfectionis formandos. Augustæ Vindelicorum, 1637, 24º. — Seneca Christianus id est Flores christiani ex L. Ann. Senecæ Epistolis collecti et in 38 capita digesti. Augustæ Vindelicorum. Typis Andreæ Apergeri, 1637. 32º. (Par le P. J. B. SCHELLENBERG.)

Ces deux ouvrages, publiés la même année et dans la même ville, me semblent n'en faire qu'un. Le P. Sotwel ne cite que le premier et l'attribue au P. J. B. SCHELLENBERG. D'après le P. Stöger, le P. de Backer cite aussi les deux à l'article du P. Ignace BOMPIANO (*Rom.*, 1658; — *Neapoli*, 1693); le second à l'article du P. François REISZER (*Passavii*, 1700), et à celui du P. Michel HOFFMANN (*Tyrnavii*, 1696). Il me parait difficile de réconcilier toutes ces affirmations, sans avoir les ouvrages sous la main, et, jusqu'à p us ample informé, je regarderai le P. Schellenberg comme l'auteur de ce livre.

Senium religiosum vitæ privatæ a quodam e S. J. usui propositum. Leopoli, typ. S. J., 1716, 4º, pp. 104.

Sens (Le) propre et littéral des pseaumes de David exposé brièvement dans une interprétation suivie. Avec le sujet de chaque Pseaume. Paris, Montalant, 1728, 12º. — Huitième Edition, revüe et corrigée. A Paris, Chez Montalant, M.DCC.XXXIII, 12º, pp. 533. (Par le P. Jacques Philippe LALLEMANT.)

La dédicace à la Reine d'Angleterre est signée : *J. P. L.* C'est une nouvelle édition de : *Pseaumes (Les) de David, en latin ou en françois, ou le sens propre...* (Voir supra.) L'ouvrage suivant en est, sans doute, un extrait :

Sens (Le) propre et littéral des sept

Pseaumes de la Pénitence exposé briévement dans une interprétation suivie, avec le sujet de chaque Pseaume. Par le P. J. P. L. de la Compagnie de Jésus. Et les Litanies des Saints avec les Oraisons. A Lille, Chez C. L. Prévost, 1728, 12°, pp. 56. (Par le P. Jacques Philippe LALLEMANT.)

L'approbation est de 1708, année de la publication de : *Les Pseaumes de David, en latin...*

Sensa Romanorum Pontificum Clementis XIV prædecessorum cum Animadversionibus circa ejusdem Breve datum XXI Julii M.DCC.LXXIII. Prostant Amstelædami apud Gerardum Tielenburg, MDCCLXXVI, 8°, pp. 467. (Par le P. Casimir BEDEKOVICS.)

On attribue aussi cet ouvrage à un P. Antoine MEYER.

Sensus humani, argumentum quinque meditationum, quas congregatio latina major B. V. Mariæ Matris Propitiæ ab Angelo salutatæ tempore quadragesimæ exhibuit Monachii Anno MDCCLXI. Meditatio I. Visus. Typis Joannis Christophori Mayr, 4°, s. pag. (pp. 44.) — ... II. Auditus. Ibid., (pp. 36.) — ... III. Odoratus. Ibid., (pp. 36.) — ... IV. Gustus. Ibid., (pp. 36.) — ... V. Tactus. Ibid., (pp. 40.) (Par le P. Joseph PEMBLE.)

Réimprimé dans son *Theatrum asceticum*.

Sententiæ et loci quidam insigniores ex antiquioribus, maxime probatis poëtis, ordine collecti et in libros quinque distributi in usum studiosæ juventutis in Collegio posnaniensi S. J. Addita sunt sub finem quædam christianorum poëtarum de rebus sacris carmina et hymni quidam ecclesiastici. Posnaniæ, 1583, 8°, pp.279. — Denuo recusæ emendatæque. Ibid., 1586. — Ibid., 1588, 8°, pp. 302.

Sentiment des Jesuites touchant le peché philosophique, A Paris, Chez la Veuve de Sebastien Mabre-Cramoisy, M.DC.XC, 4°, pp. 8, 26 et 20. (Par le P. Dominique BOUHOURS.)

Ces trois lettres ont encore eu d'autres éditions. La seconde est aussi attribuée au P. Michel LE TELLIER.

Sentimenti, e lumi spirituali del Venerabil P. Luigi da Ponte della Compagnia di Giesù con alcune delle Giaculatorie, e Meditazioni delle quale si seruiua. Tradotti del linguaggio Castigliano nell' Italiano da un Sacerdote dell' istessa Compagnia. In Roma, per Dom. Ant. Ercole, 1690, 12°, pp. 211 et 79. (Par le P. Camille Marie RINALDI.)

J'attribue cette traduction au P. Rinaldi, qui fit imprimer, à la même époque, plusieurs ouvrages à Rome, chez Dom. Ant. Ercole, et en particulier, en 1690 : *Pratica d'aiutare a ben morire...* (voir supra), traduit du P. Louis du Pont, et, en 1692, la traduction de la vie du P. Balthasar Alvarez, écrite en espagnol par le même Père.

Sentimento d'una Società letteraria sul ricordo di Pistoja espresso in cinque lettere dirette a monsignor Scipione de' Ricci, presidente del medesimo. Italia, 1790. (Par le P. Christophe MUZANI.)

Sentimens critiques d'un chanoine, avec la réponse sur divers traités de morale, à l'auteur du Traité sur la prière publique de Duguet. Bruxelles, Walinghen, 1708, 12°. (Par le P. Joseph DE COURBEVILLE [?].)

Barbier (IV, 466, d) lui attribue cet ouvrage, je ne sais pour quel motif.

Sentimens de l'Apostre des Indes Sainct François Xavier, de la Compagnie de Jésus. A Paris, Chez Marc Bordelet, M.DCC.XXXIII, 16°, pp. 103. — Ibid., chez la Veuve Bordelet, M.DCC.LV, 16°, pp. 103. (Par le P. Anne Joseph DE LA NEUVILLE.)

Sentimens de M. Des Cartes Touchant l'essence et les proprietez des corps, opposez à la doctrine de l'Eglise, et conformes aux erreurs de Calvin, sur le sujet de l'Eucharistie. Avec une dissertation sur la pretenduë possibilité des choses impossibles. Par Louis de la Ville. A Paris, Chez Estienne Michallet, M.DC.LXXX, 12°, pp. 317. (Par le P. Louis LE VALOIS.)

Sentiments de piété tirés des pseaumes, Qui peuvent servir d'Exercices pour la Confession et pour la Communion. Avec des Actes propres des jours où l'on se propose de gagner une Indulgence accordée pour quelque Solemnité. A Paris, Chez Claude Hérissant, M.DCC.LX, 18°, pp. 175. (Par le P. Gilles François DE BEAUVAIS.)

Sept (Des) paroles de Jésus-Christ sur la Croix. Quatrième opuscule du Cardinal Bellarmin de la Compagnie de Jésus. Traduit du latin par le Père J. B.... de la mesme Compagnie. A Paris, Chez Anisson, M.DCC, 12°, pp. 293. (Par le P. Jean BRIGNON.)

Septem fontes lacrymarum, expositi omnibus Placare offensum Deum, et gratiam in oculis ejus invenire cupientibus. Per quendam De Societate Jesv. Coloniæ Agrippinæ, Typis Wilhelmi Friessem, 1675, 24°, pp. 24. — Monachii, Typis Sebastiani Rauch, M.DC.XXXII, 24°, pp. 23.

Septenna sacra, to jest : na siedm srzod nabożeństwa. Warszawa, Dr. S. J., 1741. 8°.

Septimana sancta Sacerdotis Catholici sive meditationes asceticæ piæ Ecclesiasticorum præcipue vero Sacerdotum recollectioni e Sacris Divinæ Scripturæ paginis in Hebdomadarium Manipulum collectæ, et oblata in strenam Sodalitate Ecclesiasticæ quæ est in Collegio Societatis Jesu sub titulo B. Mariæ V. Annunciatæ, Anno 1689. Monasterii Westphaliæ, Typis Viduæ Raesfeldii, 12°, pp. 91.

Sequentia de Beata Maria Virgine sine labe concepta auctore Em. ac Reverend. Principe ac Domino Joanne, S. R. E. Presbytero Card. de Geissel, Archiepiscopo Coloniensi, etc. Arnhemiæ, ex typographia Josué Witz, 1855, 8°, ff. 6. (Par le P. Joseph DIJCKMANN.)

La pièce est en vers hollandais.

Serafino (Il) ouero Scuola del Santo Amore del Padre Luigi Sidereo della Compagnia di Giesu. In Napoli, per Honofrio Savio, 1646, 12°, 2 part. (Par le P. Vincent CARAFA.)

Seraphin oder Schul der Heiligen Liebe erstlich in Italienischer Sprach beschriben von dem Hochwürdigen P. Vincentio Carafa der Societet Jesu Vorgezetzten Sibendten General hernach durch einen Priester gemelter Societet in die Teutsche Sprach Vbersetzt. Getruckt zu Freyburg in Breysgaw bey Theodoro Meyer im Jahr MDCLVIII, 12°, 2 vol., pp. 263 et 289, sllell. (Par le P. Sigismond LANNSER.)

Le traducteur signe la dédicace de ce livre, qui a eu plusieurs éditions.

Seraphinvs Seu schola sancti Amoris. Authore Admodum Rev. P. Vincentio Carafa Societatis Jesv Præposito Generali. Editio secunda. Monachii, Impensis Ioannis Wagneri, Typis Lucæ Straub, Anno M.DC.LIX, 12°, pp. 296. (Par le P. Henri LAMPARTER.)

Seraphinus sive oratio funebris in laudem Reverendissimi Patris, P. Seraphini Sicei, in Sanctissimo Prædicatorum Ordine Magistri Generalis, ante quatuor annos, dum ex longa suorum, diuturnaque visitatione Romam properat defuncti ad Avenionem. Dicta coram Reverendissimo Patre P. Nicolao Rodulphio, ejusdem Ordinis Magistro Generali, coramque Reverendissimis Cœnobij Avenionensis Patribus, a Religioso de Societate Iesu, ad VIII Kalend. Octob. 1632. Avenione, Ex Typographia I. Piot, MDCXXXIII, 4°, pp. 12.

Serenissimo Mutinæ Principi D. Alfonso Estensi cuius auspiciis defendendas ex universa Philosophia Theses proposuit, mitioris quoque specimen exhibiturus ingenii Tyburtinos Fontes harmonice disputandum obstrepentes sacros facit Jo. Antonius Mora Regiensis Sem. Romani Convic. Romæ, ex Typographia Alexandri Zannetti, s. r. (162...), 4°, C. 9. (Par le P. François BRAVIO ou BRAPPIO.)

Serenissimo Principi Duci Borbonio post acceptatum a Rege Christianissimo Ludovici nomen in solennibus sacri Baptismatis Ceremoniis in Collegium Claromontanum redeunti, selecti e singulis scholis ejusdem Collegii recitabant. Anno M.DC.LXXX, die XIV. Kal. Febr. Parisiis, Apud Simonem Benard. M.DC.LXXX. 4°, pp. 44. (Par les PP. Jacques DE LA BAUNE, Jacques DU ROSEL. Gilles ALLEAUME, Joseph DE JOUVANCY, Louis Philippe LABBE.)

Les noms des auteurs des pièces réunies dans ce volume, sont écrits sur l'exemplaire de la Bibliothèque de Lyon.

Series Bannorum Dalmatiæ, Croatiæ et Sclavoniæ chronologica ad annum Sæculi hujus trigesimum tertium producta. Tyrnaviæ, 1737, 8º. (Par le P. Valentin KERI.)

Le même ouvrage est attribué au P. Antoine HILLMAYR.

Series Imperatorum Orientis a translato in Carolum Occidente. (Oblata Auditor. in Propugn. Assert. Philosophicarum a Joanne de Angelis.) Græcii, 1729, 12º. (Par le P. Charles ANDRIAN.)

Series Præsulum Magalonensium et Monspeliensium, variis Guillelmorum, Monspelii Dominorum, Comitum Malgoriensium, Majoricensium, Aragoniorum et Gothorum Regum Historiis locupletata, et per annorum ordinem digesta. Auctore Petro Gariel, J. U. D. Tolosæ, apud Joan. Franc. Boude, 1652, fol. (Par le P. Benoît BONNEFOY.)

Series Regum Angliæ. (Inscr. Doct. Phil. sub P. J. Haim a Metaphys. Græc.) Græcii, 1731, 12º. (Par le P. Charles ANDRIAN.)

Series Regum Daniæ et Norwegiæ. (Inscr. Baccal. Philos. sub P. Fr. Xav. Dannhauser a Physic. Græc.) Græcii, 1734, 12º. (Par le P. Charles ANDRIAN.)

Series Regum et Ducum Bohemiæ... Promotore R. P. Ignatio Langetl e Soc. Jesu... a Neo-Baccalaureis Condiscipulis dicata Anno MDCCXXXII. Mense Majo. Die V. Accedit Problema ex computo Ecclesiastico de Paschate anni 1734. Græcii. typis Hæredum Widmanstadii, 12º, pp. 250, sll. (Par le P. Charles ANDRIAN.)

Series Regum Galliæ... (Inscr. Baccal. Philos. sub P. Franc. Graffheiden a Physic. Græc.) Græcii, 1734, 12º. (Par le P. Charles ANDRIAN.)

Series Regum Hispaniæ. (Inscr. Baccal. Philos. sub P. Jos. Haim a Physic. Græc.) Græcii, 1730, 12º, pp. 259. (Par le P. Charles ANDRIAN.)

Series Regum Hungariæ... Promotore R. P. Joanne Bertholdi, E Societate Jesu... A Neo-Baccalaureis Condiscipulis dicata. Anno M.DCC.XXXIII. Mense Aprili, Die XXVIII. Græcii, Typis Hæredum Widmanstadii, 12º, pp. 137, sllelt. (Par le P. Charles ANDRIAN.)

Series Regum Italiæ. (Inscr. Doctor. Philos. sub P. Franc. Graffheiden a Metaphys. Græc.) Græcii, 1732, 12º. (Par le P. Charles ANDRIAN.)

Series Regum Lusitaniæ... Græcii, 173.., 12º. (Par le P. Charles ANDRIAN.)

Series Regum Poloniæ. (Inscr. Doctor. Philos. sub P. Ignatio Langetl, a Metaphys. Græc.) Græcii, 1733, 12. (Par le P. Charles ANDRIAN.)

Series Regum Sueciæ. (Inscr. Doct. Philos. sub P. Joan Bertholdi a Metaph. Græc.) Græcii, 1734, 12º. (Par le P. Charles ANDRIAN.)

Series Romanorum Imperatorum. (Inscr. Doctor. Philos. sub P. Augustino Hingerle a Metaphys. Græc.) Græcii, 1729, 12º. (Par le P. Charles ANDRIAN.)

Series Romanorum Pontificum... Promotore R. P. Augustino Hingerle e Soc. Jesu... a Neo-Baccalaureis Condiscipulis dicata. An. MDCCXXVIII. Mense Aprili die XX. Græcii, Typis Widmanstadianis, 12º, pp. 183, slt. (Par le P. Charles ANDRIAN.)

Sermones (Los) del P. Luis Burdalue della Compañia de Jesus para el Adviento y la Quaresma. En Leon de Francia, A. Briasson, 1714-1717, 12º, 4 vol. (Par le P. Gabriel BERMUDEZ.)

Sermones dichos en el palacio Apostolico a la Santidad de Innocencio XII, por el V. P. Pablo Señeri, de la Compañia de Jesus, su Predicador, y Theologo Traducidos del Idioma Toscano al Castellano, por D. Juan Melo y Giron, Sacerdote Valenciano. Quien los dedica al grande exemplar de prelados Santo Thomas de Villanueva, arçobispo de Valencia. Con dos indices : uno al principio, de los assumptos; y altro al fin, de las cosas mas notables. Valencia, 1721, 4º. — En Pamplono, por Alfonso Burguete, año 1721, 4º, pp. 275, sllelt. — Madrid, emprenta de B. Roman, 1778, 4º. (Par le P. Jérôme JULIAN.)

Sermones Illyrico-Christiani pro Dominicis, Festisque diebus anni cum duabus Additionibus, una pro Ecclesiasticorum Commodo, altera pro Puerorum instructione. Venetiis, per Simonem Occhi, 1765. (Par le P. Georges BASSICH.)

Sermones sobre varios asuntos escritos en francés por un Padre de la Compañia de Jesus y traducidos al Castellano por D. Nicolas de Labarra. Madrid, Ibarra, 1757, 4º, 7 vol.

Je n'ai pu découvrir quel est le prédicateur dont Labarra a traduit les sermons.

Sermoni di Cayo Settano figlio di Lucio tradotti dall'autore con testo latino a fronte. In Bologna, nella stamperia di S. Tommaso Aquino, 1790, 8º. (Par le P. Manuel LASSALA.)

Sermoni di M. Jacopo Bossuet Vescovo di Meaux in lode di S. Giuseppe Sposo di Maria Vergine. 3ª edizione. Modena, tip. dell' Imm. Concezione, 1871, pet. 8º, pp. 78. (Par le P. Joseph ROSSI.)

Sermoni per le Domeniche dell' Anno del Padre Luigi Bourdaloue, della Compagnia di Gesù. Traduzione dal Francese nell' Italiano. In Venezia, presso Niccolò Pezzana, 1739, 4º, pp. XLVIII-496. (Par le P. J. B. BONAFINI.)

Sermons choisis du R. P. P. A Lyon, Chez les Freres Duplaix, M.DCC.LVIII, 12º, 2 vol., pp. 426 et 470. (Par le P. Sylvain PERUSSAULT.)

Réimprimé trois ou quatre fois.

Sermons doctes et admirables sur les Evangiles des dimanches et festes de l'année, preschez en divers lieux par un docte et celebre personnage de nostre temps. Paris, 1617. (Par le P. Gaspar DE SEGUIRAN.)

Cousin, d'Avallon, ne cite pas le P. de Seguiran dans son Dictionnaire... des Prédicateurs (Paris, 1824).

Sermons du R. P. **Bourdaloue**, de la Compagnie de Jésus. A Paris, chez Rigaud Directeur de l'Imprimerie Royale, M.DCC.VII—M.DCC.XXXIV, 8º, 16 vol.

Ces sermons furent édités par le P. François BRETONNEAU.

Sermons du P. **Bretonneau**, de la Compagnie de Jésus. A Paris, chez Hippolyte-Louis Guérin, M.DCC.XLIII, 12º, 7 vol.

Edités par le P. Isaac BERRUYER.

Sermons du P. **Cheminais** de la Compagnie de Jésus. A Paris, chez George et Louis Josse, M.DC.XC-M.DC.XCI, 12º, 3 vol.

Edités par le P. François BRETONNEAU.

Sermons du P. Charles **Frey de Neuville**. A Paris, chez Merigot jeune, M.DCC.LXXVII, 12º, 8 vol.

Edités par le P. Yves DE QUERBEUF, qui signe la dédicace au Roi. Le P. Christophe Gabriel MAT aurait eu une certaine part à cette publication. Barbier leur attribue aussi (IV, 480, c) l'édition des Sermons du P. Claude Frey de Neuville; c'est une erreur; elle est due à M. Frey de Neuville, neveu du prédicateur, avocat au Siège présidial de Rennes. Cousin, d'Avallon, p. 181, de son Dictionnaire... des prédicateurs (Paris, 1824), nomme May le collaborateur du P. de Querbeuf. C'est, sans doute, l'abbé Mai, autrefois le P. Avril.

Sermons du P. **Giroust** de la Compagnie de Jésus. A Paris, chez Nicolas Pepie, M.DCC-M.DCCIV, 12º, 5 vol.

Edités par le P. François BRETONNEAU. Le soin qu'il prit de publier les Sermons des PP. Bourdaloue, Cheminais et Giroust, lui fit appliquer par le P. Rapin l'éloge fait de S. Martin : trium mortuorum suscitator magnificus.

Sermons du Révérend Père **de Maccarthy**, de la Compagnie de Jésus. A Lyon, Chez M. P. Rusand, 1834-1836, 8º, 4 vol.

Edités par les PP. Alexandre POURCELET et Charles DEPLACE; le dernier signe, de l'initiale de son nom : D**, la dédicace à Mgr Gaston de Pins et composa la notice biographique.

Sermons du Père **Pallu** de la Compagnie de Jésus. A Paris, Chez Chardon et Durand, 1744-45, 12º, 6 vol.

Edités par le P. Guillaume DE SEGACD.

Sermons du P. **de Segaud**, de la Compagnie de Jésus. A Paris, Chez Hippolyte-Louis Guérin, M.DCC.L, 12º, 6 vol.

Edités par le P. Isaac BERRUYER.

Sermons nouveaux sur divers sujets. Lyon, 1714, 12º, 2 vol. (Par le P. Henri BOILLOT.)

Sermons ou Discours sur différents sujets de piété et de religion. Paris, Le Mercier, Saillant, etc., 1768, 12º, 6 vol. (Par le P. Charles J. B. LE CHAPELAIN.)

Edités par le P. Théophile Ignace ANSQUER DE LONDRES, qui, à la fin de chaque volume, ajouta une courte analyse des sermons.

Sermons pour des cérémonies religieuses, à l'usage des religieuses de Sainte-Aure, adoratrices perpétuelles du Sacré-Cœur de Jésus. A Paris, De l'Imprimerie de Cl. Simon, M.DCC.LXXXIX, 12°, pp. xxvi-456-24. (Par le P. Nicolas VERRON.)

Sermons pour les grandes Festes de l'année. A Bruxelles, chez Eug. H. Frick, 1692, 12°, ff. 2 et pp. 304. (Par le P. Louis BOURDALOUE.)

Cette édition furtive fut suivie d'une autre, en 1693, à Bruxelles aussi, mais qui porte le nom de Bourdaloue, bien que faite à son insu. Elle est soigneusement décrite sous le n° 564 du savant catalogue de la première partie du Catalogue Rochebilière (Paris, 1882, Claudin).

Sermons rares, et pleins de doctrine et conceptions tres-hautes, Sur les cinquante-deux Dimanches de l'annee. Preschez à Paris, par l'un des plus celebres Predicateurs de nostre temps, ès Eglises de Sainct Mederic, et de sainct Germain l'Auxerrois, en l'année 1620. A Paris, Chez Pierre Chevalier, M.DC.XXII, 8°, 2 vol., pp. 645 et 538. — (*Sur le titre du 2° vol., il y a en plus*) : avec les Feries de Pasques, Pentecoste, et Festes du sainct Sacrement. (Par le P. Jean SUFFREN.)

Je pense que cet ouvrage a été, comme le : *Testament du patriarche Jacob..* (voir infra), publié par un des auditeurs du P. Suffren, auquel je suis le premier à attribuer ces *Sermons rares*. Le P. Sotwel dit qu'il a publié en français des *Sermons*, chez Pierre Chevalier, en 1622 ; et sur le titre du *Testament...* on dit qu'il a prêché en 1620 à Saint-Mederic (S'-Merry). — Cousin d'Avallon n'a pas donné de place au P. Suffren dans son *Diction-naire... des Prédicateurs* (Paris, 1824).

Sermons sur les Evangiles de Carème par le R. P***. A Trevoux, Chez Etienne Ganneau, M.DCC.VI, 12°, 2 vol., pp. 506 et 565. (Par le P. Charles DE LA RUE.)

Cette édition parut à l'insu du prédicateur et d'après des copies infidèles. Voir supra : *Recueil de sermons...*

Sermons sur les vérités les plus importantes de la religion et de la morale. Paris, Costard, 1775, 12°, 9 vol. (Par le P. Jean Gaspard DU FAY.)

C'est un simple changement de titre pour l'édition 1762, qui n'est pas anonyme. — Dans son *Diction-naire... des prédicateurs* (Paris, 1824), p. 88, Cousin d'Avallon commet une singulière méprise : « Le P. Dufay, « dit-il, survécut à la suppression de son ordre, n'étant « mort qu'en 1744. » Il y a, dans cette phrase, une erreur de plus, car ce Jésuite mourut en 1742.

Sermons sur tous les sujets de la Morale Chretienne. Par le R. Père *** de la

Compagnie de Jesus. Imprimez à Tours, et se vendent à Paris, Chez Jean Boudot, M.DC.XCVI, 12, 22 vol. (Par le P. Vincent HOUDRY.)

Serta honoris et exultationis ad Catholicorum deuotionem ornandam et exhilarandam. Authore Petro Michaelis Societatis Jesu Theologo. Coloniæ, Quentelius, 1564, 12°. (Par le P. Pierre Michel BRILLMACHER.)

Réimprimé en 1567 et 1589.

Serto spirituale al sacro cuore di Gesù ossia piccolo mese del sacro cuore per un P. D. C. D. G. Prima versione italiana. Torino, presso Giuseppe Rocchietti-Pautas, 1867, 16°, pp. 96.

C'est la traduction de l'opuscule du P. Desjardins : *Bouquet spirituel...* (Voir supra.)

Sertum Hunnianum ex absurditatum floribus, quos in colloquio Ratisbonensi effudit Ægidius Hunnius, auctore Jacobo Aurimontio. Ingolstadii, 1610, 4°. (Par le P. Jacques KELLER ou CELLARIUS.)

Setras de amor divino, e Cartas de Christo Senhor Nosso escritas a sua Espoza a alma devota de João Lanspergio no livro intitulado Dinini amoris pharetra. Evora, na Officina da Universidade, 1678, 8°. (Par le P. Paul MENDES.)

Publié sous le pseudonyme : *João Paulo Presbitero Eborense.*

Sette canzonette in aria marinaresca sopra le sette principali feste di Nostra signora. Milano, 1738, 8°. — Sette..., composte da un Religioso d. l. C. d. G. Bologna, 1752, 8°, pp. 55. (Par le P. Jérôme TORNIELLI.)

Sette parole libere di un Italiano sull' Italia. Ginevra, presso Berthier-Guers, 1849. — Roma, 1849, 16°. (Par le Charles Marie CURCI.)

Sette (I) principii, su cui si fonda la nuova orazione di quiete : riconosciuti da Francesco Pace Canonico della Cathedral di Monte Polciano por poco saldi, nella pratica facile che ne dà un Direttore moderno alla sua Filotea. In Venetia, appresso Antonio Bosio, 1682, 12°, pp.187. sldelp. (Par le P. Paul SEGNERI.)

Settimana (La) consecrata a S. Giuseppe. In Macerata, presso Carlo Zenobi, 1671, 12°. (Par le P. Joseph AGNELLI.)

Seule (La) Religion veritable, demontrée contre les Athées, les Déistes, et tous les sectaires. A Paris, Chez Marc Bordelet, M.DCC.XLIV, 12°, pp. 434, sll. — Nouvelle édition. A Paris, Chez Humblot, M.DCC.LXI, 12°, pp. 434, sld. (Par le P. Jacques LE FEBVRE.)

La dédicace est signée: *Jean* (sic) *le Febvre*.

Short (A) explanation of the principal articles of the Catholic Faith. Palermo, Tipografia regia, 1812, 12°. (Par le P. Charles AYLMER.)

Short Rule of Good life : to direct the devout Christian in a regular and ordinary course. S. l. et a. (159.. [?]), 8°. (Par le P. Robert SOUTHWELL.)

Si les Jésuites ont inventé le probabilisme. Paris, Lecoffre, 1880, 8°, pp. 28. (Par les PP. Eugène PEULTIER et Joseph MAVEL.)

La brochure est signée : *M. P.*

Sicherheit und Wahrheit beyde unbewegliche Fundamenten der Römisch-Catholischen Religion erstlich in lateinischen Sprach aussgeben von einem Priester der Soc. Jesu. Ietz aber ins Teutsch übersetzt von einem andern gemelter Societät Jesu Priestern. Cöllen, Bey Heinrich Rommerskirchen, Anno 1715, 8°, pp. 172.

Sicilia (La), in prospettiva. Parte Prima cioè il Mongibello, e gli altri Monti, Caverne, Promontorij, Liti, Porti, Seni, Golfi, Fiumi e Torrenti della Sicilia, esposti in veduta da un Religioso della Compagnia di Gesù. Dedicate all' Illustrissimo Senato Palermitano... In Palermo, Nella Stamperia di Francesco Ciché, M.DCCIX, 4°, pp. viii-359. — Parte Seconda, cioè le Città, Castella, Terre e Luoghi esistenti e non esistenti in Sicilia, la Topographia littorale, li Scogli, Isole, e Penisole intorno ad essa. Esposti... Ibid., pp. 503. (Par le P. Jean André MASSA.)

Siege (Le) de Landrecy. Dedié au Roy.

Paris, Chez Michel Soly, 1637, 8°, pp. 63, sll. (Par le P. Jacques DE BILLY.)

L'auteur est désigné, dans le Privilège, par les initiales : *I. D. B.*

Siglo (El) de Oro : padron inmortal que por los suplicas de la nation española y la piedad del Augusto Carlos III levanto a la Concepcion immaculada de Maria el Santo Padre Clemente XIII. Puebla de los Angeles, 1763, 4°. (Par le P. Joseph Luc ANAYA.)

Sous l'anagramme : *Br. Julian Sepeda Hasoca.*

Signor (Il) Garibaldi en France; Une véritable armée; par E. d'Avesne. Paris, Palmé, 1880, 32°, pp. 64. (Par le P. Frédéric ROUVIER.)

Signum adplacidum Deo, Ecclesiae et Patriae, in signaculo honoris pontificii per domesticam Srzeniawam jam tertio in pontificium pectus delatum Illi Excel[l] ac Rev[i] DD. Alexandri Horain, post tiberiadenses et smolenscenses Infulas, Dei et Apostolicae Sedis Gratia Episcopi Samogitiae, ab obligatissimo magno Praesuli minima Jesu Societate Collegii Crozensis sub fortunatissimum in Suam Cathedram ascensum publico ingenii cultu celebratum anno per signum Crucis ad divinum placitum reparati Orbis 1716. Vilnae, typ. Acad. S. J., fol., pp. 21. (Par le P. Jean PORZECKI.)

Signum divinae hominum praedestinationis ad sempiternam salutem Congregationi B. Virginis Mariae ab Angelo salutatae oblatum et commendatum pro strena a Praeside Congregationis Anno MDCCXXXV. Monasterii Westphaliae, typis Joannis Nicolai Nagel, 8°, pp. 28.

Silva distichorum moralium, Pleraque liberalis et Christianae institutionis Praecepta continens. Joannes-Baptista Silvius sibi dictata edidit. Apud Forum Segusian., typis Brannovic., 1719, 8°, pp. 34, s. les notes. — Silva... Jaonnes (sic). — Baptista Silvius sibi dictata edidit. Divione, Apud Arnaldum Joannem-Baptistam Augé, M.DCCXX, 8°, pp. 50. (Par le P. François OUDIN.)

Simplicité (La) de la vie chrétienne et quelques œuvres spirituelles de Jérôme

Savonarole, traduites du latin par le P. C. A Paris, chez Cramoisy, 1672, 12°. (Par le P. Philippe CHAHU.)

Sinne-beelden der Deughden voor een nieuw-jaer geschoncken aen alle godtvruchtighe sielen Vermeerdert ende verbetert. Derden druck. T'Antwerpen, By Michiel Cnobbaert, 1667, 16°, pp. 24 et 11 grav.

Sires (Les) d'Audenarde, pendant le XIVe et XVe siècle. Bruxelles, Devroye, 1861, 8°, pp. 26. (Par le P. Alexandre PRUVOST.)

Situation (La) de Henri IV à son avènement. Paris, E. de Soye, 1884, 8°, pp. 20. (Par le P. Armand JEAN.)

Il signe à la fin de la brochure.

Six panégyriques de S. Ursule et des onze mille Vierges. A Liége, de l'Imprimerie de Pierre Danthez, s. a. (*1679*), 8°, pp. 170. (Par le P. Henri BEX.)

L'auteur est nommé dans l'approbation.

Słodycz Bernarda S. z Katedry Kaznodzieyskiey do gustu podana. Poznań, Dr S. J., 1730, fol.

Słowo o wirowaniu stolików. Lwów, D^r. Ossolin, 1853, 4°, pp. 4. (Par le P. Josaphat ZALESKI.)

Sluiting (De) der scholen van het Romeinsch Collegie. 's Hertogenbosch. Amsterdam, H. Bogaerts, 1870, 16°, pp. 23. (Par le P. Adrien VAN GESTEL.)

Śmierć Cesara, Tragedya, pod zaszczytem wielkich Imion Prześwietney całey ziemi warszawskiey, od zacney Młodzi publicznych szkól warszawskich S. J. poetyckiemi naukami bawiącey się, podczas powszechnego całey ziemi na seymik gospodarski zjazdu wyprawiona R. P. 1755, d. 30 Czerw. Warszawa, Dr. S. J., 1755, 8°, pp. 36. (Par le P. Albert MOKRZONOWSKI.)

Snopek miry albo uwagi rozmaite o ranach Chrystusa Pana wydane przez W. X. Wicentego Karafe siédmego Generala S. J. z lacinskiego na polski język przełumaczone przez jednego tegoż Zakonu Kapłana. Lwów, Dr. S. J., 1757, 8°.

Societas amoris seu spiritualis, animæ Deum amantis, cum Deo associatio, per pios affectus, et praxes divini amoris, a quodam Soc. Jesu theologo fusius explicata. In strenam oblata DD. Sodalibus Majoris Annunciatæ V. Mariæ in Aula Patrum Societ. Jesu Congregatis, Monasterii Westphaliæ, Anno MDCLXXXIV. Coloniæ Agrippinæ, apud Arnoldum Metternich, Anno 1694, 12°, pp. 72, sll.

Societas Jesu usque ad sudorem et mortem, Pro Salute Proximi laborans. Prostat Pragæ, in Typographia Universitatis Carolo-Ferdinandeæ in Collegio Societatis Jesu ad S. Clementem, s. a. (*vers* 1670), 4°, avec 196 grav. (Par le P. Mathias TANNER.)

Je ne connais cette édition anonyme de cet ouvrage réimprimé plus tard avec le nom de l'auteur, que par les catalogues de Rosenthal, libraire à Münich, où elle est cotée à un prix très élevé. D'après le titre ci-dessus, on dirait que ce livre est un premier essai des deux ouvrages publiés par le même auteur : *Societas Jesu usque ad Sanguinis et vitæ profusionem militans...* et : *Societas Jesu Apostolorum Imitatrix sive gesta præclara et virtutes eorum qui... in procuranda salute animarum .. desudarunt.*

Societatis Cordis Jesu Specimen. Non rogo ut tollas eos de mundo, sed ut serves eos a malo (Joan. cap. 17, v. 15), S. l. et a. (*1782*), 12°, pp. 53. (Par le P. Pierre Joseph PICOT DE CLORIVIÈRE.)

Cet opuscule fut réimprimé sous le titre : *Ad majorem Dei Gloriam Societatis...* (voir supra, col. 12.)

Societatis Jesu in Neerlandia Historiæ compendium ab anno 1592 quo primum missio nostra Hollandica a Sanctissimo Domino Nostro Clemente VIII instituta est, usque ad hæc nostra tempora. Periodus prima, ab adventu primorum Societatis nostræ missionariorum in partes, Sasboldo Vosmeer, Vicario apostolico, Belgi fœderati subjectas, usque ad Joannem Neercassel, quo vicario Jansenismi secta pullulans damna gravissima et Societati et Ecclesiæ in Neerlandia minari cœpit. Sylvæducis, typis P. Stokvis, 1860, fol., pp. 50. — De collegiis Societatis Jesu in ditione Neerlandica, pp. 27. — Litteræ annuæ vice-Provinciæ Neerlandicæ S. J. Anno sæculari 1848-1849, pp. 19. (Par le P. Paul BONGAERTS.)

Societeit (De) van Jesus van hare stichting af tot op onzen tijd. Historische schets naar het fransch van Adolphe Archier. Sittard, J. K. Alberts, 1856, 12°, pp. 258. (Par le P. Jacques Oppenoord.)

Sociétés (Les) secrètes et la Société ou philosophie de l'histoire contemporaine, par l'auteur du Monopole universitaire destructeur de la religion et des lois. Avignon, Fr. Seguin aîné, 1874, 8°, 2 vol., pp. 586 et 390. (Par le P. Nicolas Des-champs.)

En 1876, parut un tome troisième posthume, qui fait suite au deuxième, la pagination allant de 391 à 618. Sur le titre on lit : *par le R. P. N. Deschamps, S. J. Auteur du Monopole...*

Sodalis instructus, sive Opusculum in quo cliens Marianus instruitur in vera devotione erga Deiparam per motiva et praxes eidem serviendi authore R. P. Paulo Segneri e S. J. Italico idiomate conscriptum, nunc in Latinum, translatum, cum variis Marianæ pietatis exercitiis. DD. Sodalibus sub titulo in Cœlos assumptæ Deiparæ, in Archi-Ducali S. J. Collegio Passavii, congregatis in Xeniam oblatum. Passavii, Hollerin, 1720, 12°, pp. 290. (Par le P. Jean Foresi.)

Voir supra (col. 136) : *Cliens Marianus In vera Devotione....*

Sodalis Mariani et Hominis christiani Breviarium, hoc est breve eorum compendium, quæ ad pii Sodalis officium et boni Chistiani exercitium spectant. Typis Princip. Monast. Einsidlensis. Per Franc. Xaverium Kälin, Anno 1782, 24°. pp. 440.

L'auteur de cet ouvrage, cité par le P. de Backer, est-il Jésuite?

Sodalis Marianus. Olomucii, typis Viduæ Hradeczki, 1653, 8°. (Par le P. Aloys Boleslas Balbinus.)

Le P. Nadasi, dans ses *Annales Mariani S. J...* signale, sous la même date 1653, la publication d'un *Sodalis Parthenius* anonyme, mais pas celle de ce *Sodalis Marianus.*

Sodalis Marianus Friburgensis instructus de ortu, progressu, et utilitate Congregationis : Xenium Marianis DD. Sodalibus oblatum ad festum tutelare Annuntiationis B. V. Mariæ Anno MDCCLVII. Friburgi Helvetiorum, typis Henrici Ignatii Nico-

medis Hautt, 12°, pp. 172, sld. (Par le P. Thomas Hildebrand.)

L'auteur signe la dédicace.

Sodalis Marianus sive institutio sapientis Mariæ Sodalis, leges, precesq. Sodalis et varia pietatis exercitia complectens. Leodii, G. Barnabé, 1730, 18°, pp. 32-176, slt.

N'est-ce pas une nouvelle édition du *Sodalis Philosophus,* cité plus bas?

Sodalis Parthenius sive libri tres quibus mores Sodalium exemplis informantur. Opera majorum Sodalium Academicorum D. Mariæ Virginis Annunciatæ in lucem data Ingolstadii CIƆ.IƆC.XXI, 12°, pp. 672, sllelt. (Par le P. Gaspar Lechner.)

L'épitre dédicatoire est signée : *Ex Commissione Sodalitatis Victor Adamus a Seybolstorff I. V. Studiosus, pro tempore Prœfectus. Typis Hœnlini.* Cet ouvrage a eu plusieurs éditions, dont quelques-unes avec le nom de l'auteur. Voir supra : *Florus Marianus...*

Sodalis philosophus sive institutio Sapientis Mariæ Sodalis Leges Precesque Sodalis et varia Pietatis exercitia Complectens. Editio secunda. Duaci, Apud Viduam B. Belleri, Anno 1707, 12°, pp. 226, slt.

L'approbation est de Douai, 13 mars 1700. Voir supra : *Sodalis Marianus sive...*

Sodalis Sanctorum omnium. — Filii Sanctorum sumus. Tob. 2, v. 18. Duaci, Typis Jac. F. Willerval, s. a. (*1730*), 16°, pp. 191.

La permission d'imprimer est de Douai, 28 septembre 1730. Dans une note de l'ouvrage on dit que la Congrégation de tous les Saints est un « complementum quoddam Sodalitatis Beatæ Virginis pro Selectioribus, qui ad majorem aspirant perfectionem, adinventum anno 1572 a Domino Joanne Huberti Amstelrædamo, approbantibus Reverendis Patribus Olivario Manareo, et Francisco Costero, tunc Societatis Jesu Provincialibus, donec tandem anno 1593 accessit Confirmatio ipsius Sedis Apostolicæ. » L'auteur de cet opuscule est probablement un Jésuite.

Sodalis studiosus, sive modus pie ac christiane studendi sodalibus Parthenicis. Theologis, Juristis, Medicis, Philosophis, ac politioris litteraturæ studiosis accommodatus, et Sodalibus beatæ Mariæ Virginis Coloniensibus in Gymnasio trium coronatorum S. J. Strenæ loco distributus. Coloniæ, apud Joannem Kinckium, 1636. 18°, pp. 69. (Par le P. Jean Hasius.)

L'auteur signe la dédicace.

Soete beweghinghen uyt d'aendachtig-heydt op den ghecruysten Christus. Opghe-draghen voor eenen nieuwe jaer aen alle Godt-minnende Sielen. T'Antwerpen, By Michiel Knobbaert, s. a., pet. 12°, pp. 18.

Soetigheid ende nuttigheid van de liefde tot de H. Moeder Gods. Tot een nieuw-Jaer geschonken aen alle waere Catho-lycken door een Priester der Societeyt Jesu. T'Antwerpen, Joannes Franciscus de Roveroy, 1758, 8°, pp. 37. (Par le P. Charles VAN DEN ABEELE.)

Sogenannten (Des) Hochverdienten Lu-thrischen Theologi Irrgeister, die dieser in jenem Sendschreiben über die 50 Mo-tiven einer erleuchteten, und zu der Römisch-Katholischen Kirche geschrit-tenen Person ausfliegen lassen, geprüfet durch einen Liebhaber der katholischen Wahrheit. Prag., 1712, 8°. (Par le P. Jean KRAUS.)

Sogno preliminaire. Mercier in Gabbia. S. l. et a. (Par le P. Pierre Xavier CAS-SEDA.)

Contre l'ouvrage de Mercier : *L'An deux mille quatre cent quarante... 1770.*

Sól flamma, sive tractatus de sole, ut flamma est eiusque pabulo. — Aphorismi analogici parvi mundi ad magnum, magni ad parvum. Parisiis, 1646, 8°, 2 part. (Par le P. Pierre BOURDIN.)

Il signe la dédicace au Prince de Condé.

Sol Podoliæ in signo Agni fatiscens. Illus D. D. Stephanus Humnicki, Podoliæ Palatinus, etc., fatis occumbens, complo-ratus, a Collegio Leopoliensi S. J., anno, quo exortum est lumen in tenebris 1732. Leopoli, typ. S. J., fol., pp. 28. (Par le P. François KROSNOWSKI.)

Soldat (Le) chrétien, sur l'exemple mémorable d'un soldat du régiment Dau-phin, mort à Tournay en réputation de sainteté. Bordeaux, 1696, 12°, pp. 93. — Tournay, Chez la Veuve D. Varlé, 1717, 24°, pp. 48. (Par le P. Jacques DES MOTHES.)

Soldato (Il) ossia doveri morali di un soldato proposti da un distinto ufficiale di guerra a suo figlio che passa all' armata e

pubblicati da un Sacerdote della Com-pagnia di Gesù. Reggio, per G. Davolio, 1819, 8°, pp. 95. (Par le P. Jean REGOLI.)

Plusieurs éditions.

Sole (Il) all' ombra il Dio della Maestà ombreggiato con varj Nomi nella Divina Scrittura. Verè tu es Deus absconditus. Isai. 45. Considerazioni per tutte le do-meniche dell' anno sopra i principali Nomi di Dio di Giuseppe Silva Sacerdote. In Firenze, nella stamperia di S. A. R. per Gio-Gaetano Tartini, e Santi Franchi, 1719, 12°, pp. 252. (Par le P. Joseph Marie SOTOMAYOR.)

Sole (Del) bisognevole di alimento, e del Oceano abile à procacciarglielo. Dis-sertazione Fisico-Matematica. Ferrara, nella Stamperia Camerale, 1783, 8°, pp. 62. (Par le P. Jacques BELGRADO.)

Solemnis cultus immaculat Conceptæ B. V. Mariæ a piis verisque Sodalibus ex præscripto legum Congregationis reddi solitus. Leopoli, typ. S. J., s. a., 12°, pp. 68, 284 et 4.

Solemnité faite dans la Ville d'Avignon, par les Pères de la Compagnie de Jesus, à l'occasion de la Canonization de S. Fran-çois de Borgia, troisieme General de la mesme Compagnie. En Avignon, Chez P. Offray, M.DC.LXXII, 4°, pp. 42. (Par le P. Antoine JOUBERT.)

J'ai trouvé ce renseignement à la p. 120 du *La Phi-losophie des images...* par le P. Menestrier (*Paris, 1682*) : « le Pere Joubert, dit-il, l'an 1672, à l'occasion « de la solemnité de la Canonization de saint François de « Borgia que l'on faisoit à Avignon publia quatre-vingt « et dix Devises sur la vie, et les belles actions de ce « Saint, et les accompagna d'Epigrammes Latines et « Françoises. Ces Devises sont forts spirituelles. »

Soli polique decus, Sagittæ Wollowi-cianæ, Bogoriæ nuncupatæ, in funere Ill. DD. Uladislai Wollowicz, Palatini viteps-censis et M. Ducatus Lithuaniæ Exer-cituum Campiducis, driznensis etc. Ca-pitanei celebratæ et Ill. DD. Michaëli Casimiro Pac, Castellano vilnensi, supremo Exercituum M. Ducatus Lithuaniæ Duci, dunaburgensi etc. Capitaneo, œconomiæ mohiloviensis Administratori etc. dedicatæ a Collegio et alma Universitate vilnensi S. J. Vilnæ, typ. acad., 1669, fol., pp. 58. (Par le P. Valentin BIALOWICZ ou par le P. Casimir KOJALOWICZ WIJUK.)

Solis defectus observatus in Collegio Romano a Patribus Societatis Jesu die prima Aprilis anno MDCCLXIV. Tempore vero post mediam noctem. Fol., pp. 4. (Par le P. Joseph Marie ASCLEPI.)

Solitude (La) de dix jours sur les plus solides vérités et maximes de l'Evangile. A Paris, Chez Florentin Lambert, M.DC.LXIV, 8°. (Par le P. Paul LEJEUNE.)

Plusieurs éditions.

Solitude (La) de la mort. Paris, 1669, 8°. (Par le P. Paul LE JEUNE.)

Cet ouvrage qui, je le pense, a paru sans nom d'auteur, est attribué au P. Le Jeune dans le privilège accordé à Florentin Lambert, pour l'ouvrage précédent : « Solitude « de dix jours... augmentée d'une retraite pour pendant « sa vie, se préparer à une bonne mort, composée par le « P. le Jeune... »

Solitudine di Filagia ouero indirizzo all' anima amante della Santità, per occuparsi con profitto negli Esercitij spirituali una volta l'anno per otto, o dieci giorni, con le Meditationi, Considerationi, Esami, e Lettioni spirituali, che si potranno fare in quel tempo del P. Paolo de Barry della Compagnia di Giesù. Tradotta dalla lingua Francese nell' Italiana da un Padre della medesima Compagnia. In Roma, a spese di Gio : Casoni, 1661, 12°, pp. 429, sll. (Par le P. Matthieu GHERARDELLI.)

Plusieurs éditions.

Solitudine (La) di Manresa raddoluta dall' armonia delle muse Siciliane, del P. Melchior Pomé. Palermo, Christoforo Anselmi, 1728, 8°. (Par le P. Michel ROMEO.)

Solitudine sacra por un giorno di ciaschedun mese in apparecchio ad una buona morte... da un Religioso della Compagnia di Gesù. In Venezia, per Francesco Storti, 1724, 12°. (Par le P. Jacques SANVITALE.)

Solitudo Viri Cl. de Sainct-Amant, Hexametris Latinis conversa. A. P. F. P. è Societate Iesu. Tolosæ, Excudebat Ioannes Boude, M.DC.LXII, 4°, spag. (24 pp.). (Par le P. François PAPUS.)

Solutio quæstionis theologicæ, historicæ et Iuris Pontificii quæ fuerit mens Concilii Tridentini circa gratiam efficacem et scientiam mediam. S. l. et a., 4°, pp. 40. — A la fin : Coloniæ Volcarum, M.DC.XLV. (Par le P. François ANNAT.)

Solution amiable sur la question des couvents. Bruxelles, imprimerie de F. Vromant, 1863, 8°, pp. 59. (Par le P. Victor DE BUCK.)

La préface est signée : V. D. B.

Solution d'une grave question d'enseignement, par un Ami des Lettres Belges. Bruxelles, imprimerie de Polack-Duvivier, 1856, 8°, pp. 7. (Par le P. Joseph BROECKAERT.)

Somma spirituale nella quale si risoluono tutti li casi, e difficoltà, che occurono nel camino della perfettione Con alcune meditationi, conforme l'ordine di gli esercitij di Sant' Ignatio. Composta dal Padre Gasparo della Figuera della Comp. di Giesu in lingua Castigliana. E tradotte da un Religioso della medesima Compagnia. All' Illustrissima Signora Ottavia Caprara Montecuccoli Marchesa di Guia, Montalhano, etc. In Bologna, per Carlo Zenero, 1650, 12°, pp. 415. (Par le P. Joseph FOZI [?].)

Le P. Fozi a publié, sous l'anonyme, la traduction de plusieurs ouvrages de ses confrères : Sotwel ne parle pas de celle-ci, mais je la lui attribue, parce que, en 1649, il fit paraître à Bologne, chez Carlo Zenero, celle de l'Histoire Sainte du P. Talon. (Voir infra : Storia santa ...)

Sommaire de la doctrine du P. Berruyer. S. l. et a. (175..), 12°, pp. 32. (Par le P. Antoine GUÉNARD.)

Sommaire de la géographie des différents âges, et Traité abrégé de sphère et d'astronomie, à l'usage des maisons d'éducation, par A. M. D. G. Seconde édition. Lyon, Rusand, 1810, 12°, pp. 152. (Par le P. Jean Nicolas LORIQUET.)

Plusieurs éditions.

Sommaire de la theologie dv Sievr Arnauld, Extraict du Livre de la Frequente Communion et des Maximes de l'abbé de S. Syran. S. l. (Paris) et a. (1643), 8°, pp. 81. (Par le P. Jérôme SEGUIN.)

Sommaire de la vie admirable de S. Aldegonde, vierge angelique, miroir angelique, miroir de vertus, patronne de Maubeuge, par un Pere de la Compagnie de Jesus. Liege, J. Tournay, 1625, 8°, pp. 60, sll. (Par le P. André TRIQUET.)

Plusieurs éditions.

Somnia Apollinis veteris, ac moderni temporis imaginibus excitata... Prænobilis et Nobilis Poesis Viennensis dedicavit Anno MDC.XCVIII. Viennæ Austriæ, apud Susannam Christinam, Mathæi Cosmerovii viduam, 8°, ff. 18. (Par le P. André Robustel.)

Somnia et omina de Augustissimo Imperatore Leopoldo..... à Poesi Græcensi elaborata Anno M.DC.LXXV. Græcii, apud Hæredes Widmanstadii, 8°, ff. 16. (Par le P. Michel Mell.)

Somnium super Vienna nuper munita.... Anno Salutis MDCC.XLIII. Mense... Die... Viennæ Austriæ, ex Typographia Kaliwodiana, 8°, pp. 54. (Par le P. François Lechner.)

Somnium Xaverii... A Nobili Humanitate Tyrnaviensi dicatum Anno salutis M.DC.LXXXVI. Tyrnaviæ, Typis Academicis, 8°, ff. 15. (Par le P. François Kiris.)

Somogitiæ ducatus ornamenta in venerationem amplissimorum decorum illustrissimi ac reverendissimi Domini, Domini Casimiri Pac, Episcopi Somogitiæ, dum auspicato suam ingreditur diœcesim, obviam producta a Chodkieviciano Crosensi Soc. Jesu Collgio, anno 1668. Mitaviæ, Typis Michaelis Karnall, fol. (Par le P. André Mlodzianowski.)

Sonetti di Cleobulo Paleofilo. Firenze, 1782, 8°, pp. 378. (Par Aloys Brenna.)

Songe sounou Christen... Morlaix, imp. de Plœsquellec, 1699, 8°.

C'est, d'après Barbier (IV, 528, e), une traduction bretonne des *Pensées chrétiennes* du P. Dominique Bouhours.

Sonnet italien du Cardinale Pamphile av Cardinal Jean François Albani, nommé av Sovverain Pontificat le jour de S¹ Clément Pape. — Imitation françoise. — Imitation latine. S. l. et a. (*1700*), 4°, (pp. 3.) (Par le P. Claude François Menestrier.)

A la fin de la pièce, on trouve la signature : *C. F. M.*

Sonnets svr la naissance de Monseignevr le Davphin. A Paris, Chez Sébastien Cramoisy, M.DC.XXXVIII, 4°, pp. 6. (Par le P. Pierre Le Moyne.)

Sonus Evangelii in Ethiopia et Regno Sinarum, plus ultrà propagatus per RR. PP. Societatis Jesu, a. D. 1626-27. Dilingæ, 1630, 12°.

Ce volume renferme la traduction latine des lettres des PP. Emmanuel de Almeyda, Emmanuel Dias et Julien Baldinotti.

Soorteenheid (De) der Menschenrassen, beschouwd in der lichaamsbouw, door V. Becker. 'S Hertogenbosch, W. van Gulick, 1878, 8°, pp. 40. (Par le P. Victor Becker.)

Sopra il dubbio moralmente Teologico, se i dispensati a titolo di preservarsi dal Digiuno Quaresimale, Siano per tanto obbligati a digiunare in tal tempo ne' Venerdi, e ne' Sabbati. Decisione dell' Autore delle Prelezioni della Compagnia di Gesù. In Firenze, all' Insegna della Stella, 1684, 12°. (Par le P. Sébastien Conti.)

Soteria ad S. Genovefam vrbis Patronam. Parisiis, Ex officina Nivelliana. Apud Sebastianum Cramoisy, CIↃ.IↃC.XIX, 4°, pp. 29. (Par le P. Denis Petau.)

L'auteur signe la dédicace.

Soumission apparente des Jansenistes qui souscrivent le formulaire, promettant la foy pour les dogmes et le respect pour les faits. Par un theologien catholique. A Paris, chez François Muguet, 1666, 4. (Par le P. Jean Ferrier.)

Source (La) glorieuse du sang de l'auguste maison de Bourbon dans le cœur de Saint Louys Roy de France, Sujet de l'appareil funebre pour l'inhumation du cœur de tres-haut, tres-puissant, tres-illustre et magnanime prince Louis de Bourbon, Prince de Condé, premier prince du sang. A Paris, Chez Estienne Michallet, M.DC.LXXXVIII, 4°, pp. 18. (Par le P. Claude François Menestrier.)

Souvenir de la retraite à l'usage de la jeunesse, par le R. P. A. Gilliodts, de la Compagnie de Jésus. Edition revue et augmentée par un Père de la même Compagnie. Le Mans, Leguicheux-Gallienne, 1875, 32°, pp. 64. (Par le P. Frédéric Latour.)

Souvenir du mois de Marie et du Couronnement de la Statue miraculeuse de

N.-D., Mère de la Miséricorde, dans l'église de Notre-Dame de la Chapelle, l'an de grâce 1843. In perpetuum coronata triumphat. Sap. 4. 2. Elle triomphe, couronnée pour jamais. Bruxelles, Imprimerie de Veuve J. J. Vanderborght, 18°, pp. 40. (Par le P. Victor DE BUCK.)

Souvenir et résolutions de première communion : par un Père de la Compagnie de Jésus. Paris, Enault et Vuaillat, 1867, 32°, pp. 218. — Souvenir... A. M. D. G. Deuxième édition. Ibid., 1873, 16°, pp. 371. (Par le P. Martin BARET.)

Souvenirs d'amour entre le sacré Cœur de Jésus et l'âme fidèle pendant le mois de Juin, par un Père de la Compagnie de Jésus. Toulouse, Delsol, 1852, 18°. (Par le P. Léon DE CHAZOURNES.)

Souvenirs d'instructions et de retraites (1845-1856). Paris, P. Brunet, 1866, 18°, pp. 148. (Par le P. Xavier DE RAVIGNAN.)

Souvenirs de deux jeunes serviteurs de Marie, élèves du collège de Mongré. Lyon, Pélagaud, 1858, 12°, pp. 140. (Par le P. Edmond DE LACHAU.)

Cet ouvrage a été composé sur les notes du P. André SAMUEL.

Souvenirs de l'ancienne église d'Afrique. Ouvrage traduit en partie de l'italien, par un Père de la Compagnie de Jésus. Paris, Régis Ruffet, 1862, 18° jés., pp. 427. (Par le P. Charles CAHIER.)

Souvenirs de Ludovic dans la famille et la religion. Alger, imprimerie Duclaux, 1875, 12°, pp. 250. (Par le P. René GUITTON.)

Voir supra : *Ludovic dans la famille...*

Souvenirs de mon Académie au Collège des Jésuites à Fribourg en Suisse. Lyon, Périsse, s. a. (*1834* [?]), 8°, pp. 312. (Par le P. Nicolas DESCHAMPS.)

Souvenirs de retraite. Formulaire de prières. Règle de conduite. Paris et Poitiers, H. Oudin, 1881, 16°, pp. 15. (Par le P. Louis TAOC.)

Souvenirs de Saint-Acheul, ou Vie de quelques jeunes étudiants. Amiens, Caron-
Vitet, 1828, 18°, pp. 471. (Par le P. Jean Nicolas LORIQUET.)

Voir supra : *Particularités édifiantes...*

Souvenirs de Saint-Gabriel, institution libre dirigée par les Pères de la C. de J. à Saint-Affrique (Aveyron). Le Puy, Marchessou, 1867, 18°, pp. 105 et 104. (Par les PP. Henri CROS et Etienne LAPORTE.)

Cet ouvrage contient deux notices, l'une signée : *H. C.* l'autre : *E. L.*

Souvenirs de Verneuil d'Amarzit-Richard ancien élève de l'école ecclésiastique St-Joseph de Sarlat. Sarlat, imprimerie Michelet, 1880, 8°, pp. 30. (Par le P. J. B. EYRAUD.)

Souvenirs des petits séminaires de Saint-Acheul, Sainte-Anne, Bordeaux, Forcalquier, Montmorillon, Aix, Dole, Billom, depuis le mois d'Octobre 1814, jusqu'au mois d'Août 1818. Vies de plusieurs jeunes étudiants, élevés dans ces huit petits séminaires. Paris, Rusand, 1830, 12°. (Par le P. Jean Nicolas LORIQUET.)

Sovrani e efficaci rimedi contro la Peste e Morte subitanea scritti dal P. Stefano Binetti della Compag. di Giesù. Alli Sig. Gouernatori della città di Vienna in Francia. E. traportati da un Sacerdote nella lingua Italiana, per Consolatione dell' anime atterrite dal timore delle morte. Dedicati all' Em.m et Reu.m Sig. Card. Rapaccioli. In Roma, per Ignatio de Lazari, 1656, 12°, pp. 144, sllett. (Par le P. Joseph FOZI.)

Melzi (I. 343) catalogue à tort cet ouvrage sous le titre : *Efficaci (Gli) rimedj contro la peste...*

Spada (La) d'Orione, cioè il valor militare de' piu celebri guerrieri de' nostri secoli illustrato con elogi istorici, e con ritratti, da Primo Damaschino. Roma, 1680, 4°. (Par le P. Annibal ADAMI.)

Specchio (Lo) che non inganna ovvero la teorica e la pratica della cognizione di sè stesso. (Par le P. Jean Pierre PINAMONTI.)

Le P. de Backer cite, pour première édition de cet ouvrage, celle, non anonyme, de 1829; les premières ont dû, sans doute, paraître sans nom d'auteur, puisque l'ouvrage a été souvent, dans les traductions qui en ont été faites, et dès 1685, attribué au P. Paul Segneri. Melzi ne la cite pas.

Specchio (Lo) de' Peccatori, meditazioni per una settimana sopra la vita di S. Margarita di Cortona, per un religioso della Compagnia di Gesù. In Palermo, per Angelo Felicella, 1740, 12º. (Par le P. François-Xavier CREMONA.)

Specchio istorico da servire di preservativo contro gli errori correnti tratto de alcuni Opuscoli Francesi, e corredato di opportune annotazioni. Parte I. Geografia del Giansenismo. L'anno 1789. S. I., 8º, pp. XII-219, slt. (Par le P. Jean Vincent BOLGENI.)

Specchio ovvero compendio delle Antichità di Roma, diviso in due parti, nella prima si tratta delle profane, raccolte dall' opera d'un Padre da Georgio Portio. In Roma, presso l'Erede di Bartolommeo Zannetti, 1625, 16º. (Par le P. César ALUCCI.)

Melzi (II, 302) dit à tort : *Alacci.*

Specimen primum demonstrandi sine usu multiplicium Librorum V. Elementorum de Proportionibus, excerptum ex Prælectionibus Anni 1709. Et Matheseos Candidatis exhibitum a Gabriele Sota Ariminensi Collegii B. Aloysii Gonzagæ Convictore, et in Collegio Bononiensi Societatis Jesu Mathematicæ Studioso. Bononiæ, MDCCX, apud Ferdinandum Pisarum, 12º, pp. 16. (Par le P. J. B. REGOLINI.)

Specimina Charitatis et Doctrinæ, quæ continentur in quatuor Libellis contra Presbyteros Regulares in Belgio sparsis, exhibita a Godefrido Veramantio, Germano Sacerdote Theologo... Coloniæ, apud Joannem Langenberg, 1738, 8º, pp. 176, sll. (Par le P. Charles VAN DEN ABEELE.)

Spectacula Christianorum Heroum XVIII in Amphitheatrum Honoris et gloriæ Serenissimo Ferdinando IV in aggratulationem oblata a Collegio Pragensi dum Romanorum Regis insignia suscipiebat. Pragæ, typis Universitatis, 1653, fol. (Par le P. Jean DE LA COULTURE.)

L'auteur a publié d'autres ouvrages sous son nom latinisé : *Coturius.*

Spectacula Philosophorum e Christi et rationis placitis. Christiane ac recte existi-

mantium... a Poetis Viennensibus oblata. Anno MDCCXX. Mense Maijo Die... Typis Joannis Baptistæ Schilgen, 8º, pp. 22. (Par le P. Ferdinand RECHEISEN.)

Spectacula Sapientum, seu Virtutes profanorum Græciæ Sophorum. Græcii, Typis Hæredum Widmanstadii, 1733, 8º. — Spectacula Sapientum seu Virtutes sacrorum in Ecclesia Philosophorum... ab Illustrissima Rhetorica Græcensi oblata. Anno MDCCXXXIV. Mense Julio. Die VI. Ibid., 8º, ff. 28. (Par le P. Jacques VOGL.)

Spectacula Selecta Parnassi Viennensis.... Ab Illustrissimis Musis Viennensibus DDD. Mense Junio Anno MDCCIV. Viennæ Austriæ, Typis Leopoldi Voigt, 12º, pp. 44. (Par le P. Antoine KOGLER.)

Specvla Melitensis encyclica. Hoc est syntagma novvm instrvmentorvm Physico-Mathematicorum; in quo Quicquid vel ad astronomicas, aut Physicas ijs adnexas disciplinas, pertinet, nouo ordine, methodo, et summa facilitate iuxta, atq; brevitate per rotas, cyclosq; artificiosé dispositos, digestum, repræsentatumque spectatur. In gratiam Generosissimorum Equitum Hierosolymitanorum explicata et in 125 Propositiones digesta ab Illvstrissimo, ac Reverendissimo F. Salvatore Imbroll, Sacræ Religionis Hierosolymitanæ Priore Generali. Neapoli, Typis Secundini Roncagliolo, 1638, 4º, pp. 63, sll. (Par le P. Athanase KIRCHER.)

Specvlvm divitvm de bono divitiar·m vsv ad cœlum promerendum. Authore Societatis Iesv Sacerdote. Indicabo tibi, ô homo, quid sit bonum, et quid Dominus quærat à te, vtique facere iudicium, et diligere misericordiam. Mich. 6. Parisiis, Apud Sebastianvm Cramoisy, M.DC.XLI, 8º, pp. 348, sllelt. (Par le P. Pierre DAGONEL.)

L'auteur signe la dédicace.

Speculum hominis Christiani præsertim ecclesiastici quavis septimana semel saltem inspiciendum, sive considerationes quinquaginta duæ pro totidem anni hebdomadibus propositæ ad divini cultus incrementum a quodam Sacerdote Societatis Jesu.

Wirceburgi, Typis Joannis Jacobi Christophori Kleyer, 1743, 8°, pp. 436.

Speculum innocentiæ in SS. Stanislao Kostka et Aloysio Gonzaga S. J. Vilnæ. typ. Acad. S. J., 1728.

Speculum innocentiæ, sive vita Angelici juvenis B. Aloysii Gonzagæ Societatis Jesu, iconibus et monitis spiritualibus, ad piam juventutis institutionem accommodatis, illustrata; et proborum imitationi, ac Beati hujus venerationi, anno ab ejus obitu sæculari MDXCI, Græcii Styrorum proposita. Viennæ Austriæ, Typis Joannis Jacobi Keurner, 1691, 12°. (Par le P. Gabriel HEVENESI.)

Les éditions suivantes ne sont pas anonymes.

Speculum Ludovisium repercussu fulguris tridentis ac rostri illuminatum. Odæ tres de Illo Principe Ludovico Card. Ludovisio decantatæ dum Franciscus Caetanus Acad. P. Publice philosopharetur in Coll. Rom. Societ. Jesu, s. a., 4°, pp. 15. (Par le P. François BRIVIO ou BRIPPIO.)

Speculum non fallax. Seu Doctrina speculativa et practica, de Cognitione sui ipsius, Explicata septem considerationibus, distributis in singulos hebdomadæ dies Ex Italico R. P. Pauli Segneri, Societatis Jesu in Latinum traducta. Dilingæ, Typis Joannis Caspari Bencard, Anno M.DC.XCIX, 24°, pp. 121. (Par le P. Maximilien RASSLER.)

L'original italien n'est pas du P. Segneri, mais du P. PINAMONTI. Voir supra : *Specchio (Lo) che non inganna...* Cette traduction a eu plusieurs éditions. Il y en a une autre : *latine reddita a Q. O. M. S. O. Augustæ et Œniponti, 1750.*

Speculum ustorium veræ ac primigeniæ suæ formæ restitutum. Illustriss. ac Reverendiss. DD. Joanni Godefrido Episcopo Bambergensi S. R. I. Principi Cæsareo apud Paulum V P. M. Legato Demonstratum ac Dicatum. A D. Francisco de Ghevara Illustrissimi atque Excellentissimi Ducis Bovini Fratre Academico Parthenio in Romano Collegio Societatis Jesu. Romæ, apud Bartholomæum Zannettum, M.DC.XIII, 4°, pp. 12. (Par le P. Christophe GRIENBERGER.)

Spiegazione breve, e sincera d'alcune Proposizioni inscrite nella Giustificazione di più personnaggi, e risposta alle Osservazioni Critiche e Morali in difesa dell' Istoria del Probabilismo. Lucca, 1745, 8°, pp. 123. (Par le P. Jacques SANVITALE.)

Spiegel der Jugend, das ist : Kurzer Lebens-Begriff dess heiligen Stanislai Kostka der Gesellschaft Jesu, zusammen getragen von einem Priester auss ermeldter Gesellschaft Sambt dem vollständigen Bericht von der Heiligsprechung der zweyen Heiligen Aloysii Gonzaga und Stanislai Kostka. In Verlag Mathias Wolff, Buchhandlers in Augspurg. Gedruckt zu München bey Maria Magdalena Riedlin, Wittib, 1717, 12°, pp. 178 et 115, sll.

Spiegel (Den) der Maeghden. die inde werelt de godtvruchtigheyt met de suyverheydt paeren, uyt-ghebeelt in twee HH. Maeghden, te weten de H. Isabella van Vranckryck, ende H. Lydwina, in de welcke de weerdigheydt, vruchtbaerheydt ende eyghendommen van de gheestelycken staet in de werelt bewesen worden. Nu overgheset in onse Nederduytsche tale door den E. P. L. J., Priester der Societeyt Jesu. T'Antwerpen, by de Weduwe van Jan Cnobbaert, MDCLVII. pet. 8°, pp. 119, sll. (Par le P. Louis JACOBI.)

L'auteur signe la dédicace.

Spiegel der nicht betriegt, oder Unterricht und Uebung der Erkenntniss Seines-selbst. von einem Priester der Gesellschaft Jesu in italienischer Sprache. anietzo in Teutsch übersetzt. Braunsberg. gedruckt im Collegio S. J., 1715, 8°.

C'est la traduction, faite peut-être par un Jésuite, de l'ouvrage italien du P. Pinamonti : *Lo specchio che non inganna* ..

Spiegel zonder bedrog oft waere Kennisse syns selfs. Aengewezen in 't Italiaens door een Priester der Societeyt Jesu. En wild niet oordeelen volgens 't aensicht, maer strekt rechtsinnig oordeel. Rom. 7. 24. t'Antwerpen, By Ignatius Leyssens, by de Meire Brugge, in S. Joseph. Anno 1708, 12°. pp. 24.

Le Priester der Societeyt Jesu est le P. Pinamonti.

Spieghel (Den) van Philothea ghe-

maeckt door den E. P. Æ. G., priester
der Societeyt Jesu. Waer by is ghevoeght
den regel der volmaecktheyd voor alle
soorten van menschen, door E. P. N. R.,
S. J. T'Antwerpen, by Michiel Knobbaert,
1675, 12º, pp. 187. (Par les PP. Gilles
GHEERAERDTS et....)

Spirito (Lo) del Canonista Autore del
Libercolo intitolato lo Spirito della Corte
di Roma. Londra, 1783. In Assisi, per
Ottavio Sgariglia, 1783, 8º. (Par le
P. François Antoine ZACCARIA.)

Spiritual (A) Doctrine, conteining a
rule of live well; with divers Praiers and
Meditations. Abridged by the Rev. Father
Lewis de Grenada, etc. Nevvlie translated
out of Spanish into English. Lovan, 1599,
8º. (Par le P. Richard GIBBONS.)

Spiritualia Sancti Ignatii exercitia in
Provincia Veneta sexui hominum utrique
magno animarum fructu communicata
anno MDCCI. Et in lucem edita a P. A.
M. B. Soc. Jesu. Parmæ, Ex typographia
Joseph Rosati, 12º, pp. 23. (Par le
P. Jean Antoine BERNARDI.)

Les initiales qui sont dans le titre, appartiennent au
P. Antoine Marie BETTI, qui publia cet ouvrage.

Spiritualis armatura fortium, sive cura
innocentiæ et exterminium peccati, olim a
quodam Societatis Jesu in Bonum Animarum collecta, Nunc almæ Congregationi
academicæ Majori sub titulo B. V. Mariæ
ab Angelo salutatæ in strenam oblata
Molshemii anno 1752. Argentorati, Im-
primebat Simon Kürsner, 12º, pp. 372.
(Par le P. Gabriel HEVENESI.)

Il me semble qu'on a réuni dans cet ouvrage les deux
opuscules, cités plus haut, du P. Hevenesi : *Cura Innocentiæ*... et *Cura habituum seu Peccati exterminium*...

Spiritus vocationis sacerdotalis; materia
triduanæ collectionis data Venerabili clero
Constantiensi Sacro Verni Jejunij Tempore à quodam Sacerdote e collegio Soc.
Jesu. Constantiæ. Anno MDCCLXII, Typis Antonii Labhart, 12º, pp. 190.

Splendor veritatis moralis, collatus
cum tenebris mendacii, et nubilo æquivo-
cationis ac mentalis restrictionis : addita
depulsione calumniarum quibus Joannes
Barnesius Ord. S. Ben. Leonardum Les-

sium oneravit. Per F. S. Emonerium.
Lugduni, apud Ant. Bernerium, 1627,
8º. (Par le P. Théophile RAYNAUD.)

Melzi (I, 355) dit : « Auctore Stephano Emonerio,
« commiss. ord. S. Francisci apud Saluzzos. » Cet opuscule a été réimprimé à la suite du *De Justitia et Jure*
du P. Lessius, éditions de 1637 et 1653, et dans les
Opera du P. Raynaud, t. XIV, p. 71.

Sposob do zapobiegania pomocy, S.
Ignacy Loyola, doświadczony w powietrzu,
chorobach i wszelkich potrzebach Patron.
Wilno, Dr. Acad. S. J., 1728, 12º.

Sposób krótki, łacny i pewny do zbawienia, nazwany : myśl dobra, albo myśl
ze dobrze, z francuzkiego na język polski
przełożony. Poznań, Dr. S. J., 1728, 4º,
pp. 192. (Par le P. Etienne PONINSKI.)

Le P. Brown attribue à cet auteur cette traduction du
Pensez-y bien du P. du Barry. D'autre part, aux *Ano-
nymes*, en la citant, il dit : « Interpres est Janusius
Korybuth Princeps Wisniowiecki. »

Sposób modlenia się codziennie nawied-
zając Najswiętszy Sakrament. Lwów, Dr.
Zak. Ossolinsk, 1849, 16º, pp. 16. (Par
le P. Charles DE BOLOZ ANTONIEWICZ.)

SS. Domino nostro Benedicto decimo
quarto Pont. Opt. Max. de Historia I. Ecclesiæ sæculi deque primis Hæresibus sæculi V. Theses Critico-dogmaticas Senis
sub Patribus Soc. Jesu publicæ disputa-
tioni propositas D. D. D. Scipio Burghesius ex Principibus Sulmonensibus Collegii
Ptolomæi Convictor. Romæ, ex Typographia Jo. Mariæ Salvioni, MDCCLIV, gr.
fol., pp. VIII-65. (Par le P. Nicolas SCAR-
PONIO.)

St. (De) Bartholomeus-Nacht, Door
S. Van den Anker, Pr. 'S Hertogenbosch,
W. Van Gulick, 1870, 8º, pp. 105. (Par
le P. Sibrand VAN DEN ANKER.)

Stadiodromus orthodoxus erratici hete-
rodoxi vestigator prodromi, seu manifesta
deprehensio errorum, ineptiarum, contra-
dictionum, anonymi dissidentis sub titulo :
Prodromus Poloniæ, cavillantis jus ple-
num Religionis catholicæ ab authore juris
pleni Georgio Casimiro Ancuta, etc., ob
oculos positum. Vilnæ, typ. Acad. Soc.
Jesu, 1721, 8º, pp. 68. (Par le P. Stanislas SOKULSKI.)

Stael (Den) der sielen des vageviers.
Met schoone devote Meditatien ende ver-

geldinghen een haere weldoenders. Ghemaeckt door den Eerw. P. Martinus de Roa, Priester der Societeyt Jesu. Int Spaens viermaels ghedruckt, ende overgeset door eenen Priester der selver Societeyt. Tot Loven, By Henrick van Hastens, s. a. (*1630*), 12°, pp. 359, sll.

Stan. Kostkæ Soc. Jesu, Floralia sacra seu conceptus symbolici e floribus collecti. Acc. Fructus Aloysiani, seu vita S. Aloysii Gonzagæ, Soc. Jesu. Styræ, 1726, 8°.

Standeswahl (Die). Ein Handbuch für Priester, Christlichen Eltern und die reifere Jugend, von P. Aug. Damanet. Auf Ersuchen des Verfassers in deutscher Sprache bearbeitet von Priester Herm. Jos. von Fugger-Glott. Paderborn, Junfermann, 1866, 12°, pp. XI-368. (Par le P. Hermann Joseph VON FUGGER-GLOTT.)

Le P. Damanet est un jésuite de la province de Belgique.

Standhafte Rettung und Beweisung des Klosters contra Acta Lindavensia. Embsii ad Rhenum, bey B. Schnell, 1646 (ou 1647), 4° (ou in-fol.) (Par le P. Henri WANGNERECK.)

Ce livre est d'une rareté telle, *ut inter libros fere deperditos refe. ri possit.*

Stanze in occasione dell' ingresso al vescovado di Torcello dell' illustr° e rever° mons° Marco Corner, da Diodoro Delfico P. A. S. l. et a., 8°. (Par le P. Xavier BETTINELLI.)

Stanze sopra le stelle, e Macchie Solari scoperte col nuovo occhiale, con una breve dichiarazione. In Roma, per il Mascardi, 1615, 4°. (Par le P. Vincent FILLIUCCI.)

Melzi (I, 413) dit que cette pièce parut sous le nom de: *Flaminio Filliucci.*

Stanze sulla caccia de' grilli, con una canzonetta per la morte di un grillo. Parma, Gozzi, 1795, 8°. (Par le P. Joachim AVESANI.)

Cette pièce fut insérée dans son: *Saggio di Poesie...* Parma, 1797.

Statera libelli famosi, cui titulus: La Morale relachée fortement soutenue par Monseigneur l'Archevêque de Malines,

per Didacum de Oropega. S. l. et a. (*1682*), 8°, pp. 240. — *A la fin:* VIgesIMa febrVarII IansenIstæ DVaCo expVLsI sVnt. (Par le P. Jacques DE LA FONTAINE.)

Statera protestantium In duobus primis ipsorum Paragraphis expensa per Theologum Romano-Catholicum. Prostat Lovanii, Apud Guilielmum Stryckwant, s. a. (*1719*), 8°, pp. 28. (Par le P. Liévin DE MEYERE.)

Statu (De) animarum Purgatorii, ex Hispanico Martini Roa S. J. Viennæ, apud Michaelem Rictium, 1633, 16°. (Par le P. Jean BUCELLENI.)

Statua (La) prodigiosa di Maria Santissima, sotto il titolo di Rosa Mistica venerata nella Chiesa di Santa Caterina delle RR. Suore della Providenza in Cormons. Memoria storica. Padova, tipografia del Seminario, 1882. 16°, pp. 106. (Par le P. Joseph ROSSI.)

Statuë (La) de Loüis-le-Grand placée dans le Temple de l'Honneur. Dessein du feu d'artifice dressé devant l'Hôtel de Ville de Paris, pour la Statuë du Roy, qui y doit estre posée. A Paris, Chez Nicolas et Charles Caillou, 1689, 4°, pp. 29. (Par le P. Claude François MENESTRIER.)

Statue (La) equestre de Louis-le-Grand placé dans le Temple de la Gloire. Dessein du feu d'artifice sur la riviere de Seine, par les ordres de Messieurs le Prevost des Marchands et Eschevins de la ville de Paris, le 13 Août 1699. Paris, V° Vaggon. 1699, 4°, pp. 12 et 4 pl. (Par le P. Claude François MENESTRIER.)

Status, origo et scopus reformationis hoc tempore attentatæ in Belgio circa administrationem et usum Sacramenti pœnitentiæ juncta piorum supplicatione ad Clementem X, Pontificem Maximum. Per Franciscum Simonis S. T. L. Moguntiæ. Typis Ludovici Bourgeat, MDCLXXV, 12°, pp. 168 (*pour* 186), sll. (Par le P. Egide ESTRIX.)

Statuts (Les) de la Congregation des Penitens de l'Annonciation de Nostre Dame. Par le commendement et privilege du Roy. A Paris, chez Iamet Mettayer.

MDCXXXIII, pet. 8°, pp. 70. (Par le P. Emond Auger.)

Le P. de Backer (I, 314, 13) et Barbier (IV, 566, c) donnent cette date 1633; mais il me semble évident qu'il doit y avoir sur l'ouvrage celle de MDLXXXIII, année où cette Congrégation fut approuvée par le Pape.

Statuts des Filles de Marie. Paris, 1828, 18°. (Par le P. Joseph Désiré Varin.)

Stazioni (Delle) delle quaranta hore, Parte Prima. Composta di varie Orationi pertinenti al Santissimo Sacramento, e di altre deuotioni a simile luogho, e tempo spettanti. Poste insieme, e mandato in luce dal Molto R. P. Hieronymo Semino, Canonico della Chiesa Catedrale di Genoua. In Genova, appresso Giuseppe Pauoni, 1612, 12°, pp. 304, sldelt. — Parte Seconda. Nella quale si contiene la Passione di N. Sig. in varie Orationi e Meditationi distinta. Ibid., pp. 256. (Par le P. Bernardin Zanoni.)

Stellulæ Catholicæ Orthodoxæque Fidei ad Septentrionem tenebricosi Iacobi Reneccij Prædicantis Hamburgensis opposita. Monasterii Westphal., apud Lamb. Raesfeldt, 1612, 4°, ff. 18. (Par le P. Herman Bosendorff.)

Sous le pseudonyme : *Hermes Pistorius.*

Steph. Antonii Morcelli Soc. Jesu Ecclesiæ Clarensis Præpositi Oratio et Carmen. Cremonæ, ex officina Feraboliana, anno M-DCCC-LVI, 8°, pp. 32. (Publié par le P. Joseph Rossi.)

La préface est signée : *I. R.*

Stichtbare Levens van eenighe Religieusen, Broeders Coadjuteurs van de Societeyt Jesu, beschreven van verscheyden autheurs in vremde talen, en de overgheset door eenen Priester der selfde Societeyt, uyt het Italiaens gedruckt te Turin in Savoyen.... in't jaer 1664. T'Antwerpen, by Michiel Cnobbaert, 1667, 8°, pp. 702. (Par le P. François L'Hermite.)

C'est la traduction de l'ouvrage du P. Marius Clément Baratta : *Vite di alcuni Religiosi...* (Voir infra.)

Stillæ ex Ungula Pegasi deciduæ... ab Illustrissima Humanitate græcensi dicatæ, Anno M.DC.LXXXVII. Græcii, Typis Widmanstadii, 8°, pp. 25. (Par le P. Thomas Mirnyk.)

Stille (Der) Krieg der Freimaurerei gegen Thron und Altar. Aus Dokumenten. Freiburg im Breisgau, Herder, 1873, 12°, pp. vii-256. (Par le P. Miche Pachtler.)

Stille (Des) Straszburgische Jubel-Jahr oder kurzer Bericht, warum bey diesem allgemeinen Jubel-Jahr der Lutherischen Kirche in Teutschland die Strassburger Lutheraner nicht besser haben mitgemacht, in Frag und Antwort gestellet durch einen Priester der Gesellschaft Jesu... (vers 1730), 8°. (Par le P. Jean Jacques Scheffmacher.)

Stimolo a' fedeli per segnalarsi nella divozione de' due Prencipi degli Apostoli Pietro, e Paolo per mezzo di dieci Considerazioni sopra la loro Vita, Virtu et Miracoli. Proposto da un Religioso della Compagnia di Gesù. L'anno del Giubileo 1725. In Roma, nella Stamperia di S. Michele a Ripa, 1726, 8°, pp. 208, sll. (Par le P. François Marie Galluzzi.)

La 3ᵉ édition : *riveduta e corretta... Roma, 1776,* a été soignée par le P. Franç. Ant. Zaccaria.

Stimuli Virtutum Adolescentiæ Christianæ dicati libri tres : Conscripti primum lingua Italica a D. Guilielmo Baldesano, D. Theologo et Canonico Archiep. Ecclesiæ Taurin. ad Sodales B. Virg. Annunciatæ. Nunc recens in gratiam Sodalium Germanorum Latine redditi, a quodam Societatis Jesu. Quæ singulis libris contineantur sequens pagella indicat. Coloniæ, sumptibus Arnoldi Mylii, anno CIƆ.IƆ.XCIV, 12°, pp. 642, sll. (Par le P. Jean Busée.)

Plusieurs éditions. Melzi (III, 100) attribue cette traduction à *Aubertus Miræus,* mais c'est une erreur. Barbier (IV, 1383, c) se trompe aussi en la donnant au P. *Bernardin Rossignol* (il devrait dire : *Rosignolo*). Ce jésuite a été regardé comme l'auteur même de l'ouvrage italien, et se serait caché sous le nom de *Guilielmus Baldesanus* : Alegambe et Sotwel l'affirment. Le P. de Backer ne partage pas leur sentiment, et paraît disposé à suivre l'avis de Clément (*Bibliothèque curieuse,* II, 358), qui regarderait le P. Rosignolo comme l'éditeur ou le traducteur de Baldesano ; mais il a tort de dire que le P. Sotwel attribue la même traduction latine ci-dessus au P. Mathias Putz ; il n'en est pas question à son article.

Stobæi sententiæ, disticha Catonis, Ciceronis epistolæ familiares, cum dialogis. Recueil à l'usage des commençants A. M. D. G. Lugduni, apud Bridav. MDCCCLXXIV, 12°, pp. 105. (Par le P. Pierre Bois.)

Storia antica. Torino, Marietti, 1846, 16°. (Par le P. J. B. Centurione.)

Storia antica cavata dai nuovi elementi di Storia generale di Levi Alvarès. Palermo, presso Giovanni Pedone, 1850, 12°, pp. 218. (Par le P. Nicolas Marino.)

Storia compendiosa dello scismo della nuova Chiesa d'Utrecht, diretta a Monsig. Vescovo di **** da D. A. D. C. Ferrara,** per Francesco Pomatelli, 1785, 8°, pp. 78. (Par le P. Louis Mozzi de' Capitani.)

Storia d'ogni Letteratura di Giovanni Andrès Della Compagnia di Gesù breviata e annotata per A. N. D. M. C. Storia delle Belle Lettere, libro primo. Palermo, tipografia di Antonio Muratori, 1836, 8°, pp. 280. (Par le P. Alexis Narbone.)

Voir supra : *Origine (Dell') de' progressi…*

Storia degli obelischi egiziani di Roma, por un' accademia poetica del Convitto de' Nobili. Roma, 1831. (Par le P. Jean Pierre Secchi.)

Storia del Pelagianismo tradotta dal Francese all' Italiano dedicata gia dal suo Autore alla Santità di Clemente XIII. Assisi, nella Stamperia Vescovile, e Pubblica di Ottavio Sgariglia, 1783, 8°, 2 vol., pp. xxiv-249 et 245. (Par le P. Antoine Marie Ambrogi.)

C'est la traduction de l'ouvrage du P. Patouillet : *Histoire du Pélagianisme.* (Voir supra.)

Storia del Popolo di Dio dalla nascita del Messia sino al fine della sinagoga tratta de' soli Libri Santi ovvero il testo sacro de' libri del nuovo testamento ridotto in un corpo di Storia dal Padre Isacco-Gioseffo Berruyer della Compagnia di Gesù. Seconde Parte tradotta dal Francese giusta l'Edizione di Anversa da un Religioso della medesima Compagnia. In Venezia, nella stamperia Remondini, 1756, 4 vol., pp. clxxx-183, viii-328, viii-338 et viii-154-cxlv.

On attribua cette traduction au P. Franç. Ant. Zaccaria, mais il s'en défendit; d'après lui, elle serait de deux jésuites et d'un prêtre séculier, qu'il ne nomme pas.

Storia della casa di Savoia. Torino, Marietti, 1846, 16°. (Par le P. J. B. Centurione.)

Storia della Lomellina e del principato di Pavia, dai suoi primi abitatori sino all' anno 1746, divisa in due parti. Lugano, nella stamperia privilegiata de' fratelli Agnelli, 1756, 4°. (Par le P. Louis Portalupi.)

Storia letteraria d' Italia. Divisa in tre libri, il primo, e secundo de' quali trattano de' migliori libri usciti in Italia dal Settembre MDCCXLVIII fino al Settembre MDCCXLIX. Contiene il terzo, importanti notizie di Scuole introdotte, di Musei, di Osservazioni Matematiche, di nuovo ritrovati, di scoperte anticaglie, di uomini illustri trapassati, e delle geste loro. Secunda edizione. In Venezia, Nella Stamperia Poletti, 1750-1757, 8°, 14 vol. et 2 de supplément aux tom. IV et V. (Par le P. François Antoine Zaccaria.)

Les PP. Jérôme Gabardi, Léonard Ximenes et Dominique Troili eurent part à cette publication.

Storia santa dell' antico Testamento….

Voir supra : *Istoria (L') santa del antico…*

Storia (La) Santa descritta in lingua Francese, dal Nicolo Talono della Comp. di Giesù, e portata nell' Italiano dall' Arcad. Raffinato All' Altezza Serenissima del Sig. Principe Alfonso d'Este. In Bologna, per Carlo Zenero, 1649, 12°, pp. 894, sidelt. (Par le P. Joseph Fozi.)

Les *Supercheries* (III, 1178, *f*) indiquent sous le pseudonyme : *Expolitus (Academicus)* qu'ils attribuent au P. Fozi : *Historia sancta ex gallico Nic. Talon è Soc. Jesu in latinum versa. Bononiæ, 1649, in-12.* C'est complètement faux.

Storia universale sacra e profana di Giacomo Hardion, con la continuazione di Linguet, tradotta nell' Italiano. Venezia, Curti, 1804-1806, 8°, 10 vol. (Par le P. Laurent Ignace Thiulen.)

L'histoire du 18° siècle serait du traducteur. Cet ouvrage fut réimprimé à Rome en 1806, mais avec des modifications, et plus tard encore à Venise.

Storie (Le) delle rivoluzioni d'Europa, per cagion d'Eresia. Venezia, 1710, 4°, 2 vol. (Par le P. François Torre.)

C'est une traduction du français.

**Storte (Le) Idee raddirizzate o sia Esame teologico, e canonico di certe nuove dottrine intorno la Podestà costrettiva della Chiesa e alcuni principalissimi punti di

Ecclesiastica Giurisprudenza per altro ingegnosamente proposte in un' opera di due volumi ristampata l'anno scorso a Pavia. In Fuligno, Presso Giovanni Tomassini, 1784, 8°, pp. viii-227. (Par le P. François Antoine Zaccaria.)

Strena calendarium exhibens, et in eo methodum practicam bene vivendi et moriendi exemplis Sanctorum in singulos anni dies illustratum, omnium mortalium usui peroportunum. Varsaviæ, typ. S. J., 1728, 12°, pp. ii-286.

Strena piorvm, Sive incitationes ad Sacrosanctvm nomen Iesv Vnicè Amandum venerandum, innocandum. Monachii, Typis Cornelii Leysserii, An. M.DC.XXXVII, 16°, pp. 288, sld. (Par le P. Georges Stengel.)

L'auteur signe la dédicace.

Strich durch die Spannische Cantzley ; von Ludovico Camerario nimmer Cantzlern in Böhaim, noch Rath zu Haidelberg, etc. Der Kais. Mayestet vnnd der Churf. Durchl. in Bayrn, etc. sambt allen Catholischen zu ausserister Verschimpffung vnnd höchsten Spott aussgefangen, und in Truck verfertiget. Anjetzo aber von F. Hercyniano R. G. abgelainet. Brugghofen, Haussreich, 1624, 4°, pp. 216. (Par le P. Jacques Keller ou Cellarius.)

Studi di lingua greca. Palermo, 1839, 12°. (Par le P. Ignace Cutrona.)

Studien op Godsdienstig, Wetenschappelijk en Letterkundig Gebiet. 'S Hertogenbosch, W. van Gulick, 1868..., 8°.

Cette Revue est rédigée par les Jésuites de la Province de Hollande : pendant dix ans, les livraisons ne paraissaient pas à époque fixe et n'avaient pas la même etendue; chacune ne contenait qu'un article, signé ordinairement par son auteur. Jusqu'en 1874, les rédacteurs ont été les Pères Allard, Van den Anker, Van Gestel, Van Meurs, Willems, Heynen, Arntz, Te Braake, Dijckmann, Van Schijndel, Becker, Wilde. La plupart de leurs travaux sont indiqués dans ce *Dictionnaire*, parce qu'ils ne portent pas sur le titre la mention de l'Ordre, auquel appartiennent les ecrivains. A partir de 1875, cette Revue a été transformée et sa publication est mensuelle. La table des vingt premières années a paru en 1883. — Aux tomes VII-X il y a comme supplement, des *Losse Bladen*, contenant des articles plus courts, sorte de *mélanges*.

Studio della religione divise in tre parti, per la fanciullezza, per l'adolescenza, per la gioventu del secolo XIX. Operetta composta da un Sacerdote della Compagnia di Gesù. Venezia, presso Giuseppe Battaggia, MDCCCXXIII, 12°, pp. 440. (Par le P. Jean Regoli.)

J'attribue à cet auteur cet ouvrage qui est tout à fait dans le genre de ceux qu'il a publiés; voir supra : *Scuola di Filosofia...* De plus, la même année 1823, Battaggia donnait une nouvelle édition de son : *Soldato, ossia doveri...* (Voir supra.)

Studio (De) religiosæ perfectionis excitando, augendo et conservando. Libri tres. Romæ, typis Io. Bapt. Marini et B. Morini, 1852, 32°, pp. 256. (Par le P. Joseph Bayma.)

Dans une édition faite en Allemagne, cet ouvrage a été attribué à tort au T. R. P. Jean Roothaan.

Stuore (Le) di Giovanni Corona tessute di varia erudizione sacra, morale e profana. Roma, appresso Manelfo Manelfi, 1646, 4°. (Par le P. Etienne Menochio.)

Les deux autres volumes parurent sous le véritable nom de l'auteur.

Styria religione, opibus, gubernatione, literis inclyta, ... ab illustrissima Poesi Græcensi inscripta, Anno MDCCXXXIX Maijo Die... Græcii, Typis Hæredum Widmanstadii, 8°, pp. 60. (Par le P. Wolfgang Rechtenberg.)

Styria ter Felix Religione, fertilitate, deliciis. Græcii, typis Widmanstadii, 1727, 8°. (Par le P. Joseph Ritter.)

Styriæ Collegia et Monastica præcipua.... Ab Illustrissima Rhetorica Græcensi dicata. Anno MDCCXL. Mense... Die... Græcii, typis Hæredum Widmanstadii, 8°, pp. 49. (Par le P. Wolfgang Rechtenberg.)

Suadæ Homagium laureatæ sapientiæ annuo ritu depensum... Dedicante Rhetorica Viennensi anno salutis reparatæ MDCCXIII. Viennæ Austriæ, Typis Ignatii Dominici Voigt, 8°, ff. 22. (Par le P. Jean Raditschnigg.)

Subsidium pietatis : matutinæ, latreuticæ, homologeticæ, eucharisticæ, miscellaneæ, vespertinæ. Ex optimis potissimum fontibus sinceræ solidæque Pietatis depromptum, et peculiari studio ad Animarum utilitatem adornatum ab Animarum zelote. Sumptibus Augustini Neüreutter. Pragæ, Typis Caroli Francisci Rosenmüller. 1709, 16°, pp. 404.

Le Privilége, donné au libraire par le P. Provincial, dit : « concinnatum a quodam nostræ Societatis Sacer- « dote... »

Succincta Chronologia ex Bellarmino et Baronio ab initio mundi usque ad annum 1628. Coloniæ, apud Hermannum Mylium, 8°. (Par le P. Philippe Bebius.)

Succinctæ methodus pie ac fructuose colendi S. Patriarcham Ignatium de Loyola Per 9. continuos dies, vel per 9 dies Mercurii scholasticæ juventuti accommodata. Pragæ, Typis Univ. Carolo-Ferd. in Collegio S. J. ad S. Clementem, s. a., 12°, s. pag. (pp. 38.)

Succincta Relazione di un' Accademia di Scienze, ed arti cavallaresche da farsi nella gran Sala del Massimo Imperial Collegio de' PP. della Compagnia di Gesù di Palermo da' Sig. Convittori del Collegio de' Nobili della Compagnia di Gesù. Nel Carnovale di quest' anno MDCCXXIX. In Palermo, Nella Stamperia del detto Collegio de' Nobili, presso Stefano Amato, MDCCXXIX, 4°, pp. XVI. (Par le P. Gaëtan Marie Noto.)

Succinta relatione del Sontuoso apparato della Catedrale fatto in honore di Santa Rosalia Vergine Palermitana l'anno 1694. In Palermo, nella Stamp. di Giovanni Adamo, 1694, 4°, pp. 14. (Par le P. Vincent Lucchese [?].)

Succinto Ragguaglio del Trionfo di B. Rosalia ordinato dall' Illustrissimo Senato Don Girolamo Branciforti... Senatori. In Palermo, per Agostino Epiro, M.DC.XCVIII, 4°, pp. 16. (Par le P. Jérôme Giustiniani.)

Succinto Ragguaglio della speciale processione della V. e M. Lucia mostrata al Popolo di Siracusa nello blocco e assedio del 1734 e 1735 ; e del miracoloso sudore di una statua di marmo della medesima santa. Palermo, Angelo Felicella, 1736, 8°. (Par le P. Antoine Pila.)

Sui sacri Cordi di Gesù e di Maria scelta collezione di divoti pratiche e considerazioni. Roma, coi tipi del Collegio Urbano, 1839, 16°, 2 vol., pp. 463 et 611.

Cette publication est probablement faite par un jésuite ; parmi les opuscules qu'elle contient on trouve ceux des PP. Muzzarelli et Lanzi.

Suite de l'Imitation de J. C. Entretiens de l'ame devote sur les principales maximes de la vie intérieure traduits de deux opuscules de Thomas a Kempis par P. C. D. L. C. D. J. A Paris, chez Nic. Leclerc M.DCC.XIV, 12°, pp. 309. (Par le P. Joseph Nicolas Charenton.)

Voir supra : *Entretiens de l'âme...*

Suite de la nouvelle Cyropédie, ou Réflexions de Cyrus sur ses voyages. Amsterdam, 1728, 8°.

Les *Supercheries* (IV, 28) attribuent cet ouvrage au P. Bernard Routh, et Quérard (*France littéraire*, t. 10) au duc d'Aiguillon, avec la collaboration de la princesse de Conti, de Grécourt et de l'Oratorien Vinot. L'attribution qu, est faite au P. Routh de cet ouvrage et des *Lettres critiques sur les Voyages de Cyrus* (voir supra, col. 508), me semble formellement contredite par les lignes suivantes, extraites d'une lettre du P. Edouard de Vitry à M. de Caumont : « Je crois avoir « eu l'honneur de vous mander que le P. Sanadon ni « aucun autre jésuite n'avoit eu aucune part à ce qui s'est « écrit contre les voyages de Cyrus. »

Suite de la Réponse à l'Histoire des Oracles, Dans laquelle on réfute les objections insérées dans le XIII. Tome de la Bibliothèque choisie, et dans l'Article II. de la République des Lettres du mois de Juin 1707 ; et où l'on établit sur de nouvelles preuves le sentiment des SS. Péres touchant les Oracles du Paganisme. A Strasbourg, Chez Jean Renauld Doulssecker, MDCCVIII, 8°, pp. 459, stlelt. (Par le P. Jean François Baltus.)

Voir supra : *Réponse à l'Histoire...*

Suite de la Vie du R. P. Pierre Joseph Marie Chaumonot de la Compagnie de Jésus, par un Père de la même Compagnie, avec la manière d'oraison du vénérable Père, écrite par lui-même. Nouvelle-York, ile de Manate, à la presse Cramoisy de J. M. Shea, 1860, 8°, pp. 66. (Par le P. Sébastien Rasles.)

Barbier (IV, 577, *a*) commet deux erreurs dans ce titre : *Chaumont*, au lieu de *Chaumonot* ; — *Rule*, au lieu de *Rasles*. Du reste, cette attribution au P. Rasles est contestée par des Jésuites du Canada.

Suite des conseils de la Sagesse... A Paris, chez Sébastien Mabre-Cramoisy, M.DC.LXXXIV, 12°, pp. 245. (Par le P. Michel Boutauld.)

Voir supra : *Conseils (Les) de la Sagesse...* Cette *Suite* a été à tort attribuée au P. Pierre Gorse, dont l'ouvrage est tout à fait different, pour le titre, le fond et le style ; de plus il était mort depuis 1661.

Suite des remarques nouvelles sur la langue françoise. A Paris, Chez George et Louis Josse, M.DC.XCII, 12°, pp. 469. (Par le P. Dominique BOUHOURS.)

Il signe la dédicace à l'abbé Régnier.

Suite du véritable esprit des nouveaux disciples de S. Augustin. Lettres d'un abbé licencié de Sorbonne à Monsieur le Théologal de ***. A Bruxelles, chez Antoine Claudinot, M.DCC.VII, 12°, pp. III-572-13-XVI. (Par le P. Jacques Philippe LALLEMANT.)

C'est le 4e volume du *Véritable esprit des nouveaux disciples...* (Voir infra.)

Suite du Voyage du monde de Descartes, ou nouvelles difficultés proposées à l'auteur de ce Voyage touchant la connoissance des bêtes, etc. plus l'histoire de la conjuration faite à Stockholm contre Descartes. Amsterdam, Mortier, 1696, 12°. (Par le P. Gabriel DANIEL.)

Voir infra : *Voyage (Le) du monde... L'Histoire de la Conjuration* est de Gervaise.

Sujets (Les) d'emportement que Mgr Thoynard donne à Mgr Arnaud. S. l. et a. (*1694*), 12°, pp. 72. (Par le P. Edme RIVIÈRE.)

Sujets de meditations pour tous les jours de la neuvaine, qui pourront servir de Retraite durant le tems de cette solemnité. Par un Père de la Compagnie de Jésus. A Lyon, chez Jacques Lions, M.DCC.X, 12°, pp. 94. — A Lyon, chez Antoine Moli, l'Ainé et Christophle Reguilliat, M.DCC.XLII, 12°, pp. 43. (Par le P. Dominique DE COLONIA.)

La Neuvaine dont il est question est celle de St François-Xavier ; voir supra : *Neuvaine à S. François Xavier...* Cet opuscule se trouve joint à des éditions du *Saint Evangile de Jésus-Christ expliqué...* ouvrage du P. Antoine Boissieu, et il en est fait mention sur le titre, bien que, du moins je le pense, il ne se trouve qu'à la fin d'un des quatre volumes, avec une pagination séparée. Dans l'édition 1742 du P. Boissieu, les *Sujets de méditations* sont à la fin du premier.

Sul sistema della Toleranza lettera di Monsig. Vescovo di... indirizzata a Monsig. Leopoldo Ab-Hai Vescovo di Konigsgratz. Edizione seconda. Assisi, per Ottavio Sgariglia, 1783, 8°. (Par le P. Emmanuel Mariano DE ITURRIAGA.)

Sull' Analisi del Libro delle Prescrizioni di Tertulliano, osservazioni di G.

B. N. Bassano, Remondini, 1784, 8°. (Par le P. J. B. NOGHERA.)

Sulla difesa del chiariss. abate Antonio Rosmini-Serbati inserita nel Propagatore religioso Piemontese osservazioni di C. B. P. Firenze, tipografia calcografia, 1841, 8°, pp. 35-VII-143. (Par le P. Charles PASSAGLIA.)

Sulla Fondazione di Nizza della Paglia nell' alto Monteferrato. Poema satirico giocoso in ottava rima. Da Columbo Giulio. In Nizza della Paglia (*Paris*), 1788, 12°. (Par le P. Jules César CORDARA.)

Voir supra : *Fodero (Il)...*

Sulla formazione dell' Iride, Egloga Pastorale di Salcesio Acidonio P. A., colla giunta di alcuni pensieri greci tratti dall' Antologia del Monaco Planude. Romæ, typis Caetani ad Collem Exquiliinum, 1806, 8°. (Par le P. Vincent FUGA.)

Sulla religione naturale e rivelata, breve trattato di classico autore. Traduzione del latino di un sacerdote di Nonantola. Modena, presso la Società tipogr., 1809, 8°.

L'original latin est du P. Sigismond STORCHENAU ; le traducteur est Charles Ansaloni, vicaire-général de Nonantola.

Sum (The) of Christian Doctrine, written in Latin, by Petrus Canisius, and translated in to English, by Heigham, a priest of London. (Vers 1623.) (Par le P. Thomas EVERARD.)

Je lui attribue cette traduction, parce qu'il publia, sous le nom de Heigham, la traduction de : *Methodus Meditandi* d'Ignace Balsamo, et qu'il traduisit en 1622 un autre ouvrage du P. Canisius : *Manuale precatorium*.

Suma espiritual en que se resuelven todos los casos y dificultades que hay en el Camino de la Perfeccion por el Liceneiado Toribio de Arenas, Cura de Peque, y Capellan del Conde de Benavente. Valladolid, 1635. (Par le P. Gaspar DE LA FIGUERA.)

Les éditions suivantes ne sont pas anonymes.

Svmma doctrinæ Christianæ Per quæstiones tradita, et in vsum Christianæ pueritiæ nûc primûm edita. Iussu et authoritate Sacrotisse, Rom. Hung. Bohem, etc. Regiæ Maiest. Archiducis Austriæ, etc. Edicto Regio cavtvm est, vt hic libellus solus, prætermissis reliquis Catechismis, per omnes Austriæ Inferioris Prouincias, et Goritiæ Comitatum in scholis cum privatis tum publicis prælegatur et conseruetur : Atque a nullo Typographo aut Bibliopola, inuito Michaele Zimmermanno, intra decennium denuò excudatur, aut excusus vendatur. S. l. et a,, 12°, ff. 8 nch. et 193. (Par le P. Pierre CANISIUS.)

C'est, je pense, la première édition de ce célèbre Catéchisme, qui en a un grand nombre et a été traduit en toutes les langues ; elle doit être de 1554, année de l'édit publié par Ferdinand I pour en rendre l'enseignement obligatoire dans toutes les écoles. Le nom de l'auteur parut sur le titre à partir de 1559. Barbier (IV, 1383, *f*) dit que c'est le premier ouvrage donné par les Jésuites ; il aurait dû ajouter : *au public*, car la traduction latine des *Exercicios Spirituales* de S. Ignace, faite par le P. des Freux, fut imprimée dès 1548, — J'observerai qu'il y a, de la *Summa doctrinæ Christianæ*, deux éditions sans date, sous un titre identique et ayant la même pagination ; seulement, sur le titre de l'une d'elles, — la première peut-être — les mots : *Summa doctrinæ Christianæ* et *Edicto Regio cavtvm* sont imprimés en rouge.

Summa historiæ omnis ab exordio rerum ad annum a Christo nato 1718. ? (Par le P. Joseph HARTZHEIM.)

Summa historyi universalney na dwie częśći rozłożona, albo index Kalendarzyków, które w Wilnie rocznie się wydają. Cześ Isza od stworzenia świata do przyiścia Chrystusowego, Zawiera lat 4000 równo, które się dzielą na VI ætates mundi wedlug epoch, to jest : znacznieyszych eventów wyrażonych w Piśmie Sw., od Którvch mogą się rachować lata. Wilno, Dr Akad. S. J., 1748, 32°.

Summa latinæ syntaxeos luculentis versibus, cum fidelibus exemplis pertractata. Romæ, apud Antonium Bladum impressorem Camer. Anno 1556. 8°, pp. 80, slt. (Par le P. André DES FREUX ou FRUSIUS.)

Summa posthumæ gloriæ in Augustalium virtutum triade orbi proposita Dum Leopoldo a Sapientia Ter Laureato et Augustissimo a Pietate Ter Optimo et Clementissimo a Fortitudine Ter Maximo et Invictissimo , Regi, Cæsari, Monarchæ, sub Communem imperii et regnorum luctum. Per tridunanas exequias in Templo Salvatoris Vetero-Pragæ ad pedem pontis

Submississima Devotione Parentaret Clementina Jesu Societas qVo aVgVstVs CæsarVM soL DIsparVIt In terrIs Vt Inter astra eXoreretVr. Mense Augusto à die 27. Pragæ, Typis Universitatis Carolo Ferdin. In Collegio Societatis Jesu ad S. Clementem. Anno 1705, fol., ff. 14. (Par le P. François WOELKER.)

Summa quadripartita Quæstionum Philosophicarum quas auspiciis Eminentiss. Principum S. R. E. Cardinalium Augustini et Joannis Dominici de Gente Spinola pro laurea philosophica disputandas proposuit in Coll. Rom. Soc. Jesu Io. Ambrosius Spinola. Romæ, typis Francisci Corbelletti, 1634, 16°, 4 vol., pp. 479, …., 296 et 268, sldelt. (Par le P. Odon DE CONTI.)

Summa spiritualis, in quo resolvuntur omnes Casus et Difficultates, occurrentes in via perfectionis. Adjunctis Meditationibus juxta Ordinem Exercitiorum S. P. Ignatii Soc. Jesu Fundatoris. Composita à R. P. Gasparo de Figuera Soc. Jesu, Idiomate Castellano. Accessit Ejusdem Industriâ Tractatus Tertius Dialogorum Sacrorum, Christum inter et sponsam. Omnia ab Alijs Ejusdem Soc. Religiosis in Italicum et Latinum translata. Editio sexta. Dilingæ. Typis et Sumpt. Ioannis Caspari Bencard, Anno M.DC.XCII, 8°, pp. 330, sld.

Le P. de Backer (l. 1858) pense que les mots : *Editio sexta*, se rapportent, non pas à la traduction latine, mais à l'original espagnol.

Summa Theologiæ, caput Angelici Abyssus, virtutum pectus, totus summa omnia. Thomas, recurrente suo natali die in Ecclesia Sandomiriensi D. Mariæ Magdalenæ AA. RR. PP. Ord. Prædicatorum ab uno e minima S. J. Collegii Sandomiriensis humili panegyri cultus anno, quo incarnata Sapientia cœlesti doctrina mundum erudivit 1730, d. 7 Mart. Sandomiriæ, typ. S. J., fol., pp. 40. (Par le P. Paul MONSZTYN.)

Summa Theologica Sancti Thomæ Doctoris Angelici uno schemate per ordinem quæstionum exhibita. Romæ, ex typographia polyglotta Sac. Cong. de Propaganda Fide, MDCCCLXXVIII, gr. fol. (Par le P. Aloys GUALANDI.)

Une nouvelle édition parut en 1881, sous le nom de l'auteur, 8° et 16°.

Summa totius philosophiæ naturalis per quæstiones et articulos. Romæ, typis Corbelletti, 1652, fol. (Par le P. François MIGLIANI ou MILIANUS.)

Summa Triumphantis Philosophiæ auspiciis Em^mi et Rev^mi Principis D. Camilli S. R. E. Card. Pamphili pro Philosophica Laurea in Seminario Romano exhibita a Com. Petro Hercule Albergato Bononiensi eiusdem Seminarij Conuictore. Romæ, ex Typographia Francisci Monetæ, 1653, fol., pp. 204-40. (Par le P. Jean Antoine CAPRINI.)

Summaryusz historyczny Cesarzów zachodnich jako in wschodnich y Sultanów Ottomańskich, różne potem ciekawe rewolucye zawierający, przez lat cztery Kontynuowany, a teraz R. 1719 zakończony. Wilno, Acad. S. J., 8°, pp. 626.

Summaryusz Katolickiej prawdy i krótkie zebranie wszystkych sporów o wierze, ?, 159.. (?) (Par le P. Martin LASZCZ.)

Sous le nom de : *Albertus Słupski, Archidiaconus Vratislaviensis.*

Summula materiarum omnium, quæ intra latitudinem Casuum Conscientiæ continentur, confessarios ad facilius Confessionem (sic) audiendas apprime conducens, nunc novissimé edita per Decium Cyrillum. Cum appendice Tractatus breuissimi omnium Censurarum. Romæ, apud Grignanum, sumptibus Joannis Succetti, 1640, 32°, pp. 326. (Par le P. Joseph AGOSTINI.)

Voir supra : *Nucleus casuum…*

Supellex latinitatis et phraseologiæ P. Francisci Wagner S. J. ad usum scholarum ejusdem S. J. collectæ. Vilnæ, Typis acad. S. J., 1751, 8°. — Leopoli, typ. S. J., 1756, 8°, pp. 377-102. — Calissii, typ. S. J., 1772, 8°. (Par le P. François BOHOMOLEC.)

Super monte V. C. Bellarmini de Systemate Scientiæ mediæ confutatio apologeticæ responsionis R. P. I. A. S. Bononiæ Theologiæ Professoris ad Donatum Liberium. Assisii, ex typographia Octavii

Sgariglia, 1791, 4°, pp. 173. (Par le P. Joseph HERCE.)

C'est une réfutation du R. P. I. A. Scanellari, barnabite.

Supplément à l'Histoire de France, depuis la mort de Louis XVI jusqu'à l'an 1816. A. M. D. G. * Paris, 1816, 18°, pp. 171.** (Par le P. Jean Nicolas LORIQUET.)

Supplément à la Géographie du Père Buffier contenant les changements arrivés tant en France, en Allemagne et en Italie, etc. Par M. l'abbé D. S. * A Liége, Chez Lemarié, 1805, an. XIII, 12°, pp. 92.** (Par l'abbé B. DE SAIVE, ancien jésuite.)

Ce Supplément avait déjà paru en 1786, à la suite d'une édition de la *Géographie* du P. Buffier.

Supplément à la grammaire latine. Gand, de l'imprimerie de J. Poelman, 1856, 8°, pp. 102. (Par le P. André VAN ISEGHEM.)

Supplément au Traité sur la mendicité, contenant les objections qui ont été faites contre les moyens qui sont proposés pour l'abolir et les réponses. Bruxelles, 1775, 8°, pp. 40. (Par le P. François Xavier DE FELLER.)

Voir infra : *Traité sur la mendicité…*

Supplément au Véritable état du différend élevé entre le Nonce Apostolique résident à Cologne, et les trois Electeurs Ecclésiastiques, ou lettre à l'auteur de cet ouvrage avec la réponse. A Dusseldorff, chez Pierre Kaufmann, 1787, 8°, pp. 25. (Par le P. François Xavier DE FELLER.)

Voir infra : *Véritable état du différend…*

Supplément des Mémoires pour Rome sur l'état de la Religion Chrétienne dans la Chine. S. l. et a. (1710), 12°, pp. 83, s. l'avertissement de 7 pp. nch.

Cette brochure est, sans doute, de quelque Jésuite.

Supplément des Nouvelles Ecclésiastiques. S. l. et a. (1734 à 1748), 4°, 5 vol. (Par le P. Louis PATOUILLET.)

Barbier dit : *16 tomes en 4 vol. in-4°.*

Supplementi alle prime animadversioni che contro la causa del V. Monsig. Giov. di Palafox ha fatte Monsig. Sampieri,

Promotore della Fede. S. l. et a. (*1773*). (Par le P. J. B. FAURE.)

Supplementum ad Annales mundi, sive ad Chronicon universale Philippi Brietii, Soc. Jesu, ab ann. 1660 ad annum 1692, a Soc. Jesu Sacerdote. Venetiis, 1692, 12°.

Afin d'assurer le débit de ce *Supplément*, le libraire voulut faire croire qu'il était d'un Jésuite; mais il a pour auteur l'ex-bénédictin Casimir Freschot. Voir infra, au supplément, l'indication de l'édition de 1692 des *Annales mundi*, sur le titre de laquelle est annoncé l'ouvrage de Freschot.

Supplication (A) to Queen Elizabeth. London, 1593. (Par le P. Robert SOUTHWELL.)

Sur le grade d'élève universitaire. Examen de la loi du 15 Juillet 1849 par un Ami des lettres Belges. Bruxelles, Auguste Decq, 1854, 8°, pp. 20. (Par le P. Joseph BROECKAERT.)

Sur les vêtements immodestes des femmes. Lisez et jugez. Bruxelles, C.-J. de Mat, 1840, 32°, pp. 24. (Par le P. J. B. BOONE.)

Surge qui dormis, door het ghebruyck van een levende geloof dienende om d'oogen van de vervaeckte zielen te openen ende op te wecken. Opghedraegen aen den gheloovighen leser voor eenen Nieuwe-Jaer. T'Antwerpen, by de Wed. Willemsens, 1703, pet. 12°, pp. 43.

Sus aux Jésuites! Sus à la Religion! Lettre à M. Jules Ferry, ministre de l'instruction publique, par A. de Laroste. Paris, Palmé, 1879, 8°, pp. 32. — Sus aux Jésuites! Sus à la Liberté! Ibid., pp. 37. — Sus aux Jésuites! Sus à l'Instruction en France! Ibid. (Par le P. Victor ALET.)

Suyvereuden (Den) weg voor elken dag der maend, de ziele leydende tot eene ware Kennisse ende haet der sonde, door eenen priester der Societeit Jesu. Antwerpen, 1744, 12°.

Sw. Izydor Oracz. Podarunck dla Szkółek ludu naszego. Lezno u Grönberga, 1849, 8°, pp. 68. (Par le P. Charles DE BOLOZ ANTONIEWICZ.)

Swięta przysłaga starających się o zbawienie dusz ludzkich Kapłanów tak naturalną jak też gwałtowna ze swiata schod-

 zącym niegdys smierci oswiadczona a teraz innym naprzyklad za dozwoleniem Starszych po pierwszym w Jaroslawju wydaniu pod tytulem : przygotowanie na dobrą smierć, powtórnie do druku podana. Lwów, Dr. S. J. 1757, 8°, pp. 181-4.

Swięte drogi Krzyża, gdzie rzecz jest o wielu utrapieniach wnętrznych i powierzchownych, o sposobach, ktorémi ja po chrześcieańsku znosić potrzeba, przez Henrika M. Boudon, D. Th. Frencuzkim języku odkryte. 1760. Poznań, Dr. S. J., 8°.

Sylla, tragédie en 5 actes. (Par le P. Charles DE LA RUE.)

Cette pièce est imprimée dans la *Suite de la grammaire françoise* du P. Buffier.

Syllabus seu Lexicum Græco-Latino-Gallicum. In quo facili juxta brevique methodo vocabula quæque latina in usum venire solent inter loquendum aut scribendum resectis superfluis et inutilibus, Græce-Galliceque redduntur. Opus ad consequendam Græcæ Linguæ cognitionem summe necessarium. Opera unius de Societate Jesu elaboratum. Ad majorem Dei Gloriam. Lugduni, Apud Viduam Petri Muguet, M.DC.LXIV, 8°, pp. 462. (Par le P. François POMEY.)

La seconde édition parut sous le titre de *Dictionarium novum latino-gallico-græcum...*, ou plutôt le titre de la première fut seul modifié; il n'y a qu'un tirage. (Voir infra, au supplément.)

Syllabus seu lexicon latino-gallico-græcum. Vulgaverat olim P. Franc. Pomey Societatis Jesu. Nunc accurante Vno ex eadem Societate, Opus idem purgatum mendis, et multà verborum et elocutionem (*sic*) supellectile auctum prodit. Adjectus est Verborum Anomalorum cum inflexionibus suis index accuratissimus. Lugduni, Sumptibus Antonii Molin, M.DCC.XXXVI, 8°, pp. 160, 82, 132, 226 et XI. — Lugduni, Apud B. Michaelem Mauteville, M.DCC.LVII, 8°, pp. 690. — A la fin : Lugduni, ex Typis Joannis Baptistæ Reguilliat, 1756. (Par le P. François DE MONTAUZAN.)

Sylva Anachoretica. Egypti et Palestinæ, figuris æneis, et brevibus vitarum elogiis expressa; Abrahamo Blommaert inventore, Boëtio a Bolswert sculptore. Antwerpiæ.

Henr. Aertssius, 1619, 4°, pp. 50. (Par le P. Jean DE REYSER.)

Sylva Radicum Hebraicarum quæ radices omnes, et aliquot derivata ordine alphabetico continet. Parisiis, Sumptibus Sebastiani Cramoisy, M.DC.XXII, 8°, pp. 79. — *A la fin* : Excudebat Joannes Libert. (Par le P. Nicolas RIQUEIL.)

Par une erreur de l'imprimeur, cet ouvrage parut sous les initiales du P. J. B. de Martignac.

Sylvicastrium, seu Aureus Eques, Illustrissimo Principi Episcopo Constantiensi oblatum. Constantiæ, 163.. [?]. (Par le P. Jean BISSEL.)

Publié sous le nom du *Collegium Constantiense.*

Symbolvm SS. Apostolorvm, diversis nationvm lingvis expressvm. Repleti Spiritu Sancto loquebantur varijs linguis magnalia Dei. Actor. 2. Nemo ascendit in Cœlū, nisi filius hominis, qui descendit de Cœlo. Si vis ascendere cum Christo, esto in corpore Christi, quod est Ecclesia. S. Aug. Romæ, Apud Bartholomæum Zannettum, 1614, 8°, pp. 39. (Par le P. Pierre ROBILLART.)

La dédicace est signée : *Petrus Rubillartius S. J.* Cet ouvrage contient la traduction du Symbole des Apôtres en vingt-sept langues.

Synagoga desenganada : obra do João Pedro Pinamonti, traduzida da lingua italiana na portugueza, por un religioso da Companhia de Jesus. Lisboa, na Officina da Musica, 1720, 4°, pp. xx-379. (Par le P. Jean Antoine ANDREONI.)

Synanoga (La) desenganada, con el tratado de la verdadera sabiduria Traducida del toscano en portugués, en el Brasil, por un anonimo. Y ahora traducido del toscano y portugués, en nuestro idioma castellano. Madrid, por los Herederes de Antonio Gonzalez de los Reies, 1723, 4°. — Ibid., 1733, 8°. (Par le P. Claude Adolphe MALBOAN.)

L'anonimo, dont il est question dans le titre, est le P. Andreoni, cité à l'article précédent.

Synodus ab Illust. et Reverendiss. Domino D. Joseph Cicala Archiepiscopo Messanensi an. 1681, die 29 Aprilis Messanæ celebrata. Messanæ, ex typographia Vincentii da Amato, 1681, 4°. (Par le P. Charles THIGOSA.)

Synodus diœcesana Emi Card. Alexandri Matthæii Archiepiscopi Ferrariensis habita mense Junio 1781. Ferrariæ, apud Bernardinum Pomatelli, 1781, 4°. (Par le P. Joseph MEDICI.)

Synodus Mutinensis habita anno 1637. Mutinæ, 1638 [?]. (Par le P. Raphael CASTELLI.)

Sotwel dit : « sub alieno nomine. »

Synonyma, seu dictionarium polonolatinum in gratiam et usum studiosæ juventutis polonæ nuper correctum et multis vocabulis auctum. Leopoli, typis S. J., 1722, 8°, pp. 448. — Posnaniæ, typ. S. J. 1756, 8°, pp. 448.

Synonymorvm et Epithetorvm thesavrvs ex omnibus probatis Poëtis, et è Virgilio præcipuè excerptus. In quo ad subsidium eorum qui ad poësim aspirant, singulis syllabis adiecta est quantitas. A mendis, quibus huius modi Libri scatere solent, magna cura repurgatus. Opus prouectioribus utile; et tyronibus omnino necessarium. Ab uno e Societate Iesv. Parisiis, Apud Gvillelmvm Benardvm, M.DC.LII, 8°, pp. 4-296. — *A la suite* : Svpplementvm Verborum quæ in hoc opere desiderantur, quæque, vel Synonyma, atque Epitheta vt plurimum non habent; vel quorum Synonyma et Epitheta ex supra scriptis facilè intelligentur. Ad subsidium Poëseos candidatorum accurate recognitum et emendatum Ibid., pp. 123. (Par le P. CHASTILLON [?].)

Souvent réimprimé, cet ouvrage, à partir de 1667, prit le titre de *Gradus ad Parnassum sive novus Synonymorum...* (Voir supra.) Barbier (IV, 1254, *b*) le cite sous le titre : *Epithetorum et Synonymorum thesaurus...* et (IV, 1326, *f*) sous celui de : *Novus synonymorum et epithetorum thesaurus...* Malgré certaines différences dans le titre, je crois que ces deux ouvrages n'en font qu'un. — Quel est l'auteur de cet ouvrage? Barbier (IV, 1254, *b*) dit : *Auct. P. Castellio, S. J.* et (IV, 1326, *f*) : *Chatillon.* Le P. de Backer (I, 1221) le nomme *Nicolas Chastillon,* et lui attribue aussi deux odes latines; c'est, je crois, une double erreur; l'auteur des odes naquit le 1er novembre 1685, entra chez les Jésuites en 1704 et ne peut avoir publié un ouvrage en 1652; de plus, je doute qu'en 1652 il y eut un P. Chastillon dans la Province de Paris, dont j'ai consulté les catalogues de 1625 et de 1660. Il y a bien un P. André Castillon, né en 1599 et mort en 1671, mais il était prédicateur. Je regarde donc la question de propriété comme non résolue.

Synopsis, albo Krótkie zebranie zycia y śmierci, s. p. J. W. Józefa Bogusława Słuski, Kasztelana wileńskiego, Hetmana

Woysk W. J. litewskiego w R. 1702 do druku podana. Brunsberg, Dr. S. J., 1702, fol., pp. 24. (Par le P. Balthasar JAWORSKI.)

Synopsis Apostasiæ Marci Antonii de Dominis olim Archiepiscopi Spalatensis, nvnc apostatæ, ex ipsivsmet libro delineata, Auctore Fideli Annoso Verimentano Theologo. Antverpiæ, Apud Heredes Martini Nutij et Ioannem Meursium, M.DC.XVII, 8°, pp. 139. (Par le P. Jean FLOYD.)

Synopsis Historiæ Quesnellismi, sive brevis instructio Historico-Polemica, de hæretica Quesnelli Doctrina per dogmaticam Clementis XI. Sum. Pont. Constitutionem Unigenitus merite fulminata : de frivola quorundam ab eadem appellatione, inchoatoque per illam schismate : ac demum de debita Constitutioni a Catholicis omnibus submissione, per meras, easque breves quæstiones, ad usum faciliorem et captum eorum, qui in periculosa hac causa minus informati sunt, digesta a quodam Soc. Jesu Theologo. Heidelbergæ, ex Typogr. Elect. Aul. Acad. Per Franciscum Müller, Anno 1719, 8°, pp. 174, sll.

Synopsis Historiæ romanorum Imperatorum in usum Academiarum per regnum Hungariæ et provincias eidem adnexas. Prostant Budæ et Tyrnaviæ Budæ, Typis regiæ Universitatis, Anno MDCCLXXXII, 8°, pp. 122, sll. (Par le P. Etienne KATONA.)

Synopsis Physicæ Generalis, quam in Seminario Romano ad Disputandum proponit D. Jos. Joachimus a Vereterra, et Augustus e Marchionibus Castagnagæ ejusdem Seminarii convictor, atque Academicus Redivivus. Romæ, typis Antonii de Rubeis, MDCCLIV, 4°, pp. 81 et 1 pl. (Par le P. Charles BENVENUTI.)

Synopsis Pirhingana, seu compendiaria SS. Canonum doctrina, ex fusioribus quinque tomis R. P. Enrici Pirhing, Societatis Jesu, SS. Canonum in Catholica Episcopali Academia Dilingana Professoris emeriti, in unum volumen redacta ab alio ejusdem Societatis presbytero : hac secunda editione, subdatis non paucis mendis magnâ curâ emendata, illustrata, et tum alijs additamentis tum novo rerum Indice aucta,

Augustæ Vindelicorum et Dilingæ, apud Joannem Gasparum Bencard, 1695, 4°.

La première édition parut sous le titre : *Facilis et succincta SS. Canonum doctrina...* (Voir infra au Supplément.)

Synopsis vitæ ac mortis P. Iacobi Salesii, et Gvillelmi Saltamochii, é Societate Iesv, qui ab Hereticis Albenaci in odium fidei interempti sunt septimo Februar. an. M.D.XCIII, Parisiis, E Typographia Edmvndi Martini, M.DC.LVIII, 8°, p. 115, sll.

Syntagma Davidicum, hoc est, ordinata collectio e Psalmis David, secundum varios mores, et motus horum temporum... Sereniss. Archiduci Austriæ Alberto potentissimo Belgii Dynastæ, qui ab oppressione hæreticorum Civitatem vindicavit dedicatum. Coloniæ, sumptibus Bernardi Gualteri, 1615.

Syntagma Juris Hungaro-Transylvanici. Claudiopoli, 1742, 8°. — Cassoviæ, 1747, 12°, pp. 380. — Ibid., 1763, 8°, pp. 281. (Par le P. Ladislas REPSZELI.)

Syntaxe françoise pour l'usage des Escoliers des Colleges de la Compagnie de Iesus. A Poictiers, Chez Ant. Mesnier. 1653, 12°.

Syrie (La) et la Terre Sainte au XVIIe Siècle par le P. Joseph Besson, de la Compagnie de Jésus. Nouvelle Edition revue par un Père de la même Compagnie. Poitiers, Oudin, 1862, 8°, pp. xv-462. (Par le P. Auguste CARAYON.)

Systematisches Verzeichniss der Schmetterlinge der Wienergegend, herausgegeben von einigen Lehrern an K. K. Theresianum. Wien, Bernardi, 1776, 4°. (Par les PP. Michel DENIS et Ignace SCHIFFERMILLER.)

Systéme général de philosophie, extrait des ouvrages de Descartes et de Newton. Avignon, Veuve Girard et François Seguin, 1769, 12°, 4 vol., pp. 405, iv-374, xviii-381 et xlviii-286. (Par le P. Aimé Henri PAULIAN.)

Sześcioletnia Korrespondencya wladz duchownych z rządem świeckim Xięstwa warszawskiego, sluząca do historyi Kościoła polskiego. S. l., 1818, 8°. (Par le P. Ignace Raczynski.)

Szkarłatna róża Boskieg o jest : żywot i śmierć świątobliwe .cci X. Woyciecha Męcińskiego S. o., ктóry dla św. wiary katolickiey w Japoniey pospołem z czterema Oycami tegoż zakonu, okrutnie był zabity R. P. 1643, dnia 23 marca. Kraków, druk. Ch. Szedla, 1672, 12°, pp. 140. (Par le P. Mathias Ignace Tluczynski.)

Szkola budowly wieyskiey, czyli sposób jak stawić mocne i trwałe od wielu piątr domy z ubitey ziemi lub innych pospolitych i tannych materiałów. Połock, druk, S. J., 1800, 8°.

Szkoła pobożności. Sandomierz, 1771, 4°.

Sztuce (O) budowniczey na swoje porządki podzieloney, zabawa ciekawa, miana w szkolach poznańskich S. J., 1764, 8°. (Par le P. Joseph Rogalinski.)

T

Taaats kozas mellyet kellyen az különbözö vallások valesztani. Veresmarti Mihaly. Poson, 1611, 4°. (Par le P. Pierre Pazmany.)

Tableau Chronologique de l'histoire ancienne et moderne, tant sacrée que profane, depuis le commencement du monde. Troisième édition. Lyon, Rusand, 1810, 18°. — Tableau... jusqu'à l'an de grâce 1814. Sixième édition. Par A. M. D. G. (Par le P. Jean Nicolas Loriquet.)

Souvent réimprimé et augmenté.

Tableau chronologique de l'Histoire universelle gravée en forme de jeu, avec l'exposition des règles de ce jeu et des faits historiques dont il est composé. A Paris, Chez Joseph Mongé, 1717, 12°, pp. 66 et 1 tabl. — Deuxième édition revue et corrigée. Paris, Vᵉ Mongé, 1722, 12°. (Par le P. Claude Buffier.)

Tableau de l'innocence fondée sur la fuite du Péché mortel. Presenté à la jeunesse par le R. P. Antoine Girard, de la Compagnie de Jesus. Dernière edition, reveuë, corrigée et augmentée de nouveau par un P. de la mesme Compagnie. A Lyon, chez Antoine Molin, M.DC.LXVII, 24°, pp. 450.

Tableau de la Vie et des Miracles de Saint Thierry, premier abbé et Patron de l'abbaye royale du Mont-d'Hor, près de Reims, et de Saint Théodulphe, troisième abbé du même lieu, par le sieur Paul Bailly, abbé de la dite Abbaye. Paris, 1632, 8°. (Par le P. Jacques Vignier.)

Tableau des écrivains français, par E. N. F. D. S. Paris, Debray, 1809, gr. in-16°, 2 vol. (Par Antoine Etienne Nicolas Fantin des Odoards.)

La 2ᵉ édition est intitulée : *Tablettes biographiques des écrivains français...* (Barbier, IV, 638, d.)

Tableau historique et philosophique de la religion depuis l'origine du temps et des choses jusqu'à nos jours. Première Partie : la religion primitive depuis la Création jusqu'à Moyse; par l'Auteur de la Théorie des êtres sensibles, de la théorie des êtres insensibles, du cours classique de philosophie et de la philosophie de la religion. A Paris, Chez Cellot et Jombert, 1784, 8°, pp. 540. (Par le P. François Para du Phanjas.)

La suite de cet ouvrage n'a point paru.

Tableaux Des Personnages signalés de la Compⁱᵉ de Iesvs. Exposés en la solennité de la Canonization des SS. PP. Ignace, et François Xavier. Par un Pere de la mesme Compⁱᵉ. A Dovay, chez Balt. Bell., M.DC.XXIII. 8°, pp. 544. — Tableaux des personnages signalez de la

Compagnie de Iesvs. Exposez en la solemnité... A Lyon, chez Clavde Rigavd et Clavde Obert, M.DCXXVII, 8°, pp. 511. (Par le P. N. Montpellier et réédité par le P. Pierre d'Outreman.)

On attribue généralement cet ouvrage au P. d'Outreman ; mais il ne fit qu'en donner une nouvelle édition, comme il le dit dans l'Avant-propos : « Quelqu'un des « Nostres avoit autrefois fait un ramas des points principaux de la vie de ces personnages.. Un Imprimeur « ayant eu moyen d'avoir ce recueil, le mit aussitôt sous « la presse, sans donner temps de le polir, et pour la « hâte l'imprima fort incorrect ment. Voici donc cette « edition qui suit de près, un peu plus élabourée, comme « je crois, et plus correcte que l'autre. » Le P. de Backer (II, 1656, 2) dit que l'exemplaire du Séminaire de Namur porte ces mots à la main : « Ce présent livre a « été composé par le R. Pere N. Montpelier Liegeois, « comme m'ont assuré le R. P. Marche et Delbrouck le « 9 de Mars 1655. »

Tableaux genealogiques de la Maison Royale de France. Et des six Pairies laïcques : Bourgogne, Normandie, Guyenne, Tolose, Flandre, Champagne. La Haye, Vlacq, 1654, 12°, pp. 279, sll. (Par le P. Philippe Labbe.)

Barbier dit que cette édition est anonyme. L'ouvrage avait paru en 1649 et 1652.

Tableaux synchroniques de l'histoire du moyen âge, depuis la mort de Charlemagne jusqu'à la prise de Constantinople par les Turcs. Liége, 1854, 4°, pp. 65. (Par le P. Vincent Olivier.)

Tables des logarithmes contenant les logarithmes des nombres, depuis 1 jusqu'à 102100, les logarithmes des sinus et des tangentes de 10 en 10 secondes ; publiées ci-devant par M. Gardiner. Nouvelle édition augmentée des Logarithmes des sinus et des tangentes pour chaque seconde des quatre premiers degrés. Avignon, Aubert, 1770, fol. (Par les PP. Esprit Pézenas, Jean Dumas et J. B. Blanchard.)

Tabula Historiam Græcii typographicam prosa versuque complectens. Græcii, 1721. (Par le P. Sébastien Mitterdorffer ou par le P. Sigismond Prembsel.)

Tabulæ parallelæ antiquæ Teutonicæ linguæ dialectorum Moeso-Gothicæ, Franco-Theotiscæ, Anglo-Saxonicæ, Runicæ et Irlandicæ, ex priscis monumentis collectæ, et per octo sermonis partes ordine grammaticæ commode dispositæ... Opera

C. M. (Œniponti, Wagner, 1776, 8°. (Par Charles Michaeler.)

Tabvlæ, vel Sillabi, in qvibvs doctrinæ, et propositiones Historicæ, Philosophicæ, Medicæ, Theologicæ, circa prærogativas Deiparæ, aut earum confirmationes proponuntur solum recitativè, aut inquisitivè, aut examinativè, aut problematicè, aut suspensivè, aut præsumptivè, aut coniecturaliter, exemplo Aristotelis, et S. Augustini, et grauissimorum Doctorum, qui plurimos libros simili stylo sub formidine scripserunt. Nulla ex propositionibus, et doctrinis prædicta cautione exposita, aliter quam ex consensu, et iudicio præfectorum, et Tribunalium fidei constanter, et assertiuè enuntianda. S. l. et a. (*1646* [?]), 4°, ff. 152, ncb. (Par le P. J. B. Poza.)

Taffel der Evangelischen und Onevangelischen Lehr darinn alle verdampte Irrthumben der Ketzer angezeigt, durch Petrum Michaelem Societatis Jesu Theologum. Cölln, 1594. (Par le P. Pierre Michel Brillmacher.)

Tägliche Missions-Erneuerung, oder : Gebete, und geistliche Uebungen zur Erlangung eines christlichen und gottseligen Lebenswandels für Erwachsene aus allen Ständen. Zusammengetragen durch einen Missionär der Gesellschaft Jesu. Neu bearbeitet, vermehrt und herausgegeben von Jos. Grassinger. Aibling, 1847, 12°, pp. 291.

C'est, je pense, le même ouvrage, dont une nouvelle édition parut sous le titre suivant :

Tägliche Missions-Erneuerung, oder auserlesene Gebete und Lehren zur Beförderung des rechten christ-Katholischen Glaubens und Lebens. Ehedem herausgegeben von einem Missionspriester der Gesellschaft Jesu. Neue Auflage sorgfältig revidirt und zeitgemäss verbessert von einem Priester der Diözese Augsburg. Augsburg, Schmid, 1856, 12°, pp. viii-176.

Tartuffe (Le) epistolaire démasqué, ou épitre très-familière à M. le marquis Carraccioli, colonel (in partibus), éditeur et comme qui diroit auteur des Lettres attribuées au Pape Clément XIV (Ganganelli).

Liége, 1777, 8°. pp. XVI-517. (Par le P. J. B. BONNAUD.)

On lit dans l'avertissement, que cet ouvrage est de M. Kokertourn, bas breton, ancien curé de Kerlodec : ces détails sont une plaisanterie.

Tavola esatissima, e perpetua per gli Orioli a suono della Mezza notte, Nascita del Sole, e Mezzo Giorno. Palermo, 166.., 4°. (Par le P. Jacques MASO.)

Tavola perpetua (ad horam ortus et occasus solis, meridiei quoque articulum, et diei longitudinem quotidie toto anno cognoscendam, tam juxta Italicum, quam juxta Astronomicum horologium.) Neapoli, 1626. Fol. plano. (Par le P. Bernardin GINNARO.)

Ce tableau doit avoir le titre en italien.

Teatro (Il) del dolore apparato funebre fatto nel duomo di Torino, alle Altezze Reali di Christiana di Francia, e Francesca di Borbone 1664.

Melzi ni le P. de Backer ne citent cette pièce; j'en trouve l'indication à la p. 122 de La Philosophie des Images... par le P. Menestrier (Paris, 1682); il dit qu'elle a été composée par « les Pères du Collège des « Jésuites de Turin. »

Temistocle. Tragedia tradotta dal francese del P. Folard, della Compagnia di Gesù, in italiano. Mantova, Pazzoni, 1733, 8°. (Par le P. Bernardin Antoine BARBIERI.)

Témoignages remarquables. S. l. et a. (1762), 12°, pp. 101.

Le titre de départ est ainsi conçu : Témoignages remarquables dans la cause des Jésuites. Il est facile, en lisant cet ouvrage, de reconnaître qu'il est écrit par un Jésuite; la liste qu'il donne, p. 70, de ses confrères qui ont professé au collège de Toulouse, me fait croire qu'il est de cette Province.

Tempe Regia Mariæ Theresiæ Augustæ carmine adumbrata... ab Illustrissima Poesi Viennensi inscripta. Anno MDCC.XLIV, Mense Maio Die VII. Viennæ Austriæ, Typis Leopoldi Joannis Kaliwoda, 8°. pp. 46. (Par le P. Ignace JAGERHUBER.)

Temperate (A) Ward-word to the tuberlent and seditious Watch-word of sir Francis Hastinges Knight who endevoreth to slaunder the whole Catholicke cause, and all the professers thereof by N. D. Imprinted with licence, 1599, 4°. (Par le P. Robert PARSONS.)

Tempio (Il) della Fama : Cantata in Musica a tre voci. S. l. et a, 4°, pp. XIX. —. A la fin : Milano, Bianchi, 1792. (Par l'abbé Clément BONDI.)

Temple (Le) de la critique par M.... Amsterdam et Paris, 1772, 12°, pp. 68. (Par le P. Nicolas MARÉCHAL, dit Lamarche.)

Ce P. Maréchal est le même dont j'ai parlé plus haut, à l'article : Lettres édifiantes, et sur lequel les détails biographiques me manquent.

Temple (Le) de la Félicité, commencé par les ordres du Magistrat de la ville de Lille, pour les réjouissances de la Naissance de Monseigneur le Duc de Bourgogne. A Lille, Chez Jean Baptiste Henry. 1751. 4°, pp. 16. (Par le P. Charles WASTELAIN.)

Temple (Le) de la gratitude. Dessein de la machine du feu d'artifice, dressé sur la Saône, par messieurs les Doyen, Chanoines et Chapître de l'Eglise, comtes de Lyon, à l'honneur de Saint Jean Baptiste, et en reconnoissance des biens qu'ils ont receus de luy pendant un siècle. Le 24 de Juin de l'année 1666, jour auquel la feste de ce saint, concourant avec celle de la Feste-Dieu, fait qu'il y a grand Jubilé dans leur Eglise. A Lyon, Chez Antoine Jullieron, 1666, fol., pp. 64, sllel. (Par le P. Gaspar Joseph CHARBONIER.)

L'auteur signe la dédicace

Temple (Le) de la Sagesse allegorie, representée par les escoliers Du College de la Compagnie de Iesvs : en la reception des magistrats Fondateurs de ce College de la Tres-Sainte Trinité. Le 20. Dv Mois de May. 1663. A Lyon, Chez Pierre Gvillimin, M.DC.LXIII, 4°, pp. 27. (Par le P. Claude François MENESTRIER.)

Temple (Le) de la Sagesse ouvert à tous les peuples. Dessein des peintvres de la Grande Cour du College de la tres saincte Trinité. A Lyon, chez Antoine Molin, 1663, 8°, pp. 182, sllelt. (Par le P. Claude François MENESTRIER.)

Temple (Le) des Muses fabulistes, ou choix des plus belles Fables des meilleurs fabulistes françois, avec des remarques historiques, géographiques, morales et critiques. Liége, Bassompierre, 1766, 12°, 2 vol. (Par le P. J. B. DUCHESNE.)

Voir la note de l'article : Poëte (Le) des mœurs... (supra, col. 729.) Cet ouvrage a paru, je pense, sous le nom de l'abbé Blanchard.

Temple (Le) du Mont Claros, ou les Oracles rendus en forme d'horoscope sur la Naissance de Monseigneur Duc de Bourgogne. Par les P. P. de la Compagnie de Jésus. A Paris, rue S. Jacques, aux trois Cailles, M.DC.LXXXII, 4°, pp. 23. (Par le P. Claude François MENESTRIER.)

C'est la plaquette intitulée dans les Supercheries (III, 229, f) : Le Temple du Mont Charles.

Temples anciens et modernes; ou observations historiques et critiques sur les plus célèbres Monumens d'Architecture Grecque et Gothique. Par M. L. M. A Londres ; Et se trouve à Paris, Chez Musier fils, 1774, 8°, pp. XVI-347. — Paris, Merigot, 1780. (Par le P. Louis AVRIL.)

Après la suppression de la Compagnie de Jésus en France, l'auteur prit le nom de l'abbé Mai.

Templum Belsuncæum. Carmen. 1748. (Par le P. François PARA DU PHANJAS.)

Templum famæ, S. R. E. Principi Eminentissimo Ivlio Mazarino. Carmen heroicum. Parisiis, E Typographia Regia. M.DC.LVII, fol., pp. 16. (Par le P. René RAPIN.)

Après le titre, il y a, sur un feuillet non paginé, une épigramme adressée au Cardinal et signée par son neveu Alphonse Mancini.

Templum honoris a romanis conditum apertum virtute Ferdinandi III Serenissimi et potentissimi Hungariæ regis, etc. Nunc eidem in Ratisbonensibus Comitiis regi romanorum renunciato et coronato descriptum dicatumque demississime a Collegio Ratisbonensi Societatis Jesu. Ingolstadii ex typographeo Gregorii Hænlini anno Christi MDCXXXVII, 4°, pp. 50. (Par le P. Jacques BALDE.)

Templum honoris dignitate ac meritis Illi ac Rev. D. Joanni in Witwice Witwicki, Dei et Apostolicæ Sedis Gratia Episcopo luceoriensi et brestensi dedicatum et ad solennis ingressus cæremonias sacro-civilium virtutum imaginibus a devotissimo Suæ Celsitudinis Collegio ducali

ostrogensi S. J. exornatum anno Christi Pontificis 1684. Zamoscii, fol., pp. 22. (Par le P. Pierre Stanislas DUNIN.)

Tenebrionis Quenelliani Animadversiones in thesim Theologicam, nuper Lovanii defensam Præside Exim. D. Guilielmo Delvaux Sacræ Theol. Doct. castigata a Petro Malleo. Lovanii, Typis Joannis Baptistæ Schellekens, 1724, 8°, pp. 40. (Par le P. Ignace PIEN.)

Tentamen genealogico-chronologicum premovendæ Serici Comitum et rerum Goritiæ, conscriptum a Rudolpho S. R. I. Comite Coronini de Quischa L. B à Cronberg Goritiensi in Collegio Regio Nobilium Theresiano S. J. Historiæ, et juris studioso. Viennæ Austriæ, sumptibus Joannis Thomæ Trattner, 1753, 4°, pp. 416. (Par le P. Erasme FROELICH.)

Ter oplossing van de sociale quaestie, door S. van den Anker. 'S Hertogenbosch, W. van Gulick, 1877, 8°, pp. 48. (Par le P. Sibrand VAN DEN ANKER.)

Tercero Catecismo. Exposicion de la doctrina christiana, por Sermones. Para que los curas, y otros ministros perdiquen y enseñen a los Yndios y las demas personas, Conforme a lo que en el Sancto Concilio provincial de Lima se proueyo, Impresso... en la ciudad de los Reyes, por Antonio Ricardo, 1585, 4°, ff. 215, sll. (Par les PP. Jean DE ALTIENÇA et Joseph DE ACOSTA.)

Terentii Comœdiæ ab omni obscœnitate expurgatæ, cum interpretatione et annotationibus. Rothomagi, 1686, 8°. (Par le P. Joseph DE JOUVANCY.)

Souvent réimprimé.

Termin na protestacyą ministra jednego ewangelickiego, albo odpowiedź na czworaką rzecz przeciwko miejscu y władzy przedniey w Kościele świętym, który ma Piotr S. y Potomek Jego, Biskup rzymski, przez X. Marcina Michaylowicz a Zagielta, Auditora theologii et Akademii Wileńskiey S. J. Wilno, Dr. acad., 1599, 4°, pp. 80. (Par le P. Jérôme STEFANOWSKI.)

Termini Himerese Città della Sicilia posta in Teatro. Cioé, l'Historia della splendidissima Città di Termini himerese nella Sicilia. Nella quale si rappresentano l'origine di essa, li di lei progressi; le guerre, a li fatti illustri de' Cittadini di quella, e finalmente le di lei Nobili ornamenta. Esposti nelli suoi Anni e secoli da quando nacque al Mundo, insino al governo de' Normanni. Composta dal Signor Don Vincenzo Solito nobile Termitano: Protonotario Apostolico, Archiprete, e Commissario della S. Inquisitione nella medesima Città. In Palermo, per Pietro dell' Isola, MDCLXIX, 4°, pp. 120, sllelt. — ... quando furono cacciati dalla Sicilia li Saraceni insino al tempo presente. Composta... Tomo secondo. In Messina, nella stamperia di Paolo Bisagni, MDCCLXXII, 4°, pp. 157. (Par le P. François SOLITO.)

Terre (De la) au ciel. Par un P. de la C. D. J. A. M. D. G. Paris, G. Téqui, 1881, 8°, pp. 70. (Par le P. Aloys LANZILLI.)

Cet opuscule est le même que : *Mois (Le) de Marie ramené à sa première institution...* (voir *supra*), que l'auteur a transformé en retraite, et dans lequel il a modifié les Pratiques et ce qui était spécial à la Sainte Vierge.

Terror (Il) dei demonii S. Michele Arcangelo. Novena in apparecchio alla doppia festività del medesimo composta da un Padre d. C. d. G. Roma, coi tipi della Civiltà Cattolica, 1865, 16°, pp. 144. (Par le P. Charles PATERNIANI.)

Tesori (I) nascoti dell' Alma Città di Roma, da Ottavio Panciroli, Roma, appresso Luigi Zanetti, 1600, 4°. — Seconda edizione, con nuovo ordine. Ibid., 1625, 8°. (Par le P. Hippolyte PANCIROLI.)

Tesoro de indulgencias sacado principalmente de la obra del P. Maurel segunda edicion, per P. V. S. J. Madrid, Imp. de la V. de Aguado, 1876, 16°. (Par le P. Paul VILLADA.)

Tesoro (Il) della dottrina cristiana de Giovanni Lorenzo Guadagno. Napoli, 1610. (Par le P. Paul PRINCIPE.)

Tesoro (Il) nascosto discoperto alle donzelle del secolo. Operetta utilissima altresi ai giovani dell' altro sesso che voglione eleggero saggiamente lo stato di propria vita; compilate da un Padre della Compagnia di Gesù, e lasciata alla gioventù

per ultimo ricordo di sue missioni. Roma, 1860. — Ibid, Stamp. della S. C. de prop. fide, 1863, 16°, pp. XXIV-324. (Par le P. Charles PATERNIANI.)

Tessera Salutis, hoc est ratio efficax et expedita quâ ostenditur ex Divinis litteris, Sanctis Patribus, et Ecclesiæ Doctoribus cultum ac devotionem erga Dei-Param Virginem unam esse ex insignioribus notis prædestinationis. Per R. P. Stephanum Binetum è Soc. Jesu, Gallico idiomate primum conscripta, nunc verò a quodam ejusdem Societatis Presbytero latinitate donata. Augustæ Vindelicorum, apud Saram Mangin Viduam, 1618, 12°, pp. 125. (Par le P. Christophe HOLTZLETNER.)

Réimprimé en 1620 et 1622. Voir *supra* : *R. P. Stephani Bineti.... Tessera salutis...*

Testament de Jésus-Christ mourant par le R. P. C. de la Compagnie de Jésus. Seconde édition, revue et corrigée... A Nantes, Chez André Querro, 1699, 32°, pp. 125 et 35.

L'Approbation, donnée à Nantes en 1690, constate que le *Testament de Jésus* mourant au ciel a été imprimé plusieurs fois. Est-ce le même ouvrage, dont une nouvelle édition augmentée aurait paru, par les soins de M. l'abbé Martel, à Gap, en 1856 (Barbier, IV, 680, d....). L'auteur ne serait-il pas le P. Pierre CHAMPION, qui, en 1688, était à Nantes, directeur des retraites?

Testament de l'ame chrestienne, pour s'asseurer, autant que se peut, de son salut. Composé et dedié avec toute humilité à l'honneur du Sauveur, et de la glorieuse Vierge. Par le Père Antoine Sucquet, de la Compagnie de Jesus. Et traduit en François par un Père François de la mesme Compagnie. En Anvers, Chez Jean Cnobbaert, M.DC.XXV, 16°, pp. 232, slt.

Testament dv patriarche Iacob : ov les Propheties de Maledictions et Benedictions prononcees par Iacob av lict de la mort sur ses douze enfants. Où est descrite l'œconomie generale du Royaume Spirituel que le Verbe Eternel est venu establir par son Incarnation : fondé sur les deux colonnes de crainte et d'amour. Presché à Paris dvrant l'Advent en l'Eglise de S. Mederic en l'an 1620. A Paris, Chez Pierre Chevalier, M.DC.XXIII, 8°, pp. 862. (Par le P. Jean SUFFREN.)

Cette publication a été faite à l'insu de l'auteur. La dédicace à Nicolas Brulard de Sillery est signée : *C. M.* On lit dans la préface : « mon dessein n'estoit pas de le faire « imprimer, et le ferois aussi tost supprimer, si ie sçavois « que l'Autheur eust desir de le donner luy-mesme au « public.. »

Testament spirituel, ou derniers adieux d'un père mourant à ses enfans; ouvrage posthume du chevalier R***, auteur des « Sentimens affectueux » et de la « Religion du cœur. » Marseille, J. Mossy, 1776, 12º, pp. XL-432. (Publié avec une préface par le P. Joseph REYRE.)

Cet ouvrage est de Lasne d'Aiguebelles.

Testament van den christen Mansch van P. Antonius Sucquet vertaeld uyt het latyn. T'Antwerpen, by Jan Cnobbaert, 1625. (Par le P. Pierre MAILLART.)

Testamento politico del cardenal duque de Richelieu primer ministro de Francia, durante el reinado de Luis XIII. Traducido por D. Juan de Espinola Baeza Echaburu. Madrid, Infanzon, 1696, 4º. (Par le P. Joseph ECHABURU Y ALCARAZ.)

Testamento politico del Signore Francesco Maria Aronet di Voltaire, Traduzione del Francese. S. l., 1779, 12º, pp. VII-130. (Par le P. François GUSTA.)

L'auteur français est l'avocat J. H. Marchand (Barbier, IV, 684, *b.*)

Thalamus funebris seu funebria Henrico Comiti in Helfenstein. Dilingæ, 1627, 12º. (Par le P. Albert CURTZ.)

Publié sous le nom du Collège de Dilingen.

Thaumaturge (La) du XIXº siècle, ou Sainte Philomène, Vierge et Martyre. Lausanne, Samuel de Lisle, 1834, 18º. (Par le P. Jean François BARRELLE.)

L'avis est signé : *J. F. B. D. L. C. D. J.* Cet opuscule a été souvent réimprimé sous le titre de : *Vie et miracles de Sainte Philomène...* Barbier (IV, 686, *b*) nomme à tort l'auteur : *Barelli.*

Théâtre (Le) des Grecs. Par le R. P. Brumoy, de la Compagnie de Jésus. Nouvelle édition revue, corrigée et augmentée. Paris, libraires associés, 1763, 12º, 6 vol. (Par le P. Jean François FLEURIAU.)

Théâtre (Le). Lisez et jugez. Bruxelles, 1840, 24º, pp. 39. — Le Théâtre par l'auteur des Mauvais livres. Se vend chez T. et J. Impens, s. a. (*1840*), 18º, pp. 43. (Par le P. J. B. BOONE.)

Theatrum virtutis et gloriæ Boicæ Maximiliano Emmanueli, cum regimen recens adiret, erectum et dedicatum a Societate Jesu per Bavariam. Monachii, 1680, 8º. (Par le P. André BRUNNER.)

D'après la préface, on voit que cet ouvrage est une édition augmentée de ses *Excubiæ tutelares LX Heroum...* publié en 1637.

Themistocle, tragédie, par L. P. F. J. A Lyon, chez L. Declaustre, 1729, 8º, pp. 102, sll. (Par le P. Melchior DE FOLARD.)

Theologia antiqua de veri Martyrii adaquaté sumpti notione, ad Spumosam Καινολογίαν et fragosum Taratantara Thomæ Hurtado Buccaferrei, de Seir. Iterato vulsi, ac depilati. A Leodegario Quintino Heduo S. T. D. Lugduni, Apud Anton. Jullieron, et Ant. Baret, 1656, 8º. (Par le P. Théophile RAYNAUD.)

Theologia Dogmatico-Scholastica R. P. Pauli Gabrielis Antoine S. J. SS. Theologiæ Doctoris Prælectionibus Academicis recentius accommodata, et quæstionibus criticis, historicis et dogmaticis aucta et illustrata. Moguntiæ, ex Typogr. Elect. Aul. Acad. priv. apud Hæred. Hœfner, 1767, 8º, 8 vol. (Par le P. Paul OPFFERMANN.)

Theologia erronea, sive propositiones a Summis Pontificibus et ab Ecclesia damnatæ ab anno 1656, usque ad præsens tempus. Juxta ordinem Tractatuum Theologicorum dispositæ. Opusculum omnibus Theologiæ studiosis et Confessariis necessarium. Parisiis, Apud Marcum Bordelet, M.DCC.XXXIX, 12º, pp. XII-76. — Theologia... ab anno 1566 (*sic*) usque ad præsens tempus. Veritas et Æquitas Constitutionis Unigenitus, Seu 101 Quesnelli Propositiones confutatæ ex Locis Theologicis, Scripturis, Conciliis, Definitionibus Pontificum, SS. Patribus, Ratione. Dictionarii Theologici Epitome, Complectens Indicem Historico-Chronologicum Conciliorum Generalium, Paparum, Antipaparum, Patrum et Scriptorum Ecclesiasticorum, necnon Hæreticorum, quorum in Scriptis Theologicis mentionem haberi non raró contingit. Item et compendiosa Juris utriusque dispositio. Opuscula omnibus Theologiæ Studiosis necessaria. Solvduri,

Typis et expensis Francisci Josephi Heu-
berger, 1741, 12°, pp. 47, 143 et 127.

Quel est l'auteur de cet ouvrage? Barbier (IV, 1390, e)
attribue l'édition 1741 au P. Babinet. Je ne connais au
XVIIIe siècle qu'un Jésuite de ce nom : François-Xavier
Babinet, né vers 1680, entré au noviciat de Bordeaux en
septembre 1702, professeur de philosophie à Poitiers, en
1715-1717, puis de théologie, il vivait encore en 1750.
— Sur l'exemplaire de l'édition 1711, appartenant à
l'École Ste Geneviève, on a écrit ces mots : *Auctore, vel
editore P. Th. Ign. Sauvage, S. J.* Ce jésuite, de la
Province de Champagne, naquit en 1699, et entra au noviciat en 1717, et mourut à Verdun en 1782.

Theologia moralis antehac ex Probatis
auctoribus breviter concinnata a R. P.
Herm. Busembaum Societatis Jesu... Nunc
pluribus partibus aucta a R. P. Claudio la
Croix ejusdem Societatis Jesu... Editio
novissima... Lugduni, de Tournes, 1729,
fol., 2 vol.

Le P. François de Montauzan, jésuite de Lyon, a
soigné cette édition ; Barbier (IV, 1361, a) lui attribue à
tort celle de Venise, 1730, à moins qu'elle ne soit une
simple réimpression de la précédente.

Theologia Petri Aurelii sive præcipui
ejus errores contra fidem ac bonos mores,
excerpti ex latinis ejusdem operibus editis
anno 1646, studio Christiani Catholici.
Audomaropoli, 1647, 8°. (Par le P. François Pinthereau.)

Theologie (La) morale selon les veri-
tables sentimens des plus celebres Ecrivains de la Compagnie de Jesus opposez
aux fausses maximes qu'on leur attribuë,
recueillies par un Inconnu, dans un libelle
diffamatoire imprimé à Mons, et refutés
par un Pere de la mesme Compagnie. A
Paris, F. Muguet, M.DC.LXIX, 4°, pp.
142, slp.

Contre l'ouvrage de Perrault : *La morale des Jésuites
extraite fidèlement de leurs livres par un docteur
de Sorbonne. Mons, 1667-1669, 4°.*

Theologien (Le) dans les conversations
avec les sages et les grands du monde. A
Paris, Chez Sebastien Mabre-Cramoisy,
M.DC.LXXXIII, 4°. (Par le P. Pierre
Coton.)

Le P. Michel Bautaud a extrait cet ouvrage des
manuscrits du P. Coton. Dans ses *Mémoires sur la vie
publique et privée de Fouquet*, M. Chéruel attribue au
célèbre surintendant : *le Théologien dans les conversations*; c'est une grave erreur, qu'un coup d'œil jeté
sur la préface aurait suffi pour éviter. Le P. Bautaud dit
en effet que « ce théologien vivoit sous le règne de Henry
« le Grand. Il fut appelé à la Cour, et il y eut un employ
« des plus honorables... » — Dans les *Supercheries*
(I, 571, d) cet ouvrage se trouve sous le titre faux de
Conversation (La) avec les sages... (art. *Bautaud.)*

Théologien (Le) philosophe. A Paris,
Chez Guillot, 1786, 8°, 2 vol., pp. VIII-
363 et 391. (Par le P. François Champion
de Pontalier.)

Dans l'Approbation, on dit que cet ouvrage est de
M. l'abbé *Pontaillier* (sic.)

Theologische Beurtheilung des Isenbie-
lischen Versuche über Jes. VII d. d. Heidelberg den 17 ten März 1778. Mainz,
1778, 8°. (Par le P. Joseph Kleiner.)

Publié sous le nom de la Faculté de théologie de
Heidelberg.

Theophrastus sive de quatuor fluviis et
loco Paradisi Diatriba. Ad explicatio-
nem V. 290, lib. 4 Georg. Interlocutores,
Theophrastus, Philomathes, etc. Mussi-
ponti, apud Gasparem Bernardum,
M.DC.XXXV, 8°, pp. 69. (Par le P. Nicolas Abram.)

Le nom de l'auteur est dans le privilège, qui est celui
de son *Commentarius in P. Virgilii Opera.*

Theoremata mille ex universa Philosophia. Mediolani, typis Io. Bapt. Picalli,
1610, 4°. (Par le P. Thomas Bisdomini.)

Theoretica Planetarum, auctore Academico Vertumnio. 1633 (?). (Par le
P. Melchior Inchofer.)

Theoria entium insensibilium, sive
Metaphysica, etc. Venetiis, 1782, 8°,
3 vol. — Theoria entium sensibilium sive
Physica Universalis speculativa, experi-
mentalis, systematica et Geometrica omnium captui accommodata. Accessit rerum
index alphabeticus, cujus ope totum hoc
opus lexici physici vices gerit. Auctore
Abbate Para du Phanjas, e Gallico sermone in Latinum vertit F. T. Editio secunda. Venetiis, apud Laurentium Basi-
lium, 1797, 12°, 6 vol.—Theoria eorum
quae in re physica recens inventa sunt, etc.
Ibid., 1800, 8°. (Par le P. François
Tortosa.)

Theotimi Eupistini de doctis catholicis
viris qui Cl. Justino Febronio in scriptis suis
retractandis ab anno MDCLXXX, laudabili
exemplo praeiverunt liber singularis. Romae,
ex Typographia Salomoniana, 1791, 4°,
pp. XXXII-132. (Par le P. François Antoine Zaccaria.)

Thesaurus Copiosarum indulgentiarum,

Tum Personalium, tum Animabus Purgatorii applicabilium, a Summis Pontificibus Concessarum Societati Jesu, In Compendium reductus Italicè a P. Antonio Natale, è Societate Jesu , Recenter verò in Latinum ab alio Sacerdote ejusdem Societatis, Cum Licentia Superiorum traductus. Juxta Exemplar Wratislaviense. Vilnæ, Typis Universitatis Societatis Jesu , Anno Domini, 1732, 12°, pp. 104.

Thesaurus Marianus in primo Matthæi cap. absconditus, atque efformandis sermonibus Septuagesimæ, Sexagesimæ, Quinquagesimæ, Quadragesimæ, Adventus Jesu Christi, Deiparæ Virginis, et omnium uniuscujusque Sancti Festivitatum in annum occurentium tam abunde locuples, quam facilè utilis. Madriti , typis Regiis, 1727, fol. (Par le P. J. B. DE LEON.)

Publié sous le nom de son frère : *Fr. Eusèbe de Leon y Gomez.*

Thesaurus novus, seu delectus elegantioris et uno. quantum potuit Cicerone puriorisque latinitatis, amplius tertiæ partis accessione locupletatus ab uno e Societate Jesu. Flexiæ, apud G. Griveau, 1646, 8°.

Voir infra : *Thesaurus purioris...* Ne serait-ce pas l'ouvrage du P. George VIALD, que Sotwel indique ainsi : *Thesaurus linguæ latinæ. Parisiis, 8°. — Flexiæ, 8° ?*

Thesavrvs Orationvm, Meditationvm, ac aliarvm piarum exercitationum , ex varijs , probatis Authoribus collectus. Vilnæ, Typis Ill⁽ᵐⁱ⁾ D. D. Rev. in Christo Radivilli, s. a. (*1590* [?]), 8°, (pp. 626, nch.) (Par le P. Frédéric BARSZCZ.)

Réimprimé sous le titre : *Thesaurus precum...* (voir infra.) L'auteur se nomme, en latin, *Barscius* ou *Bartschius.*

Thesaurus P. Virgilii Maronis in communes locos digestus. Lugduni, Joan. Pillehotte, 1587, 12°. — Ibid., 1590, 8°. — Duaci, 1595, 8°. (Par le P. Michel COYSSARD.)

Réimprimé en 1597 sous le titre : *Pub. Virgilii Maronis opera in locos communes digesta...* et plusieurs fois sous le premier titre. C'est le même ouvrage qui, dans le Catalogue Morante (Vente du 1ᵉʳ février au 2 mars 1872), n° 758, est intitulé : *Thesaurus rerum et verborum Virgilii, in Academia Turnonia Societatis Jesu collectus. Turnoni, Cl. Michael, 1588, 8°.* Cet ouvrage a une édition remaniée par un autre jésuite :

Thesaurus P. Virgilii Maronis in com-

mnnes locos olim digestus a Mich. Coyssardo S. J., nunc demum emendatior prodit Opera et studio vnius ex eadem Societate. Parisiis, apud Viduam Claude Thiboust et Petrum Esclassan, M.DC.LXXXVIII, 8°, pp. 982.

Thesaurus piarum et Christianarum institutionum... (Par le P. François COSTER.)

Voir supra : *Bulla super forma...* et *Piarum et christianarum...*

Thesaurus Precum ac variarum instructionum atque exercitationum spiritualium ex probatis authoribus collectus. Opera PP. Societatis Jesu. In usum omnis quidem conditionis hominum, sed maximè studiosæ juventutis. Cracoviæ, 1609, 12°. (Par le P. Frédéric BARSZCZ.)

Voir supra : *Thesaurus Orationum...* Cet ouvrage a eu plusieurs autres éditions successivement augmentées.

Thesaurus purioris atque elegantioris Latinitatis, Ex uno quantum potuit Cicerone depromptus. Ab uno e Societate Jesu. Flexiæ, Apud Georgium Griveav, M.DC.XXXIII, 12°, pp. 658. — Leodii, Typis Joannis Tournay, 1646, 12°. — ... A mendis castigatus et auctus ab uno e Societate Jesu. Leodii, Typis Henrici Hoyoux, 1678, 8°, pp. 504.

Voir supra : *Thesaurus novus, seu delectus...*

Thesaurus rerum et verborum Virgilii....

Voir supra : *Thesaurus P. Virgilii Maronis...*

Thesaurus spiritualis in devoto cultu Sancti Patris Ignatii de Loyola, Societatis Jesu Fundatoris, Communi Bono exhibitus. Xenium, Almæ Congregationi Latinæ Majori B Mariæ Virginis ab Angelo salutatæ oblatum Moguntiæ : Anno post Partum Virginis MDCCXIII. Moguntiæ, typis Joannis Mayeri, pet. 12°, pp. 378.

Thesaurus spiritualis magistrorum scholarum inferiorum Societatis Jesu. Gandavi, ex prelo C. Poelman, 1874, 18°, pp. 370.

Cet ouvrage est composé de traités de divers auteurs : les PP. Antoine LE GAUDIER, Joseph DE JOUVANCY, Claude JUDDE, Jean François BARRELLE ; il est terminé par les *Cinq Vertus d'un bon Maître*, par le Vén. J. B. de la Salle. La première édition, moins complète, parut en 1842, à Paris, sous le titre : *Thesaurus Spiritualis magistrorum scholarum inferiorum;* on la doit au P. Achille GUIDÉE. Avec quelques changements, ce n'est pas autre chose que le *Manuel des jeunes professeurs* du même auteur, (Voir supra.)

Thesavrvs spiritvalis. Rervm ac docvmentorvm variorum ad Societatem Iesv pertinentium. Quarum catalogum proxima pagella post Præfationes docebit. Cracoviæ, In Officina Nicolai Lob, 1607, 12°, pp. 428, sll. , 197 et 136, slt. (Par le P. Frédéric BARSZCZ.)

Cet ouvrage a eu plusieurs éditions, successivement modifiées. La dernière, donnée par le P. François DOYOTTE, est de *Bruges, 1882, 16°,* pp. XXXII-677. Le P. de Backer (III, 1599, 29) cite un ouvrage d'un titre presque identique parmi ceux du P. Simon WYSOCKI, et lui donne la même date que plus haut : *1607,* qui aurait été précédée d'une autre de *Vilna, 1594, 8°.* Où est la vérité? La première serait-elle du P. Wysocki et la seconde du P. Barszcz?

Thesaurus variarum exercitationum spiritualium in gratiam Sodalium B. Mariæ Virginis. Tornaci, Typis Viduæ Adriani Quinque , 1653, 12°. — ... in gratiam sodalium B. V. Mariæ Per unum Patrem e Soc. Jesu. Editio Tertia. Bruxellæ, Apud Petrum Côcus, 1664, 24°. pp. 359, slt. — Gandavi, typis Joannis Baptistæ Graet, s. a, 24°, pp. 359, slt. (Par le P. Antoine BRAEM.)

Theses contra Judæos de LXX Hebdomadis propositæ a PP. Societatis Jesu in Collegio Romano. Romæ, MDCCXX. Apud Jo. Mariam Salvioni, 4°, pp. 46. (Par le P. Jacques Marie AYROLI.)

Theses de triplici ente intentionali et transnaturali quas Philippus Paravicinus, A... Princeps, ex Philosophiæ prælectionibus habitis, in Collegio Braydensi S. J. selegit, exposuit, propugnavit, sub auspiciis Em. ac Rev. Principis D. Benedicti Odescalchi, S. R. E. Cardinalis. Mediolani, ex typographia Ludovici Montiæ, 1667, fol. (Par le P. Antoine François MASSOLA.)

Theses Polemicæ de Romano Pontifice, Conciliis et Ecclesiæ ad publicam Disputationem propositæ a Patribus Soc. Jesu in Collegio Rom. Accedit Disputatio de Capitulis S. Cœlestino I olim tributis eorumque Dogmatica Auctoritate. Die... Septembris 1754. Romæ, MDCCLIV, Ex Typographia Generosi Salomoni , 4°, pp. xx-54. (Par le P. J. B. FAURE.)

Theses theologiqves de la grace et de

l'Evcharistie Signées et approuuées Par Monsieur le Coadiuteur de Paris, et par le Syndic de la Faculté; Et soustenuës par Monseignevr le Prince de Conty dans la grande Salle de Sorbonne, En presence d'vn tres-grand nombre d'Illustres et sçauans de tous les Estats du Royaume, le 10. Iuillet 1646. Seconde edition. A Paris, Chez Lovis Bovlanger, M.DC.XLVI, 4°, pp. 25. (Par le P. Etienne DECHAMPS.)

Thomæ a Kempis Canonici Regularis Ordinis S. Augustini de Imitatione Christi Lib. IV. Græce interpretati a P. Georgio Mayr è Soc. Jesu. Villagarsiæ, Typis Seminarii. Ann. 1762, 12°, pp. 612, sll.

Le P. François-Xavier DE IDIAQUEZ a donné cette édition qui, dit le P. de Backer (II, 233, 7), est soignée, mais inexacte, en ce que l'éditeur s'est permis, en plusieurs endroits, d'altérer le texte à sa fantaisie.

Thomas Hurtado Clericus Regularis Minor, vulgò Peloso, in resolutione controversiæ de Communione pro mortuis, vulsus, ac depilatus a Leodegario Quintino Heduo, S. T. D. Lugduni, Apud Antonium Jullieron et Ant. Barret, 1656, 8°. (Par le P. Théophile RAYNAUD.)

Thomas von Kempen von der Nachfolgung Christi, nach Gonnelieus Französische Ausgabe übersetzt von einem Priester der Gesellschaft Jesu. Cölln, bey S. Nöthen, 172.., 12°. (Par le P. Henri COLENDALL.)

Souvent réimprimé. L'original français est à tort attribué au P. de Gonnelieu.

Thronus justitiæ, sive de examine triplici conscientiæ, generali, diurno, particulari ex scriptis Lud. de Ponte, Alvarez de Paz, Joanne Pelecyo, Alphonso Rodriguez Societatis Jesu concinnatus. Coloniæ, 1624. (Par le P. Philippe BEBIUS.)

Tibullus Albus Eques Romanus Selecta et casta carmina notis illustrata. Polociæ, typ. S. J., 1803, 8°.

Timandre, Pastorale, représentée au Collège de Louis le Grand à l'honneur de Philippe de France, duc d'Anjou, pour son heureux avènement à la couronne d'Espagne. A Paris, Chez Denis Mariette, MDCCI, 12°, pp. 36. (Par le P. Gabriel François LE JAY.)

Timor Domini quotidiana meditatione

animo salubriter incutiendus cum exercitio præcipuarum virtutum Xenium DD. Sodalibus academicis B. M. Virginis ab Angelo Salutatæ oblatum Molshemii Anno 1713, 12º.

Cet ouvrage comprend deux parties : 1º Vera sapientia seu nervosissimæ Considerationes ad acquirendum Sanctum Dei timorem, peccati horrorem, sui cognitionem; In singulos Hebdomadæ dies distributæ, Authore R. P. Paulo Segneri Societatis Jesu. Accedit Consideratio de Confessione rite instituenda. Monasterii Westphaliæ, Typis Joannis Joachimi Köerdinck, pp. 91. On attribue à tort cet ouvrage au P. Segneri; il fut composé en italien par le P. Pinamonti. Cette traduction est-elle différente de celle du P. Rassler? Voir infra : Vera sapientia... — 2º Exercitium præcipuarum virtutum Frequenter usurpandum. Per dies vitæ ut fiant Beatè morituro Familiares In die Defunctionis quando quidquid in consuetudinem non transiverit operosè erit exercere. Authore quodam Sacerdote Societatis Jesu, pp. 65.

Titi Carici Perpennæ ad Quirites pro Romani Pontificis in controversiis fidei dirimendis auctoritate adversus falsos catholicæ ecclesiæ cultores, orationes quinque. Assisii, typis O. Sgariglia, 1784, 8º, 3 vol. (Par le P. Raphaël Nuix de Perpigna.)

Titi Flavii Clementis Viri Consularis et Martyris Tumulus illustratus. Urbinis, Typis Ven. Capellæ SS. Sacramenti, Per Antonium Fantauzzi, 1727, 4º, pp. 60. (Par le P. Edouard de Vitry.)

Titi Livii Romanæ Historiæ qui exstant quinque et triginta libri, una cum omnium ejusdem librorum, qui alias extiterunt, epitomis, triplici opere insigniter hac editione illustrati. Primum digestis ad singula rerum capita sectionum notis; deinde adscriptis ad singularum pagellarum frontem, et ad anniversaria Magistratuum Comitia, Urbis Romæ conditæ annis : adjectis denique duobus indicibus, altero Concionum, selectæ Latinitatis altero. Hac porro editione accesserunt libri tricesimi tertii, hactenus desideratæ, septuaginta duæ sectiones. In Collegio Lugdunensi Societatis Jesu. Lugduni, sumtibus Thomæ Soubron, CIƆ.IƆC.XXI, 4º, pp. 1186, sll. (Par le P. Philibert Monet.)

L'épître : Scholis Gallicanis, est datée : Calend. Octobribus CIƆ.IƆC.XIII. Lugduni, et signée : Ph. M. D. S. J.

Titvli in svpremis honoribvs Angeli Secchi e Societate Iesv. S. l. et a., 8º, pp. 30. — *A la fin :* Romæ, 1878, Tip.

delle Scienze Mat. e Fis. (Par le P. Antoine Angelini.)

Son nom est au bas de la page 27.

Tocsins (Les) avec les écrits et les arrets publiés contre ces libelles violents et seditieux. Et un recueil de Mandemens et autres Pieces qui ont rapport aux Ecrits precedents. S. l., MDCCXVI, 12º, pp. LIV-639.

Dans la préface, on dit que le P. Louis Doucin était « le principal instrument d'une manœuvre si criminelle, » c'est-à-dire l'auteur de ces écrits contre le Jansénisme. Le volume contient six Tocsins, qui vont de la p. 1 à la p. 72. — Dans son Journal de la Régence, t. I, p. 152 et 154, Buvat dit que le P. Fleuriau — probablement Thomas Charles — eut aussi part à leur composition. — Ne sont-ils pas reproduits dans : Les Tocsins catholiques, ou Recueil des pièces les plus fortes que les Catholiques ont fait paraître contre les ennemis du S. Siège au sujet de la Constitution Unigenitus. A Avignon, Chez Joseph Chastel, M.DCC.XVII, 12º ?

Tod (Der) in der Gesellschaft Jesu ein sicheres Unterpfund der Auserwählung. Nach dem französischen des P. Jacob Terrien, S. J. Blyenbeck, 1878, 12º, pp. 106. (Par le P. Christian Pesch.)

Cette traduction est autographiée.

Toekomst (De) uit het Verleden of ijdele hoop van Rome's bestrijders, door W. Wilde, R. K. Pr. 'S Hertogenbosch, W. van Gulick, 1873, 8º. (Par le P. Guillaume Wilde.)

Tolérantisme (Du) et des Peines auxquelles il peut donner lieu suivant les lois de l'Eglise et de l'Etat. Bruxelles et Paris, 1789, 8º. (Par le P. Barthélemi Bardrand.)

C'est le même ouvrage que : Réflexions sur le Tolérantisme.

Tomasza a Kempis o naśladowaniu Chrystusa Pana Ksiąg czworo Wierszem polskim przełożył Franciszek Szyrma. Warszaw, Dr. S. J., 1733, 12º, pp. 633. (Par le P. Joseph Szyrma.)

Il publia cette traduction sous le nom de son père François Szyrma. Le P. de Backer, à l'article du P. Simon Wysocki (III, 1509, 28) en cite une autre, Krakow, 1622, qu'on attribue aussi au P. Pierre Fabrycy.

Torre (La) di Babel abbatuta con la diversità delle Lingue. Per lo ricevimento dell' Eminentissimo Signor Cardinal Teodoro Principe Trivultio Vicere, e Capitan Generale del Regno di Sicilia. Nella Casa

Professa de' Padri della Compagnia di Giesù in Palermo. In Palermo, per Decio Cirillo, M.DC.XXXXVIII, fol., pp. 12, sld. (Par le P. Jean Oxofrio.)

Torto (Il) e il Diritto del non si può dato in giudizio sopra molte regole della lingua Italiana esaminato da Ferrante Longobardi. In Roma, per Ignazio de Lazzeri, 1655, 12°, pp. 216, slp. (Par le P. Daniel Bartoli.)

Cet ouvrage eut plusieurs éditions qui, à partir de 1674, portent le nom de l'auteur.

Total (The) summe. Or no danger of Damnation vnto Roman Catholiques for any Errorer in Faith : Nor any hope of Saluation for any Sectary what soeuer that doth knowingly oppose the Doctrine of our Roman Church. This is proued by the Confessions, and Sayings of M. William Chillingworth his Booke. Summa est quæ conficitur, ex Confessis Aug. princ. dialect. cap. 3. Vnum est necessarium. Luc. 102. v. 4. S. l., 1639, 4°, pp. 104. (Par le P. Jean Floyd.)

Tournesol (Le) ou la conformité de la volonté de l'homme avec celle de Dieu, composée par le R. P. Hieremie Drexele de la Compagnie de Jesus, et traduite du Latin en François par un religieux de la même Compagnie. A Mons, de l'imprimerie de François de Waudret. 1642, 12°, pp. 574. (Par le P. Antoine Girard.)

Cet auteur avait publié une traduction de l'Heliotropium du P. Drexelius, à Paris, en 1640 et peut-être sous son nom. A-t-elle été réimprimée à Mons, ou bien est-ce une traduction différente? Je crois que c'est la même, car elle porte une approbation datée de Pont-à-Mousson, collège de la province de Champagne, à laquelle appartenait le P. Girard.

Tout le monde a tort, ou jugement impartial, d'une dame philosophe, sur l'affaire présente des Jésuites. En France. M.DCC.LXII, 12°, pp. iv-69. (Par le P. Louis Cyprien Abrassevin.)

Voltaire, dans une lettre du 13 février 1763, demande si cette brochure n'est pas de Madame Belot; elle a aussi été attribuée au P. Berthier.

Tout se dira, ou l'esprit des magistrats destructeurs, analisé dans la demande en profit de défaut de Me Le Goullon, procureur général du Parlement de Metz. Amsterdam, par la Compagnie des libraires

associés, 1763, 12°, pp. 406. (Par le P. André Christophe Balbani.)

Tractatus aliqui de Examine conscientiæ generali quotidiano secundum doctrinam S. P. N. Ignatii in libro Exercitiorum, per P. Ludovicum de Palma Toletanum Societatis Jesu Hispanice Conscripti, et latine redditi, per Societatis ejusdem Sacerdotem. Antverpiæ, apud Viduam Henrici Thieullier, 1700, 18°, pp. 403.

Réimprimé.

Tractatvs beneficiarivs, de Natura et Speciebus Beneficii Ecclesiastici : Item Simonia, pessima Beneficiorum Emptrice : Ac denique De Dominio, et usu bonorum Clericalium intuitu Beneficii acquisitorum : A Quodam Societatis Jesu Theologo, Ad communem usum, Noviter in lucem editus : DD. Sodalibus Ecclesiasticis In strenam oblatus. Coloniæ Agrippinæ, Sumptibus Arnoldi Metternich, Anno 1696, 12°, pp. 169. sld. (Par le P. Gaspar Biesman.)

La dédicace est signée : C. B. D'après le P. de Backer (I, 629. 5), il y aurait, de la même année, une édition en tout semblable, sauf qu'elle n'est pas anonyme; en ce cas, il y aurait eu, de la même édition, des exemplaires avec ou sans le nom de l'auteur.

Tractatus de Controversiis inter Ordinem Ecclesiasticum et Sæcularem in Polonia. S. l., 1587. 4°. — S. l., 1592, 4°. (Par le P. Laurent Arthur Faunt.)

Tractatus de officiis Confessarii erga Singula Pœnitentium genera. Parisiis. Apud Joan. Franc. du Bois, M.DC.LXXXVIII. 12°, pp. 217, sllelt. (Par le P. Jean Garnier.)

Les éditions suivantes ne sont pas anonymes.

Tractatus de Olympiadibus. Viennæ, 1635. (Par le P. Henri Philippi.)

Réimprimé en 1637 avec le nom de l'auteur.

Tractatus de Pileo, cæterisque capitis tegminibus tam sacris quàm profanis, auctore Anselmo Solerio Cimeliensi. Lugduni. Apud Christ. Fourmy, 1655, 4°. (Par le P. Théophile Raynaud.)

Tractatus de Schismate ex Gallico Latiné redditus. Christianus mihi nomen. Catholicus cognomen. S. Pacian. Ep. 2 ad Symphor. Lovanii, typis Francisci vande Velde, prope forum, sub scuto

Angliæ, s. a. (*1718*), 8°, pp. 186, sld. (Par le P. Liévin DE MEYERE.)

Il signe la dédicace de cette traduction de l'ouvrage anonyme du P. Longueval : *Traité du Schisme...* (Voir infra.)

Tractatus Historicus de falso imposita SS. Patrum ratione docendi Fideles, tam in Fide, quam in moribus. Gratianopoli, Philibert Charcais, 1661, 8°. (Par le P. Andoche MOREL.)

Sotwel se contente de dire qu'il publia cet ouvrage *sub alieno nomine*.

Tractatus Theologici quibus præcipua sacræ Theologiæ capita solide apteque ad Tironum ingenia enucleantur. Tractatus primus de Ecclesia Christi. Neapoli, Ex Typographia Gemelli, anno 1848, 8°, pp. 424. (Par le P. Raphael CERCIA.)

Les autres traités ne sont pas anonymes.

Traduction d'une himne sur les fêtes de Vénus, avec des remarques critiques sur la même pièce. Paris, Delaroche, 1728, 12°, pp. XVIII-63. (Par le P. Noël Etienne SANADON.)

Traduction du système d'un docteur Espagnol sur la dernière Pâque de Notre Seigneur Jésus-Christ, avec des réflexions sur ce système et sur la discipline des anciens Quartodécimans par rapport à ce sujet. A Paris, Chez Simon Benard, 1695, 12°. (Par le P. Gabriel DANIEL.)

Traduction nouvelle des Satyres, des Epistres et de l'Art poétique d'Horace. Paris, André Pralard, 1685, 12°. (Par le P. Jérôme TARTERON.)

Plusieurs éditions. Le nom du traducteur est dans l'approbation.

Traduzione in verso sciolto italiano del libro primo della Iliade d'Omero, da recitarsi nell' aula del Collegio di Brera, ec. Milano, Malatesta, 1753, 8°. (Par le P. Aurèle REZZONICO.)

Tragedie (Le) del Signor di Voltaire adattate al' uso del teatro Italiano. In Firenze, nella Stamperia Imperiale, 1752, 12°, 2 vol., pp. 290 et 339. (Par le P. Antoine Marie AMBROGI.)

Tragedie dell' Accademico Nascosto, raccolte dal sig. Francesco Giannetti.

Roma, per Guglielmo Facciotti, 1628, 12°. (Par le P. Tancrède COTONI.)

Tragedie (Delle) sacre e morali raccolte dal Sig. Abbate D. Marino La Farina al Sign. Franc. Scammacca e Falcone. In Palermo, per Gio. Battista Maringo, 1632-1648, 12°, 4 vol. (Par le P. Hortense SCAMMACCA.)

Le P. Scammacca publia, sous son nom ou sous des pseudonymes, quarante-quatre tragédies, réunies en quatre volumes, imprimés de 1632 à 1648 chez différents imprimeurs : G. B. Maringo, Girolamo Roscello, Nicolo Bua, Michele Portanova, Pietro Coppola, Decio Cirillo.

Tragédies et œuvres mêlées de ***. Troisième édition. A Lyon, Chez Jacques Guerrier, M.DC.XCVII, 12°. (Par le P. Dominique DE COLONIA.)

Ce titre est imprimé pour être mis en tête de la collection des tragédies de l'auteur, publiées séparément. On le trouve cité deux fois dans les *Supercheries*, tome III, col. 1020 et 1027, à ** et à ***.

Traité d'ortographe françoise. Dijon, Defay, 1771, 8°. (Par le P. Pierre COURNAULT.)

Traité de géographie contenant la manière de construire les cartes géographiques. Marseille, Brebion, 1686, 8°.

Le P. de Backer (III, 2206, 5) attribue cet ouvrage au P. Antoine J. DE LAVAL, d'après le Catalogue de la Bibliothèque de la ville de Marseille. Il me semble que c'est à tort, si la date 1686 est exacte : car le P. de Laval, né en 1664, n'aurait eu que 22 ans. Barbier ne cite pas cet ouvrage.

Traité de l'amour de Dieu, divisé en douze Livres avec un Discours Préliminaire à la tête de chaque Livre, et à la fin de chaque Tome, un Recueil de Maximes spirituelles, de Sentences et de pieuses affections tirées du corps de l'ouvrage selon la doctrine, l'esprit et la méthode de S. François de Sales. A Lyon, chez Placide Jacquenod, 1738, 12°, 3 vol. — Nouvelle Edition. A Paris, Chez Hippolyte-Louis Guérin, M.DCC.XLVII, 12°, 4 vol., pp. CII-504, VIII-424, VIII-483 et VIII-516. — A Nanci, chez Jean-Baptiste Cusson. M.DCC.LIV, 12°, 3 vol., pp. LII-408, VIII-411 et X-452. (Par le P. Thomas Bernard FELLON.)

Son nom est au bas de la dédicace à la Reine dans l'édition 1747 et dans le Privilège.

Traité de l'amour et la suite de la vertu et de son excellence. Par le P. Alvarez de

Paz Toletain, de la Compagnie de Jesus. Douay, 1627, 12°. (Par le P. Jean DU JARDIN [?].)

La même année, il publia à Douay aussi une autre traduction d'un ouvrage du P. Alvarez de Paz, mais sous son nom, et une autre dès 1616.

Traité de l'élégance et de la versification latine. Par A. M. D. G. Lyon, Rusand, 1811, 12°, pp. 144. (Par le P. Jean Nicolas LORIQUET.)

Plusieurs éditions.

Traicté de l'exercice journalier des vertus, composé par le R. P. Jacques Alvarez de Paz, toletain de la Société de Jesus, professeur de theologie au royaume du Peru. Et traduict nouvellement du latin, par J. D. J. D. A Douay, Chez la Vefve de Laurent Kellam, MDCXVI, 16°, pp. 655, sllelt. (Par le P. Jean DU JARDIN.)

Traité de l'humilité, extrait des œuvres du P. Alphonse Rodriguez, de la C. de J., par un Père de la même C. Nantes, Mazeau, 1873, 18°, pp. 291. (Par le P. Henri POTTIER.)

Traicté de l'Imitation de Nostre-Dame, la glorieuse vierge Marie, mere de Dieu, contenant une particuliere description des vertus d'icelle, lesquelles tous chretiens, qui desirent estre les vrays et devots serviteurs doivent imiter. Composé par le R. P. François Arias de la Compagnie de Jesus. Et nouvellement mis en François. Au Pont-à-Moussou, par Estienne Marchant, 1596, 12°, ff. 274, sll. (Par le P. François SOLIER.)

Les premières éditions sont peut-être de Paris, 1595 et 1596. Il y en a plusieurs postérieurement, qui ne sont pas toujours anonymes.

Traicté de l'oraison mentale, ou Meditation des Mysteres de la vie et Passion de Nostre Sauveur Jesus-Christ, divisé en trois parties, par le R. P. François Arias, de la Compagnie de Jesus. Et nouvellement mis en François. A Lymoges, par Hugues Barbou, 1598, 12°, pp. 519, sllelt. (Par le P. François SOLIER.)

La dédicace est signée : Le traducteur Limosin. Cet ouvrage a eu d'autres éditions ; celle de Douai, 1603, entre autres, n'est pas anonyme.

Traité de l'usage du calice, ou de la communion sous les deux espéces. Divisé en deux Parties. A Caen, chez Jean Cavelier, s. a., (1685), 8°, pp 66, sld. (Par le P. Louis DOUCIN.)

L'auteur signe la dédicace à François de Nesmoud, évêque de Bayeux. Les approbations de 1685 sont pour la première Partie, la seule qui soit dans ce volume. On cite une autre édition de Paris, 1686, probablement plus complète, qui n'est pas anonyme.

Traité de la charité fraternelle egalement necessaire pour bien vivre et pour bien mourir, composé en forme de conferences ou devis familiers par le R. P. Philippe Servius, religieux de la Compagnie de Jesus. A Liège, chez Jean Ouwerx, 1638, 12°, pp. 194, slt. (Par le P. Philippe BOUCHY.)

Traité de la différence du temps et de l'éternité Par le P. Eusébe Nieremberg de la Compagnie de Jésus suivi d'un appendice Sur l'Eternité de Dieu et l'Eternité de la Créature par le P. d'Argentan. Paris, Haton, 1876, 12°, pp. 288. (Par le P. Henri POTTIER.)

Traité de la haine et fuite des péchés, par le P. Alvarez de Paz. Douai, 1626, 12°. (Par le P. Jean DU JARDIN [?].)

Traité de la maniere d'imiter les bons prédicateurs, avec les tables pour les différens usages qu'on peut faire des sermons sur tous les sujets de la morale chrétienne. Composez par le R. P. V. H. de la Compagnie de Jesus. A Paris, Chez Jean Boudot, Louis Coignard et Guillaume Vandive, M.DCCII, 12°, pp. LV-341. (Par le P. Vincent HOUDRY.)

Traicté de la miséricorde envers les ames des fidelles trespassez. Contenant toute la doctrine du Purgatoire, du merite des bonnes œuvres et des Indulgences. Composé en Anglois par le R. P. Jacves Mvnford de la Compagnie de Iesvs. Depuis traduit par diuers, dans toutes les langues de l'Europe. Et nouuellement mis en la nostre, distribué en diuerses parties. Et augmenté par un Pere de la mesme Compagnie. A Paris, Chez George Josse, M.DC.LIII, 12°, pp. 366, slleld. (Par le P. Charles LE BRETON.)

Il signe la dédicace.

Traicté de la mortification intérieure.

composé par le R. P. Alvarez de Paz, toletain de la Compagnie de Jésus, traduit en françois par un Pere de la mesme Compagnie. Douay, Balthazar Bellere, 1620, pet. 12°, pp. 425. (Par le P. Baudouin Willot.)

Traité de la perfection de l'Etat Ecclésiastique par un directeur de séminaire. Lyon, 1747, 12°, 2 vol. (Par le P. Nicolas Belon.)

Plusieurs éditions.

Traité de la perfection religieuse, par le P. Pinelli, de la Compagnie de Jésus. Traduction nouvelle par un Père de la même Compagnie. Tournai, Casterman, 1847, 18°, pp. 472. (Par le P. Julien Bach.)

Traité de la poésie françoise. Toulouse, 1684, 12°. — Paris, Guillaume de Luynes, 1685, 12°, pp. 189, sll. (Par le P. Michel Mourgues.)

Dans le privilège, l'auteur est nommé : le R. P. Morgues.

Traité de la poésie françoise, par le Père Mourgues ; nouvelle édition, revue, corrigée et augmentée de plusieurs observations sur chaque espèce de poësie. A Paris, chez Jacques Vincent, M.DCC.XXIV, 12°, pp. 292. (Par le P. Pierre Brumoy.)

Traicté de la Tribulation. Divisé en deux livres. Le premier traicte des Tribulations particulieres, le second des generales ; l'un et l'autre des remedes d'icelles. Faicts en Espagnol par le P. Pierre Ribadenere de la Compagnie de Jesus. Et nouvellement mis en François par F. S. L. Seconde édition. A Paris, chez Guillaume Chaudiere. 1600, 12°, pp. 654, sll. — Dôle, par François Dominique, 1600, 16° — Lyon, 1606, 12°. (Par le P. François Solier.)

La première édition, non anonyme, est de Donai, 1599. Barbier (IV, 768, e) nomme l'auteur : Soulier.

Traité de Tertullien sur l'ornement des femmes, les spectacles, le baptême et la patience avec une lettre aux martyrs, traduit en françois. Paris, Rolin, 1733, 12°. (Par le P. Matthieu Canbère.)

Barbier (IV, 772, d) dit : « par le P. Caubere, » et ajoute que cet auteur n'est pas cité par le P. de Backer ; ce qui est inexact, vu qu'il a son article au tome I,

col. 1044, mais au mot Canbere. Dans la France littéraire, IX, 381, Quérard indique la traduction comme étant du sieur Chaubert.

Traité des fortifications, ou architecture militaire, tiré des places les plus estimées de ce temps. Pierre, Jean Hénault, 1650, 12. (Par le P. Georges Fournier.)

Plusieurs éditions. La dédicace est signée : L. P. G. F. D. L. C. D. J.

Traité des occasions ou des moyens efficaces pour fuir la rencontre du mal ou le vaincre. Par un Pere de la Compagnie de Iesvs. A Tolose, par Pierre Bosc, 1658, 8°. (Par le P. Samson du Rieu.)

Traité des tentations, par le R. P. J. Michel de la Compagnie de Jésus. Ouvrage posthume revu par un Père de la même Compagnie. Poitiers, Bouamy, 1868, 32°, pp. 143. (Par le P. J.-Fr. Féraud.)

Dès 1788 avait paru à Marseille : Nouveau combat spirituel, ou traités sur les tentations et le découragement Ouvrage posthume du P. Jacques Michel, D. L. C. D. J. Revu et publié, par M. l'abbé Féraud prêtre, D. L. M. C. — Je ne pense pas que les éditions récentes soient autre chose que les réimpressions de celle du P. Féraud.

Traité des tournois, joustes, carrousels et autres spectacles publics. A Lyon, Chez Jacques Muguet, 1669, 4°, pp. 399, sld. (Par le P. Claude François Menestrier.)

Traité des vertus virginales, par le R. P. Philippe Servius de la Compagnie de Jésus. A Liège, chez Bauduin Bronckart, 1643, 8°, pp. 223. (Par le P. Philippe Bouchy.)

Traité du découragement dans les voies de la piété. Ouvrage posthume du R. P. J. Michel de la Compagnie de Jésus. Revu et publié par un membre de la même Compagnie. Avignon, Seguin ainé, 1840, 18°, pp. 108. (Par le P. Jean François Féraud.)

Voir supra : Traité des tentations.

Traité du Schisme. Christianus Mihi Nomen, Catholicus Cognomen. S. Pacian. Ep. 2, ad Symphor. A Bruxelles, Chez Simon T'Serstevens, 1718, 12°, pp. 196, sllet. (Par le P. Jacques Longueval).

Plusieurs éditions ; il y en a qui ne sont pas anonymes.

Traité élémentaire d'algèbre par un professeur de Mathématiques. Bruxelles,

G. J. A. Greuse, 1847, 8°, pp. xi-189. (Par le P. Charles Aubert.)

Réimprimé avec le nom de l'auteur.

Traité en forme de lettres contre la nouvelle rhabdomance ou la manière nouvelle de deviner avec la baguette fourchuë; dans lequel on refute tout ce qu'on a écrit pour en justifier l'usage. Lyon, Baritel, 1694, 12°. (Par le P. Pierre Viollet.)

L'épître dédicatoire est signée : *P. V. I.*

Traité pour conduire les âmes à l'estroite union d'amour avec Dieu, pour les y maintenir et faire profiter. Recueilly de la doctrine et experience des saints, en faveur de la vraye devotion, contre les fausses et trompeuses. Par un P. de la Compagnie de Jesus. Avec une Instruction familiere touchant la vie intérieure, l'Oraison mentale, et la conversation avec le Prochain. A Douai, de l'imprimerie de Michel Mairesse, 1681, 8°, pp. 166, sll.

Traité sur la mendicité, avec un projet de réglement propre à l'empêcher dans les villes et les villages. Dédié à Messieurs les Officiers de justice et de police par un Citoyen. A Tournay et se vend à Liége chez J. F. Bassompierre, 1775, 8°, pp. 64.

C'est une nouvelle édition donnée par le P. de Feller d'une brochure publiée en 1774, sous le pseudonyme : *Un citoyen*, par M. Charpentier, d'Ath.

Traité théologique adressé au clergé du diocése de Meaux, par Son Éminence Monseigneur le Cardinal de Bissy, evesque de Meaux ; conformément à ce qu'il a promis dans sa dernière instruction pastorale. A Paris, Veuve Raymond Mazieres, 1722, 4°, 2 vol. (Par le P. Thomas Dupré.)

On attribue aussi cet ouvrage au P. Barthélemi Germon, mais il était mort depuis le 2 octobre 1718. Le P. de Colonia, qui pourtant ne devait pas être mal informé, l'en regarde comme auteur, p. 14 de sa *Bibliothèque antijanséniste*.

Transformacion del hombre viejo, y nacimiento del nuevo, por la meditacion atenta de los cuatro novissimos. Escribiola en lengua latina el P. Guillermo Estanihursto, de la Compañia de Jesus. Traducida despues en la langua latina, y ahora en la castellana, por un religioso de la misma Compañia. Madrid, Imprenta de P. Aznar, 1778, 8°.

Traslado del menologio de Varones illustres de la Compañia de Jesus, cuyos elogios aprobados por XX. PP. Gerales se leen los dias, que corresponden en la Casa Professa de Roma. Sacanse estos traslados fielmente traducidos a nuestro Idioma, para mayor conveniencia de nuestros colegios en su domestico uso, y para mayor utilidad, exemplo, y è imitacion en los nuestros, y para privada memoria, y veneracion de nuestros mayores. En Madrid, Año de 1729, 4°, pp. 166, slpell.

Trasporto dell' Arca in Sion, cantata di Argilio Cereiro P. A. Roma, 1763, 4°. (Par le P. Louis Lanzi.)

Tradado de las Comedias en que se declara si non licitas, y si hablando con todo rigor sera pecado mortal el presentarlas, el verlas, y el consentirlas. Barcelona, por Geronimo Margarit, 1618, 8°. (Par le P. Jean Ferrer.)

Sous le pseudonyme : *Fructuoso Bisbe y Vidal.*

Trattato che contiene la teorica e la pratica delle lettere e dei biglietti, ad uso del R. Collegio Carolino della Compagnia di Gesù. Palermo, 1740, 8°. (Par le P. Vespasien Trigona.)

Réimprimé.

Trattato del Santiss. Sacrificio dell' Altare detto Messa. Nel quale per la sancta parola di Dio, e per i testimonij degli Apostoli, et della chiesa primitiva si mostra che il Signor Giesù Christo institui la Messa, e gli Apostoli la celebrareno. In Lione, appresso Michele Gioue, 1563, 8°, pp. 66 (*pour* 77). (Par le P. Antoine Possevino.)

Le nom de l'auteur est dans le Privilége.

Trattato del titolo regio dovuto alla serenissima casa di Savoia, con un ristretto delle rivoluzioni del reame di Cipri, appartenente alla corona di Savoia. Torino, Domenico Torino, 1633, fol. (Par le P. Pierre Monod.)

Trattato della falsa felicità delle gente del mondo, e della vera felicità della vita Cristiana composta da Monsignor Vescovo

di Soissons e tradotto da un Sacerdote
della Compagnia di Gesù. Dedicato alla
santissima Vergine addolorata. In Roma,
per Antonio de' Rossi, 1734, 12°, pp. 118,
sld. (Par le P. Joseph GENTILI.)

Trattato della lettura cristiana ... del
P. Don Niccolò Jamin Benedittino. Fo-
ligno, 1785. (Par le P. François BENIN-
CASA ou par le P. Charles BUDARDI.)

Trattato della Pittura e Statue immo-
desta, mostrando il modo di farle, con-
servarle, ed esporle cristianamente, composto da un Teologo e da un Pittore. In
Fiorenza, nella stamperia di Gio Antonio
Bonardi, 1652, 4°. (Par le P. Jean Dominique OTTONELLI et par le peintre Pierre
Berettini, de Cortone.)

Trattato della Religione utilissimo per
conoscere la vera vocatione, et altre cose
appartenenti à questo stato. Ex offic.
Horatij Saluioni. In Napoli appresso Gio.
Jacomo et Antonio Pace, 1593, 12°,
pp. 530, slt. (Par le P. Emeric DE BONIS.)

Trattato dello scisma, tradotto dal
francese — Christianus mihi nomen —
Catholicus cognomen. Roma, 1718, 8°.
— Ibid., 1726, 8°.

L'original français est du P. LONGUEVAL.; voir supra :
Traité du schisme. Le traducteur italien est le Cardinal Annibal Albani.

Trattato dello scoraggiamento nelle vie
della pietà. Opera postuma del R. P. G.
Michel della Compagnia di Gesù; recato
in italiano del P. G. M. della medesima
Compagnia. Genova, tip. Della Gioventù,
1868, 32°, pp. 260.

Trattato Storico di W. B. Prete Romano, e Canonico di Bruges sopra Zegero
Bernardo Wan-Espen nell' Università di
Lovagno Dottore dell' uno e dell' altro
diritto, e professore de' Sacri Canoni, il
quale nato per distruggere co' suoi pes-
simi consigli, spalleggiandolo Pascasio
Quesnello, e Cristiano Erkelio sconvolse
la fiorentissima Missione dell' Olanda, e
lacerolla con terribile scisma ; ma avendo
per gran ventura il governo della Fiandra
Austriaca la Serenissima Arciduccssa di
Austria Maria Elisabetta, della cattolica
religione fortissima Sostenetrice, condannato da legittimo giudice, de Lovanio

fugissi in Olanda, e ad Amisfort tra gli
scismatici or colla voce, or cogli scritti
da lui ammaestrati a disprezzare l'Ecclesiastiche censure mori nello scisma l'anno
1728. In Assisi, per Ottavio Sgariglia,
1787, 8°.

Wenceslas Bachusius est l'auteur indiqué par les deux
initiales : W. B.; son ouvrage est en latin. Le P. Caballero (*Bibliothecæ Scriptorum S. I. Supplementa*,
p. 300) dit que le P. ZACCARIA n'en est pas le traducteur, mais qu'il a composé la préface et ajouté des
notes.

Trattenimento divoto ad onore del Sacro
Cuore di Gesù. Fermo. 1793. (Par le
P. Jean François MASDEU.)

Le P. Caballero le lui attribue d'après le P. Gusta.

Trattenimento filosofico sopra il Linguaggio delle Bestie tradotto Dalla Francese nell' Italiana favella. In Roveredo,
Presso   Francescantonio   Marchesani ,
MDCCLII, 8°, pp. 8-LXXXV.

Il y a encore d'autres éditions de cette traduction de
l'*Amusement philosophique sur le langage des bestes*
(voir supra), ouvrage du P. BOUGEANT. et non du
P. *Bouhours*, comme le dit Melzi (III, 166), qui n'a
pu découvrir le nom du traducteur.

Trattenimenti di Aristo, e di Eugenio
recati dall' original Francese nell' Idioma
Italiano dal P. Domenico Jannó della
Compagnia di Gesù ; e dedicata al Rev.
P. Maestro il P. Vincenzo Mattioli dell'
ordine de' Predicatori, Qualificatore, Con-
sultore, e Giudice Ordinario della S. In-
quisizione in questo Regno di Sicilia. In
Palermo, per Antonio Pecora, 1714, 12°,
pp. 471, sldelp. — Milano, Giuseppe
Malatesta, 1715, 8°.

C'est la traduction des *Entretiens d'Ariste et d'Eugène* du P. Bouhours. Melzi (III, 166) en nomme l'auteur : *Jannous*, et semble croire que son ouvrage est
anonyme.

Tre (1) Diademi freggio offerito à i tre
Giorni dell' Illustrissimo e Eccellentissimo
Signor Duca d'Ossuna Vicere, e Capitan
Generale per Sua Maestà in questo Regno
dall' Illustrissimo Senato della Real Città
di Palermo nell' apparecchio del suo Arco
Trionfale. In Palermo, Pietro dell' Isola,
MDCLV, 4°, pp. 72, sll. et 1 pl. (Par le
P. Joseph Marie MAZARA.)

Tre (1) libri dell' Oratore di M. T. Cicerone recati in Lingua Toscana e riscon-
tro del testo Latino illustrati con Note a
piè della pagina e con Osservazioni alla

fine su varj passi non ben rischiarati de'
precedenti Commentatori. In Milano, appresso Giuseppe Galeazzi, 1771, 8°, 3 vol.,
pp. xxviii-231, 292 et 246. (Par le
P. Joseph Antoine Cantova.)

Il signe la dédicace.

Tre Maraviglie della Grazia divina ma-
nifestate nelle vite prodigiose di tre Sante
Eudosia, Umiltà ed Agnese, cavate della
opere del Bollando, e Tradotte per comune
utilità a gloria di quel Signore, qui est
mirabilis in Sanctis suis. Psalm. 27. Venezia, presso Andrea Poletti, 1727, 8°.
(Par le P. Jacques Sanvitale.)

Treatise (A) concerning the Properties
and Offices of the true Church of Christ.
Written In Latin by the Reverend Father
Iames Gordon Huntley of Scotland, Doctour of Divinity, of the Society of Iesvs.
And translated into English, by I. L. of
the same Society. The first Part of the
second Controuersy. Permissu Superiorum, M.DC.XIV, 12°, pp. 60. — A Treatise concerning the Grovnd of Faith... The
second Part of... Id., pp. 68. — A Treatise concerning the Chvrch. Werin It is
shewed, by the Signes, Offices, and Properties therof, that the Church of Rome
(and consequently such particuler Chur-
ches as liue in her Communion) is the
only true Church of Christ... The third
Part... Id., pp. 116. — A Treatise of
the Vnwritten Wort of God, commonly
called tradition... The second Part of the
first Controuersy... Id., pp. 61. (Par le
P. Guillaume Wright.)

Le P. Sotwel dit expressément : « Jacobi Gordoni
« Controversiarum Tom. I, præfixis litteris I. L.. Socie-
« tatis Iesu. Audomari, 1614. »

Treatise (A) of mental prayer. In which
is briefly declared the manner how to
exercise the inward Actes of Vertues. By
Fr. Ant. de Molina Carthusian. Wherevnto
is adioyned a very profitable Treatise of
exhortation to Spirituall Profit. Written
by F. Francis Arias of the Society of
Iesvs. Togeather with a Dialogue of Con-
trition and Attrition. All translated out of
Spanish into English by a Father of the
Society of Jesus. S. l. (St-Omer),
M.DC.XVII, pet. 12°, pp. 365. (Par

le P. Jean Sweetnam ou Nicholson.)

La dédicace est signée : I. W.

Treatise (A) of Penance. St-Omer,
1633, 16°. (Par le P. Guillaume Warford ou Warneford.)

Le Dr Oliver dit que cet ouvrage parut, après la mort
de son auteur, sous le pseudonyme : George Doulye,
Priest, tandis que, d'après Sotwel, il serait sous son
véritable nom.

Treatise (A) of the Real Presence in
answer to the Author of the « Case stated »
in which 'tis clearly shewed we have both
Scripture and Fathers on our side, and
consequently something besides « An unin-
telligible Jargon of Metaphysicks » p. 150.
The second Part. By the Author of the
Gentleman instructed. London, printed
MDCCXXI, 12°, pp. 400. (Par le P. Guillaume Darrell.)

Treatise (A) of three Conversions of
England from paganisme to Christian Religion. The first under the Apostles in the
first ages after Christ : The second under
Pope Eleutherius und K. Lucius in the
second age : The third under Pope Gregory the Great and K. Ethebert in the
sixth age, with divers other Matters the-
reunto apperteying divided into three
parts as appeareth in the next page. The
former two whereof are handled in this
booke and dedicated to the Catholickes of
England. With a new addition to the late
death and succession of his Majestie of
Scotland to the Crowne of England. By
N. D. Author of the Ward-word. Imprinted whith licence. Anno 1603-4, 8°,
pp. 658, sllelt. (Par le P. Robert Parsons.)

Les initiales N. D. sont celles de Nicolas Doleman,
dont l'auteur s'est servi pour d'autres ouvrages.

Treatise on Devotion to the sacred Heart
of our Saviour J. C. A. D., 1711, 12°,
pp. 53. (Par le P. Robert Beeston [?].)

Treatise (A) on the choice of Religion.
Written In Latin by the R. Father L.
Lessius of the Society of Jesus. And translated into English by W. J. S. Omer,
1619, 8. (Par le P. Guillaume Wright.)

Je ne garantis pas l'exactitude de ce titre.

Treatise on the Primacy of Armagh. ?,
170.. (Par le P. Jean Henessy.)

Treatise on the Subjection of Princes to God and the Church. S. Omer, 1608, 4°. (Par le P. Michel WALPOLE.)

Treatise (A) tending to Mitigation tovvards Catholicke subiectes in England. VVherin is declared That it is not impossible for subiects of different Religion, (especially *Catolickes* and *Protestantes*) to live togeather in dutifull obedience and subiection, vnder the gouernement of his Maiesty of *Great Britany*. Against the seditious wrytings of Thomas Morton Minister, and some others contrary. Whose two false and slanderous groundes, pretented to be drawne from Catholicke doctrine and practice, concerning Rebellion and Eqvivocation, are ouerthrowne, and cast vpon himselfe. Dedicated to the learned Schoole-Diuines. Cyuill and Canon Lavvyers of the two Vniversities of England. By P. R. 26. Vers. 20. Susurrone subtracto, iurgia conquiescunt. The makebate being removed, brawles do cease. S. l., 1607, 8°, pp. 556, sllelt. (Par le P. Robert PARSONS.)

Tres animi facultates argumentum trium meditationum, quas congregatio latina major B. V. Mariæ Matris Propitiæ ab Angelo salutatæ tempore quadragesimæ exhibuit Monachii Anno MDCCLXII. Meditatio I. Memoria. Monachii, Typis Joannis Christophori Mayr, 4°, s. pag. (pp. 42.) — ... II. Intellectus. Ibid., (pp. 39.) — ... III. Voluntas. Ibid., (pp. 40.) (Par le P. Joseph PEMBLE.)

Réimprimé dans son *Theatrum asceticum.*

Tres-excellent Discours sur les observations de la Comète, présenté au Duc de Lorraine, par le P. I. L. de la Compagnie de Jesus. Avec les figures célestes selon l'astrologie et mathématique. Paris, A. Sangrain, 1619, 8°, pp. 24 et 2 pl. — Reims, N. Constant, 1619, 8°, pp. 30. (Par le P. Jean LEURECHON.)

La première édition est de: *Pont-à-Mousson, Charles Marchand, 1618, 8°.* Barbier (I, 1008, d) dit : *Discours de la comète qui a paru au mois de novembre et décembre de l'année passée 1618. Par le P. I. L. Reims, 1619,* et plus loin (IV, 820, e) il donne le titre ci-dessus.

Tres-hvmble Remonstrance et requeste des religievx de la Compagnie de Iesvs,

Au Tres-Chrestien Roy de France et de Nauarre, Henri IIII. A Bovrdeavx, Par S. Millanges, 1598, 8°, pp. 138. (Par le P. Louis RICHEOME.)

Plusieurs éditions.

Très humbles remerciements de MM. du Consistoire de... à MM. les théologiens d'Alençon, disciples de S. Augustin. 1650 (?) (Par le P. Jacques NOUET.)

Tres (Los) Patronos de la juventud, S. Luis Gonzaga, S. Estanislao de Kostka y el B. Juan Berchmans, religiosos de la Compañia de Jesus. Segunda edicion aumentada. Madrid, imprenta de la Viuda é Hijo de Aguado, 1881, 32°, pp. 333.

Le prologue est signé : *J. A.* Cet ouvrage contient : p. 11-101 la vie de S. Louis de Gonzague et de S. Stanislas, par le P. Ribadeneira; p. 102-134, celle du B. Berchmans, extraite des *Varones ilustres* du P. Nieremberg; p. 137-187 : *Fruto práctico;* p. 188-244 : *Seisena de San Luis Gonzaga,* par le P. Jean Capelluchi; p. 245-262, une neuvaine à S. Stanislas, et p. 263-281, une au B. Berchmans; p. 282-319 : *Los Santos Angeles, consideraciones por S. Luis Gonzaga;* p. 320 : Maximes de S. Stanislas ; p. 321-330 : *Consideraciones del B. Juan Berchmans.*

Trésor de piété, par C. A. S. de la C. de Jésus. Gand, Veuve A. J. Vander Schelden, 1849, 18°. (Par le P. Charles SPILLEBOUT.)

Trésor (Le) des serviteurs de Marie, ou méditations sur les vertus et les glorieuses prérogatives de la Sainte Vierge; par le R. P. Louis Dupont, de la Compagnie de Jésus. A Lyon, chez Rusand, 1829, 12°, pp. VII-423. (Par le P. Jean BRIGNON.)

C'est un extrait de la traduction complète des Méditations du P. Louis de la Puente. L'éditeur dit : « on a « préféré à toute autre traduction celle du P. Brignon « de la Compagnie de Jésus. On n'y a rien changé, sinon « quelques expressions un peu trop surannées. »

Trésor du pénitent ou le pécheur revenu à Dieu dans une mission, par l'auteur du Trésor du pieux pèlerin aux pieds de N. D. de Ronzière. Clermont-Ferrand, librairie catholique, 1864, 16°, pp. 752. (Par le P. Francisque DUBOST.)

Trésor du pieux pèlerin aux pieds de N. D. de Ronzière. Clermont-Ferrand, librairie catholique, 1864, 16°, pp. VIII-264. (Par le P. Francisque DUBOST.)

Thresor (Le) spiritvel contenant les moyens pour s'enrichir en peu de temps Spirituellement Par la Practique des droictes intentions. Composé par un pere de la Compagnie de Iesvs. Auec vn traicté de la presence de Dieu, faict par le P. F. Arias, de la mesme Compagnie. A Lymoges, Par Gvillavme Bvreav. Iouxte la copie imprimée à Cambray, M.D.C.XVI, 16°, pp. 152 et 131. (Par le P. François SoLIER [?].)

L'approbation est de Cambrai, 12 mars 1615. J'attribue cet ouvrage au P. Solier, qui a traduit d'autres ouvrages du P. Arias et était de Limoges.

Trésors (Les) de l'Eucharistie révélés par l'Ecriture et les Péres. Extraits des œuvres du P. J. B. Saint-Jure, de la C. de J., par un Père de la même Compagnie. Nantes, Mazeau, 1873, 32°, pp. 387. (Par le P. Henri POTTIER.)

Trésors (Les) de la Crèche. Jésus enfant et sa sainte Mère implorant pour nous la divine miséricorde. Clermont, Thibaut, 1872, 18°, pp. 72. — 2e Edition. Lyon, Josserand, 1873, 18°, pp. 36. (Par le P. Victor DREVON.)

Treuliche Wahrnung und Kräfftige Mittel wider drey sehr grosse Gefahren der Unschuld und Frombeit, nemblich wider das unkeusche Reden, wider verführerische Gesellen, und wider das unmässige Spielen. Erstlich in Welscher hervor gegeben von R. P. Carolo Gregorio Rosignolio S. J. Nachgehends in die Teutsche Sprach übersetzet, von einem Priester eben gemeldter Gesellschaft. Ingolstatt, in Verlegung Johann Andr. de la Haye, 1738, 8°, pp. 181.

Tria charissima Ven. Ioannis Berchmanns, S. I. scholastice, historice, symbolice, elogiastice proposita. Nissae, typis Joseph Schlögl, 1732, 8°. (Par le P. Jean SCHMIDL.)

Pelzel dit que le P. Jacques Hein publia : De venerabili servo Dei Joanne Berchmans S. I. ejusdemque tribus charissimis. Nissae, 8°. C'est, sans doute, le même ouvrage.

Trial (The) of the Protestant private spirit wherein their doctrine, making the said spirit the sole ground and means of their beliefe, is confuted by Authority of Holy Scripture Testimonies of ancient Fathers Evidence of reason, drowne from the Grounds of Faith. Absurdity of consequences following upon it against all Faith, Religion and Reason. The second part which is Doctrinall, written by J. S. of the Society of Jesus, MDCXX, 4°, pp. 392. (Par le P. Jean SPENCER.)

Tribus (De) Cometis Anni MDCXVIII, Disputatio Astronomica publice habita in Collegio Romano Societatis Jesu ab uno ex Patribus ejusdem Societatis. Romae, Ex Typographia Jacobi Mascardi, MDCXIX, 4°, pp. 25 et 1 pl. (Par le P. Horace GRASSI.)

Barbier cite cet ouvrage en deux endroits : De tribus cometis (N. 1221), b) et Disputatio astronomica de tribus cometis (N. 1231, f.)

Tributo d'amicizia con epigrammi di maniera greca. Parma, Bodoni, 1791, 8°. (Par le P. Xavier BETTINELLI.)

La préface porte le nom de Francesco Cattaneo.

Triduana spiritus renovatio ad emendandam vitam praeteritam in spiritu doloris ad providendum vitae futurae per spiritum timoris ad ordinandam vitam praesentem ex spiritu amoris instituta tempore quadragesimae a congregatione latina majore Matris propitiae B. Virginis Mariae ab angelo salutatae Monachii anno Domini MDCCLXXII. Typis Mariae Magdalenae Mayrinn, Viduae, 12°, s. pag. (pp. 14.) (Par le P. François-Xavier SCHERER.)

Triduo in apparecchio alla festa di S. Giuseppe. (Par le P. Etienne Antoine MORCELLI.)

Triduo in onore de' SS. Martiri Faustino e Giovita. (Par le P. Etienne Antoine MORCELLI.)

Triduo per la festa dell' Immacolata Concezione di Maria Virgine che si celebra in Chiari; ed alcune considerazioni per altre feste di lei più solenni. Brescia, pel Bendiscioli. (Par le P. Etienne Antoine MORCELLI.)

Triduum sacrum nuper a Congregatione Latina Majori Matris Propitiae B. V. Mariae ab Angelo Salutatae Exercitiis, Spiritus impensum nunc In Spem Fructûs amplioris typis datum. Ab ejusdem Sodalitatis Praeside Soc. Jesu Sacerdote, Monachij Anno Domini MDCCXL, 8°, pp. 192. — Ensuite : Sacri Tridui Exercitia diei tertiae, pp. 97 à 199. (Par le P. François NEUMAYR.)

Trigonometriæ sphæricæ constructio Demonstranda a PP. Societatis Jesu In Collegio Romano... Romæ, Typis Komarek, 1737, 4°, pp. viii. (Par le P. Roger Joseph Boscovich.)

Triomphe (Le) de l'amour divin Dans l'Immaculée Conception de la très Sainte Vierge. Poeme. A Varsovie, De l'Imprimerie Royale au Collége de la Compagnie de Jesus. M.DCC.LX.VII, 4°.

Mon exemplaire incomplet n'a que les seize premières pages. La dédicace au Cte Zaluski est signée : *** *S. J.*

Triomphe (Le) de la Magdeleine en la creance et veneration de ses sainctes Reliques en Provence, suivie et embrassée par toutes les nations du Monde. Response à une Lettre intitulée : Les sentiments de de Me. Jean Launoy. Sur le livre que le P. Guesnay Jesuite a fait imprimer à Lyon sous le nom de Pierre Henry, et intitulé : Auctarium historicum de Magdalena Massiliensi advena. Par Monsieur Denys de la Saincte Baume Gentil-homme Provençal. Et veritas Domini manet in æternum. Psal. 16. 2. S. l. (*Aix*), MDCXLVII, 8°, pp. 89. (Par le P. J. B. Guesnay.)

Triomphe (Le) de la misericorde de Dieu sur un cœur endurcy; ou les confessions de l'Augustin de France converty, écrites par luy-mesme. A Paris, Chez la Veuve P. Boüillerot, M.DC.LXXXIII, 12°, pp. 365. (Par le P. Jean Maillard.)

On lit dans le privilége de la 3° édition de Rouen, 1708 : « Notre bien aimé le Père Jean Maillard, Reli-« gieux de la Compagnie de Jésus, Nous a fait remontrer « qu'en vertu de nos Lettres de Privilège, il a ci-devant « fait imprimer deux Editions d'un Livre de sa compo-« sition intitulé : *Le Triomphe...* » Voir supra : *Augustin (L') de France...*

Triomphe (Le) de la Pauvreté et des Humiliations, ou la vie de Mademoiselle de Bellere du Tronchay, appelée communément Sœur Louise : avec ses lettres. A Paris, Chez Gabriel Martin, M.DCC.XXXII, 12°, pp. 402.

Barbier dit que cet ouvrage est du P. Jean Maillard. Ne serait-ce pas à cause de la ressemblance du titre avec le précédent : *Le Triomphe de la miséricorde..*? Si c'est vrai, ce livre serait plus que posthume, car le P. Maillard mourut en 1704. Je supposerais volontiers qu'il a été composé en partie sur les documents laissés par ce Jésuite qui, en 1684, était le directeur de la Sœur Louise, comme on peut le voir par ses lettres imprimées à partir de la page 329.

Triomphe (Le) de la pureté, sous les auspices de Jésus, l'époux des Vierges et de Marie leur Reine et leur Modèle. Edition augmentée du Poëme de la Virginité et de quelques morceaux choisis de la Paix intérieure. A Lyon, chez Guyot frères, 1819, 8°, pp. 300. (Par le P. J. B. Maurage.)

Voir supra : *Impureté (L') combattue...* et infra : *Vie (La) pure...* Cette édition est, sans doute, une réimpression de celle de l'abbé Virel. Barbier (IV, 833, f) cite : *Triomphe de la pureté sous les auspices de Jésus et de Marie. Ouvrage présenté sous une forme plus correcte, plus élégante et considérablement augmentée. Par A. V.* (l'abbé Auguste Virel). *Lyon, imp. H. Storck, 1856, 18°*; mais il n'indique ni que ce soit une édition modifiée de l'ouvrage du P. Maurage, ni qu'il y ait des éditions antérieures de l'abbé Virel. Cependant, dans *le Bibliophile Breton*, M. Plihon, libraire à Rennes (1879, n° 5, p. 26, n° 2260), cite : *Le Triomphe de la pureté sous les auspices de Jésus, l'époux des Vierges, et de Marie leur modèle; augmenté du poëme de la Virginité* (Par l'abbé Virel). *Avignon, 1779*. Je pense que le poëme est seul de cet auteur.

Triomphe (Le) de la religion sous Louis le Grand représenté Par des Inscriptions et des Devises, Avec une Explication En Vers Latins et François. A Paris, Chez Gabriel Martin, M.DC.LXXXVIII, 12°, pp. 131. (Par le P. Gabriel Le Jay.)

La traduction en vers français est de Fontenelle.

Triomphe (Le) de la Vérité. Ballet dansé à Avignon par les Ecoliers du Coll300 de la Compagnie de Jesus. Le ... septembre 1692. A Avignon, Chez Michel Mallard, M.DC.XCII, 4°, pp. 20.

Triomphe (Le) des lettres d'un chanoine Pénitencier de la Métropole de *** à un chanoine de la Cathédrale de *** sur les affaires de la Religion. Avec les observations sur la réponse aux lettres... S. l., 1786, 8°, pp. 231. (Par le P. Pierre du Doyar.)

C'est une nouvelle édition de : *Lettres d'un chanoine pénitencier ...* (Voir supra.)

Triomphe (Le) du Saint Sacrement, sous la figure du Pain de Gedéon. Tournon, Ant. Pichon, 1542, 4°.

Triomphes (Les) de Louys le Juste en la reduction des Rochelois, et des autres Rebelles de son Royaume Dediés à Sa Majesté par vn religievx de la Compagnie de Iesvs dv College de Reims. A Reims, Chez Nicolas Constant, M.DC.XXIX, 4°, 22 pp. nch. et 182. (Par le P. Pierre Le Moyne.)

Tous les bibliographes, jusqu'à ce jour, ont attribué cet ouvrage à un P. *Florent Bon.* Je renvoie au *Bulletin de la Société des Archives historiques de la Saintonge et de l'Aunis,* 1883, t. IV, p. 45, 87, 150; on y trouvera toutes les pièces du procès intenté par M. Tamizey de Larroque relativement à la paternité de ce poème, et qui s'est terminé par l'adjudication des *Triomphes* au P. Le Moyne. Le soi-disant Jésuite, Florent Bon, était un prêtre séculier, qui a composé un ouvrage dont le titre commence par les mêmes mots que celui du P. Le Moyne : *Les Triomphes de Louis le Juste et le Victorieux, heureusement découverts dans l'Ecriture Sainte, au psaume que l'Eglise chantoit publiquement au jour même de la réduction de La Rochelle à son obéissance, dédiés et présentés à Sa Majesté par F. Bon, prêtre. Paris, 1629, 8°.*

Trionfi della Divozione della Madre di Dio esaltati da un pio Sacerdote suo minimo Schiavo, Opera, divisa in due parti che nella prima tratta della necessità per Salvarci ; dell'intercessione, e divozione di N. Signora Maria, nella seconda del Precetto d'esserle sinceramente divoti. Palermo, nella stamperia di Stefano Amato, 1742, 4°, pp. 272, sldelpt. (Par le P. Antoine Ignace MANCUSO.)

Trionfi sacri di S. Ignatio Loiola e S. Francesco Saverio celebrati in Messina con l'autorità del serenissimo Prencipe Filiberto Emmanuele General del mare, Vicere di Sicilia, etc. e col favore dell' Illustrissimo senato della stessa Nobilissima Città. Nel mese di Luglio, nell' anno della loro Canonizatione fatta in Roma dalla Santità di N. S. PP. Gregorio XV. A 12 di Marzo. In Messina. Appresso Gio. Francesco Bianco, 1622, 4°, pp. 30. (Par le P. Antoine GIANNOPOLI.)

Trionfo (Il) della Primavera : Festa di Fuochi per la nascita del Serenissimo Arciduca Leopoldo Principe delle Austrie, disposta in tre Machine nella Piazza de real Castello di Milano, d'ordine di Sua Eccelenza il Signor Maresciallo D. Francesco Colmenero, Conte de Valderis, Consigliere di Stato di S. M. E. Castellano del suddetto Regio Castello, ec. In Milano, nella Stampa di Giuseppe Pandolfo Malatesta, 1716, 8°, pp. 40 et grav. (Par le P. Thomas CEVA.)

Trionfo (Il) di Portolonghe raquistato alla Corona del Nostro sempre Grande Cattolico re di Spagna. Palermo, Cyrillo, 1650, 4°. (Par le P. Jean OXORRIO.)

Tripartita doctrinarum collectio Ecclesiæ, Ven. Joannis de Palafox et Jansenii. (Par le P. Mathurin Le FORESTIER.)

Lors du procès du P. Laurent Ricci, dernier Général de la Compagnie de Jésus en 1773, au Château Saint-Ange, le P. Le Forestier aurait avoué être l'auteur de cet ouvrage que, du reste, je n'ai jamais rencontré. J'ai trouvé ce détail dans le MS. suivant : *Relation des causes des prisonniers du château S' Ange* (Biblioth. de l'Ecole Ste Geneviève). Il fait le même aveu dans une lettre au Cardinal de Bernis.

Triple (The) Cord; or a Treatise, proving the truth of the Roman Catholic Religion by the Bible, as explained by the Holy Fathers, and as interpreted by Protestand Writers. St Omer's, 1634, 4°, pp. 801. (Par le P. Laurent ANDERTON.)

Triplex trium animæ potentiarum, Memoriæ, Intellectus et Voluntatis triuni sacrum Deo fœdus e Gallico Jacobi Coret S. J. latine redditum et strenæ nomine oblatum DD. Sodalibus in Christo Jesu et Maria Fœderatis Monasterii Westphaliæ, 1684, Typis Viduæ Raesfeldii, 12°, pp. 52.

Tristani Calchi, Mediolanensis historiographi, historiæ patriæ libri viginti. Accesserunt epitomæ singulorum librorum cum notis et duobus indicibus. Mediolani, apud Malatestam, 1628, fol.

Les Epitome, les notes et les index sont du P. Jean Guillaume CALAVERONI.

Triumph und glorreicher Zieg der wahren Kirchen oder der Christ-Catholischen Religion über die unglaubige Heyden, Mahometanen, Juden, Lutheranen, Calvinisten, Welt-Politischen Atheisten, oder Libertinen und alle andere Neu-Glaubige heutiger Zeiten. Erstlich in Nieder-Teutscher Sprach beschrieben durch R. P. Cornelium Hazart, Soc. Jesu, nunmehr aber auss der Nieder in die Hoch-Teutsche Sprach Übersetzt durch einen Priester der selben Societet. Cöllen, bey Herman Demen, Anno 1697, 4°, pp. 827. sllelt. (Par le P. Jean UBELEUX.)

Triumphi Laureati D. Joannis Francisci Regis Soc. Jesu Magni Galliarum Apostoli... A Poetis Cassoviensibus Dicati. Anno MDCCXXXVIII. Cassoviæ, Typis Academicis, 8°, pp. 72. (Par le P. Nicolas SCHMITTH.)

Triumphs (The) over Death : or a Consolatorie Epistle for afflicted minds, in the affects of dying friends. First written for the consolation of one : but now published for the generall good of all, by R. S. the Author of S. Peters Complaint, and Mæoniæ his other Hymnes. London, printed by Valentine Simmes for Iohn Busbie, and are to be solde at Nicholas Lings, 1596, 4°. (Par le P. Robert Southwell.)

Trivmphvs catholicæ veritatis, Aduersus Nouatores siue Iansenivs damnatvs à Conciliis, Pontificibus, Episcopis, Vniuersitatibus, Doctoribus, atque Ordinibus Religiosis. Operà et Sudio S. E. R. T. Parisiis, Apud Sebastianvm et Gabrielem Cramoisy fratres, M.DC.LII, 8°, pp. 416. (Par le P. Philippe Labbe.)

Le P. de Backer (II, 556, 39) ne cite pas cette édition, mais une de 1651. Cet ouvrage était, dans le catalogue des livres de Cramoisy, attribué au P. Vavasseur, qui se défendit d'en être l'auteur.

Triumphus Virginis Immaculatæ in sua conceptione celebratus Regia Urbe Ticinensi. Mediolani, apud Malatestam, 1672, 4°. (Par le P. Jules Vasco.)

Triunfo sagrado de la Conciencia contra las Comedias. Salamanca, 1751. (Par le P. François de Moya.)

Publié sous un pseudonyme, sur lequel les bibliographes ne sont pas d'accord : *Ramiri Cayorey Fonseca*, ou *Raymond Cayore y Fonseca*, ou *D. Ricardo Kaiore Presbytero*.

Trivium Cœleste, sive Tractatus quatuor spirituales de triplici Via ad perfectionem ex quatuor Societatis Jesu Patr. Jac. Alvarez, Ludov. de Ponte, Bernardino Rosignolio et Mart. Fornario decerpti. Coloniæ, 162.. (Par le P. Philippe Bebius.)

Troisiesme et derniere partie de la perspective pratiqve ov se voient les beautez et Raretez de cette Science. Avec les methodes povr les pratiqver sur toutes sortes de plans. Et les effets admirables des trois rayons. Droit, reflechy, et brisé. Par vn Religieux de la Compagnie de Iesvs. A Paris, Chez la vefue de Francois Langlois dict Chartres, M.DC.XLIX, 4°, pp. 165, sllelt. (Par Jean du Breuil, frére coadjuteur.)

Voir *supra* : *Perspective pratique*...

Trois lettres annuelles du Iapon des années 1603, 1604, 1605, 1606. Escriptes par le R. P. François Pasius, Vice-Provincial de la Compagnie de Iesvs, en ces quartiers-là, au R. P. Clavde Aqvaviva General de ladicte Compagnie de Iesvs. Iouxte l'exemplaire imprimé à Rome, l'an 1608. Chez Barthelemy Zannetti. A Douay, Chez Iean Bogart, 1609, 8°, pp. 231. (Par le P. Antoine de Balinghem.)

Cette traduction est, sans doute, de ce Père qui a imprimé plusieurs de ses ouvrages à Douay de 1608 à 1632, et qui, d'après Sotwel, a traduit en français : « Iaponenses et Sinenses epistolas. »

Trojani herois Æneæ iter ad Elysium carmen allegoricum musicis modis concinnatum, et dictum, dum Benedictus Pamphilius Faustissimis Sanctissimisque Auspiciis Innocentii XI Pont. Max. Philosophica ac Theologica Laurea in Romano Societatis Jesu Collegio donaretur. Romæ, Typis Francisci Tizzoni, MDCLXXVI, fol., pp. 28. (Par le P. Charles Bovio.)

Tromba catechistica, cioé Spiegazione della Dottrina christiana del P. Antonio Ardia della Compagnia di Gesù divisa in tre parti con due Indice copiosissimi. In Napoli, presso Michel Luigi Muzio, 1713, 4°.

Je mentionne cet ouvrage, plusieurs fois reimprimé, parce que le titre n'indique pas que c'est une traduction et que l'auteur original n'est pas nommé. Cette *Tromba* est la traduction de *Luz de Verdades Catholicas*, publié à Mexico, en 1691, par le P. Jean Martinez de la Parra. Le P. Ardia le dit dans sa préface. En 1736, le Chartreux Robert Lenga publia à Augsbourg une *Tuba catechistica* qui est la traduction de la *Tromba* ; il ne fait dans la préface aucune allusion au P. de la Parra.

Troostelycke teerhertigheit ende goedertierentheit van Jesus ende Maria tot een Nieuw-Jaer geschoncken aen alle waere Catholycken, Door een Priester der Societeyt Jesu. T'Antwerpen, By Joannes Franciscus de Roveroy, 1754, 8°, pp. 36. (Par le P. Charles van den Abeele [?].)

Troostelycken leydtsman tot de bermhertigheydt Godts, door eene priester der Soc. Jesu. Antwerpen, Corn. Woons, 1658, 4°.

Trophæa Bavarica sancto Michaeli Archangelo. In Templo et Gymnasio Societatis Iesu dicata Monachij. Anno M.D.XCVII. Exevdebat Adamvs Berg, pet. fol., s. pagin. (Par les PP. Jacques Gretser et Matthieu Rader.)

Trophæa S. Wenceslai Regni Bohemiæ Patroni Honori Illustrissimi D. L. B. de Heldschmidt. Pragæ, typis Universitatis, 1661, fol. (Par le P. Jean TANNER.)

Trophæum immortalis gloriæ in avitis hastis erectum ad dignitatis ornamentum, honoris Capitolio illatum et in Ill° et Excell. D. D. Joanne Lamojski Capitaneo Lublinensi, ad primum honoris aditum panegyrico applausu celebratum a Collegio lublinensi S. J. A. D. 1743. Lublini, typ. S. J., fol., pp. 34. (Par le P. Raphael SKORULSKI.)

Trophæum regale Potentissimo Poloniarum et Suecorum Regi, Uladislao IV. Cracoviam, antiquissimum sarmatici imperii domicilium, sacro solennique regalis inaugurationis die ineunti a Collegio S. J. D. D. D. Cracoviæ, Of. Fr. Cæsarii, 1633, fol., pp. 72. (Par le P. Paul KUHN.)

Tropotipo, cioè a dire, norma de' costumi. Dialogo tra un Filosofo Morale e tre suoi discepoli, fatto in versi sdruccioli sciolti. In Brescia, colle stampe di Policreto Turlino, per opera di Calimbrio Cigola Gentiluomo Bresciano che dedicollo a Sansone Porcellaga suo Cugino. In Ferraria, per Vittorio Baldini, 1594, 12°, pp. 40. (Par le P. Antoine CELLA.)

D'après Tiraboschi, la dédicace est signée par *Giammaria Pochintesti nobile Ferrarese*, qui fut l'élève du P. Cella. — Melzi intitule à tort cet ouvrage : *Protolipo* (II, 351).

Tropus divinus seu conversio Divi Pauli Apostoli... ab Illustrissima, Spectabili, Magnifica, Perillustri, Prænobili Humanitate Tyrnaviensi dicata. Anno MDCCIII. Tyrnaviæ, Typis Academicis, per Joannem Andream Hörmann, 8°, pp. 30. (Par le P. Paul OLOHPATACKI.)

Trost des heiligen Herzens Jesu im Altarssakramente durch den Empfang der hl. Kommunion als Genugthuung für die ihm zugefügten Beleidigung, von einem Priester der Gesellschaft Jesu. 17e Auflage. Strasbourg, imp. Huder, 1864, 16°, pp. 38.

True and exact relation of two cathol es, who suffered for their religion at the summer Assizes held at Lancaster in the year 1628. London, s. a. (1737), 8°, pp. 68. (Par le P. Corneille MURPHY [?].)

True (The) Faith of Our Forefathers. By a Professor of Theology of in Woodstock College S. J., Maryland. New York, American News Company, 1880, 12°, pp. 575.

True humility, or the undeceiving mirror, containing the theory and practice of self knowledge, divided into seven considerations for every day of the week, written in italian by F. Paul Segneri of the Soc. of Jesus, translated into english, by J. R. Antwerp, 1711, 12°.

L'original italien n'est pas du P. Segneri, mais du P. PINAMONTI. Voir supra : *Specchio (Lo) che non inganna...*

True (A) Relation of the last Sicknes and Death of Cardinall Bellarmine, who died in Rome the seaventeenth Day of September 1621 : by C. E. of the Society of Jesus. 1622, 12°. (Par le P. Edouard COFFIN.)

True (A) Report of the Death and Martyrdom of M. Campian Jesuite and Priest, and M. Sherwin, and M. Bryan, Priests, at Tiborne, at 1st of December 1581. Observed and written by a Catholic Priests, which was present thereat. Whereunto is annexed certain Verses made by sundry Persons. S. l. (*Douai*) et a. (*1582*), 16°, ff. 26. (Par le P. Robert PARSONS.)

Les vers sont du P. Henri WALPOLE.

True (A) report of the late apprehension and emprisonment of John Nicols, Minister at Roan, and his confession and Answers, made in the time of his dwiance there whereunto is added the satisfaction of certain that of fear or fraillie have lately fallen in England. Rheims, by John Fogny, 1585, pet. 8°. (Par le P. Robert PARSONS [?].)

Trve (A) report of the Priuate Colloquy between M. Smith, alias Norrice, and M. Walker. Held in the presence of two Worthy Knights, and of a few other Gentlemen, some Protestants. With a briefe Confutation of the false and adulterated summe, which M. Walker, Pastour of S. Iohn Euangelist in Watling-Streete, hath diuulged of the same. S. l., M.DC.XIII, 4°, pp. 63. (Par le P. Sylvestre NORRIS.)

True Wisdom : or considerations for every day of the week. Written in Italian by the pious and Learned F. Paul Segnery, of the Society of Jesus, and late Preacher to Pope Innocent XII with an appendix of what is necessary for a good Confession and Communion. London, printed for T. Meighan, 1763, 24°, pp. 119.

L'original italien est attribué à tort au P. Segneri; il est du P. PINAMONTI. Voir supra : *Vera (La) sapienza...*

Truth will out : or a discouery of some Untruth, smoothly told by Dr Jeremy Taylor in his Dissuasiue from Popery : with an answer to such arguments as deserve Answer. By his friendly adversary E. W. Printed in the Year 1665, 4°, pp. 217. (Par le P. Edouard WORSLEY.)

Truths (The) of Salvation. By Rev. J. Pergmayer, S. J. Translated from the German by a Father of the same Society. New York, Benziger, 1833.

Trzy Tragedye : Publiusza Kornelego Scypiona, Stylikona i Temistoklesa polskim wierszem przelozyl i wydal J. S. z L.L. S. Z. W. M. Wilno, D. Akad. S. J., 1754, 4°, pp. 72, 75 et 77. (Par le P. Jean KLAUS.)

Les initiales signifient en latin : *Ignatius Stanislaus e Lopatyn Lopatynski Surrogatus terrestris Palatinatus Mscislaviensis.*

Tuba catechistica....

Voir supra : *Tromba catechistica...*

Trutina qua DD. Joseph Ballii sententia eo libro contenta cujus titulus est : *Ænigma dissolutum de modo existendi Christi Domini sub speciebus Panis et Vini in augustissimo Eucharistiæ Sacramento ad æquissimum examen expenditur.* Monteregali, apud Petrum Scaglionum, 1613. (Par le P. François BARDI.)

Melzi (I, 200) lui attribue cet ouvrage, publié sous le pseudonyme de : *Joan. Bapt. Chiaretta.* Sotwel ne le cite pas.

Tubis (De) capillaribus dissertatio, cui adnectuntur de Hydrostatica Positiones Physico - Mathematicæ propugnandæ a PP. Societatis Jesu in Collegio Neapoli-

tano. Neapoli, ex typographia Josephi Raymundi, 1758, 4°, pp. 18. (Par le P. Jean CARACCIOLO.)

Tubus Gallilæanus, hebescentibus Ludovici Camerarii oculis, in Litura Hispanica, Cancellariæ male advertentibus, ad clarius videndum tornatus, a Fabio Hercyniano. Additis in fine testimonii Causa, et pro Tubo et pro Rhabarbaro ipsius Camerarii epistolis anno 1625. In-4°. (Par le P. Jacques KELLER ou CELLARIUS.)

Tugenden (Die) Ferdinands des zweyten Römischen Kaysers, von Guiliœlm Lamormaini, aus der Gesellschaft Jesu, in lateinischer Sprache beschrieben, und von einem andern der gemeldter Gesellschaft in's Deutsche übersetzet. Augsburg, bey Johann Baptist Merz, 1792, 8°, pp. 146, sllelt.

Tunquin, królewstwo mocne w Asyjey, da którego opowiadaniu Ewangeli świętey swieżo P. Bóg drogę otworzył przez Oyców Jezuitów, z relacyi rzymskie y w roku 1629 wydrukowaney, a z Makao do Chin w roku 1626 poslaney. Kraków, druk. Fr. Cezarego, 1629, 4°. (Par le P. Frédéric SZEMBEK.)

Turibolo di preci a Gesù e Maria di Giuseppe Rainaldi. Roma, Mascardi, 1648, 24°. (Par le P. François RAINALDI.)

Turksch Fatalisme of Mr. Van Houten's moderne Wereldbeschouwing door F. Becker, Leeraar aan't Seminarie te Kuilenburg. 'S Hertogenbosch, W. van Gulick, 1871, 8°, pp. 81. (Par le P. François BECKER.)

Twerde deel dat is levens deughden en Wonderheden , van een goet ghetal Broeder tydelycke coadjuteurs die inde Societeyt Jesu tot eenen hooghentrapder volmaecktheyt naer den eysch van hunnen roep gheklommen zyn. Vergaedert ende vertaelt door eenem Priester der selfde Societeyt. T'Antwerpen, 1668, 12°.

Twijfelingen op het gebied der Gottische Kunst. 'S Hertogenbosch, H. Bogaerts, 1866, 8°. pp. 17. (Par le P. Jean JEEN.)

Twoo Letters to the Rev. Francis Law occasioned by his late address to the pro-

testants of Salmesbury. Preston, printed by
J. L. Joy, 1835. (Par le P. Richard
Norris.)

Ces lettres sont signées : A Catholic.

Twyfelligen voorgestelt door eenem
borger, aende be-eedigde priesters van
Brussel, de welke in de maend van September 1800 verklaert hebben te volgen
het mandement van eenige Vicarissen van
Doornyk. November 1800, 8°, pp. 24.
(Par le P. Corneille Smet.)

Tybet, wielkie Państwo w Azyey, do
którego Oycowie Jezuici niedawno przy-
bywszy Wiarę świętą chrześcijańską błę-
dami wielkiemi pogańskiemi z fałszowaną
do szczerości przywodzą, to jest : Krótkie opisanie zwyczajów, Nabozeństwa i
Wiary Narodów tybetańskich, przez jednego Kaplana tegoz Zakonu z Pism do
W. O. swego Generala o tym ztamtąd
posłanych, a w Rzymie drukiem światu
wszystkiemu ogloszonych roku teraźniey-
szego 1628 za dozwoleniem Starszycg za-
konnych y Urzędu duchownego. Kraków,
druck. Fr. Cezarego, 1628, 4°, pp. 52.
(Par le P. Frédéric Szembek.)

Tygodnik soborowy. Kraków, 1870,
8°. (Par les PP. Stanislas Stojalowski ;
Yves Czezowski, et le chanoine de Plock,
Sigismond Golian.)

Tyrnavia crescens, sive quinque Ungariæ antistitum de Urbe hac Academica,
Litterisque præcipue meritorum gloriosa
memoria panegyrice celebrata. Tyrnaviæ,

typis academicis, 1707, 12°, pp. 26. (Par
le P. Georges Raicsani.)

Tyrnavia nascens, seu Bela II. Rex
Hungariæ cognomento Cæcus, Tyrnaviæ
conditor, heroico carmine celebratus. Tyrnaviæ, typis academicis, 1707, 8°. (Par
le P. Georges Raicsani.)

Tyrocinium Marianum, seu pia exercitia
ad usum sodalium Beatis^{mæ} Virginis. Cracoviæ, typ. Schedel, 1669, 16°. (Par le
P. Albert Kwiatkowski.)

La dédicace est signée de ses initiales.

Tyrocinium poeticum sive nova, claris-
sima et facillima manuductio ad artem
poeticam... authore quodam e Soc. Jesu.
Accesserunt pia carmina quædam posthuma
R. D. Fr. Xavier Trips quondam Sacel-
lani Aulici et Pastoris in Honneff. Coloniæ
Agrippinæ, Christian Schorn, 1729, 8°,
pp. 192 et 136. (Par le P. Pantaléon
Eschenbrender.)

Tyrrhi Creopolite, P. A., de Jesu infante odæ Anacreonticæ, cum Italis inter-
pretationibus aliorum Arcadum. Accedunt diversi generis carmina ejusdem
Auctoris. Romæ, ex typographia Palladis,
excudebant Nicolaus et Marcus Palearini,
1747, 8°, pp. 174, sldelt. (Par le P. Joseph Carpani.)

Le nom de l'auteur est dans l'approbation.

Tytusa Liwyusza mowy z porhopami do
nich i skutkami onychże z pierwszych pięc
ksiąg wybrane. Warszawa, Dr. Nadwor.,
1784, 12°. (Par le P. Jean Wulfers.)

U

Vbaldin Comte de Montée, ov le bon pensionnaire de la Compagnie de Iesvs. (Œuure tres-vtile et tres-propre à tous les ieunes Escholiers. Auec une Reflexion generale sur tout l'ouurage par forme d'exhortation aux Pensionnaires du College de Clermont. A Paris, Chez Gvillavme Benard, M.DC.LVI, 12°, pp. 68 (*pour* 168).

La dédicace est signée par le libraire. Est-ce une nouvelle édition de *l'Abrégé de la vie d'Antoine Marie l'baldin* (voir supra, col. 4) ou un ouvrage différent ?

Ueber die alten und die neuen Schulen Von J. W. Karl. Der Erlös wird für die Erziehung armer Waisen verwendet. Mainz, Kirchheim, Schott und Thielmann, 1846, 8°, pp. 138. (Par le P. Joseph KLEUTGEN.)

Ueber die Folgen des geistlichen Cölibats auf das Wohl Katholischer Staaten. An Maximilian Ruth. Freyburg, 1786, 8°. (Par le P. Henri SAUTIER.)

Uebung der vornehmsten aus den dreyen göttlichen Tugenden der Liebe Gottes und Jesu Christi. Zum Gebrauche aller sowohl geistlichen, als weltlichen Standespersonen. Aus dem Französischen des P. Hubi d. G. J. Augsburg, bey Christoph Bartls sel. Wittwe, 1779, 8°, pp. 154. (Par le P. Joseph STARCK.)

Plusieurs éditions.

Uffizio della Settimana Santa colle Rubriche volgari, colla spiegazione di tutte le Cerimonie, cogli argumenti dell' Epistole, de' Vangeli, e de' Salmi, et con brevi annotazioni, che ne dichiarano i sensi. Venezia, 1758, 8°. (Par le P. François Antoine ZACCARIA.)

Ugolino conte de' Ghirardeschi Tragedia. Bassano, 1779, 8°, pp. 102. (Par le P. André RUBBI.)

Ultimi (Gli) onori dell' Ill. Sig. D. Lucio Denti, Presidente nel Supremo Consiglio della Gran Corte nel Regno di Sicilia. In Palermo, appresso Decio Cirillo, 1649, 4°. (Par le P. Georges TAGLIAVIA.)

Ultimus conatus Patroni Protestantium circa causam S. Cypriani refutatur per Theologum Romano-Catholicum. Accedit appendix Quà *Fraus septuplex*, iterum recocta refutatur, et in ipsum fraudis auctorem retorquetur. Prostat Lovanii, Apud Guillelmum Stryckwant, s. a. (*1719*), 8°, pp. 55. (Par le P. Liévin DE MEYERE.)

Un éclair avant la foudre ou le communisme et ses causes. Par l'auteur du Monopole universitaire destructeur de la religion et des lois; de l'Université jugée par elle-même ; des Dialogues sur la liberté d'enseignement; des Deux articles de la nouvelle constitution, etc. Avignon,

Seguin, 1848, 2 part., pp. xii-230. — Ibid., 1849, 8º, pp. v-420. (Par le P. Nicolas Deschamps.)

Un enfant de Marie ou le vénérable Jean Berchmans, de la Compagnie de Jésus. Par un Père de la même Compagnie. A. M. D. G. Paris et Lyon, Périsse, 1863, 18º, pp. 324. (Par le P. Léonard Cros.)

La dédicace est signée : *J. P. L. C. S. J.*

Un enfant de Marie, ou Vie de Saint Stanislas Kostka, de la Compagnie de Jésus; par un P. de la même Compagnie. Le Puy, imp. Marchessou, 1862, 32º, pp. 124. (Par le P. Léonard Cros.)

Un épisode de la guerre aux Jésuites, par J. Géfel. Paris, Palmé, 1879, 32º, pp. 34. (Par le P. Jules Besson.)

Un jour de réflexion, retraite du mois. Paris, Douniol, 1861, 32º, pp. 144. (Par le P. Victor Hasenforder.)

Un ministre calomnié. Simple exposé des faits. Paris, Gervais, 1879, 18º, pp. 61. (Par le P. Frédéric Rouvier.)

Un mois à l'école de Saint-Joseph. Paris, Delhomme et Briguet, 1880, 18º. (Par le P. Aloys Lanzilli.)

Un mois à l'école de Saint Joseph ou petites lectures pour le mois de Mars sur la vie de ce Saint. Traduit de l'italien. Le Puy, imprimerie catholique de M. Freydier, 1877, 18º, pp. x-225. (Par le P. Antoine Foujols.)

Un mot sur l'éducation révolutionnaire, par Ed. T. Bruxelles, 1852, 18º, pp. 36. (Par le P. Edouard Terwecoren.)

Unanimità (Della) nei decreti dommatici del Concilio. Estratto dalla Civiltà Cattolica serie VII, vol. X, fasc. 482. Roma, coi tipi della Civiltà Cattolica, 1870, 8º, pp. 14. (Par le P. Valentin Steccanella.)

Und das heisst man aufklären? Ein Versuch von einem unbekannten Verfasser. Gedruckt zu Ibi-ubi (*Basel, Emanuel Thurneysen*), 1788, 8º. (Par le P. Joseph Antoine Weissenbach.)

Und wolt ich einer werden; wo sind

die ächten Maister zu Hause? oder Bruchstücke zur Sektengeschichte der teutschen Freymäurerey. Von der Mopsgesellschaft bis zum ökumenischen Maurerrath in Wilhelmshad bey Hanau. 1787, 8º. (Par le P. Henri Sattier.)

Undecim Gracenses Academici suo sanguine purpurati. Graecii, typis Widmanstadiis, 1728, 8º. (Par le P. Michel Bombardi.)

Une commune Bénédictine avant la révolution. Villa de Asperis par MM. A. et J. de B. Paris, E. de Soye et fils, 1884, 8º, pp. 29. (Par l'abbé Auguste de Bonniot et le P. Joseph de Bonniot.)

Une loi d'éducation nationale. Trois conférences sur la loi de 1879, par A. C. Louvain, Typographie de Charles Peeters, 1882. (Par le P. Auguste Castelein.)

Une pieuse Croisade. La médaille miraculeuse sur la poitrine de tous les catholiques, et sur leurs lèvres, trois fois au milieu du jour, cette prière : « O Marie, conçue sans péché, priez pour nous qui avons recours à vous! » Imprimerie Desrosiers, à Moulins, s. a. (*1879*), 18º, pp. 12. (Par le P. Victor Drevon.)

Une poignée de pseudonymes français recueillis dans la *Bibliotheca personata* du P. Louis Jacob de Saint-Charles, par Pierre Claner, Strasbourgeois. Lyon, Brun, 1877, 8º, pp. 27. (Par le P. Carlos Sommervogel.)

Une protestante convertie au catholicisme par sa bible et son livre de prières. Ouvrage traduit sur la cinquième édition anglaise. Bruxelles, Goemaere, s. a. (*1859*), 12º, pp. 358. — ... et complétée par un épilogue. Nouvelle édition, augmentée, revue et corrigée par l'auteur, avec une introduction par M. l'abbé Mermillod. Paris, Douniol, 1861, 12º, pp. xxxvii-350. (Par le P. Paul Loysel.)

Une tactique parlementaire. Observations touchant le « Rapport de M. Barthélemy Saint-Hilaire sur le projet de loi relatif au Conseil supérieur. » Paris, Lecoffre, 1880, 8º, pp. 15. (Par le P. Charles Clair.)

Unerring (The) und Unerrable Church.

1675, 8°, pp. 310. (Par le P. Ignace BROWN.)

Sous les initiales : *I. B.*

Ungaria suis cum regibus compendio data. Tyrnaviæ, Typis Academicis S. J. per Fridericum Gall, 1729, fol., pp. 245, sll. (Par le P. Ladislas TUROTZI.)

Il y a une autre édition ou un autre tirage, avec simple changement de frontispice, pour l'acte de philosophie du Comte François Barkoczi de Szala. En 1743, l'ouvrage reprnut, par les soins du P. Michel Szegedi, pour l'acte de philosophie d'Ignace Birovszky, et en 1768, in-4°, avec des additions des PP. Nicolas Schmidt et Charles Katona.

Unglückseelige Fischerey zu Wesel in Cleefland, das ist : Joannes Fischer Weselscher Predicant in seinem eigenen Netz verstrickt, als er die Transubstantiation mit seinem fünff Sinnen hat durchdringen wollen, in einem Fischer-Gespräch von einem Cleefischen Geistlichen. Cöllen, bey Johann Engelert, s. a. (172.. [?]), 8°, pp. 48. (Par le P. Henri VENEDIEN.)

Unia od Oyców SS. Greckich pozwolona. Wilno, Dr Akad. S. J., 1770, 8°.

Union (L') avec Notre-Seigneur Jésus-Christ dans ses principaux mystères pour tout le temps de l'année par le P. Jean-Baptiste Saint-Jure de la Compagnie de Jésus. Nouvelle édition par un Père de la même Compagnie. Paris, Julien, Lanier et C., 1853, 12°, pp. 416, sll. (Par le P. Victor HASSENFORDER.)

Union des femmes chrétiennes pour le salut de la France. Etudes et lectures d'une femme chrétienne. Par un Religieux. Paris, Douniol, 1872, 18°, pp. 55. (Par le P. Eusèbe GODFROY.)

Unius Necessarii Pars prima... a P. Benedicto Rogaccio e Societate Jesu, italicè primo edita, post ab Authore latinè reddita, et nunc luci publicæ data. Pragæ, typis Universitatis Carolo-Ferdinandeæ in Collegio Societatis Jesu ad S. Clementem, 1721, 8°, pp. 991. — Unius Necessarii Pars II..... Opus P. Benedicti Rogaccii e Societate Jesu italicè primò vulgatum et Latinè nunc redditum. Ibid., 1721, 8°, pp. 988. — Appendix unius Necessarii... pp. 286.

Le P. Rogacci mourut le 8 février 1719. D'après le titre de la première partie, il aurait commencé la traduction latine de son ouvrage italien. La suite serait, d'après le P. de Backer, des PP. Barthélemi CHRISTEL et Charles

MAGET : le premier aurait traduit la seconde partie, et le second l'Appendix. Ces assertions me semblent inconciliables avec la date de la mort du P. Christel, qui arriva le 11 mai 1701, avant même que la seconde partie de l'ouvrage du P. Rogacci eût paru en italien, si la date 1706, donnée par le P. de Backer, est celle de la première édition. Le P. Maget n'aurait-il pas seul traduit la 2e partie et l'Appendix ?

Universa Grammatica Joannis Despauterii Ninivitæ, in Commodiorem docendi et discendi usum redacta : Cum præceptis et observationibus ex melioris notæ Grammaticis sedulo desumptis et perspicua exemplorum ex probatioribus Auctoribus selectorum appositione. Adjecta est facilioris intelligentiæ gratia, Gallica versuum Despauterii interpretatio per Gabrielem Prateolum : Mutuæ etiam Latinæ linguæ Græca collatio, nec non quantitatis fusior cum exemplis explicatio. Per J. Behourt Rothomagæum. Accessit recens Figurarum ferme omnium, quæ in usu communi sunt tractatio, cæteris omnibus correctior. Recognita et Aucta editio ab uno ex Societate Jesu. A Lyon, chez la Veuve Claude Rigaud, et Philippe Borde, MDCXXXIX, 8°, pp. 870. (Par le P. Philibert MONET.)

Universa (De) Philosophia a Marchione Sfortia Pallavicino publice asserta in Collegio Romano Soc. Jesu Libri tres ad Vrbanum VIII. P. M. S. l. et a., fol., pp. 202, sll. — *A la fin* : Romæ, ex Typographia Francisci Corbelletti, M.DC.XXV. (Par le P. Vincent ARANEA.)

Universæ matheseos brevis institutio theorico-practica ex operibus PP. Societatis Jesu collecta, complectens hac prima parte Arithmeticam, Geometriam, Trigonometriam, Mechanicam, Staticam, Hydrostaticam, Hydraulicam, Aerometriam, quibus accedunt Architectonica Civilis, ac Militaris incipientium captui accommodata. Dilingæ, Formis Academicis Bencardianis. Anno M.DCC.XLVII, 4°, pp. 105 et 9 pl. slp. — .... complectens hac secunda parte Opticam, Catoptricam, Dioptricam, Trigonometriam, Sphæricam, Astronomiam, Geographiam, Chronologiam, Horographiam, demum Analysim speciosam, quibus accedunt Tabulæ synopticæ cum usu tabularum de la Hiriarum. S. l. et a., pp. 151, s. les tables synoptiques (pp. 40) et 13 pl. (Par le P. J. B. PLANCK.)

Le P. de Backer (II, 2012), à l'art. *Planck*, cite une édition non anonyme de 1760, in-8°, et ne donne le titre

qu'en abrégé. D'autre part, il indique le même ouvrage
en trois parties à l'art. *Ivansics* (II, 296) et à l'art. *Re-
viczki* (III, 129) et pour ces deux derniers : *Tyrnaviæ,
1752-53.* L'un de ces deux aura-t-il composé un ouvrage
semblable à celui que je cite, c'est possible; mais le
P. Planck est certainement l'auteur de celui-ci, car il professa les mathématiques à Dilingen, et les autres à Tyrnau.

**Universitas linguarum Lithuaniæ in
principali ejusdem Ducatus dialecto grammaticis legibus circumscripta et in obse-
quium zelosorum Neopolæmonis ordinata.**
Vilnæ, typ. Acad. S. J., 1737, 8°,
pp. 444.

**Universitatum totius orbis et colle-
giorum libellus. Nunc primùm in lucem
editus opera Franc. Catinij artium liberalium in Academia Turnonia magistri.
Turnoni, apud Thomam Bertrandum,
1586, pet. 8°, pp. 61, slt.** (Par le
P. Michel Coyssard.)

C'est peut-être le premier livre imprimé à Tournon.
D'après l'épître dédicatoire, les PP. Jean Hay et Charles
Sager auraient eu une certaine part dans la composition
de cet opuscule très rare. Placcius (*De Pseudonymis,*
p. 168, n. 5881), dit à tort : *Tornaci,* au lieu de *Turnoni.*

**Université (L') jugée par elle-même en
réponse à ses défenseurs. Lyon (imp.
Lesne, 1843), 8°, pp. 224. (Par le
P. Nicolas Deschamps.)**

L'avant-propos est signé : *N. Desgarets, chanoine.*

**Université (L') jugée par le Conseil
d'Etat dans l'affaire de Mgr l'Evêque de
Chartres. Lyon, L. Lesne, Novembre
1843, 8°, pp. 8. (Par le P. Nicolas Deschamps.)**

**Unschuldige (Der), Demütige, Warhaff-
tige, Christliche, Andächtige, Glaubige,
Englische, Biblische, Gravitätische,
Keusche, Nüchtere, Schwanische, Frid-
same, Zwogestalthaffte, Beständige vnd
Saubere Luther. Das ist : Helle Prob vnd
Beweisung, wie D. M. Luther an dem
grossen erbärmlichen Jamer vnd Verwüstung vnsers lieben Vatterlands Teutscher
Nation, vnnd so viler Seelen ewigen Verderben, vnschuldig, vnd solche seine Unschuld, so wol am Jüngsten Tag vor dem
Richter Christo, als hie auff Erden durch
seine öffentliche Schrifften, werde bey-
bringen vnd darthun Können. Allen Lieb-
habern Göttlicher Wahrheit vnd Seeligkeit
zum besten gestellt, Durch M. Conrad vm
Andreæ Jacobi Andreæ seliger Gedächt-**
nuss, leiblichen Bruder. Gedruckt zu
Münster in Westph. bey Lambert Rassfeldt.
Im Jahr, 1606, 8°, pp. 540, sld. (Par le
P. Conrad Vetter.)

Dans cet ouvrage, l'auteur a réuni un certain nombre
de brochures de controverse antiluthérienne, qu'il avait
publiées avant l'année 1600 ; on en trouve plusieurs citées
dans ce Dictionnaire.

**Unterricht über die Andacht zu den
allerheiligsten Herzen Jesu und Mariä und
über deren Bruderschaften, nebst einigen
bezüglichen Gebeten und Gesängen, und
einem Anhange von Morgen-, Abend-
Mess-, Beicht und Communionsgebeten.
Dritte auflage. Cöthen, Verlag der Catholischen Kirchenverwaltung. In Commis-
sion bei Ignaz Jackowitz zu Leipzig. 1843.
18°, pp. 144. (Par le P. J. B. Devis.)**

La 1re édition est de 1842.

**Unüberwindliches Katholisches Chris-
tenthum welches der Herr im offenen,
als eine Stadte auf dem Berge gesetzt,
auch in unsern trüben Tagen keinen
einzigen wilt verbogen haben. I. zur
Freund und zum Heil vieler. II. zum
Trost und Aufmunterung aller Schwach-
gläubigen und Kleinmüthigen, aus die
Schrift mit unwiderleglichen Sprüchen dess
grossen Augustini Kirchehirtens dermas-
sen vorgestellt ; das nicht allein der Ge-
lehrte, sondern auch der Einfältige sehen
kann, ob er in der Wahrheit sey, die
zum Himmel führet ; oder ob er in einem
Seelen verderblichen Irrthum stecke.
Cölln am Rhein, gedruckt mit Metterni-
schen Schrifften, 1774, 8°, pp. 31. (Par
le P. Herman Schoenenbusch.)**

**Unum necessarium salva animam tuam.
Sive considerationes duodecim de pretio
animæ a R. P. Petro Pinamonti Soc.
Jesu Italice conscriptæ ab alio ejusd. Soc.
latinitate donatæ et nonnihil auctæ. Tre-
viris, apud Jacobum Reulandt, 1726,
pet. 12°, pp. 84.**

Il y a une autre édition de Dusseldorf, 1733.

**Unvermeydentlich Nothwendigkeit, dass
man alles müsse glauben, was die Katholische Kirche beflicht zu glauben. Von
einem Priester S. J. Augspurg, 1736.**

**Uomini (Degli) illustri di Urbino com-
mentario. Urbino, per Vincenzo Guerrini.**

1819, 4°, pp. 287, sllelt. (Par le P. Charles Grossi.)

Uomo (L') de' dolori Giesù nostro Dio, e Redentore. Vir dolorum et sciens Infirmitatem. Isa. 35. Meditazioni sopra i principali travagli in tutta la Vita di Christo nostro Divino Riparatore, per tutti i venerdi dell' anno di Giuseppe Silva Sacerdote. In Firenze, nella Stamperia di S. A. R. per Gia. Gaetano Tartini, e Santi Franchi, 1719, 12°, pp. 489. (Par le P. Joseph Marie Sotomayor.)

Upominanie do Ewangelików y do wszystkich spolem niekatolików iż o skażenie Zborów Krakowskich gniewać się ynie nowego i burzliwego zaczynać nie mają. Krakow, Dr. Lazarza R. P. 1592, 4°, pp. 88. (Par le P. Pierre Skarga.)

Uranophili é Soc. Jesu Tabulæ lunares ex theoria et mensuris Isaaci Newtoni, in gratiam cultorum astronomiæ concinnatæ, addito usu tabularum. Ingolstadii, 1726, 4°. (Par le P. Nicaise Grammatici.)

Usance (L') de la Confession et saincte Communion. Ensemble l'exercice de la presence de Dieu Du R. P. François Arias de la Compagnie de Jesus. Translatée par un Père de la mesme Société. A Douay, de l'Imprimerie de Balthazar Bellere, L'an 1611, 12°, pp. 239.

Cet ouvrage a d'abord paru A Anvers, chez Joach. Trognese, 1601, pet. 12°, pp. 263, puis à Douay, 1602. La dédicace de l'edition 1611 est signee : I. T., initiales des noms de Joachim Trognese, je le suppose.

Uso (Dell') delle opinioni in materie Morali, Dissertazione Teologica, in cui si espongono semplicemente l'origine, e lo stato della questione, colle sentenze diverse dei Dottori Cattolici. In Einsidlen, presso Giovanni Eberardo Kälin, 1744, 4°, pp. 249, slp. (Par le P. Jean Philippe Bovio.)

Uso (L') vince natura. Racconto pubblicato nel periodico la *Civiltà Cattolica*. Terza edizione migliorata. Prato, tip. Giachetti, 1879, 16°, pp. 138. (Par le P. Raphael Ballerini.)

Ustawy Bractwa, które pod Tytulem Nayswietszych Serc Jezusa i Maryi zaprowadzone jest w Polockim Xięzy Jesuitów kościele. Przydane osobliwie niektóre modlitwy, dla Osób Bractwa tego, oraz odpusty, ktorych destępować moga. w Uprzyw : od I. Im : M. Drukarni Coll : S. J. Roku 1795, 18°, pp. 151. (Par le P. Thaddée Brzozowski.)

Utraque (De) copia, verborum et rerum præcepta, una cum exemplis dilucido brevique Carmine comprehensa, ut facilius et iucundius adisci, ac memoriæ quoque firmius inhærere possint. Romæ, apud Antonium Bladum, Impressorem Camer. Anno 1556, 8°, ff 41. (Par le P. André des Freux ou Frusius.)

Uwaga prawdy katolickiey rzynskiey, nieważuość i nieuwagę dissidentskich błędów okazująca, z łacińskiey w Kolonii edicyi na polski język przetłumaczona w R. 1723. Wilno, Dr Akad. S. J. 8°.

Uwagi chreściańskie na każdy dzień miesiąca przez X. Bouhours T. J. z francuskiego na język polski przełożone przez Kaplana tegoż Towarzystwa. Poznań, 1857, 16° pp. iv-64. (Par le P. Théophile Baczynski.)

Uwagi krytyczne nad artykulem tyczącym sieę Rossyi umieszczonym w gazecie francuskiéy pod dniem 22. Kwietmia 1839 z wloskiego przełożone. Paryz, 1840, 8°, pp. 32. (Par le P. Raymond Brzozowski.)

Uwagi nad Religią Panów Dyssydentów, niegdyś krótko pod imieniem listu w materyi Religii wydane, a dziś obszerniej rozwiedzione i różnemi dowodami stwierdzone. Przemyśl, 1792-93, 8°, pp. 229-7. (Par le P. François Michel Lesniewski.)

Uważai dobrze, albo reflexyi na cztery rzeczy ostateczno z francuzkiego na polski język przełożone. Lwów, Dr S. J., 1766.

Uytterste neerlagh van Men Herr N. Smit Pastoor tot Hilversum.... wegens veerthien stellingen van hem geleert, breeder bevestigt... Buyten Hilversum Anno 1690, 12°. (Par le P. Jacques Claerens.)

V

Vacances (Les) scolaires. Extrait de la Collection des *Précis historiques*. S. l. et a. (187..) 8°, pp. 30. — *A la fin :* Bruxelles, Imprimerie A. Vromant. (Par le P. Vincent BAESTEN.)

Vade mecum, sive Praxis opera quotidiana, aliaque rite peragendi et per ea salutem et perfectionem propriam ac proximi, instituto Societatis Jesu conformem assequendi; indicata a quodam ejusdem Societatis Jesu Sacerdote. Coloniæ, in officina Noetheniana, 1744, 8°, 3 part., pp. 179, 117 et 396. (Par le P. Ferdinand LIMPENS.)

Væ victis. Lusus rhetorum Advaticorum adversus Leydenses exercitationes; numerario Godefrido Vrancken. Excudebat Mercator Ædepol, 1609, 12°. (Par le P. Gaspar Maximilien VAN HABBEEKE.)

Le P. de Backer (II, 1, 2) dit : « Il y avait alors un « Père nommé Godefridus Francken et cependant Alegambe attribue cet ouvrage à Van Habbeeke... » Il ne s'est pas aperçu que le P. Francken naquit en 1592 et n'entra au noviciat des Jésuites qu'en 1615 ; il ne peut donc être l'auteur de cet ouvrage publié en 1609.

Valentine Riant. Notes et Souvenirs. 1860-1879. Paris, Imprimerie Soussens, 1880, 8°, pp. 221. (Par le P. Georges LONGHAYE.)

Valetudinarium Musis novis et XXII poetis vetulis, frigidis, Nudis, Edentulis, Claudis, etc. Hymenæum Jacobi Reihingi praedicantis non minus inscite, quam impie, hoc est, praedicantice celebrantibus, ab Apolline et veris christianis musis commiserationis ergo erectum et attributum. Ingolstadii, Typis Gregorii Hænlini, Anno MDCXXII, 4°, pp. 38. — ... Ex Ingolstadiensi editione Dilingæ recusum. Anno MDCXXII, 12°, pp. 91. (Par le P. Georges STENGELIUS.)

Voir supra : *Æsculapius...*

Vanneaux (Les) poëme héroï-comique, à monsieur le marquis de Gages, chambellan actuel de LL. MM. II. et RR. AA. etc. S. l. (*Mons* [?]), M.DCCLXXV. 8°, pp. 43, sll. (Par le P. VALLÉ..)

Vantaggio (Il) della verginità per la vestizione di S. A. R. la Principessa Carlotta fra le Religiose di S. Domenico in Parma. Parma, 1798, 4°. (Par le P. Joseph Marie TASCHINI.)

Melzi cite cet ouvrage, tome III, p. 194 ; c'est, je crois, le même qu'il a déjà indiqué, tome I, p. 259, sous le titre de : *Corteggio (Il) della verginità...*

Varia Pietatis exercitia in Seminariis Per Provinciam Boëm. Soc. Jesu passim usitata. Quibus in Gratiam cantorum accessêre Psalmi quidam, Hymni, Antiphonæ et versiculi, pro Choro, Stationibus et Processionibus. Selectæ item Preces, usui quorumvis Studiosorum, servientes.

Editio septima. Pragæ, typis Universitatis Carolo Ferdinand in colleg. S. J. Anno 1697, 32°, pp. 166, sllclt.

Variæ Curiositatis quæsita... ab Illustrissima oratoria Facultate Universitatis Græcensis oblata, die 27 Junii Anno 1679. Græcii, apud Hæredes Widmanstadii, 8°, ff. 16. (Par le P. Ferdinand REZER.)

Varie Instruttioni per indirizzo spirituale della Congregatione della SS. Vergine del Fervore nel Collegio di Palermo, della Compagnia di Giesù. Palermo, Domenico Cortesio, 1704, 12°. (Par le P. Jean SCORSO.)

Melzi (III, 195) cite cet ouvrage parmi les anonymes. C'est une septième édition, précédée de la vie de l'auteur, mort en 1674, écrite par le P. Ignace de Vio.

Variétés d'un philosophe provincial par M. Ch... le jeune. Paris, Dehansy, 1767, 12°. — Bruxelles (Paris), 1767, 12°, 2 vol. (Par le P. François CHAMPION DE PONTALIER.)

Variétés philosophiques et littéraires. A Londres. Et se trouve à Paris, Chez Duchesne, M.DCC.LXII, 12°, pp. VII-248. (Par le P. Théophile Ignace ANSQUER DE LONDRES.)

Vaticaansch (Het) Concilie van 1869. Terugblick op de Conciliën van het Oosten, door J. C. Willems, R. K. Pr. 'S Hertogenbosch, W. van Gulick, 1869, 8°, 6 part., pp. 75, 195, 126, 67, 126 et 91. (Par le P. Corneille WILLEMS.)

« Vaticano (Il) Regio » del Sac. Carlo Mª Curci smascherato da un Padre della Compagnia di Gesù. Prato, Giachetti, Figlio e C., 1884, 8°, pp. 300.

Vaticano (Il) regio tarlo superstite della chiesa cattolica di C. M. Curci. Versi popolari di un Romano. Roma, Filippo Cuggiani, 1884, 16°, pp. 8. (Par le P. François-Xavier RONDINA.)

Vaticinium regale sub auspicatissimo coronatæ Majestatis primordio Michaelis Korybuth, Regis Poloniæ, poesi celebratum et a polona Societate Jesu fausti ominis ergo oblatum. Cracoviæ, Of. St. Petricovii, 1660, fol. (Par le P. Alexandre LORENCOWICZ.)

Sotwel dit à tort : 1659.

Velocitate (De) accessus et recessus a puncto, aut linea data, et de Hermanni Paralogismo Disquisitio Physico-Mathematica cui adjunctæ sunt aliquot Propositiones Physico-Mathematicæ de æquilibrio. Bononiæ, Typis Fernandi Pisarri, CIɔ.IɔCC.XXXXVII, 4°, pp. 33. (Par le P. Vincent RICCATI.)

Ven. P. Pauli Segneri, S. J. Meditationes selectæ pro singulis anni diebus ex Italico in Latinum vertit P. Ign. Kistler, S. J. Editio altera emendata et aucta. Regensburg, Manz, 1874. (Par le P. Joseph SCHNEIDER.)

Venæ poeticæ e fonte gratiarum Dei Matris Sas-Variensi ad rigandos lauros Perillustrium... Dominorum Neo-Baccalaureorum... a Musis Tyrnaviensibus Derivatæ, Anno M.DCC.XXXIV. Mense Majo Die... Tyrnaviæ, Typis Academicis, per Leopoldum Berger, 8°, pp. 86. (Par le P. Alexis OKOLICZANY.)

Veneris (De) per solem transitu exercitatio astronomica habita in Collegio Romano Soc. Jesu a Patribus ejusdem Societatis. Anno MDCCLXI. Mense.... Die.... Hora.... Romæ, Typis Generosi Salomoni, 4°, pp. 30 et 1 pl. (Par le P. Joseph Marie ASCLEPI.)

Venetæ urbis descriptio a Nicandro Jasseo P. A. concinnata anno MDCCLX, edita anno MDCCLXXX et Serenissimo Principi Paulo Rainerio, Venetiarum duci, dicata. Venetiis, ex Typographia Zattiana, s. a., 8°, pp. 364. (Par le P. Emmanuel DE AZEVEDO.)

Veni mecum Sacerdotum utriusque cleri ; seu preces, benedictiones et formulæ variæ ad sacerdotum utilitatem in unum collectæ. Taurini, Petrus Marietti, s. a. (1883), 16°, pp. 146. (Par le P. Emmanuel BOTTALLA.)

Venida (La) del Mesias en gloria y Magestad. Observaciones de Juan Josaphat Ben-Ezra hebræos Cristiano dirigida a el Sacerdote Christofilo Attico Romano. Londini, 1816, 8°, 4 vol. (Par le P. Emmanuel LACUNZA.)

Cet ouvrage fut réimprimé à Mexico en 1825 et à Paris en 1826.

Ver (Le) rongeur des sociétés modernes,

ou le Paganisme dans l'éducation, par l'abbé Gaume, auteur du Catéchisme de Persévérance. Précédé d'un avertissement, par un théologien du diocèse de Malines, et d'une lettre de Son Eminence le cardinal Gousset, archevêque de Reims. Bruxelles, L. de Wageneer, s. a. (*1852*), 12°, pp. 360. (Par le P. Victor DE BUCK.)

Vera (La) guida per chi viaggia in Italia... Con una breve annotazione. Roma, Paolo Giunchi, 1775, 12°.

Le P. François Antoine ZACCARIA composa la préface et ajouta des notes sur les objets d'art et les antiquités.

Vera idea del Giansenismo. All' Eminentissimo Signor Cardinale Luigi Valenti Gonzaga legato pontificio della Provincia di Romagna ed Esarcato di Ravenna, MDCCLXXXI, s. l. (*In Poschiavo*), 12°. 2 vol., pp. XVI-340 et 319. (Par le P. Louis MOZZI DE' CAPITANI.)

L'auteur signe la dédicace ; cependant Melzi (III, 205), s'appuyant sur l'autorité de Moschini, dit que cet ouvrage a été écrit par l'abbé Antoine Thomas Volpi contre le P. Mozzi, à qui Cerruti l'attribue à tort.

Vera idea della Teologia ascetica che insegna chiaramente e solidamente la scienza de' Santi, ossia *l'arte di farsi Santo*, del Padre Francesco Neumayr d. C. d. G., tradotta dal tedesco da un Padre della medesima Compagnia. Camerino, typ. Borsarelli, 1869, 32°, pp. XI-248.

Vera Narratio disputationis in cavsa fidei oblata a Concionatore vno de Societate Iesu Lutheranis Concionatoribus aliquot, ea honoraria conditione, ut solius Scripturae etiam ut ab iis versa, et detruncata est, tanquam Judicis auctoritate staretur, ac nihilominus detractatae. Mvssiponti, apud Melchiorem Bernardum, 1613, 8°, pp. 78. (Par le P. Antoine PRÉVOSTET.)

C'est la traduction de l'ouvrage du P. Gontery : *Vraye (La) procédure...*

Vera origine e diritta successione non realmente interotta del Sacro Ordine Carmelitano, dimostrata istoricamente dal P. Daniele Papebrochio Teologo della Compagnia di Gesù. 16... (Par le P. François RASPONI.)

Vera Sapientia vel utilissimæ Conside-

rationes ad acquirendum sanctum Dei timorem distributæ in singulos hebdomadæ dies. Accedit Consideratio de Confessione rite instituenda. Omnia Italicè primum scripta a quodam Societatis Jesu Religioso. Nunc Latinitate donata. Dilingæ, Typis Joannis Caspari Bencardi, Per Joannem Michaelem Spörlin, Anno M.DC.LXXVII. 24°. pp. 127. — Monachii, Typis Sebastiani Rauch, 1683, 12°. pp. 127, sldelt. (Par le P. Maximilien RASSLER.)

L'original italien est du P. PINAMONTI. Voir supra : *Timor Domini*.

Vera (La) sapienza ovvero Considerazioni utilissime all' acquisto del santo Timor di Dio disposto per tutti i giorni della settimana da un Religioso della Compagnia di Gesù. Venezia, per Andrea Poletti, 1683, 12°. (Par le P. Jean Pierre PINAMONTI.)

Il y a au moins une édition antérieure, puisque la traduction du P. Rassler est de 1677. (Voir supra : *Vera Sapientia.*) On a souvent attribué à tort cet ouvrage au P. Paul Segneri.

Verborgen schat in de siekten ende swaericheden entdeckt door den weerdigen Pater Ludovicus de Puente der Societeyt Jesu; met eene practyke om de zieken in doots noot by te staen. In't Speens uytgegeven door den Eerw. P. Thyrsus Gonzalez Priester ende daer naer Generael der Societeyt Jesu. Verduydst door eenen Priester der zelve Societeyt. T'Antwerpen, by de Weduwe van Joris Willemsen, 1693, 12°. pp. 332, sldelt.

Verborghen ende schoone gront-reden om gherustelyck te leven, ende blydelyck te sterven : hem beghevende tot de volmaecktheydt ende heyligheydt des levens in de Religie. Iek sal geven de verborgen schatten, ende verholen secreten. Isaias 45 : Ghemaeckt door eenen Priester der Societeyt Jesu, ende door eenen anderen van de selve Societeyt overgheset uyt de Italiaensche tale. T'Antwerpen, By Cornelis Woons, Anno 1652, 12°, pp. 23.

Verdades eternas explicadas en lecciones, ordenadas principalmente para los dias de los esercicios espirituales, por el P. Carlos Gregorio Rosignoli, de la Compañia de Jesus; traducidas del Toscano por un Padre de la misma Compañia de Jesus. Quien la dedica a Maria Santissima Señora nuestra. Van añadidas en esta impresion las breves meditaciones sobre los novisimos por el P. Juan Pedro Pinamonti, de dicha Compañia. Madrid, Imprenta de D. M. Martin, 1777, 8º, 2 vol.

Cet ouvrage a eu plusieurs éditions avant et après 1777; la sixième est de Barcelone, 1881. Cette traduction ne serait-elle pas du P. Michel GUTIEREZ, qui parut en 1750 à Seville, sous le pseudonyme de Dr Dominico Baptista de Sotomayor ?

Verdegiging van het tijdelijk bestuur des Pauses, of geneermiddelen door Lord Derby, Disraeli en de la Guéronière tot herstel van den Kerkelijken staet voorgeschreven, te laat aangekomen naar het Italiaansch. Amsterdam, C. L. van Langenhuysen, 1859, 8º, pp. 65. (Par le P. Sibrand VEN DEN ANKER.)

Veereniging tot bevordering der vereering van het allerheiligste Sacrement en tot versiering der behoeftige Kerken van ons Land. St Michiels-Gestel, 1860-70, 8º, 10 vol. (Par le P. Augustin HENRIET.)

Verehrung (Von der) des Allerheiligsten Hertz unsers Herrn Jesu Christi, welche... von den Ehrw. P. Josepho de Gallifet, der G. J. Priestern, grundlich ist in Lateinischer Sprach erwisen worden. In das Teutsche übersetzt von einem andern Priester gemeldter Gesellschaft. Augspurg, in Verlag Antonii Bonaventuræ Bissoni, Anno 1728, 8º, pp. 231, sll.

Verehrung (Die) der ohne Erbsünde empfangenes allerseligsten Jungfrau and Gottesmutter Maria, in den Festen, Andachten und Gebräuchen der katholischen Kirche, sowie in den kirchlichen Congregationen und im christlichen Volksleben dargestelt. Aus dem Französischen, von Paul Sauceret. Von einem Priester der Gesellschaft Jesu von dem Abdruck durchgesehen und verbessert. Münster, Aschendorff'sche Buchh., 1858, 8º, pp. xvi-533.

Verfassers (Des) der Religionsphilosophie geistliche Reden auff alle Sonntage des Jahres die der Jhrer Königlichen Hoheit der Durchleuchtigsten Erzherzoginn Marianne von Oesterreich zu Klagenfurt im Gotteshause der Wohlerwürdigen Frauen Elisabetherinnen sind gehalten worden. Augsburg, bey den Gebrüde n Veith, 1784, 4 vol., pp. ..., 276, 292 et 291. (Par le P. Sigismond STORCHENAU.)

Verfolgung (Die) der Genter Seminaristen in den Jahren 1813 und 1814. Nebst einem Rückblik auf die Kirchengeschichte jener Zeit, von J. van der Moere, Priester der Gesellschaft Jesu, Verfasser des Lebens der h. Theresia in den Acta Sanctorum der Bollandisten. Uebersetzt von einem Priester derselben Gesellschaft. Mainz, Fr. Kirchheim, 1874, 8º, pp. xiii-195. (Par le P. Adolphe von Doss.)

Verhael van de Gevanckenisse ende Martelie van P. Joannes Ogilbeus geboren in Schotlandt, Priester der Societeit Jesu : die gevanghen is ghewesst den 14 October 1614, ende gemartelizeert den 10 Meert 1615. T'Antwerpen, by Franchois Fickaert, 1615, 8º, pp. 46. — Ibid., 1623, 12º. (Par le P. François DE SMIDT.)

Verhältniss (Das) zwischen Kirche und Staat. Aus den hinterlassenen Schriften eines Jesuiten. Bei Anlass der Wirren in der oberrheinischen Kirchenprovinz neuerdings herausgeg. und bevorwortet von Th. von Scherer. 2ᵉ Ausgabe. Regensburg, Manz, 1854, 8º, pp. xii-112.

Veri et pii sacerdotis idea et exercitia, seu Vita R. D. Iacobi Merlo-Horstii, Pastoris B. Mariæ Virginis in Pascvlo Coloniæ, SS. Theol. Licent. accedvnt I. Oratio Parænetica de Veneratione Spiritvali habita in profesto S. Hvberti et ad Sodales B. V. Mariæ. II. Docvmenta ascetica. III. Testamentvm christiani hominis. Ad Clericorum et Pastorum imitationem accommodata. Coloniæ, apud Ioannem Kinckivm, Anno M.DC.XLV, 12º. pp. 283, sldelt. (Par le P. Hermann CROMBACH.)

Veridica Immagine del Papa, quale ci viene offerta dalle divine Scritture, dai Santi Padri, ec., ec., opposta a quella non ha guari pubblicata in Vienna d'Austria, che per Imperial comando fu sospesa. Fedele traduzione dal Tedesco. In Fuligno, per Giovanni Tomassini, 1783. (Par le P. François Antoine ZACCARIA.)

L'original allemand est de l'abbé François Dietrich.

Veridicus Belgicus, sive civilium apud Belgas bellorum initia, progressus, finis optatus : in quam rem remedia a ferro et pace præscripta, Fidei, Patriæ, Orbis bono. Item reformata Apocalypsis Batavica, aucta et recensita. Antverpiæ, apud Martinum Nutium , 1624. (Par le P. Charles SCRIBANI.)

Voir supra : *Civilium apud Belgas... et Hollantschen (Den) Apocalypsis...*

Verità cristiane cavate dalla sacra Scrittura e proposto brevemente da meditare per praticarle , Principalmente a' Giovani delle Congregazioni ne' Collegi della Compagnia di Giesù, Operetta divisa in due Parti. In Bologna, Per Ferdinando Pisani, MDCCXIX, 16°, pp. 258.

Verità (La) della religione. Opuscolo di un Sacerdote d. C. d. G. Edizione prima Viterbese, per cura e sotto gli auspicii del Emo e Revmo Sig. Cardinale Gaetano Bedini, Vescovo di Viterbo e Toscanella. Viterbo, presso Sperandio Pompei, 1862, 16°, pp. 71.

C' est, je pense, une édition nouvelle de l'ouvrage suivant qui en a eu plusieurs autres :

Verità (La) della religione spiegata a modo di elementi per uso delle scuole inferiori Opuscolo di un Sacerdote della Compagnia di Gesù. Adattato ancora ad ogni sorta di persone che non hanno o il tempo o la capacità per li studj più elevati. Reggio , per G. Davolio, e figlio, 1817, 12°, pp. 60. (Par le P. Jean REGOLI.)

Verità (La) difesa col disvelarsi nella sincera esposizione de fatti sinistramente accennati contra la Compagnia di Gesù da celebri riflessionisti. Opera dell' Acadº tra' Pascatori Cratillide Calliado. Firenze (*Venezia*), a spese di Antonio Zatta, 1761, 8°. (Par le P. Janvier Sanchez DE LUNA.)

Il y a une édition antérieure anonyme.

Verità eterne degli esercizii di S. Ignazio per la Gioventù studiosa : proposta in latino da un Padre d. C. d. G., e da uno della stessa Compagnia voltate in italiano.

Bressanone, typ. L. Weger, 1870, 24°, pp. 464.

L'original latin est du P. Matthieu Vogel.

Veritable (Le) art du Blason, ou l'Usage des Armoiries. A Paris, Chez Estienne Michallet, 1673, 12°, pp. 342, sllelt. (Par le P. Claude François MENESTRIER.)

Le nom de l'auteur est dans le privilège.

Veritable (Le) art du Blason, ou les règles des armoiries sont traitées d'une nouvelle Methode, plus aisée que les précédentes; Les origines expliquées et establies par de solides raisons, et de fortes authoritez : Les erreurs de plusieurs autheurs corrigées, la pratique de chaque nation examinée, et les causes de leur diversité fidellement raportées. A Lyon, Chez Benoist Coral, M.DC.LIX, 24°, ff. 18 nch., pp. 442 et 3 ff. nch. (Par le P. Claude François MENESTRIER.)

Il y a en réalité 356 pages de texte, la pagination sautant de 218 à 305.

Veritable (Le) Augustin dans ses quatre livres du Symbole de la foi contre le faux Augustin du ministre d'Uzès. Toulouse, Jean Boude, 1655, 4°. (Par le P. Bernard MEYNIER.)

Veritable (La) connoissance de soymesme. Avec les pratiques d'humilité, qu'on en doit tirer. Traduite de l'italien du R. P. Segnéri de la Compagnie de Jesus. A Paris, chez Robert Pepie, M.DC.XCI, 16°, pp. 142. (Par le P. Claude BUFFIER.)

L'original italien est attribué à tort au P. Segneri; il est du P. Pinamonti.

Veritable (La) devotion au sacré cœur de Jesus Christ. Par le P*** de la Compagnie de Jesus. A Besançon, chés François Louis Rigoine, M.DC.XCIX, 12°, pp. 115. sldpelt. (Par le P. François FROMENT.)

Veritable (Le) esprit des nouveaux disciples de S. Augustin. Lettres d'un abbé licentié de Sorbonne à un vicaire general d'un diocèse des Pays-Bas. Bruxelles, Claudinot, M.DCC.VI, 12°, 3 vol., pp. 1551. — ... Sur l'imprimé, à Bruxelles, chez Antoine Claudinot, M.DCC.VI, 12°. 3 vol., pp. 1155 (*pour* 1551). — Veritable (Le) ... de Saint Augustin. Nouvelle

Edition revuë, et augmentée de quelques lettres. A Bruxelles, chez Antoine Claudinot, M.DCC.VI, 12º, 2 vol., pp. 496 et 1304. (Par le P. Jacques Philippe LALLEMANT.)

D'après l'article des *Mémoires de Trevoux* (octobre 1707, p. 1671-1685), où l'on annonce la nouvelle édition, on aurait contrefait cet ouvrage dans plusieurs villes de France. En 1707, l'auteur publia une *Suite du véritable esprit...* (Voir supra.)

Véritable (Le) état du différend élevé entre le nonce apostolique résident à Cologne, et les trois Électeurs Ecclésiastiques, Au sujet d'une Lettre circulaire adressée aux curés de leurs diocèses. A Dusseldorff (*Cologne*), chez Pierre Kauffmann, 1787, 8º, pp. 126. (Par le P. François-Xavier DE FELLER.)

La même année, l'auteur publia un *Supplément* de 25 pages.

Véritable piété ou moyen pour parvenir à la perfection chrétienne. Maximes de saint François de Sales, avis de sainte Thérèse et conseils de la bienheureuse Marie de l'Incarnation, suivies de l'ordinaire de la messe par le R. P. Bonnefons, de la Compagnie de Jésus. Paris, Douniol, 1853, 32º, pp. 144. (Par le P. Victor HASSENFORDER.)

Veritable (De la) religion : Ouvrage composé en Latin, Par le R. P. Leonard Lessius, de la Compagnie de Jesus. Qui contient des considérations tres-claires, et des raisons tres-convainquantes pour l'etablissement de la Foy catholique contre les Religionnaires. Traduction nouvelle. A Lyon, chez Molin et Barbier, M.DC.XCVIII, 12º, pp. 291, sllelt.

La dédicace est signée : *S. B de la Compagnie de Jesus.* Le privilège et l'approbation sont de 1653 et donnés à la *Consultation pour voir...* (Voir supra.)

Veritable (La) sagesse, ou considérations très-propres à inspirer la crainte de Dieu. Disposées pour tous les jours de la semaine. Avec quelques réflexions sur la Confession et sur la Communion. Traduites de l'Italien du P. Paul Segneri de la Compagnie de Jésus. Seconde édition. A Paris, Chez la Veuve de Simon Bénard, M.DC.LXXXIX, 12º, pp. 142 et 46. (Par le P. Gabriel François LE JAY.)

Souvent réimprimé. Le nom du traducteur est dans la Permission du Provincial, 30 février 1688. L'original italien n'est pas du P. Segneri, mais du P. PINAMONTI. Voir supra : *Vera (La) sapienza...* et infra : *Vraie (La) sagesse...*

Véritables (Les) motifs de confiance que doivent avoir les fidèles dans la protection de la Sainte Vierge, divisés en quatre Livres. Limoges, 1712, 12º, pp. 302. (Par le P. Paul LE CLERC.)

Plusieurs éditions, dont la première est bien celle de Limoges, car on trouve, sous la date du 24 février 1712, dans la correspondance autographe de l'abbé Tricaud, conservée à la Bibliothèque de Lyon, le passage suivant : « Le P. Le Clerc, jesuite, et préfet des pensionnaires du « Collège Louis le Grand a fait imprimer à Limoges un « livre qui a la forme d'un petit in-12 d'Hollande de « 302 pages, qui a pour titre *Les Véritables motifs...* » L'approbation est du 10 avril 1711.

Veritas consilii Burgofonte initi ex ipsa huius executione demonstrata, seu verum systema jansenismi et evolutio mysterii iniquitatis, opus gallico primum sermone conscriptum, nunc publicæ utilitatis caussa latine redditum. Augustæ Vindelicorum et Friburgi Brisg. sumptibus fratrum Ignatii et Antonii Wagner, MDCCLXIV, 8º, 2 vol., pp. 492 et 528, sllelpt. (Par le P. Joseph SCHWARZ.)

C'est la traduction de l'ouvrage du P. Sauvage : *Réalité (La) du projet de Bourg-Fontaine.* (Voir supra.)

Veritas et æquitas constitutionis Unigenitus Theologicè demonstrata; seu 101. Quenelli Propositiones confutatæ ex locis theologicis, Scripturis, Conciliis, Definitionibus Pontificum, SS. Patribus, Ratione, Gandavi, 1724, 12º. — Editio quinta. Gandavi, Ex typographia Joannis Eton, M.DCC.XXX, 12º, pp. viii-195. (Par le P. J. B. PHILIPOTEAU DU CHESNE.)

La dédicace est signée : *J. B. C.* L'auteur traduisit lui-même son ouvrage en français ; voir infra : *Vérité (La) et l'équité...*

Veritas vindicata sive permultæ sententiæ Auctorum Societatis Jesu in Theologia Christiana Dogmatico-Morali minus sincere relatæ, suæque integritati a quodam ejusdem Societatis Theologo restitutæ. Lucæ, typis Mariæ Benedini, 1753, 4º, pp. 314. (Par le P. Charles NOCETI.)

Cet ouvrage a été réimprimé avec des additions et le nom de l'auteur, à Rome et à Madrid, la même année 1753.

Veritates æternæ ex prima Hebdomada Asceseos Ignatianæ petitæ ad studiosæ potissimum juventutis usum et salutem propositæ a quodam Societatis Jesu Sacerdote. Constantiæ, sumptibus Martini et Thomæ Wagner, Typis Joannis Conradi Waibel, 1731, 8°, pp. 447, slpelt. (Par le P. Matthieu VOGEL.)

Réimprimé plusieurs fois avec le nom de l'auteur.

Veritates æternæ, DD. Sodalibus Almæ ac Venerabilis Sodalitatis Majoris B. V. Mariæ, ab Angelo salutatæ, et sine labe originali conceptæ, in Archi-Ducali, et Academico S. J. Collegio Græcii erectæ, ac confirmatæ, primo Hebdomadæ sanctæ triduo per tres continenter annos propositæ : Nunc vero eisdem pro Xenio oblatæ anno salutis MDCCLX. Sodalitatis C.LXV. Græcii, Typis Hæredum Widmanstad, 8°, pp. 419. (Par le P. Joseph MAISTER.)

L'auteur publia chaque année, de 1757 à 1780, un opuscule sous le titre de *Veritates æternæ*, et y mit son nom. Dans le volume ci-dessus, les trois premiers opuscules sont réunis.

. Veritatis et Ecclesiæ Tungrensis breves Vindiciæ, adversus longam et supervacuam Diatribam R. P. Godefridi Henschenii de Episcopatu Tungrensi et Trajectensi. Leodii, Typis Leonardi Streel, 1653, 8°, pp. 26. (Par le P. Jean Erard FOULLON.)

La dédicace est signée du pseudonyme : *Nic. Fizen, Can. Visetensis.*

Vérité (La) de la religion catholique, Démontrée contre toutes les Sectes, ou deuxième partie du livre intitulé : L'Incrédule conduit à la religion cathelique par la voie de la démonstration. Dissertations contre les hérétiques. Tournay, Adrien Serré, 1772, 8°, pp. 287, slt. (Par le P. Henri POSTEL.)

Vérité (La) de la Religion chrétienne. De l'Italien de M. le marquis de Pianesse. A Paris, Chez Sébastien Mabre-Cramoisy, M.DC.LXXII, 12°, pp. 295. (Par le P. Dominique BOUHOURS.)

La dédicace est signée : *B. I.* Réimprimé avec le nom du traducteur.

Vérité (La) de la religion expliquée en forme d'élémens, à l'usage des classes inférieures, par un Prêtre de la Compagnie de Jésus. Ouvrage utile à toutes les personnes qui n'ont pas la facilité d'en lire de plus étendus. Traduit de l'italien. Chambéry, de l'imprimerie de Gorrin, Routin et Cᵒ, 1824, 12°, pp. 53.

C'est la traduction, faite peut-être par un Jésuite, de l'ouvrage du P. Jean Regoli : *Verità della Religione...* (Voir supra.)

Vérité (La) défendue et prouvée par les faits contre les calomnies anciennes et modernes. Polock, 1817. 8°, pp. 177. — Avignon, Aubanel, 1825, 12°. (Par le P. Jean Louis DE LEISSEGUES DE ROZAVEN.)

Vérité défendue pour la religion catholique. En la cause des Iesuites. Contre le Plaidoyé d'Antoine Arnaud. Par François des Montaignes. Tolose, Veuve S. Colomiez 1595, 8°. (Par le P. Louis RICHEOME.)

Plusieurs éditions.

Vérité (La) et l'équité de la Constitution *Unigenitus* démontrée contre les cent-une propositions de Quesnel. En Hollande, 1737, 12°, pp. 623. (Par le P. J. B. PHILIPOTEAU DU CHESNE.)

Voir supra : *Veritas et æquitas...*

Vérité (La), le devoir et le bonheur par un ancien missionnaire. A. M. D. G. Amiens, Alfred Caron, 1857, 18°, pp. 648. (Par le P. Charles BRANDICOURT.)

Vérité (La) sur les Monita secreta des Jésuites, par M. V. H. M. Paris, Douniol, 1862, 8°, pp. 16. (Par le P. Henri MERTIAN.)

Veritez chrétiennes. Par un Pere de la Compagnie de Jesus. Dernière edition. A Rouen, chez François Oursel, M.DCC.XXXII, 24°, pp. 150.

Veritez chrétiennes qui enseignent à bien vivre et à bien mourir. Par le P. Henri Balde de la Compagnie de Jesus. Et traduit en François par un autre Pere de la même Compagnie. A Anvers, chez Henry van Dunwalt, 1683, pet. 12°, pp. 256, sllelt. — Seconde edition. A Anvers, chez la Veuve de Barthélemy Foppens, 1699, 12°, pp. 256. — Nouvelle édition, revue et corrigée par un Père de la même Campagne. Tournai, Casterman, 1864, 32°, pp. 316.

Vérités importantes sur la fin de l'homme et de la grande affaire du Salut. A Lyon, Chez Pierre Valfray.

M.DCC.XXXIV, 12º, pp. 179. (Par le P. Joseph DE GALLIFET.)

Le nom de l'auteur est dans l'approbation.

Verklaringe von de eerste beginselen der grieksche taele voor de Jonkheyd van de rudimente, figure, grammatica, onder de bestieringe van de Societeyt Jesu. T'Antwerpen, by Bern. Van Plassche, 1751.

C'est, pense le P. de Backer (I, 248), la traduction flamande de l'édition du P. Gretser donnée par le P. J. B. DU SOLLIER, en 1727. Cette traduction aurait d'abord paru en 1731.

Vero (Il) spirito dei discepoli di S. Agostino : lettere di un Abbate Licenziato della Sorbonna ad un Vicario generale d'un diocesi de' paesi bassi. Venezia, Francesco Andreola, 1802, 8º, 2 vol. (Par le P. Charles DI PORZIA.)

C'est la traduction de l'ouvrage du P. Lallemant : Véritable (Le) esprit des nouveaux disciples... (Voir supra.)

Veroordeeling (De) van't Systeem van Copernicus gerechtvaardigd, door F. Becker, Leeraar aan 't Seminarie te Kuilenburg. 'S Hertogenbosch, W. van Gulick, 1872, 8º, pp. 37. (Par le P François BECKER.)

Versa belli alea, pœma peccati Achan, dass verkehrte Kriegs-Glück, entworffen in dem zuvor Sieghafften, dann auff eine Zeit auss Gottlich-verhängter Straff der Sünd Achans halber unterliegenden Volck Israël, auss dem Buch Josue 7 Cap. bedeutet auff gegenwirtige Kriegs-Zeiten, bevor auff das 1690ste Jahr, im III Buss-Exhortationen, zur Fastnacht-Zeit Anno 1691, von offentlicher Cantzel des Oratorii der Societät Jesu zu Bresslau, bey gewöhnlichen Viertzig-Stundlichen Gebeht für dass allgemeine Anliegen der Christenheit, durch einem Priester der Soc. Jesu vorgetragen, dann zu mehrern Nutz auff Ansuchen in Druck auffgelegt. Bresslau, in der Baumannischen Erben Druckerey, druckts Johann Günther Rörer, Factor. In Verlagung George Seydels, 4º, s. pag. (Par le P. Tobie TICHAWSKY ou TICHANOWSKY ou TUHAWSKY.)

La dédicace est signée : T. T. S. J.

Versi italiani e latini di vario stile di un Socio dell' Academia di scienze, lettere ec. di Brescia. Brescia, Bondiscioli, s. a. 12º. (Par l'abbé Maur BETTOLINI, ancien jésuite.)

Le P. de Backer ne cite pas cet auteur, né à Chiari, d'après Melzi (III, 212).

Versi sciolti di Diodoro Deltico P. A. Milano, Marelli, 1755, 8º. (Par le P. Xavier BETTINELLI.)

Versi sciolti di tre eccellenti moderni autori, con alcune Lettere non più stampate. Venezia, presso il Bassaglia, 1757, 8º. — Venezia, per il Fenzo, 1758, 8º. — Milano, pel Marelli, 1758, 12º.

Ce recueil contient des vers de Frugoni, d'Algarotti et du P. Xavier BETTINELLI.

Versi sciolti per le nozze reali di Ferdinando Arciduca d'Austria, e di Maria Beatrice Principessa d'Este. Bologna, 1772, 8º. (Par le P. J. B. ROBERTI.)

Versos que se cantan en el Viernes Santo... de las tres horas de agonía de C. N. Redentor. S. l. (*Barcelona, Ant. Sastres et a. (1801)*, 12º. (Par le P. Jean Climaque SALAZAR.)

D'après le P. Caballero, (I, 247), c'est la traduction de vers italiens du P. Pierre Cordon.

Verstercking der goede Christenen door het H. Sacrament des Autaers tegen de vrees van het Vagevier. Tot een Nieuw-Jaer geschoncken aen alle waere Catholycken. Door een Priester der Societeit Jesu. T'Antwerpen, by Joannes Franciscus de Roveroy, MDCCLVII, 8º, pp. 44. (Par le P. Charles VAN DEN ABEELE.)

Versuch einer Vereinigung der Mundarten von Teutschland, als eine Einleitung zu einem vollständigen Teutschen Wörterbuches mit Bestimmungen der Wörter, and beträchtlichen Beyträgen zur Naturgeschichte, aus den hinterlassenen Schriften des berühmten Hrn. Professors Joh. Siegmund Valentin Popowitsch. Wienn, 1780, 8º. (Par le P. Ignace LETHMUELLER.)

La dédicace est signée : I. L.

Vert-Vert. Rouen, 1734. (Par J. B. Louis GRESSET.)

Vertu (La) de pureté, son excellence, moyens de la conserver. A Amiens, chez

J. B. Caron l'aîné, 1810, 24°, pp. 318. (Par le P. J. B. MAURAGE.)

C'est une édition de : *Vie (La) pure et sainte...* (Voir infra.) Le nouvel éditeur a conservé tous les titres des chapitres, mais a remanié le texte, et ajouté, à partir de la page 224, des prières, histoires et pensées.

Vertus (Les) chrestiennes et les Vertus militaires en deüil. Dessein de l'appareil funebre dressé par ordre du Roy, dans l'Eglise de Nostre-Dame de Paris, le neuvième Septembre 1675. Povr la ceremonie des obseqves de tres-havt tres-pvissant prince, Monseigneur Henry de la Tour d'Auvergne, Vicomte de Turenne, Comte de Negrepelisse, Castillon et Civray, etc. Mareschal General des Camps et Armées du Roy, Colonel General de la Cavallerie Legere, Gouverneur et Lieutenant General pour Sa Majesté en la Province de haut et bas Limosin. A Paris, Chez Estienne Michallet, M.DC.LXXV, 4°, pp. 28. (Par le P. Claude François MENESTRIER.)

Verus Jesu Socius, cum sententiis spiritualibus S. P. Ignatii. Viennæ, typis Mechitarist., 1838, 8°, pp. 72. (Par le P. Jean SCHEGA.)

Voir supra : *Jubilus de eo...* Le P. Jacques PIERLING donna cette édition de 1838, retoucha le style de l'original et y ajouta une traduction allemande.

Vespro (Il) Siciliano e la questione Angioiana. Articoli storici e documenti pubblicate dalla *Sicilia Cattolica* (marzo 1882.) Palermo, Camillo Tamburello e C., 1882, 16°, pp. 220. (Par le P. Joseph ORLANDO.)

Vestendo l'abito religioso di Sant' Agostino nell' Insigne Monastero della SS. Nunziata di Piacenza la nobil Donna Signora Eleonora de' Marchesi d'Aragona Appiani di Piombino assumendo i nomi di Maria Clotilde Teresa. Stanze. Piacenza, presso il Salvoni, s. a. (*1753*), 4°, pp. 20. (Par le P. Xavier BETTINELLI.)

Cet opuscule contient : p. 3-18 : *Del Padre Saverio Bettinelli Mantovano della Compagnia di Gesù fra gli Arcadi Adaride Filoneio. Stanze,* et p. 19-20 : *Del Sig. Conte Giovanni Scotti di Sarmato Piacentino fra gli Arcadi di Roma, e di Trebbia Vannigio Enojo. Stanze.*

Vetera monumenta contra Schismaticos pro Gregorio VII. Ingolstadii, 1612. (Par le P. Jacques GRETSER.)

Le P. Heser dit que cet ouvrage fut publié sous le pseudonyme : *Sebastianus Tennagel.*

Veterum (De) argumentis pro telluris sphæricitate Dissertatio ... Romæ, typis Antonii de Rubeis, 1739, 4°, pp. XVI. (Par le P. Roger Joseph BOSCOVICH.)

Veterum nummorum ad recentes Francicos proportio. Lugduni, Apud Joannem Abel, 1617, fol. plano. (Par le P. Philibert MONET.)

Vetustissima inscriptio, qua L. Cornelii Scipionis elogium continetur, Romæ, nuper reperta et doctis explicationibus illustrata. Romæ, Zanetti, 1617, 4°. (Par le P. Jacques SIRMOND.)

Je cite ce titre d'après Melzi (III, 215) et Barbier (IV, 1402, e). Voir supra : *Antiquæ Inscriptionis...*

Via augusta, qua Serenis^m Poloniæ et Sueciæ Principem, Carolum Ferdinandum Episcopum plocensem, etc., inter gratulationum insignium pompam, Cathedram, principemque Diœceseos Urbem, auspicato ingredientem, æternum Suæ Serenitati devoti Societatis Jesu vilnensis professæ domus suæ Fundatorem, ac Academiæ Mecœnatem votis ac faustis apprecationibus comitatur. Vilnæ, typ. acad. S. J., 1644, fol., pp. 68. (Par le P. Casimir KOJALOWICZ WIJUK.)

Via Cœli complanata seu detecta salutis Impedimenta et Methodus eadem superandi, Italicè primum edita a P. Joanne Petro Pinamonti Soc. Jesu. Nunc autem Latinè Reddita et DD. Sodalibus Congregationis Majoris Academicæ Ingolstadiensis in Xenium oblata Anno M.DCC.XXIV et XXV. Ingolstadii, typis Thomæ Grass, 12°, 2 vol., pp. 124 et 140, slpelt.

Via Crucis, ossia esercizio di santi affetti nella meditazione di Gesù Cristo al Calvario per uso de' divoti. Brescia, pel Bendiscioli, 1793, 12°. (Par le P. Etienne Antoine MORCELLI.)

Via (La) della salute, per amore divino, del P. Nicolò de Sault, della C. di G. tradotto in italiano. Venezia, per il Baba, 1660, 12°. (Par le P. Matthieu GHERARDELLI.)

Via salutis Marianis sodalibus Congregationis majoris Academicæ Dilinganæ B. Virginis in xenium oblata. Dilingæ, 1760, 12°.

Via viri in adolescentia, seu juventutis in avia deviæ. Reductio a quodam è Societate Jesu proposita. Monachii, Typis Sebastiani Rauch, Anno M.DC.XCIII, 24°, pp. 196. —

Réimprimé à Cologne en 1725.

Viage del Parnasso con los descubrimientos nuevamente hechos en este monte, y sus Colonias. En Valencia, por Joseph Estevan Dolz, 1748. (Par le P. Thomas SERRANO.)

Sous le nom de *Don Joseph de Calassus y Navia Ossorio.*

Viaggi dei Papi. Firenze, Tafani, 1782, 8°. (Par le P. François GUSTA.)

Viaggio di Maria al Calvario. Palermo, 1835, 32°. (Par le P. Aloys BARTOLI.)

Viaggio (Un) marittimo all' America settentrionale. Ferrara, Taddei, 1841, 12°. (Par le P. Jean REGOLI.)

Viaggio per lo Mondo di Cartesio con la sua continuazione; recata dall' original Francese al volgar Italiano. In Genova, per Gio-Batt. Franchelli, 1703, 8°. (Par le P. J. B. DE BENEDICTIS.)

Cette traduction du *Voyage du monde de Descartes* du P. Gabriel Daniel est aussi attribuée à Domenico de Georgio.

Viaggio spirituale di quaranta giorni... (Par le P. François PONGA.)

Voir supra : *Pellegrinaggio spirituale...*

Viator Christianvs In Patriam tendens Per Motus Anagogicos. Multò auctior, et locupletior. Cracoviæ, Typis Francisci Cezary, Anno Dñi, M.DC.XCIII, 12°, pp. 507, sldclt.

Le P. Brown, à la page 99 de sa *Biblioteka pisarzow assystencyi polskiej Towarzystwa Jezusowego,* cite cet ouvrage parmi les anonymes latins de l'assistance de Pologne ; à la page 244, il l'indique à l'avoir du *P. Antoine André Krzesimowski.* Le P. de Backer a reproduit ces deux assertions ; mais, pour la seconde, il se demande (t. II, p. 535) si cet auteur n'est pas de l'ordre de Citeaux. — Notez que le P. Brown ne donne sur lui aucun détail biographique. — Ayant acquis ce livre, je puis faire disparaître les doutes du P. de Backer. Il y a, parmi les feuilles liminaires, une pièce de vers de l'imprimeur à : *D. Antonio Andree de Krzesimow Krzesimowski... Abbati Coprieni-ensi Sacri Ordinis Cisterciensis.* — Je ne sais sur quel fondement s'appuie Melzi (III, 219) pour attribuer au Cardinal Joseph Aguirre cet ouvrage dont il ne cite qu'une édition de Rome 1709. Dans le *Catalogo delle opere duplicate di teologia appartenenti alla biblioteca nazionale Vittorio Emmanuele* (Roma, 1879), t. I, n° 3811, on l'attribue au Cardinal Alvare de Cienfuegos. Du reste, le

Viator christianus a paru sous le nom de l'auteur, car je trouve une traduction espagnole intitulée : *Viador christiano, o al hombre peregrino en este mundo que camina a la patria celestial per movimientos anagogicos, su autor el R. P. D. Fr. Ant. Andrés de Krazimowski. Madrid, 1802.*

Vicarius generalis, sive de potestate vicarii generalis classis hispanæ cum explicatione pontificiorum diplomatum ejus personam concernentium. Gadibus, apud Bartholomæum Nunez, 1670, 4°. (Par le P. Augustin VAZQUEZ.)

Sous le nom de *D. Simon Marcus de Nestares.*

Vico-Æquensium Episcoporum series... novis curis restituta et illustrata. Romæ, per Salomoni, 1778, 4°. (Par le P. François Antoine ZACCARIA.)

Victoriæ anni trigesimi noni, et Votum quadragesimum : I. Ludovico justo. Lugdunum. II. Hesdinium captum. III. Salsulæ expugnatæ. IV. Votum pro Europa. V. Protrepticon ad Gallos. V. Ad Cardinalem-Ducem Sapientia. Lugduni, Apud Ioannem Ivllieron, MDCXXXIX, 4°, pp. 15. (Par le P. Pierre LABBÉ.)

Victoriæ et fortunæ cum religione Conspiratio seu Vienna oppugnantibus Turcis diu propugnata a Comite Ernesto Starenbergio S. R. I. Principe, et demum asserta a Joanne III Poloniæ Rege, ac Carolo V Lotharingiæ Duce, sub Auspiciis Innocentii XI P. O. M. Atq. Leopoldi Romanorum Imp. Epinicium ab Auctore Renato Florentio dictum Florentiæ. Florentiæ, Apud Andream Orlandini, 1684, 4°, pp. 28. (Par le P. Ferdinand ZUCCONI.)

Vida Christiana, o practica facil de entablarla con medios, y verdades fundamentales, contra ignorancias ò descuidos comunes ?, 169... (Par le P. Jérôme DUTARI.)

Publié sous l'anagramme : *Gerardo Vimonti.* En 1718, un an après la mort de l'auteur, parut, avec son nom, la sixième édition.

Vida de **Jesu-Christo** : Historia de los principios, y establecimiento de la Iglesia, desde el nacimiento del Messias, hasta la muerte de todos los Apostolos. Obra sacada de los quatro Evangelios, y hechos Apostolicos : Reducida en un cuerpo de Historia, por el P. Bernardino de Montreuil de la Compañia de Jesus. Revista por el Padre Juan Brignon de la misma Compañia. Tercera edicion, corregida, y aumentada. La traduce dal Idioma Frances al Castellano, otro Padre de la misma Compañia. En Madrid : En la Imprenta de Joaquin Ibarra. Año MDCCLIII, 4º, 6 vol.

L'épître dédicatoire est signée : A. T. D. L. C. D. J.

Vida del conte **de Altamira**, y de su Herm° el Duque **de Naxera**. Madrid, 1725. (Par le P. François Joseph DE ISLA.)

Sous l'anagramme : *Joachin Federico Issalps.*

Vida del V. Padre Baltasar **Alvarez** de la Compañia de Jesus, por el V. P. Luis de la Puente de la misma Compañia. Madrid, 1882, 4º, pp. VIII-648.

Cette édition a été donnée par le P. Joseph DE LA TORRE, qui a mis en tête un prologue.

Vida (La) de D. Luis **de Atayde** Virrey de la India. Madrid, 1629, 4º. (Par le P. François DE MACEDO.)

Sous le nom de *José Pereira Macedo.*

Vida del venerable padre Antonio **Baldinucci** missionero apostolico de la Compañia de Jesus. Escrita en italiano por el Padre Joseph Maria Gallucci, de la misma Compañia. Y traducida al Castellano por otro Padre tambien de la Compañia. En Mexico, en la Imprenta del Real, y mas Antiguo Collegio de S. Ildefonso. Año de 1760, 4º, pp. 277, sllelt.

Vida apostolica del Padre Josef **Cataldino** uno de los primeros.... conquistadores de las provincias... del Guayrà, de la Compañia de Jesus. Zaragoça, 1664, 4º, pp. 264, sll. (Par le P. Jean Antoine XARQUE.)

Sous le nom de son frère, *François Xarque.*

Vida del P. Pedro **Claver**, de la Compañia de Jesus. Madrid, Maria de Quiñones. 1657, 8º. (Par le P. Alphonse DE ANDRADE.)

Sous le nom de : *El Licenciado Don Geronimo Suarez de Somora.*

Vida del gran siervo de Dios el V. P. Pedro **Claver** de la Compañia de Jesus... por el P. Longaro Odi, de la

dicha Compañia, y traducida del idioma italiano al español por un Sacerdote de la misma. Madrid, Eusebio Aguado, 1851, 12º, pp. 354. (Par le P. Mariano PUYAL.)

Vida muy exemplar y maravillosa del insigne misionero de toda Sicilia P. Juan Bautista **de Francisci** de la Compª de Jesus Escrita in Idioma Italiano Por el P. Gaspar Massa de la misma Religion Palermitano : Recien traducida en lenguaje Español por otro Sacerdote Exjesuita Barcelonés : Impresa nuevamente este año 1804. En Roma, en la imprenta de Salomoni, 8º, pp. XI-308. (Par le P. Salvador BUSQUETS.)

Vida de Fr. Juan **Gari**. ?, 161.. (Par le P. Jean Paul FONS.)

Vida de la gloriosa Virgen, y Abadesa S. **Gertrudis** di Eyslevio Manspheldense de la Orden del glorioso Patriarca San Benito. Madrid, en la Imprenta de la Administracion del Real Arbitrio de Beneficencia, 1804 Se hallara' en el Real Monasterio de S. Martin de Madrid, 4º, pp. 375. (Par le P. Alphonse DE ANDRADE.)

C'est la troisième édition de cet ouvrage, dont la première parut en 1663, sous le nom de l'auteur.

Vida de la Augustissima Emperatriz **Leonor Madalena Teresa**. En Valencia, por Antonio Bordazar, 1729, 4º. (Par le P. Jérôme JULIAN.)

Sous le nom de *D' Don Miguel Rinojano.*

Vida de S. Ignacio **de Loyola** Patriarca, y Fundador de la Compañia de Jesus. Dispuesta por el P. Andres Lucas de la misma Compañia, Letor de Sagrada Escritura en el Colegio de san Pablo de Granada... En Granada, por Antonio René de Lazcano, y Bartolome de Lorençana. Año de 1633, 4º, pp. 759, sllelt. (Par le P. André Luc DE ARCONES.)

Vida de la B. **Mariana de Jesus de Paredes y Flores**, conocida vulgarmente bajo el nombre de la Azucena de Quito; escrita antiguamente por el P. Jacinto Moran de Butron, de la compañia de Jesus, variada ahora en la forma y corregida en el estilo y lenguaje por un

Sacerdote de la misma Compañia. Madrid, Imprenta de la Viuda de Palacios é hijos, 1854, 8°, pp. 366, sll. (Par le P. Felix Gonzalez Cumplido.)

Vida del dichoso y venerable Padre Marcelo Francisco **Mastrilli** de la Compañia de Jesus, que murió en el Japon por la Fé de Christo, sacada de los processos autenticos de su vida y muerte. A su Alteza del Serenissimo Principe Señor Don Baltasar Carlos. Le dedica, y mandó a la Estampa Don Geronimo Valle de la Cerda, y Villanueva Cavallero de la Orden de Calatrava. En Madrid, por Maria de Quiñones, Año MDCXXXX, 4°, pp. 134, sllet. (Par le P. Eusébe Nieremberg.)

Le nom de l'auteur est au bas de la Protestation.

Vida del P. Doctor Martin **Ramirez**. Madrid, 1658, 8°. (Par le P. Alphonse de Andrade.)

Cet ouvrage, attribué par les bibliographes au P. de Andrade, aurait paru sous un pseudonyme; mais un Jésuite d'Espagne, le P. de Uriarte, m'écrit qu'il ne croit pas qu'il soit de lui; l'auteur serait Don Martin de Zayas y Ribadeneira, cousin de Martin Ramirez.

Vida del Venerabile P. Bernardino **Realino**, de la Compañia de Jesus. Madrid, Maria de Quiñones, 1651, 4°. (Par le P. Alphonse de Andrade.)

Vida del Bienaventurado Juan Francisco **Regis** de la Compañia de Jesus escrita en lengua francesa por el R. P. Guillelmo Daubenton, de la misma Compañia, Confessor de la Magestad Catolica, y traducida en Español por otro de la misma Compañia. En Madrid, Por Francisco del Hierro, ano de 1717, 4°, pp. 362. — Ibid., Por Francisco Fernandez, Año de 1718, 8°, pp. 389, sllelt.

Vida de Santa **Rosa de Santa Maria**, Virgen tercera de Santo Domingo. Valencia, s. a. (*1788*), 8°. (Par le P. François Garcia.)

La première édition parut en 1774 sous le nom de l'auteur; celle de 1788 fut donnée par Augustin Laborda.

Vidas del P. Antonio **Ruiz de Montoya** y del P. Joseph **Cotaldino** de la Compañia de Jesus, insignes obreros de la Provincia de Paraguay. Zaragoza, por

Miguel de Lima, 1662, 4°. (Par le P. Jean Antoine Xarque.)

Sous le nom de son frère, *François Xarque*.

Vida de la Infanta D.**Sancha Alfonso** del habito, y orden de Santiago, hermana del Santo Rey D. Fernando. Madrid, 1631, 4°. (Par le P. Antoine de Quintanadueñas.)

Vida y martirio de los tres Santos Japoneses de la Compañia de Jesus, por un Padre de la misma Compañia. Madrid, 1862. (Par le P. Ramon Garcia.)

Vida y Misterios de Cristo Nuestro Señor, por el P. Pedro de Rivadeneira, de la Compañia de Jesus. Madrid, M. Tello, 1878, 8°, pp. xvi-393.

Le P. Michel Min a fait précéder cette édition d'un prologue.

Vidas de algunos claros varones Guipuzcoanos de la Compañia de Jesus. Tolosa, en la imprenta de Modesto Gerosabel, 1870, 12°, pp. 448. (Par le Frère Joseph Lizargarate, Frère coadjuteur.)

Vidas de los Santos de la Compañia de Jesus, por un individuo de la misma. 2e Edicion. Madrid, Libreria de Don Miguel Olimendi, 1878, 12°, pp. 555. (Par le Frère Joseph Lizargarate.)

Vie (La) chrétienne au milieu du monde, ou Maximes de la sagesse divine, tirées des paroles de l'Ecriture Sainte; par le P. Michel Boutauld, de la Compagnie de Jésus. Nouvelle édition, par un Père de la même Compagnie. Paris, Douniol, 1863, 18°, pp. iv-414. (Par le P. Auguste Carayon.)

Vie (La) de Notre Seigneur Jésus-Christ meditée. Addition au Mémorial de la vie Chrétienne du père Louis de Grenade, de l'ordre de Saint Dominique, par un père de la Compagnie de Jésus. Paris, Palmé, 1874, 12°, pp. xxiv-527. (Par le P. Henri Pottier.)

Vie (La) et la Doctrine de Jésus-Christ, rédigée en méditations pour tous les jours de l'année. T. D. L. D. P. A. Paris, Berton, 1775, 12°, 2 vol., pp. 399 et 399.

(Par le P. Pierre Nicolas VANBLOTAQUE, dit l'abbé de Saint-Pard.)

Les initiales signifient : *traduit du latin du Père Avancin.*

Vie (La) de la bienheureuse et noble dame Saincte **Adelle**, traduite en françois d'un vieux latin manuscrit qui se garde à Orp-le-Grand, que le vulgaire appelle Ollegrand, où son corps virginal repose, fort illustre par plusieurs miracles. Liege, Leonard Streel, 1614, 12°. (Par le P. Jean DU MONCEAUX.)

Barbier (IV, 957, *a*) dit : *Sainte Adile.* Les Bollandistes donnent la vie de Ste Adilia le 7 juin.

Vie et miracles de Ste **Aléne**, Vierge et Martyre, dont les reliques reposent dans l'Abbaye de Forêt, prés Bruxelles, de l'Ordre de St Benoît. Nouvelle edition revue et corrigée. Bruxelles, 1773, 12°, pp. 93.

La dédicace est signée : *R… de la Compagnie de Jésus.* Les éditions antérieures sont de 1738 et 1753; du moins je suppose que cet ouvrage est le même que celui qui est indiqué dans le *Répertoire des Sources historiques du Moyen-Age,* par l'abbé Chevalier, (col. 68) sous le titre : *Histoire de la vie et des miracles…*

Vie (La) du roy **Almansor.** Ecrite par le vrtueux (*sic*) Capitaine Aly Abençufian, vice-roy, et Gouverneur du Pays de Deuque en Arabie. A Paris, Chez Christophe Remy, Et chez Jacques Christophe Remy, M.DC.XCIX, 12°, pp. 202, sld. — Seconde edition Reveuë et Corrigée. A Lyon, Chez Antoine Briasson, M.DCCII, 24°, pp. 189. (Par le P. François DOBEILH.)

La dédicace au Duc de Bourgogne, qui se trouve dans l'édition 1699, est signée : *C. R.* (Christophe Remy); il n'y est fait nulle mention d'éditions précédentes, non plus que dans la dédicace au duc de Montausier, signée par le P. d'Obeilh. Voir supra : *Histoire du roy Almansor…* Barbier (IV, 958, *c*) cite l'édition d'*Amsterdam, D. Elzevir, 1671, 12°, 6 ff. et pp. 202.*

Vie (La) du bienheureux **Amédée,** duc III de Savoie. Dédiée à madame Chrestienne de France, sœur du roy et princesse de Piedmont; par un Pére de la Compagnie de Iesvs. A Paris, chez S. Chappelet, 1619, 4°. (Par le P. Etienne BINET.)

La dédicace est signée : *E. B.* Il y a une autre édition de la même année à Arras, in-12°.

Vie (La) miracvlevse du P. Ioseph **Anchieta,** de la Compagnie de Iesvs : Es-

crite en Portugais par le P. Pierre Roderiges, puis en Latin augmentée de beaucoup par le P. Sebastien Beretaire, finalement traduite du Latin en Francois par vn Religieux de la mesme Compagnie. A Dovay, De l'Imprimerie Marc Wyon, 1619, pet. 12°, pp. 462, sldell. (Par le P. Pierre d'OULTREMAN.)

La dédicace est signée : *P. I. d'O. de la Compagnie de Jesus.*

Vie (La) dv Reverend Maistre Iean **Avila** Prestre secvlier. Composée en Espagnol par le Reuerend Pere F. Lovis de Grenade, Religieux de l'Ordre de Sainct Dominique. Et traduite nouuellement en François par vn Pere de la Compagnie de Iesvs. A Paris, Chez la Veuue Iean Camvsat, M.DC.XLI, 12°, pp. 240, sll. (Par le P. J. B. SAINT-JURE.)

Vie (La) du R. P. Anne François **de Beauvau** de la Compagnie de Jésus. A Paris, Chez Sebastien Cramoisy, M.DC.LXXXII, 12°, pp. 220. — Seconde édition. Ibid., M.DC.LXXXIII, 12°, pp. 283, sll. (Par le P. Louis NYEL.)

L'auteur signe la préface.

Vie (La) de madame **de Bellefonds,** supérieure et fondatrice du monastère des religieuses bénédictines de N. Dame des Anges, établi à Rouen. A Paris, Chez Sebastien Mabre-Cramoisy, M.DC.LXXXVI, 8°, pp. 347, sld. (Par le P. Dominique BOUHOURS.)

L'auteur signe la dédicace.

Vie (La) de Jean **Berchmans,** de la Compagnie de Jésus par le P. N. F. de la mesme Compagnie. A Nancy, Chez Paul Barbier, M.DCC.VI, 8°, pp. 316, sll. (Par le P. Nicolas FRIZON.)

Souvent réimprimé et avec le nom de l'auteur, sous le titre de : *Le Parfait modèle ou la Vie…*

Vie du bienheureux **Bernard** de Menthon, du diocése de Genéve, qui vécut avant 700, et qui imita la fuite de S. Alexis. Lyon, 1638 [?]. (Par le P. Alexandre FICHET.)

Melzi (III, 221) intitule : *Vie du bienheureux Baron de Manton de la Diocèse de Genève.*

Vie de la mére Julie **Billiart,** fondatrice de l'institut des Sœurs de Notre-

Dame (de Namur) 1751-1816, par un Père de la Compagnie de Jésus. Avec un portrait et fac-simile. Paris, Palmé, 1879, 8°, pp. xiii-380. (Par les PP. François Kestens et Vincent Baesten.)

Le P. Baesten termina l'ouvrage laissé inachevé par son confrère.

Vie de la princesse **Borghèse**, née Guendaline Talbot, comtesse de Shrewsbury, par A. Zéloni. Edition belge corrigée et augmentée par un ecclésiastique. Bruxelles, 184.. [?], 12°. (Par le P. Joseph van Hecke.)

Vie (La) du Reverend Pere François **de Borgia** iadis Duc de Gandie, depuis Religieux, et Troisiesme General de la Compagnie de Jesus. Par le R. P. Pierre de Ribadenere de la mesme Compagnie. Avec un beau petit Traicté de la maniere de bien prescher, composé par ledict P. de Borgia, le tout nouvellement tourné d'Espagnol en François. Et dedié à Monseigneur le Cardinal de Lorraine. A Verdun. Par Jean Wapy, M.D.XCVI, 8°, ff. 314, sllet. (Par le P. François Solier.)

La dédicace est au nom des Jésuites de Verdun.

Vie (La) de S. François **de Borgia**, Duc de Gandie, Vice-Roy de Catalogne, et troisième Général de la Compagnie de Jésus, béatifié par Urbain VIII, le 23 Novembre 1624 et canonisé par Clement X, le 12 Avril 1671. A Douay, chez la Veuve Jacques Mairesse, 1671, 12°, pp. 135. (Par le P. Turrien le Febvre.)

Vie (La) de S. François **de Borgia**. Dédiée au roy. A Paris, chez Denys Thierry, M.DC.LXXII, 4°, pp. 686, sld. (Par le P. Antoine Verjus.)

La dédicace est signée : V. J.

Vie de S. François **de Borgia**. Rouen, Richard Lallemant et Jean Malleville, 1672, 12°. (Par le P. Jean de Vignancour.)

Une biographie du même saint parut, sous le même titre et la même année à : Rennes, chez Matthieu Denys; elle serait du P. Jean Martel.

Vie du serviteur de Dieu le P. Pascase **Broet**, de la Compagnie de Jésus, un des premiers compagnons de saint Ignace de Loyola, par le Pere Joseph Boero, de la même Compagnie. (Traduit de l'Italien.) Lille, Desclée, Brouwer et Cie, 1878, 16°, pp. ii-119. (Par le P. Clément de Laage.)

Vie de **Calvin** par Bolsec, avec une notice et une préface. Genève, 1835, 12°. (Par le P. Louis Hilaire.)

Vie (La) du Révérend Père Pierre **Canisius**, de la Compagnie de Jésus, Fondateur du célèbre Collège de Fribourg. A Paris, chez Pierre Giffart, M.DCC.VII, 12°, pp. 483, sldclt. (Par le P. Jean Dorigny.)

Vie (La) de Saint **Castor**, Evêque d'Apt et patron de la paroisse de Nimes. Avignon, F. J. Domergue, 1768, 12°, pp. xii-93. (Par le P. Antoine Rivoire.)

Vie de **Charles le Bon**, dissertation du Dr Wegener, traduite du danois par un bollandiste. Bruges, imprimé chez Vande Casteele-Werbrouck, s. a. (*1845*), 4°, pp. 192 ; — 8°, pp. 190. (Par le P. Joseph van Hecke.)

Vie (La) de la vénérable Mère Jeanne-Marie **Chézard de Matel**, fondatrice et institutrice de la Congregation des Religieuses du Verbe Incarné et du Saint Sacrement. Par un P*** de la Compagnie de Jésus. A Avignon, Chez Franç. Girard et Dom. Seguin, M.DCC.XLIII, 8°, pp. xxv-541. (Par le P. Marie Antoine Laugier.)

Il est extraordinaire que cet auteur, en citant les sources qu'il a consultées, ne dise pas un mot de la Vie écrite et publiée par le P. Antoine Boissieu, à Lyon, en 1692. Son nom m'est révélé par M. l'abbé Penaud dans la préface de la nouvelle Vie de la Mère de Matel, imprimée en 1883 ; seulement il l'orthographie *Logier* ou *Lozier*.

Vie du R. P. Ignace **Chomé** Douaisien missionnaire au Paraguay d'après ses lettres et les détails que nous a laissés le P. Peramas, missionnaire comme lui au Paraguay. Douai, Dechristé, 1864, 12°, pp. 156.

On attribue cette biographie au P. Alexis Possoz, qui, d'après l'editeur, dans sa préface, n'aurait fait que l'aider pour cette publication.

Vie (La) du Pere Pierre **Claver**, de la Compagnie de Jésus, Apostre des Negres et des Indes d'Occident. Par le P. D. C. D. L. C. D. J. A Rennes, chez Joseph Vatar, 1739, 16°, pp. 124. (Par le

P. Charles François DE CHARLEVAL.)

Je crois ne pas me tromper en attribuant cet ouvrage au P. de Charleval, qui, d'après le Catalogue de 1746, était à Rennes depuis plusieurs années, comme directeur de la maison de retraites.

Vie (La) et la mort de Louis de Bourbon, Prince de **Condé**, et premier Prince du sang. Cologne, 1691, 12°. (Par le P. François BERGIER.)

Voir supra : *Mort (La) du Prince de Condé...* C'est la même édition, à laquelle on a enlevé la traduction latine, de manière que la pagination est ainsi établie : 3, 4, 7, 8, 11, 12, 15, 16....

Vie de Madame **Criquelion**, née Clara Bourlard, avec une lettre de Sa Grandeur Mgr l'évêque de Namur. Mons, L. Mastriau, 1872, 12°, pp. VII-210. (Par le P. François KESTENS.)

Vie (La) et la mort de Albert **de Dainville** élève de l'école libre de l'Immaculée-Conception à Vaugirard par un Père de la Compagnie de Jésus. Paris, Donniol, 1864, 12°, pp. 240. (Par le P. Adolphe BOULLEAU.)

Vie (La) de Jean-Jacques **Daumond**, écolier au Grand Collége de Toulouse de la Compagnie de Jésus. Par un Père de la même Compagnie. Toulouse, chez Pierre Robert, s. a (*1745*), 12°, pp. 132. — Ibid., 1755, 12°, pp. X-125. (Par le P. J. BONAFFOS DE LA TOUR.)

Voir supra : *Jeunesse (La) sanctifiée...*

Vie (La) de la Venerable Mere Agnes **Dauvaine**, l'une des premières fondatrices du Monastere de l'Annonciade celeste de Paris. Recueillie sur les memoires des Religieuses du mesme Monastere. Et composée par un Pere de la Compagnie de Jesus, Amy de l'Ordre. A Paris, Chez Estienne Michallet, M.DC.LXXV, 4°, pp. 375, sll. (Par le P. J. B. DE LA BARRE.)

L'auteur est nommé dans la préface.

Vie de l'Impératrice **Eléonore**, mère de l'Empereur régnant Charles VI, traduit du Latin en Italien, et de l'Italien en François, par un Père de la Compagnie de Jésus. A Paris, Chez Jean Jombert, M.DCC.XXIII, 12°. pp. 294. (Par le P. Pierre BRUMOY.)

La dédicace est signée : *Brumoy J.* L'original latin est du P. François Wagner, la traduction italienne du P. Thomas Ceva.

Vie (La) de sainte **Elizabeth** fille d'André roy de Hongrie, et dv Prince Louis Landgrane de Thuringe et de Hesse son Espoux. Auec vn Abbregé de l'Histoire des Landgraues de Thuringe, et les Meditations sur la vie de Ste Élizabeth. Recueillie de plusieurs autheurs Contemporains. Dédiée à la Reyne. A Paris, Chez Robert le Fillatre, M.DC.LXI, 8°, pp. 591, sld., avis et table. (Par le P. François ROBIN.)

La dédicace est signée par les Filles de Sainte Elizabeth du Monastere d'Amiens. Sur l'exemplaire que j'ai vu et qui a appartenu au collège des Jésuites d'Amiens, on a écrit : *par le P. Robin, de la C. de Jesus* Or, il y avait en 1660, au collège d'Amiens, un P. François Robin, né à Abbeville en 1594, entré au noviciat en 1612; il mourut à Amiens, le 12 mars 1681.

Vie (La) du glorievx martyr de Jesus-Christ S. **Evtrope**, apostre des Saintongeois et premier euesque de Sainctes. Recueillie et composée par un Pere de la Compagnie de Iesvs et dediee à Monseigneur l'euesque de Sainctes. Se vendent à Sainctes, chez Iean Bichon, 1619, 18°, pp. 140, slp. — Vie (La) et le martyre de Saint-**Eutrope** apôtre de la Saintonge et premier évêque de Saintes, revue et corrigée de nouveau par un Père de la Compagnie de Jésus. A Saintes, chez P. Destain fils, 1790, 12°, pp. 110.

Vie (La) de sainte **Febronie** vierge et martyre. Traduite du grec, avec des Remarques. A Dijon, Chez l'Imprimeur du Roy, 1721, 12°, pp. LXXX-118. — Nouvelle édition, Par le P. J. F. B. D. L. C. D. J. A Avignon, chez François Girard, M.DCC.XXX, 12°, pp. XXXXVII-71. (Par le P. Jean François BALTUS.)

Vie (La) de Saint **Ferdinand**, roi de Castille et de Léon. A Paris, Chez Butard et Chenault, M.DCC.LIX, 12°, pp. XVI-291. (Par le P. François DE LIGNY.)

Vie du B. Pierre **Fourier**, curé de Mattaincourt, réformateur des Chanoines réguliers de la Congrégation de Notre Sauveur, instituteur des religieuses de la Congrégation de Notre Dame. Par l'auteur du Cours d'Histoire. A. M. D. G. Paris, Poussielgue-Rusand, 1838, 12°, pp. VIII-304. (Par le P. Jean Nicolas LORIQUET.)

Vie (La) du B. Louis **de Gonzague** de la Compagnie de Jésus. A Paris, Chez

Estienne Michallet, M.DC.LXXXV, 12º,
(Par le P. Pierre Joseph d'ORLÉANS.)

Nombreuses éditions anonymes ou non. Celle de 1727
porte : *Nouvelle édition, Revûë et augmentée d'un
quatrième Livre, Par le P**** de la même Compagnie.
A Paris, Chez Marc Bordelet. M.DCC.XXVII, 12º,
pp. 230.*

Vie (La) de S. Louis **de Gonzague,**
par le P. d'Orléans. Précédée des Exercices
du Pénitent, conduit sur les traces de
S. Louis de Gonzague, au Tribunal de la
Pénitence et à la Table Eucharistique. A
Paris, A la Société Typographique, 1806,
12º, pp. 335. (Par le P. Joseph Marie
ROUBAUD.)

Il y a une édition antérieure, car le privilège est daté
de 1786, et donné à l'abbé Roubaud, pour *Le Pénitent
conduit...* et pour la *Vie de S. L. de Gonzague.*

Vie de Saint Louis **de Gonzague...**
traduite par M. Calpin....

Je cite cet ouvrage pour faire observer que le nom du
traducteur se perpétue sous une forme fausse ; il se nomme
GALPIN, comme, du reste, le porte la première édition de
1788. Le P. Loriquet en a donné une nouvelle édition,
A. M. D. G., à Paris, 1840.

Vie et martyre du P. **Grégoire de
S. Loup.** Bâle (*Paris*), s. a. 12º, pp. 90.
(Par l'abbé Joseph Claude DESCHAR-
RIÈRES.)

Vie (La) du Tres celebre Confesseur
S. **Guislain,** fondateur et premier Abbé
de la Celle des Apotres S. Pierre et
S. Paul. Ditte maintenant l'abbaye de
S. Guislain en Hainaut. A Mons, de l'imprimerie François de Waudré, 1636, 16º,
pp. 116, sld. (Par le P. Jacques SIMON.)

Le nom de l'auteur est dans le privilège.

Vie du R. P. J. **Gury,** de la Compagnie
de Jésus, par un P. de la même Compagnie. Paris, V. Lecoffre, 1867, 18º,
pp. 252. (Par le P. Gabriel DESJARDINS.)

Vie (La) de Madame **Helyot,** A Paris,
Chez Estienne Michallet, M.DC.LXXXIII,
8º, pp. 491, sldpelt. (Par le P. Jean
CRASSET.)

Plusieurs éditions. En 1786, l'abbé de Montis en donna
une, où il n'a fait, comme il en prévient le lecteur, que
rajeunir le style de l'auteur.

Vie (La) de S. **Isidore,** Patron des La-
boureurs, et de la Bienheureuse Marie de
Cabeça, sa femme, par un Père de la
Compagnie de Jésus. Verdun, 1631, 12º.
(Par le P. Jean CACHET.)

D'après le P. Sotwel et dom Calmet, cet ouvrage aurait
paru à Pont-à-Mousson.

Vie (La) du B. Stanislas **Kostka,** novice de la Compagnie de Jésus. A Paris,
Chez Estienne Michallet, M.DC.LXXII,
12º. (Par le P. Pierre Joseph d'ORLÉANS.)

Plusieurs éditions. La dédicace est signée par l'auteur,
dont le nom parait sur le titre, au moins à partir de
1727. Cette même biographie a été réimprimée sous un
titre complètement faux : *Vie de Saint Stanislas Kostka
de la Compagnie de Jésus, composée en Italien, par
le P. Virgile Cepari de la même Compagnie, traduite
par M. Calpin* (sic)... Le P. Cepari n'a pas écrit la vie
de S. Stanislas, le P. Galpin n'a donc pu la traduire.
N'a-t-on pas voulu dire Daniel Bartoli, au lieu de Virgile
Cepari ?

Vie de Benoît **Labre,** mort à Rome, en
odeur de sainteté, traduite de l'Italien de
M. Marconi. Paris, Guillot, 1784, 12º.
(Par le P. Jean François HAREL.)

Vie et tableau des vertus de Benoît Joseph **Labre.** Ouvrage composé en italien
par l'abbé Marconi. Traduction nouvelle et
complète. Paris, Berton, 1785, 12º. (Par
le P. Joseph Marie ROUBAUD.)

Vie (La) et doctrine spirituelle du Père
Louis **Lallemant** de la Compagnie de
Jésus. A Paris, Chez Estienne Michallet,
M.DC.XCIV, 12º. (Par le P. Pierre
CHAMPION.)

Réimprimé à Lyon en 1835. Voir supra : *Doctrine
spirituelle du P. Lallemant...*

Vie de Mademoiselle **Lamourous,** dite
la Bonne Mère, fondatrice et première
supérieure de la maison de la Miséricorde
de Bordeaux. Lyon, Périsse, 1843, 12º,
pp. 455. (Par le P. Firmin POUGET.)

Vie (La) et les œuvres de Marie **La-
taste,** religieuse coadjutrice du Sacré-
Cœur, publiés par M. l'abbé Pascal Dar-
bins. 4e Edition revue... augmentée d'une
introduction sur les révélations privées et
de notes théologiques composées par deux
Pères de la Compagnie de Jésus. Paris,
Bray et Retaux, 1872, 12º, 3 vol. (Par
les PP. Pierre GAMARD et Pierre TOULE-
MONT.)

Vie (La) du bienheureux **Laurent** de
Brindes, général des Capucins. Par un
Académicien des Arcades. A Paris, Chez
Durand, M.DCC.LXXXIV, 12º. — Nou-
velle Edition revue, corrigée et ornée de
son veritable portrait, d'une vignette repré-

sentant le Pape et une Figure allégorique. A Paris, Chez Grillot, M.DCC.LXXXVII, 12º, pp. 468. (Par le P. Joseph Marie Roubaud.)

Vie (La) dv Reverend Pere le Pere Iaqves **Laynez** Second General De La Compagnie de Iesvs. Auec vn sommaire de la vie du R. P. Salmeron. Escripte par le R. P. Pierre Ribadenere de la mesme Compagnie, Et nouuellement mise en François. A Lyon, povr Abraham Cloqvemin, 1599, 8º, pp. 248, sll. (Par le P. François Solier.)

La dédicace est signée N. F. S. L. (N. François Solier Limousin.)

Vie du Bienheureux Pierre **Lefebvre**, De la Compagnie de Jésus racontée par lui-même. A. M. D. G. Toulouse, Adolphe Regnault, 1874, 18º, pp. 36. (Par le P. Léonard Cros.)

Vie (La) de Monsievr **le Nobletz**, Prestre et Missionnaire de Bretagne. A Paris, Chez François Muguet, M.DC.LXVI. 8º, pp. 572, sldpelt. (Par le P. Antoine Verjus.)

La dédicace est signée : *Antoine de S. André, Prestre.* Cette édition, bien que rien ne l'indique sur le titre, est la seconde. On y trouve, en effet, entre les deux dernières pages de la table un *Avis au Lecteur pour cette seconde Édition*, où l'auteur dit : « La première Édition « de ce Livre ayant esté faite pour la Bretagne, on y a « laissé quelques merveilles tout à fait surprenantes que « l'on a retranchées de celle-cy, puisqu'on l'a fait faire « pour les Prouinces, où l'on peut dire que la foy est « plus rare... « Viennent ensuite des cartons pour les pages 491-492, 499-500. La 1re édition est de la même année : *Vie de Monsieur le Nobletz Prestre et Missionnaire. A Paris, chez François Muguet. M.DC.LXVI, 8º. pp. 572, sldpelt.* — Parmi les autographes du Cabinet de M. Benjamin Fillon (*Inventaire*, nos 2526), se trouve une lettre du P. Verjus à Mlle de Scudery, où se trouve ce passage : « Un prestre tel quel a voulu, Made- « moiselle, que j'eusse l'honneur de vous envoyer la vie « d'un saint prestre qu'il a fait imprimer. Le prestre « tel quel s'appelle M. de Saint-André et le bon prestre « s'appelloit M. le Nobi. ... »

Vie de Mme **de Lestonac**, fondatrice de l'ordre des religieuses de Notre-Dame. A Toulouse, chez Pierre Robert. M.DCC.XLII, 12º, pp. 394, sldell. (Par le P. Guillaume Beaufils.)

Réimprimé à Poitiers, Oudin, 1832, avec le nom de l'auteur.

Vie (La) de M. **Litaud** Pretre, modele des Ecclesiastiques et Pere des Pauvres. S. l. et a. (*1687*), 12º, pp. VIII-267. (Par le P. Jean Maillard.)

L'auteur signe la dédicace.

Vie (La) de Gregoire **Lopez** dans la Nouvelle Espagne, composée en Espagnol par François Losa Prestre, Licentié, et iadis curé de l'Eglise Cathedrale de Mexico, Et traduite nouuellement en François, par vn Père de la Compagnie de Iesvs. A Paris, Chez Iean Henavlt, M.DC.XLIV, 12º, pp. 264, sll. — Seconde édition. Ibid., M.DC.LVI, 12º, pp. 260. sll. (Par le P. Louis Conart.)

Le nom du traducteur est dans le Privilège.

Vie (La) du tres reverend Pere Charles **de Lorraine** de la Compagnie de Jesus. Par le R. P. de Laubrussel de la même Compagnie. A Nancy, Chez la Veuve de Jean-Baptiste Cusson, et Abel-Denys Cusson, M.DCCXXXIII, 12º, pp. 259.

Le P. Jean Joseph Petitdidier signe la dédicace de cet ouvrage, auquel il mit la dernière main, l'auteur étant mort en Espagne, à Puerto de Santa-Maria, le 9 octobre 1730.

Vie de Marguerite **de Lorraine**, duchesse d'Alençon, grande-aïeule du Roi Louis le Juste, et à lui présentée. A Paris, Chez Cramoisy, M.DC.XXVIII, 8º, pp. 213. (Par le P. Pierre du Hameau.)

Vie (La) du R. Pere Ignace **de Loyola** fondateur de la Compagnie de Jesus. Nouvellement traduicte du Latin du Reverend Pere Pierre Ribadeneira, de la dicte Compagnie et enrichie de plusieurs choses tirées du Reverend P. Pierre Maffée, de la mesme Compagnie. En Avignon, de l'Imprimerie de Jacques Bramereau, 1599, 8º, pp. 593, sllelt. (Par le P. François Favard.)

Réimprimé avec additions à Arras en 1607.

Vie (La), les miracles, et la canonization de S. Ignace **de Loyola**. Fondateur de la Compagnie de Iesvs. Tirée des informations authentiques du procez de sa Canonization fait à la Rote, et à la Congrégation des Rites. Mise en lumiere par le Commandement du R. P. Mutio Vitelleschi General de la Compagnie de Iesvs. Et traduicte de l'Italien en François, par vn Pere de la mesme Compagnie. Ensemble la Bulle de la Canonization du mesme Sainct, donnée par N S P le Pape Vrbain VIII. Auec un Catalogue des Maisons de la mesme Compagnie. A Roven,

Chez Richard l'Allemant, 1629, 12°, pp. 194 et 67.

Vie (La) de Saint **Ignace**, Fondatevr de la Compagnie de Jesus. A Paris, Chez Sebastien Mabre-Cramoisy, M.DC.LXXIX, 4°, pp. 495, sldelt. (Par le P. Dominique Bouhours.)

Plusieurs éditions, anonymes ou non.

Vie (La) et les mystéres de la bienheureuse Vierge **Marie**, distribués en lectures pour tous les jours du Mois de Mai. Ouvrage posthume du Père Arthur Martin, de la Compagnie de Jésus. Dessins de MM. Kellerhoven, Ciappori, Gsell et Ledoux, exécutés en chromolithographie, sous la direction de M. Kellerhoven. Nantes, imp. typ. Charpentier; Paris, lith. Lemercier; Paris, Charpentier, 1859-1864, fol., pp. 122. (Publié par le P. Jules Tailhan.)

L'éditeur a mis la dernière main à cet ouvrage, composé la préface et ajouté quelques lectures.

Vie (La) de la très sainte Vierge **Marie**, Mère de Dieu, entremêlée de notes historiques et de courtes réflexions morales, par le P. Jean Croiset. Nouvelle Edition, précédée d'une préface par Ed. T. Bruxelles, C. J. A. Greuse, 1850 [?], 12°, pp. 171. (Par le P. Edouard Terwecoren.)

Vie (La) de la Mere **Marie** de l'Incarnation, Institutrice et premiere Superieure des Ursulines de la Nouvelle France. A Paris, Chez Ant. Claude Briasson, M.DCC.XXIV, 8°, pp. xxxx-412. (Par le P. Pierre François-Xavier de Charlevoix.)

La dédicace à la reine d'Espagne est signée par l'auteur. L'édition de 1735 est la même que celle de 1724, avec un simple changement de titre. Il a paru une nouvelle édition anonyme : *Clermont-Ferrand, Ferdinand Thibaut, M.DCCC.LXII, 12°, pp. 426.*

Vie (La) admirable de la B. Mere **Marie Victoire**, Fondatrice des Religievses de l'Annonciade de Gennes; et de la Sevr **Marie Magdelaine**, sa premiere compagne. OEuure remply de beaux exemples de vertus, et partant tres-vtile, et necessaire à toutes personnes deuotes, tant seculieres, que religieuses. Composé en Italien par le R. P. Ferdinand Meltio, de la Compagnie de Iesvs. Et traduit par un Pere de la meme Compagnie. A Lyon, Chez Clavde Larjot, M.DC.XXXI, 8°, pp. 793, sllelt. (Par le P. Ferdinand Guyon.)

Vie de mademoiselle **de Melun**, princesse d'Epinoy, fondatrice des hopitaux de Baugé et de Beaufort; suivi de pensées consolantes propres à tranquilliser et à diriger les âmes troublées et affligées. Angers, Launay-Gagnot, 1843, 12°, pp. vi-336. (Par le P. Pierre Chaignon.)

Vie de Monsieur le Duc **de Montausier** Pair de France, Gouverneur de Monseigneur Louis Dauphin Bisayeul du Roy à présent régnant. Ecrite sur les Mémoires de Madame la Duchesse d'Uzès, sa fille. Par N***. A Paris, Chez Rollin et Genneau, M.DCC.XXIX, 12°, 2 vol., pp. 184 et 132. (Par le P. Nicolas le Petit.)

L'auteur est nommé dans le compte rendu de cet ouvrage inséré dans les *Mémoires de Trevoux,* 1729, pp. 1186-1499. — A la suite de la *Vie* on doit trouver : *La Guirlande de Julie. A Paris, Chez Rollin et Genneau, M DCC.XXIX, pp. 212.* Barbier (III, 210, e) dit que l'édition de Rotterdam, 1731, est intitulée : *Mémoires sur M. le duc de Montausier, pair de France, écrits sur les Mémoires de Mme la duchesse d'Uzès, sa fille, par N***.* — Dans une lettre inédite à l'abbé Conti, datée du 4 janvier 1729, le P. Souciet écrit : « La vie et les « Maximes, et les vers de M^r le Duc de Montausier pa- « roissent en 2 voll. in-12. Outre les Examinateurs ordi- « naires qu'on a même multipliez, M^r le Cardinal Fleuri « et M^r le Garde des Sceaux ont voulu le lire. Enfin tout « a passé sans changements. »

Vie de Madame la Duchesse **de Montmorency**, supérieure de la Visitation Sainte-Marie de Moulins, tirée des Manuscrits conservés dans ce monastère. A Clermont-Ferrand, chez P. Viallanes, 1769, 12°, 2 vol., pp. xxiv-347 et 297. (Par le P. Jean Claude Garreau.)

Les manuscrits sont de la Sœur Agnès Ducros.

Vie de M. **Musart**, curé de Somme-Vesle et de Poix. Reims, 1814, 8°. (Par le P. Jean Nicolas Loriquet.)

Voir supra : *Modèle (Le) des pasteurs...*

Vie (La) et miracles admirables de Sainte **Notburge**, fille de Pipin Herstal et de S. Plectrude, noble Tige des Serenissimes Maisons de Lorraine et de Barr. Par le P. N. A. D. L. C. D. I. A Cologne, par Dominic Poirot, 1642, 12°, pp. 127. (Par le P. Nicolas Aubertin.)

Hartzheim nomme l'auteur *Autberti.* Dans les anciens catalogues de la Province de Champagne, dont faisait partie la Lorraine, je ne trouve pas de Jésuite de ce nom, mais bien un P. Nicolas Aubertin, mort à Pont-à-Mousson, le 22 janvier 1659.

Vie du Vénérable Dom Jean de Palafox, Evêque d'Angelopolis et ensuite evêque d'Osme, dédiée à Sa Majesté Catholique. A Cologne, et se trouve à Paris, Chez Nyon, M.DCC.LXVII, 8°, pp. LVI-576. — Ibid., M.DCC.LXXII, 8°, pp. XLIV-436. (Par le P. Pierre CHAMPION.)

Cet ouvrage fut remanié et publié par l'abbé Dinouart. On dit que l'impression avait été commencée en 1688, mais interrompue à la 7ᵉ feuille. Dinouart dit qu'il fut assez heureux pour trouver le manuscrit parmi ceux de la Maison Professe des Jésuites de Paris, sous le n° LXIX du Catalogue ; il ajoute qu' « Arnaud dit avoir pris « mot à mot dans ces sept feuilles tout ce qui compose « la première partie du IVᵉ volume » *de la Morale pratique des Jésuites.*

Vie (La) de Pélage, contenant L'Histoire des Ouvrages de saint Jerosme et de saint Augustin contre les Pélagiens. S. l., M.DCC.LI, 12°, pp. 384. (Par le P. Louis PATOUILLET.)

Réimprimé comme première partie de *l'Histoire du Pélagianisme...* (Voir supra.)

Vie (La) de François Philibert, dit La Feuillade, Soldat du Régiment de Vexin. Caen, Cavelier, 1713, 16°. — A Angers, Chez Louis-Charles Barriere, M.DCC.LXV, 24°, pp. 46.

On attribue au P. Jean Claude DEVILLE : *La Vie de François Philibert, soldat chrétien. A Nancy, Chez Guedon, 1714, 12°.* N'est-ce pas le même ouvrage ? Cependant Barbier (IV, 988), d'après une note de M. Huet, attribue cette biographie au P. Jean PICHON.

Vie et miracles de Sainte Philomène Vierge et Martyre, surnommée la Thaumaturge du 19° siècle, traduit de l'italien sur la 15ᵉ édition. Par M. J. F. B. de la Compagnie de Jésus. Approuvé par Mgr. l'Evêque de Fribourg. Suivi de la vie et les (*sic*) miracles du Bienheureux Valfré, surnommé le Vincent de Paule du Piémont, béatifié à Rome au mois d'Août 1834, par Grégoire XVI. Paris, Audin, 1835, 18°, pp. 260. (Par le P. Jean François BARRELLE.)

Voir supra : *Thaumaturge (La) du XIX° siècle...* Cet ouvrage a eu, sous ce nouveau titre, plusieurs éditions.

Vie (La) du R. P. Pierre Joseph Picot de Clorivière, religieux de la Compagnie de Jésus. S. l. et a. (*1820*), 18°, pp. 58. — *A la fin :* Mantes, Imprimerie de Mᵐᵉ Vᵉ Refay. (Par le P. Fidèle DE GRIVEL.)

Le P. de Backer (I, 1307) et Barbier (IV, 1006, f) nomment à tort l'auteur : *Fidèle Grisel.*

Vie (La) du Père Antoine Possevin, de la Compagnie de Jésus, Où l'on voit l'histoire des importantes Négociations ausquelles il a été employé en qualité de Nonce de Sa Sainteté, en Suede, en Pologne, et en Moscovie, etc. A Paris, Chez Etienne Ganeau, M.DCCXII, 12°, pp. 541, slpdelt. (Par le P. Jean DORIGNY.)

D'après Barbier (IV, 1007, b), les exemplaires qui portent le nom de Ganeau sont anonymes ; il n'en serai pas de même pour tous ceux qui ont celui de Jean Musier. Je n'ai pu vérifier cette assertion. Quant à l'orthographe du nom de l'auteur, *D'Origny* ou *Dorigny*, Barbier a raison ; sur les ouvrages qui le portent, il a cette dernière forme.

Vie du R. P. Potot de la C. de J., ancien avocat au Parlement, ancien chef de bataillon, ancien chanoine de Metz, par un Père de la même Compagnie. A. M. D. G. Paris, Poussielgue-Rusand, 1847, 12°, pp. 284. (Par le P. François LE LASSEUR.)

Barbier dit : *par le P. Achille Guidée.*

Vie (La) de sainte Radegonde, jadis reine de France, et fondatrice du royal monastère de Sainte-Croix de Poitiers. Poitiers, A. Mesnier, 1621, 12°. (Par le P. Etienne MOQUOT.)

Barbier qui me fournit ce titre (IV, 1008), ajoute cette note : « La dédicace est signée E. L. P. (*Piquot,* « jésuite) L'avant-propos est de Charles *Pidoux,* sieur « du Chaillou, qui a été l'éditeur de l'ouvrage. » N'ayant pas rencontré ce livre, je ne puis constater l'exactitude de la signature ; mais je crois pouvoir aussi bien attribuer la dédicace que l'avant-propos à Pidoux, qui n'aurait mis que l'initiale de son nom. — D'autre part, je ne connais pas de Jésuite du nom de *Piquot.* Ensuite, le P. Sotwel dit que le P. Moquot a écrit en français une vie de Sᵗᵉ Radegonde. De plus, le P. Moquot, mort en 1628, avait publié plusieurs ouvrages à Poitiers, chez Mesnier. Enfin Barbier, ou quelque autre avant lui, n'aurait-il pas composé le nom *Piquot* de la première syllabe de celui de *Pidoux* et de la dernière de *Moquot,* en amalgamant les noms de l'auteur et de l'éditeur ?

Vie (La) du Reverend Père Jean François Regis, de la Compagnie de Jesus. Par le R. P. Claude la Broüe de la mesme Compagnie. Reveu, corrigé et augmenté par un Père de la mesme Compagnie. A Paris, Chez Jean Henault. M.DC.LIII, 12°, pp. 264, sll. — A Liège, de l'imprimerie Jean Mathias Hovius, 1654, 8°, pp. 349, sllelt.

Vie (La) du Pere Jean François Regis de la Compagnie de Jesus. Composée en latin par le R. P. Bonnet de la même

Compagnie. Et traduite en françois par un Religieux de cette Compagnie. A Lyon, Chez Molin et Barbier, M.DC.XCIV, 12º, pp. 220, sllelt.

Dans son approbation, le Provincial dit : « Je permets au P. N.... »

Vie (La) de Saint Jean-François **Regis** de la Compagnie de Jésus. Par le P. A. J. D. L. N. de la même Compagnie. A Paris, Chez Hippolyte-Louis Guérin, M.DCC.XXXVII, 12º, pp. 216 (*pour* 316.) (Par le P. Anne Joseph DE LA NEUVILLE.)

Vie et miracles de saint J. F. **Régis**, ou le Livre du pèlerin au tombeau du Saint; par un Père de la Compagnie de Jésus. Limoges, Ardant, frères, 1854, 12º.

Nombreuses réimpressions. Ne serait-ce pas du P. GUILLERMET? Voir supra : *Livre (Le) du pèlerin...*

Vie de sainte **Reinelde**, Vierge et Martyre, dont les reliques reposent en l'église de Saintes, prés de Hal. On l'invoque spécialement contre l'apoplexie, la paralysie, le mal d'yeux, les ulcères et d'autres maux corporels. Bruxelles, imprimerie de Polack-Duvivier, 1853, 32º, pp. 32. (Par le P. Victor DE BUCK.)

Vie (La) du Père Jean **Rigoleuc** de la Compagnie de Jésus, avec ses traitez de dévotion et ses lettres spirituelles. A Paris, Chez Etienne Michallet, M.DC.LXXXVI, 12º. (Par le P. Pierre CHAMPION.)

Plusieurs éditions.

Vie du B. **Robert** d'Arbrissel, fondateur de l'Ordre de Fontevrauld. A la Flèche, Chez George Griveau, 1648, 18º, pp. 383 et 19. (Par le P. Jean CHEVALIER.)

Barbier dit (IV, 1010, c) que cette traduction du latin est de Séb. Ganot. Il nomme l'auteur original *Balderie*, au lieu de *Balderic*, ou Bauderic, ou Baudri, évêque de Dol.

Vie (La) dv devot frere Alphonse **Rodrigvez**, coadivteur de la Compagnie de Iesvs. Par vn R. P. de la mesme Compagnie. Premiere Edition. A Paris, Chez Iean Henavlt, M.DC.LIV, 12º, pp. 245, sllelt. (Par le P. Antoine GIRARD.)

Réimprimé à Liège en 1656. Le nom de l'auteur est dans l'approbation.

Vie du B. Alphonse **Rodriguez**, frère coadjuteur temporel de la Compagnie de Jésus béatifié le 12 Juin 1825 par Sa Sainteté Léon XII. A Paris, Poussielgue, 1828, 12º, pp. 357. (Par le P. Louis RONDOT.)

Le P. Carayon, nº 2522 de sa *Bibliographie historique de la C. de Jésus*, nomme à tort l'auteur: *Rondeau*; Barbier (IV, 1011, d) en a fait *Roudeau*.

Vie (La) de Guillaume **Ruffin**, Congréganiste, Tirée des Annales de la Congrégation de la Flèche. A Vannes, Chez Christophe Galles, M.DCCXII, 24º, pp. 46. (Par le P. Jean GASSOT.)

On lit le nom de l'auteur sur le manuscrit suivant qui se trouve à la Bibliothèque de Saint-Pétersbourg : *La sainte vie et la sainte mort de Guillaume Ruffin, escolier congreganiste au collège royal de la Flèche, soigneusement recherchée par le R. P. Gassot, de la C. de Jésus. Paris, 1678. In-8º de 37 ff.* Il me reste cependant un doute : Jean Gassot, né à Bourges, le 26 janvier 1661, entra au noviciat, le 25 octobre 1677 ; il aurait été bien jeune pour écrire cette biographie en 1678. Mais cette date est-elle exacte ?

Vie (La) et les eminentes vertus de S. Elzéar **de Sabran** et de la bienheureuse Comtesse **Dauphine**, Vierges et Mariez. Deux Phenix de la France, par Benoit Coronné. Paris, Sébastien Chappelet, 1622, 12º. (Par le P. Etienne BINET.)

D'autres éditions ont le nom de l'auteur.

Vie et martyre du Père Jacques **Salez** et du frère Guillaume **Sautemouche** son compagnon, tous deux Religieux de la C. de J., par le P. Odo de Gissey, de la même C. Nouvelle édition augmentée de plusieurs documents inédits. Avignon, Aubanel, 1869, 18º, pp. XVIII-124. (Par le P. Victor DREVON.)

Vie de saint **Simon** de Crespy, fondateur du monastère de Mouthe. Besançon, Rochet. 1728, 12º, pp. 103. (Par le P. Pierre Joseph DUNOD.)

Vie (La) d'Antoine Marie **Ubaldin**, Comte de Montée, par un Père de la Compagnie de Jésus. La Flèche, 1686, 12º. (Par le P. Paul LE CLERC.)

Plusieurs éditions. C'est une traduction amplifiée d'un ouvrage latin du P. Jacques Bidermann, qui fut encore traduit par deux autres auteurs; voir supra : *Abrégé de la Vie d'Antoine Marie Ubaldin..* (col. 4) et : *Ubaldin, Comte de Montée...*

Vie (La) de sainte Ulphe... Amiens, Veuve R. Hubault, 1672, 12°. (Par le P. François Dobeilh.)

Est-ce le titre exact? En 1702, parut, avec l'approbation datée d'Amiens, 19 août 1671 : *La Vie ou Eloge de Sainte Ulphe Vierge Patronne de l'Abbaye de Notre Dame du Paraclit, dans le Diocese d'Amiens. Par le R. Pere Dobeilh, de la Compagnie de Jésus. A Lyon, Chez Antoine Briasson, M.DCC.II, 12°, pp. 111, sll.*

Vie (La) de D. Camille, princesse des Ursins-Borghèse. A Paris, Chez Louis Estienne Ganeau, M.DCC.XXXVII, 12°, pp. 401. (Par le P. Joseph de Courbeville.)

Vie (La) de l'Hermite de Compiègne, décédé le 18 septembre 1691. Paris, E. Michallet, 1692, 12°, pp. 48. (Par le P. Claude Buffier.)

Cet ermite se nommait René Va.

Vie du P. Varin, religieux de la Compagnie de Jésus, ancien supérieur général des Pères du Sacré-Cœur en Allemagne, et des Pères de la Foi en France, suivie de notices sur quelques-uns de ses confrères. Paris, V° Poussielgue-Rusand, 1854, 12°, pp. VI-415. (Par le P. Achille Guidée.)

Réimprimé en 1860, avec le nom de l'auteur.

Vie (La) du Bienheureux Pere François Xavier, premier de la Compagnie de Jésus qui a porté l'Evangile aux Indes et Jappon. Divisée en six livres par Horace Turselin, de la Compagnie de Jesus, et traduite en françois par un Père de la mesme Compagnie. A Donay, Chez Balthasar Bellere, l'an 1608, 8°, pp. 862, sldllelt. (Par le P. Martin Christofle.)

La dédicace est signée : *Les Peres de la Compagnie de Jesus. De notre College de Valencienne, le 20 Avril 1608.*

Vie (La) de S. François Xavier, de la Compagnie de Jesus, Apôtre des Indes et du Japon. A Paris, Chez Sebastien Mabre-Cramoisy, M.DC.LXXXII, 4°, pp 634, sllelt. (Par le P. Dominique Bouhours.)

Plusieurs éditions non anonymes; celle de 1787 a été donnée par le P. Gabriel Brotier, qui y a ajouté des observations; le P. Feller a donné la suivante :

Vie (La) de S. François Xavier, Apôtre des Indes et du Japon. Par le Père Bouhours. Nouvelle édition, aug-

mentée de quelques opuscules de Piété, par l'abbé F. X. de F. A Paris, et à Liége, chez Desoer, 1788, 12°, 2 vol., pp. 442 et 488. (Par le P. François-Xavier de Feller.)

Vie (La) des fondateurs Des Maisons de Retraite, Monsieur de Kerlivio le Pere Vincent Huby De la Compagnie de Jesus; et Mademoiselle **de Francheville.** A Nantes, Chez Jacques Mareschal, M.DC.XCVIII, 12°, pp. 398, sllelt. (Par le P. Pierre Champion.)

La dédicace est signée : ***. On a dit et répété que ce livre a paru sous l'anagramme du nom de l'auteur : Pierre de *Phonamic.* Je n'en ai trouvé trace dans aucun des exemplaires que j'ai vus.

Vie (La) des Prédestinez dans la Bienheureuse Eternité. A Paris, chez Sebastien Mabre-Cramoisy, M.DC.LXXXIV, 4°, pp. 235, slpelt. (Par le P. René Rapin.)

Plusieurs éditions.

Vie (La) pure et sainte. Par un Pere de la Compagnie de Jesus. A Mons, chez G. Albert Havart, 1699, 24°, pp. 195, sld. (Par le P. J. B. Maurage.)

Plusieurs éditions. Barbier indique, pour cette édition, le format *in-4°*; c'est, sans doute, une faute de typographie.

Vieillesse (La) sanctifiée. ?, 172.. [?] (Par le P. Jacques des Mothes.)

Vienna aVstriæ sanCto nepoMVCeno DeVota : IstIVsqVe MVnIfICIs benefICIIs DItata; ... ab Academica Illustrissima Poesi sive Humanitate Viennensi, soluto ligatoque stylo relata et oblata Sexto Idus Maii. Viennæ, typis Wolfgangi Schwendimann, 1724, 8°, pp. 125. (Par le P. Sébastien Mitterdorferr ou par le P. Sigismond Prembsel.)

Viennensium Poetarum exercitationes scholasticæ... ab Illustrissimo Parnasso Viennensi DDD. Anno MDCC.XII, Mense Aprili die 21. Viennæ, Typis Wolffgangi Schwendimann, 8°, pp. 31. (Par le P. Antoine Kaschutnig.)

Vier grondbeginselen van de christelijke wijsheid, uit de beschouwing der eeuwigheid getrokken, door Pater J. B. Manni, van de Societeit van Jezus. Naar het fransch. Arnhem, ter boekdrukkery van Josué Witz, 1854, 24°, pp. 41. — Roer-

mond, 1855. (Par le P. Henri Mulder.)

Cette traduction des *Quattro Massime di Christiana
filosofia* du P. J. B. Manni a été faite, comme le dit le
titre, sur une traduction française; la suivante l'a été sur
la traduction latine du P. Egide Estrix :

Vier grondregels van christelijke wijs-
begeerte, getrokken uit de overweging
eener viervoudige eeuwigheid, door Pater
J. B. Manni, van de Societeit van Jesus.
Naar het latijn. Sittard, gedrukt bij. J. K.
Alberts, s. a. (*1858*), 24°, pp. viii-43.
(Par le P. Ferdinand Kesselkaul.)

Vier verschiedene zwischen zweyen
Reformirten Bürgern Hiob und Simson,
Angestellte Discoursen über den so ge-
nannten Reformirten Heidelberger Cate-
chismum, in welchen alle in demsel-
ben enthaltene 129 Fragen abegehandelt,
und was in einer jeglichen in sonderheit
zu mercken, auff das deutlichste erkläret
wird. Bonn, 1738, 8°, pp. 487. (Par le
P. Georges Kaufmann.)

La 1re édition est de 1737.

Vierge (La) de Bollezeele, invoquée
sous le titre de Notre-Dame de la Visitation, par M***. Lille, imp. Lefort, 1846,
18°, pp. 36. (Par le P. Pierre Vitse.)

Viering der Piús-feesten op het aarts-
bisschoppelijk Seminarie te Kuilenbug.
Utrecht, P. W. van de Weyer, 1871, 8°,
pp. 16. (Par le P. Bernard van Meurs.)

Vies choisies des principaux Saints,
traduites de Butler, par Godescard, disposées par ordre chronologique, avec un
précis des événemens les plus remarquables
arrivés dans chaque siècle et un traité des
fêtes. A. M. D. G. Paris, Poussielgue-
Rusand, 1836-1837, 18°, 6 vol. (Par le
P. Robert Debrosse.)

Vies (Les) de plusieurs supérieures de
l'ordre de la Visitation Sainte-Marie. Re-
vuës, et corrigées par un Père de la Compagnie de Jésus. A Anneci, Chez Humbert
Fontejne, 1693, 4°, pp. 598.

MM. Auguste Dufour et François Rabut, dans leur livre
intitulé : *L'imprimerie... en Savoie* (Chambéry, 1877),
donnent, p. 241, cet ouvrage comme le premier sorti des
presses de Fontaine (*sic*); à la page 242, ils en citent deux
autres, sur lesquels, disent-ils, l'imprimeur donne à son
nom la forme *Fonteine* Il est plus exact de dire que
cette dernière forme est la première, comme le témoigne
l'ouvrage que je cite à cet article.

Vies (Les) des grands Capitaines de la
Grèce, de Cornelius Nepos; traduites en
françois avec le latin à côté; première
édition. Paris, Lambert, 1654, 12°. (Par
le P. Jean de Vignancour.)

La dédicace est signée : *H. C. de Foix*. La seconde
partie parut en 1655; en 1656 les deux parties réunies
portent sur le titre : ... *par le P. I. V. de la Compagnie de Iesus*; le nom du traducteur serait sur la septième
édition.

Viiftigh-iaerigh Ivbilé vande Weerdige
ende Godvrvgtighe Iovfvrovwe Maria
Hovt-appel in haeren devoten Staet.
MDCXLVI, 4°, pp. 14. (Par le P. Jacques
de Cater.)

Ville (Delle) e de' più notabili monumenti antichi della Città e del territorio di
Tivoli nuove ricerche. Roma, Puccinelli,
1779, 8° et 1 carte. (Par le P. Etienne
Cabral.)

La carte est du P. Fauste del Re.

Viminacum Villa ad Lugdunum. Lugudni,
apud Guillielmum Barbier, 1661, 4°,
pp. 32. (Par le P. Jean de Bussières.)

Il signe la dédicace.

Vincentii Filliucii Societatis Jesu Theologi ad suos priores tomos quæstionum
moralium Appendix posthuma de statu
clericorum, quinque tractatus Complectens qui in prima editione maximè deside-
rabantur, de Beneficiis, Pensionibus,
Spoliis Clericorum, Alienatione rerum
Ecclesiasticarum et Simonia. Nunc primum prodit Lugduni sumptibus Jacobi
Cardon et Petri Cavellat, 1625, fol., pp.
255, sllelt. (Par le P. Jean Jérôme So-
pranis.)

Vindication (The) of S. Ignatius of
Loyola from Fanaticism. London, 1688,
4°. (Par le P. Guillaume Darrel.)

Vindicationes adversus famosos libellos
quamplurimos, et novam ex iis compila-
tionem sub titulo Artes Jesuiticæ. Gandavi,
1703, 8°. (Par le P. Alphonse Huylenbroucq.)

Vindicationes adversus famosum libellum appellatum Tubam alteram, ficto
nomine editam anno 1714. Bruxellis, Antonius Claudinot, 1715, 8°, ff. 10 et 31.
(Par le P. Alphonse Huylenbroucq.)

Vindiciæ Ballerinianæ seu gustus recognitionis Vindiciarum Alphonsianarum. Insunt Dissertatio Ballerinii de systemate morali S. Alphonsi et altera dissertatio de probabilismo et æquiprobabilismo ejusdem S. Doctoris. Brugis Flandrorum, apud Beyaert-Defoort, 1873, 8°, pp. 168. (Par le P. Victor DE BUCK.)

Vindiciæ Censuræ Duacenæ, seu Confutatio scripti cujusdam Thomæ Albii contra latam à S. Facultate Theologica Duacena, in 22 Propositiones ejus censuram, cui præfigitur Albinæ doctrinæ scopus, et alia quædam ejus dogmata referuntur. Duaci, 1661, 4°. (Par le P. Jean WARNER.)

Il publia cet ouvrage avant son entrée dans la Compagnie, sous le pseudonyme : *Jonas Thamonis.*

Vindiciæ Cleri Hungariæ contra supplicem Libellum Samuelis Nagy. Budæ, 1790, 8°, pp. 31. (Par le P. Etienne KATONA.)

Vindiciæ Gobatianæ sive Examen propositionum, quas ex operibus P. Georgii Gobat excerptas Illustrissimus Atrebatensis Episcopus severissima censura notavit, et ipsius censuræ crisis a quodam Sacræ Theologiæ Doctore edita. S. l. (*Ingolstadii*), Anno MDCCVI, 4°, pp. 417. (Par le P. Christophe RASSLER.)

Vindiciæ inferiarum Justi Lipsii contra Josephum Scaligerum. Antverpiæ, 1608, 8°. (Par le P. Héribert ROSWEYDE.)

Vindiciæ Kalendarii Gregoriani adversus Franciscum Leveram. Bononiæ, typis Hæredum Victorii Benatii, 1666, fol. (Par le P. J. B. RICCIOLI.)

Cet ouvrage aurait paru sous le nom de *Michel Manfredi.* Cornelius a Beughem le date de 1665, à la p. 114 de sa *Bibliogr. mathematica* et Melzi de 1660 (II, 154).

Vindiciæ Sacerdotum ex Oratione Christophori Scheuri excerptæ. Pestini, 1791, 8°. (Par le P. Etienne KATONA.)

Vingt (Les) premières années de la Vie du Roy, glorieusement achevées, et suyvies de l'heureux commencement de la vingt-unième, laquelle les sujets de Sa Majesté luy souhaitent toute triomphante. Annus bonus de magnis non tam fructibus, quam potestatibus æstimandus est. Sidon.

Apollin. l. 3. ep. 7. A Lyon, Chez Guillaume Barbier, 1650, 4°, pp. 14. (Par le P. Claude François MENESTRIER.)

Violettes, poésies par un religieux. Paris, Albanel, 1867, 18°, pp. 144. (Par le P. Eugène SEGUIN.)

Virgilio tradotto nel linguaggio popolare Napoletano da Gian Cola Sitillo. (Par le P. Nicolas STIGLIOLA.)

J'ai cité (col. 263) l'*Énéide.* D'après la préface du P. Antoine Marie Ambrogi à sa belle édition de Virgile traduit en italien (Rome, 1763-65, fol., 3 vol.), le P. Stigliola aurait traduit tout Virgile en dialecte napolitain.

Virgo (B.) imitanda. R. P. Francisci Arias, Societatis Jesu Theologi, siue de Imitatione B. Mariæ Virginis Liber, et sacrum ejusdem Rosarium. Editio nova, ex Hispanico passim restituta et aucta. Coloniæ Agrippinæ, apud Joannem Kinckium, 1613, 12°, pp. 425, sld. (Par le Jean BUSÉE.)

Le traité du Rosaire est peut-être traduit par le Chartreux Antoine Dulcken.

Viribus (De) vivis Dissertatio... Romæ, Typis Komarek, 1745, 4°, pp. XLIX. (Par le P. Roger Joseph BOSCOVICH.)

Viris (De) illustribus urbis Romæ, a Romulo ad Augustum, auctore Lhomond : ultima editio, notis gallicis, prosodiæ signis, tabulis geographicis novàque vocum omnium interpretatione adornavit A. M. D. G****. Lugduni, Rusand, 1817, 8°. (Par le P. Jean Nicolas LORIQUET.)

Plusieurs éditions.

Virtù e fatti del venerabile Pietro Georgio Odescalchi, Vescovo di Alessandria e poi di Vizevano,.... per Giovanni Maso Ferrarra, canonico cantore della cattedrale di Vizevano. In Vizevano, 1682. 8°. (Par le P. Octave INVIZIATI.)

Virtud (La) en el Estrado. Salamanca, 1739. (Par le P. Jean DE PAZ.)

Sous le pseudonyme : *D' Antonio Ossorio de la Cadeno Presbitero.*

Virtus christianorum heroica, argumentum trium meditationum congregationis latinæ majoris Monacensis B. Mariæ V. Matris Propitiæ ab angelo salutatæ. I. Virtus agens. An. M.DCC.LXVII. Typis

Viduæ Joannis Christophori Mayr, 4°, s. pag. (pp. 58.) — .... II. Virtus patiens... Ibid., (pp. 55.) — .... III. Virtus perseverans et triumphans... Ibid., (pp. 46.) (Par le P. Christophe Froehlich.)

Virtus coronata Regum Hungariæ Carmen elegiacum. Tyrnaviæ, 1730, 12°, pp. 40. (Par le P. François Teixelberger.)

Virtus coronata, seu Coronarum illustrata documentis et exemplis Imperatorum, ac Regum ex Augustissima et Serenissima Domo Austriaca et Serenissima Domo Austriaca et Hispanica primum Hispano Idiomate conscripta a R. P. Joan. Eusebio Nierembergio è Societate Jesu. Postea Italicè per Comitem Honoratum Corradinum, ac nunc latinè reddita per alium de Societate Jesu Sacerdotem. Viennæ Austriæ, typis Joan. Bapt. Hacq, 1675, 8°, pp. 362, sldelt. (Par le P. Jean Foresi.)

La dédicace est signée : *J. F. S. J.*

Virtus vera hominis felicitas opusculum primo gallice conscriptum a R. P. Stephano Binet S. J. post in latinam linguam translatum ab alio ejusdem Societ. Sacerdote, Et nunc DD. Sodalibus Majoris Congregationis in cœlos assumptæ in Strenam oblatum anno Domini MDCC. Constantiæ, Typis Adami Koberle, 12°, pp. 70, sld.

Virtutes Cardinales ethico emblemate expressæ. Ad prænob. et Generos. Dominum D. Franciscum de Kinschot, Equitem ordinis S. Iacobi, etc. Antverpiæ, ex officina Plantiniana, MDCXLV, 4°, ff. 4 et pp. 29 et 4 grav. (Par le P. Jacques de Cater.)

L'auteur signe la dédicace.

Virtutis et Majestatis iter ad gloriam in reduce gubernata e Catalonia Ter Augustum Heroidum Idea, Christina Elisabetha, expressum, redeunte annuo recursu... a Rhetorica Viennensi dedicatum. Anno salutis reparatæ MDCCXIV. Mense Augusto. Viennæ Austriæ, typis Joannis Georgii Schlegel, 8°, pp. 60. (Par le P. Joseph Pichler.)

Virtutum actus et orationes ad Deum. Lublini, typ. S. J., 1726, 8°.

Virtutum præcipuarum actus prætiosa morientium occupatio mortalibus omnibus in primis Sodalibus B. V. Annunciatæ minoribus in strenam oblata. Monasterij Westphaliæ, Typis Theodori Raesfeldi, Anno 1665, 24°, pp. 48.

Visites au Saint Sacrement et à la Sainte Vierge, pour chaque jour du mois, par Alphonse Liguori : traduit de l'italien. Nanci, Bontoux, 1787, 18°. (Par le P. Pierre Doré.)

Nombreuses éditions et souvent sous le titre suivant :

Visites au Saint Sacrement et à la Sainte Vierge pour chaque jour du mois par Mgr Alphonse de Liguori, Evêque de Sainte Agathe dans le royaume de Naples ; traduit en français. Nouvelle édition, revue par l'Auteur de l'Ame élevée à Dieu. Paris, 1816, 24°. (Par le P. Barthélemi Baudrand.)

Vita (La) cristiana di un buon giovane sul modello di S. Luigi Gonzaga, proposta da un Sacerdote d. C. d. G. Ferentino, nella typ. Bono, 1860, 16°, pp. 170. — Edizione seconda corretta ed accresciuta dall' Autore. Roma, dalla Tip. Forense, 1863, 16°, pp. 147. (Par le P. François Mallerini.)

Vita cristiana e modo facile d'interprenderla. Opera del Padre Girolamo Dutari della Compagnia di Gesù morto nell' anno 1717. Tradotta dello Spagnuolo in Italiano. Vi si aggiunge il Peccator pentito del F. Paolo Celt della medesima Compagnia. Venezia, presso Domenico Fracasso, 1791, 12°, pp. 216. (Par le P. J. B. Tartagni.)

Il existait déjà une traduction italienne anonyme de l'ouvrage du P. Dutari : *In Roma, per il Ferri, 1733, 32°, pp. 192, sllelt.*; j'ignore si elle est d'un Jesuite; Melzi ne la cite pas.

Vita (Della) e Doctrina di Nostro Signore Giesù Christo, raccolta da' quattro Evangelisti, e devisa in materia da meditare per tutto l'anno per Niccolò Avancini della Compagnia di Giesù, e portata dal latino nel favellare volgare da un Religioso della medesima Compagnia. In Palermo, per il Camagna, 1672, 12°, 2 v., pp. 435 et 438, sll. (Par le P. Antoine Lancella.)

Vita del P. Baldassar' **Alvarez** della Compagnia di Giesù, scritta da un Religioso della medesima Compagnia. In Bologna, per l'Herede del Benacci, s. a., 32°, pp. 191.

Vita del Venerabile Padre Baldassare **Alvarez** della Compagnia di Gesù composta dal Venerabile Padre Ludovico da Ponte della medesima Compagnia. Dalla Lingua Spagnuola nuovamente trasportata nell' Italiana. In Venezia, presso Sebastiano Valle, 1793, 4°, pp. XVI-487. (Par le P. J. B. Tartagni.)

Vita del Padre Gioseffo **Anchieta** della Compagnia di Giesù. Scritta da un Religioso della medesima Compagnia. In Bologna, presso gli Eredi del Benacci, 1651, 24°. (Par le P. J. B. Astria.)

Vita del Ven. servo di Dio P. Giuseppe **Anchieta** della Compagnia di Gesù detto l'Apostolo del Brasile libri due cavati dei Processi autentici formati per la sua Beatificazione. Da un sacerdote della medesima Compagnia. In Roma, Nella Stamperia Komaresca, MDCCXXXVIII, 8°, pp. 307, sll. (Par le P. Longaro degli Oddi.)

Vita della Beata **Angela** Bresciana prima Fondatrice della Compagnia di S. Orsola. In Brescia, per Vincenzo Sabbio, 1600. (Par le P. Octave Gondi.)

Plusieurs éditions. Melzi (III, 237) dit que cette vie est peut-être celle qu'a écrite le capucin Matthias Bellintani, et que le P. Gondi l'aurait corrigée.

Vita della Ven. **Anna di S. Agostino.** Roma, 1777. (Par le P. Philippe Marie Salvatori.)

L'auteur fit paraître cet ouvrage sous le nom de son frère.

Vita del Padre Emondo **Augerio** della Compagnia di Gesù già scritta in lingua francese dal Padre Giovanni Davrigny (*sic*) della medesima Compagnia ed or tradotta nella nostra italiana e dedicata alla Congregazione de' Cavalleri nel collegio de' Padri Gesuiti di Como. In Milano, Appresso Giuseppe Marelli, MDCCLVII, 12°, pp. 338, sldeldt. (Par le P. Nicolas Ghezzi.)

La dédicace est signée : *Il Rettore, e gli altri PP. del Collegio.* L'auteur français est le P. *Dorigny.*

Vita dell' Apostolo Predicatore il P. Maestro Giovanni d'**Avila** Sacerdote secolare con alcuni Elogij delle virtù, e vite d'alcuni de' suoi principali Discepoli. Scritta in Spagnuolo, e dedicata alle Chiese Metropolitane, e Catedrali de' Regni di Castiglia, e Leon dal Licenciato Luigi Mugnos l'anno 1635. E portata in Italiano da un Padre della Compagnia di Giesù. All' Illustriss. Signore e Patrono mio Colendissimo, il Signor Gottardo Frisiani. In Milano, Per Gioseffe Marelli, s. a. (*1667*), 8°, pp. 434, sll.

Vita della Ven. Madre Suor Maria **Bagnesi** Nobile Fior del Terz' Ordine di S. Domenico scritta da un Sacerdote della Compagnia di Gesù. In Firenze, per Francesco Moucke, 1747, 4°. (Par le P. Ferdinand Bagnesi.)

Vita della Venerabile Vergine **Beatrice** de Tufo, scritta da Paolo Piccinini. Napoli, presso Giacomo Goffaro, 1655. (Par le P. Scipion Paolucci.)

Vita del Venerabile Cardinale Roberto **Bellarmino** Arcivescovo di Capue, e religioso della Compagnia di Giesù. Descritta da un Divoto del medesimo Ven. Cardinale. In Roma, nella Stamperia Komarek, 1743, 8°, pp. 331, slpell. (Par le P. Archange Arcangeli.)

Vita del Servo di Dio D. Giovanni **Belotti** Arciprete di Vil Minore Plebano, e Vicario Foraneo nella Valle di Scelve della Diocesi di Bergamo. In Bergamo, presso Vincenzo Antoine, 1793, 12°, pp. XXIV-311. (Par le P. Louis Mozzi de' Capitani.)

L'auteur signe la dédicace.

Vita del pio Giovine Giuseppe **Bianchi** Romano per G. S. d. C. d. G. Roma, tip. di Filippo Cuggiani, e C., 1872. 8°, pp. 46.

Vita del venerabile P. Fr. **Camacho** religioso dell' ordine di S. Giovanni di Dio, compilata da un Sacerdote della Compagnia di Gesu, e da molto Rev. Fr. Domenico Maria Betri dell' ordine di S. Giovanni di Dio. Napoli, 1748, 4°.

Vita della Serva di Dio Suor **Catarina San Filippo** dell' Ordine Eremitano di

S. Agostino, Fondatrice in Piazza del Monastero, che osserva la regola della Ven. Suor Angela de Brescia ed è sotto il patrocinio di S. Anna, messa in metodo da una Monaca dello stesso monastero. In Messina, per il Maffei, 1742, 4°. (Par le P. Còme DE SILVESTRO.)

Vita della Madre Maria Teresa **Centurioni** Turchina della SS. Nunziata scritta dal P. Genta della Compagnia di Gesù, e compilata da un Religioso della medesima Compagnia. Genova, 1759. (Par le P. Jérôme DE AURIA.)

Vita del Padre Pietro **Claver**, della Compagnia di Gesù, detto l'Apostolo degli Etiopi, cavata da' Processi formati per la sua Canonizzazione. In Roma, 1748, 4°. (Par le P. Joseph DE LARA.)

L'auteur signe la dédicace.

Vita del gran servo di Dio, e Predicatore veramente Apostolico il P. Bernardo **Colnago** della Compagnia di Giesù. Scritta prima dal M. R. P. Lorenzo Finichiaro, e poi ridotta in altra più breve forma da un' altro Padre della medesima Compagnia. In Torino, per Gio. Sinibaldo, 1683, 4°, pp. 196. (Par le P. Marius Clément BARATTA.)

Cet ouvrage a d'autres éditions; celle de Bologne, 1671, a une dédicace signée : *Pietra Accorsi.* Melzi (I, 230) intitule à tort : *Compendio dell vita…*

Vita del Chierico Luigi **Corradini**. Roma, per Martini, 1846, 16°. (Par le P. J. B. BARONI.)

Vita e virtù di Suor Maria Catherina **Corsini**, Religiosa nel venerabile Monistero del Corpus Domini di Modena, e della Sorella Smeralda **Vicenzi** Vergine della Compagnia di S. Orsola nella medesima Città, scritta da un Padre della Compagnia di Giesù che fu loro P. Spirituale. Modena, per il Capponi, 1697, 4°. (Par le P. Jean GIULIANI.)

Vita (La), del P. Pietro **Cottone** della Compagnia di Gesù Confessore delli Re di Francia Enrico IV e Luigi XIII composta in lingua Francese dal P. Pier-Giuseppe d'Orléans della Compagnia di Gesù, e in Lingua Italiana Tradotta. In Venezia, appresso Pietro Valvasiense, 1753, 8°. (Par le P. François TORRE.)

Vita e morte edificante di Filippo **Durantini** Scolastico D. C. D. G. Roma, tipografia Monaldi, 1867, 32°, pp. 256. (Par le P. Frédéric DE MELIS.)

Vita, e campeggiamenti del Serenissimo Principe Francesco **Eugenio di Savoja**, supremo commandante degli Eserciti Cesarei e dell' Imperio. In Venezia, presso Gio. Battista Recurti, 1738, 4°. — Seconda edizione riveduta, corretta, ed accresciuta. Ibid, 1739, 4°. (Par le P. Jacques SANVITALE.)

Vita del P. Pietro **Fabro** della Compagnia di Giesù primo Compagno di S. Ignatio Loiola, e primo Sacerdote della Compagnia di Giesù. Scritta del P. Nicolò Orlandini dell' istessa Compagnia in lingua latina. Tradotta da Erminio Tacito. In Roma, appresso l'Erede di Bartolomeo Zannetti, 1629, 8°, pp. 426, slpelt. — In Bologna, Per l'Herede del Benacci, s. a., 24°, pp. 340, slt. (Par le P. Térence ALCIATI.)

Quérard (*Supercheries*, I, 1245) donne le titre en latin et d'une manière complètement inexacte; car, d'après lui, ce serait le P. Orlandini qui aurait traduit en italien l'ouvrage écrit en latin par le P. Alciati; c'est juste le contraire qui est la vérité.

Vita di S. **Febronia** Vergine e Martire tradotta del Greco in Francese coll' aggiunta di alcune annotazioni dal P. Gio. Francesco Baltus della Compagnia di Gesù, e dal Francese tradotta in Italiano da un altro Religioso della medesima Compagnia. In Roma, per Giovanni Generoso Salomoni, 1752, 8°, pp. xxxix-78. (Par le P. Horace STEFANUCCI.)

Vita di Santa **Febronia** vergine e martire, scritta in greco della madre Tomassa, sua maestra; e tradotta da un religioso d. C. d. G. Coll'aggiunte. Monza, Paolini, 1866, 16°, pp. 111.

Cette traduction ne serait-elle pas la même que la précédente?

Vita di San **Fermano** abate dell' ordine di S. Benedetto, scritta da Golmario Marsigliano. Trevigi (*Arezzo*), 1726. (Par le P. Jérôme LAGOMARSINI.)

Vita del Padre Marco Vigilio **Formenti** della Compagnia di Gesù scritta da un Religioso della medesima Compagnia. In Roma, per Antonio de' Rossi,

1730, 4º, pp. 158, sldelt. (Par le P. François Marie GALLUZZI.)

Melzi (III, 235) nomme à tort l'auteur : *Palazzi*.

Vita di Santa **Francesca** Romana fondatrice dell' Oblate di Torre de' Specchi. Cauata da varij Manoscritti antichi, dalli Processi fatti per la sua Canonizatione, et altre Istorie. Data nuouamente in luce dalla Madre Presidente di Torre de Specchi Suor Maria Madalena Anguillara. In Roma, appresso gli Heredi del Corbelletti, 1641, 4º, pp. 392, sldpelt. (Par le P. Virgilc CEPARI.)

Cette vie fut réimprimée sous son nom en 1645. Est-elle réellement de lui ? Un passage des *Acta Sanctorum*, tome II de Mars, p. 175, permet d'en douter ; en voici les termes : « Hanc nos vitam, a Cepario S. J. conscriptam, « requirentes Romæ, ... ipsam quidem non reperiri in-« telleximus ; sed aliam interim a Iacobo FULIGATTO, « nostri item Ordinis scriptore, elaboratam accepimus, « qui fortassè a Virgilio item ante preparatis usus pluri-« mum, noluit alienum fictum sibi supposuisse videri, « sed totum laborem suum transcripsit Mariæ Magdalenæ « Anguillariæ, Præsidi oblatarum a S⁴ Francisca insti-« tutarum, sub eius vulgauatam nomine... prout factum « est anno MDCXLI. » Il semblerait donc plus juste d'attribuer cette Vie au P. Jacques FULIGATTI.

Vita del venerabile Padre Francesco **di Geronimo** della Compagnia di Gesù tradotta nell' Idioma Italiano da quella, che nell' anno 1734 diede alla luce in lingua latina il P. Carlo de Bonis della medesima Compagnia, coll' aggiunta delle notizie venute da quell' anno fin al 1746. Dedicata alla sagra Real Maestà di Carlo Borbone Rè dell' una, e dell' altra Sicilia, ec. In Napoli, Nella Stamperia de' Muzj, MDCCXLVII, 4º, pp. 539, sll.

La dédicace est signée : *I Padri della Compagnia di Gesù del Regno di Napoli.*

Vita (Della), e martirio del glorioso S. **Getulio** marito di S. Sinforosa M. e padre di sette figlioli martiri breve ragguaglio estratto dagli Atti esistenti presso il Surio da un religioso Sacerdote divoto del Santo. In Roma, Nella stamperia di Antonio de' Rossi, MDCCLIV, 12º, pp. 69. (Par le P. André Jérôme ANDREUCCI.)

Vita di S. **Giovanni di Dio**, Padre de' Poveri, e Fondatore del Sacro Ordine dell' Ospitalita de' Padri Fate bene Fratelli. Milano, per Giuseppe Quinto, 1691, 12º. (Par le P. Thomas CEVA.)

Plusieurs éditions. Ce serait une traduction faite par le P. Emmanuel d'HERRERA, de l'espagnol du P. Antoine de Goca, que le P. Ceva aurait refondue et abregée.

Vita del B. Francesco di **Girolamo** della C. d. G. Polociæ, 1806, 8º. (Par le P. Longaro DEGLI ODDI [?].)

Ce serait une réédition, car l'ouvrage avait paru, non anonyme, pour la première fois, à Rome en 1760.

Vita del P. Placido **Giunta**, della Compagnia di Gesù, scritta da Agatino Lupo, Messina, per Matteo Rocca, 1682, 8º. (Par le P. Paul GIUNTA.)

Vita (La) e la morte dell' Uomo Giusto proposta negli esempj di **Giuseppe** sposo di Maria Vergine Cavati dall' Evangelio secondo l'interpretazione de' SS. Padri. In Milano, per Giuseppe Mazzuchelli, nella stamperia Malatesta, 1775, 12º, pp. 231, sll. (Par le P. J. B. NOGHERA.)

C'est une traduction d'un ouvrage français du P. Fiélard ; le P. Noghera signe la dédicace.

Vita del B. Luigi **Gonzaga**. Mantova, Aurelio e Lodovico Osanna, 1608, 1619. — Modena, pel Cassiani, 1638. (Par le P. Jacques GRASSETTI ou par le P. Jean BARTOLOTTI.)

Vita del B. Luigi **Gonzaga** della Compagnia di Giesu, scritta in Compendio da un Religioso della medesima Compagnia. In Bologna, per l'Herede del Benacci, s. a., 32º, pp. 131.

Vita di S. Luigi **Gonzaga** Della Compagnia di Gesù, descritta da un Religioso della medesima Compagnia, Coll' Aggiunta degl' Atti della sua Canonizazione, cavati dalla segretaria della Sacra Congregazione de' Riti. In Roma, Nella Stamperia di Antonio de' Rossi, MDCCXXVII, 8º, pp. 185. — In Roma ed in Napoli, nella Stamperia di Felice Mosca, 1727, 8º, pp. 206, sll.

Vita di S. Luigi **Gonzaga** novellamente in compendio ridetta da un religioso suo confratello. ?, 1753, 24º.

Vita di S. Luigi **Gonzaga** in versi ; umile tributo di ossequio offerto al Santo da un suo divoto. Parma, Stamperia Carmignani, 1800, 8º, pp. 26. (Par le P. Joseph Marie TASCHINI.)

Vita di San Luigi **Gonzaga** della Compagnia di Gesù scritta dal Padre Virgilio Cepari della medesima Compagnia Colla Terza Parte nuovamente composta da un altro Religioso. In Venezia, Presso Sebastiano Valle, MDCCCXIX, 8°, 2 vol., pp. viii-167 et 152.

Vita (Della) di San Luigi **Gonzaga** della Compagnia di Gesù scritta dal P. Virgilio Cepari della medesima Compagnia. Edizione arricchita di nuova giunte ed offerte alla Santità di N. S. Papa Pio IX felicemente regnante. Roma, della tipografia forense, 1862, 8°, 2 vol., pp. ... et 550 avec 26 grav. (Par le P. Joseph Boero.)

Vita (Della) e martirio di S. **Gratiliano**, protettore di Bassano, di Sutri. Breve ragguaglio cavato dagli atti esistenti presso i Bollantisti da un religioso divoto del Santo. Roma, stamperia de' Rossi, 1757, 12°. (Par le P. André Jérôme Andreucci.)

Vita di D. Giuseppe **Grillotti** Sacerdote Urbinate della Congregazione Secreta de' SS. Apostoli in Collegio Romano, descritta da un Padre della Compagnia di Gesù, col Ragguaglio di alcuni altri Fratelli della medesima Congregazione, ultimamente defonti. In Roma, per Antonio de' Rossi, 1731, 8°, pp. 489. (Par le P. François Marie Galluzzi.)

Vita di Andrea **Gritti**, Doge di Venezia, scritta da Nicolò Barbarigo, e tradotta in lingua italiana. Venezia, presso Antonio Zatta e figlio, MDCCXCIII, 8°. (Par le P. Benoît Volpi.)

Vita del Beato Andrea **Ibernon** laico professo dell' ordine di S. Francesco. Roma Puccinelli, 1791, 4°. (Par le P. Philippe Marie Salvatori.)

Cet ouvrage parut sous le nom de : *Vincenzo Mondina.*

Vita di S. **Isidoro** agricoltore. Macerata, 1777, 8°. (Par le P. Joseph Sauveur Vargas Macciucca.)

Vita di S. Stanislao **Kostka** della Compagnia di Gesù, descritta da un Religioso della medesima Compagnia, coll' Aggiunta degl' Atti della sua Canonizazione cavati dalla Segretaria della Sacra Congregazione de' Riti. In Roma, nella Stamperia di Antonio de' Rossi, 1727, 12°, pp. 172, slt.— In Roma ed in Napoli, nella Stamperia di Felice Mosca, 1727, A spese di

Bernardino Gessari, 1727, 8°, pp. 175, sll.

Vita del Ven. Servo di Dio Giacomo **Laynez**, Secondo Generale della Compagnia di Giesv. Scritta da Francesco Dalarini. In Roma, A spese d'Ignatio de' Lazari, M.DC.LXXII, 8°, pp. 255, sll. (Par le P. François Rainaldi.)

Vita della Augustissima Imperatrice **Leonora Maddalena Teresa**, tradotta compendiosamente dall' idioma latino in lingua italiana da un religioso della Compagnia di Gesù. Milano, Bellagatta, 1719, 8°. (Par le P. Thomas Ceva.)

Plusieurs éditions. C'est une traduction du latin du P. Wagner : *Vita et virtutes Eleonorœ Magdalenœ Theresiæ..* (Voir infra); mais comme cet ouvrage parut en 1720, je doute que la date 1719 soit exacte, et je pense qu'il faut lire 1721. On a attribué cette traduction italienne au P. Jacques *Sanvitale;* ce serait à tort, d'après le P. Brumoy, qui, dans sa traduction française, affirme qu'elle est du P. Ceva et n'en cite pas d'autre.

Vita del Venerabile P. Girolamo **Lopez** Missionario Apostolico della Compagnia di Giesù, scritta dal P. Giovanni Marini, e tradotta dallo Spagnuolo da un Sacerdote della medesima Compagnia. Ridedicata al Molto Rev. Padre Carlo de Noyelle Preposito Generale della Compagnia di Giesù. In Roma, nella stamperia di Michel' Ercole, 1683, 4°, pp. 204, sllelt. (Par le P. Camille Marie Rinaldi.)

L'auteur signe la dédicace.

Vita di Sant' Ignazio **Lojola**. In Napoli, per Lazzaro Scoriggio, 1615, 8°. (Par le P. Pierre Paul Bombino.)

Quelques éditions.

Vita del Patriarca Sant' Ignazio di **Loiola** fundatore della Compagnia di Giesù. Raccolta già per opera di D. Vigilio Nolarci poscia in questa quarta edizione dal medesimo riveduta e aumentata. Venetia, presso Combi, et La Noù, 1687, 4°, pp. 496, sll. (Par le P. Aloys Carnoli.)

Vita della B. **Lucia** V. Caltagironesa Religiosa dell' ordine di S. Francesco. Messinæ, ex typographia Ill. Senatus, per Bonacotam, 1664, 12°. (Par le P. François Previ.)

D'après Mongitore, il y aurait une autre vie anonyme de la même Bienheureuse, qui serait du P. Joseph Lauria.

Vita di S. **Lucio** papa e martire, estratta da legittimi documenti. Palermo, 1839, 12. (Par le P. Alexis NARBONE.)

Vita popolare di **Lutero**. Traduzione dal Francese per E. C. Napoli, tipografia degli Accattoncelli, 1883, 16°, pp. 72, slp. (Par le P. Eugène CIMATTI.)

Vita di S. **Macrina** in greco scritta da S. Gregorio Nisseno suo fratello, tradotta in latino da Pier Franc. Zino veronese, ed ora in volgare da un divoto della Santa. Palermo, nella stamperia di Stefano Amato, 1735, 8°. (Par le P. Sauveur MAURICI.)

Vita, e morte della Serenissima **Maria** di Portogallo Principessa di Parma, e Piacenza. Bologna, per Alexandro Bonacci, 1578, 8°. (Par le P. Sebastien DE MORAES.)

Sotwel donne ce titre en latin, selon son habitude, mais dit bien que l'ouvrage est en italien. Mais le titre est-il exact? Dans son Agiologio Lusitano, t. IV, p. 84, Sousa dit : « a impressa em Roma, anno de 1580 », sous le titre : « Carta escrita a huma Senhora. »

Vita, e virtù di **Maria Giovanna di Gesù** Monaca nel Monistero di Santa Maria della Carità dell' Ordine di S. Benedetto. Opera di un Sacerdote della Compagnia di Gesù. In Napoli, nella stamperia di Felice Mosca, 1727, 8°, pp. 435, sllelt. (Par le P. François PEPE.)

Vita della Madre **Maria Maddalena della SS. Trinità**, Fondatrice delle Religiose di Nostra Signora della Misericordia, composta in Francese dal M. R. P. Gio. Stefano Grosez della Compagnia di Gesù. Tradotta in Italiano. In Venezia, appresso Gio. Battista Recurti, 1740, 8°, pp. 119. (Par le P. Jacques SANVITALE.)

Vita di Girolamo **Mazzola**. Torino, per Giacinto Marietti, 1844, 16°. (Par le P. Noël SANTINI.)

Vita di Angelina **Merolli**, giovinetta romana, scritta da un Sacerdote d. C. d. G. Roma, della tipografia Forense, 1862, 8°, pp. 82. — Seconda edizione accresciuta e corretta dall' autore. Ibid., 1863, 16°, pp. 191. (Par le P. Antoine ONORATI.)

Vita, e Martirio de' Beati Paolo **Michi**, Giovanni **di Goto Soan** e Iacopo **Ghisai** della Compagnia di Gesù martirizzati nel Giappone : Ragguaglio dedicato all' Apostolo delle Indie San Francesco Saverio da un Sacerdote della medesima Compagnia. In Venezia, appresso Gio. Battista Recurti, 1724, 12°, pp. XII-129. (Par le P. Jacques SANVITALE.)

Plusieurs éditions. On attribue aussi cet ouvrage au P. Pierre BRESCIANI.

Vita del Ven. Pietro Georgio **Odescalchi**, episcopo Alexandrino... Wighevani, 1682, 8°. (Par le P. Octave INVIZIATI.)

Cet ouvrage parut sous le nom de *Gio. Maria Ferraria* (Melzi dit : *Ferrario*, 1, 403). Le P. Papebroch s'exprime ainsi, au tome VII de Mai des *Acta Sanctorum*, p. 518 : « Fortassis nesciebat D. Aloysius de « Tattis aliam Viglebani sculptam haberi, ante eam Vi- « tam, quam anno M.DC.LXXXII, exquisitissima dili- « genta elaboratam, noster P. Octavius Invitatus, ibi- « dem ad praelum promovendam, S. D. N. Innocentio XI « dedicandam, commisserat Ioanni Mariae Ferrariae, Vi- « glebanensis Ecclesiae Canonico... Verum quia vir iste, « non satis intellecta Auctoris intentione, suum ipsius « nomen substituerat operi alieno, nonnulla pro suo ar- « bitratu addens aut mutans; Auctore quod suum erat « reposcente, suppressa extenus manserant omnia, neque « in lucem usque diem potui Vitam istam nancisci... »

Vita del Cavaliere Don Giuseppe Maria **Orrù**, alunno del Convitto Canopoleno di Sassari. Novara, tipografia Artaria e Comp., 1840, 8°, pp. VIII-140. (Par le P. Joseph BOERO.)

Vita di S. **Patricia** Vergine, figlia dell' Imperatore Costante e Protettrice della Città et Regno di Napoli. Descritta gia da Monsignor Paolo Regio, Vescovo di Vico Esquense, e poi rinovata, et ampliata da Cleonte Torbizi, ad instanza delle Molto Reveren. Monache del Monasterio di S. Patricia di Napoli. In Roma, per Francesco Corbelletti, MDCXXXIII, 4°, pp. 32. (Par le P. Nicolas BERZETTI.)

Vita di Lucia **Perotti** fondatrice e prima madre del Collegio della Beata Vergine in Cremona. Cremona, tip. nell' Istit. Manini, 1883, 12°, pp. 150. (Par le P. Herménégilde BACCOLO.)

L'auteur signe l'introduction.

Vita di Suor Ignazia **Perreneto**, vergine teresiana caltagironese, scritta da un divoto sacerdote. Palermo, 1735, 8°. (Par le P. Antoine Ignace MANCUSO.)

Vita (La) di san **Pietro** Eremita Marsano. In Viterbo, appresso Giambatista Piantamura, 1621.

Melzi (III, 247) dit : « scritta dal P. Fabrizio Barri, o Bruzio. » Le P. de Backer dit que ce Père édita l'ouvrage, sans se nommer. Le P. Sotwel n'en parle pas. Je ferai observer que le P. Briti n'aurait eu que 29 ans en 1621, et ne devait pas être encore prêtre.

Vita di Sebastiano Giuseppe Carvalho, è Melo, March. di **Pombal**, Conte di Oeyras, ec. Segretario di Stato e Primo Ministro del Re di Portogallo D. Giuseppe I. S. l., 1781, 8°, 4 vol., pp. viii-186, vi-238, 205 et iv-224. (Par le P. François Gusta.)

Vita del Venerabile Padre Luigi da **Ponte**, della Compagnia di Gesù portata del Spagnuolo del P. Fr. Cachupin in Italiano da un Padre della stessa Compagnia di Gesù. Milano, Filippo Ghisolfi, 1667, 8°.

Vita del Venerabile Servo di Dio P. Ludovico de **Ponte** della Compagnia di Gesù cavata da' Processi autentici formati per la sua Canonizzazione con in fine il decreto emanato dalla Sede Apostolica il dì 16 di Luglio 1759 sopra l'eroicità delle sue virtù. In Roma, 1761, 4°. (Par le P. Jacques Andrès.)

Vita del P. Antonio **Possevino** della Compagnia di Gesù, già scritta in lingua francese dal Padre Giovanni Dorigny della medesima Compagnia, Ora tradotta nella volgare italiana, Ed illustrata con varie note, e più lettere inedite, e parecchi Monumenti aggiunti al fine. In Venezia, nella stamperia Remondini, MDCCLIX, 8°, 2 vol., pp. xl-384 et 208. (Par le P. Nicolas Ghezzi.)

Le nom de l'auteur est en tête de la dédicace.

Vita del P. G. Battista **Prever** dell' Oratorio. Torino, per Giacinto Marietti, 1844, 16°. (Par le P. J. B. Baroni.)

Vita di donna Maria Luigi **Prosperi**, religiosa benedettina, abbadessa nel venerabile monastero di S. Lucia di Trevi dell' archidiocesi di Spoleto, morta in odore di santità l'anno 1829; descritta da un Padre d. C. d. G. Roma, tip. Forense, 1870, 8°, pp. 423.

Vita d'Eugenio **Ricci** d. C. d. G. scritta da un padre della medesima Com-

pagnia. Torino, G. Speirani, 1875, 8°, pp. 230. (Par le P. Jérôme Raffo.)

Vita di Santa **Rosa**, Vergine Viterbese; scritta da Bassiano Shigatti. Viterbo, 1772. (Par le P. J. B. Bisso.)

Vita di Monsignor Luigi **Ruzzini** Vescovo di Bergamo. Milano, nella stampa di Giuseppe Pandolfo Malatesta, 1706, 4°. — Vita... descritta da un Religioso della Compagnia di Giesu. Ibid., 1712, 4°, pp. 226, slp. (Par le P. Thomas Ceva.)

Vita della Ven. Serva di Dio Suora Remigia **Scammaco**, e **Tornabene**. Catana, Paolo Bisagno, 1680, 4°. (Par le P. Laurent Finicchiaro.)

Mongitore dit que cet ouvrage parut sous le nom d'*Alessio Lombardo*.

Vita del P. Consalvo **Silveria** della Compagnia di Giesù. Scritta da un Padre della medesima Compagnia. In Bologna, Per l'Herede del Benacci, s. a. (*1652*), 24°, pp. 146.

L'auteur anonyme dit qu'il a abrégé la Vie du P. Silveria écrite en latin par le P. Nicolas Godigno. La dédicace est signée : *Sebastiano Hernia*, mais ce n'est pas le nom de l'auteur.

Vita del B. Carlo **Spinola**, martire della Compagnia di Gesù, scritta dal P. Fabio Ambrogio Spinola della medesima Compagnia. Novissima edizione corretta ed accresciuta. Roma, coi tipi della Civiltà Cattolica, 1869, 16°, pp. 248. — Monza, L. Annoni, 1876, 16°, 2 vol., pp. 166 et 191. (Par le P. Joseph Boero.)

Vita del Padre Francesco **Tamariz** scritta in lingua Spagnuola dal Padre Francesco di Azevedo amendue della Compagnia di Gesù, e tradotta nella Italiana da un altro Religioso della medesima Compagnia. In Venezia, presso Giuseppe Corona, 1730, 8°, pp. 184. (Par le P. Bernardin Benzi.)

Vita della Sta Madre **Teresa di Gesù** scritta in lingua Castigliana da Monsig.r Don Diego de Yepes, Vescovo di Tarazona, tradotta in Italiano dall' Abate Giuseppe de Trosca. Arimini, Gius. Albertini, 1732-33, 4°, 2 vol. (Par le P. François de Castro.)

Vita della Beata **Veronica** di Beinasco

Monaca Agostiniana, estratta dagli Atti de' Santi de' PP. Bollando, e Compagni della Compagnia di Gesù. In Ferrara, nella Stamperia di Bernardino Pomatelli, 1732, 8°. (Par le P. Jacques SANVITALE.)

Vita (Della) di Monsig. Giovanni **Visconti**, pistojese, prelato de' Cavalieri di S. Stefano, scritta dal canonico Benedetto Fabroni, ristretto composto da Leone Stella, romano, ad instanza di detto Fabroni, e dal medesimo data in luce. Lucca, appresso Jacinto Paci, 1688, 12°. — Bologna, 1690. (Par le P. Sébastien CONTI.)

Vita del B. Francesco **Xaverio** raccolta di diversi autori. Messina, Pietro Brea, 1605, 4°. (Par le P. Barthélemi PETRACCI.)

Sous le nom de *Laurenzio Valla*. Les *Supercheries* (III, 1280, *b*) donnent le titre en latin. Melzi (III, 192) en avait fait déjà autant; il renvoie à Sotwel, qui cependant dit en propres termes : « Scripsit Italicè culto « stylo, ediditque sub Vallæ nomine : *Vitam B. Fran-* « *cisci Xaverii...* per Laurentium Valla. » L'ouvrage suivant est-il une réédition du précédent?

Vita del Beato Francesco di **Xavier** della Compagnia di Giesù Raccolta di vari Scrittori, e ristretta in tre Libri, e data in luce ad instanza del Signor Ottavio Maguanini All' Illustrissimo Signore il Sig. Conte Fabio Visconti Borromeo. In Milano, appresso gli heredi Pacifico Pontio et Gio. Battista Piccaglia, 1620, 8°, pp. 264, sll.

On bien, ne serait-ce pas une édition du suivant?

Vita del B. Francesco **Xaverio** divisa in tre libri. In Ferrara, per il Baldini, 1620, 4°. (Par le P. Jérôme GESSI.)

Cet ouvrage parut sous le pseudonyme : *Francesco Cattelani* ou *Cattellani*. Melzi (III, 296) dit à tort : *Vita di S. Francesco Saverio....* la canonization de l'apôtre des Indes n'ayant eu lieu qu'en 1622.

Vita et Doctrina Jesu Christi, ex quatuor Evangelistis collecta, et in meditationum materiam ad singulos totius anni dies distributa. Per Nicolaum Avancinum Societatis Jesu. Recognita ab alio Societatis Jesu Sacerdote. Coloniæ Agrippinæ, 1678, 24°, pp. 555, slp.

Vita S. **Agathonis** Panormi Civis et Patroni. Panormi, ad Ant. Martarellum,

1640, 4°, pp. 266, sll. (Par le P. François SCONSO.)

Vita beati Nicolai **Albergati** e sacro Carthusianorum ordine, Cardinalis, ex italico F. Bonaventurae in latinum conversa a B. P. Lud. J. Parisiis, Dupuis, 1659, 4°. (Par le P. Louis JANIN.)

Vita P. Balthasaris **Alvarez** e Societate Jesu. Ex prolixiore ejusdem Historia, quam P. Lvdovicvs a Ponte ediderat, delibata a quodam ex eadem Societate. Lvgdvni, Sumpt. Hæred. Petri Prost, Philippi Borde, et Lavrentii Arnavd, M.DC.XLIV, 12°, pp. 132, sld. (Par le P. Louis JANIN.)

La dédicace est signée : *L. I. S. J.*

Vita S. **Athanasii** Episcopi Alexandrini ex Anselmi erudita crisi elegantissime contexta. Viennae, Apud Viduam Voigtin, 1707, 8°. (Par le P. François WAGNER.)

Vita Venerabilis Servi Dei Joannis **Berchmans** e Societate Jesu Italice Scripta a P. Virgilio Cepario, latine reddita a P. Hermanno Hugone, utroque ejusdem Soc. Sacerdote. Editio tertia recognita et emendata, cui ampla Appendix accessit. Lovanii, typis C. J. Fonteyn, 1853, 8°, pp. XIX-393. (Par le P. Edouard CARPENTIER.)

Vitæ Compendium Ven. Fr. **Bernardi a Corleone** siculi laici Capuccini a P. Michaele Frazzetta Soc. Jesu Italice datum, a Sacerdote ejusdem Soc. latine redditum. Panormi, typis Petri de Isola, 1679, 8°. (Par le P. Pierre Marie CICALA.)

Vita Venerabilis Patris Emmanuelis **Correa** e Societate Jesu in Brasilia Missionarii. Una cum adjectis animadversionibus historicis. In Fano S. Martini, MDCCLXXXIX, 8°, pp. 303. (Par le P. Joseph RODRIGUEZ DE MELLO.)

Le P. Caballero doute si l'auteur des *Animadversiones* (p. 161 à 303) est un jésuite; du moins, dans l'Avis qui les précède, l'auteur dit formellement qu'il ne l'est pas.

Vita et virtutes **Eleonoræ Magdalenæ Theresiæ** Imperatricis Augustæ conscripta a quodam e Societate Jesu Sacerdote. Prostat in Bibliotheca Catechetica Domus Prob. S. J. ad S. Annæ. Viennæ Austriæ. Typis Wolffgangi Schwendimann. 1720, 8°, pp. 320, sll. (Par le P. François **Wagner**.)

Vita Vener. Servi Dei P. Franc. Mariæ **Galluzzi**, è Societate Jesu, operarii indefessi, Pientissimè defuncti Romæ, anno MDCCXXXI. Italico idiomate conscripta a P. Joanne Baptista Memmi Soc. Jesu; Nunc Latinè reddita. Ab alio Ejusdem Societ. Sacerdote. Ingolstadii, Sumptibus Viduæ Joannis Andr. de la Haye, Anno MDCC.XXXIX, 8°, pp. 520, sllelt. (Par le P. Antoine **Mayr** [?].)

Je serais assez disposé à attribuer cette traduction au P. Antoine Mayr, qui, en 1742, publiait chez le même libraire, la traduction latine de la vie du P. Segneri le jeune, écrite en italien par le P. Galluzzi. Voir infra : *Vita R. P. Pauli Segneri…*

Vita Matris Ignatiæ de **Gante** Religiosæ Professæ Societatis B. M. V. in domo Tudelana. Cæsaraugustæ, apud Joannem Malo, 1740. (Par le P. André **Cavezudo**.)

Cet ouvrage parut sous le nom de Marie Françoise Croy, prieure de ce monastère.

Vita B. Aloysii **Gonzagæ** Soc. Jesu in compendium contracta. Cum Vita B. Stanislai Kostkæ Soc. Jesu , a P. Francesco Sacchino ejusdem Societatis Sacerdote scripta. Monachii, apud Cornelium Leysserum, MDCXXX, 16°, pp. 218, sld.

Le *Compendium* de la Vie de S. L. de Gonzague est la traduction du *Compendio* du P. Jean Bartolotti (voir supra , col. 145.) La Vie de S. Stanislas est seule du P. Sacchini.

Vita (De) Beati Aloysii **Gonzagæ** e Societate Iesv Ferdinandi S. Rom. Imp. Princ. Marchionis Castilionensis F. Natv Maximi , libri tres avct. Virgilio Cepario Sacerd. eivsd^{em} Soc. Jesu a Francisco ibidem Marchione S^{mo} D. N. Paulo V Pont. Max. dedicati. Coloniæ Agrippinæ, svmptibvs Bernardi Gvaltheri. Anno M.DC.VIII, 8°, pp. 518. (Par le P. Jean **Horrion**.)

Quelques éditions.

Vita S. **Henrici** Imperatoris Bavariæ Ducis XXXI admirationi et imitationi propositi a quodam Societatis Jesu sacerdote. Vilnæ, 1648, 8°.

Vita B. **Iddæ** Taggenburgicæ Cœnobii Frischingensis Patronæ prosa et heroico

Versu descripta cum brevi elogio Comitum Taggenburgicorum et Kirckbergensium, origine item Cœnobij Frischingensis et successione Abbatum. Constantiæ, typis Davidis Hautt, 1685, 8°. (Par le P. Adam **Widl**.)

Vita S. **Joannis Dei** Fundatoris Fratrum Misericordiæ. Ex italico in latinum translata. Viennæ, Heyinger, 164.. [?] (Par le P. André **Kobavio**.)

Vita et syllabvs opervm omnivm Thomæ a **Kempis**, Canon. Reg. Ord. S. Avgvstini ab avctore anonymo sed coævo non longe post obitum illius conscripta. Quæ ex Monasterii Rebdorfensis, Cann. Regg. S. Augustini, tribus codicibus MSS. in lucem protulit G. H. S. I. Ingolstadij, in Typographia Ederiana, excudebat Ioannes Ostermayr, 1650, 12°, pp. 18. slp. (Par le P. Georges **Heser**.)

Cette biographie se trouve ordinairement en tête de l'*Imitatio Christi* éditée par le P. Rosweyde.

Vita Sancti Ignatii **Loiolæ** Societatis Iesv fvndatoris. Avgvstæ, M.DC.XXII, 12°.

Ce volume se compose de 100 jolies gravures sur cuivre de Wolfgang Kilian. Chaque planche a une explication en latin composée par le P. Georges Mayr; un autre tirage a le texte en allemand. La dédicace est au nom du Collège d'Augsbourg. Le nom du P. Mayr se trouve dans la permission du Provincial, donnée à Erhard Lochner, imprimeur d'Augsbourg.

Vita et virtutes **Mariæ Elisabethæ**, Archiducis Austriæ, Belgii Austriaci Gubernatricis. Conscripta à quopiam Societatis Jesu Sacerdote. Viennæ Austriæ, Typis Francisci Andreæ Kirchberger, Anno M.DCC.XLV, 8°, pp. 220, sldelt. (Par le P. François **Wagner**.)

La dédicace est signée : F. W.

Vita et mors gloriose suscepta R. P. Adalberti **Mecinski**, poloni, S. J., in odium Fidei Catholicæ, apud Japones una cum sociis ex eadem S. J. interemti A. D. 1643, d. 23 Martii. Cracoviæ, 1672. (Par le P. Jean **Biezanowski**.)

Il doit y avoir une édition antérieure à 1661, car cette relation se trouve déjà dans une Vie du P. Mecinski publiée cette année, à moins qu'elle y eût paru d'abord et qu'on en ait fait un tirage à part en 1672. Cet ouvrage a été reimprimé à Metz, en 1858; mais le nouvel éditeur qui signe la dédicace : A. K. S. I. (Antoine Kurowski), l'attribue à tort au P. Druzbicki.

Vita D. **Paulini**, episcopi Nolani, per anonymum e Soc. Jesu concinnata, edita vero cura Heriberti Rosweidi. Antverpiæ, 1620, 8°. (Par le P. François SACCHINI.)

Vita P. Bernardi **Realini** e Societate Iesv. Ex Manuscriptis Italicis. Auctore L. I. Societatis eiusdem Sacerdote. Lvgdvni , Sumpt. Hæred. Petri Prost, Philippi Borde et Laurentij Arnaud, M.DC.XLV, 8°, pp. 303, sli. (Par le P. Louis JANIN.)

Vita Beati Joannis Francisci **Regis** è Societate Jesu. Scripta Gallicè à R. P. Daubenton ex eadem Societate; Et in latinum sermonem conversa ab ejusdem Societatis Sacerdote. Pragæ, Typis Universitatis Carolo-Ferdinandeæ in Collegio Societatis Jesu ad S. Clementem, per Joannem Georgium Staub, Anno 1718, pet. fol., pp. 208, sllelt.

Vita Joannis Ludovici **Rosengardt**, conscripta anno sæculari, a quo suam Bruntruti Rhetoricæ navavit operam, M.DCC.XXIX. In lucem edita a quodam Societ. Jesu Sacerdote. Anno pariter sæculari Mortis, quam sancte obiit Lucernæ M.DCC.XXXII. Augustæ Vindelicorum, Sumptibus Matthiæ Wolff, 18°, pp. 190, sll.

Je ne connais pas l'auteur de cette biographie, mais il s'est servi d'une notice écrite après 1632 par le P. Jacques GILLIERD. J'ai vu citer une édition d'*Augustæ*, 1729, ce qui me semble une erreur ; on aura pris la première des deux dates inscrites dans le titre, pour celle de l'impression qui est la seconde.

Vita R. P. Pauli **Segneri** Junioris e Societate Jesu Missionarii ex ampliori descriptione italica R. P. Francisci Mariæ Galluzzi S. J. extracta, et latino idiomate edita a quodam ejusdem Societatis Sacerdote. Ingolstadii, Typis Joannis Pauli Schleig, Sumptibus Viduæ Joannis Andreæ de la Haye, Anno 1742, 8°, pp. 320. (Par le P. Antoine MAYR.)

Vita S. **Servatii** Episcopi Traiectensis cum officio. Coloniæ, apud Henricum Hulting, 1649, 12°. (Par le P. Jean LEURENIUS.)

Vita Patris Gonzali **Sylveriæ**, Societatis Iesv Sacerdotis , In vrbe Monomotapa martyrium passi. Lvgdvni, Sumptibus Horatij Cardon. M.DC.XII, 8°, pp. 200, sll. (Par le P. Nicolas GODIGNO.)

Le nom de l'auteur est dans l'approbation. Cet ouvrage a d'autres éditions.

Vita Venerabilis Hieronymi **Taurelli** nobilis Foroliviensis ex S. Capucinorum Familia. Forolivii, typis Cimatti, 1652, 4°. (Par le P. Aloys CARNOLI.)

Cet ouvrage parut sous le pseudonyme : *Julius Loranicus.*

Vita S. **Walburgæ** Virginis. 1616. (Par le P. Jacques GRETSER.)

Publié sous le nom de *Stevartius.*

Vita S. Francisci **Xaverii**, e Societate Jesu, Indiarum Apostoli ac Thaumaturgi, compendio descripta. Prius Mediolani Italice , tum Græcii Latine in lucem edita , nunc plurimum aucta et recusa. Pragæ, typis Universitatis, 1667, 12°. (Par le P. Georges CASTULUS ou KASTEL [?].)

L'original italien ne serait-il pas : *Vita del Beato Francesco di Xavier... Milano, 1620,* que je cite plus haut (col. 1073) et que je crois du P. Jérôme Gessi ou du P. Barthélemi Petracci ?

Vita S. Francisci **Xaverii** Soc. Jesu Indiæ et Japoniæ Apostoli Iconibus illustrata. S. l. et a.

« Ce volume se compose de 48 gravures de Melchior « Haffner, au bas desquelles se trouve en latin et en « allemand l'indication du sujet. » (Carayon , *Bibliographie historique de la C. de J.,* n° 2745.) Le P. Carayon ne nomme pas l'auteur du texte , mais je crois le trouver dans le P. de Backer (II, 2160), à l'art. : PREISS : *Franc. Xaverii vita, obitus et miracula* [50] (sic) *iconibus illustrata a Melchiore Haffner, cum observationibus philosophicis. Œniponti, 1691,* 8°. D'autre part, le P. Hamy (*Essai sur l'iconographie de la C. de J.*) dit, n. 3071 : *Melchior Haffner, in-24 Vie en 52 gravures.*

Vita (De) beata libelli tres... ab Illustrissima Poesi Viennensi DDD. Anno MDCCXLVIII. Mense... Die... Viennæ Austriæ, ex Typographia Kaliwodiana, 8°, pp. 56. (Par le P. Pierre HILLEBRANDT.)

Vita (Della) militare Pensieri di due Uomini di Stato. Torino, stabilimento tipografico Fontana, 1841, 8°, pp. 46. (Par le P. Charles GROSSI.)

Le nom de l'auteur est à la fin de cet opuscule.

Vita spiritualis, sive vera ad Coronas via, descripta per Spiritum Sanctum Psal. XVII. Explicata Italico idiomate per Gregorium Ferrarium Soc. Jesu. Utilis omnibus statibus et cuilibet personæ, tam Religiosæ quam seculari. Dicabat Domus

S. Annæ Soc. Jesu quæ transferebat. Viennæ Austriæ, Typis Matthæi Formicæ, MDCXXXVII, 12º. (Par le P. Jean BUCELLENI.)

Vitæ Sanctorum Sacris per singulos anni dies Meditationibus illustratæ et Sodalitati Dominorum sub titulo B. V. Mariæ Annunciatæ Monasterii Westphalorum in Xenium anni MDCC. Paderbornæ, Litteris Viduæ Huberi, sumptibus Nicolai Dahmer, 8º.

Vitæ spiritualis documenta ad usum patrum ac fratrum Societatis Jesu. Gandavi, Poelman de Pape, 1852, 12º. — Editio altera. Gandavi, a prælo C. Poelman, 1875, 12º, pp. 325.

Vite di alcuni Giovanni ecclesiastici della diocesi di Bergamo morti in questi ultimi tempi in concetto di molta virtù. In Bergamo, per il Locatelli, 1794, 16º. (Par le P. Louis MOZZI DE' CAPITANI.)

L'auteur signe la dédicace.

Vite di alcuni religiosi, fratelli coadiutori della Compagnia di Gesù, scritte da diversi autori e nel volgare italiano tradotte da un Religioso della medesima Compagnia. In Torino, per Gio. Giacomo Rustis, MDCLXIIII, 4º, pp. 364, slpelt. (Par le P. Marius Clément BARATTA.)

Vite di molte venerabili Madri Carmelitane scalze, e discepole di Santa Teresa raccolte in compendio dalle Cronache del medesimo ordine da un Religioso della C. di G. divoto dell' ordine stesso. In Verezia, appresso Francesco Storti, 1735, 8º. (Par le P. Jacques SANVITALE.)

Vite (Le) di quatro piissime Dame vedove religiose dell' Ordine della Visitazione di Nostra Signora instituito da S. Francesco di Sales tradotte dal Francese e nuovamente ristampate. In Venezia, per Francesco Storti, 1735, 8º. (Par le P. Jacques SANVITALE.)

Vite di tre Religiose Agostiniane, la Beata Oringa, la Beata Rita da Cassia, e Santa Catterina di Svezia, estratte degli Atti de' Santi de' PP. Bollando, e Compagni della Compagnia di Gesù. In Ferrara, per Girolamo Filoni, 1732, 4º. (Par le P. Jacques SANVITALE.)

Vite scelte di quaranta religiose Benedettine, estratte da diversi autori. Venezia, Giavarina, 1729, 12º, 2 vol. (Par le P. Jacques SANVITALE.)

Vitiorum et virtutum cognitio atque ut illorum curandorum remedia ita harum comparandarum ars seu praxes de extirpandis vitiis et virtutibus inserendis omnibus virtutum studiosis utilissimæ jam dudum scriptis nunc Typis expositæ Anno 1763. Vilnæ, Typis S. R. M. Academicis Societatis Jesu, 12º, pp. 409.

Vito e Corinna. Racconto di fatti eroici dei tempi di Diocleziano. Modena, tipografia dell' Immacolata Concezione, 1871, 16º, 2 vol., pp. 221 et 222. (Par le P. Thomas PAOLINI.)

La seconde édition : *Napoli, 1872*, n'est pas anonyme.

Vittorino ossia i casi di un giovane romano. Racconto pubblicato nel Periodico la Civiltà Cattolica. Quarta edizione migliorata ed accresciuta. Prato, Tip. Giachetti, 1879, 16º, pp. 218. (Par le P. Raphael BALLERINI.)

Vive Jésus! Exercices spirituels pour les dix jours de la solitude selon l'esprit du bienheureux François de Sales, tirés pour la plupart de ses écrits et dressés à l'usage des religieuses de la Visitation Sainte Marie. Nouvelle édition; par un Père de la C. de J. Paris, Douniol, 1861, 18º, pp. 202. (Par le P. Elesban DE GUILHERMY.)

Vive Jésus! Introduction à la Vie dévote, par saint François de Sales, evesque et prince de Genève. Nouvelle édition, offerte à la jeunesse chrestienne. Paris, Douniol, 1864, 18º, pp. ii-384. (Par le Charles CLAIR.)

Vive Jésus! Méditations pour les solitudes annuelles, tirées de plusieurs petits mémoires trouvez escrits de la saincte main de nostre bienheureux père François de Sales; dressées pour les Sœurs du premier monastère de la Visitation d'Annecy; par saincte Ieanne Françoise Frémiot de Chantal, par un Père de la Compagnie de Iesus. Paris, Douniol, 1859, 16º, pp. xx-296. (Par le P. Elesban DE GUILHERMY.)

Il y a une édition en orthographe moderne : *18º*, pp. *VIII-208*.

Vizcaya illustrata ab Academicis humanarum litterarum Bilbasiensis Scholæ Societatis Jesu. Cæsaraugustæ, apud Joannem a Lanaxa, 1637, 4°. (Par le P. Gabriel DE HENAO.)

Vocabulario da lingoa de Japam com a declaraçaõ em Portugues, feito por alguns Padres, i Ermaos da Companhia de Jesus. Em Nangasaqui no collegio de iapam da Companhia de iesus. Anno MDCIII, 4°, ff. 330.

Vocabulario de Iapon declarado primero en portvgves, por los padres de la compañia de Iesvs de aquel reyno, y agora en Castellano en el Collegio de Santo Thomas de Manila. Con licencia en Manila por Thomas Pimpin, y Iacinto Magauriua. Año de 1630, 4°, 2 vol.

La traduction n'est pas d'un jésuite, mais peut-être du P. Fr. Hyacinthe Esquirel.

Vocabulaire arabe-français, par un Père de la Compagnie de Jésus. Beyrouth, Imprimerie Catholique des PP. de la C. de J., 1883, 18°, pp. 950. (Par le P. J. B. BELOT.)

Vocacion (La) vitoriosa. Obra espiritual, en que se descubren los assaltos que se dan à la Juventud, quando Dios la llama à la Religion y se enseña el arte de vencerlos. En Valencia, por Jayme de Bordazar, 1714, 12°. (Par le P. Jérôme JULIAN.)

C'est la traduction d'un ouvrage italien du P. Pinamonti.

Vocazione di S. Luigi Gonzaga della Compagnia di Gesù. Opera Scenica. Roma. Bernabo, 1748, 8°. (Par le P. Nicolas TOLOMEI.)

C'est la seconde édition, qui a été suivie d'un grand nombre d'autres, qui cessèrent d'être anonymes. Cet ouvrage a été traduit en plusieurs langues et est encore réimprimé de nos jours.

Voce della verità risvegliata dallo strepito delle calunnie a favore dell' innocenza, risposte ad un libro intitolato : Difesa del giudicio formato dalla Santa Sede Apostolica nel di 20 Novembre 1704. 8°. (Par le P. Charles Hyacinthe FERRERO.)

Vœux et félicitations faites à leurs Majestés Impériales et Catholiques Charles VI et Elisabeth Christine, au sujet de la naissance tant désirée du Serenissime Prince Leopold Jean, etc. Archiduc d'Autriche, Prince des Asturies, etc. Par les Péres du College de la Comp. de Jesus à Lux. A Lux(embourg), chez J. Ferry, 1716, 4°, pp. 12. (Par le P. Charles PREVOT.)

Voie (La) du pardon, Ou Connaissance abrégée de ce qu'il faut faire et savoir pour s'approcher avec fruit du Sacrement de pénitence. Ouvrage utile à toute sorte de personnes. A Lyon, Chez Périsse frères, 1825, 12°, pp. 75. (Par le P. Pierre Charles Marie LEBLANC.)

Plusieurs éditions, dont quelques-unes sont intitulées : *Retour (Le) de l'enfant prodigue...* (Voir supra.)

Vollständiges Gebet-und Betrachtungsbuch für Verehrer des Heiligsten Herzens Jesu, von P. S. Franco S. J., Uebersetzt von einem Mitgliede der Gesellschaft Jesu. Mainz, Kirchheim, 1861, 8°, pp. XXIV-410. (Par le P. Hermann VON FUGGER-GLOTT.)

Volo (Il) in Cielo di tre Angeli terrestri, descritto dal P. Baunard, superiore del Collegio di San Giuseppe in Lilla. Versione dal francese. Prato, Giachetti, Figlio e C., 1883, 32°, pp. 56. (Par le P. Alphonse CERASOLI.)

L'opuscule de M. l'abbé Baunard est intitulé : *Trois enfants de l'École Saint-Joseph de Lille.*

Volradi Plessii Heidelbergensis olim Consiliarii Ajax post oppugnatam frustra Cancellariam Anhaltinam in spongiam incumbens, sive Appendix Cancellariæ Anhaltinæ, Auctore Fabio Hercyniano, I. C. Salmenhemii, Typis Germani Rheinfelder, Anno M.DC.XXIV, 4°, pp. 332, sll. (Par le P. Jacques KELLER ou CELLARIUS.)

Le lieu d'impression est supposé.

Voltaire. Raccolta delle particolarità curiose della sua vita, e della sua morte. Traduzion del Francese stampato a Porrentruy, 1781. Qualis vita, talis mors. Foligno, per le stampe di Giovanni Tomassini, 1782, 8°, pp. 196. (Par le P. François Antoine ZACCARIA.)

L'original français est du P. Harel, religieux franciscain.

Voltaire! Son centenaire (30 mai 1878). Troyes, Lambert, 1878, 12°, pp. 28. (Par le P. Eusèbe GODFROY.)

Vondel's Gedichten op de Societeit van Jezus, toegelichten voorafgegaen van eene Bijdrage tot zijne Bekeeringsgeschiedenis, getrokken uit onuitgegeven bescheiden. Door H. J. Allard, R. K. Priester en Leeraar aan het Seminarie te Kuilenburg. 'S Hertogenbosch, W. van Gulick, 1868, 8°, pp. 141, slpelt. (Par le P. Herman J. ALLARD.)

Voor-bode afghesonden met een deel leughenen ende vervalschte Schrifturen, by ghebrocht pag. 38 en 39 in het ghebouw des Pausdoms von Jacobus Triglandius Bedienaer des Woordts, etc. inde ghemeynte tot Amsterdam. Ende aen-gheteeckent door eenen lief-hebber der waerheydt A. B. t'Antwerpen by Jan Cnobbaert, 1634, 8°, pp. 48. (Par le P. Philippe NUYTS.)

Vooruitgang van de Toekomst en Toekomst van den Vooruitgang. Lezing gehouden door Prof. Calchas, anno 1901. 'S Hertogenbosch, W. van Gulick, 1874, 8°, pp. 45. (Par le P. Victor BECKER.)

Vorbothen (Die) des neuen Heidenthums, und die Anstalten die dazu vorgekehret worden sind, von dem Verfasser der Beredtsamkeit der Väter zum Gebrauche derjenigen, denen daren liegt die Welt zu kennen. S. l., 1779-1780, 8°, 2 vol., pp. 256 et 376. (Par le P. Joseph Antoine WEISSENBACH.)

Vota Chronica pro pace in communi bellorum calamitate adhuc desiderata necdum tamen obtenta, quæ expressa his elegiis, quarum singula disticha numeralibus litteris exprimunt annum præsentem MDCLI. Omnibus pacis amatoribus obtulit F. G. Societatis Jesu. Bruxellæ, typis Joannis Mommarti, Anno MDCLI, 4°, 12 ff. nch.

Voto de la Immaculada Concepcion, 166.. [?] (Par le P. Diego Louis DE SANVITORES.)

Sous le nom de *Diego Alonso Malvenda.*

Votvm Platonis, De ivsto examine doctrinarvm et de earum probabilitate, et de primis instantijs, et alijs recursibus, præsertim in causis Fidei. Collectvm, Et publicæ luci datum, opera, et expensis Doctoris Ioannis Antonij de Saura, oppidi de Morella Diœcesis Dertus. Commissarij Sanctæ Inquisitionis Toletanæ. Ad Supremvm Sanctæ Generalis Inquisitionis Senatvm. Cæsar-augustæ, Apud Petrum Verges, M.DC.XXXIX, 4°, ff. 64, sll. (Par le P. J. B. POZA.)

Votum pro tuenda Immaculata Deiparæ Conceptione ab impugnationibus Recentioribus Lamindi Pritanii Vindicatum. Dissertatio Theologica auctore Candido Parthenotimo Siculo Sacræ Theologiæ Professore. Panormi, typis Angeli Felicella, 1739, 8°, pp. xxiv-112. (Par le P. François BURGI ou BURGIO.)

Contre Muratori, caché sous le pseudonyme : *Lamindus Pritanius.*

Voyage de Siam des Peres Jesuites envoyez par le Roy aux Indes et à la Chine. Avec leurs observations Astronomiques et leurs Remarques de Physique, de Geographie, d'Hydrographie et d'Histoire. A Paris, chez Arnould Seneuze, et Daniel Horthemels, MDCLXXXVI, 4°, pp. 424, sldelt. et 32 pl. (Par le P. Guy TACHARD.)

Réimprimé à Amsterdam en 1687 et 1688. La suite parut en 1689, sous le titre : *Second Voyage du Pere Tachard...*

Voyage du monde de Descartes. A Paris, Chez la Veuve de Simon Benard, M.DC.XC, 12°, pp. 437. (Par le P. Gabriel DANIEL.)

Plusieurs éditions.

Voyage en divers Etats d'Europe et d'Asie. Entrepris pour decouvrir un nouveau chemin à la Chine. Contenant Plusieurs Remarques curieuses de Physique, de Geographie, d'Hydrographie, et d'Histoire. Avec une Description de la grande Tartarie, et des differens Peuples qui l'habitent. A Paris, Chez Claude Barbin, Jean Boudot, George et Louis Josse, M.DC.XCII, 4°, pp. 406, sllelt. (Par le P. Philippe AVRIL.)

L'auteur signe la dédicace.

Voyage en Turquie d'un missionnaire de la Compagnie de Jésus...

Voir infra : *Voyages d'un missionnaire...*

Voyage merveilleux du Prince Fan-Férédin dans la Romancie ; contenant Plusieurs Observations Historiques : Géographiques, Physiques, Critiques et Morales. À Paris, Chez P. G. Le Mercier, M.DCC.XXXV, 12º, pp. 275, sldelt. (Par le P. Guillaume Hyacinthe BOUGEANT.)

Quelques éditions. La dédicace à Madame C** B*** est signée : *Votre très-humble et très-obéissant serviteur ****. Le P. Brumoy écrivait le 1er mai 1735 à M. de Caumont : « On l'attribuë à diverses personnes. Il n'est « surement pas de moy. Je n'en ai fait que l'extrait. » Et plus tard : « Ce n'est point l'ouvrage du P. Rouillé ni de « tous ceux à qui on l'a attribué, si ce n'est du P. Bou-« geant. Je puis vous le dire à l'oreille, quoiqu'il s'en « défende tout haut. »

Voyage nouveau à la Terre Sainte, enrichi de plusieurs remarques particulières, servant à l'intelligence de la Sainte Ecriture. Paris, Pralard, M.DC.LXXIX, 12º. (Par le P. Michel NAU.)

L'auteur signe la dédicace : *M. N. I.* Cet ouvrage a eu d'autres éditions non anonymes.

Voyages d'un missionnaire De la Compagnie de Jesus, En Turquie, en Perse, en Armenie, en Arabie, et en Barbarie. A Paris, Chez Jacques Vincent, M.DCC.XXX, 12º, pp. 647. (Par le P. Jacques VILLOTTE.)

C'est le P. Nicolas FRIZON qui a publié cet ouvrage et rédigé, sous cette forme, les relations écrites par le P. Villotte. Des exemplaires portent : *Voyage en Turquie, en Perse...* (Voir supra, col. 1084.)

Voyages de l'Empereur de la Chine dans la Tartarie ausquels on a joint une nouvelle découverte au Mexique. A Paris, Chez Estienne Michallet, M.DC.LXXXV. 12º, pp. 110, sll.

Ce qui regarde la Chine est la traduction des lettres du P. Ferdinand VERBIEST ; le reste est traduit de Don Isidore d'Atondo.

Voyages et missions du Père Alexandre de Rhodes, de la Compagnie de Jésus en Chine et autres royaumes de l'Orient. Nouvelle édition par un Père de la même Compagnie. Paris et Le Mans, Julien, Lanier et Cie, 1854, 8º, pp. VII-448. (Par le P. Auguste CARAYON.)

Voyageur (Le) françois, ou la connoissance de l'ancien et du nouveau monde. 4e édition. Paris, 1772-1790, 12º, 42 vol.

Les 26 premiers volumes sont de l'abbé de la Porte, les 27e et 28e de Louis Abel BONAFOUS, dit l'*Abbé de Fontenai*, les suivants de Louis DOMAIRON, qui, lui

aussi, fut jésuite quelque temps, mais seulement novice ; il était entré au noviciat le 17 septembre 1760, et probablement ne prononça pas ses premiers vœux.

Voz em Roma, e Echo em Lisboa, na Cononização de S. João Franc. Regis Da Sagrada Companhia de Jesus. Solemnidade, com que o festejou a Caza Professa da mesma Companhia, que reverente dedica ao Potentissimo, e Augustissimo Rey D. João V. nosso Senhor. Lisboa occidental, Na Officina da Musica, e da Sagrada Religiaõ de Malta, M.DCCXXXIX, 4º, pp. 248. (Par le P. André DE BARROS.)

Il signe la dédicace.

Vraie (La) et solide piété expliquée par Saint François de Sales docteur de l'église. Nouvelle édition à l'usage des personnes du monde. Paris, Palmé, 1883, 18º, pp. VII-560.

Le P. Charles CLAIR signe la préface de cette nouvelle édition de l'ouvrage de Pierre Collet, docteur de Sorbonne.

Vraie (La) philosophie par M. l'abbé M.*** Ab Jove principium ... Jovis omnia plena. Virg. Egl. A Bruxelles : Et se trouve à Paris, chez Valade, M.DCC.LXXIV, 8º, pp. XXVIII-480, sllelt. (Par le P. Blaise MONESTIER.)

Vraye (La) procedure pour terminer le different en matiere de Religion. Extraict des Sermons faits à Caen, par le R. P. J. Gontery, de la Compagnie de Jesus. A Caen, par Charles Macé, MDCVII Et se vend à Paris, Chez Claude Chappelet, 8º. ff. 12 et pp. 419.

La dédicace est signée : *S. Julias.*, qui probablement cache le nom du P. Jean GONTERY lui-même. Une seconde édition : *Paris, Chez Claude Chappelet, 1608, 12*, a une nouvelle dédicace, signée : *S. I.*

Vraie (La) sagesse, ou considérations très-propres à acquérir la crainte de Dieu : disposées pour tous les jours de la Semaine. Par le R. P. Segneri de la C. de J. Traduites nouvellement de l'Italien, par le R. P. Boudet Chanoine Régulier de S. Antoine. A Mannheim, de l'Imprimerie Electorale, chez Nicolas Pierron, 1752. 18º. pp. XII-190.

L'original italien n'est pas du P. Segneri, mais du P. PINAMONTI. Voir supra : *Veritable (La) sagesse ...* Le P. Boudet dit qu'il y a encore une traduction française publiée à Lyon par le P. Jobert ; je ne l'ai ni rencontrée, ni vu citer ailleurs.

Vrais (Les) Exercices Spiritvels Du B. P. Ignace de Loyola, Fondateur de l'Ordre de la Compagnie de Iesvs. Suiuant qu'ils sont ordinairement donnez par les RR. PP. de la mesme Compagnie. Ensemble la Guide ou Directoire pour ceux qui font faire lesdits Exercices. A Paris, Chez Sebastien Hvré, M.DCXIX, 12°, pp. 407, sldllelt. — Edition seconde, reueue, corrigée et augmentée. A Paris, chez Iean Foüet, MDCXX, 12°, pp, 413, sllelt.

Le privilège est commun à Fouet et à Huré.

Vrijdenkers-Concilie (Het) in verband met zekere Strevingen en Sympathieën ten Onzent. Door F. Heynen. R. K. Pr. 'S Hertogenbosch, W. van Gulick, 1871, 8°, pp. 136. (Par le P. Frédéric HEYNEN.)

Vroolijkheid (De) en het lachem, lezing door B. van Meurs. Utrecht, van Rossum, 1875, 18°, pp. 68. (Par le P. Bernard VAN MEURS.)

Vulgate (La) authentique dans tout son texte, plus authentique que le texte hébreu, que le texte grec, qui nous restent : Théologie de Bellarmin. Son apologie contre l'écrit annoncé dans le journal de

Trevoux, article 85, juillet 1750. A Rome (Rouen), 1753, 12°, pp. 221, slp. (Par le P. Charles Joseph FREVIER.)

Vulpinus egy Kálvinista, és Veridicus egy Katolikus Között. Cassoviæ, Anno MDCCXXXVI, 8°.

Vyf-jaerig Schrift van Jacob Laureyss ouden vermaerden Woorde Dienaer tegens Heyltjen Jakops speek verkoopster, dwaelende zuster der gereformeerde Gemynte, wederleet door G. D. L. Jesuit. Antwerpen, 1642, 12°. (Par le P. Guillaume DE LANDSHEERE.)

Vyftich-jaerige Jubile-Vreucht van de Edele, Zeden-rycke, Godtvrugtighe Joufvrouw Meioufvrouwe Madelana van Wissenkercke in Maegdhdelycke verbintenisse met Godt van 't jaer 1615, op Sinxendagh, alsdan den 7 Junij nu in 't jaer 1664, op Sinxen dagh desen 1 Junij vervat ende vernieuwt door danckbaere, stichtighe, troostighe devotie in de Kerck van 't Professi-huys der Societeyt Jesu binnen Antwerpen. Tot Brussel, By Gielis Stryckwant, 4°, s. pag. (Par le P. Guillaume VAN WISSENKERCKE.)

W

Waagschale Der Zeit und Ewigkeit. Oder : Der Unterscheid zwischen dem Zeitlichen und Ewigen Von R. P. Eusebio Nieremberg è Societate Jesu, Anfänglich in Hispanischer Sprach beschrieben, nachmals in Italian, und nunmehr, wegen dessen Fürtrefflichkeit ins Hochteutsche übersetzet; Auch anitzo Aufs neue von einem der Societät Jesu Priester wieder übersehen, von vielen Druckfehlern gereiniget, mit schönen Kupffern und einem leserlichen Druck gezieret, und wegen sehr grosse Nachfrage, um des Werckleins Fürtrefflichkeit halber, wieder zum Andernmal In reiner Teutscher Sprach aufgeleget, und mit Bewilligung der Obern zum Druck befördert. Allen Hohen und Niedern, Geistlichen und Weltlichen, und sonst jederman höchst-nützlich und erbaulich zu lesen. Würtzburg, In Verlegung Johann Ziegers, Buchhändlers in Nürnberg. Anno 1695, 8°, pp. 613.

Waar sommige lieden heen willen. 'S Hertogenbosch, Amsterdam, H. Bogaerts, 1869, 8°, pp. 80. (Par le P. Victor Becker.)

Waer gaet gy naer toe? door J. H...., priester van de Societeit Jesu. Gent, drukkery van J. en H. Van der Schelden, s. a. (*1859*), 18°, pp. 102. (Par le P. Josse Hillegeer.)

Waerachtighen Thoon vande Opperhoofdicheyt des Apostels Petri, ende syne successeurs de Pausen van Roomen, ende hunne wettige successie. Met Bewys datter sonder macht ende authoriteyt van dese gheene wettighe Kerckelyke Dienaers oft Herders, namentlyck inde gereformeerde Kercken, gheeosen, verordineert oft ghesonden en konnen worden. Tot wederlegginghe van het Boeckxken Jacobi Triglandii Bedienaers inde gereformeerde Kercke van Amsterdam met dit opschrift : Valschen Roem des Pausdoms. Ghemaeckt door Casimirus Dourman. T'Hantwerpen, by Jan Cnobbaert, 1632, 12°, pp. 226. (Par le P. Adrien Crom.)

Waerheid (De) kort en goed door J. H.*** Priester van de Societeit Jesu. Gent, drukkery van J. en H. vander Schelden s. a. (*1859*), 18°, pp. 46. (Par le P. Josse Hillegeer.)

Woerom man Katholyk zyn en blyven moet; gevolgd der Levensschetsen van Luther, Zwingel, Calvien, Hendrick VIII, Voltaire en Rousseau, door den eerweerdigen J. B. Boone, der Societeyt Jesu. Antwerpen, by P. J. van Aarsen, s. a. (*186..*), 18°. (Par le P. Pierre Grietens.)

Wahre (Der) Katholik. Ein vollständiges Gebet-und Unterrichtsbuch, verfasset von einem Priester der Gesellschaft

Jesu. 2te Auflage. Münster, Aschendorff, 1850, 16°, pp. vii-440.

Plusieurs éditions.

Wahre (Die) und falsche Ascese. Mit besonderer Rücksicht auf die alten und neuen Orden. Von Hieronymus v. Seedorf. Mainz, Kirchheim, 1874. (Par le P. Melchior HAUSHERR.)

Wahrmund, eine Beantwortung auf alle Verläumdungen gegen die Jesuiten, wobei zugleich alle Unwahrheiten und Verfälschungen der Verläumder aufgedeckt werden. VI Dialoge, Augsburg, Stadelberger, 1782, 8°, 2 vol. (Par le P. Félix HOFSTETTER.)

Une nouvelle édition augmentée parut en quatre volumes à Augsbourg, Chez Nicolas Doll, de 1793-1794.

Wahrmunds Antwort auf Laubers Schreiben. Augsburg, 1783, 8°. (Par le P. Félix HOFSTETTER.)

Ware (De) wysheid, of beschouwingen welke zeer dienstig zyn om de vreeze Gods in te boezemen; geschikt voor alle dagen der week, waarby eenige overdenkingen over de Biecht en over de Communie. Door den Eerw. Pater Paulus Segneri, van het Gezelschap van Jesus. Naer het Fransch. Te Groeningen, R. G. J. Sladoot, 1847.

La *Vera Sapienza*, dont on a ici une traduction, n'est pas du P. Segneri, mais du P. PINAMONTI.

Warn-word (The) to Sir Francis Hastinges Wast-word. Antwerp, 1602, 8°, pp. 131 et 138. (Par le P. Robert PARSONS.)

Warum soll ich ein Freymaurer werden? von Erich Servati. Basel, 1786, 8°. (Par le P. Henri SAUTIER.)

Was hindert die Aufnahme und Ausbreitung der Wissenschaften? Von F. H. G. Casanuova. Rechnum (*München*), 1778, 8°. (Par le P. François Antoine NEUHAUSER.)

Wawrzyńca Scupuli Woyno duchowna. Wilno, Dr Akad. S. J., 1759, 12°.

Wederlegginghe van het kort ende slecht Bescheydt, daer Iacobus Triglandius ghewesen Predikant tot Amsterdam, ende nu Leeraer van de Ghereformer de Godheyt to Leyden, den Antwerpschen voorbode mede meynt te paeyen. Waer inne de vervalschte Schrifturen, ende onryme argumenten Triglandio overtuyght worden; den texte van de Vulgata Gen. 3, v. 15, verdedight : ende Triglandii ontrouwe verkeertheyt, ende der Catholycken oprechticheydt klaerlyck bewesen, door eenen Liefhebber der waerheyt A. B. T'Antwerpen by Ian Cnobbaert Anno M.DC.XXXV, 8°, pp. 163, slt. (Par le P. Philippe NUTIUS ou NUYTS.)

Wederliefde tot de minnende Herten van Jesus ende Maria. T'Antwerpen, by Joannes Franciscus de Roveroy, 1761, 8°, pp. 16. (Par le P. Charles VAN DEN ABEELE.)

Weg des Kreuzes an dem Calvari-Berg. Lintz, 1740. (Par le P. Christophe BREUER.)

Weg des Kreuzes oder tägliche Andachten zu dem sterbenden Jesus Christus und der Jungfrau Maria; von einem Priester Soc. Jesu. Eichstädt, 1795.

Weg zum ewigen Leben erstlich von P. Antonio Sucquet weitleuffig beschrieben, jetzo von einem Andern beide der Soc. Jesu Priester kurz zusammen getragen. Augspurg, Matth. Langenwalder, 1626, 8° — Cölln, bey Michael Demen, 1646, 12°, pp. 780.

Le XXXVII° catalogue de Rosenthal, libraire à Münich, cite, sous le n° 4541 : *Weg zum ewigen Leben*. A. d. *Latein. v. G. Stengel. S. J.* München, 1627, 8°. Il y a un Père G. (Georges) Stengel, jésuite, et un P. C. (Charles) Stengel, mais qui est bénédictin.

Wegh (Den) der Saligheydt, ofte gemeynsame Verklaringe van de Christelycke waerheydt, by maniere van t'samensprake tot bevestinge der Catholycken, ende tot onderwys der gener die in 't Geloove twyffelen, ofte dolen : door Theophilus Tranquillus. Brussel, Jan Mommaert, 1638, 24°, pp. 222. (Par le P. Godefroi WANDELMAN.)

La seconde édition de 1648 parut sous le nom de l'auteur.

Wegh (Den) des Hemels, door de Rooskens Ghewesen ende ghewenscht aen alle Godtminnende zielen door eenen Priester der Societeyt Jesu. Tot Brussel, by Jan Mommaert, 1643, 32°, pp. 93.

(Par le P. Adrien Lyræus ou Van Lyere.)

Wegweiser zum Himmel gefunden in den Betrachtungen R. P. Ludovici de Ponte S. J. in einem kurtzen Begriff vorgestellt sampt beygefügten Betrachtungen für die Andächtige Exercitia : Durch Einem andern au·s gemelter Societät Jesu Priestern. Cöllen am Rhein, bey Peter Pütz, 1721, 8°, pp. 481. (Par le P. François Kappenstein.)

Wegweiser Zur Christlichen Vollkommenheit. Das ist : Kurtze und Geistreiche Betrachtungen, Zu Meydung der Laster, Ubung der Tugend, vnd seeligen Lebens-Beschluss. Von einem Priester auss der Gesellschafft Jesu zusamen getragen. Gedrucks zu München bey Maria Magdalena Rauchin. In Jahr, 1702, 12°, pp. 153.

Wegzeiger dess wahren und allein seeligmachenden Glaubens. Oliva, 1682, 8°.

Sous les initiales : *J. A. C. E. D. B. S. J.*

Wenken aangaande de geestelyke oefeningen van den H. Ignatius. Naar het Hoogduitsch van P. J. N. Stoeger, S. J. 'S Hertogenbosch, W. Van Gulick, 1869, 16°, pp. 60. (Par le P. Joseph Dijckmann.)

Wenn dieses Aufklärung ist, was ist Unsinn? eine wichtige Frage, welche Herr Kaspar Ruef aufzulösen geziemend ersuchet wird. Philadelphia (*Augsburg*), 1790, 8°, pp. 288. (Par le P. Joseph Antoine Weissenbach.)

Wer Hat das Kalb ins Aug geschlagen? Das ist, Hoch Nothwendige, und Unumh-[gäng] liche Frag, Auss dem Euangelischen Aug Apffel, Ob Der Augspurgischen Confession Verwandte Prediger, oder aber die Jesuiten den Religion Friden im H. Röm. Reich umbstürtzen ? Durch ein kurtzes Sendschreiben des tewren Mans D. Martini Lutheri An seine Diener am Wort erörteret, und mit beständigen Grund beantwortet. Allen lieben Teütschen zur wolminenden Underricht, und Erinnerung, zum andernmahl in offentlichen Truck aussgefertiget. S. l., Im Iahr des Herren Christi. M.DC.XXIX, 4°, pp. 65. — *A la fin :* Durch Magistri Conradi

Andreæ Jüngern Bruder. Getruckt zu Dillingen, in Verlegung Caspari Sutoris Anno M.DC.XXIX. (Par le P. Laurent Forer.)

Werken en lyden van den wonderdadigen Martelaer Andreas Bobola, Priester der Societeit Jesu, Zalig verklaerd door Z. H. den Paus Pius IX. Brussel, C. J. A. Greuse, 1854, 18°, pp. 46. (Par le P. Victor de Buck.)

Westchñienia do Boskiego Serca P. Jezusa i do Niepokalanego Serca N. P. Maryi. 1856, 8°. (Par le P. Yves Czezowski.)

Westphalia sancta. beata et pia, Sive vitæ eorum Qui sua sanctitate et piis exemplis Westphaliam illustrârunt. Ex variis Auctoribus conquisitæ et conscriptæ ab aliquo Societatis Jesu sacerdote. Pars prima, Complectens eorum vitas, qui certò aut verisimiliter Natione Westphali reperiuntur cum titulo Sancti aut Beati. Neuhusii, Typis et impensis Joannis Theod. Todt, Aö MDCCXV, 8°, pp. 406, sllelt. (Par le P. Michel Strunck.)

La suite de l'ouvrage n'est pas anonyme.

Wetgeving (De) van Karel den groote tegenover de richting der moderne Staatkunde. Sittard, Alberts, 1865. 8°, pp. 20. (Par le P. Henri van Schijndel.)

Wiadomość o naukowyn żywoćie, s. p. X. Józefa Morelowskiego Zakonu Towarzystwa Jezusowego, zmarlego w Galicyi, daconym Województwie ruskiem, d. 12 Sierp. 1845. Poznań, 1854, 8°, pp. 15. (Par le P. Joseph Perkowski.)

Wiadomości o Xięstwie Kurlandzkim i Semigalskim, przy uroczystym szczęśliwego przybycia do Wilna, powińszowaniu Krilewiezowi Karolowi księciu Kurlandyi e Semigalii od Akademii wileńskiey, podane drukiem 1759, 8°, pp. 160. (Par le P. François Paprocki.)

Wichtige Frage, bey welchem Theil und auff welcher Seyten, bey disen verwirten Zeitten, und Leuthen, wahre, rechte, ordinierte, und beruffne Priester zu finden seyen? Mit Röm. Käys. Mäve. Freyheit : Getruckt zu Ingolstadt, in der Ederischen Truckerey, durch Andream

Angermayer, Anno MDCVII, 4°, pp. 52. (Par le P. Conrad VETTER.)

L'auteur signe la préface.

Widerleg-vnd Retorsionschrifft, Auff das.... Lugenwerck, welches Philip Heylbronner,... wider M. Conradvm Andreæ, das Regenspurgische Postcolloquium betreffend, durch öffentlichen Druck aussgeschütt... Ingolstatt, Eder, 1603, 4°, pp. 170. (Par le P. Conrad VETTER.)

Wieczerza Ewangelick w obronie szafunku wieczerzy Ministrów napisana. Przytym odpowiedź na Kontradykcye Ministrowskie. Wilno, 1594, 4°, pp. 116. (Par le P. Martin LASZCZ.)

Wieczorna pogadanka. Lwów, 1850, 12°. (Par le P. Charles DE BOLOZ ANTONIEWICZ.)

Wielki tydzień, to jest : wszystkie nabożeństwa, jako to : Msze, Pacierze Kapłańskie i inne Ceremonie, które w każdy dzień tego tygodnia od kościoła odprawują się. Lublin, Dr S. J., 1746, 4°.

Wieniec ozdobny przedziwney czystośći Najźwiętszej Matki Bożejz kwiatów rozlicznych pisma S. uwity, a na pohanbienie bluznierócw jey w modlitwę albo pieśń oddany. S. l.. 1644, 4°, pp. 4.

Sous les initiales : *J. B. S. J. K. M.*

Wieniec panieński z rozlicznych kwiatów raiskich, z Pisma S. y ze zdenia Oyców SS. wschodniego y zachodniego kościóla na zalecenie nigdy godnie nie wysławionego Panieństwa uwity. Krakow, Dr. Schedl, 1682, 12°, pp. 18, 146 et 2. (Par le P. Mathias Ignace TLUCZYNSKI.)

Wiersz zabawny niemiecko polski e pogorzelisku Kościoła y Kollegium lublińskiego S. J. R. P. 1758, d. 10 Marca. S. l., 1758, 8°, pp. 32. (Par le P. Ignace LEPKOWSKI.)

Wijsbegeerte (De) der ervaring op de leerstoelen der wijsbegeerte te Utrecht en te Groningen, door H. te Braake. 'S Hertogenbosch, W. van Gulick, 1876, 8°, pp. 93. (Par le P. Henri TE BRAAKE.)

Wirken (Das) der Gesellschaft Jesu in der Oesterreichischen Ordensprovinz seit den letzten Dezennien. Regenspurg, Georg Joseph Manz, 1861, 8°, pp. 35. (Par le P. Georges PATISS.)

Woche Der Tugenden Dess H. Ignatii Stiffters der Societät Iesv. Zu Verehrung vnd Nachfolg desselben, erstlich in Latein durch den Ehrw. P. Joannem Nadasi der Societät Jesu beschriben, Anjetzo aber durch einen andern auss gemelter Societät Priestern ins Teutsch übersetzt, und gedruckt zu München, Bey Lucas Straub, Anno 1692, 18°, pp. 117. — Cölln, 1670, 12°. (Par le P. Jean VIETOR.)

Wohlgemeinte Warnung gegen die so berühmten Stauden der Andacht, an alle die wahre Gottheit Jesu glaubende Christen, von einem römisch-katholischen Priester. Mainz, 1819. (Par le P. Jean Laurent DOLLER.)

Wonderlyck (Het) leven van de eerbaere, devote, ende H. Maghet Lydwina, eerstmael beschreven inde Latynsche taele door P. Joannes Brughman Religieus van de Order der Minnebroders van S. Franciscus : Nu ouer-gheset in onse Nederduytsche tale door den E. P. L. J. Priester der Societeyt Jesu. T'Antwerpen, By de Weduwe ende Erfghenamen van Jan Cnobbaert, M.DC.LVII, 8°, pp. 206, slleit. (Par le P. Louis JACOBI.)

Le nom du traducteur est dans l'approbation.

Workings (The) of the Divine Will. Gleanings from Père Caussade S. J. From the French. Revised by a Father of the same Society. London, Burns and Oates, 1879. (Par le P. Léopold BUSHART.)

Wunder-Werck Gottes in denen Seelen dess Fegfeurs zu Aufmunterung der Christlichen Lieb gegen gemelte Seelen. Anfangs in Welscher Sprach beschrieben von R. P. Carolo Gregorio Rosignoli, der Gesellschafft Jesu, nachmals von einem andern Priester anseben selbiger Gesellschafft in das Teutschen übersetzt. Zweiter Druck. Augspurg und Dillingen. in Verlag Johann Caspar Bencard's seel. Wittib und Consorten. Anno 1735, 8°, pp. 296.

Würdigung des Beitrags zum Würdigung des Jesuitens Ordens, von ... Leu, Chorherr und Professor in Luzern. Luzern, 1840. (Par le P. Gaspar WASER.)

Wybor Nobożeństwa, przywileje, odpusty i łaski hoyne od S. Stolicy Apostolskiej udzielone, y chwalebne powinnośći Arcybraterstwa Bożego Ciala i miłosierdzia w Kaplicy stodecznego W. X. litewskiego Miasta, przy kościele świetojańskim S. J. ufundowanego, stanu y płci ludziom duchownym y swieckim, do otrzymania darów Bożych y zbawienia slażacego. Teraz po strzecie z przydatkiem wielu modlitw y nabożeńtw ułożone y lepszym poządkiem do przedrukowania podane przez X. J. S. S. J. natenczas przełożonego tegoz Arcybraterstwa. R. P. 1748. Wilno. Dr. acad. S. J., 4°. (Par le P. Joseph SKORULSKI.)

Wyjątek z dzienników paryzkich ściągający się do przywrócenia Religii, mianowicie Katolickiej, w Monarchii francuzkiei, z przydatkiem niektórych innych ciekawych i interesających artykulów z tychze dziennikow wyjętych, z rozkazu Arcybiskupa gnieznieńskiego do druku

podane. Warszawa, Dr. Mission., 1811-1813, 8°, 2 vol., pp. 342 et 339. (Par le P. Ignace DE RACZYNSKI.)

Wyprawa Czlowieka do doma wieczności, albo dyspozycya do dobrey i szczęsliwey smierśći. Warszawa, Dr. S. J., 1750, 8°.

Wzor swiatobliwośći Swiety Stanisław Kostka, Ton. Jez. w dziesieciu uwagach do naśladowania podany. Wolny przekład z francuzkiego. Berlin, w ksiegarni Behra. Paris, Imp. Martinet, s. a. (*1859*), 18°, pp. 102. (Par le P. Antoine KUROWSKI.)

C'est la traduction de l'ouvrage du P. Pascal de' Mattei : *Il Giovanetto Serafico S. Stanislao Kostka...*

Wzywanie do pokuty Obywatelow korony polskiey y Xięstw iey podległych przez X. J. L. napisanie na Konwokucya w Krakowie złozoną dla uspokojenia powszechnego Państw koronnych, 1609, 4°. (Par le P. Jean LESIOWSKI.)

X

Xiężych płaczący po zgonie Alexandra Sieniawskiego. w Jaroslawiu, 1622. (Par le P. Barthélemi PAPROCKI.)

Sous le pseudonyme : *Procopius Ludzicki.* Il traduisit cette pièce en latin, sous le titre : *Luna rorida...* (Voir supra.)

Xivot S. Franceska Xaveria Apostola od India, sive vita S. Franc. Xaverii Apostoli Indiarum. Romæ, typis Bernardini Tani, 1638, 8°. (Par le P. Barthélemi KASSICH.)

Xivot S. Ignatia Skrachieni sive relatio Vitæ, Miraculorum et Canonizationis S. P. Ignatii. Romæ, typis Bartholomæi Zannetti, 1623, 8°. (Par le P. Barthélemi KASSICH.)

Z

Zabawa miła przez jednego Kaplana S. J. wydana. S. l. et a., 12°, 2 vol.

Zabawy swiąteczne dla ludu. Lwów, 1851, 12°. (Par le P. Charles DE BOLOZ ANTONIEWICZ.)

Zachariæ (De) Prophetæ pro Christi divinitate illustri testimonio adversus Fausti Socini anabaptistæ cavillationem. Vilnæ, typ. acad. S. J., 1596, 4°.

Zaira. In Firenze, Andrea Bonducci, 1749, 8°. (Par le P. Antoine Marie AMBROGI.)

C'est la traduction en prose de la Zaïre de Voltaire.

Zacność stanu Braći do posług domowych S. J., na głebokiey pokorze od S. Oyca naszego Ignacego Loioli F. S. J. ugruntowana, przez W. X. Mikołaja Lancíciego S. J. naprzód po łacinie opisana, a potym na polski język przez jednego S. J. Kaplana przełożona. Lwów, Dr. S. J., 1730, 8°, pp. 3 et 234. (Par le P. Vincent Pierre WOLLOWICZ.)

Zbiór bajek Ezopowych, słów, rozmów przysłowia i wyrazów, powitania, listów, geografii, i dziejów krótkich dla pożytku szkół. Wilno, Dr akad. S. J., 1761, 8°.

Zbiór nauk Imperatorskiey Akademii Towarzystwa Jezusowego. R. 1815. 1816. Połock, fol.

Zbiór wiadomości gospodarskich. Warszawa, Dr. Coll. S. J., 1770. (Par le P. J. B. ALBERTRANDY ou par le P. Charles WYRWICZ.)

Zbiór wybornego i gruntownego Nabożeństwa. Połock, Dr. S. J., 1807, 8°.

Zeitung, welcher Gestallt, im Martio dieses fünfundachtzigsten Jars, etlich König und Fürsten auss Japonia ihre Abgesandten, dess Glaubens haben, gen Rom geschickt haben : Mit angeheffter kurtzer Beschreibung derselben jetzt gemeldten Land und Inseln : Auch eines Evangelischen Manns Censur und Urtheil, was von solcher Schickung zuhalten sey. Getruckt unnd aussgangen im Jar als man zählt MDLXXXVI. 4°, pp. 17. (Par le P. Christophe ROSENBUCH.)

Il y a, je crois, plusieurs éditions de cette relation. L'auteur est aussi connu sous son nom latinisé : Roseffius.

Zelo Catholico y Español, por la Religion, y por la Patria. En Valencia, por Antonio Bordezar, 1708, fol. — En Granada, por Francisco de Ochoa, 1710, fol. (Par le P. Jérôme JULIAN.)

Sous le nom de : Doctor Don Juan Melo y Giron, Sacerdote Valenciano.

Zerknischte (Das) Herz, oder ruhrende Beweggründe eine vollkommene Reue über seine Sünden zu erwecken, in sieben Betrachtungen auf jeden Tag der Woch ausgethheilt... Wien, 1791. (Par le P. Gaspar Goenner [?].)

C'est la traduction de : *Il Cuor Contrito* du P. Pinamonti.

Zeste (Het) Eeuwfeest van den H. Thomas van Aquino. Door F. Becker leeraar aan 't Seminarie te Kuilenburg. 'S Hertogenbosch, W. van Gulick, 1874, 8°, pp. 27. (Par le P. François Becker.)

Zifting van zeker Boek genaemt ruyme Zedenleer van verscheyde aenziunelyke Paters Jesuyten, enz-gedaen door Barent van Dryfland. Tot Keulen, By Balthazar van Egmond, 1689, 8°, 2 vol., pp. 256 et 318. (Par le P. Herman Vis.)

Zinnelijke (De) kennissen als organische errichtingen door H. te Braake, Pr. 'S Hertogenbosch, W. van Gulick, 1873, 8°, pp. 34. (Par le P. Henri te Braake.)

Ziwot Swateho Iwana', prwnjho Paustewnjka w Czechach. w Praze, 1657, 12°. (Par le P. Frédéric Bridel.)

Zniwo cudownych darów w polu jaroslawskim, to jest : cuda i dziwne łaski za przyczyną N. Panny i Matki Bolesney w Jaroslawskim polnym kościele cudami wslawioney doznane od R. P. 1693 aż do r. 1755, zebrane i wydane przez jednego Kapłana Zakonu S. J. Lwów, Dr. S. J., 1755, 8°, pp. 192.

Zodiacus Marianus. ?, 164.. [?] (Par le P. Henri Wangnereck.)

Zolnierskie nabożeństwo z francuzkiego. M. K. S. J. Wilno, druk. Akad. S. J., 1748, 12°. (Par le P. Mathias Kononowicz.)

Zugaben zur Philosophie der Religion. Von dem selben Verfasser. Augsburg, bey den Gebrüdern Veith, 1785-1789, 8°, 5 vol. (Par le P. Sigismond Storchenau.)

Zur zehen-tägigen (Der) geistlicher Einsamkeit bezwungene Welt-Mensch. Auss dem Wälschen in das Teutsche übersetzet, Durch einen Priester der Gesellschafft Jesu. Augspurg, Mathias Wolff, 1728, 12°.

Cette traduction est du même auteur qui a traduit l'ouvrage indiqué à la col. 473 : *Laue (Der) Geistliche*... Il le dit dans la préface de ce dernier.

Zuyverenden (Den) weg voor elken dag der maend, door een priester der Societeyt Jesu. Antwerpen, 1744.

Zweyhundert Luther, Das ist : Zweyhundert helle vnd sonnenklare Proben dess vnschuldigen Luthers, wie vnd welcher Gestallt nemblich der Luther an der Verwüstung Teutscher Nation, vnd so vieler Seelen Verderben, sich am Jüngstentag werde entschuldigen können. Durch M. Conradvm Andreæ, Iacobi Andreæ seliger Gedächtnuss leiblichen Bruder. Anno M.DC.VII. Ingolstadii, In der Ederischen Truckerey, durch Andream Angermeyer, 4°, pp. 88. (Par le P. Conrad Vetter.)

Zwierciadło czolwieka chrześćianskiego, to jest : rozmyślania nabożne na każdy dzień przez caly tydzień, które wiodą czlowieka do uznania siebie samego i poprawy żywota, przedtem z hispańskiego na wloski, a teraz z włoskiego na polski przez jednego Kaplana S. J. przełożone i po trzeci już wydane R. P. 1594. Wilno, Dr. Akad. S. J. 8°, pp. 7-233 et 4. (Par le P. Simon Wysocki.)

C'est la traduction du *Speculum hominis christiani* du P. Louis de Grenade; la première édition est de Posen, 1585.

Zwierciadło nowe przykładów rozmaitych, stosujących się osobliwie do nauk Katechizmowych, zebrany z różnych poważnych autorów, na pożytek wszelkiego stanu ludzi wydane. Kalisz, Dr. S. J., 1744, 8°, pp. 2-299.

Zwogestalhaffte (Der) Luther, das ist : Griff vnd Fug, Wie Doctor Martin Luther an dem durch jhn erregten... Zanck und Zwyspalt, von Nothwendigkeit der zwo Gestalten im H. Sacrament dess Altars, am jüngsten Tag..., sich fein entschuldigt wirdt können. Durch M. Conradum Andreæ. Ingolstatt, Eder, 1602, 4°, pp. 43. (Par le P. Conrad Vetter.)

Zwölff Betrachtungen Von den Heiligen Schutz-Englen, Auff jedes Monat dess Jahrs gericht. Neben einer absonderlichen Betrachtung Für das Fest Dess Heil. Schutz-Engels. Meissentheils auss dem Frantzösischen Eines Priesters Soc. Jesu genommen. Dillingen, In Verlag Iohann Caspar Bencards, Im Jahr Christi 1712. 8°, pp. 74.

Zycie chrześciańskie, albo uwagi wszystkie sprawy na chwałę Boską kierujące przez Kapłana S. J., zebrane, i do zażywania nabożnego podane. Częstochów, 1714, 4º, pp. 6-252.

Zycie ku podziwieniu chwalebne JOX. Ostrogskiey, Anny Aloysii Chodkiewiczowey, Wojewodziny wileńskiey, Hetmanowey W. X. L. od Kollegium S. J. jarosławskiego, od Nieyże po Ostrogskim Kollegium na polu N. Panny fundowany, na wzór wysokiey cnoty wydane R. P. 1698, po Jey świętobliwym zeyściu 44. Kraków, Dr M. Schedla, 1698, pp. 6-120 et 2.

Zywot Bł. Jana Franciszka Regis, S. J. Wyznawcy, z różnych żyćia Jego Pisarzów zebrany i na pierwszą uroczystość Beatifikacyi wydany przez jednego Societ. Jesu Kapłana. w Krakowie, w Druk. Franc. Cesarego, 1716, 8º. (Par le P. Alexandre NIEPRSKI.)

Zywot i Męczenstwo Bł. Josaphata Biskupa i Męczenika szerze zebrane przez X. Stanisława Kosińskiego Soc. Jesu teraz dla pospolitego wiernych zbudowanie krotko do druku podane przez jednego Kapłana tejze Societatis. w Wilnie, 1665, 4º, ff. 22.

Zywot Nayświętszey Panny przez jednego Kapłana S. J. Kraków, 1648, 8º, 2 vol.

Zywot Piotra Skargi S. J. Kraków, 1684. (Par le P. Mathias Ignace TLUCZYNSKI.)

Zywot Przenachwalebnicyszey Bogarodzicy Panny Maryi zebrany z Pisma S., tudzież z Doctorow Kościelnych, wydany przez jednego Kapłana S. J. Kraków, Dr. L. Kupisza, 1648, 8º, pp. 5-450 et 45. (Par le P. André KONSKI.)

Il signe la dédicace.

Zywot S. Władysława, króla węgierskiego pobożnym zwanego, wyjęty z Kronikarzów węgierskich i polskich A. Bonfiniusza, M. Kitiusza, M. Kromera, y innych Pisarzów, J. Długosza Pelbarta Temezwara y Erazma Biskupa płockiego w Brewiarzu swey dioecesyi, etz., żył około R. P. 1042. Kwoli Najjasnieyszemu Władysławowi z Bożey łaski Królewiczowi polskiemu i szwedzkiemu, obranemu W. Carowi moskiewskiemu, smoleńskiego, siewierskiego y czernichowskiego Xięstw administratorowi, Krótko wypisany przez jednego Kapłana S. J. S. I., 1630, 8. (Par le P. Simon UGNIEWSKI.)

Zywot Swiętegc Stanisława Kostki, Wyznawcy Towarzystwa Jezusowego, przez Kapłana tegoż Zgrowadzenia dla uzytku młodzieży z dodatkien Nowenny. Kraków, 1840, 12º. (Par le P. Antoine KUROWSKI.)

Zywot swiątobliwey pamięci W. X. Marcina Laterny S. J. który dla wiary Katoli kiej od heretyków był zabity R. P. 1595, wespoł i żywot W. X. Piotra Skargi S. J. Kraków, druk. Ch. Szedla, 1673, 12º, pp. 80. (Par le P. Mathias Ignace TLUCZYNSKI.)

Zywot Jieleb. X. Woyciecha Męcinskiego S. J. Kalisz, 1781, 8º.

Zywy Rożaniec Apostolstwa Serca Jezusowego. Kraków, 1872, 16º, pp. 32. (Par le P. Stanislas STOJALOWSKI.)

SUPPLÉMENT [1]

A

A nos bienfaiteurs. Le R. P. Ramière et l'Ecole apostolique de Bordeaux. Bordeaux, imprimerie centrale A. de Lanefranque, 1884, 8º, pp. 16. (Par le P. Antoine BATUT.)

Abregé de la Vie de S. François de Borgia, premierement Duc de Gandie, et puis Général de la Compagnie de Jesus, canonisé par le Pape Clément X, le 21 d'Avril de l'année 1671. A Paris, Chez Michel le Petit, 1671, 12º, pp. 72, slav. (Par le P. Nicolas TALON.)

Abrégé de la vie des Saints avec de courtes réflexions, des sentences tirées de l'Ecriture sainte et des Pères, etc. A l'usage des congrégations de Notre-Dame établies dans les maisons et colleges de la Compagnie de Jésus. Paris, Desbois, 1735, gr. in-8º.

Abrégé de la vie du B. Jean François Régis. A Nancy, chez Balthasard, 1717, 12º. (Par le P. Jean Claude DEVILLE.)

Abrégé des souffrances de Notre-Seigneur Jésus-Christ, ou méditations sur la passion. Par un Pere de la Compagnie de Jesus. A Toulouse, M.DCC.LIX, 12º, pp. 492. (Par le P. Joseph Antoine DELMAS [?].)

Cet ouvrage, qui n'a ni privilège, ni approbation — du moins dans mon exemplaire — ne serait-il pas un abrégé des *Méditations sur la Passion*, publiées par le P. Delmas à Toulouse en 1747 en 2 volumes in-12? D'autre part, le frontispice me semble imprime bien postérieurement au corps de l'ouvrage. Enfin le titre de depart de la page 1 est ainsi conçu : *Les sentimens du véritable chrétien sur la passion de Jesus-Christ Reduits en affertions.* Serait-ce le véritable titre d'un ouvrage anterieur ?

Achenar gran Mogol. Dramma per musica da rappresentarsi da' sig. Convittori del Regio Imperial Collegio della compagnia di Gesù di Palermo nel nuovo teatro aperto dal medesino Collegio nel Carnovale del 1733. Palermo, Bisagno, 1733, 8º. (Par le P. Pierre SCARLATI.)

Publié sous son nom d'académicien : *Tevinti Palicei*

Col. 10 : *Acta et decreta...*

Lire : *Mathias* Aymans.

Acumina Parnassi Viennensis... ab Illustrissima Humanitate Viennensi dedicata pro Actu Repetitionis. Anno MDCLXXVIII. Viennæ Austriæ, Typis Christophori Cosmerovii, 8º, ff. 20. (Par le P. George WALDSCHACHER.)

Ad Annales Sardiniæ per F. Salvatorem Vitalem, etc., præsertim vero in ejusdem epistolam nuncupatoriam ad magnum Hetruriæ ducem latam, censuræ, et observationes quædam non aspernendæ, auctore quidem innominato, sed magni nominis litteraturæ, etc. Gerundæ, ex typ. Hier. Palolani, 1640, 4º. (Par le P. Joseph SEQUI.)

1. Je dois un mot d'explication sur la longueur de ce supplément. Le P. de Backer s'etait engagé à marquer d'un asterisque tous les ouvrages anonymes cités dans sa *Bibliothèque des Ecrivains de la Compagnie de Jesus* l'impression de mon *Dictionnaire* ét jl déjà assez avancée, quand je me suis aperçu que je m'étais trop fié à la promesse du savant bibliographe. Je vais donc réparer mes omissions. Je corrigerai, de plus, plusieurs erreurs qui sont de mon fait, et j'ajouterai certains articles qui m'avaient échappé. Du reste, les amateurs de bibliographie auraient droit d'être surpris si j'affirmais que mon livre est parfait.

D'après Melzi (I, 58), ce livre a été en réalité imprimé à Sassari ; il serait de ce jésuite qui n'est pas cité par Sotwel, bien qu'il ait été attribué au jurisconsulte Francesco Angelo De Vico, de Sassari.

Ad Clarissimam Fœminam Petronillam Gaulthier Clarissimi viri Joannis de Clugny Prætoris Divionensis viduam pientissimam. Ob concessum ex argento solido ornamentum majori Altari Templi Collegii Divionensis Societatis Jesu. Carmen Eucharisticum. Divione, apud Ioannem Ressayre, M.DC.LXXXIII, 4°, pp. 15. (Par le P. Claude PERRY.)

L'auteur signe : *Claudius Perry e Societate Iesv. Ætatis 81*. A la page 11 vient la traduction française en vers français par le sieur Perry, neveu du jésuite.

Ægyptischer Labyrinth oder Geistlicher Irrgarten, das ist, der betrieglicher Welt. Ingolstadt, 1628, 8°. — Dillingen, 1641, 8°. (Par le P. Côme SALHAUSER.)

Cette traduction d'un ouvrage du P. Georges Stengelius est peut-être anonyme.

Ælteste (Der) Monat Mariä. Von einem Priester der Gesellschaft Iesu herausgegeben zu Dillingen im Jahr 1724. In's Deutsche übersetzt von einem Priester der Diozese Mainz. Mainz, Kirchheim, 1867, 16°, pp. XI-228.

C'est la traduction du *Mensis Marianus* du P. François-Xavier *Jacolet*. (Voir suprà, col. 582.)

Col. 17 : *Al-Beeldinghe...*

D'après le P. de Backer (III, 1254), ce serait le P. Laurent UWENS qui donna cette traduction flamande de l'*Imago primi sæculi;* ce qui ne change rien à ma note relative au P. Poirters.

Affectus humani, argumentum quinque meditationum, quas congregatio latina major B. V. Mariæ Matris Propitiæ ab angelo salutatæ tempore quadragesimæ exhibuit Monachii anno MDCCLVIII. Meditatio I. Amor. Typis Joannis Jacobi Völter, 4°, s. pag. (pp. 39.) — ... II. Odium. Ibid., (pp. 36.) — ... III. Desiderium. Ibid., (pp. 35.) — ... IV. Gaudium. Ibid., (pp. 35.) — ... V. Tristitia. Ibid., (pp. 35.)—Affectus humani, argumentum trium meditationum.... anno MDCCLIX. Meditatio I. Spes in Deo. Ibid., (pp. 48.) — .... II. Spes in homine. Ibid., (pp. 44.) — III. Desperatio. Ibid., (pp. 42.) — Affectus humani, argumentum quatuor meditationum... anno MDCCLX. Meditatio I. Timor. Ibid.,

(pp. 44.) — ... II. Audacia. Ibid.. (pp. 39.) — ... III. Ira. Ibid., (pp. 40.) — ... IV. Repetitio priorum. Ibid., (pp. 40.) (Par le P. Joseph PEMBLE.)

Réimprimé dans son *Theatrum asceticum*.

Agapit, martyr, Tragedie Representée sur le Theatre du College de la Compagnie de Jesus, et dédiée à Monseigneur de Viarme de Pontcarré, intendant de Bretagne, Par les Acteurs de la Tragedie et du Ballet. A Rennes, Chez Joseph Vatàr, MDCCXLII, 8°, pp. 100, sld.(Par le P. Louis DE LA COUR.)

Les *Anecdotes Dramatiques* (Paris, 1775), t. III, p. 244, disent qu'il a traduit en français la tragédie d'Agapit du P. Porée; or, d'après l'avertissement en tête de l'ouvrage ci-dessus, c'est une traduction du P. Porée, et le P. Louis de la Cour se trouvait encore, en 1745, au collège de Rennes.

Ajace in furore, poema nelle metamorfosi volgarizzato dall' ab. Giovannantonio Pedrini, veneto, cui segue l'originale latino di Ovidio, indi la traduzione francese del sig. De la Condamine, con alcune lettere missive e responsive de' rispettitivi due traduttori da Parigi e da Londra. Aggiuntavi in fine la traduzione dell' Anguillara : pel solenne ingresso di S. E. Alvise Sebastiano Mocenigo, ec. Venezia, 1795, 4°. (Par le P. André RUBBI.)

Le titre fut changé, ainsi que la première feuille, et l'ouvrage reparut sous le titre de : *Duello eloquente...* (Voir infra.)

Al Rey Nvestro Señor por la Provincia de la Compañia de Iesus de la Nueva España, En satisfacion de vn libro de el Visitador Obispo D. Iuan de Palafox y Mendoza. Publicado en nombre de el Dean y Cabildo de su Iglesia Catedral de la Puebla de los Angeles. S. l. et a. (*Vèrs 1650*), fol., ff. 131. — Idem, fol., pp. 278. (Par le P. Alphonse ROXAS.)

L'auteur signe à la fin.

Albert Bosvieux, docteur-médecin. S. l. et a. (*1879*), 8°, pp. 9. — *A la fin :* Sarlat, imprimerie Michelet. (Par le P. J. B. EYRAUD.)

Alcune difficoltà principali della grammatica con i precetti di ciascuna regola date in luce ad instanza ed uso delli scholari della Compagnia di Giesù. In Ancona, appresso Marco Savioni, 1637, 8°. (Par le P. Augustin OLDOINI.)

Melzi (I, 29) nomme à tort l'auteur . *Oldoirino*, et cite de nouveau le livre (col. 302) sous le titre : *Difficoltà principali grammaticali*. L'ouvrage parut selon Sotwel sous l'anonyme, selon d'autres sous un pseudonyme.

All' anonimo autore del libro del diritto della civile sovranità sopra il matrimonio e suoi impedimenti, risposta di piana confutazione tratta dalle gallicane dottrine ec. contro l'opera del Launoio ec. dissertazione del C. A. C. M. Verona, Ramazzini, 1798, 8°. (Par le P. Alphonse MUZZARELLI [?].)

Melzi (I, 62) interprète les initiales : *Canonico Alfonso Conte Muzzarelli*; mais c'est une simple hypothèse; il pense qu'on pourrait aussi attribuer l'ouvrage à l'ancien jésuite Christophe MUZANI.

Alle altezze reali di Vittorio Amedeo duca di Savoja, e Maria Antonia Ferdinanda reale infante di Spagna in occasione Delle Augustissime Loro Nozze i convittori del reale collegio di Savoja sotto la direzione de' Padri della Compagnia di Gesù. In Torino, Per Giuseppe Maria Ghiringhello, MDCCL, 4°, s. l., pp. XXVI-69-26.

Mon exemplaire porte écrits les noms des différents auteurs: ce sont les PP Emmanuel ROVERO, Jean Marie PRATI, Pierre Jacques COPPA, Gaspar Ignace DEL CARRETTO, François LENTI, Pierre Marie SAVI, J. B. ROBERTI, Jérôme FABRE, Joseph Antoine CANTOVA, Xavier BETTINELLI, Joachim GABARDI, Quirico ROSSI, ? VAIRANI, Jacques François BILLIONI, J. B. NOCHERA, Joseph Auguste NAZARI, Marc Antoine MACCASSOLI, Galéas Marie VISCONTI, Gaetan FASSATI.

Alleen-sprake (Die) der zielen met Godt. Door den Eerw. Heere H. Thomas Hamerken van Campen, Regulier der Oorden van S. Augustyn. Onlancx wt het Latyns exemplaer van d'Autheurs handt geschreven, ghecorrigeert, ende verbetert door den Eerweerdigen Heere P. J. V. S. Priester der Societeit Jesu. Tot Loven, by Jan Maes, Anno M.D.CI, 8°, ff. 8 et pp. 175. (Par le P. Jacques STRATIUS.)

Il y a une autre édition de 1628.

Amor divinus incitamentum amoris humani, argumentum quatuor meditationum, quas congregatio latina major B. V. Mariæ Matris Propitiæ ab Angelo salutatæ tempore quadragesimæ exhibuit Monachii anno MDCCLVII. Meditatio I. Amor Dei hominem peccatorem quaerentis. Monachii, Typis Joannis Jacobi Vötter, 4°, s. pag. (pp. 35.) — ... II. Amor Dei hominem in sanctissima Christi humanitate amantis. Ibid., (pp. 32.) — ... Amor Dei in sacramento Eucharistiæ nos amantis. Ibid., (pp. 32.) — ... IV. Amor Dei suis mire providentis, et liberalissime remunerantis. Ibid., (pp. 35.) (Par le P. François-Xavier GACHET.)

Réimprimé en 1759 dans son *Theatrum asceticum*.

Col. 29. *Amusements lyriques d'un amateur*. (Par le P. CHAMPION DE NILON.)

Cet ouvrage, qui parut chez Edme, n'est pas de 1778, comme l'ont dit jusqu'ici *tous* les bibliographes. Dans son ouvrage anonyme intitulé : *Observations sur la Littérature*, publié en 1774 (qu'on remarque cette date), à la page 97, le P. Lenoir-Dupare dit : « on trouveroit aussi « de fort bonnes Chansons morales dans un petit Recueil « de 72 pages, qui a pour titre : *Amusements lyriques « d'un Amateur*, imprimé chez Edme en 1771. »

Anacreontica di Lupo a Cecco suo amico sulla purgazione. Venezia, per il Picotti, 1825, 8°. (Par Clément BONDI.)

C'est, avec quelques modifications, la réimpression de *La Cacajuola*. (Voir infra.)

Analisi, e Difesa del libro intitolato l'Episcopato fatte dall' autore del medesimo libro. In Roma, presso i Lazzarini, 1791, 8°, pp. 83-XCIV. (Par le P. Jean Vincent BOLGENI.)

Anche una volta : Chi è il Papa? 1782. (Par le P. François Antoine ZACCARIA.)

C'est la traduction de l'ouvrage de l'abbé Dietrich : *Was ist der Papst?*

Andreas of de verloren zoon. Door H. J. Pypers R. K. Priester. Te Nymegen, by Langendam en Comp., 1859, 12°, pp. 399. (Par le P. Henri PYPERS.)

Aneddoti del Ministro di Sebastiano Giuseppe Carvalho Conte di Oeyras Marchese di Pombal sotto il regno di Giuseppe I re di Portogallo Por servire di supplemento alla Vita del medesimo. S.l., MDCCLXXXVII, 8°, 2 vol., pp. 207 et 251. (Par le P. Charles DE PORZIA.)

A la fin du tome II, on lit : « La présente opera in « due Tomi si vende in Venezia presso Pietro Salvioni al « Ponte de' Euretotri, all' Insegna della Nave. » Melzi ne cite pas cet ouvrage.

Anielska dobroczynność, którą SS. Aniołowie z woli boskiey całemu Swiatu z miłości wyrządzają, na podziękowanie Panu Bogu w Tróycy S. jedynemu, pierwszemu początkowi y ostatecznemu końcowi y przemożney Pannie Marvi Niepokalanie Poczętey Królewey Anielskiey y Im

samym nayszlachetnieyszym duchom nie-
bieskim za wielkie y ustawiczne Ich Do-
brodziejstwa na Zawdzięczenie podane do
Druku w Krakówie, w Drukarni Franciszka Cezarego JKMci Typogr., 1677,
12°. (Par le P. Mathias Ignace Tluczynski.)

Annæ Mariæ Austriacæ Gubernatr.
Belg. Lessus... A Perillustri Poesi Viennensi DDD. Anno MDCCXLV. Mense
Maio, die XI. Viennæ Austriæ, ex Typographia Kaliwodiana, 8°, pp. 31, sll. (Par
le P. François-Xavier Roys.)

Annales Indiques, contenantes la vraye
narration et advis de ce qu'est aduenu et
succedé en Iapon, et autres lieux voisins
des Indes, enuoyez par les Peres de la
Societé de Iesvs au R. P. Claude Aqua-
niua Gen·ral de la dicte Compagnie, en
l'an 1588. Nouuellement traduictes en
François. A Anvers, En l'imprimerie
Plantivienne, Chez la Vefue, et Iean Mou-
rentorf, M.D.XC, 8°, pp. 165. (Par le
P. Thomas DE SAILLY.)

Au verso de la dernière page, on trouve : « Sommaire
« du privilège. La Majesté Royale a donné Priuilege au
« Reuerend Pere Thomas de Sailly, de la Societé de
« Iesvs, de pouuoir faire imprimer ... Les Annales Indi-
« ques, nouuellement par luy traduicts en François...
« Bruxelles, le 14 du mois de Iuin, M.D.XC. »

Annales Mundi, sive Chronicon universale secundum optimas chronologorum
Epochas, ab orbe condito ad annum
Christi millesimum sexcentesimum sexa-
gesimum perdnctum. Opera et studio
Philippi Brietii Abbavillæi Societatis Jesu
Sacerdotis. In hoc vero ultima editione
additum fuit supplementum usque ad annum 1692 a Soc. Jesu Sacerdote. Venetiis, apud Jo. Jacobum Herz, MDCXCII,
12°, 7 vol.

Des exemplaires portent : Venetiis, venundantur
Vienn· apud Joh. Gabrielem Hertz Le Supplementum a été attribué à un Jésuite par une supercherie du
libraire ; il est de l'ex-bénédictin Casimir Freschot.
Melzi (II, 337) date à tort cet ouvrage de 1792.

Annali letterarj d'Italia. In Modena, a
spese di Antonio Zatta, 1762-1763, 8°,
3 vol., pp. XXXII-372, 384 à 514 et
XII-781. (Par les PP. François Antoine
ZACCARIA et Joachim GABARDI.)

Annona spiritvalis sive Meditationes
qvibvs per annvm anima qvotidie perficitvr.

Editio nova, et auctior. Antverpiæ, Apud
Michaelem Cnobbaert, M.DC.LXVI, 12°,
pp. 669 et 52.

C'est l'ouvrage du P. Michel CUVELIER, augmenté par
le P. Jean MEERHAECK.

Annus Salutis MDCCXXX Aureus...
ab Illustrissima Poesi Viennensi inscriptus, Mense Maio, Die 4. Viennæ Austriæ,
Typis Mariæ Theresiæ Voigtin, s. a., 8°,
pp. 56. (Par le P. François-Xavier
MAISTER.)

Col. 39 : *Annus sæcularis Universitatis
Tyrnaviensis....* 1735.

Cet ouvrage est du P. Michel MILKOVITS, et non du
P. Csernovics, comme je le lui ai attribué par erreur.

Antidotum adversus peccatum per de-
cem hebdomadarum solidam devotionem.
Christi crucifixi, Dolorosæ Virginis,
SS. Ignatii et Xaverii honoribus instituen-
dum propositum et in strenam oblatum
DD. Sodalibus B. Virginis Monasterii in
Westphalia editum sub alio titulo. Colo-
niæ, sumptibus viduæ Godefridi Meucher,
s. a., 12°, pp. 163. (Par le P. Gabriel
HEVENESI.)

La dédicace est signée : G. H. S. J. Cet ouvrage
parut la même année, chez le même libraire, sous le
titre : *Cura consuetudinarii...* (Voir supra, col. 177.)

Col. 41 : *Antidotum cœleste...* (Par le
P. BONUCCI.

Cet ouvrage est bien en latin.

Apex aureus Infularum in montibus
Leonis eminens, Crux Geraldorum ar-
chipræsulea, Ill^mi, Excell. et Rev. D. D.
Nicolai Geraldi in Wyżyce Wyżycki, Archiepiscopi Leopoliensis, ad culmen gloriæ ascendens, applaudentibus sub ingres-
sum Cathedræ archidiœcesaneis, Leopoli-
tano et Stanislaopolitano S. J. Collegiis.
A. D. 1737. Leopoli, typ. S. J., fol.,
pp. 76. (Par le P. Jean SKORSKI.)

Apologia Adolphi Schulkenii, Geldren-
sis, SS. Theologiæ Professoris, atque
ad D. Martini Pastoris pro Illustrissimo
Domino D. Roberto Bellarmino S. R. E.
Card. de Potestate Romani Pont. Tempo-
rali adversus librum falsò inscriptum :
Apologia Card. Bellarmini pro Iure Principum, etc. auctore Rogero Widdring-
tono, Catholico Anglo. Coloniæ Agrippinæ, sumptibus Bernardi Gualtheri, S. I.
et a., 8°, pp. 638, sldpell. — *A la fin :*

Typis Stephani Hemmerden, Sumptibus Bernardi Gualteri, MDCXIII. (Par le P. Robert BELLARMIN [?].)

Placcius et Baillet attribuent cet ouvrage au P. Bellarmin, bien que les bibliographes de la Compagnie ne le fassent pas. Je partagerais l'opinion des premiers, si l'on peut appliquer à cette *Apologia* le passage suivant d'une lettre de Bellarmin; le 12 septembre 1612, il écrit à Blakwell : « Quod attinet ad librum Rogerii Widdinu- « thoni, ego anno superiore respondi, ... Hoc etiam « anno liber typis mandatus est, sed justis de causis « differtur promulgatio. » (*Epistolæ familiares*,(Romæ, 1650), epist. XCVI, p 214.)

Apologie der Frage : Warum soll ich ein Freymaurer werden? Gegen Herrn Franz Joseph Bob, von Erich Servati. Halle, 1788, 8°. (Par le P. Henri SAUTIER.)

Apostol (El) de las Indias y nuevas gentes San Francisco Xavier de la Compañia de Jesus. Epitome de sus apostolicos hechos, virtudes, enseñanca y prodigios antiguos y nuevos. Mexico, Lupercio, 1661, 4°, pp. 101, 112, 100 et 96. (Par le P. Diego Louis DE SANVITORES.)

Le P. Sotwel dit qu'il publia cet ouvrage : « sub no- « mine Primicerij Congregationis S. Francisci Xa- « verii. »

Apparatus ad administrandum Sacramentum Pœnitentiæ maiori cum facilitate, et fructu, et percipiendos admirabiles fructus, quos Sacra Eucharistia proferre in ijs solet, qui ad eam recté parati accedunt. Mediolani, per Marcum Tullium Malatestam, 1604. (Par le P. Guillaume BATH.)

Cet ouvrage est-il anonyme? Sotwel n'est pas très explicite à cet égard. Du moins, Melzi (II, 159) s'est trompé en l'inscrivant sous le pseudonyme *Manrique* (*D. Petrus*); c'est la traduction espagnole du P Joseph Creswell qui aurait paru sous ce nom emprunté. Voir supra, col. 52 : *Apparcios para administrar...*

Col. 53 : *Appel à la raison...* (Par le P. BALBANI.)

Le P. Gabriel Brotier, sur une déposition très vague de Grange, imprimeur de cet ouvrage, fut décrété de prise de corps par le Châtelet, le 8 janvier 1763. Étant alors en Italie, il en fut averti et vint se constituer prisonnier. Il avoua ne pas connaître l'auteur de l'*Appel* et n'en avoir corrigé que quelques feuilles, pour faire plaisir à l'imprimeur ; mais il eut cependant quelque peine à être déchargé de l'accusation d'avoir composé cette défense de la Compagnie de Jésus. On voit, du reste, dans les *Mémoires de Bachaumont*, t. I, pp. 185 et 326, des détails sur cette affaire.

Aquila (L') rediviva Oratorio Musicale nell' assunzione dell' Illustrissimo e Reverendissimo D. Carlo Molza al Vescovado di Modena. Modena, per il Cassiani, 167.. [?], 4°. (Par le P. Charles Antoine SANTI.)

Aquila Vindex Barbari Promethei in Victoria Viennensi adumbrata... ab Illustrissima Humanitate Viennensi Dedicata. Anno MDCLXXXV. Mense Maio Die... Viennæ Austriæ, typis Joannis Christophori Cosmerovii, 8°, ff. 15. (Par le P. Paul TREFFLINGER.)

Aquile (L') Confederate contro i nemici della Religion Christiana poste dall' Aquila Panormitana sotto la Protettione della Potentissima Patrona S. Rosalia nell' annual sua Festa celebrata l'anno 1684 in rendimento di gratie della Liberation di Vienna, et à supplicar con voti d'agurio per nuove conquiste. solennità consecrate nelle stampe alla Santità del Sommo Pontefice Innocentio XI. Dall' Illustrissimo Senato li Signori D. Francesco Montaperto... Senatori. In Palermo, per Tommaso Rummulo, et Orlando, 1684, 4°, pp. 93 et 2 pl. (Par le P. Joseph Marie POLIZZI.)

Arcus pacis, non sine sanguine, Triumphatori Uladislao IV, polonæ Sarmaticæ Monarchæ, ab expeditione bellica in Amuratum Turcarum Imperatorem suscepta feliciter et auspicato reduci, laureatisque Regni Ordinibus, triumphalem hanc portam una subeuntibus, inter publicas Europæ acclamationes applaususque e voto S. J. religiose consecratus. Cracoviæ, typ. A. Petricovii. 1635, fol., pp. 22. (Par le P. Paul KUHN.)

Argomento del funerale, che si fà nel Tempio Maggiore di questa Città del Fedelissimo Regno di Sicilia a' 20 Febraro 1647 nella morte del Sereniss. Infante Baldassare Principe delle Spagne, seguita in Saragoza d'Aragona a' 9 d'Ottobre 1646. In Palermo, appresso Decio Cyrillo, 1647, 4°. (Par le P. Marien BICHETTO.)

Argomento fisico-matematico del P. G. B. Riccioli contro il moto diarno della Terra, confermato di nuovo da Michele Manfredi con l'occasione della risposta alle considerazioni sopra la forza di detto argomento fatte dal M. R. Fr. Stefano degli Angeli, matematico dello studio in

Padova. In Bologna, per el Manolessi, 1668, 8°. (Par le P. J. B. Riccioli.)

Ars metrica seu condendorum eleganter versuum et ars poetica varia poematum præcepta complectens. Altera Editio aucta. Insulis, typis Petri Brovellio, s. a., 12°, pp. 241. (Par les PP. Laurent de Cellières et Martin du Cygne.)

L'*Ars metrica* est du premier, l'*Ars poetica* du second. Cette édition de Lille, suivie de quelques autres, a été donnée par le P. Charles Wastelain, qui a un peu modifié le travail original. D'autres éditions sont intitulées : *Ars metrica et poetica ad usum Gymnasiorum Societatis Jesu.* Le P. du Cygne fit paraître son : *De Arte poetica libri duo*, à Liège, en 1664, et y mit son nom.

Ars Poetica complectens; 1. Varia Versuum et odarum genera; 2. Methodum facilem et brevem componendi versus; 3. Universam quantitatem seu quæ regulis Joannis Despauterij continetur, seu quæ ex Smetij versibus colligitur; 4. Synonymorum ad singulas fere dictiones accommodatam lectionem; 5. Selectiores poetarum multorum phrases, maxime Virgilij; 6. Fabularum epitomen ordine suo Alphabetico digestam. Avenione, sumptibus Joannis Piot, iuxta exemplar Flexiæ editum, Apud Georgium Griveau, 1649, 8°, pp. 614 à 2 coll. (Par le P. Charles Pajot.)

Je ne garantis pas que cette édition soit anonyme; mais la première de La Flèche, Griveau, 1645, me semble devoir l'être, car l'approbation datée du 6 janvier 1645 (qui se retrouve dans celle de 1656) porte « ... composé « par un Religieux de nostre Compagnie; » le Privilège du Roi, même année, nomme l'auteur. D'autres éditions postérieures ont le nom du P. Pajot.

Ars semper gaudendi; Ad veram animi quietem ex solà Divinæ Providentiæ consideratione comparandam, et humanam cum Divinà voluntate conformandam. PP. Sodalibus Academicis Congregationis Majoris B. V. Mariæ ab Angelo salutatæ in strenam Molshemii oblata. InVenIant anI-Mæ feLICes gaVDIa VItæ. Molshemii, Ex Typographia Episcopali Argent. Apud Joannem Henricum Straubhaar, s. a. (*1671*), 18°, pp. 169. (Par le P. Alphonse Antoine de Sarasa.)

Ce n'est qu'un extrait de son *Ars semper gaudendi*, publié à Anvers, 1664-1667, 4°, 2 vol. — Le P. Jean Kraus en donna plus tard un autre abrégé, à Prague, qui ne porte pas son nom, mais sur le titre duquel se trouve celui du P. de Sarasa. Cet abrégé serait peut-être celui qui a été réimprimé à Vienne en 1783, 12°.

Art (L') de bien vivre et de bien mourir. Sur tout en Faveur des Personnes, lesquelles au sortir de la Retraite, veulent sérieusement travailler à leur salut, et à leur Perfection. Contenant, la Métode de vaincre sa passion dominante; un moien efficace, pour se défaire de ses imperfections, une Manière aisée de faire Oraison; une Pratique facile de l'Exercice de la présence de Dieu; et une très-utile Préparation à la Mort. A Vannes, Chez Jacques de Heuqueville, MDCCIV, 12°, pp. 234, sllelt.

Cet ouvrage a, sans doute, pour auteur un des Jésuites de Vannes attachés à l'œuvre des retraites.

Arte (L') vera d'approfitarsi dell' educazione del Collegio in modo di poterne sentire il benefizio fuori encor d'essa, Istituzione Cristiana proposta a tutti que' Giovani, che vengono in qualunque Collegio, o Seminario educati, e diretta, e dedicata agl' Illustrissimi Signori del Collegio de' Nobili di S. Francesco Saverio della Compagnia di Gesu. In Bologna, per Ferdinando Pisarri, 1717, 8°, pp. 100. sld. (Par le P. Jacques Bonaretti.)

Artium vere liberalium Neo-laureata Hexas in publico Anglicanæ Carnificinæ Theatro defensa rite Veritate, ad cœlestem (ut Speramus) Lauream Promota... Ab Illustrissima Humanitate Græcensi oblata. Anno a Partu Virgineo, M.DC.LXXXII. Græcii, Apud Hæredes Widmanstadii, 8°, pp. 26. (Par le P. Joseph Sellenitsch.)

Association sous le titre de la Ste Agonie de N. S. Jésus-Christ et de la Sainte Vierge, instituée pour obtenir une bonne mort, et érigée en l'Eglise des PP. de la Compagnie de Jésus, à Rennes l' 11 Nov. 1736. Rennes, Joseph Vatar, 1737, pet. 8°, pp. 32.

Atalia oratorio fatto cantare da' Signori Convittori del Seminario Romano e da' medesimi dedicato all' Eminentissimo, e Reverendissimo Principe il Signor Cardinal Ottoboni Vice-Cancelliere di S. Chiesa. Musica del Prior Giuseppe Pacieri Virtuoso dell' Eminentissimo Signor Cardinal Cybo. In Roma, l'Anno del Giubileo, MDCC. Nella nuova stamperia di Luca Antonio

Chracas, 4°, pp. 23. (Par le P. Alexandre POLLIONI.)

Auctarium Polyantheorum Sacrorum ex Manuscriptis R. P. Andreæ Spanner è Societate Jesu, a quodam ejusdem Societatis Sacerdote Collectum, et in usum Sacrorum præsertim Oratorum pro exornandis eorundem Dictionibus typis editum. Venetiis, ex Typographia Balleoniana, 1741, fol., pp. 196. (Par le P. Barthélemi MAYER.)

Cet *Auctarium* se trouve joint à l'édition de Venise, 1741, du *Polyanthea Sacra* du P. André Spanner, 2 vol. in-fol.

Augusta Carolinæ Virtutis Monumenta seu Ædificia a Carolo VI Imp. Max. P.P. per orbem Austriacum publico bono posita.... Inscripta ab Illustrissima Rhetorica Viennensi Anno CIƆIƆCCXXXIII. Viennæ Austriæ, Typis Joannis Petri de Ghelen, 8°, pp. 103. (Par le P. François KELLER.)

Augusta quinque Carolorum Historia Augustissimo, Invictissimo, Maximo Imperatori Carolo VI, Humillimè consecrata a R. et Illustrissimo D. L. B. Adamo Patachich de Zajezda, Croata Carolostadiensi Collegii Croatici Alumno, AA. LL. et Philosophiæ Magistro; dum Sub Augustissimis ejusdem Auspiciis Positiones ex Universa Philosophia in antiquissima, et celeberrima Universitate Viennensi Publicè defenderet ex prælectionibus R. P. Francisci Dollin, è Soc. Iesu..... Anno M.DCC.XXXV. Mense Septembri Die... Viennæ Austriæ, Typis Mariæ Theresiæ Voigtin Viduæ, fol., pp. 416. sll. (Par le P. Joseph PICHLER.)

Il signe l'avis au lecteur.

Augustissimæ Domus Austriacæ in SS. Virginem Mariam, quæ in Hiezing colitur, Augusta Pietas. Viennæ, Kaliwoda, 1752, 8°. (Par le P. J. B. KASCHUTNIGG ou par le P. Frédéric LAEMICHEN.)

Le P. de Backer (II, 405, 1, et 573, 1) attribue le même ouvrage à chacun de ces auteurs; seulement, il le cite d'une manière très incomplète à l'article du premier.

Augustum spectaculum Austriacæ in Eucharisticum Deum pietatis... Accinuit et Dedicavit Illustrissima Perillustris ac Prænobilis Facultas Poetica Viennensis.

Anno M.DC.LXXII. Die X Maii. Viennæ Austriæ, typis Matthæi Cosmerovii, 8°, ff. 45. (Par le P. Urbain SCHEZER.)

Aurora in Leone nuper orta. Virgini ac Libræ vicina Serenissimo ac Reverendissimo Principi Maximiliano Henrico Comiti Palatino Rheni.... festa apprecatione debitæ observantiæ, ac submissionis ergo Poeticis coloribus adumbrata atque exhibita a devinctissimo Domui Bavariæ Societatis Jesu Collegio Coloniensi anno quo ferDInanDo CoaDIVtor, faVentIbVs Ita sVperIs et VbIIs renVntIatVs est. Coloniæ Agrippinæ, Ex Typographia Henrici Krafft, 1643, fol., ff. 16. (Par le P. Jean LEUBENIUS.)

Austria Liberata in tres libellos divisa. Honoribus Perillustrium... Dominorum, cum in Alma ac Celeberrima Universitate Græcensi prima AA. LL. et philosophiæ Laurea insignirentur. Promotore R. P. Carolo Dollenz, e S. J.... A Poesi Græcensi DDD. Anno MDCC.XLIII. Græcii, typis Hæredum Widmanstadii. 12°, pp. 66. sll. (Par le P. Leopold HEIZLER.)

Austria Mariana seu gratiosarum Virgineæ Dei-Parentis iconum per Austriam, origines, progressus, ac beneficia singularia... ab Illustrissima Poesi Academica dicata Anno MDCCXXXV, Mense... Die... S. l. (Viennæ), Typis Leopoldi Joannis Kaliwoda, 8°, pp. 176 et 1 pl. — (2e vol.) .... ab Illustrissima Rhetorica Viennensi. Anno MDCCXXXVI. Mense... Die... Viennæ Austriæ, Typis Mariæ Theresiæ Voigtin, 8°, pp. 75, sll. (Par le P. Thomas ERTL.)

Aux âmes affligées et découragées. Paroles tirées de la Sainte Écriture; par le Père Bouhours, de la Compagnie de Jésus; et pensées pieuses tirées de plusieurs auteurs, par un Père de la même Compagnie. 1re Edition. Nantes, Mazeau, 1871, 32°, pp. 96. (Par le P. Henri POTIER.)

Avis importans et necessaires aux personnes qui lisent les traductions françoises des saintes Écritures, et particulierement celle du Nouveau Testament imprimée à Mons. Lyon, 1675, 8°. (Par le P. Michel LE TELLIER.)

B

Basilea sacra sive episcopatvs et episcoporvm Basileensivm origo ac series. Reverendissimo, et illvstrissimo Principi Ioanni Conrado ad sacram inavgvrationem, A Collegio Bruntrutano Societatis Iesv, singularis observantiæ et honoris ergò Dicata, Consecrata. Brvntrvti, Ex Typographia Episcopali, apud Ioannem Henricum Straubhaar, M.DC.LVIII, 8°, pp. 427, sldell. (Par le P. Claude Sudan.)

La dédicace est signée par le Collège de Porentruy : on y lit ces mots : « Ut porro de Authore libri huius « constet : labor fuit et exacta diligentia P. Claudii « Sudani, viri è Societate integerrimi. » L'auteur était mort depuis le 2 décembre 1655. Ce fut un de ses confrères, le P. Pierre Frène, qui revit, corrigea et publia son travail.

Basilica in honorem S. Francisci Xaverii a fvndamentis extrvcta, mvnificentia illvstrissimi viri Domini D. Francisci Svblet de Noyers, Baronis de Dangv, regi ab intimis consiliis et secretis, etc. a Collegii Claromontani alvmnis Societatis Iesv, laudata et descripta. Editio altera. Parisiis, Apud Sebastianvm Cramoisy et Sebastianvm Mabre-Cramoisy, M.DC.LXIV, 12°, pp. 35.

La 1re édition parut en 1641, in-fol. Les pièces, au nombre de treize, sont toutes signées d'initiales, qui ne sont pas celles d'élèves, mais de Jésuites : la 1re Εὐχαριστικον ob Basilicam extructam, signée : D. P., est du P. Denis Petau ; la 2e : Ode gratulatoria ob eiusdem basilicæ conditum signée : P. B., est, je pense, du P. Philippe Briet ; la 3e : Amor architectus, signée G. C., est du P. Gabriel Cossart ; la 4e : Princeps laudator templi, signée : G L., probablement du P. Guillaume Léonard ; la 5e : Calix. signée : F. D., ?; la 6e : Patina, signée : G. L., du P. Léonard ; la 7e : Lampas, signée : S. D., du P. Etienne Dechamps ; la 8e : Peinture de S. Fr. Xavier resuscitant un mort, Sonnet signé : P. L. M. du P. Pierre le Moyne ; la 9e Minoris unius aræ tabula quam pinxit Voüet, signée : M. G.,? Minoris alterius aræ tabula quam pinxit Stella, signée : G. C., du P. Gabriel Cossart ; la 11e : Fornix. signée : I C., du P. Jean Chevalier (?) ; la 12e Fundamenta. signée : P. B., du P. Briet ; la 13e Conditoris templi elogium, signée : S. D., du P. Dechamps. A propos de la pièce du P. le Moyne, je remarquerai que le Tableau dont il parle, est du Poussin et se trouve au Louvre. Le Catalogue du Musée du Louvre (Ecole Française), n° 434, dit que ce tableau a été peint par ce grand artiste, en 1641, pour le grand Hôtel (!) du Noviciat des Jésuites. Au lieu de Hôtel, lisez Autel.

Beati Hieronymi presbyteri Stridonensis epistolarvm selectarvm. Libri III. Cum Argumentis, Scholiis, et Indicibus : Vberiores quàm antea, et emendatiores. Tornaci, apud Nicolaum Laurentium, 1610, pet. 12°, pp. 619, sld., les *elogia* et la table. — Rothomagi, Apud Thomam Daré, 1615, 12°, pp. 619, sld., les *elogia* et la table. (Par le P. André Schott.)

La dédicace est signée en tête par le P. Schott.

Beminnelyk (Het) Hart van Jezus voorgesteld aan de godvrucht der studerende Jeugd door A. Deham der Societeit Jezus. Brussel, Drukkery van Karel Lelong, s. a. (*186.*), 32°, pp. 107. (Par le P. Arnold Bohnen.)

Berümten (De) Gekrönten Poeten Adami à Löwenwaldt Monosticha Extemporanea Von einem auss der Gesellschafft Jesu Der Poeterey Liebhaber Jn das Teutsche übersetzt, Und in Truck gebracht Durch Iohann Baptist Mayr, Saltzburgischen Hoff-und Academischen Buchtrucker und Handlern. Anno M.DC.LXXXV, 12°, pp. 37, sld.

La dédicace en vers allemands est au nom de l'imprimeur, mais sans doute a été écrite par le traducteur. A la suite se trouve le texte latin divisé en trois centuries, précédée chacune d'un frontispice gravé.

Bett-Schul, Das ist : Kurtze vnd gantz Klare Weiss zubetrachten, auff Art vnnd Manier Dess Heiligen Stüffters, vnnd grossen Lehrmaisters dess Geists Ignatii De Loiola. Von Einem Priester auss der Gesellschafft Jesu herfürgegeben. Getruckt zu München, bey Johann Lucas Straub., 1703, 12°, pp. 122. — München, 1716, 12°.

Biblioteca antica e moderna di Storia Letteraria ossia Giornale critico, ed istruttivo de' libri, che a litteraria Storia appartengono, secondo l'ordine delle materie accuratamente disposti. Pisauri, Typis Paschalis Amati, 1766–1768, 8°, 3 vol., pp. xviii-723, ... (Par le P. François Antoine Zaccaria.)

Bijdrage ter verklaring van artikel 194 der grondwet, door A. van Gestel. 'S Hertogenbosch, W. van Gulick, 1877. 8°, pp. 93. (Par le P. Adrien VAN GESTEL.)

Bilancia del tempo ossia la differenca tra il temporale e l'eterno. Opera del Padre Gio. Eusebio Nieremberg D.C.D.G. Tradotta dallo Spagnuolo da un Religioso della medesima Compagnia. Roma, coi tipi della S. C. de Propaganda Fide, 1845. 8°, pp. VIII-386.

Bilderijk als dichter volgens Zijne werken, door L. Dijckmann, Pr. 'S Hertogenbosch, W. van Gulick, 1871, 8°, pp. 32. (Par le P. Joseph DIJCKMANN.)

Bliksem (De) bij de Grieken en Romeinen, door B. van Meurs. 'S Hertogenbosch, W. van Gulick, 1876, 8°, pp. 52. (Par le P. Bernard VAN MEURS.)

Bodoque (El) contra el propugnáculo histórico y jurídico del licenciado Conchillos, por Fabio, Sylvio y Marcelo. Colonia Agripina, por Severino Clariev, 1667, 8°. (Par le P. Joseph DE MORET.)

Bona Voluntas optimae consentiens, seu De sequendo in omnibus ductu Divinae Providentiae, DD. Sodalibus Congregationis Latinae Majoris Matris propitiae ab Angelo salutatae Xenii nomine oblata Monachii Anno MDCCLXII. Typis Joannis Christophori Mayr, 8°, pp. 230, sllelt. (Par le P. Joseph PEMBLE.)

Il signe la dédicace.

Bono (De) status eorum qui vovent et colunt castitatem in saeculo, Coloniae. apud Kinckium, 1615. (Par le P. Léonard LESSIUS.)

Cet ouvrage aurait paru sous le nom de *Leo Hubertinus a Sancto Dionysio sacrae Theologiae doctor.*

Breve confutazione del paralello tra le proposizioni condannate nella bolla *Unigenitus*, ed alcune della Sacra Scrittura e de' Santi Padri, che leggonsi sul fine del libro *Gesù Cristo sotto l'anatema.* Ferrara, 1787, 8°. (Par le P. François GUSTA.)

Breve descrittione dell'apparato funebre fatto per le sontuose esequie della serenissima Reina Isabella nel duomo di Milano.

Melzi ni le P. de Backer ne citent cette pièce; j'en trouve l'indication à la p. 117 de *La Philosophie des images*.. par le P. Ménestrier (Paris, 1682). — « Il y a, « dit-il, seize Devises en cet appareil de l'invention des « Pères Roch Marie Ferrari, Jean Baptiste Visconti, « et Salvator Scarfot, alors Professeurs de la Rhéto-« rique dans le Collège de Brera. »

Breve istruzione ricavata dalla dottrina di mons° Alfonso Liguori all'autore dello scritto intitolato : *Pensieri di un Teologo sul dubbio se possa dirsi o no il probabilismo condannato.* 1782. 8°. (Par le P. François GUSTA.)

Breve Ragguaglio della vita, e Morte di Luigi Giacinto Ferreri della Compagnia di Gesù, Dedicato agl' Illustrissimi Sig.ri Convittori del Reale Collegio di Savoja diretto da' PP. della medesima Compagnia. In Milano, nella Stamperia di Pier Francesco Malatesta, s. a. (1751 [?]). 8°. pp. CXX. sld. (Par le P. Evasius COPPA.)

Il signe la dédicace.

Breve relatione della gloriosa morte che il P. Antonio Rubino della Compagnia di Giesu Visitatore della Provincia del Giappone, e Cina, sofferse nella Città di Nangasacchi dello stesso Regno del Giappone, con quattro altri Padri della medesima Compagnia, cioè: il P. Antonio Capece, il P. Alberto Micischi, il P. Diego Morales, e il P. Francesco Marquez. Con tre secolari. Di Marzo nel 1643. In Roma, per gl' Heredi del Corbelletti, MDCLII, 4°. ff. 4 et pp. 88, avec 1 pl. (Par le P. François ROSINI.)

C'est une traduction du portugais du P. Pierre Marquez. Le traducteur signe la dédicace.

Col. 91 : *Bréviaire (Le) ou office...* (Par le P. Lambert MOLEUS.)

Ma note tombe à faux : Sotwel dit expressément que cet ouvrage ne parut qu'en français. J'ai été induit en erreur par l'article du P. de Backer (II, 1330) qui donne le titre en latin et ajoute.. « D'après une note du Catalogue Ms des Jésuites de Liège, l'ouvrage aurait paru en français la même année... »

Bruder Daniel Seghers, S. J. S. I. et a., 16°, pp. 44. (Par le P. Hermann J. ALLARD.)

Cette brochure n'a pas de titre; c'est un extrait du *Volksalmanak voor Ned katholicken*, d'Amsterdam. Elle est signée : *H. J. Allard, R. K. Pr. 1869*

C

C. Sallustii Crispi Catilinarium et Jugurthinum Bellum, Firmici Abideni diligentia illustratum. Mediolani, typis Marelli, 1754. (Par le P. Gui FERRARI.)

Le P. de Backer (I, 1837, 15) dit : *Firmici Abydemi.* J'ai pris le pseudonyme donné par Melzi (III, 277), qui le tire de la préface de l'ouvrage.

C. Sectani L. Fil. Sermones. Bononiæ, MDCCLXXXVII. Ex Typographia Sancti Thomæ Aquinatis, 8°, pp. 43. (Par le P. Manuel LASSALA.)

Cacajuola (La) Anacreontica inedita data in luce da Angelo Eugenio Mentice Mantovano. Cacadopoli, nella casa dell' Editore, co' caratteri Pinelliani, 1808, 8°. (Par Clément BONDI.)

Réimprimé sous le titre de : *Anacreontica di Lupo...* (Voir supra, col. 1114.) Melzi (II, 67) ne se trompe-t-il pas en disant que *La Cacajuola* parut avec le nom de l'auteur?

Caccia del divino amore, dialogo. Palermo, dell' Isola, 1674, 4°. (Par le P. Pierre Marie CICALA.)

Cæsaris Cottæ assertiones. Mediolani, 1612. (Par le P. Horace MONTALDO.)

Melzi cite cet ouvrage (I, 261); le P. Menestrier (*La Philosophie des Images... Paris, 1682*) en parle en ces termes (p. 31) : « Le P. Horace Montalde enseignant « la Rhétorique à Milan, fit imprimer sous le nom de « Cesar Cotta un de ses Disciples, des Theses sur la ma-« tiere des Devises, il affecta de combattre les sentimens « d'Hercule Tasso, ce qui obligea cet Autheur de lui ré-« pondre par un écrit qui portoit pour titre *Risposte di* « *Hercole Tasso alle assertioni del molto Reverendo* « *Patre Horatio Montaldo Gesuita contrà il trattato* « *suo delle imprese, stampate e publicate in Milano* « *sotto nome di Cesare Cotta* Ce Pere Montalde fit une « seconde edition de ces Theses où il corrigea quelque « chose, et Jean Baptiste Persone, Philosophe et Mede-« cin, prenant la défense du Tasse publia un second « écrit contre ces secondes Thèses... »

Cameriere (Il) Servito. Imola [?], 178... (Par le P. Antoine OLIVA.)

Cargos que los Señores jurados, Capitulo y Consejo de la Ciudad de Zaragoça hiezieron a los Padres de la Compañia de Jesus, acerca de las Escuelas de la Latinidad, y motivos que tuvieron para la de-liberacion que se hizò en el Capitulo, y Consejo, a tres deste Mes de Otubre, del presente Año de 1618. Y respuesta que los dichos Padres de la Compañia a ellas dieron. In-fol., pp. 24. (Par le P. Paul Albinien DE RAJAS.)

Carmen Illo Rev. Josepho Olechawski, Dei et apostolicæ Sedis Gratia Episcopo uranopolitano, suffraganeo cracoviensi recens consecrato, archidiacono Cathedræ, judici Generali Curiæ, dicatum ab addictissima et insignibus Ejus beneficiis Ipsi devinctissima domo Emeritorum Sacerdotum nuper Societate Jesu, in perenne grati animi pro Ejusdem paterna benevolentia monumentum Anno 1786. Cracoviæ, typ. Univ., 1786, 4°, pp. 18. (Par le P. Ignace WILCZEK.)

Carmen nuptiale Ilis Excelis que Sponsis, Joanni Chodkiewicz, Senatorio Samogitiæ Præfecto, etc., et Ludovicæ Rzewuska, lectissimæ Palatini Cracoviensis, campestris Copiarum Regni Ductoris, Filiæ, sub auspicatissumas Eorum nuptias D. D. D. A. D. 1766, nomine Collegii Cremenecensis S. J. Deiphilus ismariensis, pastor arcas. Podhorecii, 1766, 4°, pp. 54. (Par les PP. Michel LESNIEWSKI et Grégoire PIRAMOWICZ.)

Le premier, sous le pseudonyme : *Deiphilus ismariensis,* a composé les vers latins; le second y a joint une traduction polonaise.

Casa de Cabrera en Cordova; obra genealogica. Cordova, Juan Rodriguez, 1779, fol. (Par le P. François RUANO.)

Ouvrage posthume.

Casibus (De) quos in prima sua Synodo sibi reservavit Em. et Rev. D. D. Alexander Cardinalis Matthæius Archiep. Ferrariensis. Quæstiones Clero Dioecesis ad dirimendum propositæ 1782. Ferrariæ, per Bernardinum Pomatelli, 1782, 12°. (Par le P. Joseph MEDICI.)

Casus conscientiæ his præsertim temporibus accommodati proposili ac resoluti cura et studio P. V. moralis theologiæ professoris. Pars prima : de liberalismo. Bruxellis, typis Alfredi Vromant, 1884, 8°, pp. 411. (Par le P. Paul VILLADA.)

Catalogi duo antiquissimi Pontificum Romanorum, quos ad Pontificiam historiam primorum IV. Sæculorum explicandam iterum recensitos, et animadversionibus illustratos exhibent PP. Societatis Jesu in Collegio Romano anno 1755. Romæ, typis Generosi Salomoni, 1755, 4°, pp. 32. (Par le P. Pierre LAZERI.)

Catalogo de los Martyres de la Compañia de Jesus, que murieron por la Fe en Japon el año de 1633. Madrid, Andrea Parra, 1635. (Par le P. François RODRIGUEZ.)

Le P. Sotwel dit que l'ouvrage est en espagnol ; Machado en donne le titre en portugais. Serait-ce une traduction, non citée par Sotwel ? Antonio donne le titre presque semblable d'un ouvrage analogue et de la même année, qu'il attribue à tort à un autre P. François Rodriguez. Ce catalogue a été traduit en italien, en latin et en flamand.

Catecheses piæ ac solidæ ex Francisco Costero, Petro de Soto, et authore Methodi Confessionis. Augustæ Trevirorum, Henricus Bock, 1590, 8°. (Par le P. Jean MACHERENTINUS.)

Sotwel donne un titre un peu différent : *Instructiones ex Francisco...* et Placcius un autre : *Catechismi Catholici explanatio...*

Catéchisme ou Explication de la doctrine chrétienne, à l'usage de la Congrégation des Ecoles-pies d'Espagne. Composé par le R. P. Cajétan de S. Jean Baptiste. Traduit par M. l'abbé Pouget. Montauban, Forestié, 1837, 18°, pp. 252. (Par le P. Firmin POUGET.)

Catéchisme social et politique d'après les principes du bon sens, du droit naturel et de la civilisation chrétienne, dédié par un citoyen à ses concitoyens. Paris, Palmé, 1881, 32°, pp. 96. (Par le P. Alfred EICHER.)

Catecismo, y esposicion breve de la Doctrina Christiana compuesto por el P. M. Geronimo de Ripalda de la Compañia de Jesus, aora de nuevo emmendado. Con quatro Tratados muy deuotos, et orden de ayudar à Missa, con el exer-

cicio quotidiano para andar todo el dia en oracion sin dexar cada uno sus occupaciones, con el Acto de Contricion. En Alcalà, y en Napoles, por Marco Antonio Ferro, 1682, 32°, pp. 194. (Edité par le P. Ambroise ORTIZ.)

La dédicace est signée de son nom. Cette édition me semble avoir été plusieurs fois réimprimée.

Causa (La) de' religiosi difesa contro le false impugnazioni, dall' abate Francesco Botreri. Roma, 1788. (Par le P. François ROBERTI.)

Cento una (Le) Proposizioni dal libro delle Riflessioni morali sul Nuovo Testamento, condannate dal Sommo Pontefice, considerate come contenenti il Sistema di Giansenio, e come dannabili per se stesse : Operetta Teologica tradotta dal Francese. In Milano, 1723. — In Napoli, 1724. (Par le P. Thomas CEVA.)

C'est, je suppose, la traduction de l'ouvrage du P. Jean Brun : *Cent-une (Les) propositions...* (Voir supra, col. 121.)

Cetra delle divine lodi per isvegliar l'anima, ed infiammarla del divino amore, ec., opera d'un divoto religioso. Milano, stamp. Arcivescovile, 1639, 12°. (Par le P. Grégoire FERRARI.)

J'ai cité cet ouvrage sous le titre latin que donne à tort le P. de Backer. Voir supra : *Cythara laudum...* (col. 180).

Col. 122 : *Chants à saint Joseph...*

Le prénom du P. COMIRE est *Lucien*.

C'henta (Ar) Miz Mari buez ar verc'hez divar scridou an tadou santel da vidita ur pennad bemdez epad ar miz Fvit talvezout da scuer da peb un an. Scrivet e latin ar bloaz 1724 a troed a brezoneg, o tiverra ar c'hentelio. Brest, e ti J. B. ac A. Lefournier, s. a. (*1865*), 16°, pp. xvi-271.

C'est la traduction bretonne du Mensis Marianus du P. Fr. Xav. JACOLET. (Voir supra, col. 582.)

Choix de discours latins (matières et développements) recueillis et mis en ordre par un professeur de l'université. Paris, Ch. Delagrave, 1879, 12°, pp. vii-136. — Choix de discours latins (matières et développements). Ibid., 1881, 12°, pp. vii-136. (Par le P. Gabriel LE JAY.)

Je m'abstiens de qualifier le procédé du professeur de l'université, éditeur de ce livre ; mais je mets sous les yeux du lecteur les premières lignes de la préface de 1879 et de celle de 1881. « Le hasard nous a fait mettre la « main sur un choix de discours latins qui n'ont pas vu « le jour depuis de longues années. Méritent-ils l'oubli « dans lequel ils sont tombés? Nous avons pensé le con- « traire. *Compositions d'élèves suivant toute probabi- « lité*, ce sont là sans doute des modèles inférieurs aux « œuvres de maître... » (Préface de 1879.) — La Préface de 1881 débute de la même façon, il n'y a de retranché que les mots en italique; mais, après les mots : *dis- cours latins*, il y a un renvoi de note, et la note est ainsi conçue : *Bibliotheca rhetorum (auctore P. G. F. Le Jay, e societate Jesu.)* Après l'apparition de l'édition 1879, on a crié ou au plagiat, ou à la mauvaise foi, et l'on a cartonné la préface. Mais admirez *le hasard* qui fait mettre, à un professeur, la main sur un ouvrage tel que la *Bibliotheca rhetorum*, souvent imprimée! — Les deux préfaces sont, pour le reste, identiques, ligne pour ligne; le dernier alinéa de la première est enlevé cependant. — En somme, le professeur de l'Université a à revendiquer pour sa part dans ce livre : 1° la préface; 2° une introduction de trois pages; 3° bien des fautes, et fautes bien grossières, qui sont scrupuleusement repro- duites dans les deux éditions (ce qui prouve bien qu'il n'y en a qu'une seule.) En voici des exemples, pris au hasard : p. 95, ligne 21 : *procederitis in aciem*;... ligne 24 : *armis suas difidal* : — Réflexion faite : l'éditeur de ce *Choix de discours* aura peut-être agi par le même motif que l'éditeur de l'Horace du P. Jouvancy, Paris, Thiboust, 1739. (Voir supra, col. 769... *Fl. Horatii carmina...*)

Christendom (Het) op het eiland Flores in Nederland. Indië, door F. Heynen. 'S Hertogenbosch, W. van Gulick, 1876, 8°, pp. 804. (Par le P. Frédéric Heynen.)

Christliche Gedancken Auff Alle Tag dess Monats. Ihro Durchleuchtigkeit Aloy- sio Joanni, Sechsten Printzen in Chur- Bayrn unterthänigist gugeschriben. Mün- chen, in Verlegung Johann Jacob Remy, Getruckt, bey Matthias Riedl, 1715, 24°, pp. 188, sidpelt. (Par le P. Théodore Smacker.)

L'auteur signe la dédicace, qui est datée du 21 juin 1702, ce qui suppose une édition antérieure. Le P. de Backer (III, 832, 1) dit : *München und Augspurg, 1720 et 1750, 12°, 14 vol.* L'ouvrage, tel que je le cite, me paraît différent de celui dont parle le P. de Backer et auquel il donne le même titre, en n'indiquant pas qu'il soit anonyme. C'est, sans doute, cet ouvrage qui a été traduit en 1756, sous le titre de *Pensées chrétiennes pour chaque jour du mois*, par le P. Simon Stork, voir supra, col. 703.

Christliche Gedancken über die wich- tigste Hauptstück der Catholischen Sit- tenlehr, von R. P. de la Colombière, S. J. Regensburg, 1735.

Dans la préface d'une traduction allemande de l'ouvrage du P. Bernard Tribolet : *Réflexions sur Jésus-Christ mourant*, le traducteur dit que ces *Christliche Gedan- cken* ont été traduites : *durch R. P. M. D. S. J.*

Col 131. *Cibo dell' anima...*

Le P. Jacques Sanvitale en donna une édition qu'il augmenta : *Cibo dell' anima ovvero pratica dell' ora- zione mentale sopra la passione di Cristo S. N.*, per tutti i giorni del mese, con altre meditazioni per la settimana ; dato in luce solo nome di Giuseppe Rai- naldi dal P. Francesco Rainaldi della Compagnia di

Gesù : ed ora ristampato con aggiunta di effettuosi Colloquj ad ogni meditazione, ed una premonizione sopra l'Orazion mentale, cavate dalle Opere del M. R. P. Granata dell' Ordine de' Predicatori. In Fer- rara, per Bernardino Barbieri, 1720, 16°. Plusieurs éditions.

Cieli (I) alla Signora Contessa Chiara Stella de' Medici nata Contessa da Persico sotto il nome anagrammatico di Dimice. Bergamo, per Francesco Locatelli, 1784, 4°, pp. 52. (Par le P. Joseph Aloys Pel- legrini.)

Le nom de l'auteur se trouve dans la lettre adressée à Fr. Gaetano Valenti Gonzaga.

Collectanea dogmatica de Seculo XVIII. Opera D. Cyriaci Morelli Presbyteri. Ve- netiis, apud Josephum Rosa, 1792, 8°. (Par le P. Dominique Muriel.)

Commento sull' iscrizione sepolcrale della santa martire Agape, il cui sacro corpo per dono del Beatissimo P. N. Pio VI si possiede dall' insigne Collegiata di Chiari. Brescia, pel Bendiscioli, 1795, 8°. (Par le P. Etienne Antoine Morcelli.)

Commissvræ gallico-latinæ, ov les liaisons de la langve Françoise auec la Latine. Par vn Pere de la Compagnie de Iesvs. A Avignon, 1652, 12°.—A Lyon, Chez Nicolas Gay, M.DC.LVI, 12°, pp. 406. (Par le P. Pierre Delbrun.)

La 1re édition parut à Toulouse en 1644, sous le nom de l'auteur. Cet ouvrage fut plusieurs fois réimprimé. Le P. Philibert Monet en composa un sous un titre ana- logue : *Ligatures des langues Françoise et Latine... A Lyon, 1629*. Ces deux livres ne doivent pas être con- fondus, comme l'a fait le P. de Backer, à l'art. *Monet* (II, 1340, 5.)

Compendio d'alcune meditazioni cavate dagli esercizi spirituali di S. Ignazio. Milano, 1714, 12°.

Compendio de las vidas de quince Reli- giosos de la Compañia de Jesús sacrílega y horrorosamente asesinados en Madrid por los sectarios de la impiedad el día 17 de Julio de 1834. Madrid, Viuda é Hijo de Aguado, 1884, 4°, pp. 20.

A la suite : *Index alphabeticus personarum Socie- tatis Jesu in Hispania anno MDCCCXXXIV ineunte. Matriti, ex typographia Viduæ et Filii Eusebii Aguado, MDCCCLXXXIV*, 12 pp. nch.

**Compendio della storia geografica, na- turale, e civile, del Regno del Chile. Bo- logna, Stamperia di S. Tommaso d'Aqui- no, 1776, 8°, pp. VII-245, 10 pl. et

1 carte. (Par le P. Jean Ignace MOLINA.)

Dans son *Saggio sulla Storia naturale del Chili* (Bologne, 1786), le P. Molina parle de ce *Compendio* (voir page IX de la traduction française per Gruvel), mais, il me semble, de telle manière qu'il s'en déclare l'auteur : « il existe... un abrégé anonyme en italien, qui « traite de la géographie, et de l'histoire naturelle du « Chili. Mais comme cet abrégé est trop imparfait, re- « lativement à la partie de l'histoire naturelle, j'ai cru « rendre un service essentiel aux personnes qui s'oc- « cupent de cette science, en leur présentant cet essai...»; et en note : « le traducteur allemand de cet abrégé l'a « attribué sans fondement à l'abbé Vidaure G. » Ce der- nier auteur est le P. Philippe Vidaure, ancien jésuite. Le traducteur français n'a pas compris que la lettre G. signifie *Gesuita*. — Melzi n'a pas signalé ce *Com- pendio*.

Compendio della vita del glorioso tauma- turgo S. Antonio di Padova. Estratto della storia della vita del Santo dell'ultima Edi- zione di Bologna di questo presente anno 1789. Stimata la più esatta e corretta di tutte le altre moltissime, che nel corso di 558 anni si sono fin ora pubblicate in tutte le lingue. Operetta offerta alla gran Madre di Dio Vergine Santissima sempre imma- colata. Per consolazione de' divoti del Santo, e per comodo di celebrare ad onore del medesimo tredeci giorni avanti la sua Festa, e tredeci Martedi tra l'anno. In Venezia, appresso Modesto Fenzo, 1789, 12°, pp. 91 et 18. (Par le P. Emmanuel DE AZEVEDO.)

Col. 146 : *Compendio della Vita del Venerabil P. Luigi du Ponte...*

Je pense ne pas me tromper en attribuant cet ou- vrage au P. Camille Marie BUXALDI. (Voir ma note, col. 800, article : *Sentimenti, e lumi...*)

Conaxa, ou les gendres dupés, comedie. Représentée dans le Collège de la Com- pagnie de Jésus, pour la distribution des Prix fondés par Messieurs les nobles Bourgeois de la ville de Rennes, Le 22 août, à une heure après midi (vers 1710). Imprimé et collationné sur le ma- nuscrit de la bibliothèque impériale. A Paris, Chez Michaud frères, M.DCCC.XII, 8°, pp. XXVI-86.

Le manuscrit de cette pièce porte pour titre : *Conaxa, ou l'ingratitude punie, drame, pour servir d'inter- mède à la tragédie d'Eliodore et d'Archogalle.* Quel est l'auteur de cette pièce ? Si elle a été jouée en 1710 et composée à Rennes, comme il est probable — car je ne vois pas pourquoi on l'attribue au P. du Cerceau ou au P. de la Rue — elle doit être ou du P. Pierre LAU- GIER ou du P. Pierre LE FEBVRE, l'un professeur de rhétorique en 1710, l'autre de seconde. Dans les collèges de la Compagnie le soin de composer les pièces de théâtre était confié à l'un des professeurs de ces classes.

Conférences théologiques et spirituelles

sur les grandeurs de Jésus-Christ, par le P.-L. F. d'Argentan. Paris, Haton, 1875, 18° jés., 3 vol., pp. VIII-1598. (Édité par le P. Henri POTTIER.)

Connaissance (De la) et de l'amour du Fils de Dieu, Notre-Seigneur Jésus- Christ, par le P. J.-B. Saint-Jure, de la Compagnie de Jésus, à l'usage du clergé et des communautés religieuses. Nouvelle édition, revue et corrigée par un Père de la même Compagnie. Paris, Palmé, 1873, 18° jés., 4 vol., pp. XX-2392. (Par le P. Henri POTTIER.)

Une édition porte : *à l'usage des personnes qui vivent dans le monde ;* elle diffère de la précédente par la suppression de quelques passages.

Congregante (El) del Sagrado Corazon de Jesus por un Padre de la Compañia de Jesus. Tolosa, E. Lopez, 1883, 32°, pp. 80. (Par le P. Ange Marie DE ARCOS.)

Conscientia argumentum trium medita- tionum quas in rege Saul congregatio la- tina major Matris propitiae B. V. Mariae ab angelo salutatae tempore quadrage- simae exhibuit Monachii anno Domini MDCCLXXIII. Meditatio I. Conscientia erronea de statu peccati. Typis Mariae Magdalenae Mayrinn, Viduae, 4°, s. pag. (pp. 32.) — .... II. Conscientia mala de statu peccati. Ibid., (pp. 27.) — .... III. Conscientia tranquilla de statu peccati. Ibid., (pp. 27.) (Par le P. François Xa- vier SCHERER.)

Considerationes Doctoris Sorbonici super doctrina et libro Domini Archiepiscopi Cameracensis. Romae, 1697. (Par le P. André SEMERY.)

L'abbé Phelipeaux, dans sa *Relation... du quiétisme* (1732), p. 352 de la première partie, dit, en parlant de cet écrit et d'un autre : *Observationes... Rel...* (N'a-t-il... ? — on peut que ces écrits venaient des Jésuites ; et on m'assura alors qu'ils venaient du Père Semery... De ce passage je ne puis pas conclure pas ou... que's aient été imprimés.

Considerationi dell' Eternità Spiegate dal P. Gieremia Dressellio della Compa- gnia di Giesu Alla presenza de' Sereni- simi Principi Massimiliano Elettore, et Elisabetta Elettrice di Baviera. In Roma, Per il Mascardi, Ad instanza di Hermagno Scheus, MDCXXXIX, 12°, pp. 466. sldelt. (Par le P. Charles PAPINI.)

Le nom du traducteur est dans l'approbation et au bas de la dédicace. Melzi (I, 10) dit que cet ouvrage parut sous le nom de *Academico Irresoluto*. C'est une erreur; il n'en est fait nulle mention dans mon exemplaire.

Considerazioni per le quali mediante la grazia di Dio l'anima può pervenire al dispregio delle Cose terrene ed all' amor delle Celestiali di San Bernardino Albizzeschi da Siena. In Luca, per il Paci, 1686, 12°. (Par le P. Jean François VANNI.)

Il publia cet ouvrage sous le nom de son frère *Dominique Vanni*.

Col. 163 : *Constantinus sive Idololatria*... (Par le P. P. MAMBRUN.)

Cette édition est réellement anonyme; en voici le titre exact : *Constantinvs sive Idololatria debellata. Poema Heroicvm recognitum, et emendatum. Amstelodami, Excudebat Vldericvs Balck, M.DC.LIX, 12°, pp. 271.* — La dédicace est signée : *P. M. S. I.*

Constitutiones Synodales diœcesis Leonensis, a Renato de Rieux, Episcopo Leonensi, promulgatæ Paulipoli in Leoniâ, Annis 1629 et 1630. Parisiis, Michael Soly, 1630, 4°, pp. 200.

Rédigé par le P. Etienne BAUNY.

Consultatio de præsentia proprii Parochi in Sacramento Matrimonii. (Vers 1640.) (Par le P. Raphael CASTELLI.)

Le P. Sotwel dit qu'il publia cet ouvrage sous le pseudonyme : *Cæsar Cantelii*. Melzi le cite deux fois au t. I : à la p. 169, au mot : *Cantelli (Cæsaris)*, et à la p. 182, au mot : *Castellus (Cæsar)*, où il dit par erreur : *Consultatio de præstantia proprii...*

Contezza delle Operazioni por l'Accademia in lettere ed in armi che si terrà da Sig. Collegiali del Real Collegio Carolino in Palermo a festeggiare l'Acclamazione e la Coronazione del Re D. Carlo III di Borbone, ec., loro S gnore. A... Giugno 1735. In Palermo, nella stamperia di Stephano Amato, 1735, 4°, pp. 22. (Par le P. Antoine Marie LUPI.)

Conversazione della dama con Dio nella solitudine degli esercizi spirituali di S. Ignazio. Venezia, 1749, 12°.

Conversio S. Augustini argumentum quinque meditationum Quas Congregatio Latina Major Matris Propitiæ B. V. Mariæ ab Angelo Salutatæ tempore Quadragesimæ instituit. Meditatio I. Augustinus in Africa sive Conversionis Principium et Occasio. Anno Domini M.DCC.XXXIX. — ... II. Augustinus Romæ sive Conversionis obstaculum. - - ... III. Augustinus Mediolani sive ejus lucta Ante conversionem. — ... IV. Augustini de se victoria. — ... V. Augustinus sanctus, sive fructus victoriæ Per conversionem à se relatæ. — *Chaque partie porte* : Monachii, Typis Joannis Jacobi Vötter, 4°, 5 part., s. pagin. (pp. 35, 32, 32, 34 et 31. (Par le P. François NEUMAYR.)

Ces pièces ont été réimprimées dans le *Theatrum asceticum* de cet auteur, qui porte son nom : *Ingolstadii, 1747, 1752, 1758, 1761.*

Corona Regni Ungariæ admirabilis. Augustissimo Romanorum Imperatori, Hispaniæ, Ungariæ Regi Carolo VI. Cum eadem Corona Ungarica Summo Statuum et Populi gaudio inauguraretur in Gratulationis ac debitæ servitutis significationem exhibita a Tyrnaviensi Societatis Jesu Academico Collegio. Tyrnaviæ, Typis Academicis, per Joann. Henr. Geich, 1732, fol., ff. 14. (Par le P. Emeric PALKOVITS.)

Cortina Phœbi, scenicis nuper Ludis in Parnasso aperta, hodie... a Parnasso Viennensi Dedicata. Anno Salutis Reparatæ, MD.CC.XIII, 13 Julii. Viennæ Austriæ, typis Ignatii Dominici Voigt, 12°, pp. 35, sll. (Par le P. Joseph PICHLER.)

Costituzione delle scuole pubbliche di Chiari, esposte in tre libri. Brescia, pel Bendiscioli, 1793, 8°. (Par le P. Etienne Antoine MORCELLI.)

Col. 175 : *Cristo giudice*... (Par le P. SANTOCANALE.)

Melzi (I, 266) donne le même titre, mais avec la date 1727, et nomme le traducteur *Antoine Cotrona*, en ajoutant qu'il y a des éditions antérieures de Palerme et de Rome, non anonymes. C'est une erreur : Antonio Cutrona (et non Cotrona) n'est pas jésuite; sur le titre de l'édition de Rome, 1698, on lit : *Tradotta... da Antonio Cutrona Siracusano Arciprete della Basilica, Collegiata, e Parocchiale Chiese de' SS. Celso, e Giuliano di Roma.*

Crux Eustachiana. Panegyricus. Dilingæ, 1625, 4°. (Par le P. Christian BAUMANN.)

Cultus D. Joannis Nepomuceni novendialis xenii nomine oblatus D. D. Sodalibus Congregationis Latinæ majoris Matris propitiæ B. Mariæ V. ab angelo salutatæ. Monachii, anno M.DCC.LXVIII,

Typis Viduæ Mayr, 8°, pp. 130. (Par le P. Gaëtan HERZ [?].)

Le P. Herz était alors directeur de la Congrégation.

Cultus Eucharisticus pro sex potissimum Dominicis, Quibus per repetitum SS. Eucharistiæ usum Divum Aloysium e Societate Jesu, Devoti Ejus ex omni hominum genere Clientes pie quotannis colere solemne habent. Opusculum Sanctum imprimis, ac salutare communicantibus etiam pro alio quovis tempore, partim ex Historia Vitæ S. Aloysii, Partim ex præclaris P. Udalrici Probst S. J., opusculo de S. Communione collectum A quodam ejusdem Societatis Sacerdote. Impensis aureæ Eleemosynæ S. Joannis Baptistæ.

Monachii, Typis Mayr, 1759, 12°, pp. 108.

Cuor (Il) contrito, ovvero Motivi per eccitare alla contrizione, esposti in sette considerazioni, ec., da un Religioso della Compagnia di Gesù. Roma, ed in Parma, Pazzoni e Monti comp., 1695, 4°. (Par le P. Jean Pierre PINAMONTI.)

Le P. de Backer ne cite que des éditions de ce siècle.

Col. 179 : *Cursus philosophicus...* (Par le P. SYRACUSA.)

C'est le même ouvrage que Melzi (I, 270) intitule : *Corpus philosophicum...*

Col. 180 : *Cythara laudum...* (Par le P. FERRARI.)

Cet ouvrage est en italien : voir supra, col. 1132 : *Cetra delle divine...*

D

D. Virgo imitanda R. P. Francisci Arias, Societatis Jesu Theologi, Siue de Imitatione B. Mariæ Virginis Liber, et Sacrum eiusdem Rosarium. Editio nova, ex Hispanico passim restituta et aucta. Coloniæ Agrippinæ, apud Ioannem Kinckium, 1613, 12°, pp. 425, sld. (Par le P. Jean BUSÉE.)

Dama (La) Servita. Imola (?). 178.. (Par le P. Antoine OLIVA.)

Daphnis Pastor seu Xaverius Philosophorum Patronus per apostolicos vitæ suæ labores sacris Eclogis celebratus ... ab Illustrissima, Perillustri et Prænobili Suada Viennensi inscriptus. Anno Salutis MDCC.XIX Mense Augusto. Viennæ Austriæ, Typis Maria Evæ Schmidin, Viduæ, 8°, pp. 68. (Par le P. Marc SAUTTER.)

David. Rappresentatione già fatta nel Seminario Romano sotto nome di *Gigante* nell' anno 1632, ristampata e corretta, colla giunta de' cori, e con altre poesie. Roma, per Francesco Corbelletti, 1637. 12°. (Par le P. Léon SANTI ou SANCTIUS.)

Voir supra : *Gigante* (Il).

Declamationes sacræ et profanæ... ab Illustrissima Viennensi Rhetorica inscriptæ anno 1700. Viennæ Austriæ, apud Susannam Christinam, Matthæi Cosmerovii Viduam, 8°, pp. 136. (Par le P. Antoine ZIERNDORF.)

Decora lilieti paciani. Vilnæ, typ. Acad. S. J., 1641, fol. (Par le P. André ZIENIEWICZ.)

Decus Europæ, sive Domus Ursina. origine, gestis et cognatione Principum illustris poetica narratione descripta... Ab Illustrissima Humanitate Tyrnaviensi dedicata Anno MDCCXXV. Tyrnaviæ, Typis Academicis per Fridericum Gall. 8°, pp. 64. (Par le P. Charles PETERFY.)

Col. 187 : *Defensa juridica* .. (Par le P. ALTAMIRANO.)

Voici le titre exact : Defensa juridica en que se manifesta la nulidad, é injusticia, con que procedieron el governador, y oficiales Reales de Cartagena; en los Autos que formaron contra el Padre Phelipe del Castillo, Procurador General por su Provincia del Perù. En que se muestra ser agenas del hecho de la Verdad, la sentencia, que pronunciaron, y Certificacion de el Escrivano de la Causa, en que se fundaron. In-fol., ff. 23 nch., s. l. et a. (1737).

Deliciæ Eucharisticæ quibus animus ante et post sacram communionem sese pascat et oblectet. Per M. D. L. Antver- piæ, Typis Arnoldi Van Brakel, Anno 1655, 24º, pp. 166. (Par le P. Guil- laume DE LANDSHEERE.)

C'est une partie du *Salutaris exercitatio...* (Voir infra.)

Deliciæ piorum sacræ hoc est præci- puarum virtutum interni affectus per M. D. L. Editio tertia ab auctore reco- gnita et aucta. Antverpiæ, Typis Arnoldi van Brakel, 1655, 24º, pp. 82. (Par le P. Guillaume DE LANDSHEERE.)

C'est une partie du : *Salutaris exercitatio...* (Voir infra.)

Delizie (Le) del cristiano, di Giuseppe Rainaldi. Roma. — Venezia, 1671, 24º. (Par le P. François RAINALDI.).

Col. 197 : *Descrizione della Città...* (Par le P. PERSICO.)

Melzi (I, 285) intitule ainsi : *Descrizione della città di Massa Lubra mandata in luce con una giunta da Gio. Battista Persico, composta da un Patrizio della stessa famiglia.*

Deus infinite perfectus argumentum quinque meditationum quas Congregatio latina major B. V. Mariæ Matris propitiæ ab angelo salutatæ tempore quadragesimæ exhibuit Monachii anno MDCCLXIX. Me- ditatio I. Pharao. Typis Magdalenæ Mayrin, per Factorem Joannem Antonium Slausky, 4º, s. pag. (pp. 40.)— .... II. Abraham. Ibid., (pp. 31.) — .... III. Daniel. Ibid., 4º, (pp. 36.) - IV. Salo- mon. Ibid., (pp. 36.) — .... V. Salomon moriens. Ibid., 4º, (pp. 34.) — Deus infinite perfectus argumentum trium me- ditationum .... anno MDCCLXX. Medi- tatio I. Providentia sapiens. Typis Mariæ Magdalenæ Mayrin, Viduæ, 4º, (pp. 44.) — ... II. Providentia suavis. Ibid., (pp. 44.) — III. Providentia fortis. Ibid., (pp. 38.) — ... argumentum trium..... anno MDCCLXXI. Meditatio I. Justitia legislativa. Ibid., (pp. 44.) — ... II. Jus- titia distributiva. Ibid., (pp. 39.) — .... III. Justitia vindicativa. Ibid., (pp. 36.) (Par le P. P. Gaétan HERZ.)

Deux lettres l'une envoyée des isles Philippines, par le P. Grégoire Lopez, et l'autre de la Chine, par le P. Matthieu Ricci au Reverend Pere Claude Aquaviva General de la Compagnie de Jésus à Rome. A Lille, de l'Imprimerie de Pierre de Rache, 1614, pet. 12º. pp. 55. (Par le P. Antoine DE BALINGHEM [?].)

Devotio Mariana argumentum trium meditationum, Quas Congregatio Latina Major Matris Propitiæ B. V. Mariæ ab Angelo Salutatæ Tempore Quadragesimæ instituit, Cùm Serenissimus Princeps ac Dominus, Dominus Clemens Crescentius Utr. Bav. et Sup. Palat. Dux, Com. Pal. Rheni, Landgrav. Leuchtenb. etc. etc. Ejusdem Sodalitatis Præfecturam Clemen- tissimè susciperet. Monachii, Annò Do- mini M.DCC.XL. Meditatio I. Veræ devo- tionis incitamenta. Typis Joannis Jacobi Vötter, 4º, s. pag. (pp. 40.)—Devotio... instituit, Monachii, Anno M.DCC.XL. Meditatio II. Veræ devotionis signa. Ibid., 4º, s. pag. (pp. 36.) — ... Meditatio III. Veræ devotionis fructus. Ibid., 4º, s. pag. (pp. 36.) (Par le P. François NEUMAYR.)

Ces pièces ont été réimprimées dans les diverses édi- tions de son *Theatrum asceticum.*

Col. 206 : *Devout (The) Christians...*

Lire : Barthélemy ESMONDE.

Devoto (El) de Maria, instruido en los medios que le conducen a su mayor culto, y veneracion. En Valencia, por Diego de Vega, 1701, 8º. (Par le P. Jérôme Ju- LIAN.)

Cette traduction d'un ouvrage italien du P. Segneri ne doit pas être confondue avec celle que j'ai indiquée à la col. 205 et qui est du P. Echaburn y Alcaraz. Vincent Ximeno, dans ses *Escritores del Reino de Valencia,* dit que le P. Julian donna une nouvelle traduction de cet ouvrage, dont les précédentes fourmillaient de fautes.

Di Angelina Nosadini ricordi e scritte pubblicati da un padre della Compagnia di Gesù. Prato, Giacchetti, 1884, 32º, pp. VII-338. (Par le P. Raphaël BALLERINI.)

Dialoghi d'amore d'un Academico. Ro- vereto, Marchesani, 1796, 8º. (Par le P. Xavier BETTINELLI.)

Dialogo Fisico Astronomico contro il sistema Copernicano, tenuto fra due In- terlocutori, Signor Francesco Bianchini Veronese, sotto nome d'Adimanto, e Si- gnor ignazio Rocca Piacentino, sotto nome di Silvio, Convittori del Collegio del B. Luigi Gonzaga della Compagnia di Gesù in Bologna, dedicato alli Signori Convit- tori dello stesso Collegio. In Bologna, per

Giuseppe Longhi, 1680. (Par le P. Joseph FERRONI.)

Dialogo fra Eraclito e Democrito. Venezia, 1797, 12°. (Par l'abbé Christophe TENTORI.)

Dialogo tra Giovanni, comandador, e Santo, fante del Magistrato all' acque, sulla vera regolazione del fiume Brenta. Venezia, Giuseppe Rosa, 1790, 8°. (Par l'abbé Christophe TENTORI.)

D'après Melzi (I, 292), il y a des exemplaires de cette même édition, qui portent : *Edizione seconda veneta, accresciuta d'un' appendice di riflessioni sopra il medesimo, e corredata di una carta idrografica.* Il n'y a eu, en réalité, qu'un changement de titre et l'addition de l'appendice.

Col. 207 : **Dialogues de Platon**... (Par le P. GROU.)

Le prénom du libraire est : *Marc-Michel.*

Diarium Hominis piè christiani. Per M. D. L. Ipris, 1653. — Antverpiæ, Typis Arnoldi Van Brakel, Anno 1655, 24°, pp. 114. (Par le P. Guillaume DE LANDSHEERE.)

Dichiarazione dell' Arco Trionfale alzato dall' Illustriss. Senato di Palermo ai ricevimento dell' Illustriss. e Eccellentiss. Sig. D. Rodrigo Mendoza, Roxas, e Sandoval, Marchese del Cenete, Duca dell' Infantado, ecc. Vicere, e Capitan Generale in Sicilia. Palermo, Cirillo, 1652, fol. (Par le P. Joseph Marie MAZARA.)

Dichiarazione della Machina de' Fuochi d'allegrezza per la venuta della Reina delle Spagne Lisabetta Cristina, eretta nella Piazza del Real Castello di Milano, sue Iscrizioni, ed Emblemmi. Milano, nella stampa di Giuseppe Pandolfo Malatesta, 1709, 4°. (Par le P. Thomas CEVA.)

Dichiarazione della sontuosa Macchina eretta per Festa di Fuochi, e Sposizione del Solenne Apparato fatto nella Chiesa del Carmine per ordine della Regia Città di Pavia nella Nascita del Serenissimo Archiduca Leopoldo Principe delle Asturie ec. In Milano, nelle stampe di Giuseppe Pandolfo Malatesta, 1716, 4°, pp. 79 et 1 pl. (Par les PP. Gaëtan ALTOGRADI et Jérôme SACCHERI.)

Les inscriptions sont du P. Saccheri.

Dictionnaire des livres opposés à la morale de la société des soi-disant jésuites, Condamnés par leurs intrigues et justifiés par le parallèle qu'on en fera avec la morale de ceux condamnés par l'Arrêt du Parlement en date du 6. Août 1761. A Bruxelles, M.DCC.LXIII, 12°, 4 vol., pp. 508, 552, 504 et 467. (Par le P. Louis PATOUILLET.)

Cet ouvrage est le même que le *Dictionnaire des livres jansénistes* .. (voir col. 210); je suppose que ce n'est pas une nouvelle édition, mais bien l'édition de 1752 et 1757, à laquelle on a mis un nouveau titre, composé de manière à piquer la curiosité.

Dictionnaire malgache-français, rédigé selon l'ordre des racines, par les missionnaires catholiques de Madagascar, et adapté aux dialectes de toutes les provinces. A. M. D. G.*** Etablissement malgache de Notre-Dame de la Ressource. Ile Bourbon, 1853, 8°, pp. 798. (Par le P. Joseph WEBER.)

Dictionarivm novvm latino-gallico-graecvm. In qvo, facili ivxta, breuique methodo Vocabula quæcumque Latina in vsum venire solent inter loquendum aut scribendum, resectis superfluis et inutilibus, Græcè, Gallicéque redduntur. Opus ad assequendam Græcæ Linguæ cognitionem, summè necessarium. Operâ vnius de Societate Iesvs elaboratum. Editio seconda (*sic*). Lvgdvni, Apud Iacobvm Mvgvet, M.DC.LXX, 8°. pp. 462. (Par le P. François POMEY.)

La 1re édition est de 1664; la seconde n'a qu'un simple changement de titre, car, à la fin, on lit : *A Lyon, De l'Imprimerie de Pierre Guillimin, M.DC.LXIV.* Pour la 1re, voir supra : *Syllabus seu Lexicum Græco-Latino-Gallicum...* (Col. 946.)

Difesa di que' Sacri Predicatori che trattano con valore argomenti sopra la verità della fede : al Nob. Sig. Co. Abbate Gio. Battista Roberti un Abate Vicentino. In Vicenza, per Francesco Mod.na, 1782. 8°, pp. 83. (Par le P. Christophe MEZANI.)

C'est une critique de l'ouvrage du P. J. B. Roberti, S. J., intitulé : *Lettera ad un illustre Prelato sopra il predicare contro agli spiriti forti.*

Dimostrazione Apologetica, nella quale si convince di Calunnia la Imputazione che si fa ai RR. PP. Gesuiti circa le Ree Massime del Tirannicidio, con alcuni piccoli trattati. In Fossombroso, per Gino Bottagrili e Compagni, 1760, 8°, pp. 180. (Par le P. PIOVANO.)

Cet ouvrage forme le t. XI de la *Raccolta d'apologie... della Dottrina e Condotta de' PP. Gesuiti... 1760-61, 8°, 18 vol.* Le nom de l'auteur se trouve dans la *Confutazione del Tomo XI delle Apologie de' PP. Gesuiti... In Melamgopoli... 1761, 8°.* Est-il différent du P. J. B. *Piovani*, jésuite piémontais du 18ᵉ Siècle, cité par le P. de Backer (III, 2422)?

Directoire (De) du religieux, ou Recueil des principaux moyens de sanctification, à l'usage des personnes appelées à la vie religieuse; par un prêtre de la Compagnie de Jésus. Lyon et Paris, Pélagaud, 1859, 18°, pp. xvi-296. (Par le P. Henri RA-MIÈRE.)

Direttorio Spirituale de' Santi Sacramenti nella Confessione, e Communione, e del Santo Sacrifizio della Messa. Opera del Ven. Padre Lodovico da Ponte della Compagnia di Giesù. Stampato in Ispagnuolo in Siviglia nel 1625. E tradotta in italiano nel 1679. In Roma, nella stamperia di Gio. Giacomo Komarek, 1692, 8°, pp. 726, slpelt.

Le Général de la Compagnie, dans son approbation, dit que cette traduction est d'un Jésuite. Le P. de Backer (III, 209) se demande si elle n'est pas du P. Camille Marie RINALDI, qui a traduit plusieurs ouvrages du P. du Pont à la même époque.

Discorsi due accademici sopra le fasce de' bambini dati alla luce in occasione del felice nascimento del Conte Stefano Sanvitale. Parma, 1764, 4°. (Par le P. J. B. RODERTI.)

Melzi (I. 309) dit : *Discorsi due sopre le fasce dei bambini, dedicati alle donne maritate. Venezia, 1764, 8°.*

Discorso a disinganno de' guerrieri empii, accompagnato da quarta rima in lode de' guerrerii pii, da A. D. S. G. Modena, per gli Eredi Soliani, 1820, 16°. (Par le P. André DRAGHETTI.)

Discorso storico critico su i titoli che nella diocesi di Napoli ed in alcuni dei suoi dintorni si danno a certe imagini antichi della Madonna pel P. N. N. della Compagnia di Gesù. Napoli, Estratto della rivista Napoletana *La Scienza e la fede.* Anno XLIII, vol. CXXXI, fasc. 775. (1883), 16°, pp. 50. (Par le P. David PALOMBA.)

Discours instructif sur la mort de Monseigneur, prononcé à Paris le troisième Dimanche après Pàques 26 Avril 1711, dans la Chapelle de la Congrégation du Noviciat des RR. PP. Jésuites. A Paris, Chez Frédéric Léonard, M.DCC.XI, 4°, pp. 31. (Par le P. Jacques TOURNÉ.)

Je n'affirme pas que cette édition soit anonyme; du moins, la suivante l'est : *Discours sur la mort de Monseigneur..... des RR. PP. Jésuites. Le prix est de quatre sols, S. l. et a., 8°, pp. 22, sld.* La dédicace au Dauphin est signée par Frédéric Léonard.

Discovrs pitoyable de la mort dv seignevr Troïle Savelle decapité à Rome en l'age de dix huict ans, dans le Chasteau Sainct-Ange, sur les huict heures et demie du matin : Soubs le Pontificat de N. S. P. le Pape Clement VIII. Qui seruira de miroir et consolation à toute personne, et d'vn vray moyen pour se preparer à bien mourir. Traduict d'Italien en François, par P. D. P. Troisiesme edition. A Paris, Chez Clavde Chappellet, 1598, 8°, pp. 56.

A la lecture de cette pièce, il paraît évident que la relation de la mort du jeune Savelli n'a pu être faite que par son confesseur. Ce confesseur ne serait-il pas le P. Joseph BLONDO ou BIONDI, qui a écrit la *Relazione della Prigionia, e morte del Signor Troilo Savelli Barone Romano*, qui, au dire de Mongitore : « Romæ vagatur per multorum manus? » Ce qu'il y a de certain c'est que l'auteur est un Jésuite, car il parle des *Peres de notre Compagnie*, qui assistèrent le condamné. Je supposerais que la traduction a été faite sur une de ces copies manuscrites.

Discours prononcé au premier jour des devoirs funebres rendus à la Venerable mere de Chantal, par les Religieuses de la Visitation de Saincte Marie. Dans leur Eglise d'Avignon les 13, 14, 15, de Feur. l'an 1642. En Avignon, par Claude Berthier, M.DC.XXXXII, 12°, pp. 94. (Par le P. Andoche MOREL.)

Il signe la dédicace.

Disputacya Lubelska X. Adriana Radzimińskiego S. J. Th. z Statoryuszem, Ministrem nowochrzczeńskim, o przedwieczności Bóstwa Pana y Boga naszego Jezusa Chrystusa, d. 22 y 23 Maia Roku 1592. Wydana przez Jana Przylepskiego. W Krakowie w Druk. Jakuba Siebeneychera R. P. 1592, 4°, pp. 60. (Par le P. Adrien RADZIMINSKI.)

Col. 226 : *Disertaciones historicas...*

L'auteur se nomme CISTIÑER.

Dissertatio de judiciis criticorum, et nuperi interpretis Gallici, super loco sancti Chrysostomi ex homilia tertia in Epistol. ad Hebræos. Parisiis, Benard, 1692. (Par le P. Gabriel DANIEL.)

Dissertatio et animadversiones ad nuper inventum Severæ Martyris epitaphium. Panormi, Ex Typographia Stephani Amato, MDCCXXXIV, fol., pp. 202, skl. et 20 pl. (Par le P. Antoine Marie Lupi.)

Le nom de l'auteur est dans l'approbation. La dédicace est signée par le Collège de Palerme.

Dissertatio Juridico-Canonica de Sponsalibus Academicorum absque consensu parentum contractis cum Appendice de in integrum restitutione minorum contra sponsalia. Ingolstadii, 1754, 4°, pp. 46. — Editio altera. Ibid., 1757. (Par le P. François-Xavier Zech.)

Dissertazione intorno al dolore necessario per il valore, e per il frutto del Sacramento della Penitenza. In Assisi, Per Ottavio Sgariglia, 1780, 8°, pp. 199. (Par le P. Emmanuel Marian de Iturriaga.)

Dissertazione polemico-critica sopra due dubbj di coscienza concernenti gli armeni cattolici sudditi dell' imperio Ottomano. Venezia, 1786. (Par le P. Joseph Marinovich.)

Sous le nom du Marquis Giovanni de Serpos.

Dissertazione Teologico-Morale intorno alla Santificazione delle feste. Modena, Società Tipografica, 1783, 8°. (Par le P. Emmanuel Marian de Iturriaga.)

Distinta relazione della prigionia, de' tormenti e della gloriosa morte de' due padri Antonio Joseph Portoghese e Tristano d'Attimis, italiano, della Compagnia di Gesù, da un sacerdote della medesima Compagnia, composta in Macao, dopo seguito il fatto, poi stampata e pubblicata in Lisbona l'anno 1751, e novellamente dal portoghese tradotto nell' italiano. Venezia, 1752, 8°, pp. 62.

L'original est des PP. Louis de Sequeyra et Jean Simoes. Il est intitulé : Breve relacion sobre la persecucion de nuestra santa fé en la provincia del Kiamnan, y otras provincias del Imperio de la China, ilvstres vidas de los PP. Ant. Joseph Henriquez, y Tristan de Atimis. Manila, Imprenta de la Compañia de Jesus, 1751, 4°. 2 ff. n-h. et ff. 72. Cette Relacion pourrait être anonyme ; elle est traduite du portugais.

Col. 232 : *Divers pacqvets…*

Cette publication est bien du P. Pinthereau. « Le « P. Roccoly (lisez : Zoccolyi, attaché au gouvernement « du collège (de Tours), ne pouvant lui-même les exa-« miner (les papiers de Saint-Cyran), en fit dépositaire

« le père Jacques Pinthereau… qui, ayant pris du temps « pour les déchiffrer, commença par donner au public « les lettres de Jansénius à du Vergier… ; il les fit im-« primer en secret à Caen, l'année 1655, les fit débiter « l'année d'après comme imprimées à Louvain, et fit re-« lier ces mêmes lettres en original, qui se garde dans « la bibliothèque du collège de Clermont. » (Rapin, *Hist. du Jansénisme*, p. 58 et suiv.) *Les divers pacquets sont, sans doute, l'édition originale, suivie en 1654 de celle qui est intitulée : Naissance La; du Jansénisme (voir supra, col. 613.)*

Divertimento letterario formato su i due istrumenti di Fisica sperimentale Barometro e Termometro. In Bologna, Longhi, 1790, 8°, 2 vol. (Par le P. François Perez.)

Publié sous le nom d'Alessandro Sangomischi.

Divi Ferdinandii III. Rom. Imp. Semp. Aug. Arch. Austr. Duc. Styr. etc., etc. Virtutes regiæ, Anno ejusdem obitus sæculari, debitæ pietatis ergo metro adumbratæ et… ab Illustrissima Humanitate Græcensi DDD. Anno MDCCXXXVIII. Mense Maio Die… Græcii, typis Hæredum Widmanstadii, 8°, pp. 44. (Par le P. François-Xavier Staber.)

Divota (La) visita de' sette altari nella collegiata Clarense… Brescia, 1810, 12°. — Ibid., 1815. (Par le P. Etienne Antoine Morcelli.)

Divote preghiere ed inno ad honore del cuore di Gesù. Bologna, 1775. (Par le P. Jean François Masdeu.)

Divoto novenario in onore del Serafico Giovanetto S. Stanislao Kostka. Palermo, tipografia Pontificia, 1883. (Par le P. Pascal de' Mattei.)

Cet ouvrage parut dès le milieu du dernier siècle, sous le titre de : Il serafico giovanetto S. Stanislao Kostka…

Divozione all' Arcangelo Raffaele. Macerata, 1778. (Par l'abbé Joseph Salvador Vargas Macciucca.)

Melzi (I. 326) dit : del gesuita Macciucca

DIVVs Ioannes nepoMVCenVs LaVreatVs VItæ honorIsqVe patronVs Laureatis honoribus… Dominorum… Neo Magistrorum… ab Illustrissima Juventute Græcensis Eloquentiæ obsequioso affectu consecratus Anno a partu Virginis MDCXCIX. Græcii, apud Hæredes Widmanstadii, 8°, ff. 2. (Par le P. Charles Hollner.)

Doctor Martin Luther. Ein Charakterbild. Zum Lutherjubiläum dem deutschen Volk gewidmet von Jakob Wohlgemuth. Trier, Paulinus-Druckerei, 1883, 8°, pp. 136. (Par le P. Alexandre BAUMGART-NER.)

Dodici dubbj da proporsi al S. .o-logo Compilatore del libretto che .r titolo : Breve Catechismo sulle Indulgenze secondo la vera dottrina della Chiesa proposto dal Vescovo di Colle, ai suoi Parrochi per servirsene d'istruzione ai loro popoli, colla giunta di una breve dissertazione sulle Indulgenze dai principj della Chiesa sino a' di nostri. S. l. et a.(*178*..) (Par le P. François ROBERTI.)

Donatione (De) Constantini, Libri V. Vers 1640. (Par le P. Raphael CASTELLI.)

Sotwel dit : « sub alieno nomine. » M^r l'abbé Chevalier ne cite aucun titre qui me mette sur la voie de cet ouvrage. (*Répertoire des sources historiques du moyen-âge.*)

Dottrina di S. Tommaso proposta alla considerazione de' Saggi e sinceri Amatori della virtù, acciochè possano formare un retto giudizio sopra la prima Lettera scritta dal Daniele Concina contro il P. Benzi Autore della Dissertazione sopra i casi reservati nel Veneto Patriarcato. S. l. et a. (Par le P. Joseph POLI.)

Dubbj proposti ai Signori Professori della Facoltà Theologica di Pavia. 1790, 8°. (Par le P. Roch BONOLA.)

Duces supremi qui elapso sæculo Decimoseptimo Cæsareis Augustissimæ Domus Austriacæ exercitibus summa potestate præfuere... ab Illustrissima Rhetorica Viennensi Inscripti. Anno MDCCXXXV. Mense Julio, Die XX. Typis Leopoldi Joannis Kaliwoda, 8°, pp. 186. (Par le P. Ignace SCHACHNER.)

Duello eloquente di due Greci, fatto da quattro penne, Ovidio, Anguillara, Condamine, Pedrini, con cinque Dialoghi sull' argomento. Venezia, per Antonio Zatta, 1797, 4°, pp. 431. (Par le P. André RUBBI.)

Voir supra, col. 112 : *Ajace in furore...*

E

Ecclesiæ Anglicanæ Trophæa. Romæ, ex officina Bartholomæi Grassi, 1584, fol. (Par le P. Guillaume GOOD.)

Echo laudum et luctuum ad Tumulum Eminentissimi S. R. E. Cardinalis Leopoldi a Kolloniż persolutorum, in bivertice Parnassi colle repercussa et... ab Illustrissima Humanitatis schola dedicata, Anno MDCCVII Die 19 Maji. Viennæ Austriæ, Typis Joannis Georgii Schlegel, 12°, ff. 28. (Par le P. Jean RECHBACH.)

Ecole (L') des mœurs ou réflexions morales et historiques sur les Maximes de la Sagesse. Ouvrage utile aux jeunes gens et aux autres personnes pour se bien conduire dans le monde. Nouvelle édition, revue et corrigée avec soin, et augmentée de plusieurs nouveaux traits d'histoire. Par M. Blanchard, chanoine d'Avenay. A Lyon, Chez Jean Marie Bruyset Père et fils, MDCCLXXXII, 12°, 3 vol., pp. XII-423, 375 et ... (Par le P. J. B. DUCHESNE.)

Cet ouvrage, nouvelle édition du *Poëte des mœurs...* (supra, col. 729), a été souvent réimprimé sous des titres un peu modifiés.

Edonard en Frits, Zedelijk verhaal voor den Zeeman, en voor jonge lieden van andere standen in de maatschappij. Nymegen, Langendam, 1862, 12°. pp. 340. (Par le P. Henri PYPERS.)

Col. 249 : *Education chrétienne...*

La note est entièrement à modifier; voir l'article : *Poëte (Le) des mœurs...* (supra, col. 729.) L'auteur se nomme : J. B. DUCHESNE.

Effata Peripati Christiani Auspice Eminentissimo Principe Franc. Card. Barberino Propugnata ab Alphonso March.

Pallavicino Acad. Parth. Principe pro Philosophica laurea in Coll. Rom. Soc. Jesu. S. l. et a., fol., pp. 284, sbd. — *A la fin* : Romæ, ex typographia Francisci Corbelletti, MDCXXXII. (Par le P. Alexandre GOTTIFREDI.)

Sur le titre gravé qui précède celui que je viens de donner, on lit : *Effata Principis Christiani defensa a Carolo Roberto Academiæ Partheniæ Principe pro philosophica laurea suscipienda in Collegio Rom. Societ. Jesu Auspiciis Ferdinandi II. Magni Hetruriæ Ducis.*

Effigies heroicæ in Serenissimorum Principum Caroli Alberti Principis Electoralis Utr. Bav. ac Sup. Palat. Ducis Com. Pal. etc. Majoribus expressæ, devotissimo augurio in mille posteris exprimendæ, pro Auspicatissimo Hymenæo demississimé oblatæ ab Electorali Collegio Monachiensi Societatis Jesu Anno M.DCC.XXII. Monachij, typis Matthiæ Riedl, pet. fol., pp. 137, sbd.

Col. 253 : *Eistättisches Heiligthum.*

Lire : *Antoine* Laidi et non *Ambroise.*

Elementa præcipua Euclidis geometriæ planæ ac solidæ... accedunt Arithmeticæ, et algebræ principia. Romæ, per Archangelum Casaletti, 1771, 8°. (Par le P. Etienne CABRAL.)

L'auteur signe : *S. C. S. I. L.*

Éléments de Grammaire latine, extraits des deux premiers livres du P. Alvarez, de la Compagnie de Jésus, à l'usage du cours inférieur de grammaire (5° et 6°). Montauban, imp. Bertuot, 1863, 16°, pp. 334. (Par les PP. Georges WAGNER, Michel CHADEYRON et autres.)

Elogio del P. Giuseppe Anchieta della Compagnia di Gesù, il quale con generale opinione di santità e di miracoli, morì nel Brasile il giorno 9 giugno dell'anno 1622, dopo aver spesi quasi 44 anni nel predicari la santa Fede. Napoli, pel Scoriggio, 1631, fol. (Par le P. Scipion SGAMBATA.)

Melzi le nomme *Sgambati.* (I, 350.)

Elogio del santo Apostolo dell'Oriente Francesco Saverio, della Compagnia di Gesù. Napoli, appresso lo Scoriggio, 1630, fol., 1 p. (Par le P. Scipion SGAMBATA.)

Melzi (I, 350) nomme l'auteur : *Sgambati.*

Elogio dell'invitto Duce di Cristo, difensore e propagatore della fede Cristiana, S. Ignazio di Lojola fondatore della Compagnia di Gesù. Napoli, per Scoriggio, 1630, 16. (Par le P. Scipion SGAMBATA.)

Melzi (I, 351) nomme l'auteur : *Sgambata.*

Elogio e breve ragguaglio della preziosa morte della contessa Attilia Valmarana, dimessa in Tiene. S. l. et a., 8°. (Par le P. Christophe MUZANI.)

Melzi (I, 352) nomme à tort l'auteur : *Murani.*

Elogio Storico dell'Abate Ruggiero Giuseppe Boscovich. Milano, nella stamperia di Giuseppe Marelli, 1789, 4°, pp. CLIX, et 8°, pp. CXVI. (Par le P. François RICCA.)

La dédicace est signée : *Ab. Francesco Ricca.*

Col. 259 : *Elogios de los claros varones...* (Par le P. FREYLIN.)

Le P. de Backer cite une édition de Séville, 1612, c'est, je pense, d'après Antonio; tandis que Sotwel indique 1630. Ce dernier a sans doute raison; le P. Freylin n'aurait eu que vingt-et-un ans en 1612. Melzi dit (I, 350) que le titre de l'ouvrage est en latin et le texte en espagnol.

Elogium invicto Christi Duci Christianæ fidei defensori et propagatori S. Ignatio Loyolæ Societatis Jesu fundatori. Neapoli, apud Lazarum Scoriggium, 1630, in-fol., 1 p. (Par le P. Scipion SGAMBATA.)

Il le traduit en italien : *Elogio dell'invitto...* (supra, col. 1149.)

Emmanuel ou les saintes pensées de l'Avent. Extrait des Œuvres du P. Nouet, de la Compagnie de Jésus; par un Père de la même Compagnie. Paris, Haton. 1874, 32°, pp. VIII-424. (Par le P. Henri POTTIER.)

Col. 262 : *Enchiridion historicum...*

En feuilletant la brochure intitulée : *Témoignages remarquables* (voir supra, col. 957), j'ai trouvé à la p. 90, le nom de l'auteur; ce serait le P. Bouvattier.

Enciclica del R. P. Priore Generale... e motivi pressanti per mandarla a tutti i conventi esposti in alcune lettere fedelmente tradotte dalla francese nell'italiana favella. Ratisbona. (*Foligno*). (Par le P. Florent MAC EGAN.)

Ces lettres sont censées traduites du français, mais elles ont été originairement écrites en italien.

Ensayo del hombre. Venezia, Zatta, 177.. [?] (Par Antoine Fernandez DE PALAZUELOS.)

C'est une traduction de : *An Essay of the man*, de Pope.

Entusiasmo (Dell') delle belle arti. Milano, appresso Giuseppe Galeazzi, 1769, 8°. (Par le P. Xavier BETTINELLI.)

La dédicace est signée *S. B. D. C. D. G.* D'autres exemplaires ont une dédicace différente sans aucune signature.

Ephemerides oder Kurze Jahr-und Tag-Geschichte vom Auff-und Untergang des Lutherischen ersten Evangelii und des Melanchtonis Augsb. Confession, darein eine Helle Prob, dass D. Martin Lutheri genandtes Evangelium und der Augsburg. Conf. unbeständige Lehr der Verwüstung Teutschlands und so vieler Seelen ewigen Verderbens eintziger Ursprung gewesen, nebst vorgesetzter Namen-Taffel deren Chur-und Fürsten, Provintzen und Städten, welche sie abgedanket haben, wider Jo. Sleidani Unwarheiten. Authore G. W. S. J. Philo-Germano. 1679, 8°, 2 part., pp. 294 et 228. (Par le P. Godefroi WEYER.)

Epicedion in tristissimum obitum Danielis Archiepiscopi et Electoris Moguntini. Moguntiæ, typis Gaspari Behem, 1582, 4°. (Par le P. Jean ARMBRUSTER.)

Publié sous le nom du Collège de Mayence.

Epicrisis Censuræ Lipsiensis calendis Januarii anni 1756. latæ in librum Vindobonæ anno proxime præterlapso editum, inscriptumque : Numismata Cimelii Cæsarei Regii Austriaci Vindobonensis, etc. S. l. (*Vindobonæ, Joan. Thomas Trattner*), 1756, 8°, pp. 32. (Par les PP. Erasme FROELICH et Joseph KHELL.)

Les *Acta Eruditorum Lipsiensium* ayant critiqué vivement, dans leur volume de 1756, p. 1-15, les *Numismata* .. (Voir supra, col. 643), les deux Jésuites, Froelich et Khell, répondirent par cet ouvrage.

Epistolæ Eucharisticæ Carolo VI. Romanorum Imperatori Augusto Patri Patriæ, Forti, Constanti, Ottomanicæ Portæ Debellatori ob laureati biennii Victorias inscriptæ ab Hæreditariis Regnis et Provinciis... Poetis Viennensibus appensæ. Anno Salutis M.DCC.XVIII. Mense Maio, 8°, pp. 36. (Par le P. Marc SAUTTER.)

Epistre de la très sainte Vierge et mère de Dieu, à Jesvs-Christ son fils, Perdu en la Ville de Jerusalem, à l'âge de douze ans. En Vers Latin et François. Tournay, veuve Adrien Qvinqvé, 1675, pet. 12°, pp. 44, slled. (Par le P. Jean VINCART.)

L'auteur signe la dédicace.

Col. 274 : *Epitome præceptorum...* (Par le P. ABRAM.)

J'ai rencontré une édition postérieure, dont le titre est peut-être celui de la première : *Epitome græcorum præceptorum versibus comprehensa vna cvm Græcis dispvtandi formvlis, De primis linguæ Græcæ Rudimentis. Parisiis, Apud Sebastianvm Cramoisy, M.DC.XXIX. 8, pp. 16 et 40.*

Erich Servati Freymüthige Anmerkungen über den *Freymüthigen*. Freyburg, 1781, 8°. — **Erich Servati wider den *Freymüthigen*.** S. l., 1785, 8°. — **Erich Servati ländlicher Briefwechsel von den Vorderöstereichischen Kirchenreformatoren unter den Namen des *Freymüthigen*.** Freyburg, 1785, 8°. (Par le P. Henri SAUTIER.)

Ernestus Dux Styriæ cognomento ferreus a Constantia fortitudine Turcarum victor... Græcii, Typis Hæredum Widmaustadii, Anno MDCCXXV, 8°, 25 ff. nch. (Par le P. Sigismond PREMBSEL.)

Errata corrige delle memorie del Gallieccioli (Venezia, pel Fracasso, 1795 [?].) (Par l'abbé Christophe TEXTORI.)

Il y a dans Melzi (I, 369), au sujet de cet ouvrage, une erreur manifeste de date; il dit *1755*; or l'auteur est né le 10 juillet 1745.

Esame critico del libro intitolato, Lettera di Monsig. Vescovo di.... indirizzata a Monsig. Leopoldo ab Hai Vescovo di Conisgraz sul Sistema della Tolleranza. Venezia, presso il Zatta, 1784. (Par le P. Joseph CASANOVA.)

Cet ouvrage, publié sous le pseudonyme : *Isaac Vanspcuspeg*, est dirigé contre le P. Iturriaga. Melzi (III, 194) le date à tort de 1774 et donne le pseudonyme sous la forme *Vanspeupeg*, ce qui est contraire à ce que disent Cernitori et Caballero.

Estime de la perfection chrétienne, extraite du P. Alphonse Rodriguez, de la Compagnie de Jésus. Nouvelle édition, revue et corrigée par un Père de la même Compagnie. Nantes, Mazeau, 1872, 32°, pp. 157. (Par le P. Henri POTTIER.)

Excellence de la dévotion au cœur adorable de Jésus-Christ, sa nature, ses motifs et sa pratique. D'après le P. de Galliffet, de la Compagnie de Jésus. Suivie de la vie de la B. Marguerite-Marie, par le P. Croiset, de la même Compagnie. 3e édition, revue et augmentée. Paris, Palmé, 1873, 18°. (Par le P. Henri POTTIER.)

Col. 294 : *Excellence (L') et la pratique de la dévotion....* (Par le P. BAUDRAND.)

Je crois que cet ouvrage est la 1re édition de : Ame (L') embrasée par l'amour divin.. (Voir supra, col. 26.)

Excellentissimi, Illustrissimi, ac Reverendissimi Domini Domini Joannis Woroniez Dei miseratione et apostolicae sedis gratia Episcopi Cracoviensis nec non Augustissimi Rossiae Imperatoris ac Poloniae Regis Alexandri I intimi status Consiliarii, ac Ordinum Aquilae Albae. et S. Stanislai Equitis, nomini sacer dies celebratur. Elegia. Romae, apud Franciscum Bourlie, MDCCCXVII, pp. 47. (Par le P. Isaïe CARMINATI.)

Exercice de la présence de Diev. Du R. P. François Arias, de la Compagnie de Iesvs. Mis en François pour le profit et utilité publique. Dedié à Madame la Duchesse de Montpensier. A Lymoges, Par Gvillaume Byreav, M.DC.XVI. 16°, pp. 131. (Par le P. François SOLIER [?].)

Voir supra, col. 988 : Thresor (Le) spirituel...

Exercicios del P. S. Ignacio de Loyola. En Madrid, por Juan Garcia Infanzon. 1700. (Par le P. François FERRANDO.)

Sous le nom du Doctor Francesco de Boleau. C'est la traduction de l'ouvrage italien du P. Joseph Goizardi.

Exercitatio de Cometa anni 1723, a duobus religiosis Soc. Jesu. Ingolstadii. 1724, 4°. (Par les PP. Nicaise GRAMMATICI et Joseph SCHREIER.)

Exercitationes dramaticae... a Perillustri Rhetorica Graecensi dicatae. Anno M.DCC.XLVIII. Mense Julio. Die... Graecii, typis Haeredum Widmanstadii, 8°, pp. 34. (Par le P. Charles BARBIERI.)

Exercitationes dramaticae... A Rhetorica Viennensi DDD. Anno Salutis MDCC.XLVI. Mense Julio Die... Viennae. Typis Leopoldi Joannis Kaliwoda. 8°. pp. 47, sll. (Par le P. François-Xavier ROYS.)

Exercitationes theatrales Rhetorum Viennensium... Typis exhibita ab Academicis Eloquentiae studiosis. Anno MDCCIX. Mense Augusto. Viennae Austriae, typis Annae Franciscae Voigtin. Vid.. 12°. pp. 51. (Par le P. Jean RECHBACH.)

Exercitia Spiritualia Das ist Geistliche Uebungen Dess heiligen Ignatii Loiolae Stiffter der Societet Jesu Nach Ausstheilung in die vier Wochen zu mehreren Nuts für iedes Standspersonen weitläuftiger erkläret Und in diser Andern Edition vilfältig gemehret Von einem Priester gemelter Societet Jesu. Gedruckt zu Innsprugg bey Michael Wagner. Anno 1649, 8°, 20 ff. nch., pp. 696 et 7 ff. (Par le P. Léonard LERCHENFELDT.)

L'auteur signe la dédicace de cet ouvrage qui a eu plusieurs éditions; la première est d'Ingolstadt, 1635.

F

Facilis et succincta SS. Canonum doctrina quam fusioribus tomis in sua nova methodo jus Canonicum explicandi antehac tradidit Adm. R. P. Enricus Pirhing, Soc. Jesu, SS. Theologiae et SS. Canonum Doctor, ac horum in Universitate Dilingana Professor Emeritus. Nunc ab alio ejusdem Societatis Presbytero, in gratiam adhuc in Academiis versantium, uti et aliorum, pro commodiore eorum usu et privatis repetitionibus, in compendium redacta et publicae luci data. Dilingae. Typis et Sumpt. Joannis Caspari Bencard. Anno M.DC.LXXXX, 4°, pp. 932, sll.

Une seconde édition parut en 1695, sous le titre : *Synopsis Pirhingana...* (Voir supra.)

Fata Reverendissimi et Serenissimi, Principis ac Domini D. Clementis Augusti, utriusque Bavariæ Ducis, etc., etc., in Episcopum Monasteriensem non sine Divorum numine electi ejusdem Principis sui honori Virgilianis numeris evoluta, a Musis Monasteriensibus Societ. Jesu, 1719. Monasterii Westphaliæ, typis viduæ Nagel, fol., pp. 42. (Par le P. Henri ZIMMERMAN.)

Favole settanta Esopiane, con un discorso. Bologna, 1773, 12°. (Par le P. J. B. ROBERTI.)

Felicitas Styriæ et cæterarum Inferioris Austriæ Provinciarum in Adventu utriusque Cæsareæ Majestatis decem familiaribus Epistolis exposita, ac... ab Illustrissima Poesi Græcensi inscripta, Anno MDCCXXIV Mense Majo Die... Græcii, Typis Hæredum Widmanstadii, 8°, ff. 32. (Par le P. Antoine STEIZINGER.)

Col. 317. *Feriæ Æstivæ...*

Le prénom du P. KASCHUTNIG est : *Antoine.*

Feux (Les) de joye des Pensionnaires du Collège de Reims, de la Compagnie de Jesus, à la naissance de Monseigneur le Dauphin. Dediez à la Reine sa mere. A Reims, chez François Bernard, M.DC.XXXVIII, 4°, pp. 16. (Par le P. Galaad DE HAULT.)

Fidelis Romanæ Ecclesiæ Moravia, Sub Sanctissimis Auspiciis S. Apollinaris Episcopi, et Martyris, S. Stephani Proto-Martyris, S. Ignatii Societatis Jesu Fundatoris, Collegii Germanico-Hungarici Romæ Patronorum Orbi proposita. Cum Thesibus Ex Universa Aristotelis Philosophia Quas... defendendas suscepit Perillustris ac Doctissimus Dominus Franciscus Zialkowski Eques de Zialkowitz, Moravus Trubecensis. AA. LL. et Philosophiæ Magister. Anno MDCCXLIII. Mense... Die... horis... meridiem consuetis. Olomucii, typis Francisci Antonii Hirnle, 4°, pp. 250, sldelt. (Par le P. Godefroi PROVIN.)

Figures emblématiques du très-saint Sacrement pour le sacre de S.-Brice. Du 16 juin 1740. Tournay, Jovenau, 4°, pp. 7. (Par le P. CRIÉ.)

M. Desmazières cite cet ouvrage anonyme (?) dans sa *Bibliographie Tournaisienne*, p. 316, n. 808. Le P. de Backer a omis cet auteur, s'il existe.

Filiatio Mariana, cujus formula proposita est ad fovendam perpetuo piet..tem erga ssmam Dei genitricem in provin : Flandrobelgica Societatis Jesu, a Reverendo admodum Patre N. Generali Francisco Retz approbata et confirmata Romæ, 27 martii 1745, s. l., 12°, pp. 12.

Filosofia (La) di S. Tommaso dimostrata in accordo colla scienza moderna sulla questione della composizione dei corpi. Opera del P. Enrico Ramiere della Compagnia di Gesù. Tradotta dal Francese e corredata di note da un Padre della medesima Compagnia. Roma, tipogr. della S. C. di propaganda fide, 1878, 8°, pp. 178.

Finis ultimus hominis argumentum quatuor meditationum quas Congregatio latina major Matris Propitiæ B. V. Mariæ ab angelo salutatæ tempore quadragesimæ exhibuit Monachii anno MDCCLI. Meditatio I. De fine ultimo hominis. Monachii, typis Joannis Jacobi Vötteri, 4°, s. pag. (pp. 35.) — .... II. De bono usu mediorum ad finem, sive Job. Ibid., (pp. 32.) ... De malo usu mediorum ad finem, sive excidium Jerosolymæ. Ibid., (pp. 30.) — ... IV. Misericordia Dei reducentis hominem ad finem suum ultimum, sive viator Jerichuntinus a Samaritano sanatus. Ibid., (pp. 32.) (Par le P. François-Xavier GACHET.)

Réimprimé en 1759 dans son *Theatrum asceticum.*

Fréquentation (La) des Sacrements et l'Education, par un prêtre de la Compagnie de Jésus. Lille, Desclée, De Brouwer et Cie, s. a. (1884), 16°, pp. 190. (Par le P. René GUITTON.)

Freymüthige Beurtheilung der teutschen Disputation, die Hr. Kasp. Ruef zur Erhaltung der Juristischen Doktorwürde den g. Aug. 1785 zu Freyburg im Breisgau hielt : samt einer kurzen Abfertigung der Exception des sogenannten *Freymüthigen* von Erich Servati. Freyburg, 1786, 8°. (Par le P. Henri SAUTIER.)

Fundamenta virtutum thema quatuor congregationum congregationis latinæ majoris Monacensis B. Mariæ V. Matris Propitiæ ab angelo salutatæ. I. Prudentia. An. M.DCC.LXVIII. Typis Viduæ Joannis Christophori Myr, 4°, s. pag. (pp. 43.) — ... II. Justitia... Ibid., (pp. 37.) — ... III. Temperantia.... Ibid., (pp. 39.) ... IV. Fortitudo... Ibid., (pp. 42.) (Par le P. Christophe FROEHLICH.)

Funerale dell' Eminentiss. e Reverendiss. Principe il Sig. Cardinale Giovanni Badoaro, Vescovo di Brescia, morto li 17 Maggio dell anno corrente 1714 celebrato da tutti gli Ordini della Città in segno di universale ossequiosissimo affetto alla sua santa memoria il di 14 Agosto dell' anno medesimo. In Brescia, delle stampe di Gio. Maria Rizzardi, 1714, fol., pp. 32. (Par le P. François ERCOLANI.)

Fürtrefflichkeiten Dess allerheiligsten Altars-Sacrament, Sambt der Litaney des H. Namen Jesu Vorgestelt, und ausgelegt In Betrachtungen. Zu Vermehrung der Liebe, und öffteren Gebrauch dises Anbettungs-Würdigsten Geheimnuss, wie auch zu Beförderung der Andacht in Geniessung, und Heimsuchung dess selbigen; Nit weniger zum Nutzen aller Seel-Sorgeren, und Predigeren, so von disem würdig Handlen, und Sprechen wollen; Ja aller wahren Christen, so einmahl eines Guten, und seeligen Todt zu sterben verlangen. Herausgezogen Aus denen Vercken einiger fürtrefflichen Männer aus der Gesellschafft Jesu, so von disem geschriben. Erstlich in welscher Sprach hervor gegeben; Nun aber wegen ihrer Fürtrefflichkeit in unsere teutsche übersetzet Von einem Priester eben gemelter Gesellschafft. Mindelheim, gedruckt bey Johann Peter Steiner, 1752. 12°, pp. 272. shclp. (Par le P. Jean RUCKHABER.)

La dédicace est signée : *J. R. S. J.*

C't ouvrage est, je pense, la traduction des *Meditazioni sull' eccellenza della SS. Eucaristia*, du P. Jac. Sanvitale. (Voir supra, col. 557.)

J'ai le catalogue de la Germanie supérieure pour 1752; parmi les Jésuites de Mindelheim, où est imprimé cet ouvrage, le seul dont le nom réponde aux initiales *J. R.*, est le P. Ruckhaber.

<h1 style="text-align:center">G</h1>

Col. 336 : *Garde (La) du lys...*

L'auteur est nommé MAZET dans nos Catalogues.

Gare Geniali, poetico trattenimento per la solenne distribuzione de' premj alla presenza delle Altezze Reali nel Real Collegio di Savoja della Compagnia di Giesù. In Torino, per Gio : Battista Zappata, 1685, 4°, pp. 38. (Par le P. Camille Marie AUDIBERTI.)

Geestelijk (Het) Anker. Verzameling van godvruchtige gebeden voor Katholieke zeelieden. 'S Hertogenbosch, Lutkie en Cranenburg, 1863, 16°. pp. 208. (Par le P. Henri PYPERS.)

Gehaime Eehr-Stücklein Dess Geistl. Orden-Stands. Einer andächtigen Novitzin eröffnet, Durch ihren Geistliche Vatter auss der Soc. Jesu, In der Frantzösischen Sprach Das fünfftemahl von neuen aufgelegt: Nun aber in der Hoch-Teutschen, Durch Uebersetzung und einen Ausszug, auff jede Geistliche Person gerichtet : Zugleich auss dem Büchlein Thomæ Kemp. von der Nachfolgung Christi Bewähret, und vermehrt. Durch Einen P. gemelter Societät. Getruckt zu Dillingen, In der Bencardischen Truckerey, Anno 1694, 12°. pp. 214. sll.

L'Avis du traducteur est signé : *J. R.* L'original français, dont je n'ai pu découvrir l'auteur, est intitulé : *Secrets (Les) de la vie religieuse...* (Voir supra, col. 891.)

Geistliche Exercitia zu Erneuerung dess Geistes auf die Weiss Des heiligen Vatters Ignatii Stiffters der Gesellschaft Jesu. Von einem Priester bemeldter Gesellschafft. Lateinisch in den Druck gegeben anjetzo aber auf Verlangen andächtiger Seelen. zu allgemeinem Nutzen in das Teutsche übersetzet. Augspurg, Druckts, und verlegts Antoni Maximilian Heiss. 1728, 8°. pp. 139. shclt.

Je ne sais de qui est l'original latin : le traducteur signe sa dédicace : *Ergebnester Diener und Capellan S. J. P.* (c'est-à-dire, Societatis Jesu Priester.)

Geistliche Ubungen Oder So-genannte Exercitien Des Heil. Ignatii Stiffters der Gesellschafft Jesu, Zu dreyfachen Gebrauch eingerichtet. Erstlich Vor die, so in den geistlichen Standt neuerlich eintretten, oder nach vollendeten Probier-Jahr zu denen Geistlichen Gelübden oder Profession sich vorbereiten. Zweytens Nicht weniger vor alle und jede, sonderlich Geistliche Stands-Personen auf 8. oder 9. Täg eingetheilt, nach Anleitung des Registers, so am End hierzu beigefügt ist. Drittens Sehr dienlich an statt eines andern Geistlichen Buchs bedachtsam zu lesen, vor die, so wohl Geist-als auch und sonderbahr weltlichen Stands-Personen, welche Geschäfft-oder anderer Hindernussen halben denen Exercitien ordentlich nicht abwarten können oder wollen. Jn diese Ordnung gebracht Von einem Priester der Gesellschafft Jesu. Mayntz, Jn Verlegung Johann Häffners, im Jahr 1745, 8°, pp. 86 nch et 556, slt.

Geistliche Uebungen des heiligen Ignazius für drei Klassen von Personen...

Voir supra : *Prima classis Exercitiorum...* (Col. 751).

Gelinde Antwort auff die ungründliche Vorstellung des Herrn Hieronymi Bruckners Furstlichen Durchl. Friderici Hertzogen in Sachsen, Lehen-Secretarii (wie er sich nennet) zu Gotha, in welcher er vermeynet, die historische Warheit vom Auff-und Niedergang des Lutherischen Evangelii und der Augspurgischen Confession verdunckelt zu haben, velut baculo solem, obwohl selbige Warheit am hefftigsten von dem Sachsischen uncatholischen Theologis seinen Nachbaren in offentlichen Colloquiis zu Wormbs, Altenburg, etc., bekräfftiget und testiret ist worden, und deswegen ihm nicht wolbekant seyn muss. auth. R. P. G. W. S. J. Gedruckt zu Cöllen, 1680, 12°, pp. 72. (Par le P. Godefroi WEYER.)

Gentiluomo (Il) istruito, di Guglielmo Derell, gentiluomo inglese, tradotto dall' orginale inglese da Francesco Giuseppe Morelli. Padova, 1728, 4°. — Ibid., 1732.

L'original anglais est du P. Guillaume DARRELL ; voir supra (col. 343) : *Gentlemen (The) instructed...*

Gesta primorum ducum Styriæ... Ab Illustrissima Poesi Græcensi inscripta Anno MDCCXXX, Mense Aprili die 18. Græcii, Typis Hæredum Widmanstadii, 8°, ff. 36. — Gesta Ducum Styriæ ab Alberto II ad Ernestum Ferreum. Ibid., 1731, 8°. (Par le P. Joseph TOMSCHIZ.)

Gids (De) der Roomsch-Kath. Militairen. Gevolgd door eene verzameling van godvruchtige gebeden, door H. J. Pypers R. K. Priester. Te Nymegen, By Langendam en Comp., 1856, 18°, pp. 732. (Par le P. Henri PYPERS.)

Glaube (Der) des Selbstdenkers. Freyburg im Breisgau, 1788, 8°. (Par le P. Henri SAUTIER.)

Gnadenbrunnen in dem wunderthätigen Bild der weinenden Mutter Gottes von Pötsch, welches in Originali, in der Wienerischen Metropolitankirche verehret wird, das ist : Ursprung solches Herkommen dieses Gnadenbildes, dessen übernatürlicher Weise aus den Augen ausgeflossenen Zähren zu Pötsch in Ungarn. Wien, 1703, 8°. (Par le P. Christophe ZENEGG.)

J. Nicolas de Vogel (*Specimen bibliothecæ Germaniæ Austriacæ*, t. 1, p. 294) dit : « Hic liber auctior « et emendatior procusus fuit, sumtibus Ioannis Antonii « Geissenhof, senatoris et praefecti ecclesiæ metropoli- « tanæ, ibidem, 1739, in-8°. Compendium vero illius « typis est Viennæ 1772, 8°, ... hoc titulo : *Achttägige* « *Verehrung der gnadenreich Bildniss der meinen-* « *den Mutter Gottes von Pötsch. welche vor 75 Jah-* « *ren in die hiesige Kirche zu St. Stephan feyerlich* « *übersetzet worden, nebst einer kurzen Be-* « *schreibung von dem Vrsprung dieses Gnaden-* « *bilds.* »

Gnädige (Das) Gericht, Oder heilige Beicht-Sacrament, zum Unterricht Und Fleissiger Uebung Vorgestellt Von einem Priester der Societät Jesu. In Verlegung dess guldenen Allmosen S. Joan. Bapt. zu München. Gedruckt bey Johann Lucas Straub, 1725, 12°, pp. 125.

Godefredus Bullionicus Hierosolymæ, suique victor maximus nuper ab Academicis Rhetoribus in scena exhibitus, hodie vero in Typo ab iisdem oblatus... MDCIV. Viennæ, Typis Annæ Franciscæ Voigtin, Viduæ, 8°, ff. 20. (Par le P. Joseph POGATSCHNIG.)

Gratulatio poetica in felicissimam elec-
tionem Wolfgangi Archiepiscopi et Electoris Moguntini. Moguntiæ, typis Gaspari
Behem, 1582, 4°. (Par le P. J. ARM-
BRUSTER.)

La date est *1874*; celle de la 1re édition, *1871*.

Guida del cristiano alla perfezione del
P. Giovanni Dirckinck d. C. d. G. tra-
dotta e ampliata da F. M. della medesima
Compagnia. Modena, tip. dell' immacolata
Concezione, 1875, 12°. pp. VIII-406.
(Par le P. Philippe MONACI.)

H

Col. 368 : *Happiness (The) of Heaven...*
(Par le P. BOUDREAUX.)

La date est *1874*; celle de la 1re édition, *1871*.

Heilige Einöde in welcher binnen Acht
oder zehen Tägen Durch Betrachtung der
ewigen Wahrheiten, und Grund-Sätzen
unsers Glauben Nach Anweisung der
Geistl. Ubungen Des H. Ignatii de Lojola
Das Heyl der Seelen Höchst nützlich kan
befördert werden, Erstlich Vor alle, so
wohl Geistliche als Weltliche beschrieben
in Wällischer Sprach Von R. P. Camillo
Hectoreo Soc. Jesu, und schon zum sie-
bendenmal gedruckt, Nachmals ins La-
teinische übersetzt durch R. P. Henricum Heinsberg ex eadem Soc. Nun aber
absonderlich Vor jene, welche in vorigen
Sprachen unerfahren, so viel sie brauchen,
auch in Teütscher Sprach an Tag gegeben, wiederum durch Einen Priester aus
gemeldter Soc. Jesu. Gedruckt zu Prag
in der Clementinischen Buchdruckerey der
Societät Jesu, Anno 1722, 8°. pp. 652,
230 et 220.

Heiliger Berg, oder Ausführliche
Beschreibung des Wunderthätigen Bil-
dnuss Unser Lieben Frauen ob dem Heiligen Berg in Königreich Böheimb. Von
wem dasselbige seinen Ursprung und mit
was ansehnlichen Wunderzeichen es hies-
shero geleuchtet habe? Gezogen aus dem
Lateinischen Ursprunge-und Geschicht-
Buch des Ehrwürdigen Patris Bohuslai
Balbini der Societät Jesu Priesters. Gedruckt zu Prag in der Ertzbisschöfflichen
Druckerey durch Paulum Tuchscherer, im
Jahr 1668, 8°. pp. 396.

La dédicace est signée : *PP. Residentiæ Soc. Jesu
in Sacro Monte.*

Heiliges Cöllen am Rhein in seiner
uhralten Heiligkeit durch dreyfach Vorstellung gegen alle jetziger Zeit schwe-
bende Anfechtungen gestärckt und befes-
tiget, von den Meynungen der heiligen
Vätteren so wohl, als anderen gelehrten
Männeren. Bey Cornelio Könen, 1708.
4°, pp. 38. (Par le P. François SCHMITZ.)

Hilaria Rhetorum Viennensium, sive
ludus scenicus elapsis hujus anni Feriis
Genialibus Liberali Die Jovis Majorum
venerationi et amicorum benevolentiæ
exhibitus ; nunc vero ad complurium vota
Typis in lucem editus... Ab Illustrissimis
Academicis Eloquentiæ Studiosis dicatus
Anno MDCCIII. Mense Augusto. Viennæ
Austriæ, Typis Leopoldi Voigt, 8°, pp. 71.
(Par le P. Albert Christian PURGSTALL.)

Himlisches Tisch-Gebett Vor vund nach
der Englischen Mahlzeit. Das ist : Weiss
und Ubung Andächtig zu communiciren.
Außgesetzt Von einem Priester Societ.
Jesv. In Verlegung dess güldenen Allmosen S. Joan. Bapt. zu München. Getruckt
bey Johann Lucas Straub. 1725. 12°,
pp. 116.

Histoire de ce qvi s'est passé av royavme
de Tibet. Tirée des Lettres escrites en
l'année 1626. Addressée au R. P. Mutio
Vitelleschi General de la Compagnie de
Iesv. Traduicte d'Italien en François par
un Pere de la mesme Compagnie. A Paris,
Chez Sebastien Cramoisy. M.DC.XXIX.
8°. pp. 104. (Par le P. Jean DARDE [?].)

C'est la traduction des : *Lettere annve del Tibet Dal
MDCXXVI. In Roma, 1628.*

Histoire de ce qui s'est passé es
royaumes d'Ethopie, de l'année 1626 jus-

qu'au mois de mars 1627. Et de la Chine, en l'année 1625 jusques en Feburier de 1626. Avec une briefve narration du voyage qui s'est fait au royaume de Tunquin nouvellement descouvert; tirées des lettres adressées au R. Père General, de la Compagnie de Jesus. Traduit de l'italien en françois, par un Pere de la mesme Compagnie. A Paris, Chez Sebastien Cramoisy, M.DC.XXIX, 8º, pp. 210. (Par le P. Jacques DE MACHAULT.)

Le traducteur signe : *D. M. de la C. de J.* J'attribue cette traduction à ce Père, bien qu'aucun de nos bibliographes n'en parlent. Mais elle me semble se rapporter à cette indication vague de Sotwel : « Gesta à PP. So- » cietatis Iesu in Regno Sinensi annis 1625. et duobus « sequentibus. In Æthiopia 1624, et biennio sequenti. « In Regno Tibetano anno 1624. Parisijs apud Sebas- « tianum Cramoisy in 8. » Les missionnaires dont les lettres sont traduites, étaient les PP. Emmanuel de Almeyda pour l'Ethiopie, Emmanuel Diaz pour la Chine et Julien Baldinotti pour le Tonquin.

Historia de la Vida y Martyrio que padecio en Inglaterra, este año de 1595, el P. Henrique Valpolo Sacerdote de la Compañia de Jesus, que fue embiado del Colegio de los Ingleses de Valladolid, y ha sido el primer martyr de los Seminarios de Spaña. Con el martyrio de otros quatro Sacerdotes, los dos de la misma Compañia, y los otros dos de los Seminarios. En Madrid, en Casa de Pedro Madrigal, 1596, 8º, ff. 48, sld. (Par le P. Joseph CRESWELL.)

L'auteur signe la dédicace.

Historiæ Bavaricæ libri LXXII. Monachii, 1662, fol.

Cet ouvrage parut sous le nom de Jean Adlzreitter, chancelier de l'électeur de Bavière : il serait, en réalité, du P. Jean FERVAUX, lorrain, sur lequel je n'ai trouvé aucun renseignement. Le P. Balbinus se contente de dire dans une lettre à Christophe Arnold, datée de Prague, 6 sept. 1681 : « Vidistine annales boicos Can- « cellarii bavarici Adlzreideri? sic vos non vobis. Partus « hic est nostri P. Johannis Fervaux lotharingi (hoc tibi « soli) in cuius nomine ob certas causas Annales istos « nostri maiores apparere noluerunt. » (*Acta litteraria Struvii*, fascic. VI, p. 53.) Ces *certæ causæ* me semblent indiquées dans une lettre du P. Goswin Nickel, Général de la Compagnie, au duc de Bavière, datée de Rome, 9 janvier 1655, dont je ne possède que le fragment suivant, copié sur l'original : « hoc vero tum quia quo « suæ Serenitati obstrictior est P. L. (*sic*) Fervaux eo « facilius partialis habebitur, tum quia apud gravissimos « viros, etiam purpuratos... hic Romæ præjudicium « non leve habet ex iis quæ de Pacis negotiis contra « nonnullorum sententiam prolata ipsi tribuuntur. At « non ambigam si quis sæcularis a sua Serenitate de- « lectus ad eum modum quo Patris Kelleri Ludovicus IV « a D. Georgio Hörwart publicatus fuit, Historiam aucto- « ritate Serenitatis vestræ scriptam edat, ad gloriam, « plausum, fidem longè fore conducibilius. » — Je ne sais pourquoi le P. de Backer (I, 914, art. *Brunner*, et 1923) donne au P. Fervaux le nom de *Forqueraux*.

Col. 397 : *Holy Confidence... Ajouter* : (Par le P. Henri COLERIDGE.)

Hymnes (Les) sacrez, odes, et noels.... (Par le P. COYSSARD.)

Voir supra la note de l'article intitulé : *Paraphrase des hymnes...* (col. 690.)

I

Ilias in Nuce, Oder Historischer Sack-Spiegel, Worinn Der Her-und Fortgang dess Lutherthums nit all-seinen hauptsächlichen Merckwürdigkeiten, Kriegs-Empörungen, Feind-und gütlichen Handlungen biss auf das Tridentinische Concilium, und den An. 1555. erfolgten Religions-Friden inclusivè, aus der Reichs-Histori, Theologi, und Jurisprudenz unwiderleglich vorgestellet wird. Ehemals in Latein, aus Befehl Henrici von Knöringen Bischoffen zu Augspurg, von einig-Catholischen Rechts-Gelehrten, aus denen öffentlichen Reichs-Handlungen , und Schlüssen, wider verschidentlich-Uncatholischer Scribenten ausgesprengte Erdich-tungen, edirt zu Dilingen An. 1629. Unter dem Titul : Pacis Compositio inter Principes, et Ordines Imperii Romani Catholicos, atque Augustanæ Confessioni adhæ-rentes in Comitiis Augustæ Anno 1555. edita, quam Jure-Consulti quidam Catholici ex publicis Comitiorum Actis, et Decretis adversùs complurium Acatholicorum scriptorum Commenta quæstionibus illustrârunt Anno 1629. Jussu, et Auctoritate Superiorum Dilingæ. Wovon in gegenwärtiger Edition die 24. erstere, nehmlichen verstandene Histori betreffende Frag-Stück in das Teutsche übersetzter sich befinden. Augspurg, zu finden bey Frantz Antoni Strötter, 1730, 12º, pp. 240.

C'est la traduction de l'ouvrage du P. Paul LAYMAN : *Paris compositio...* (voir supra, col. 681).

Col. 408 : *Illustrissimo Ecclesiæ principi Francisco Harlæo...*

Le prénom du P. DE LA BAUNE est : *Jacques.*

Imitation (L') de la sainte Vierge et des Saints ou la pratique abrégée de la perfection chrétienne, renfermée dans les paroles et les exemples de ces grands Modèles; Tirée des Œuvres Spirituelles du P. F. Arias, de la Compagnie de Jésus. Seconde Edition. Augmentée du Directeur Spirituel, tiré des Ecrits de S. François de Sales. A Lyon, Chez la Veuve Delaroche, et Fils, M.DCC.XLVII, 12°, 2 vol., pp. XXIV-180-362 et XII-366-140. (Par les PP. Nicolas BELON et Joseph DE COURBEVILLE.)

Il n'y a, du second de ces auteurs, que la traduction du traité *de la imitacion de Nuestra Señora.* La première édition de l'ouvrage du P. Belon ne contient pas ce traité; elle n'est pas anonyme et parut sous le titre de : *Œuvres spirituelles du P. François Arias, de la Compagnie de Jésus; traduites de l'Espagnol par le R. P. Belon de la même Compagnie. A Lyon, Chez la Veuve Delaroche et Fils, M.DCC.XL, 12°, 2 vol.* — D'après le P. de Backer (I, 548, 1), qui n'a vu que le 1er vol. de la 2e édit., il y a sur le titre : *Tirée des Œuvres Spirituelles du P. F. A. de la..*, etc. Je n'ai vu que le 2e, et les noms ne sont pas en abrégé.

Imperium Romano-Germanicum, seu Elogia Quinquaginta Cæsarum Germanorum, Leopoldo R. I. ab Universitate Viennensi oblata. Viennæ, typis Cosmerovii, 1663, 4°. (Par le P. Nicolas AVANCIN.)

Incolumitate (De) Mariæ Theresiæ Augustæ solemnis gratulatio habita ab Universitate Braidensi Soc. Jesu V. Kal. Sept. 1767. Mediolani, ex typographia Marelliana, 8°, pp. 72. (Par les PP. Gui FERRARI, Jérôme TIRABOSCHI et Pascal AGUDI.)

Les inscriptions et les notes qui les accompagnent sont du premier, le discours du second et deux pièces de vers italiens du troisième.

Indiculo Universal contém distinctos em suas classes os nomes de quazi todas as couzas, que há no mundo, e os nomes de todas as Artes, e Sciencias. Indiculus universalis continet nomina rerum feré omnium, quæ, in mundo sunt, Scientiarum item, Artiumque nomina apté, breviterque colligit. Feito Francez Latino pelo P. Francisco Pomey da Companhia de Jesus. Impresso em breve tempo muitas vezes, et vertido em outras lingoas com grande proveito dos Estudantes, porque com pouca trabalho se fazem por elle eruditos, et noticiozos de quazi todas as couzas, e nomes, que tam no latim. Contem em seus lugares phrases, e modos singulares da lingua Latina. Feito novamente Luzitano Latino, e acrescentado, como mostram as estrelinhas, pelos Religiozos da Companhia de Jesus, Estudantes de Rhetorica, na anno de 1697 pera o seu uzo de fallar Latim. No fim tem Indice Portuguez cujo numero he o das margens. Evora, na officina da Universidade, 1716, 12°, pp. 438, 4p. (Par le P. Antoine FRANCO.)

Reimprimé en 1754 et 1804.

Infante (L') Gesù, margarita dell'anima. Roma, Franc. Cavalli, 1642, 24°. (Par le P. Antoine TARLATINI.)

Sous le pseudonyme : *Alessandro Maffei.*

Initium sapientiæ timor Domini Psalm. 110. Argumentum quinque meditationum, quas Congregatio Latina Major Matris Propitiæ B. V. Mariæ ab Angelo salutatæ instituit Monachii Anno Domini M.DCC.XLV. Meditatio I. Cum novus magistratus Marianus promulgaretur, Primum Timoris Argumentum Mors. Typis, Joannis Jacobi Vötter, 4°, s. pag. (pp. 40.) — Initium.... II. Alterum Timoris Argumentum Judicium. Ibid., 4°, (pp. 40.) — ... III. Tertium Timoris Argumentum Jactura cœli. Ibid., 4°, (pp. 40.) — ... IV. Quartum... Infernus. Ibid., 4°, (pp. 40.) — ... V. Quintum....Eternitas. Ibid.. 4°, (pp. 40.) (Par le P. François NEUMAYR.)

Ces pièces ont été réimprimées dans les différentes éditions de son *Theatrum asceticum.*

Institutiones oratoriæ et poeticæ pro classe Rhetorices ex optimis in utroque orationis genere scriptoribus in usum Scholarum Provinciæ Soc. Jesu ad Rhenum Superiorem utili candidatis eloquentiæ methodo adornatæ. Mannheimii, ex Typographeio Electorali Aulico apud Nicolaum Pierron, 1753, 4°, pp. 532. (Par le P. Herman GOLDHAGEN.)

Deux autres éditions : 1759 et 1779.

Col. 424 : *Institutiones poeticæ. Mexici.*

Le P. de Backer (art. *Flores* (Pierre), I, 1880) dit, d'après Beristain, qu'il existe du P. Flores une pièce de vers, dans laquelle il découvre le nom du P. Bernardin *Sollanos*, l'auteur du livre intitulé : *Institutiones poeticæ*, qui fut imprimé à Mexico en 1605, sans nom d'auteur. Il y a dans cette assertion une erreur que j'ai découverte trop tard : l'auteur n'est pas un P. *Sollanos*, mais le P. Bernardin DE LLANOS, cité par Sotwel, et dont j'ai indiqué l'ouvrage sous son vrai titre, à la col. 729 : *Poeticarum institutionum liber*...

Insurrezione (l.') **filosofica dei Rosminiani nel Trentino** S. l. (*Milano*) et a. (1879), Tip. diretta da Giuseppe Rozza, 12°, pp. 47. (Par le P. François BETTONAGLI.)

Introduction à la langue latine Tirée de la Grammaire du P. Emmanuel Alvarus de la Compagnie de Jésus. Plus principes de prosodie latine 2. Vocabulaire François, Latin et Grec. 3. Instruction pour l'Arithmetique. 4. Observations Sur La Langue Françoise, et sur l'Orthographe tant Françoise, que Latine, Le tout reduit en abregé par un Pere de la Compagnie de Jesus. A L'Usage des classes de la même Compagnie Dans la Province de la Haute Allemagne. A Munich, Chez Jean Christophe Mayr, 1758, 12°, 2 vol., pp. 286 et 384.

Itelci Medonici Academici Cortonensis Epistolæ ad amicum. Tergesti, 1782, 4°. (Par le P. Jean Dominique COLETI.)

J

Jodendom en Vrijmetselarij. Turnhout, Splichal-Roosen, 8°, pp. 31. (Par le P. Jean HEUVELMANS.)

K

Kurzweile in Sinngedichten. Freyburg, 1774, 8°. (Par le P. Henri SAUTIER.)

Kurtze Versammlung, Aus denen Ubungen Des Heil. Ignatii gezogen, Und Von einem Priester der Gesellschafft Jesu zusamm getragen. Welche Von einem jeglichen seines Heyls geflissenen Christen-Menschen, durch Erwegung ewiger Wahrheiten, mit grosser Nutzbarkeit Jährlich, durch einige Täg kan vorgenommen werden. Verlegt, und zu finden in der Catechetischen Bibliotec S. J. bey St. Anna in Wienn, s. a., 8°, pp. 392. (Par le P. François-Xavier BREAN.)

Il y a des éditions postérieures non anonymes ; la première est peut-être de 1731.

L

Lacrymæ in obitum Catholicæ ac potentissimæ Hispaniarum Reginæ Margareta Austriacæ. Collegium Societatis Jesu, Bruxellæ, anno 1611. Oratio. Elegiæ. Epigrammata. Hieroglyphica. Emblemata. Bruxellæ, ex officina Rutgerii Velpii et Huberti Antonii, 1611, 8°, pp. 80. (Par le P. Josse ANDRIES.)

Lacrimæ Jeremiæ, auctore quodam e Soc. Jesu. Duaci, 1659, 4°, pp. 32.

Col. 473 : *Laureata triumphantis....* (Par le P. CORREDOR.)

Le P. de Backer (I, 1395) dit à tort : *1746*; il faut lire : *1716*.

Laus Sapientiæ ex Sacro Codice deprompta et Lyrico Carmine deducta.... ab Illustrissima, Perillustri ac Nobili Græcensi Rhetorica oblata Anno MDCLXXI. Mense Augusto, Die 13. Græcii, Apud Hæredes Widmanstadii, 8°, ff. 16. (Par le P. André BATTIG.)

Leben des seligen **Johannis** à Deo, Stiffters... Wien, 1636. (Par le P. Guillaume SCHIEHEL.)

C'est la traduction de l'ouvrage latin du P. André Kohavis; je n'en donne le titre que d'une manière approchée.

Leben der durchläuchtigsten Königin **Magdalena** von Œsterreich, des Kaysers Ferdinand des Ersten Tochter... 1625. (Par le P. Egolphe ALTHEER.)

Cet ouvrage dont je donne équivalemment le titre, parut sous le nom du Collège de Hall.

Col. 477 : *Lectione (De) pravorum...*

C'est le P. *Joseph* Marchi qui est auteur de la traduction italienne. Melzi se trompe en lui donnant le prénom de *Jean*.

Col. 495 : *Lettre à un ami dela vérité...* (Par le P. P. Cl. FREY DE NEUVILLE.)

Outre cette brochure, n'y en aurait-il pas une intitulée : *Lettre d'un ami de la vérité*, comme le dit Barbier? Je trouve, en effet, ce titre dans le manuscrit que j'ai cité plusieurs fois : *Liste des livres en défense de la Compagnie, trouvée et saisie dans les papiers du Père Général Laurent Ricci*. On donne à cette brochure pour auteur : le P. *Calot*, nom remplacé en marge par celui de *CABUT*, que j'ai cité à la col. 584 : *Mes doutes sur la mort des Jésuites*.

Lettre annvelle dv Iapon de l'an mil six cens et trois. Escrite par le P. Gabriel de Matos av R. P. Clavde Acqvaviva General de la Compagnie de Iesvs. Avec vne Epistre de la Chine, et de Moluques. Translaté d'Italien en nostre langue vulgaire. Suyvant l'exemplaire imprimé à Rome l'an 1605. A Dovay, De l'Imprimerie de Baltazar Bellere, l'An 1606. Avec congé des Superieurs. In-12°, pp. 187. (Par le P. Antoine DE BALINGHEM.)

Voir ma note à l'article : *Trois lettres annuelles..* (supra, col. 905.)

Col. 498 : *Lettre d'un ecclésiastique à l'éditeur...* (Par le P. PATOUILLET.)

Ma note est exacte en ce qui concerne l'édition des Œuvres d'Arnauld; mais cette *Lettre* du P. Patouillet est dirigée contre le *Prospectus pour une édition projettée d'une collection complette des Ouvrages de Messire Antoine Arnauld, Docteur de Sorbonne*, prospectus écrit par l'abbé Goujet en 1758 et imprimé à Lausanne en 1759 et de nouveau à Utrecht en 1760. L'abbé Goujet répondit au P. Patouillet dans les *Nouvelles ecclésiastiques*, novembre et décembre 1759. (Voir *Mémoires historiques et littéraires de M.l'abbé Goujet... A La Haye, Chez du Sauzet, 1767*, aux pages 215-216.)

Col. 501 : *Lettre de M. l'abbé D***...* (Par le P. J. B. LANGLOIS.)

Le titre est : *Lettre de l'abbé D***.*

Col. 502 : *Lettre de N.T.R.P. Beckx aux PP. et aux FF..... sur les devoirs...*

Ajoutez : (par le P. Louis SANDRAL.)

Lettre touchant une ancienne hérésie renouvellée depuis peu. 1691. 12°. (Par le P. Gabriel DANIEL.)

Le P. Daniel s'en déclare l'auteur à la p. 31 de sa *Lettre apologétique...* (voir supra, col. 495.) « Il y en eut, dit-il, deux éditions, dont une est fort mal propre... »

Lettres à un Prêtre sur la nécessité de la Retraite, Par le Père Le Valois, de la Compagnie de Jésus. Lille, Desclée, de Brouwer et Cᵒ, MDCCCLXXXIV, 16°, pp. VI-59. (Publié par le P. Henri WATRIGANT.)

L'éditeur signe la préface.

Col. 508. *Lettres critiques sur les voyages....*

D'après ma note, à l'article *Suite de la nouvelle Cyropédie* (col. 938), cet ouvrage n'est pas du P. Routh.

Col. 514 : *Leven ende denghden...*

L'auteur se nomme NEURINCX.

Libellus manualis ad usum cleri qui exercitiis spiritualibus vacat. Venetiis, ex Typographia Æmiliana, 1869, 16°, pp. 141. (Par le P. Antoine GICRICEO.)

A la fin de cet opuscule, on trouve un Discours de St Léonard de Port-Maurice, traduit par le P. Etienne BOXOMI.

Life (The) of the Blessed John Berchmans abridged from de larger one by Francis Goldie S. J. With the permission of the Author. Mangalore, Codialboil press, 1882, 12°, pp. 96. (Par le P. George POSTLEWHITE.)

Ligeros apuntes sobre el huracan del 20 de Octubre. Manila, Ateneo Municipal, 1882. (Par le P. Frédéric FAURA.)

Litigia poetica... a Parnasso Vienneusi dicata. Anno salutis reparatæ MDCCXXVI. Mense Maio Die... Viennæ Austriæ, typis Wolffgangi Schwendimann, 12°, pp. 29. (Par le P. Jean BARROLAN.)

Llanto (El) de los justos en la perdida de sus amados. Carta del P. Antonio Angelini, de la Compañia de Jesus, professor de Elocuencia sagrada y sagrados ritos en el colegio Romano. Traduccion libre y aumentada de la edicion tercera italiana por el P. F. G. C. de la misma Compañia. Madrid, imprenta Tejado, 1862,

18°, pp. 182. (Par le P. Félix GONZALEZ CUMPLIDO.)

Lodi (Delle) della Beata Beatrice II Estense, Orazione. Ferrara, per gli Eredi Rinaldi, 1810, 8°. (Par le P. Jérôme BARUFFALDI.)

Ludovicus IV. Imperator defensus contra Bzovium. Monasterii. 1618-1619. (Par le P. Jacques CELLARIUS ou KELLER.)

Cet ouvrage parut sous le nom de Jean Georges Horwart. Les doutes qu'on aurait pu conserver touchant les droits du P. Keller sur cette apologie de Louis IV, me semblent éclaircis par la lettre du P. Général Goswin Nickel que je cite à l'article : *Historiæ Bavaricæ...* (Voir supra, col. 1164.)

Lycæum Sapientiæ Martis Gymnasium. Græcii, 1670, 8°. (Par le P. André BATTIG.)

M

Col. 539 : *Manasse...* (Par le P. GRANELLI.)

Le prénom de l'auteur est : *Jean*.

Col. 541 : *Manifeste de l'électeur...* (Par le P. SOUCIET.)

Voici la description exacte de cet ouvrage : *Manifeste de son altesse electorale de Baviere. La lettre de son altesse electorale de Cologne à sa majesté imperiale Du 19. Mars 1702. en Latin et en François. Avec des additions Où il est parlé très-solidement des Regaux des Princes de l'Empire, et de leurs Droits de Souveraineté, qui ont été rétablis à la Paix de Westphalie par la Couronne de France, et ausquels la Cour de Vienne s'efforce depuis ce tems-là de donner chaque jour quelque nouvelle atteinte. S. l., M DCCV, 8°, pp. 226, s. la t. de 18 pp. n. chif.*

Manuale di divozione ad uso della Gioventù studiosa. Verona, Tip. S. Giuseppe di A. Merlo, 1877, 16°, pp. 264. (Par le P. Samuel ASPERTI.)

Col. 551 : *Manuel ecclésiastique...*

Barbier (III, 52, d) et, d'après lui, le P. de Backer (I, 2050, 3) disent que cet ouvrage est anonyme ; il n'en est rien. Il porte sur le titre : *Par MM. les Abbés Garreau et L. B. D. C.*

Marine de Escobar fondatrice de l'ordre de sainte Brigitte, en Espagne (Morte en odeur de sainteté le 9 juin 1633). Extrait du *Messager du Cœur de Jésus*. (Livraison de Juin 1877.) Toulouse, imprimerie

L. Hébrail, Durand et Delpuech, 1878, 12°, pp. 24. (Par le P. Gabriel DEMARTIAL.)

Maximes (Les) de l'honnête homme ou de la sagesse, avec des remarques. (Par le P. J. B. DUCHESNE.)

Voir supra, col 720 : *Poète (Le) des mœurs...*

Col. 562 : *Méditations à l'usage de Retraites...*

La 5e Edition est au plus tard de 1730 ; le propriétaire de mon exemplaire a écrit sur le titre ces mots : *avril 1730*. L'approbation de Rennes, 2 juin 1724, est donnée à ces *Méditations revues...* Le nouvel éditeur ne serait-il pas le P. Philippe André MOREL, qui, en 1727, était à Rennes, premier directeur de la maison de Retraites ? Je le croirais d'autant mieux que l'initiale qui est sur la 6e Edition (1733), concorde avec celle de son nom.

Col. 563 : *Méditations for each Day...*

Cet ouvrage est du P. Edouard MICO ou HERVEY, qui le traduisit d'un manuscrit latin du P. Nathanael BACON ou SOUTHWELL. La 1re édition est de : *London, 1669, 8°, pp. 488.*

Méditations sur la passion de Notre-Seigneur Jésus-Christ par un Père de la Compagnie de Jésus. Traduit de l'italien par un autre père de la même Cie. Bruxelles, A. Vromant, 1871, 16°, pp. VIII-324. (Par le P. Jean MARTINOV.)

L'original italien est intitulé : *Passione (La) del Nostro Signore*... (Voir supra, col. 696.)

Col. 371 : *Mémoires chronologiques...*

Le P. d'Avrigny, d'après mes listes mortuaires, est mort le 27 avril.

Mes Eucaristico, ó preparacion y accion de gracias para recibir al Señor, traducido por un Sacerdote de la Compañia de Jesus. Madrid, imprenta de D. A. Perez Dubrull, 1877, 18°, pp. 111. (Par le P. Mariano Cortés.)

C'est la traduction de l'ouvrage suivant :

Mese eucaristico, cioé preparazioni, aspirazioni e rendimenti di grazie per lo ricevimento della SS. Eucaristia, distribuite per ciascun giorno del mese, ec. Napoli, nella stamperia Muziana, 1742.

Ne serait-ce pas là l'ouvrage original du P. Xavier Lercari, qui aurait été traduit en latin sous le titre de : *Mensis eucharisticus ?* (Voir supra, col. 581.) En citant cette édition de 1742, Melzi (II. 192) dit : « È traduzione cavata del P. Giacomo Alvarez (*lisez* : Alvarez de Paz), proposto della Compagnia di Gesù, che un altro gesuita ridusse in compendio, e che il P. Sebastiano Paoli della Congreg. della Madre di Dio, con aggiunte, diede alla luce nella presente edizione. » D'après moi, cet *altro gesuita* serait le P. Lercari.

Miroir (Le) fidéle pour acquérir l'humilité par la connaissance de soi-même. Par le Père Seigneri de la C° de Jésus. Avignon, chez Aubanel, 1818, 12°, pp. 203.

Cet ouvrage est la traduction de : *Specchio (Lo) che non inganna...* (voir supra), qui n'est pas du P. Seigneri, mais du P. Pinamonti.

Misericordia Dei argumentum quatuor meditationum quas congregatio latina major Matris Propitiæ B. V. Mariæ ab Angelo salutatæ Quadragesimæ Tempore instituit Monachii Anno MDCC.XLVI. Meditatio I. Cum magistratus Mariani confirmatio promulgaretur, Misericordia connivens sive filius prodigus in Regione longinqua. Typis Joannis Jacobi Vötter, in-4°, s. pag. (pp. 43.) — ... II. Misericordia puniens sive filius prodigus in servitute. Ibid., (pp. 34.) — III. Misericordia animans sive filius prodigus in Reditu. Ibid., (pp. 36.) — ... IV. Misericordia recipiens sive filius prodigus in amplexu paterno. Ibid., (pp. 36.) (Par le P. François Neumayr.)

Ces pièces ont été réimprimées dans son *Theatrum asceticum.*

Col. 594 : *Missya domowa...*

Le P. Brown dit à l'article de chacun de ces Pères que leur nom se trouve, pour l'un après l'épître dédicatoire, pour l'autre après la préface. Il y a évidemment erreur. Je croirais l'ouvrage plutôt du P. Stanislawski, le P. Drews n'aurait eu que 27 ans en 1767.

Modi bene eligendi ad finem ultimum consequendum, argumentum quinque meditationum, quas congregatio latina major B. V. M. Matris Propitiæ ab angelo salutatæ tempore quadragesimæ exhibuit Monachii anno MDCCLII. Meditatio I. Modus primus bene eligendi, Mors. Monachii. typis Joannis Jacobi Vötter, 4°, s. pag. (pp. 38.) —... II. Secundus modus bene eligendi, Judicium. Ibid., (pp. 32.) — ... III. Tertius... Infernus. Ibid., (pp. 30.) — ... IV. Quartus... Coelum. Ibid., (pp. 31.) —... V. Repetitio, et reflexio in præcedentes meditationes. Ibid., (pp. 31.) (Par le P. François-Xavier Gachet.)

Réimprimé en 1759 dans son *Theatrum asceticum.*

Monumentum gloriæ immortalis, quod Serenissimo Principi Ludovico Wilhelmo Marchioni Badensi, etc. S. C. M. Supremo Legato bellico Rastadii die 4 Jan. 1707, vita functo Badenæ in Ecclesia Collegiata cum Justa funebria agerentur, constitutum fuit, etc. repræsentata a quodam e Societate Jesu. (*Badenæ*), Typis Theodori Hechtii, fol., ff. 7.

Mundus in maligno positus I. Joan. 5. Argumentum trium meditationum quas congregatio latina major Matris Propitiæ B. V. Mariæ ab Angelo salutatæ Tempore Quadragesimæ exhibuit Monachii Anno M.DCC.XLVIII. Meditatio I. Mundus totus in concupiscentia carnis I. Joan. 2. Sive servus malus, Matth. 24. Monachii, typis Joannis Jacobi Vötter, 4°, s. pag. (pp. 43.) — ... II. Mundus totus in concupiscentia oculorum, I. Joan. 2. sive dives evangelicus, Luc. 12. Ibid., (pp. 40.) — ... III. Mundus totus in superbia vitæ, I. Joan. 2. sive pharisæus, Luc. 18. Ibid., (pp. 36.) — Mundus in maligno I. Joan. 5. Argumentum iteratum quatuor meditationum ... Anno M.DCC.XLIX. Meditatio I. Ætas puerilis in maligno. Ibid., (pp. 48.) — ... II. Ætas juvenilis in maligno. Ibid., (pp. 44.) — ... III. Ætas virilis in maligno. Ibid., (pp. 44.)

— ... IV. Ætas senilis in maligno. Ibid., (pp. 40.) — Mundus in maligno I. Joan. 5. Argumentum tertio repetitum in quatuor meditationibus quas... Anno MDCCL. Meditatio I. Adam propter vitam statui et officio male conformatam malus et miser. Ibid., (pp. 36.) — ... II. Joas propter conversationem cum malis malus et miser. Ibid., (pp. 32.) — ... III. Salomon propter malum usum prosperitatis malus et miser. Ibid., (pp. 30.) — ... IV. Sennacherib propter malum usum adversitatis malus et miser. Ibid., (pp. 30.) (Par le P. François Neumayr.)

Ces pièces ont été réimprimées dans son *Theatrum asceticum.* Mon exemplaire contient, après la 4ᵉ méditation sur Sennacherib, une méditation manuscrite : *Pilatus propter officium male administratum malus et miser.*

N

Col. 619 : *Neuvaine en l'honneur de la Bienheureuse....*

L'auteur se nomme Diforte.

Col. 622 : *Nobile fidelitatis...* (Par le P. Kaschutnig.)

Le prénom de l'auteur est : *Antoine.*

Col. 624 : *Notas al manifesto....* (Par le P. Larramendi.)

Le prénom de l'auteur est : *Emmanuel.*

Col. 627 : *Notice sur la vie... de Charles Creuzé...*

Le nom de l'auteur s'écrit : Lallemand.

Col. 628 : *Noticia de la California...*

Le P. Burriel a pour prénoms : *André Marc.*

Col. 634 : *Nouveaux mémoires des Missions...*

Le prénom de ce P. Roger est : *Alexandre.*

Col. 645. *Nuptiæ Pelei....* (Par le P. H. Georg.)

Je ne me trompais pas en pensant que cette pièce avait été imprimée en *1676* (et non *1678*). Je l'ai rencontrée sur les quais de Paris, dans un état déplorable, mais je l'ai rencontrée et sauvée de la destruction. Le titre est à peu de choses près celui que j'ai donné, et je juge inutile de le reproduire avec ces différences qui n'en attaquent pas le texte même. Voici ce qu'après *phILIppopoLIn* il faut ajouter : *S. l. et a.* (1676), *fol.*, *pp. 28, nch.* — A la fin : *Coloniæ Agrippinæ, Typis Petri Alstorff Julio-Dalensis. Anno 1676.* — Cette pièce a un beau frontispice, gravé par Löffler le jeune, d'après I. C. Schol. Chaque feuille a au recto une belle gravure qui occupe un tiers de la page ; elles sont de Löffler, ou de Gaspar Boutlats d'après Löybos.

O

Obbligo (Dell') de' Pastori in tempo di Persecuzione per servire di Apologia alla generosa fermezza dei zelanti Pastori della Chiesa Gallicana in questi tempi. In Fuligno, per Giovanni Tomassini, 1791, 8°, pp. VI-138. (Par le P. Alphonse Muzzarelli.)

Melzi ne cite pas cet ouvrage dans son dictionnaire des anonymes italiens, mais Cernitori l'indique comme anonyme, p. 117 de sa *Biblioteca polemica* (Rome, 1793.)

Observationes et notæ in declarationem Archiepiscopi Parisiensis, et Episcoporum Meldensis et Carnotensis adversùs Archiepiscopi Cameracensis librum. Romæ, 1697. (Par le P. André Semery.)

Voir supra, col. 1134 : *Considerationes Doctoris Sorbonici...*

Col. 650 : *Observations physiques...*

Il faut lire : *François Noel.*

Octiduana spiritus exercitia è Veritatibus Evangelicis eruta, SS. Patrum sententiis illustrata, Personis cujuscunq status accommodata, DD. Sodalibus Academicis Congregationis Majoris B. V. Mariæ ab Angelo salutatæ in Xenium oblata Molshemii, Anno M.DC.LXXVII. Ex Typographiâ Episcopali, apud Ioan : Henric. Straubhaar, 24°, pp. 72.

Col. 654 : *Odi (Le)*... (Par le P. Ridolfi.)

Il y a une erreur de renvoi; les *Canzoni* sont cités à la col. 106.

Odæ in Nuptias Josephi II Rom. Regis cum Josepha Bavaræ a Collegio S. I. Viennæ, Kaliwoda, 1765, 4°. (Par le P. Joseph de Ægidiis ou Pœsten.)

Oeffeninghen van sommige godtvruchtighe affectien van het Geloof, Hope ende Liefde, ende van eenige andere Deughden volgens de Dry Weghen der Vol-maeck-theydt. Beschreven in het Latyn door den Eerw. P. Nicolaus Avancinus van de Societeyt Jesu, ende verduytst door eenen Priester der selve Societeyt. Vyfden Druck vermeerdert ende verbetert. Tot Mechelen, gedruckt by Andreas Jaye, 8°, s. a., pp. 38.

La 1re édition est peut-être d'Anvers, 1688, si l'on se rapporte à l'approbation donnée le 20 décembre 1688 et datée d'Anvers.

One God, one Faith, by W. B. 1625. (Par le P. Laurent Anderton.)

Orazione in lode del governo, che fece nel regno di Napoli il Vice-Rè D. Pietro Fernandez de Castro Conte de Lemos dedicata all' Illustrissimo, et Eccellentissimo Signor Conte de Ognatte al presente Vicerè del medesimo regno di Lorenzo Mirabello di Scigliano Città del Real Dominio di Calabria Citra. In Cosenza, per Gio. Battista Mojo, e Gio. Battista Russo, 1654, 4°, pp. 50, sld. (Par le P. Robert Mirabello.)

Col. 674 : *Ortus et progressus Collegii*... (Par le P. Daroczi.)

La date est fausse; lisez : *1736.*

Ortus et Progressus Ædium Religiosarum Viennensium... a Rhetoribus Viennensibus dicatus. Anno MDCCXXVII decima die Julii. Viennæ, Typis Wolffgangi Schwendimann; 8°, pp. 108, sll. (Par le P. Jean Barbolan.)

Col. 674 : *Osservazioni Critico-Theologiche*... (Par le P. Fuensalida.)

Cet ouvrage parut sous le pseudonyme : *Gaetano da Brescia.*

Où est né le pape saint Léon IX? P. P. Dexen. Strasbourg, Typographie de E. Bauer, 1884, 8°, pp. 47. (Par le P. Pierre Brucker.)

P

Col. 687 : *Panteon*...

L'auteur se nomme CHIAVARELLI.

Paradis (Le) sur la terre, ou considérations sur la vocation. Par le R. P. Antoine Natale, de la Compagnie de Jésus. Traduit de l'italien et revu par un Père de la même Compagnie. Poitiers, Bonamy, 1870, 32°; — 1884, 64°, pp. 164.

Col. 689 : *Paradise (The) of God*....

Ajoutez : (Par le P. Joseph E. Keller.)

Col. 703 : *Pensées chrétiennes pour chaque jour*...

Je crois que cet ouvrage est plutôt la traduction des *Christliche Gedancken* du P. Théodore Smacket, que je cite, col. 1131.

Petit manuel de l'apostolat de la prière. Association enrichie d'indulgences par Sa Sainteté Pie IX. Lyon, Périsse, 1860[?].) (Par le P. Henri Ramière.)

Plusieurs éditions anonymes ou non.

Pieux exercices en l'honneur de sainte Anne durant le mois de juillet. Lyon, imprimerie catholique, J. E. Albert, s. a. (1884). 16°, pp. 16. (Par le P. Marc Ramus.)

Plus (Le) ancien Mois de Marie par un Père de la Compagnie de Jésus traduit par le R. P. Blot de la même Compagnie. Paris, Ruffet, 1863, 24°, pp. xxxi-288.

C'est la traduction du *Mensis Marianus* (voir supra, col. 582), composé par le P. Fr. Xav. JACOLET. Son nom se trouve sur la 3ᵉ édition de la traduction française.

Poete (Le) des enfants, ou choix des plus belles fables des meilleurs Fabulistes François, avec des Remarques propres à orner l'esprit et à former les mœurs de la première Jeunesse. Par Mʳ l'abbé Blanchard. A Liège, chez C. Plomteux, s. a. (*1767*), 12°, 2 vol., pp. xx-351 et 424. (Par le P. J. B. DUCHESNE.)

Voir la note de l'article : *Poete (Le) des mœurs...* (supra, col. 729.)

Col. 734 : *Posthumum Calvini...* (Par le P. HUGO.)

Mon attribution serait peut-être plus exacte, si je la faisais au P. Josse ANDRIES.

Præcepta de arte rhetorica in ordinem practicum composita Et multis ex auctoribus notis illustrata. Cenomani, Typis Leguicheux-Gallienne, 1876, 8°, pp. 188. (Par le P. Camille DE ROCHEMONTEIX.)

Pratiques de piété pour la neuvaine et les dix vendredis à l'honneur de S. François Xavier, De la Compagnie de Jesus, Apôtre des Indes et du Japon. A Rennes, Chez la Veuve de N. Audran, MDCCXXXVIII, 16°, pp. 164.

La Permission est de Rennes, 19 décembre 1737. De la p. 145 à 164, il y a l'*Officium S. Francisci Xaverii*, composé par le P. Oudin. Ce petit livre n'est peut-être qu'une réédition de l'ouvrage du P. Duponcet (voir : *Pratiques de piété à l'honneur...*, supra, col. 741); mais on y a ajouté une bulle de Clément XII du 8 juin 1737.

Prawidla grammatyki francuzkiey ulożona nową metodą dla pilnych uczniow, którzy w siedmieu lekcyach dostatecznie grammatyką francuzką chią poznać przez X. B. A. Lwów, Dr. Fr. Poremby, 1849, 8°, pp. 24. (Par le P. Basile ARCISZEWSKI.)

Précieux trésor ou avis spirituels sur la vie religieuse par le R. P. Roothaan. Toulouse, Régnault, 1876, 16°, pp. 19. (Par le P. Emile BOUNIOL.)

Plusieurs éditions. C'est la traduction du petit opuscule latin : *Documenta aurea a R. A. P. Roothaan suis discipulis In alba Russia tradita*, dont le P. Bouniol a donné une édition à *Toulouse, 1876, 16°, pp. 15.*

Col. 749 : *Presbyterie's Triall...*

Au lieu de STRANGE, il faut lire SHARPE.

Pro Ilerdensis Academiæ Phœnice suscitanda sapientia. Declamatio habenda die XVIII. Octobris an. 1670, ut quam suggestu non vidit lucem è prælo videat... Cæsaraugustæ, 1670, 4°. (Par le P. François LOPEZ.)

Problema Geographicum de longitudine locorum terræ per acum nauticam indagandâ, a duobus religiosis Soc. Jesu. Ingolstadii, 1723, 4°. (Par les PP. Nicaise GRAMMATICI et Joseph SCHREIER.)

Col. 758 : *Progrès du Jansénisme....* (Par le P. PINTHEREAU.)

La date 1645 est fausse; Sotwel la donne, mais la corrige dans les *Errata*, ce que n'a pas remarqué le P. de Backer.

Col. 762 : *Prosodia seu de syllabarum...* (Par le P. REGELSPERGER.)

Le prénom de l'auteur est : *Christophe.*

Col. 765 : *Pseudo Scripturist.*

L'auteur est le P. NORRIS et pas *Morris.*

Col. 766 : *Publii Virgilii....*

L'éditeur est le P. *Jules* (et non Prosper) PARIS.

Purgatory Surveyed ; or a particular account of the happy and yet thrice unhappy state of the souls there, and also of the singular charity and ways we have to relieve them, and of the devotions of all ages for the souls departed. Edited by W. H. Anderdon, Priest of the Society of Jesus. Reprinted from the Edition of 1663. London, Burns and Oates, 1874, 8°. (Par le P. Richard ASHBY ou TIMBLEBY.)

C'est une traduction de l'ouvrage du P. Et. Binet : *De l'état heureux et malheureux des âmes souffrantes du purgatoire... 1625.*

Pytania Greko-Ruskie Odpowiedźmi SS. Oycow z xiąg Cerkiewnych wybranemi rozwiżane staransem jednego prawowiernego Kaplana. Roku pańskiego, s. l. et a. (*1715*), 12°, pp. 221. (Par le P. Jean SZAPIEL.)

Le texte est en slavon et en polonais.

R

Col. 785 : *R. P. Petri Writi...* (Par le P. Courtenay.)

Le prénom de l'auteur est : *Édouard.*

Recueil de prières en usage dans les réunions des associés de la Bonne-Mort. Lyon, imprimerie catholique, J. E. Albert, s. a. (188..), 16°, pp. 16. (Par le P. Marc Ramus.)

Col. 810 : *Réfutation du prétendu Catéchisme...*

Cet ouvrage, dont je donne le titre, en note de l'article : *Responces catholiques* (col. 840), est réellement du P. Jean Dorisy. Le P. Sotwel en donne le titre en latin et le date de 1651.

Regula aurea Actuum Humanorum, sive formula Rectæ Intentionis per singulos hebdomadæ dies mané, vel crebriùs in die usurpanda. Augustæ Vindelicorum Typis Antonii Maximiliani Heiss, Anno 1726, 24°, pp. 16 nch.

Cet opuscule me paraît d'un Jésuite ; sur le titre se trouve le chiffre de la Compagnie de Jésus.

Regum Veterum Numismata anecdota, aut perrara notis illustrata. Collata opera, et studio Francisci Antonii S. R. I. Comitis Khevenhüller in Collegio Regis Theresiano S. J. Historiæ, Matheseos et philosophiæ studiosi. Viennæ Austriæ, typis, Joannis Thomæ Trattner, s. a. (*1752*), 4°, pp. 182, sldpelt. (Par le P. Erasme Froelich.)

Khevenhüller dit dans la préface : « Intelligas... a me « quidquid id est operis, consilio, institutione. et ductu « R. P. Erasmi Froelichii in historia Professoris susce- « pisse. »

Col. 823 : *Relatione della morte...* (Par le P. Pierre Paul Rossi.)

Cet ouvrage a dû paraître en *1590.*

Col. 841 : *Rerum a Societate...* (Par le P. J. P. Maffei.)

Le renvoi doit être fait à : *Acosta (Emmanuelis)...* (col. 9.)

Rhétorique. Tableau synoptique pour le baccalauréat ès lettres. — Première partie. Le Mans, Imprimerie Leguicheux-Gallienne, 1878, gr. 8°, pp. 15. (Par le P. Camille de Rochemonteix.)

Col. 850 : *Rijk (Het)...* (Par le P. Heynen.)

Le prénom de l'auteur est : *Frédéric.*

Rijp Beraad aangaande het geloof ende gods dienst welke men moet omhelzsen ; vertaalt uit een latijnsch werk, getiteld : quæ fides et redigio sit capessenda, consultatio ; door Leonardus Lessius, Priester der Societeit Jesu en Professor in de heilige godgeleerdheid. A. M. D. G. Kerkelyk goedgekeurd. Te Nymegen by Langendam, en Comp., 1848, 12°, pp. 282 et 16. (Par le P. Henri Pypers [?].)

Col. 853 : *Risposta d'un teologo...* (Par l'abbé Cuccagni.)

Je crois que Melzi se trompe en disant que l'auteur est un ancien jésuite : d'abord, il ne lui donne cette qualité qu'au sujet de cet ouvrage et l'omet pour les autres ; ensuite Cernitori qui lui consacre un article dans sa *Biblioteca polemica* ne le dit pas, et Caballero ne lui donne aucune place dans ses *Bibliothecæ Scriptorum S. J. Supplementa.*

S

Saint Lovis, ov le heros chrestien. Poëme heroïqve. joûxte la copie Imprimée, A Paris, Chez Charles dv Mesnil, 1656, pet. 12°, pp. 223. (Par le P. Pierre Le Moyne.)

D'après le savant M. Claudin, ce serait une contrefaçon faite à Grenoble. « On y retrouve notamment un « fleuron représentant un combat d'animaux, qui figure « dans les éditions de Charvys, de Provençal, de « Nicolas et autres libraires de Grenoble. » (Voir le Catalogue Rochebilière (1884), n° 1417, 2° part., d. 148.)

Col. 877 : *Sanctæ intentionis...* (Par le P. Ott.)

Lisez : *Intentiones.*

Serenissimo regioque principi Carolo Alexandro Lotharingiæ, et Barri Duci, etc. etc., pro sacra sua Cæsarea et Regia Majestate Maria Theresia Regina Hungariæ et Bohemiæ supremo Belgii gubernatori, dum post longam absentiam rediret in Belgium, et solemni pompa Bruxellam ingrederetur die 23 Aprilis 1749. Mechliniæ, typis Laurentii Vander Elst, 4°, ff. 10. (Par le P. Jean-Baptiste Holvoet.)

L'auteur est ainsi désigné dans l'approbation : *R. P. J. B. H. S. J. poeta clarissimus.*

Solitude (La) de Philagie, ou Méthode pour s'occuper avec fruit aux exercices spirituels, une fois tous les ans, durant huit ou dix jours, avec les méditations, considérations, examens et lectures spirituelles qu'on pourra faire en ce temps là ; par le R. P. Paul de Barry, de la Compagnie de Jésus. Nouvelle édition, revue et corrigée par un prêtre de la même Compagnie. Le Puy, imprimerie Marchessou, 1859, 18°, pp. xxxvi-448.

Soul (The) on Calvary, meditating on the Sufferings of Jesus-Christ, and finding at the Foot of the Cross consolation in her Troubles, by the Author of the Elevation of the Soul to God. Dublin, John Duffy, 1851, 32°. (Par le P. Robert Plowden.)

C'est la traduction de *l'Ame sur le Calvaire* du P. Baudrand.

Col. 923 : *Spectacula Christianorum...* (Par le P. DE LA Coulture.)

Le prénom de l'auteur est : *Jules César.*

Col. 936 : *Studio (De) Religiosæ...* (Par le P. Bayma.)

Cette édition est de MDCCCLI ; celle de 1852 est de *Parisiis, apud Adr. le Clere et Socios,* même pagination.

T

Col. 964 : *Theatrum virtutis...* (Par le P. Brunner.)

Cet ouvrage, qui a 715 pages et 62 gravures, n'est autre chose qu'une nouvelle édition des *Excubiæ tutelares LX Heroum qui ab anno Ch. DVIII, Theodonem in Principatu Boiariæ secuti...,* publiée par le P. Brunner en 1637. On y a seulement ajouté, depuis la page 676, la biographie du duc Ferdinand, mort en 1679. Ces détails se lisent dans la dédicace.

Col. 966 : *Thesaurus copiosarum....*

Cet ouvrage est, sans doute, du P. Georges Barszcz. Le P. Jean Poszakowski, dans son Manuscrit intitulé : *De viris illustribus Provinciæ lithuaniæ,* parmi les ouvrages de ce Père, cite (p. 962) : *Thesaurus indulgentiarum.*

Col. 998 : *True (The) Faith...*

Ajoutez : (Par les PP. Charles Piccirillo, Emile DE Augustinis et Salvator Brandi.)

Col. 999 : *Truths (The) of Salvation....*

Ajoutez : (Par le P. Jean Holzer.)

U

Uitlegging der Advertentie van A. B. S. J. S. I. et a., 8°, pp. 10. — *A la fin :* Te Amsterdam, by de Wed. F. J. Van Tetroode. (Par le P. Adam Beckers.)

Cette lettre est signée : *Adam Beckers Priester van de Societeit Jesus. Amsterdam 18 Maart 1805.*

V

Col. 102 : *Verità eterne degli eser-cizii....*

Ajoutez : (Par le P. François VENANZI.)

Col. 1034 : *Vida de S. Ignacio de Loyola...* (Par le P. DE ARCONES.)

Cet ouvrage n'est pas anonyme.

Col. 1058 : *Virtù e fatti...* (Par le P. INVIZIATI.)

Voir à la col. 1070 : *Vita del Ven. Pietro Georgio Odescalchi.* Je ne sais quel est le véritable titre ; du moins le nom du chanoine de Vigevano est *Giovanni Maria* (et non Maso) *Ferrara.*

Vocation (De la). Instruction pratique, règles et considérations sur le choix d'un état de vie. Bordeaux, imprimerie de l'Œuvre de Saint-Paul, 1883, 32°, pp. 64, slt. (Par le P. Louis ROQUELAURE.)

C'est une traduction du latin ; le texte original s'y trouve réimprimé.

Z

Ziel (De) op den Calvarie-berg, het lyden van Jesus Christus overwegende, en aan den voet des kruisses troost in haren kommer vindende ; met gebeden, oeffeningen en verhalen op verschillende onderwerpen. Oorspronkelyk uit het Fransch. Door den Schryver van l'Ame élevée à Dieu vertaald door L. G. D. Te 'sGravenhage, By A. P. Van Langenhuysen, 1833, 12°, pp. 408.

C'est la traduction de l'*Ame sur le Calvaire* du P. BAUDRAND ; elle a d'autres éditions qui, sur le titre, ont le nom de l'auteur original.

TABLE DES PSEUDONYMES [1]

Academici Rhetores. — Pogatschnig (Jos.), 1160.

Académicien (Un). — Boschet (Ant.), 804, 808. — Menestrier (Cl. Fr.), 498².

Académicien (Un) de Bordeaux. — Castel (L. Bertr.), 508.

Académicien (Un) de Rouen. — Castel (L. Bertr.), 838.

Académicien (Un) des Arcades. — Roubaud (Jos. M.), 1045.

Academico Irresoluto. — Papini (Ch.), 319.

Academicus Vertumnius. — Inchofer (Melch.), 293, 794, 966.

Academicus Wirceburgensis. — Seyfried (J.), 546.

Acad⁰ Abbandonato. — Giustiniani (Jér.), 91.

Acad⁰ tra' Pascatori Cratillide Calliado. — Luna (Janv. Sanchez de), 1021.

Accademia (L') degli Scelti del Regio Ducale Collegio de' Nobili di Parma. — Bettinelli (Xav.), 21.

Academico (Un). — Mattei (Pascal de'), ou Matteis (Sertorius de), 484. — Monod (P.), 107.

Accademico (Un) Etrusco. — Oderico (Gasp. Aloys), 486.

Accademico Nascosto. — Cotoni (Tanc.), 976.

Accad. Raffinato. — Fozi (Jos.), 934.

Addictissima et insignibus Ejus beneficiis Ipsi devinctissima domus Emeritorum Sacerdotum nuper e Societate Jesu. — Wilczek (Ign.), 1128.

Addictissimi Condiscipuli. — Andrian (Ch.), 232.

A. de B * (Le P.) S. J.** — Bengy (Anat. de), 384.

A. de Lacoste. — Alet (V.), 945.

Adrianus Palajus Labienus. — Rajas (Paul Albin. de), 164.

A. D. S. G. — Draghetti (André), 1143.

Æ. G. (E. P), priester der Societeyt Jesu. — Gheeraerdts (Gilles), 927.

Æmilianus Ensglerus. — Bojer (Laur.), 731.

Affonso Franco. — Fonseca (Fr. da), 143.

Agatino Lupo. — Giunta (Paul), 90, 1066.

A. G. D. L. C. D. J (Le R. P.). — Girard (Ant.), 410.

Agostino Umicalia (P.). — Sanvitale (Jac.), 363.

A. G. S. J. — Gilliodts (Aug.), 467.

Agustin de Bazdrid (Don). — Larramendi (Manuel de), 643.

A. J. D. L. N. (Le P.) de la même Compagnie. — Neuville (Anne Jos. de la), 1051.

Albertus Alexander Paprocki. — Tylkowsky (Adalb.), 43.

Albertus Borkowski (R. P.) — Rosciszewski (Adalb.), 93.

Albrechta Borkowski. — Rosciszewski (Adalb.), 591.

Albrechta Slupski. — Laszcz (Mart.), 943.

Alessandro Maffei. — Tarlatini (Ant.), 1166.

Alessandro Sangomischi. — Perez (Fr.), 1146.

Alessio Lombardo. — Finicchiaro (Laur.), 1072.

Alethinus Philolaus. — Nuix (Raph.), 20.

Aletophilo Candido Lacerda (R. P.) — Rebello (Joach.), 846.

Alexander Bautnir. — Aguilera (Emm.), 292.

Alexius Philo-Romæus Theologus. — Loeffs (Doroth.), 93.

Alfonso Antonio. — Gianotti (Alph.), 595.

Algunos Padres de la Compañia de Jesus. — Gomez Rodeles (Cæcilius) et Maruri (Franç. de Paule), 201.

Alindo Scirtoniano P. A. — Fabri (Phil.), 892.

Aliquis Societatis Jesu Sacerdos. — Strunck (Mich.), 1094.

Alius de Societate Jesu Sacerdos. — Foresi (J.), 1059.

Alius ejusdem Societatis. — Lamparter (H.), 680.

Alius ejusdem Soc. Jesu Sacerdos. — Avancin (Nic.)., 150, 199. — Berzetti (Nic.), 744.

Alius ejusdem Societ. Sacerdos. — MAYR (Ant.), 1075.

Alius Sacerdos ejusdem Sccietatis. — RASSLER (Maxim.), 425.

Alonso Nuñez de Castro (Don), cronista general de S. M. — PECHA (Ferdin.), 392.

Aloysius Brenna Seminarii Romani alumnus. — LAZERI (P.), 59.

Alph. March. Pallavicino Acad. Parth. Princeps. — GOTTIFREDI (Alex.), 1149.

Alter ex eadem Soc. Jesu Presbyter. — ZACCARIA (Fr. Ant.), 783.

Alter (Ein) Mitbürger. — MEDERER (Jean Népom.), 346.

Altre Pare de la mateixa Companyia. — MARTORELL (Onuphre), 736.

Altro (Un') della medesima Compagnia. — CANTELLI (Ch.), 165.

Altro (Un') Padre della medesima Compagnia. — BARATTA (Marius Clém.), 1063.

Altro (Un') Religioso della medesima Compagnia. — BENZI (Bern.), 1072. — STEFANUCCI (Hor.), 1064.

Alumni Claromontani Collegii S. I. — PÉTAU (Denis), 529.

A. M... (M^r) d'Auray. — MARTIN (Arth.), 701.

Amadæus Guimenius Lomarensis. — MOYA (Matth de), 15.

A. M. A. D. F. — BONOLA (Roch), 486.

Amateur (Un). — CHAMPION DE NILON (Ch. Fr.), 29. — LAUGIER (Marc Ant.), 452.

A. M. B. (P.) Soc. Jesu. — BETTI (Ant. M.), 927.

Ambrosius Spinola. — CONTI (Odon de), 941.

A. M. de A. (El P.). — ARCOS (Ange Marie de), 279.

A. M. D. G. — LORIQUET (J. Nic.), 918, 977. — VERWEERD (Ant.), 655.

A. M. D. G. *.** — LORIQUET (J. N. L.), 3, 174, 255, 256, 379, 380, 387, 388, 389, 681, 1058.

Ami (Un). — NONNOTTE (Cl. Adr.), 498.

Ami (Un) de l'auteur. — PAULIAN (Aimé Henri), 363.

Ami (Un) de la vérité. — CABUT (P.), 1169.

Ami (Un) des lettres Belges. — BROECKAERT (Jos.), 918, 945.

Ami (Un) du prévenu et son fondé de pouvoirs. — DESCHAMPS (Nic.), 174.

Ami (Un) sincére de la liberté pour tous. — DESCHAMPS (Nic.), 519.

Amica (Un'). — BETTINELLI (Xav.), 490.

Amicus. — LABBE (Phil.), 110.

Ancien (Un) professeur de l'Université de Paris. — DANIEL (Gabr.), 498.

Ancien (Un) professeur et directeur de grand séminaire. — MILLET (Jac.), 445.

Anderen (Een) Priester der selver Societeyt. — FRAYE (Léonard de), 227.

Anderer (Ein) auss gemeiter Societät Jesu Priester. — KAPPENSTEIN (Fr.), 1093. — VIETOR (J.), 1096.

Anderer (Ein) Priester der gemeldten Gesellschaft. — JAGER (Ant.), 785.

A. N. D. M. C. — NARBONE (Al.), 933.

Andrea de Castelan. — CARDENAS (Nat. de), 435.

Andreas de Cornu. — VETTER (Conrad), 170, 183, 543, 624, 884.

Andreas Didacus Fontanus Sacerdos. — FONTE (André Diego) ou FUENTE (André Prudence), 32.

Andreas Miedzyborski. — ROSCISZEWSKI (Adalbert), 227.

Andreas Philopatrus Presbyter, ac Theologus Romanus. — PARSONS (Rob.), 257.

Andreas Pianello. — RAYNAUD (Théoph.), 722.

Andreas Schioppius Gasparis frater. — GARASSE (Franç.), 257, 400.

Andres Rami (Don). — CLAVERA (Jos. Ant.), 89.

Anfriso Androsiaco P. A. — GRANELLI (Jean), 218.

Angelo Eugenio Mentice Mantovano. — BONDI (Cl.), 1127.

Anglais (Un). — SAUVAGE (H. Mich.), 508.

Annuarius Osseg. — PACHTLER (Michel), 289, 340, 366, 518, 886.

Anonimo (Un). — ZACCARIA (Fr. Ant.), 485.

Anonymus e Soc. Jesu. — SACCHINI (Fr.), 1077.

Anonymus Societatis Jesu. — ANDRIAN (Ch.), 545.

Anselmus Kulesza. — KOWALSKI (J.), 717.

Antico (Un) confratello. — GIOVINAZZI (Vite M.), 870.

Antimus Conygius. — FABRI (Hon.), 766.

Antimus Farbius. — FABRI (Hon.), 665.

Antioco Marino Cubani. — BONUCCI (Ant. M.), 41.

Ant. Jos. Binterim. — MOERE (Jos. van der), 875.

Antoine de Bonastre. — GONTERY (J.), 833.

Antoine de S. André, Prestre. — VERJUS (Ant.), 1045.

Antonin Lirac. — CLAIR (Ch.), 306, 444, 526.

Antoninus Moraines, Sacræ Theologiæ Professor. — MARTINON (J.), 42.

Antonio Heraldo di Lorenzo Sacerdote Secolare. — ALIONE (Jos.), 109.

Antonius a Torre J. U. D. — ZALLINGER (Jac. Ant.), 44.

Antonius Celladei. — ELIZALDE (Mich. de), 799.

Antonius de Luca. — HUYLENBROUCQ (Alph.), 366.

Antonius Kerkoetius Aremoricus. — PETAU (Denis), 44².

Antonius Montoya, Doctor Theologus. — CASORLA (Blaise Ant.), 231.

Antonius Palatius Leoninus Carpensis. — AGUILERA (Emm.), 110.

Antonius Ricardus Theologus. — DESCHAMPS (Et.), 44.

A. P. (Erw. Pater) Priester der Societeyt Jesu. — POIRTERS (Adr.), 701.

A. P. H. P. — SWITKOWSKI (P.), 537.

Archi-Ducale et Cæsareum Collegium et Academia Græcensis S. J. — SCHEZ (P.), 392.

Arcivescovo (Un). — BONOLA (Roch), 484.

Argilio Cereiro P. A. — LANZI (L.), 982.

A. R. I. (Le P.). — RUBBI (André), 503.

A. Riviere (R. P.), Doct. Paris. Ordinis S. Augustini. — RAYNAUD (Theoph.), 104.

Armandus Valetta. — FERRAND (J.), 35.

Arn. God. Jos. Donceel. — DEVILLEZ (H.), 107.

Ascanius Perea Viegas et Hontemar. — AGRAMUNT (Pascal), 21.

Ascanius Torrus. — GIUSTINIANI (Ben.), 47.

A. S. Peregrinus. — SCHOTT (André), 378.

Astronomi della Compagnia di Gesù. — VICO (Fr. de), 576.

Atromo Trasimaco Calabrese. — LAGOMARSINI (Jér.) et ZACCARIA (Fr. Ant.), 492.

A. U. (P.). — SANVITALE (Jac.), 580.

Auctor da Compilaçao — ONORATI (Ant.), 589.

Auctor Renatus Florentius. — ZUCCONI (Ferd.), 1032.

Austriaca Societas Jesu. — FISCHER (Léop.), 94.

Auteur... (L'). — COURBEVILLE (Jos. de), 845.

Auteur (L') d'un cours d'histoire. — LORIQUET (J. Nic.), 584.

Auteur (L') de l'Ame élevée à Dieu. — BAUDRAND (Barth.), 25³, 26³, 27², 173, 390, 618, 687, 740, 806, 1060.

Auteur (L') de l'Ami des enfants. — REYRE (Jos.), 32.

Auteur (L') de l'Astronomie des Marins. — PÉZENAS (Esprit), 379, 634.

Auteur (L') de l'Ecole des mœurs. — DUCHESNE (J. B.), 249.

Auteur (L') de l'Imitation de la très sainte Vierge. — ROUVILLE (Alex. Jos. de), 284, 477, 618.

Auteur (L') de la Charte-Vérité. — DESCHAMPS (Nic.), 359.

Auteur (L') de la conduite intérieure. — VANBLOTACQ (Pierre Nic.), 296.

Auteur (L') de la nouvelle édition de l'Abandon de l'âme à Dieu. — RAMIERE (H.), 317.

Auteur (L') de la T. D. E. S. — PARA DU PHANJAS (Fr.), 654.

Auteur (L') de la Théorie des êtres sensibles. — PARA DU PHANJAS (Franç.), 256, 753, 954.

Auteur (L') de Mes Doutes. — LORIQUET (J. Nic.), 172.

Auteur (L') des Anecdotes françaises. — BERTOUX (Guill.), 388.

Auteur (L') des Erreurs de Voltaire. — NONNOTTE (Cl. Adr.), 213.

Auteur (L') des Helviennes. — BARRUEL (Aug.), 842.

Auteur (L') des Lectures. — VALOIS (Yves), 800.

Auteur (L') des Mémoires de Mathématiques et de Physique, rédigés à l'Observatoire de Marseille. — PÉZENAS (Esprit), 63.

Auteur (L') des Saints et Grands Hommes du Catholicisme en Belgique.... — SPEELMAN (Edm.), 77.

Auteur (L') du catéchisme pratique. — CHAMPION DE NILON (Ch. Fr.), 637.

Auteur (L') du Cours d'Histoire. A. M. D. G. — LORIQUET (J. Nic.), 1042.

Auteur (L') du Dictionnaire de Physique. — PAULIAN (Aimé Henri), 213, 254.

Auteur (L') du Grand Dictionnaire de Physique. — PAULIAN (Aimé Henri), 210.

Auteur (L') du livre : Le Monopole universitaire. — DESCHAMPS (Nic.), 682.

Auteur (L') du Mentor des Enfants et de l'école des jeunes demoiselles. — REYRE (Jos.), 32, 82.

Auteur (L') du Monopole universitaire. — DESCHAMPS (Nic.), 913, 1005.

Auteur (L') du Théâtre et des mauvais livres. — BOONE (J. B.), 596.

Auteur (L') du Voyage du monde de Descartes. — DANIEL (Gabr.), 496.

Auteurs (Les) de la Monographie de la Cathédrale de Bourges. — CAHIER (Ch.) et MARTIN (Arth.), 568.

Author (The) of « The gentleman instructed. » — DARRELL (Guillaume), 169, 603, 986.

Autora pewnego Kaplana S. J. Prowincyi litewskiey. — KORSAK (J.), 461.

Autore (Il) del medesimo libro. — BOLGENI (J. Vinc.), 11,4.

Autore dell' Istituzione antiquario lapidaria. — ZACCARIA (Fr. Ant.), 434.

Autore delle Prelezioni della Compagnia di Gesù. — CONTI (Séb.), 920.

A. V. G. — GESTEL (Adr. van), 698, 794.

A. V. I. S. J. — ISEGHEM (André van), 813.

B

B. (P.). — BARTOLI (Dan.), 674.

B. (Le R. P.) de la Compagnie de Jésus. — BIENVILLE (Olivier), 652.

B. (Le P.) D. L. C. D. J. — BUFFIER (Claude), 298.

B. (Le R. F. de) de la C. de J. — BOUCHAUD (Ed. de), 873.

B. (R. P.) Societatis Jesu. — BRIET (Phil.), 641.

B*.** — BOUHOURS (Domin.), 384.

B* (Le P.), correspondant de l'Académie royale des sciences.** — BÉRAUD (Laur.), 719.

B* (Le R. P.) de la Compagnie de Jésus.** — BOURDALOUE (L.), 70.

B. A. (X.). — ARCISZEWSKI (Bas.), 1179.

Barent van Dryfland. — VIS (Herm.), 1103.

Barezzo Barezzi. — POSSEVINO (Ant.), 825.

Bartholomæus Musca Caccabensis Archipresbyter. — AMATO (J. M.), 83.

Bassiano Sbigatti. — BISSO (J. B.), 1072.

B. C. Student in divinity. — PARSONS (Rob.), 230.

B. D. — FALCONER (J.), 521.

Bélég (Ur) a Gompagnoneah Jesus. — DANO (J.), 96, 97.

Belnodo. — BONO (Mich. del), 603.

Benannte (Der) Pater auss gemeldter Societat. — BODLER (J.), 773.

Benedetto Aletino. — BENEDICTIS (J. B. de), 217, 489.

Benoit Coronné. — Binet (Et.), 1052.

Bernardus Stubrockius Viennensis Theologus. — Fabri (Hon.), 528, 624.

B. F. — Hoskins (Ant.), 326.

B. G. I. — Gisbert (Bl.), 83.

Bibliophile (Un) (Pierre Clauer). — Clair (Ch.), 421.

B. (M.) J'''. — Baudrand (Barth.), 294.

Blanchard (M.), chanoine d'Avenay. — Duchesne (J. B.), 1148.

Blanchard (M. l'abbé). — Duchesne (J. B.), 1179.

Blasius de Piña Freyre. — Freire (Fr.), 796.

Boisic (l'abbé de). — Pinthereau (Fr.), 412.

Bollandiste (Un). — Hecke (Jos. van), 1040.

Bon (Un) curé. — Barruel (Aug.), 759.

Borger (Een). — Smet (Corn.), 1001.

B. R. (Le R. P.). — Routh (Bern.), 797.

Br. (Le P.) de la Compagnie de Jésus. — Brumoy (P.), 800.

Brasilio Sotomayor (Doctor Don) — Gutierrez (Mich.), 244.

B. Vilster. — Pape (Libert de), 56.

C

C. (Le P.). — Chahu (Phil.), 911.

C. (El) A. C. M. — Muzzarelli (Alph.) ou Muzani (Christ.), 1113.

C. (P.) D. L. C. D. J. — Charenton (J. Nic.), 938.

Cæsar Cantelli. — Castelli (Raph.), 1135.

Cæsar Cotta. — Montalbo (Hor.), 1127.

Cæsareum Goritianum Soc. Jesu Collegium. — Bautscher (Mart.), 481.

Calimbrio Cigola. — Cella (Ant.), 997.

Candidus Parthenotimus Siculus. — Burgi (Fr.), 722, 1084.

Candidus Philalethus. — Bianchi (André), 104, 662, 723, 737.

Canonicus Paulus Iovius Novocomensis. — Gottignies (Gil. Fr. de), 755.

Carlo Piccolomini, conte di Celano. — Andreani (J. B.), 526.

Carlos Elizondo. — Dutari (Jér.), 20.

Carlos Esperon Noble Genoves. — Speroni (Ch.), 795.

Carolus Lazzarini Romanus. — Lazari (P.), 868.

C. A. S. de la Compagnie de Jésus. — Spillebout (Ch.), 550, 988.

Caspar Fransone Patric. Gen. — Negrone (Jul.), 56.

Casimirus Dourman. — Crom (Adr.), 1090

C. A S. Priester der Societeit Jesu. — Spillebout (Ch.), 366, 884.

Cataldo Rizzo. — Giambruno (Cés.), 487.

Catholicke (A) Divine. — Parsons (Rob.), 39.

Cattolico (Un) Italiano. — Zocchi (Gaët.), 99.

Catholique (Une). — Dutau (Ad.), 501.

Cav. Grisei. — Bartoli (Vinc.), 576.

Cavaliere (Un). — Richelmi (J. Fr.), 487.

Cavaliere (Un) cristiano convertito alla religione cattolica romana. — Maineri (Alexandre), 541.

Cayo Sectano figlio di Lucio. — Lassala (Manuel), 905.

Caza (A) Professa da mesma Companhia. — Barros (André de), 1086.

C. B. P. — Passaglia (Ch.), 940.

C. D. L. R. è Soc. Jesu. — Rue (Ch. de la), 259.

C. D. R. (Il Signor). — Lagomarsini (Jér.), 349.

C. E. — Coffin (Ed.), 59.

C. E. of the Society of Jesus. — Coffin (Ed.), 998.

Célèbre (Un) Géomètre. — Cerutti (Jos. Ant. Joach.), 92.

Celio Grafedi. — Girardi (Félix), 221.

Cesfranco Coronein. — Rincone (Fr.), 352.

Ceux de l'église prétendue réformée. — Fauterel (Georges), 501.

C. F. M. (Le P.) de la Compagnie de Jésus. — Menestrier (Claude Franc.), 229.

C. H. — Henseler (L.), 99.

Ch... le jeune. — Champion de Pontalier (Fr.), 1015.

Chanoine (Un). — Courbeville (Jos. de), 900.

Chanoine (Un) pénitencier de la Métropole de *.** — Doyar (P. de), 508, 633, 992.

Charles d'Hostun. — Donyol (?). 551.

Chevalier de Malte (Un). — Ansquer (Alain Alex.), 498.

Chodkievicianum Crosense Soc. Jesu Collegium. — Mlodzianowski (Th.), 919.

Christianus Alethinus R. S. J. T. — Diertins (Ign.), 699)

Christianus catholicus. — Pinthereau (Fr.), 965.

Christophorus Gewold. — Gretser (Jac.), 36.

Christophorus Zawisca. — Bojer (Laur.), 108.

Cinonio Academico Filargita. — Mambelli (Marc Ant.), 675.

Citoyen (Un). — Eicher (Alf.), 1129.

Citoyen (Un) de Paris, membre du district des Cordeliers. — Fantin des Odoards (Ant. Et. Nic.), 161.

Citoyen (Un) helvétique. — Fontaine (Ch. L.), 838.

Cittadino (Il) Pandolfo Malatesta. — Tentori (Christophe), 222.

Clario Coriope Carcaria. — Noceti (J. B.), 31.

Clarus Bonarscius. — Scribani (Ch.), 134.

C. L. C. d'A. S. J. — Cocq d'Armandville (Corn. Le), 19.

Clearco Froscienna. — Ercolani (Fr.), 851.

Cleefischer (Ein) Geistlich. — Venedien (H.), 1007.

Clemens de Clementibus. — Sanctus (Léon). 262.

Clemente (Don) Sanchez de Orellana. — Ferrando (Fr.), 305.

Clementina Jesu Societas. — Woelker (Fr.), 942.

Cleobulo Paleofilo. — Brenna (Al.), 919.

Cleonte Torbizi. — Berzetti (Nic.), 1070.

Cl. Fr. M. I. — Menestrier (Cl. Franc.), 201.

C. M. — Michaeler (Ch.), 956.

C* M***.** — Murphy (Corn.), 521.

C. M. d. C. d. G. — Mearini (Cam.), 20.

Cœlius Servilius. — Petra-Sancta (Silv.), 437².

Collegii Claromontani alumni Societatis Iesv. — Petau (Den.), Briet (Phil.), Cossart (Gabr.), Léonard (Guil.), Dechamps (Et.), Moyne (P. le), Chevalier (J.), 1124.

Collegio (Il) Scozzese di Roma. — Rosis (Diego de), 251.

Collegium Bruntrutanum Societatis Iesv. — Sudan (Cl.), 1123.

Collegium et Alma Universitas Vilnensis. — Bialowicz (Val.) ou Kojalowicz Wijuk (Casim.), 916.

Collegium Hallense S. J. — Altheer (Eg.), 1169.

Collegium Leopoliense S. J. — Dunin (P. Stan.), 481.

Collegium Lublinense S. J. — Skorulski (Raph.), 997.

Collegium Lugdunense SS. Trinitatis Societatis Iesu. — Papon (J.), 602, 723.

Collegium Moguntinum S. J. — Armbruster (J.), 1151, 1161.

Collegium Pragense. — Solimani (Jul.), 163.

Collegium Ratisbonense Societatis Jesu. — Balde (Jac.), 959.

Collegium Rhedonense Societatis Jesu. — Crésol (L.), 670.

Collegium S. J. — Ægidius (Jos. de), 1177. — Kuhn (Paul), 997.

Collegium Societatis Jesu Bruxellæ. — Andries (Josse). 1168.

Columbo Giulio. — Cordara (Jul. Cés.), 940.

Com. Ioannes Andreas Alifer Acad. Animos. — Ceva (Th.), 539.

Com. Petrus Hercules Albergati. — CAPRINI (J. Ant.), 943.

Confrère (Un) d'icelles. — GUYON (Ferd.), 36.

Constantinus Marullus. — MAHONY (Constantin), 227.

Conte Aurelio Rosalbi. — AGUILERA (Emman.), 485.

Conte e Barone di N. N. — REGOLI (J.), 599.

Contemporain (Un) impartial. — GEORGEL (Jean Franç.), 574.

Convittori (I) del reale collegio di Savoja sotto la direzione de' Padri della Compagnia di Gesù. — ROVERO (Emm.), PRATI (J. M.), COPPA (P. Jac.), CARRETTO (Gasp. Ign. del), LENTI (Fr.), SAVI (P. M.), ROBERTI (J. B.), FABRE (Jér.), CANTOVA (Jos. Ant.), BETTINELLI (Xav.), GABARDI (Joach.), ROSSI (Quir.), VAIRANI (?), BILLIONI (Jac. Fr.), NOGHERA (J. B.), NAZARI (Jos. Aug.), MACCASSOLI (Marc Ant.), VISCONTI (Gal. M.), FASSATI (Gaët.), 1113.

Cornelius a Cranebergh Lovaniensis Theologus. — FONTAINE (Jacq. de la), 330.

Cornelius Denius Burgensis. — MATMAN (Rodolphe), 169.

Cornelius Ferrandinus Casteldensis. — AGUILERA (Emman.), 73.

Corrispondante (Un) dell' Accademia delle Scienze in Parigi, membro dell' Istituto di Bologna. — BELGRADO (Jac.), 55, 283², 793.

Costanzo Amichevoli. — ESCHINARDI (Fr.), 55.

Crescente Romolo Tebertelli. — SOZZIFANTI (Jos. Fr.), 91.

Cristobal (D.) Perez de el Cristo. — ANCHIETA (Louis de), 293.

C. S. e S. J. — SCHERFFER (Ch.), 11, 94, 102, 133, 856.

C. Sectani L. Fil. — LASSALA (Man.), 1127.

Curato (Un) campestre. — MUZANI (Christ.), 491.

Curioso (Hum) da Universidade de Evora. — ARAUJO (Jos. de), 108.

Cyriacus (D.) Morellus Presbyter. — MURIEL (Domin.), 313, 1132.

D

D... (Le P.). — DANIEL (Gabr.), 889.

D. (Le P.) I. — DANIEL (Gabriel), 292.

D* (Le P.) Jésuite.** — DANIEL (Gabr.), 503, 839.

D. A. D. C. — MOZZI DE' CAPITANI (L.), 933.

Dame (Une). — BEAUVAIS (Gilles Fr. de), 512.

Dame (Une) philosophe. — ABRASSEVIN (L. Cyp.), 973.

Daniel del Pico Dottore in Sacra Teologia. — FRANCOLINI (Balth.), 786.

Daniel of Jesus, reader of Divinity. — FLOYD (J.), 50.

Daniel Paradinus. — HAGEL (Balth.), 560, 808.

Davide Sesto Percettore di Vicaria. — ZUCCARONE (Fr.), 789.

D. C. (P.). — CREST (Daniel), 652.

D. C. (Le P.) D. L. C. D. J. — CHARLEVAL (Ch. Fr. de), 1041.

D. D. C. J. (Le P.). — COLONIA (Dom de), 43.

Decius Cyrillus Typographus. — AGOSTINI (Jos.), 642, 943.

Deiphilus Ismariensis, pastor arcas. — LESNIEWSKI (Mich.), 1128.

De la Baisse. — SARRABAT (Nic.), 230.

Denys de la Saincte Baume Gentilhomme Provençal. — GUESNAY (J. B.), 991.

Deux Pères de la Compagnie de Jésus. — GAMARD (P.) et TOULEMONT (P.), 1044.

Devinctissimum Domui Bavariæ Societatis Jesu Collegium Coloniense. — LEURENIUS (J.), 1122.

Devotissimum Collegium ejusdem Societatis. — PEMBLE (Jos.), 752.

Devotissimum Suæ Celsitudinis. Collegium ducale ostrogense S. J. — DUNIN (P. Stan.), 960.

D. F. D. C. D. G. — FERRARI (Domin), 348.

D. G. J. (Le P.). — GONNELIEU (Jér. de), 587.

Dichos (Los) Padres de la Compañia. — RAJAS (Paul Albin. de), 1128.

Didacus de Oropega, Lovaniensis Theologus. — FONTAINE (Jac. de la), 156, 217, 269, 270, 843, 930.

Didymus Hermannovillanus. — KLAGE (Th.), 40.

Diego Alonso Malvenda. — SANVITORES (Diego L. de), 1083.

Diodoro Delfico P. A. — BETTINELLI (Xav.). 706, 893, 929, 1028.

Directeur (Le) de l'œuvre de la communion réparatrice. — DREVON (Vict.), 503.

Directeur (Le) de la petite bibliothèque ascétique. — SPEETEN (Prosp. Van der), 565.

Directeur (Un) de Séminaire. — BELON (Nic.), 799.

Direttore (Un). — GARBELLI (Ant.), 491.

Disciple (Le) des disciples. — BARRY (Paul de), 705.

Discipulo (Un) suyo. — LOSSADA (L. de), 629.

Divoda Jansen. — DAVID (J.), 208, 240, 459, 526, 734.

Divoto (Un). — BUDRIOLI (André), 536.

Divoto (Un) applauditore. — BUDRIOLI (André), 688.

Divoto (Un) capellano di Santa Rosalia. — MANCUSO (Ant. Ign.), 853.

Divoto (Un) del medesimo santo. — ANNICHINI (P. Ant.). 408. — CAPELLUCHI (Jean), 865.

Divoto (Un) del medesimo Ven. Cardinale. — ARCANGELI (Arch.), 1062.

Divoto (Un) del Venerabile. — TOLRA (J. Jos.), 145.

Divoto (Un) dell' ordine Agostiniano. — FUGA (Vinc.), 487.

Divoto (Un) della Santa. — MAURICI (Sauv.), 1069.

Divoto (Un) religioso. — FERRARI (Grég.), 1130. — PALLAVICINI (Jul.). 132.

Divoto (Un) Sacerdote. — MANCUSO (Ant. Ign.), 1070.

Docte (Un) et celebre personnage de nostre temps. — SEGUIRAN (Gasp. de), 905.

Docteur (Un). — DECHAMPS (Et.), 891. — PETITDIDIER (J. Jos.), 807.

Docteur (Un) allemand de l'université catholique de Strasbourg. — SCHEFFMACHER (J. Jac.), 508.

Docteur (Un) catholique. — DECHAMPS (Et.), 890. — SCHEFFMACHER (J. Jac.), 508.

Docteur (Un) de Douay. — VERAMBEL (J. Nic.), 509.

Docteur (Un) de l'Eglise catholique. — ANNAT (Fr.), 786.

Docteur (Un) de la S. Theologie de Douai. — HERMITE (Mart. I), 114.

Docteur (Un) en Théologie. — ANTOINE (Gabr.), 193. — LANGLOIS (J. B.), 569. — MAIMBOURG (L.), 498. — PETITDIDIER (J. Jos.), 831. — TELLIER (Mich. le), 498.

Docteur (Un) en théologie de l'Université d'Ingolstatt. — SEEDORF (Fr. Fégely de), 509.

Docteur (Un) en théologie de l'Université de *.** — PATOUILLET (L.), 804.

Doctissimus anonymus. — ZACCARIA (Fr. Ant.), 785.

Doctissimus ejusdem Societatis Theologus. — ZACCARIA (Fr. Ant.), 783.

Doctor Antonio de las Casas. — CASAUS (Fr. Ant.), 773.

Doctor Francesco de Rofran. — FERRANDO (Fr.), 539, 1153.

Doctor Ingolstadiensis. — DOYAR (P. de), 139.

Doctor Joannes Antonius de Saura. — POZA (J. B.), 1084.

Doctor Sorbonicus. — LAZERI (P. ., 270. — SEMERY (André), 1134.

Dominico Vanni. — VANNI (J. Fr.), 1135.

Dominicus Galletti. — AGUILERA (Emm.), 719.

Dominique des Brandons. — DESCHAMPS (Nic.), 556.

Domus S. Annæ Soc. Jesu. — BUCELLENI (J.), 1079.

Donais Idinau. — DAVID (J.), 527.

Dottore (Un) di Sorbona. — DEZ (J.), 849.

D. S. (L'abbé). — SAIVE (B. de), 344, 944.

Duo religiosi Soc. Jesu. — GRAMMATICI (Nicaise) et SCHREIER (Jos.), 1154, 1180.

E

E. C. — CIMATTI (Eug.), 1069. — COFFIN (Edouard), 604.

Ecclesiastico (Un) Torinese. — FUENSALIDA (Diego Jos.), 484.

Ecclésiastique (Un). — CHEVALIER (J.), 838. — HECKE (Jos. van), 1039. — PATOUILLET (L.), 498, 1170.

Ecclésiastique (Un) d'Avignon. — MOREL (Andoche), 499.

Ecclésiastique (Un) de Flandre — DEZ (J.), 499.

E. Ch. St... — SCHUTZ (H.), 330.

Ecoliers (Les) du College de la même Compagnie. — WASTELAIN (Ch.), 422.

Ecrivain (Un) protestant. — FELLER (Fr. Xav. de), 452.

E. d'Avesne. — ROUVIER (Frédéric), 199, 200, 328³, 446, 478, 910.

Ed. T. — TERWECOREN (Ed.), 22, 76², 79, 285, 316, 332, 547, 662, 673, 754, 808, 875, 1005.

Ein aus der Societet J. — CURTZ (Alb.), 369.

Ein aus erwehter Gesellschaft. — EDSCHLAGER (Christian), 275.

Ein der S. J. Priester. — WAGNER (Fr.), 253

Ein gedachter Societät Priester. — CHILESI (Dom.), 476. — RICHTENBURG (Joach. von), 530.

Ein gemeldter Societät. — KAPPENSTEIN (Fr.), 356. — ZEIDLER (Adam), 340.

Ein gemelter Soc. Jesu Priester. — HAERING (Joach.), 476. — LANNSER (Sig.), 902.

Ein ihrer Leser. — KLEUTGEN (Jos.), 857.

Einige Lehrer an K. K. Theresianum.

— DENIS (Mich.) et SCHIFFERMILLER (Ign.), 950.

Ejusdem Societatis Sacerdos. — HAUSHERR (Melchior), 185.

Ejusdem Sodalitatis Præses Soc. Jesu Sacerdos. — NEUMAYR (Fr.), 990.

Elettore (Un) del Collegio dei Dotti. — RUBBI (André), 96.

E. M. V. (Le P.). — VERGNE (Edm.), 99.

Enfants (Les) de Marie du Sacré Cœur de Bruxelles. — BOONE (J. B.), 2.

E. N. F. D. S. — FANTIN DES ODOARDS (Ant. Et. Nic.), 954.

Eques polonus. — WIERUSZEWSKI (Casimir), 289.

Erasmus Pilius. — BOLCK (Gér.), 238, 519.

Erasmus van Vrede. — CLAERENS (Jac.), 275.

Eremiten (Die) im Schweizergebirg. — WASER (Gasp.), 75.

Erich Servati. — SAUTIER (H.), 1091, 1117, 1152, 1156.

Erminio Tacito. — ALCIATI (Tér.), 1064.

Ermocreonte Miceneo P. A. — CANTOVA (Jos. Ant.), 672.

Ernestus de Eusebiis, civis romanus. — WANGNERECK (Henri), 452.

Español (Un) zeloso. — ISLA (Jos. Fr. de), 69.

Estienne Arviset, Prédicateur du Roi. — BINET (Etienne), 162.

Eubite Leontineo. — ROBERTI (J. B.), 140.

Eugéne François, Marquis de Ligniville. — LESLIE (Ern.), 4.

Eugenio. — GAGNA (Gasp. Jos), 490.

Eugenius Lavanda. — INCHOFER (Melch.), 288, 358².

Eugenius Philadelphus Romanus. — ANNAT (Fr.), 288.

Eusèbe. — LOMBARD (Nic.), 497. — PINTHEREAU (Fr.), 838.

Eusebio Cristiano. — PASSAGLIA (Ch.), 19.

Eusebio Philopatro. — SANFELICE (Jos.), 849.

Eustachius de Divinis Septempedanus. — FABRI (Honoré), 289.

Eusebius de Leon y Gomez. — LEON (J. B. de), 967.

Envoi de Hauteville (M.) B. D. C. — JOUVE (Jos.), 384.

Evêque (Un) de France. — DOYAR (P. de), 758.

E. W. — WORSLEY (Ed.), 763, 796, 999.

Ex eadem Societate Sacerdos. — OTT (Christ.), 877.

Exjesuit (Ein). — DOLLER (J. Laur.), 76.

F'

F. (Le P.). — FOLARD (Melch. de), 655, 964.

F* (Le P.), S. J.** — FORBES (James), 711.

Fabio, Sylvio y Marcelo. — MORET (Jos. de), 1125.

Fabius Hercynianus I. C. — KELLER (Jac.), 105, 525, 848, 1000, 1082.

Fadericus Granvosca S. F. P. — RAVAGO (Fr. de), 129.

F. A. G. — BELBONO (Arch.), 144.

F. A. S. (P.). — SPINOLA (Fab. Ambr.), 562.

F. A. S. J. T. (R. P.). — ANNAT (Fr.), 141.

Father of the same Company. — EVERARD (Th.), 592. — FASTRÉ (Jos. A.), 411.

Father of the same Society. — BUSHART (Léop.), 1096. — COLERIDGE (H.), 397, 1164. — HOLZER (J.), 999, 1184.

Father (A) of the Society of Jesus. — BOUDREAUX (Flor. J.), 368. — KELLER (Jos. E.), 689, 1177. — MICO (Ed.), 563, 1172. — SWEETNAM (J.), 986.

Father (A) of the Society of Jesus, author of the Happiness of Heaven. — BOUDREAUX (Florentin J.), 353.

F. D. S. (P.) S. I. — SMIDT (Fr. de), 352.

Felix Zebrowski. — LASZCZ (Mart.), 796.

Ferdinando de Ayora Malvisoto. — AVILA Y SOTOMAYOR (Ferd.), 54.

Ferrante Longobardi. — BARTOLI (Dan.), 973.

F. G. — GAULTRAN (Fr.), 5.

F. G. C. de la misma Compañia. — GONZALEZ CEMPLIDO (Félix), 1172.

F. Hercynianus R. G. — KELLER (Jac.), 935.

F. H. G. Casanuova. — NECHAUSER (Fr. Ant.), 1091.

Fidéle (Un) Patriot Luxembourgeois. WAHA (Guill. de), 318.

Fidelis Annosus Verimentanus Theologus. — FLOYD (J.), 121, 104, 599, 949.

Fidelis Pontifici et Cæsari Theologus Romano Catholicus. — MEYERE (Liévin de), 239.

Filerimo. — OLIVA (Ant.), 486.

Filippo Irenico. — PACE (Stan. de), 314, 706, 788, 854.

Filopatro. — MONTENGON (P.), 654.

Firmicus Abidenus. — FERRARI (Gui), 1127.

Fixienses musæ. — PETAU (Den.) et CAUSSIN (Nic.), 732.

Flaminio Filliucci. — FILLIUCCI (Vinc.), 929.

Flaminius Cephalius C. E. P. C. — BAERENKOPF (Ign.), 320.

Flavinio Lamsaceno P. A. — RAFFEI (El.), 706.

Flavius Popæus. — FOPPA (dub.), 664.

Flexier de Reval (M.). — FELLER (Fr. Xav. de), 114, 224, 291, 292.

Florentius Palladius. — PALLAVICINO (Hortense), 122.

F. M. della medesima Compagnia. — MONACI (Phil.), 1162.

F. M. H. F. — HERVÉ (Fr. M.), 686.

F. M. Q. Acadº Innominato. — QUATTROFRATI (Fr. M.), 471.

F. P. (Le P.). — POMEY (Fr.), 710.

F. P. (Le P.) de la Compagnie de Jesus. — POMEY (Franç.), 115, 118.

F. P. (P.) è Societate Jesu. — PAPUS (F.), 917.

F. P. F. (Le P.) de la Compagnie de Jésus. — FRANCOZ (Fr.), 62.

Fr. A. M. a SS. CC. J. et M. — HECKE (Jos. Van), 553.

Français (Un) ami de la Charte. — Deschamps (Nicolas), 123.

Franc. Catinius. — Coyssard (Mich.), 1009.

Francesco Coltelloni. — Gessi (Jér.), 1073.

Francesco Dalarini. — Rainaldi (Fr.), 1068.

Francesco de Rofran (El Doctor). — Ferrando. (Fr.), 539.

Francesco Pace Canonico della Cattedrale di Monte Polciano. — Segneri (Paul), 311, 908.

Francesco Rainaldi (P.) della Compagnia di Gesù. — Pallavicini (Sforza), 72.

Francesco Roghi. — Fuligatti (Jac.), 554.

Francesco Xarque. — Xarque (J. Ant.), 872, 1033, 1036.

Francese (Un). — Marti (Bruno), 492.

Franc-Gaulois (Un). — Boylesve (Marin de), 173, 770.

Francisco da Costa Eborense. — Franco (Ant.), 165, 409.

Francisco de Bonis Sacerdote. — Benedictis (J. B. de), 887.

Francisco Lobón de Salazar (Don). — Isla (Fr. Jos. de), 391.

Franciscus de Ghevara. — Grienberger (Christ.), 925.

Franciscus Maria Cervini. — Amato (Fr. M. d'), 472.

Franciscus Simonis S. Th. L. — Estrix (Gilles), 330, 930.

Franciszek Szyrma. — Szyrma (Jos.), 972.

François, Cardinal de la Rochefoucault. — Phelippeaux (J.), 792.

François de Fontaine, predicateur du Roy. — Binet (Et.), 837.

François de Sainct Romain Prestre Catholique. — Labbe (Phil.), 103.

François de Segusie. — Coton (Pierre), 166.

François des Montaignes. — Richeome (L.), 1026.

François Romain. — Maimbourg (L.), 839, 889.

Frère Lacroix. — Patouillet (L.), 758.

Freund (Ein) der Wahrheit und Gerechtigkeit. — Marty (Rod.), 829.

Fridericus Borussus Theologus. — Barszcz (Fréd.), 32.

Fructuoso Bisbe y Vidal. — Ferrer (J.), 982.

F. S. — Solier (Franç.), 294.

F. S. Emonerius. — Raynaud (Théoph.), 928.

F) S. L. — Solier (Fr.), 555, 979.

F. T. — Thiulen (Laur. Ign.), 692. — Tortosa (Fr.), 966.

Fulgoso Montepelero Palermitano. — Mancuso (Ant. Ign.), 855.

F. X. de F. (L'abbé). — Feller (Fr. X. de), 1054.

F. X. D. F. (L'abbé). — Feller (Fr. Xav. de), 211, 227, 502, 805.

G

G. (Le R. P.) D. L. C. D. J. — Gentil (Cl.), 844.

G. (Le R. P.) de la C. de J. — Gonnelieu (Jér. de), 741.

G*** (L'abbé). — Grou (J. Nic.), 887.

G*** (Le R. P.). — Billy (J.), 831. — Grou (J. Nic.), 886.

Gabriel (Don) de Parraga. — Echaburu y Alcaraz (Jos.), 187.

Gabriel Sota Ariminensis. — Regolini (J. B.), 923.

Gaetano da Brescia. — Fuensalida (Diego Jos.), 331, 1178.

Galeatius Protesilaus Malvetius convictor. — Serafini (Fr.), 668.

G. André (Le P.). — Gouilloud (André), 636.

Gaston Massian. — Anglade (Jul.), 651.

G. B. N. — Noghera (J. B.), 940.

G. B. P. — Pianciani (J. B.), 791.

G. C. (Il F.) della medesima Compagnia. — Chiavacci (J.), 360.

G. D. D. L. C. D. J. (Le P.). — DANIEL (Gabriel), 231².

G. D. L. S. J. — LANDSHEERE (Guill. de), 439, 1088.

Gebohrner (Ein) Schlesier. — BENEDICT (?), 886.

Genesius Golt. — EGGS (Léonce), 656.

Gentilhomme (Un) de Province. — BOUHOURS (Domin.), 241. — MENESTRIER (Cl. Fr.), 499.

George Doulye, Priest. — WAKFORD (Guil.), 95, 585, 986.

Georgio Portio. — ALUCCI (Gés.), 923.

Georgios Michalov. — PACHTLER (Mich.), 340.

Georgius Casimirus Ancuta. — SOKULSKI (Stan.), 928.

Georgius Thomson. — TYRIE (Jac.), 43.

Gerardo Vimonti. — DUTARI (Jér.), 1032.

Gesperrter (Ein) Kath. Priester. EHRENSBERGER (André), 858.

G. G. G. (P.). — GABARDI (Joach.), 96.

G. H. S. J. — HESER (G.), 1076. — HEVENESI (Gabr.), 102.

Giacomo Seceli. — CELLESI (Jac.), 488.

Gian Cola Sitillo. — STIGLIOLA (Nic.), 1058.

G. I. C. (Le P.) de la même Compagnie. — CHARONIER Gasp. (Ign.), 304.

Ginnippo Euganeo P. A. Academico Informe... — GIUPPONI (Barth. Pie), 29.

Gio. Battista Bartoli. — BARTOLI (Dan.), 871.

Gio. Gabrielle Anton Lusino. — BRIGNOLE SALE (Ant. Jul.), 140.

Gio. Pietro Rossi (R. P.), della C. di G. — ROSSI (Pierre Paul), 823.

Giovanni Corona. — MENOCHIO (J. Et.), 936.

Giovanni de Serpos. — MARINOVICH (Jos.), 1145.

Giovanni Desiderj Romano. — ZACCARIA (Fr. Ant.), 645.

Giovanni Filoteo di Asti. — POSSEVINO (Ant.), 644, 853.

Giovanni Lorenzo Guadagno. — PRINCIPE (Paul), 961.

Giovanni Maria Ferrara, canonico cantore della cattedrale di Vizevano. — INVIZIATI (Oct.), 1058, 1070.

Girolamo Bartolomei Gentiluomo Fiorentino. — OTTONELLI (Domin.), 213.

Girolamo Rubetta. — PERDICARO (Jos.), 791.

Giuliano Mari. — NOCETI (J. B.), 120.

Giuseppe Antonio Rasier. — FUENSALIDA (Diego Jos.), 30.

Giuseppe de Neri Teologo, e Sacerdote Romano. — FOZI (Jos.), 853.

Giuseppe Maria Andrucci. — QUADRIO Fr. (Xav.), 727.

Giuseppe Mariano Parthenio della Compagnia di Gesù. — MAZZOLARI (Jos. Marie), 208, 259.

Giuseppe Rainaldi. — RAINALDI (Fr.), 131, 530, 1000.

Giuseppe Silva Sacerdote. — SOTOMAYOR (Jos. M.), 537, 881, 916, 1011.

G. J. C. e Societate Jesu. — CHARONIER (Gasp. Jos.), 653.

G. K. of the Society of Jesus. — KEYNES (G.), 857.

G. M. (P.). — MELANDRI (Jos.), 89.

G. Mariano Partenio. — MAZZOLARI (Jos. Marie), 90.

G. M. J. (P.) d. C. d. G. — JANNOTTI (Jos. M.), 520.

Godefridus a Driell. — BUSÉE (J.), 859.

Godefridus Vrancken. — HABBEEKE (Gasp. Maxim. van), 1013.

Golmario Pepugies Marsigliano. — LAGOMARSINI (Jér.), 853, 1064.

Golmarius Marsilianus. — LAGOMARSINI (Jér.), 20.

G. P. Priester der Societeyt Jesu. — PERDUYN (Gisl.), 798.

Graciosus Eremicola. — SANGEORGIUS (Hippol.), 441.

Guay. — GARASSE (Fr.), 632.

Guilliam Van Aelst, gheboortigh van Antwerpen. — SMIDT (Fr. de), 250.

Guil. Stingletonus. — LESSIUS (Léonard), 226.

G. van Aelst. — SMIDT (Fr. de), 521.

H

I

Illustrissima Humanitas Viennensis. — Pamer (Ant.), 554. — Spillhoffer (Max.), 592. — Trefflinger (Paul), 1117. — Waldschacher (G.). 1110. — Ziernsdorf (Ant.), 530.

Illustrissima Humanitatis schola — Rechbach (J.), 1147.

Illustrissima juventus Græcensis. — Hollner (Ch.), 1146.

Illustrissima Oratoria Facultas. Handler (F. X.), 750.

Illustrissima oratoria Facultas Universitatis Græcensis. — Rezer (Ferd.), 1015.

Illustrissima, Perillustris ac Nobilis Græcensis Rhetorica. — Battig (And.), 1169.

Illustrissima Perillustris ac Prænobilis Facultas Poetica Viennensis. — Schezer (Urb.), 1122.

Illustrissima, Perillustris et Prænobilis Suada Viennensis. — Sautter (Marc), 1137.

Illustrissima Poesis Academica. — Ertl (Th.), 1122.

Illustrissima Poesis Græcensis. — Hellmayr (Ant.), 558. — Rechtenberg (Wolfg.), 636. — Steizinger (Ant.), 1155. — Tomschiz (Jos.), 1160.

Illustrissima Poesis Tyrnaviensis. — Landovics (Georg.), 430.

Illustrissima Poesis Viennensis. — Ertl (Th.), 313. — Hillebrandt (P.), 1078. — Jagerhuber (Ign.), 957. — Keller (Fr.), 602. — Koller (Jos.), 313. — Maister (Fr. X.). 314, 1116. — Pohl (Jos.), 314. — Schachner (Ign.), 531. — Seybold (Jac.), 314. — Steinkellner (Al.), 314.

Illustrissima Rhetorica Græcensis. — Rechtenberg (Wolfg.), 936. — Redelhamer (Ign.), 763. — Vogt (Jac.), 924.

Illustrissima Rhetorica Viennensis. — Ertl (Th.), 1122. — Kaschutnig (Ant.), 330. — Keller (Fr.), 1121. — Keller (Jac.), 228. — Maister (Fr. X.), 585. — Schachner (Ign.), 1148. — Tilmez (Fréd.), 575.

Illustrissima Viennensis Rhetorica. — Jagerhuber (Ign.), 299. — Waldtner (Franç.), 532. — Ziernsdorf (Ant.), 1138.

Illustrissimæ Musæ Viennenses. — Kogler (Ant.), 924.

Illustrissimi Academici Eloquentiæ Studiosi. — Purgstall (Alb. Christ.), 1162.

Illustrissimus Parnassus Græcensis. — Maergerl (André), 289. — Maurisperg (Ant.), 866.

Illustrissimus Parnassus Viennensis. — Kaschutnig (Ant.), 1054.

I. M. K. SS. Theologiæ Doctor et Professor emeritus. — Kroust (J. Mich.), 301.

Individuo (Un) de la misma. — Lizargarate (Jos. M.), 1036.

Ingenio (Un) de Salamanca. — Isla (Fr. Jos. de), 456.

Inutile Mariæ mancipium Soc. Jesu Sacerdos. — Hevenesi (Gabr.), 57.

Inventeur (L') du clavecin électrique. — Borde (J. B. de la), 186.

I. R. Authour of the Answere vnto the Protestants Pulpit-Babels. — Floyd (J.), 766.

I. R. P. R. E. E. S. — Rubé (Ant.), 208.

I. R. Student in Diuinity. — Floyd (J.), 678.

I. S. — Sweetnam (J.), 689.

Isaac Vanspeuspeg. — Casanova (Jos.), 1152.

Italiano (Un). — Curci (Ch. M.), 908.

Itelco Medonico. — Coleti (J. Dom.), 630, 692. 1168.

I. V. (Le P.) de la Compagnie de Jésus. — Vignancour (J. de), 1056.

I. W. of the Society of Jesus. — Ward (J.), 585.

J

Jac. Calafato. — Mancuso (Ant. Ign.), 222.

Jacob Cats, Licentiaet in de Rechten. — Hellemans (Pierre), 172.

Jacob d'Horel, ministre de la parole de Dieu. — Isnard (Jac.), 583.

Jacobus a Fossa Regiensis. — Berettari (Séb.), 251.

Jacobus Aurimontius. — Keller (Jac.), 908

Jacobus Cosmas Fabricius. — SIRMOND (Jac.), 440.

Jacobus de Monbron Theologus Belga. — FONTAINE (Jac. de la), 11.

Jacobus Josephus Labbe Selenopolitanus. — ABAD (Diego Joseph), 194, 440.

Jacobus Sylvanus. — KELLER (Jac.), 312, 716.

Jacques de Montholon. — COTON (P.), 725.

Jakob Wohlgemuth. — BAUMGARTNER (Alex.), 1147.

Jana Przylepski. — RADZIMINSKI (Adr.), 1144.

Janus Toscantoni Florentinus. — CASINI (Ant.), 885.

J. B... (Le Père) de la mesme Compagnie. — BRIGNON (J.), 84, 85, 342, 901.

J. B. S. J. S. J. (Le P.). — SAINT-JUST (J. B. de), 197.

J. C. (Le R. Père) de la Compagnie de Jésus. — CRASSET (J.), 586.

J. D. (Le P.) de la mesme Compagnie. — DARDE (Jean), 8.

J. D. B. — BUSSIÉRES (J. de), 197.

J. de B. — BONNIOT (Jos. de), 1006.

J. D. H. (Le R. P.) de la même Compagnie. — HAYES (Jac. des), 114.

J. D. J. D. — JARDIN (J. du), 977.

J. D. S. F. — SPRIN (J. Jos.), 325.

Jednego Kaplana S. J. — IWORSKI (Fr.), 856. — KONSKI (And.), 1106.— NIEPRSKI (Alex.), 1105. — RUTKA (Théoph.), 96, 457. — SMARZEWSKI (Alex.), 642. — WOLLOWICZ (Vinc. P.), 1101.— WYSOCKI (Sim.), 887, 1104.

Jednego Kaplana tegoz Zakonu. — RUTKA (Théoph.), 816. — WYSOCKI (Sim.), 236, 615.

Jednego Kaplana tejze S. J. Zakonu. — CHOMENTOWSKI (J.), 857.

Jednego Katholika, swiadka oczywistego. — TYSKIEWICZ (G.), 642.

Jednego milosnika oyczyzny. — SMIGLECKI (Mart.), 763.

Jednego obojey stronie zyczliwego. — BEMBUS (Matth.), 464.

Jednego prawowiernego Kaplana. — SZAPIEL (J.), 1180.

Jednego Professora w Akademii Polockiey Societatis Jesu. — RICHARDOT (Didier), 396.

Jednego tejze S. J. Zakonnika. — ANTONIEWICZ (Ch.), 659. — CHOMENTOWSKI (J.), 648.

Jednego Zakonnika S. J. — BOHOMOLEC (Fr.), 523.

Jeronimo Velasquez. — GUERRERO (L.), 420.

Jésuite (Un). — CAHOUR (Arsène), 444.

Jésuite (Un) du couvent de Lille. — SOUASTRE (Jos. de Bonnières de), 507.

Jeune (Un) Jésuite. — CERUTTI (Jos. Ant. Joach.), 838.

J. F. — FALCONER (J.), 527.

J. F. B. (Le P.) D. L. C. D. J. — BALTUS (J. Fr.), 1042.

J. F. B* (M.), de la Compagnie de Jésus.** — BARRELLE (J. Fr.), 619, 1049.

J. Géfel. — BESSON (Jul.), 1005.

J. H.* — HILLEGEER (Josse), 125, 370.

J. H..., Priester van de Societeit Jesu. — HILLEGEER (Josse), 1089.

J. H* Priester van de Societeit Jesu.** — HILLEGEER (Josse), 1090.

J. Heribertus Cemeliensis. — RAYNAUD (Théoph.), 288.

J. J.*** — JUSTER (Jul.), 356.

J. J. C. D. P. C. R. — DESCHARRIERES (Jos. Cl.), 285.

J. J. ejusdem Societatis Rhetorices professor. — JOUVANCY (Jos. de), 424.

J. K. — KEYNES (J.), 794.

J. K. S. J. (K). — KLEIN (Joach.), 539.

J. M. Societatis Jesu Sacerdos. — MASSELOT (J.), 59, 64, 622.

Joachim Milner. — MERMILLOD (Laur.), 119.

Joachin Castelvi, y la Figuera (Don). — SERRANO (Th.), 584.

Joachin Federico Issalps. — ISLA (Fr. Jos. de), 1033.

Joan. Bapt. Chiaretta. BARDI (Fr.), 999.

Joannes Adlzreitter. — FERVAUX (J.), 1164.

Joannes a Fonte. — POZA (J. B.), 418.

Joannes Andreas Pazo. — Poza (J. B.), 291.

Joannes Aquipontanus Theologus et Sacerdos catholicus. — Bidgwatter (J.), 156.

Joannes Baptista Gallus, I. C. — Machault (Jean), 414.

Joannes-Baptista Silvius. — Oudin (Fr.), 910.

Joannes Bobola in Academia Vilnensi S. J. studiosus. — Rosciszewski (Adalb.), 12.

Joannes Campanus. — Rousselet (J.), 329.

Joannes Georgius Hörwart. — Keller (Jac.), 1172.

Joannes de Fonte. — Poza (J. B.), 148.

Joannes Jemicius Parochus Senquicensis. — Pazmany (P.), 447, 526.

Joannes de Moya. — Bosquete (J. B.), 171.

Joannes Fontana Episcopus Ferrariensis. — Possevino (Ant.), 600.

Joannes Julius Lorencowicz. — Lorencowicz (Alex.), 121.

Joannes Santinellus Romanus. — Guarini (Ign.), 601.

Joannes Semanius. — Masenius (Jac.), 589.

Joannes Theophilus Francopolita. — Renaudie (J. de la), 759.

Joannes Widman P. V. S. I. C. — Romano (Jos.), 760.

Joao de Brito. — Payva (J. de), 144.

Joaquin Larruy (Don), Vicario de la Parroquial de dicha Villa. — Clavera (Jos. Fr.), 629.

Johannes Jolitus. — Alber (Ferdin.), 393.

Joh. Proænus. — Keller (Jac.), 149.

John Heigham. — Everard (Th.), 564.

John Howlet. — Parsons (Rob.), 225².

Jonas Thamonis. — Warner (J.), 1057.

Josaphat Izakowicz. — Kmicic (Nic.), 448.

José Pereira Macedo. — Macedo (Fr. de), 1033.

Josef Ignacio de Salas Presbitero. — Tolra (J. Jos.), 147.

Joseph de Calassus y Navia Ossorio. — Serrano (Th.), 1031.

Joseph de Torquemada (D.). — Echaburu y Alcaraz (Joseph), 167.

Joseph (D.) Goya y Muniain. — Petisco (Jos.), 141.

Josephus Fontius a Valle Ausetanus. — Prat de Saba (On.), 662.

Josephus Ludovicus Sacerdos. — Vallarta y Palma (Jos. Mar.), 248.

Josephus Marianus Parthenius. — Mazzolari (Jos. M.), 448, 479.

Josephus Maria Palma. — Vallarta y Palma (Jos. Mar.), 190.

Josephus Neapolis Mazarensis. — Syracusa (Jac.), 143.

Josephus Pauluccius Pisaurensis. — Caprini (J. Ant.), 45.

Jo. Stephanus Liniewski Polonus. — Caprini (J. Ant.), 759.

Jozefa Pieknorzecki. — Szembek (Fréd.), 159, 360.

J. R. — Jenison (Rob.), 682.

J. S. of the Society of Jesus. — Spencer (J.), 990.

J. S. presbyter. — Sans (Jos.), 777.

J. S. (X.) S. J. — Skorulski (Jos.), 1097.

J. S. z L. L. S. Z. W. M. — Klaus (J.), 990.

J. T. (Le P.) H. D. L., de la Compagnie de Jésus. — Tailhan (Jules), 68.

Juan d'Avila. — Davila (J. B.), 696.

Juan de Espinola, Baeza, Echaburu. — Echaburu y Alcaraz (Jos.), 127, 156, 178, 206, 417, 519, 703, 963.

Juan Diego de Rengifo. — Garzia de Rengifo (Diego), 60.

Juan Josaphat Ben-Ezra. — Lacunza (Emman.), 1016.

Juan Melo y Giron. — Julian (Jér.), 901, 1102.

Julianus Poncius. — Vallarta y Palma (Jos. Mar.), 271.

Julius Loranicus. — Carnoli (Al.), 1078.

J. V. (Le P.), Directeur de la Sodalité. — VINCART (J.). 771.

J. V. S. (Der Eerw. H.) Priester der Societeit Jesu. — STRATIUS (Jac.). 1113.

J. W. — WARNER (J.), 242, 847.

J. W. e S. J. — WELMERS (Josse), 319.

J. Z. d. G. J. — ZIMMERMANN (Jos. Ign.), 433.

K

Kaplana F. L tegoz Zakonu — LIPSKI (Fr.), 465.

Kaplana tegoz Towarzystwa. — BAC-ZYNSKI (Théophile), 1012.

Kaplana tegoz Zgrowadzenia. — KU-ROWSKI (Ant.). 1106.

Kath. (Ein) Geistlicher. — SCHMID (Fr. Ant.). 476.

L

L. (Le P.) de la Compagnie de Jésus. — LEMPEREUR (Jac.), 379.

L. (Le P.) et L. M. (le P.). — LABBÉ (P.) et MOYNE (P. le), 258.

Lastic de Saint-Jal (le Vte). — MARTIN (Fél.), 712.

Late (A) Minister and Preacher in England. — PARSONS (Rob.), 244.

Laurentius Castellanus Patritius Romanus. — CLAVIUS (Christ.), 842.

Laurentius Gambara. — POSSEVINO (Ant.), 473.

Laurenzio Valla. — PETRACCI (Barth.), 1073.

L. B. e S. J. — BIWALD (Léop.), 894.

L. C. (Le R. P.) de la Compagnie de Jesus. — CHIFFLET (Laurent). 202, 205.

L. C. R. eiusdem Societatis Presbyter. — CRÉSOL (L.), 422.

L. D. C. S. J. (P.). — CAMARET (L. de), 765.

L. des Montaignes. — RICHEOME (L.), 840.

L. D. F. D. L. C. D. J. (Le R. P.). — FÉNIS (Léonard de), 426.

L. D. S. F., Théologien. — MAIMBOURG (L.), 190.

Learned (A) Divine. — HOSKINS (Ant.), 95.

Lector theologiæ moralis in Cathedrali Bononiæ. — ZAMBERTI (Ch.), 184.

Lelius Palumbus. — BELLI (Paul), 106, 391, 868.

Leo Hubertinus a Sancto Dionysio sacræ Theologiæ doctor. — LESSIUS (Léon.). 1125.

Leodegarius Quintinus Heduus S. T. D. — RAYNAUD (Théoph.), 593, 966, 970.

Leone Stella, romano. — CONTI (Séb.), 1073.

Leopolitanum et Stanislaopolitanum S. J. Collegia. — SKORSKI (J.). 1116.

Leu, Chorherr und Professor in Luzern. — WASER (Gasp.). 1096.

L. F. de la Compañia de Jesus. — FITER (L.), 736.

L. H. C. S. J. — CARREZ (L.), 63.

L. I. (P.) ex eadem Societate. — JANIN (L.), 226, 862.

Liberio Arverno. — MONTON (J.). 157.

Liberio Candido. — ZACCARIA (Fr. Ant.), 221.

Liberius Candidus. — WEISSENBACH (Jos. Ant.), 518.

Liberius Gratianus Theologus. — MEYERE (Liévin de), 582. 700.

Liberius-Sanga Verinus Cantaber. — DELRIO (Martin), 702.

Lic. D. Martinus Ortizius. — QUADROS (Diego de), 101.

Licenciado (El) Don Geronimo Suarez de Somoça. — ANDRADE (Alph. de), 1033.

Licenciado (El) Francisco Ramon Gonçalez. — CLAUDIUS (Vinc.), 869.

Licenciado (El) Joseph Aparicio. — MARTINEZ RIERAS (Nic.), 762.

Lic. (El) Juan Anento. — ORTIGAS (Emm.), 299.

Liebhaber (Ein) der katholischen Wahrheit. — KRAUS (J.), 915.

Lief-hebber (Een) der Waerheydt A. B. — Nuyts (Phil.), 1083, 1092.

Lino Corintio. — Pace (Phil. Stan. de), 670.

L. I. Societatis ejusdem Sacerdos. — Janin (L.), 1077.

Livius Noringus Doctor Theologus. — Negrone (Jul.), 525.

L. J. (P.) ex eadem Societate. — Janin (L.), 756.

L. J. (E. P.), Priester der Societeyt Jesu. — Jacobi (L.), 926.

L. M. (M.) — Avril (L.), 959.

Lorenzo Gondino. — Gondino y Garcia (J.), 363.

Lorenzo Gracian. — Gracian (Balth.) 18, 176, 375, 648, 665, 730.

Lorenzo Mirabello di Scigliano. — Mirabello (Rob.), 791.

Lotharius Sarsius Sigensanus. — Grassi (Horace), 519, 794.

Louis de Beaumanoir. — Richeome (L.), 725.

Louis de la Ville. — Valois (L. le), 900.

L. R. — Roy (le). 883.

L. Sectanus, Q. filius. — Cordara, (Jul. Cés.), 469.

Lucas Linowski. — Sawicki (Gasp.). 860.

Lucius Barrettus. — Curtz (Alb.), 29.

Lucius Cornelius Europæus — Scotti (Jul. Clém.), 528.

Lucius Sammarco (Don) Sacerdos. — Tamburini (Th.), 344.

Lucius Verus Pacatus Cosmopolitanus. — Bembus (Matth.), 681.

Lud. J. (R. P.) — Janin (L.), 1074.

Ludovicus Casterius Vocontius, Sac. Theol. et J. U. D. — Fabri (Hon.). 454.

Ludovicus Clairembault. — Marsy (Fr. M. de), 9.

Ludovicus Petrus Francesius. — Roa (Mart. de), 9.

Luigi Sidereo (Padre) della Compagnia di Giesù. — Caraffa (Vinc.), 104, 132. 311, 707, 901.

Luis de Gorgora, Alcaçare e Pempi-celeon. — Speroni (Ch.), 795.

Lupo. — Bondi (Cl.), 1114.

M

M.... — Maréchal (Nic.), 958.

M". — Serin (J. Jos.), 512.

M"'. — Cerutti (Jos. Ant. Joach.), 630. — Rozaven (J. L. de), 251. — Vitse (P.), 1055.

M"' (Le P.) S. J. — Margat (J. B.), 306.

M"' (Le R. P.) de la même Compagnie. — Morel (Phil. And.), 1172.

Madama Sadume. — Masdeu (J. Fr.), 577.

Madame... — Beauvais (Gil. Fr. de), 510.

Madame D. L. R. — Roger (Claude Félix). 206.

Madre (La) Presidente di Torre de Specchi Suor Maria Madalena Anguillara. — Cepari (Virg.), 1065.

Maestro (El) Joseph Altamirano. — Bermudez (Gabr.), 844.

Magistri Conradi Andreæ Jünger Bruder. — Forer (Laur.), 1094.

Magister Petrus Michael Quintana. — Fomperosa y Quintana (Pierre de), 358.

Maître (Un) d'école. — Clair (Ch.), 509.

M. Antonio Martinengo. — Martinengo (J. B.). 373.

Manuel Mendez Moniz. — Duarte (Fr.), 42.

Marcellus Cervini. — Amato (Fr. M. d'). 472.

Marchio Aloysius Leonori. — Boscovich (Roger Jos.), 480.

Marchio Sfortia Pallavicino. — Aranea (Vinc.). 1008.

Marcin Tworzydlo. — Laszcz (Mart.), 659.

Marcina Michaylowicza Zagiella Auditora teologii. — Stefanowski (Jér.), 120, 655, 960.

Marco Antonio Sistini. — Sampieri (Placide), 316.

Marco Calini. — TREVISI (Bern.), 606.

Mariano Partenio. — MAZZOLARI (Jos. M.), 584.

Mariano Pistofilo degli Eusebii (Padre). — SANNA (Dém.), 699.

Marquis *** (Le). — GARNIER (P. Ign.), 704.

Marquis de *** (M. le). — GRIFFET (H.), 502.

Marquis of Montcalm. — ROUBAUD (P. Ant.), 493.

Martinus Huber. — VETTER (Conr.), 605.

Matematico (Un). — ASCLEPI (Jos. M.), 484.

Matteo Massanet. — AIMERICH (Matth.), 352.

Matthæus Merula tanti doctoris indignus discipulus. — GRETSER (Jac.), 143.

Matthæus Tortus. — BELLARMIN (Rob.), 843.

Mauro Oller (D.). — ALAFONT (Raym.), 817.

M*** B***, licencié en droit. — LEHEN (Ed. de), 422.

M***, éditeur du Bréviaire philosophique du feu roi de Prusse. — CÉRUTTI (Jos. Ant. Joach.), 442.

M. C***. — CERUTTI (Jos. Ant. Joach.), 501, 695.

M. C. Societatis Jesu. — COYSSARD (Mich.), 523.

M. Conradi Andreæ jünger Bruder. — FORER (Laur.), 279.

M. Conradus Andreæ. — VETTER (Conrad), 9, 32, 45, 193, 242, 263, 361, 532, 533², 883, 1010, 1095, 1104².

M. D. L. — BOSSES (Barth. des), 353. — LANDSHEERE (Guil. de), 312, 876, 1139².

M*** Docteur de Sorbonne. — CHESNE (J. B. Philipoteau du), 501.

Melchior Pomé. — ROMEO (Mich.), 522, 947.

Melchior Zambranus, clericus Hispalensis. — ALVAREZ (Diego), 184.

Member (A) of the same Society. — FOLEY (H.), 522, 798.

Member (A) of the Society of Jesus. — FOLEY (Henri), 445.

Membre (Un) de la même Compagnie. — FÉRAUD (J. Fr.), 980.

Membre (Un) du congrès. — DURAND (Alex.), 369.

M. G. — GREEN (Martin), 9. — GRESSET (J. B. L.), 728.

Michael Christopherson. — WALPOLE (Mich.), 40.

Michael Sintzel. — WENINGER (Fr. X.), 475.

Michele Manfredi. — RICCIOLI (J. B.), 1057, 1119.

Miguel Rinojano (Don). — JULIAN (Jér.), 1034.

Mirtisbius Sarpedonius Pastor Arcadus. — REIFFENBERG (Fréd. de), 592.

Missionnaire (Un) apostolique. — GUÉRIN DU ROCHER (Fr. Rob.), 499.

Missionnaire (Un) de la C. de J. — BESSE (Cél.), 548. — BOISSY (L. de), 499. — MAILLET (P.), 328. — VILLOTTE (Jac.), 1085.

Missionario (Un) dell' India. — PUCCINELLI (Laur.), 120.

Missionarius (Ein) Societatis Jesu. — LAMPARTH (Jos. Ign.), 621.

Missionarza tegoz Zakonu S. J. — WIECZORKOWSKI (Mich. Ign.), 542.

Mitglied (Ein). — ZEIDLER (Adam), 620.

Mitglied (Ein) der Gesellschaft Jesu. — FUGER-GLOTT (Herm. von), 1082. — SCHNEIDER (Jos.), 2.

Mitglied (Ein) derselben Gesellschaft. — DIEL (J. B.), 679. — LAMBERTZ (P.), 680. — WERTENBERG (Jos.), 31.

M. L.. (Le R. Pere) de la Compagnie de Jesus. — HERMITE (Mart. l'), 389.

M. M.... — LORIQUET (J. Nic.), 690.

MM. du Consistoire de.... — NOUET (Jac.), 988.

Molitor. — MILLER (Ant.), 254.

Monaca (Una). — ROTA (André), 487.

Monaca (Una) dello stesso monastero. — SILVESTRO (Côme de), 1063.

Monsieur ***. — DUBOIS DE LAUNAY (H.), 830.

Monsig..... — MATTEI (Pascal de'), 486.

Monsig. Vescovo di... — Iturriaga (Emin. Mart. de), 939.

M. P. (P.) della Compagnia di Gesù. — Merea (Aloys), 63.

M. Philocardius. — Lagomarsini (Jér.), 469.

M. P. T. H. Ch., R. Pr. DD., ancien professeur en théologie. — Hongnant (Cl. René), 49.

M`r ```Bachelier de Sorbonne. — Montauzan (Fr. de), 449.

M. R. (P.) bemeldter Gesellschaft. — Rassler (Maximilien), 467.

Musæ Monasterienses Societ. Jesu. — Zimmerman (H.), 1155.

Musæus Dertuser Societatis Jesu. — Corredor (Martin), 473.

M. V. H. M. — Mertian (H.), 1026.

N

N. (Le P.) S. J. Théologien Romain. — Spee (Fréd. von), 15.

N*.** — Petit (Nic. le), 1048.

N. A. (Le P.) D. L. C. D. J. — Aubertin (Nic.), 1048.

N. D. — Parsons (Rob.), 823, 847, 957.

N. D. Author of the Ward-word. — Parsons (Rob.), 986.

N. D., ch`ne`, anc. offic. — Deschamps (Nic.), 600.

N. F. (Le P.) de la même Compagnie. — Frizon (Nic.), 1038.

Nicander Jasseus P. A. — Azevedo (Em. de), 620, 1016.

Nicandro Jasseo P. A. — Azevedo (Em. de), 787.

Nic. Fizen, Can. Visetensis. — Foullon (J. Fr.), 1025.

Nicolas Ziemecki. — Tyskiewicz (G.), 842.

Nicolaus Mylonius Theologus Germanus. — Possevino (Ant.), 183, 621.

Nimeso Ergatico P. A. della Colonia Renia. — Poggi (Sim. Marie), 106, 487, 851.

Niram ed Evselyob. — Boylesve (Marin de), 22.

Nivildo Afronio. — Cordara (Jul. Cés.) ou Carbone (Franç.), 252.

NN. — Plowden (Percy), 206. — Zaccaria (Fr. Ant.), 186, 188, 502.

N. N. (R. P.) Anglus, Oxoniensis, Societatis Jesu. — Roberti (Ant.), 134.

NN. Doctor Theologus. — Tiphaine (Cl.), 672.

N. N. (P.) della Compagnia di Gesù. — Palomba (David), 1143.

Nobili Convittori del Collegio Tolomei. — Appiani (Paul Ant.), 531.

Nobilis Adolescens Albertus Wysocki. — Rogerius (L.), 190.

Nobilis Humanitas Tyrnaviensis. — Kiris (Fr.), 919.

Nobilis Juventus Collegii Iublinensis S. J. — Paprocki (Barthél.), 763.

Nobilis Polonus. — Lans (J.), 622.

Non nemo ex Collegio Societatis Jesu. — Zucchi (Nic.), 538.

Novici (Un) de la Companya de Jesus. — Fiter (Louis), 392.

N. R. S. I. D. Theologus. — Roger (Nic.), 116.

O

Observateur (Un) contemporain. — Boylesve (Marin de), 242.

Octavius Branciforte. — Pace (Marius), 653.

Octavius Farnesius. — Tamburello (Darius), 771.

Odomenigico Lelonotti. — Ottonelli (Domin.), 126, 322, 577, 849, 881.

Officina Plantiniana. — Cater (J.-e. de), 9.

O. M. Academicus Cortonensis. — Coleti (J. Domin.), 647.

Optatus Doctor. — Mumford (Jac.), 776.

Orazio Urbano. — Zucchi (Nic.), 418.

Orlando Cinami. — Cinami (Léon.), 869.

Parnassus Viennensis. — BARBOLAN (J.), 1171. — HOELLER (Fr.), 892. — PICHLER (Jos.), 1138.

Parocco (Un) di Città. — BONOLA (Roch), 477.

Parthenius Graphæus, Senior Herminiensis. — RAGUSA (Jér.), 695.

Parthenius Graphiophilus — RAGUSA (Jér.), 35.

Paschal de Segiun. — FERNANDEZ (Pasch.), 335.

Pastore Irminio. — MAZARA (Jos. M.), 727.

Pater (Een) der selve Societeyt. — PAPENBROECK (Dan. van), 561.

Pater ejusdem Societ. — BUSÉE (J.), 783.

Pater ejusdem Societatis. — TANNEMAR (J.), 302.

Patres ejusdem Societatis. — ASCLEPI (Jos. M.), 1016 — GUILHERMY (Elesb. de), TAILHAN (Jul.), LETIERCE (Edm.), 861.

Patres Hiberni Societatis Jesu. — BATH (William), 442.

Patres Societatis Jesu. — ASCLEPI (Jos. M.), 37, 53, 139, 607, 647, 917, — BOSCOVICH (Roger Jos.), 478.

Patres Societatis Jesu Provinciæ Toletanæ. — XARAMILLO (Ant. Math.), 518.

Patrizio (Un) della stessa famiglia. — PERSICO (P. Ang.), 1139.

Paul de Cabiac, Prêtre régulier. — ALBI (H.), 49, 152.

Paullus Leardi Casalensis. — PETRUCCI (Jos.), 414.

Paulus Adrianus Theologiæ Doctor. — SAGARRA (Emman.), 175.

Paulus Leonardus Ibernus Manipiensis. — SHERLOCK (Paul), 698.

P. B. (Le P.) de la Compagnie de Jesus. — BOBYNET (P.), 100.

P. B. (Le P.) J. — BOBYNET (P.), 101.

P. B. (R. P.) S. I. — BRIET (Philippe), 400.

P. C. — CASATI (Paul), 679.

P. C. D. L. C. D. J. — CHARENTON (Jos. Nic.), 265.

P. C. I. (Le P.). — CHAHU (Phil.), 69.

P. D. C. (M.) A. J. — GLORIVIERE (P. Jos. de), 306.

P. D. Prêtre. — DOYAR (P. du), 838.

Pedro Bonet (Don). — GARCIA (Emman.), 220.

Pedro Manrique. — CRESWELL (Jos.), 52.

Père (Un). — VALOIS (Yves), 417, 499.

Père (Un) de la C. de J. — CROS (Léon), 263. — FRANCIOSI (Xav. de), 629. — FROMENT (Fr.), 205. — GUILHERMY (El. de), 1080. — LANUSSE (Mich.), 407. — POTTIER (H.), 137, 206. — RAPIN (René), 537.

Père (Un) de la Compagnie de Jésus. — ABT (Emm.), 123. — ANTOINE (Paul Gabr.), 477, 564, 607. — BALABINE (Eug.), 124. — BARRET (Mart.), 85, 618, 746, 921. — BEGUIN (Dan.), 845. — BELOT (J. B.), 1081. — BENING (Fr.), 85. — BERNARD (Jac.), 382. — BINET (Et.), 1037. — BOSSICART (Nic.), 255^2. — BOUÉ (Fulg.), 288. — BOULLEAU (Ad.), 1041. — BRUMOY (P.), 1041. — CACHET (J.), 1043. — CAHIER (Ch.), 921. — CARRERE (Raym.), 704. — CHAMPSNEUPS (P. des), 560. — CHAZOURNES (L. de), 711, 921. — CLERC (Paul le), 1052. — COLONIA (Dom de), 618. — COMIRE (Luc.), 122, 939. — CONART (L.), 1046. — CRASSET (J.), 77. — CROISET (J.), 204, 813, 846. — DAGONEL (P.), 16, 70. — DAGUET (P. Ant. Alex.), 297. — DANIEL (Ch.), 618. — DELBRUN (P.), 1132. — DEYNOODT (Fr.), 242. — DREVON (Vict.), 137, 174. — DUVERNET (?), 204. — FILÈRE (Jos.), 175, 872. — FOULLON (J. Fr.), 872. — FRANC (Ant.), 1, 588. — FRANCIOSI (Xav. de), 297, 657. — GEOFFROY (P.), 666. — GODFROY (Eus.), 30. — GODSCALK (Ign.), 6. — GUILHERMY (El. de), 124, 560, 1080. — GUILLERMET (Phil.), 775, 1051. — HASENFORDER (Vict.), 297. — JACOLET (F. Xav.), 1179. — JÉGOU (J.), 318. — KESTENS (Fr.), 1039. — LAAGE (Clém. de), 628. — LANUSSE (Mich.), 207, 357, 363. — LOUIS (Nic.), 203. — LYONNARD (J.), 137. — MAILLET (P.), 182. — MAURAGE (J. B.), 412, 1054. — MENOUX (Jos. de), 376. — PÉRIN (Léon), 559. — PIERRE (Fr. de), 511. — POMEY (Fr.), 709. — POTTIER (H.), 610, 886, 1036. — RAMART (Grég.), 135. — RENAULT (Jac.), 154. — RICHEOME (D.), 500. — RIEU (Samson du), 980. — SAINT-JURE (J.-B.), 1038. — SAINT-MARTIN (Raym. de), 233. — SOLIER (Fr.), 989. — SURIN (J. Jos.), 106.

P. T. (R. P.) S. I.. itineris comes... — TAFFERNER (Paul), 101.

P. V. moralis theologiæ professor. — VILLADA (Paul), 1129.

P. V. S. J. — VILLADA (Paul), 961.

Q

Quidam ejusdem Societatis. — BALINGHEM (Ant. de), 93.

Quidam ejusdem Societatis Presbyter. — HOLTZLETNER (Christ.), 962.

Quidam ejusdem Societatis Religiosus. — INES (Alb.), 400.

Quidam ejusdem Societatis Sacerdos. — BOLLANDUS (J.), 614. — HOLTZLETNER (Christ.), 785. — JANIN (L.), 221. — LAMPENS (Ferd.), 1013. — MAYR (Ant.), 1077. — TREVINNIUS (Melch.), 561.

Quidam ejusdem Societatis Sacerdos in Austriaca Provincia. — XIMENEZ (P.), 149.

Quidam ejusdem Societatis Theologus. — NOCETI (Ch.), 1024.

Quidam e Societate Jesu. — CHAMPSNEUFS (P. des), 326. — ESCHENBRENDER (Pantal.), 1002. — FALCKENBERG (And.), 56. — SEISER (G.), 103.

Quidam e Societate Jesu Sacerdos. — CALLENBERG (Gasp.), 236. — ELGER (Georg.), 423. — HEVENESI (Gabr.), 177, 178. — PINTER (Jos.), 130. — WAGNER (Fr.), 1075. — ZETL (Fr. X.), 303.

Quidam ex eadem Societate. — JANIN (L.), 1074. — WAGNER (Fr.), 431.

Quidam Miles christianus. — RUTKA (Théoph.), 350.

Quidam Pater e Societate Jesu. — HAMERIUS (P.), 771. — MAJOR (J.), 538.

Quidam P. Soc. Jesu. — HANOTEL (Phil.), 302. — JARDIN (J. du), 544, 545.

Quidam Sacerdos. — KROPFF (Fr. X.), 793. — PINAMONTI (J. P.), 305.

Quidam Sacerdos ejusdem Societatis. — MORAWSKI (J.), 887. — OTT (Christ.), 681.

Quidam Sacerdos Societatis Jesu. — MORAWSKI (J.), 169. — NENNICHEN (Math.), 13. — SANFELICE (Jos.), 441. — SCHMITMAN (P.), 300.

Quidam sacræ theologiæ professor. — BOURGONGNE (Ant. Fr. de), 745.

Quidam Societatis Jesu. — BUSÉE (J.), 932.

Quidam Societatis Jesu Sacerdos. — BOYMAN (Jac.), 887. — GOLDHAGEN (Herm.), 423, 718. — HILLEBRANDT (J.), 216. — JANIN (L.), 781. — KHELL (Jos.), 68. — KILBER (H.), 31. — KRAZ (G.), 589. — LADESOU (Othon), 652. — PARTINGER (Fr.), 794. — PRILESZKY (J. B.), 630. — BAICSANI (G.), 78. — VOGEL (Matth.), 1025.

Quidam Societatis Jesu Theologus. — BIESMAN (Gasp.), 974. — NENNICHEN (Math.), 546.

Quidam Theologus Polonus. — HANNENBERG (Godefroi), 332.

Quispiam ejusdem S. J. Sacerdos. — KAZY (Fr.), 734.

Quispiam Societatis Jesu Sacerdos. — WAGNER (Fr.), 1076.

R

Ramiri Cayorcy Fonseca. — MOYA (Fr. de), 995.

R. B. — PARSONS (Rob.), 48.

R. Doleman. — PARSONS (Rob.), 154.

Rédacteur (Le) des principes de Bossuet et de Fénelon. — QUERBEUF (Yv. Mathur. M. de), 385.

Regium Bituricense Collegium S. J. — DESBILLONS (Franç. Jos.), 260.

Régulier (Un). — BINET (Et.), 775.

Religieux (Un). — GODFROY (Eus.), 1007. — SEGUIN (Eug.), 1058.

Religieux (Un) de la Compagnie de Jésus. — BRECIL (J. du), 709, 890, 995. — DANGLES (Bern.), 153. — DAVRYAC (?), 667. — MOYNE (P. le), 329 (1), 733.

1. La date de cet ouvrage est 1631, au lieu de 1621.

Religieux (Un) de la Compagnie de Jésus du collège de Reims. — MOYNE (P. le), 992.

Religieux (Un) de la même Compagnie.
— ALLIAN (Fr.), 874. — GIRARD (Ant.),
973. — MAUCORPS (P.), 223. — OUTRE-
MAN (P. d'), 1038. — PRAT (J. M.),
221.

Religioso (Un) d. C.d.G. —RATTI (J. M.),
639. — TORNIELLI (Jér.), 908.

Religioso (Un) de la mesma Compañia.
— BRU (Ch.), 153.

**Religioso (Un) della Compagnia di
Gesù.** —BALLERINI (Raph.), 435. — BE-
NEDICTIS (J. B. de), 853. — CANTOVA
(J. Ant.), 881. — CEVA (Th.), 1068,1072.
— CREMONA (F. X.), 923. — ETTORI
(Cam.), 855. — FRANCO (Scc.), 436. —
GALLUZZI (Fr. M.), 638[2], 932. — MASSA
(J. And.), 909. — MATTEI (Pasc. de'),
349. — PAGELLI (Liv.), 868. — PINA-
MONTI (J. P.), 282, 420, 1018, 1138. —
ROGACCI (Ben.), 742. — SACCONE (Ant.),
235, 517.—SANVITALE (Jac.), 556, 917,
1079. — STROZZI (J. Fr.), 580. — VE-
LASTI (Stan. Th.), 91.

**Religioso (Un) della medesima Compa-
gnia.** — ASTRIA (J. B.), 1061. — AURIA
(Jér. de), 1063. — BARATTA (M. Cl.),
1079. — BONARETTI (Jac.), 567. — BRI-
GNOLE SALE (Ant. Jul.), 217. — CAMPISI
(J. B.), 234. — CORSETTI (Jos.), 145. —
FOZI (Jos.), 918. — GALLUZZI (Fr. M.),
790, 1064. — LANCELLA (Ant.), 1060. —
MAMSI (Fab.), 825. — MAZZAROZA
(P. Philib.), 576. — PERELLI (J.), 639.
— SANTOCANALE (Alex.), 175.

**Religioso (Un) della stessa Compagnia
di Gesù.** — BONARETTI (Jac.), 282.

Religioso (Un) divoto del Santo. — AN-
DREUCCI (And. Jér.), 1067.

**Religioso (Un) indivoto divotissimo della
divozione.** — BIANCHI (André), 690.

Religioso Sacerdote divoto del Santo.
— ANDREUCCI (And. Jér.), 1065.

**Religioso Teologo Bresciano allieuo
delli Reverendi Padri della C. di G.**
— GIUSTINELLI (P.), 41.

**Religioso (Un) Theologo della medesima
Compagnia.** — BENEDICTIS (J. B. de),
216.

**Religioso (Un) Toscano della medesima
Compagnia.** — AMBROGI (Ant. M.), 491.

**Religiozos (Os) da Companhia de Jesus
Estudantes de Rhetorica.** — FRANCO
(Ant.), 1166.

Renatus a Valle Magister in Theologia.
— RAYNAUD (Théoph.), 377.

René de la Fon. — RICHEOME (L.), 839.

René François, Prédicateur du Roy. —
BINET (Et.), 285.

**R. et Illustrissimus D. L. B. Adamus
Patachich de Zajezda.** — PICHLER
(Jos.), 1121.

Rheinpreussischer (Ein) Theolog. —
SCHNEEMANN (Gér.), 623.

Rhetores Collegii Soc. Iesu Antverpiæ.
— HUGO (Herm.), 524.

**Rhetores Collegii Soc. Iesv eiusdem
Civitatis.** — HUGO (Herm.), 311.

**Rhetores Collegii Societatis Iesv Bru-
xellis.** — ANDRIES (Josse), 1179. — HUGO
(Herm.), 734, 1179.

Rhetores Viennenses. — BARBOLAN (J.),
1178. — HOELLER (Fr.), 418. — KAS-
CHUTNIG (Fr.), 317.

Rhetorica Viennensis. — PICHLER (Jos.),
1059. — PRANDTNER (Léop.), 602. —
RADITSCHNICG (J.), 936.—ROYS (Fr. X.),
1154. — SPILLHOFFER (Maxim.), 602.

Rhetorices candidati. — ALDENBRUCK
(Aug.), 829.

Rhetorices Præceptor S. J. — BRAUS
(Ant.), 477.

Rhétoriciens (Les) du collège de Lyon.
— CHARONIER (Gasp. Jos.), 200.

Richardus Antonius, Theologus. —
DECHAMPS (Et.), 189.

**R. M. olim Societatis Iesu in Castel-
lana Provincia Sacerdos.** — MEN-
CHACA (Roch), 273, 863.

Roberto Filalete. — BRENNA (Aloys),
493.

**Rogerus Widdringtonus, Catholicus
Anglus.** — BELLARMIN (Rob.) [?], 1117.

Roi (Un). — MENOUX (Jos. de), 446.

Rolandus Mirteius Onatinus. — DEL
RIO (Mart.), 390, 857.

Roman (A) Catholic Clergyman. —
PLOWDEN (Rob.), 482.

Romano (Un). — RONDINA (F. X.), 1045.

Romisch-Katholischer (Ein) Priester. —
DOLLER (J. Laur.), 1096.

R. P. — PARSONS (Rob.), 299. — PLO-
WDEN (Rob.), 256.

R. P. (Un) de la Compagnie de Jésus. KERNATOUX (Fr.), 351.

R. P. (Un) de la mesme Compagnie. — GIRARD (Ant.), 1051.

R. P* (Le),** — COLONIA (Domin. de). 740.. — RUE (Ch. de la), 907.

R. P* (Le) de la Compagnie de Jésus.** — CIBOT (P. Mart.) 505. — CROISET (J.), 607.— HOUDRY (Vinc.). 81, 908.— MAREUIL (P. de), 657.

R. P* (Le) de la même Compagnie.** — COLONIA (Domin. de), 5.

R. S. — SOUTHWELL (Rob.), 537.

R. S. of the Society of Jesus. — SOUTHWELL (Rob.), 865.

R. S. S. I. — STRANGE (Rich.), 521.

R. S. the Author of S. Peters Complaint. — SOUTHWELL (Rob.), 995.

Rudolphus S. R. I. Comes Coroninus de Quischa L. B. à Cronberg. — FROELICH (Er.), 950.

Ruidarpe Etolio P. A. — RIGORD (Al.), 100.

S

S. (R. P.). — SALLIER (J.), 100.

S. A. (P.) della stessa Compagnia. — ALBERTI (Domin. Stan.), 720.

Sacerdos ejusdem Soc. — CICALA (P. M.), 1074.

Sacerdos e Societate Jesu. — PRILESZKY (J. B.), 864. — SCHAUMBURG (Lud.), 110.

Sacerdos Societatis Jesu. — DAGONEL (P.), 924. — GRETSER (Jac.), 269. — JACOBS (P.), 301. — TIBERIUS (J. B.), 425.

Sacerdos (Unus) Societatis Jesu. — RAPIN (René), 413.

Sacerdos theologus Societatis Jesu. — VEKEN (Fr. van der), 691, 692.

Sacerdote (Un). — FOZI (Jos.), 922.

Sacerdote A. P. — PELLICANI (Ant.), 407.

Sacerdote (Il) D. Epifanio Noto. — BURGI (Fr.), 217.

Sacerdote (Un) d. C. d. G. — AGUILERA (Emm.), 235. — BADO (Al.), 536. — LEONETTI (Al.), 34. — MALLERINI (Fr.),

759. — ONORATI (Ant.), 1069. — ROSSI (J. B.), 484. — TRIGONA (Vesp. M.), 59, 1060.

Sacerdote (Un) de la Compañia de Jesus. — CORTÉS (Mariano), 1173.

Sacerdote (Un) de la misma. — PUYAL (Mar.), 1034.

Sacerdote (Un) de la misma Compañia. — BERLANGA (Christ.), 87. — GONZALEZ CUMPLIDO (Fél.), 1035.

Sacerdote (Un) della Compagnia di Gesù. — BAGNESI (Ferd.), 1062. — BALDI (Jos. Ant.), 671. — COCCONATO (J. Humb. di), 222. — DRAGHETTI (And.). 434. — GENTILI (Jos.), 983. — GRECH (Balth.), 183. — PAPA (Léon.), 567. — PEPE (Fr.), 1069. — REGOLI (J.), 107, 889, 916, 936, 1021. — SCIMONE (And. M.), 854.

Sacerdote (Un) della medesima Compagnia. — GENTILI (Jos.), 161. — NOTO (Caj. M.), 639. — ODDI (Long. degli). 1061. — RINALDI (Cam. M.), 1068. — SANVITALE (Jac.), 1070.

Sacerdote (Un) dell' istessa Compagnia. — RINALDI (Cam. M.), 900.

Sacerdote Vincenzo M. Marsala. — GRAVINA (Jos. M.), 755.

Saint-Pard (L'abbé de). — VANBLOTACQ (Pierre Nic.).

Salcesio Acidonio P. A. — FUGA (Vinc.), 940.

Salvator Imbroll. — KIRCHER (Athan.), 924.

Salvator Ventimiglius .. — AGUILERA (Emm.), 668.

Savant (Un) de Strasbourg. — DESBILLONS (Fr. Jos.), 509.

S. C. S. J. — CHAMBERS (Sabin), 336.

Scipio Burghesius. — SCARPONIO (Nic.). 928.

Sebastianus Burgensis. — MATIENZO (Séb. de), 848.

Selbe (Der) Verfasser. — STORCHENAU (Sig.), 1103.

Seraphicus Anraser. — HATTLER (Fr.), 87.

S. E. R. T. — LABBE (Phil.). 995.

Sex Patres ad id.. deputati. — AZOR (J.), BUSÉE (P.). GONZALVEZ (Gasp.). GUISANI (Ant.), TUCCI (Et.), TYRIE (Jac.). 793.

Sieur (Le) Charles de l'Epinœil, Gentil-homme Picard. — GARASSE (Fr.), 74.

Sieur (Le) D***. — VILLIERS (P. de), 58.

Sieur (Le) de Baumanoir. — RICHEOME (L.), 503.

Sieur (Le) de Merez. — PATORNAY (Léo-nard), 541.

Sieur (Le) de Préville. — PINTHEREAU (Fr.), 613, 758.

Sieur (Le) Félix de la Grace, gentil-homme François. — RICHEOME (L.). 123.

Sieur (Le) de Sainte-Foy. — ANNAT (Fr.), 188.

Sieur (Le) Hydaspe. — GARASSE (Fr.), 839.

Sieur (Le) Paul Bailly, abbé de la dite abbaye. — VIGNIER (Jac.), 954.

Sig. Abbate D. Marino La Farina. — SCAMMACCA (Hort.), 976.

Sig. G. F., parroco in Milano. — BARTOLI (Vinc.), 485.

Sig. Molines. — ZACCARIA (Fr. Ant.), 485.

Signore Conte N. N. — BRUSATI (Jul. Cés.). 485.

Simon Marcus de Nestares. — VAZQUEZ (Aug.), 1032.

S. N. — NORRIS (Sylv.), 53, 765.

S. N. Doctour of Divinity. — NORRIS (Sylv.), 40.

Societas Jesu. — PAPROCKI (Barthél.). 715.

Societas Jesu per Bavariam. — BRUNNER (And.), 964.

Societas Jesu Provinciæ Flandro-Belgicæ. — HOLVOET (J. B.), 295.

Societatis ejusdem Sacerdos. — DUFRÈNE (Max.), 861. — LAMBERTZ (J.), 897.

Socio (Un) dell' Academia di scienze, lettere ec. di Brescia. — BETTOLINI (Maur), 1028.

Solerius Cimeliensis. — RAYNAUD (Théoph.), 974.

Sparsa per Archi-Diœcesin Trevirensem Societas Jesu. — HECKERMANN (Jac.). 451.

Spectabilis... Humanitas Tyrnaviensis. — MIRNYK (Thom.), 300.

Stesso (Il) Cavaliere Portoghese. — ZACCARIA (Franc. Ant.), 167.

Stesso suo autore — ANGIOLINI (Gaël.), 792.

Stevartius. — GRETSER (Jac.), 206.

Studenti di Rettorica nel Collegio d. C. d. G. — CORDARA (Jul. Cés.), 105.

Suo (Un) divoto. — MONACI (Phil.), 579. — ROSSI (Jos. Ange), 60.

Suo (Un) minimo servo Religioso Fratello della Compagnia di Gesù. — VERDINO (Vinc. M.), 553.

Suo Ultimo Direttore. — ELIZONDO (Joach.), 89.

Supérieur (Le) du Séminaire ***. — CAMARET (L. de), 304.

T

T. (Le Rév. P.) de la Compagnie de Jésus. — TERWECOREN (Edouard), 632.

T*** (L'abbé de). — CRASSET (J.), 381.

T. B. F. (Le P.) — FELLON (Th. Bern.), 115.

T. C. — THOROLD (Thomas), 470.

Teodoro Fangelo. — LUCCHESINI (J. Laur.). 558.

Teofilo Partenio. — MARIANO (P. Jos.), 591, 889.

Teologo (Un). — GIUDICE (Caj. del), 46. — OTTONELLI (J. Dom.), 983. — RICHELMI (J. Fr.), 487.

Teologo (Un) Toscano. — ARRIGHETTI (Nic.), 74.

Teotimo Pisto. — ZACCARIA (Fr. Ant.), 240.

Tevinti Palicei. — SCARLATI (P.), 1110.

Theodorus Eleutherius. — MEYERE (Liévin de), 269, 394.

Theodosius Rubeus Privernas. — CLAVIUS (Christ.), 13.

Teofilo Cardoso. — DUARTE (Fr.), 407.

Théologien (Un). — BERRUYER (Is. Jos.), 500. — BRISACIER (J. de), 838. — LALLEMANT (Jac. Phil.), 500. — PUITS (J. du), 500.

Théologien (Un) catholique. — FERRIER (J.), 920.

Théologien (Un) de l'Université catholique de Strasbourg. — SCHEFFMACHER (J. Jac.), 509.

Théologien (Un), domestique d'un grand Prélat. — MAIMBOURG (L.), 839.

Théologien (Un) du diocèse de Malines. — BUCK (V. de), 1017.

Théologien (Un) du Mont-Jura. — GRANDJACQUET (P. Aug.), 608.

Théologien (Un) et Professeur en droit canon. — PIROT (G.), 50.

Théologien (Un) Jésuite. — DANIEL (Gabr.), 501.

Theologo (Un) Religioso. — OTTONELLI (Domin.), 126.

Theologus (Unus) e Societate Jesu. — BOSSES (Barth. des), 37.

Theologus Presbyter. — SCHRICK (Matth.), 736.

Theologus Romano-Catholicus. — MEYERE (Liévin de), 119², 131, 697, 809, 930.

Theologus veritatis vindex. — ROTH (Hug.), 119.

Théophile François. — HARDOUIN (J.), 839.

Theophilus Tranquillus. — WANDELMAN (Godefroi), 1092.

Théophraste Orthodoxe. — AIX (Fr. d'), 265.

Theotimus Eupistinus. — ZACCARIA (Fr. Ant.), 966.

Thomas Augustinus. — BAGOT (J.), 519.

Thomas Pius. — ITUREN (Th. de), 140.

Thomas Vitus Neoburgo-Danubianus. — FORER (Laur.), 471.

Thyrrus Creopolita P. A. — CARPANI (Jos. H.), 14, 557, 892, 1002.

Tiberius Avila Romanus. — CONTI (Odou de), 473.

Tirreo Creopolita P. A. — CARPANI (Jos.), 706.

Titus Caricus Perpenna. — NUIX (Raph.), 971.

Tomarzystwa Jezusowego. — HOLU-BOWICZ (Jos.), 684.

Tonantio Madiano. — DAMIANI (Ant.), 46.

Traducteur (Le) de la République. — GROU (J. Nic.), 527.

Translateur (Le) du Seigneur Diegho portugois. — AUGER (Edmond), 835.

Tres-docte (Un) Pere et professeur en theologie de la Compagnie de Jesus. — BAUNY (Et.), 831.

Tres ex-jesuitas Españoles. — OTERO, ROYO, TOLRA (J. Jos.), 798.

T. S. (P.). — SAILLY (Thom.), 94.

Tyrnaviense Societatis Jesu academicum Collegium. — PALKOVITS (Emer.), 1136.

U

Un Ancien élève de l'Université. — ROUVIER (Fréd.), 603.

Un Autre de la mesme Compagnie. — JAVELLE (Nic.), 282.

Un autre Père de la mesme Compagnie. — JARRIC (P. du), 689. — MARTINOV (J.), 1172.

Unbekannter (Ein) Verfasser. — WEISSENBACH (Jos. Ant.), 1005.

Un de leurs meilleurs amis. — MACREL (Anton.), 427.

Un des Académiciens. — BÉRAUD (Laur.), 571.

Un de ses commensaux. — DESCHARRIERES (Jos. Cl.), 383.

Un des Péres de la Compagnie de Jésus. — JOSSET (Pierre), 212.

Un des Peres Iesuites qui exorcisent à Loudun. — SURIN (J. Jos.), 504.

Un des plus celebres Predicateurs de nostre temps. — SUFFREN (J.), 907.

Un des Professeurs dudit College. — REBOUL (P.), 387.

Universitas Braidensis Soc. Jesu. — FERRARI (Gui), TIRABOSCHI (Jér.) et AGUDI (Pascal), 1165.

Universitas et Academia Vilnensis. — KOJALOWICZ WIJUK (Cas.), 755.

Universitas Viennensis. — AVANCIN (Nic.), 1165.

W

X

TABLE DES AUTEURS [1]

ALBERTI (Nicolas), N. à Veitshochheim (Franconie), en 1591, M. à Molsheim, le 18 janv. 1641. — 76.

ALBERTINI (François), N. à Catanzaro vers 1542, M. à Naples, 15 juin (ou 14 juil.) 1619. — 671.

ALBERTRANDY (J. B.), N. à Varsovie, le 7 déc. 1731, M. en 1809. — 246, 315, 1102.

ALBI (Henri), N. à Bolène (Vaucluse) en 1590, M. à Arles, le 6 oct. 1659. — 43, 49, 152.

ALCAZAR (Barthélemi), N. à Murcie, le 24 août 1648, M. à Madrid, le 14 janvier 1720. — 17.

ALCIATI (Jean Paul), N. à Milan, 18e S. — 824.

ALCIATI (Térence), N. à Rome en 1570, M. à Rome, 12 nov. 1651. — 1064.

ALDENBRUCK (Augustin), N. à Cologne en 1724, M. après 1773. — 829.

ALDRETE (Joseph), N. à Malaga en 1560, M. à Grenade, 12 juin 1616. — 453.

ALET (Jean), N. à la Coste (Aveyron), 21 avril 1817, M. à Cayenne, 18 sept. 1855. — 604.

ALET (Victor), N. à Villefranche (Aveyron), le 19 janv. 1827, V. — 260, 619, 945.

ALEGAMBE (Philippe), N. à Bruxelles, le 22 janv. 1592, M. à Rome, le 6 sept. 1652. — 37.

ALIONE (Joseph), Piémontais, N. dans le territoire de Mondovi au 17e S. — 109.

ALLARD (Claude), N. à Lyon en 1603, M. à Lyon, le 1er nov. 1641. — 18.

ALLARD (Hermann J.), N. à Gertruydenberg (Hollande), le 1er avril 1830, V. — 83, 123, 250, 251, 353, 365, 447², 558, 674, 696², 714², 1083, 1126.

ALLEAUME (Gilles), N. à Saint-Malo en 1641, M. à Paris, 2 juill. 1706. — 902.

ALLIAN (François), N. à Crest (Drôme) en 1603, M. à Grenoble, 18 nov. 1669. — 874.

ALMEYDA (Emmanuel de), N. à Viseu (Portugal), en 1578, M. à Goa, 10 mai 1646. — 920.

ALOISIO (Bonaventure), N. à Montalbano d'Elicena (Sicile), le 10 juillet 1809, M. à Syra (Grèce), le 15 avr. 1877. — 206, 407.

ALOY (Pierre), N. à Monte Iri (Baléares), 23 mai 1840, V. — 799.

ALTAMIRANO (Pierre Ignace), N. à Malaga, en 1693, M. après 1736. — 187², 1138.

ALTHEER (Egolphe), N. à Saint-Gall (Suisse) en 1563, M. à Hall, 13 mai 1639. — 1169.

ALTIENZA (Jean de), Espagnol, 16e S. — 960.

ALTINI (Francois), N. à Modène, le 9 janv. 1839, M. à Marigliano, 6 mai 1884. — 20.

ALTOGRADI (Gaëtan), N. à Lucques, 18e S. — 1141.

ALUCCI (César), N. à Chieti (Naples) en 1568, M. à Rome, 15 nov. 1634. — 923.

ALVAREZ (Balthazar), N. à Chaves (Portugal) en 1561, M. à Coïmbre, 12 fév. 1630. — 417.

ALVAREZ (Diego), N. à Grenade en 1556, M. à Séville en nov. 1618. — 184.

ALVAREZ (Emmanuel), N. à Ribeira Brava (Madère) en 1526, M. à Evora, le 30 déc. 1582 (ou 1583). — 168².

AMATO (François Marie d'), N. à Rome en 1585, M. à Sora, 3 mars 1664. — 472².

AMATO (Jean Marie), N. à Palerme, le 25 juill. 1660, M. après 1726. — 83, 152, 669.

AMBROGI (Antoine Marie), N. à Florence, le 13 juin 1713, M. à Rome en 1788. — 23, 491, 604, 608, 791, 795, 933, 975, 1101.

AMICO (Michel d'), N. à Caltanisetta (Sicile), le 15 déc. 1799, M. à Manrèse (Espagne), 14 mai 1864. — 44.

AMIOT (Joseph Marie), N. à Toulon, 8 févr. 1718, M. à Pékin, 8 oct. 1793. — 572.

AMPACH (Roch), N. en Tyrol, le 13 août 1636, M. à Vienne (Autriche), le 27 oct. 1709. — 325.

ANAYA (Joseph Luc), N. à Puebla de los Angeles (Mexique), le 27 oct. 1710, M. à Mexico, le 28 nov. 1771. — 353, 910.

ANCHIETA (Louis de), Espagnol, M. aux îles Canaries, le 10 févr. 1683. — 293.

ANDERLEDY (Antoine), N. à Brig (Suisse), 3 juin 1819, V. — 616.

ANDERSON (Patrice), N. au comté d'Elgin ou de Moray (Ecosse), vers 1580, M. à Londres, le 24 sept. 1623. — 168.

ANDERTON (Laurent), N. dans le Lanca-hire (Angleterre) en 1576, M. le 17 avril 1643. — 757, 994, 1178.

ANDRADE (Alphonse de), N. à Tolède en 1590, M. à Madrid, 20 juin 1672.—1033, 1034, 1035².

ANDRADE (Blaise de), N. à Apalhaô (Portugal) vers 1710. — 816.

ANDRÉ (Yves Marie), N. à Chateaulin (Finistère), le 22 mai 1675, M. à Caen, le 26 févr. 1764. — 286.

ANDREANI (J. B.), N. à Orvieto en 1604, M. à Rome, 5 août 1675. — 526.

ANDREONI (Jean Antoine), N. à Lucques en 1650, M. au Brésil, 13 mars 1716. — 947.

ANDRÉS (Jacques), 18e S. — 1071.

ANDRES (Joseph), N. à Ariza (Aragon) en 1614, M. à Ariza, 13 sept. 1676. — 782.

ANDREUCCI (André Jérôme), N. à Viterbe, 13 nov. 1684, M. à Rome, 13 juin 1771. — 738, 1065, 1067.

ANDRIAN (Charles), N. à Tisens (Tyrol), le 29 nov. 1680, M. à Gratz, le 7 janv. 1745. — 153, 170, 229, 231², 232, 256, 273, 274, 545, 629, 772, 903⁶, 904⁷.

ANDRIES (Josse), N. à Courtrai, le 15 avril 1588, M. à Bruxelles, 21 nov. 1658. — 314, 347, 553, 707², 1168, 1179.

ANGELINI (Antoine), N. à Viterbe, 20 janv. 1809, V. — 972.

ANGELUCCI (Ignace), N. à Belforte (Marche d'Ancône) en 1585, M. à Tropea, 1er déc. 1653. — 263.

ANGIOLINI (Gaëtan), N. à Plaisance, 27 nov. 1745, M. à Rome, 17 nov. 1816. — 792.

ANGLADE (Jules), N. à Pompignan (Tarn et Garonne), 12 juin 1847, V. — 651, 730, 836.

ANJOS (Emmanuel dos), N. à Fermozelhe (Portugal) en 1681, M. à Coimbre, 30 mai 1742. — 170.

ANKER (Sibrand Van den), N. à Ysselstein (Hollande), 16 juil. 1822, V. — 182, 253, 276, 289, 368, 614, 660, 661, 662, 692, 724, 928, 960, 1019.

ANNAT (François), N. à Rodez (Aveyron), 5 févr. 1590, M. à Paris, 14 juin 1670. — 117, 188, 288, 441, 517, 786, 837, 917.

ANNICHINI (Pierre Antoine), N. à Venise, 21 déc. 1690, M. à Venise, 21 janv. 1763. — 408.

ANSQUER (Alain Alexandre), N. à St Julien (Finistère), 9 oct. 1722, M. après 1773. — 498.

ANTOINE (Gabriel), N. à Lunéville en 1679, M. à Pont-à-Mousson, 22 janv. 1743. — 193, 477, 564, 607.

ANTONIEWICZ (Charles de Boloz), N. à Skwarzawa (Galicie), 6 nov. 1807, M. à Obra (duché de Posen), 14 nov. 1852. — 243, 246, 443, 611, 659, 763, 928, 945, 1095, 1101.

ANTONIO (François), Portugais, 18e S. — 583.

ANTONIOTTI (Antoine), Milanais, 17e S. — 162, 316.

ANTURINI (Joseph), N. à Alep en 1629, M. à Malte, 24 déc. 1686. — 697.

APPIANI (Paul Antoine), N. à Ascoli, 9 déc. 1639, M. à Rome, 20 févr. 1709. — 531.

AQUAVIVA (Claude), N. à Naples en 1542, M. à Rome, 31 janv. 1615. — 220.

ARANDA (Gabriel de), Espagnol, M. à Séville, 18 déc. 1709. — 162.

ARANEA (Vincent), N. à Aquila en 1588, M. à Rome, 13 août 1653. — 1008.

ARAUJO (Joseph de), N. à Porto en 1690, M. en 1759. — 108.

ARAUJO (Simon de), N. à Coimbre, M. à Lisbonne en 1638. — 147.

ARCANGELI (Archange), italien, N. 3 août 1697, M. après 1761. — 90, 1062.

ARCISZEWSKI (Basile), N. à Niszkowice (Russie blanche), 1er janv. 1795, M. à Staniantkach, 13 janv. 1856. — 1179.

ARCONES (Luc de), N. à Grenade en 1592, M. à Grenade, 26 août 1658. — 1034, 1185.

ARCOS (Ange Marie de), N. à Madrid, 19 déc. 1837, V. — 279, 1134.

ARGENTI (Antoine), N. à Trieste, 28 nov. 1669, M. à Goritz. — 575.

ARIAS DE ARMENTA (Alvare), N. à Séville, en 1577, M. à Rome, 29 janv. 1643. — 262.

ARIENSI (Bernardin), de la province de Venise, M. à Ferrare, 10 mai 1743. — 849.

ARMBRUSTER (Jean), N. dans le diocèse de Mayence, en 1553, M. à Spire, 27 mars 1603. — 1151, 1161.

ARNOLD (Tobie), N. à Schomberg (Moravie), en 1597, M. à Glatz, 12 déc. 1645. — 78.

ARNOUX (Jean), N. à Riom, en 1575, M. à Toulouse, 14 mai 1636 — 75.

ARRIGHETTI (Nicolas), N. à Florence, 17 mars 1709, M. à Sienne, en 1767. — 74, 607.

ARTHUYS (Pierre Joseph), Français, N. en 1682, M. à Paris, 9 oct. 1721. — 78, 497.

ARTINO (Stanislas), Sicilien, N. à la fin du 17e S., M. après 1719. — 342.

ASCLEPI (Joseph Marie), N. à Macerata, 21 avril 1706, M. à Rome, 21 juill. 1776. — 17, 37, 53, 139, 484, 582, 607, 647, 917, 1016.

ASHBY (Richard), N. dans le Lincolnshire (Angleterre), en 1614, M. à Saint-Omer, 7 janv. 1680. — 1180.

ASPERTI (Samuel), N. à Bergame, 14 sept. 1818, V. — 1171.

ASTRIA (Jean-Baptiste), N. à Asti, M. à Nice, 4 juin 1658. — 1061.

ATTLMAYR (Sigismond), N. à Nonthal (Tyrol), 25 déc. 1675, M. à Judenbourg, 28 nov. 1749. — 688.

AUBERT (Charles), N. à Paris, 10 déc. 1805, M. à Angers, 12 oct. 1873. — 6, 154, 711, 981.

AUBERTIN (Nicolas), de la province de Champagne, M. à Pont-à-Mousson, 22 janv. 1659. — 1048.

AUDIBERTI (Camille Marie), N. à Nice, en 1643, M. à Turin, en 1717. — 1157.

AUGER (Emond), N. à Alleman (Aube), en 1530, M. à Côme, 31 janv. 1591. — 64, 540, 585, 748, 835, 931.

AUGRY (Hippolyte), N. à Lussac (Vienne), 24 janv. 1796, M. à Saint-Acheul, près Amiens, 30 avril 1855. — 549, 846.

AUGUSTINIS (Emile de), de la province de Naples, N. le 28 déc. 1829, V. — 998, 1184.

AURIA (Jérôme), Italien, de la province de Milan, 18e S. — 1063.

AVANCIN (Nicolas), Tyrolien, N. au diocèse de Trente, en 1612, M. à Rome, 6 déc. 1686. — 150, 199, 1165.

AVESANI (Joachim), N. à Vérone, 5 sept. 1741, M. après 1815. — 361, 929.

AVILA Y SOTOMAYOR (Ferdin.), N. à Séville, 17e S. — 54.

AVRIGNY (Hyacinthe Robillard d'), N. à Caen, en 1675, M. à Caen, le 27 avril 1719. — 571, 575, 1173.

AVRIL (Louis), N. à Quimper, 5 nov. 1722, M. après 1789. — 797, 959.

AVRIL (Philippe), de la province de Guienne, N. vers 1652, M. dans un naufrage, en 1698. — 1084.

AWEDYK (Constantin), N. en Pologne, 11 mars 1708, M. après 1770. — 663.

AYALA (Sébastien), N. à Castrogiovanni (Sicile), 28 févr. 1744, M. à Vienne, en 1817. — 483.

AYLMER (Charles), N. à Painstown (Irlande), 29 août 1786, M. à Dublin, 4 juill. 1847. — 206, 909.

AYMANS (Mathias), N. à Capellen, près Geldern (Province Rhénane), 1er juill. 1834, V. — 10.

AYMERICH (Matthieu), N. à Bordil (Espagne), le 25 févr. 1715, M. à Ferrare, en 1799. — 352, 770, 824.

AYRES (Joseph), N. à Lisbonne, en 1673, M. en 1730. — 88.

AYROLI (Jacques Marie), Italien, N. vers 1670, M. après 1721. — 228, 969.

AYROLLES (J. B.), N. à Py (Lot), 22 nov. 1828, V. — 317.

AZEVEDO (Emmanuel de), N. à Coimbre, 15 déc. 1713, M. après 1792. — 78, 300², 620, 787, 1016, 1133.

AZOR (Jean), N. à Lorca (Espagne), vers 1545, M. à Rome, 19 févr. 1603. — 793.

B

BABIN (Jacques Paul), de la province d'Aquitaine, N. vers 1640, M. à la Rochelle, 3 juin 1699. — 820.

BABINET (François Xavier), de la province d'Aquitaine, N. vers 1680, M. après 1750. — 965.

BACCOLO (Herménégilde), N. le 19 févr 1838, V. — 1070.

BACH (Julien), N. à Metz, 4 nov. 1795, M. à Metz, 15 mai 1872. — 267, 979.

BACHIN (Léonard), N. à Gratz peu après 1600, M. à Gratz, 12 avril 1665. — 87, 170, 171, 330, 863.

BACKER (Aloys de), N. à Anvers, 18 juin 1823, M. à Louvain, 7 avril 1883. — 775.

BACZYNSKI (Théophile), N. à Bogdanowka (Galicie), 15 oct. 1816, V. — 860, 1012.

BADO (Aloys), N. à Gênes (?), 17 juin 1813, M. à Gênes, 24 avril 1868. — 358, 536.

BAEGERT (Jacques), N. à Schlestadt (Bas-Rhin), 24 déc. 1717. — 613.

BAERENKOPF (Ignace), N. à Komorn (Hongrie), 13 juill. 1741, M. à Pesth après 1803. — 320.

BAESTEN (Vincent), N. à Bruxelles, 1er mars 1824, V. — 313, 533, 1013, 1039.

BAGNESI (Ferdinand), Italien, N. le 9 juin 1689, M. après 1759. — 1062.

BAGNONI (Léonard), N. à Mitterbourg (Istrie) en 1593, M. à Agram, 3 oct. 1650. — 546.

BAGOT (Jean), N. à Rennes, en 1590, M. à Paris, 23 août 1664. — 519.

BAGOZZI (Antoine), N. à Venise, 21 févr. 1749, M. après 1806. — 436.

BAILE (Guillaume), N. à Monistrol (Haute-Loire), en 1557, M. à Bordeaux, 27 oct. 1620. — 113, 837.

BAIOLE (Jean Jérôme), N. à Condom en 1588, M. à Périgueux, 20 nov. 1653. — 36.

BALABINE (Eugène), N. à St-Pétersbourg, 29 août 1815, V. — 124.

BALANDRET (Charles Ambroise), N. à Grandefontaine (Doubs), 17 déc. 1782, M. à Lyon, 7 juil. 1861. — 550.

BALBANI (André Christophe), N. à Carpentras, 13 août 1723, M. après 1788 à Avignon. — 9, 53, 974, 1117.

BALBINUS (Aloys Boleslas), N. à Konigsgratz (Bohême), en 1621, M. à Prague, 29 nov. 1688. — 415, 478, 913.

BALDE (Henri), N. à Ypres, 4 juin 1619, M. à Ypres, 10 avril 1690. — 448.

BALDE (Jacques), N. à Ensisheim (Haut-Rhin) en 1603, M. à Neubourg, 9 août 1668. — 659, 959.

BALDI (Joseph Antoine), de la province de Venise. 18º S. — 671.

BALDIGIANI (Antoine), Italien, 17º-18º S. — 624.

BALDINOTTI (Julien), N. à Pistoie en 1591, M. à Macao en 1631. — 920.

BALINGHEM (Antoine de), N. à St-Omer en 1571, M. à Lille, 24 janv. 1630. — 93, 232, 381, 442, 632, 996, 1140, 1169.

BALLA (Philibert), N. à Bagnasco (Piémont), 2 févr. 1703. — 631, 852.

BALLERINI (Antoine), N. à Bologne, 10 oct. 1805, M. à Rome, 27 nov. 1881. — 261, 754.

BALLERINI (Raphaël), N. à Medicina (près Bologne), 17 mai 1830, V. — 1, 18, 88, 257, 350, 435, 579, 852, 1011, 1080, 1140.

BALTUS (J. François), N. à Metz, 8 juin 1667, M. à Reims, 9 mars 1743. — 11, 189, 453, 806, 828, 833, 938, 1042.

BARANSKI (Charles), N. à Zloczow, 2 nov. 1802, V. — 73, 641.

BARAT (Louis), N. à Joigny (Yonne), 30 mars 1768, M. à Paris, 21 juin 1845. — 205, 802.

BARATTA (Marius Clément), N. à Turin en 1611, M. à Turin, 24 févr. 1669. — 1063, 1079.

BARBIER (Léon), N. à Bagnols (Gard), 23 mars 1833, V. — 424, 629, 798².

BARBIERI (Bernardin Antoine), Italien, 18º S. — 957.

BARBIERI (Charles), N. à Vienne (Autriche), 14 mai 1716, M. en 1778. — 1154.

BARBIEUX (Paul), N. à Neuwied-sur-le-Rhin, 17 août 1805, Sorti en 1863. — 15, 22, 50, 166, 832.

BARBOLAN (Jean), N. à Eisenertz (Styrie), 2 nov. 1659, M. à Neustadt, 20 févr. 1767. — 1171, 1178.

BARDI (François), N. à Palerme en 1583, M. à Palerme, 28 mars 1661. — 999.

BARELLI (Jérôme Marcel), Italien, 17º S. — 669.

BARET (Martin), N. à Chassagne (Puy-de-Dôme), 23 août 1828, M. à Dôle, 14 juill. 1870. — 85, 618, 746, 921.

BARMY (Pierre), Français, N. vers 1550 (?), M. vers 1615 (?). — 189, 190.

BARONI (Jean-Baptiste), N. à Dianomarina (Ligurie), 14 janv. 1817, V. — 1063, 1071.

BAROTTI (Laurent), N. à Ferrare, 20 déc. 1724, M. à Ferrare en 1801. — 102, 320, 580.

BARRAUD (Clément), N. à Brompton (Angleterre), 6 déc. 1843, V. — 105.

BARRE (Jean-Baptiste de la), N. à Chinon (Indre-et-Loire) en 1609, M. à Paris, 10 janvier 1680. — 1041.

BARRELLE (Jean François), N. à La Ciotat (Bouches-du-Rhône), 26 août 1794, M. à Clermont-Ferrand, 17 oct. 1863. — 588, 618, 619, 859, 873, 963, 968, 1049.

BARROS (André de), N. à Lisbonne en 1677, M. à Lisbonne, 6 janv. 1754. — 1086.

BARRUEL (Augustin), N. à Villeneuve-de-Berg (Ardèche), 2 oct. 1741, M. à Paris, 5 oct. 1820. — 200, 373, 449, 510, 724, 748, 759, 828, 842.

BARRY (Paul de), N. à Leucate (Aude), en 1587, M. à Avignon, 28 juil. 1661. — 705.

BARSZCZ (Frédéric), N. à Braunsberg en 1549, M. au camp devant Smolensk, 21 nov. 1609. — 32, 967, 968, 969.

BARTOLI (Aloys), N. à Mazzarino (Sicile), 8 mars 1789, M. à Palerme, 12 déc. 1841. — 589, 703, 720, 787, 814, 1031.

BARTOLI (Daniel), N. à Ferrare en 1608, M. à Rome, 13 janv. 1685. — 674, 871, 973.

BARTOLI (Vincent), N. à Florence, 6 oct. 1739, M. après 1792. — 485, 576.

BARTOLOTTI (Jean), N. à Bologne en 1579, M. à Mantoue, 11 juil. 1622. — 145, 1066.

BARUFFALDI (Jérôme), N. à Ferrare, 10 juill. 1740, M. à Ferrare, 2 févr. 1816. — 1172.

BASSICH (Georges), N. à Raguse, 24 oct. 1695, M. à Raguse en 1765. — 905.

BATH (Guillaume), N. à Dublin, avril 1564, M. à Madrid, 17 juin 1614. — 423, 442, 1117.

BATTI (Raphael), N. à Bellune, 15 avr. 1675, M. à Venise, 7 avr. 1749. — 295, 747².

BATTIG (André), N. près de Goritz (Autriche), 16 oct. 1636, M. à Trieste, 17 juin 1702. — 1169, 1172.

BATUT (Antoine), N. à Curières (Aveyron), 21 sept. 1828, V. — 626, 1109.

BAUCHÈRE (Alain de la), N. à Paris en 1588, M. au Thibet en 1634. — 160.

BAUDRAND (Barthélemi), N. à Revache (?), ou à Neuvache (?), ou à Néraches (Hautes Alpes), 18 sept. 1701, M. à Vienne, 3 juill. 1787. — 25³, 26⁶, 27⁴, 117, 173, 285,

294, 341, 390, 618, 687, 691, 740, 806, 807, 828, 972, 1060, 1153.

BAUER (Renward), N. à Muri, canton d'Argovie (Suisse), 13 nov. 1823, M. à Kirchrath, 10 juin 1883. — 399, 541, 688.

BAUMANN (Christian), N. à Wolmenting, diocèse de Constance, en 1587, M. à Ingolstadt, 6 mai 1635. — 1136.

BAUMGARTNER (Alexandre), N. à Altstatten, canton de St Gall (Suisse), 27 juin 1841, V. — 1147.

BAUNE (Jacques de la), N. à Paris, 15 avril 1645, M. à Paris, 21 oct. 1725. — 408, 441, 807, 902, 1165.

BAUNY (Etienne), N. à Mouzon (Ardennes) en 1564, M. à Saint-Pol-de-Léon, 3 déc. 1649. — 834, 1135.

BAUTSCHER (Martin), N. en Carinthie, 17e S. — 481.

BAYMA (Joseph), N. à Chieri, 9 nov. 1816, V. — 936, 1184.

BAZIRE (Raymond), N. à Crollon (Manche), 9 sept. 1790, M. à Poitiers, 3 mai 1871. — 288, 363.

BEAU (J. B. Le), N. à Cavaillon (Vaucluse) en 1602, M. à Montpellier, 26 juil. 1670. — 92.

BEAUFEZ (Jacques), N. à Tulle en 1597, M. à Périgueux, 3 oct. 1650. — 411.

BEAUFILS (Guillaume), N. à Saint-Flour (Cantal), 5 févr. 1674, M. à Toulouse, 30 déc. 1757. — 513, 1045.

BEAUGENDRE (Raoul), N. à Liffré (Ille-et-Vilaine), 5 avril 1845, V. — 586.

BEAUREPAIRE (Gabriel de), N. à Champcy (Meurthe), 18 avril 1840, V. — 627.

BEAUVAIS (Gilles François de), N. dans le diocèse du Mans, 7 juil. 1693, M. à Paris (?) après 1773. — 160, 510, 512, 845, 900.

BEAUVAU (Joseph de), Français, M. à Autun, 20 août 1694. — 84.

BEBIUS (Philippe), N. à Oreppes (Belgique) en 1569, M. à Cologne, 16 févr. 1637. — 41², 58, 78, 142², 206, 290, 322, 364, 544, 591, 597, 706, 718, 732, 883², 884, 937, 970, 995.

BECKER (François), N. à Maestricht, 7 mars 1838, V. — 193, 336, 338, 342, 361, 404, 1000, 1027, 1103.

BECKER (Victor), N. à Maestricht, 27 août 1841, V. — 250, 678, 724, 920, 1083, 1089.

BECKERS (Adam), N. à Maestricht, 15 juil. 1744, M. après 1804. — 1184.

BECKX (Pierre), N. à Sichem (Belgique), 8 févr. 1795, V. — 599.

BEDEKOVICS (Casimir), N. à Szigeth (Croatie), 1er mars 1728, M. à Vienne, 4 mai 1781. — 899.

BEESTON (Robert), N. dans le Lincolnshire, le 25 août 1656 (ou 1660), M. à St Omer, 9 août 1732. — 986.

BEGUIN (Daniel), N. à Château-Thierry (Aisne), 14 oct. 1608, M. à Reims, 19 mars 1696. — 845.

BELBONO (Archange), N. à Campagna, près Salerne, vers 1565, M. à Salerne, 11 févr. 1627. — 144, 884.

BELGRADO (Jacques), N. à Udine, 16 nov. 1704, M. à Udine, 26 mars 1789. — 11, 30, 55, 72, 171, 283[2], 317, 422, 715, 760, 788, 793, 916.

BELINGAN (Jean-Baptiste de), N. à Amiens en 1666, M. à Paris, 9 mars 1743. — 846.

BELLARMINO (Robert), N. à Montepulciano en 1542, M. à Rome, 17 sept. 1621. — 843, 1117.

BELLI (Paul), N. à Messine en 1588, M. à Messine, 15 janv. 1658. — 106, 171, 391, 868.

BELON (Nicolas), N. à Lyon, 16 janv. 1690, sorti en 1762. — 979, 1165.

BELOT (Jean-Baptiste), N. à Lux (Côte-d'Or), 1er mars 1822, V. — 1081.

BELUOMO (Gothard), N. à Castiglione en 1612, M. après 1685. — 590.

BEMBUS (Matthieu), N. à Posen en 1567, M. à Cracovie, 30 juill. 1645. — 464, 600, 681, 698, 743.

BENCI (François), N. à Aquapendente en 1542, M. à Rome, 6 mai 1594. — 37, 524.

BENEDICT (?), Allemand. — 886.

BENEDICTIS (J. B. de), N. à Ostuni en 1622, M. à Rome en 1706. — 18, 216[3], 217, 218, 488[3], 489[2], 791, 851, 853, 887, 1031.

BENGY (Anatole de), N. à Bourges, 19 sept. 1824, M. à Paris, 26 mai 1871. — 384.

BENINCASA (François), N. à Sassuolo (duché de Modène), 7 sept. 1731, M. à Carpi, le 13 déc. 1793. — 53, 676, 983.

BENING (François), N. à Avignon en 1584, M. à Avignon, 9 févr. 1662. — 85.

BENVENUTI (Charles), N. à Livourne, 8 févr. 1716, M. à Varsovie, 12 déc. 1797. — 255, 433, 530, 949.

BENZI (Bernardin), N. à Venise, 16 juil. 1688, M. à Venise, 28 févr. 1768. — 1072.

BEORCHIA (Paul), N. à Udine, 15 janv. 1795, M. à Viterbe, 21 août 1859. — 150, 568.

BÉRAUD (Laurent), N. à Lyon, 5 mars 1702, M. à Lyon, 26 juin 1777. — 571, 719.

BERETTARI (Sébastien), N. à Florence en 1543, M. à Rome, 22 juil. 1622. — 37, 251.

BERGIER (François), N. à la Charité (Nièvre) en 1650, M. à Orléans, 27 avril 1723. — 604, 1041.

BERKEL (Barthélemy Van), N. à Delft, 21 juin 1728, M. après 1773. — 339.

BERLANGA (Christophe), N. à Madrid, 31 mars 1649, M. après 1725. — 87, 144.

BERLENDIS (Louis), N. à Bergame, 12 avril 1813, M. à Négapatam (Maduré), 6 oct. 1845. — 579.

BERLICHINGEN (Adolphe von), N. à Stuttgart, 30 mai 1840, V. — 679.

BERMUDEZ (Gabriel), N. à Madrid, 18 mars 1667, M. à Madrid, 6 fév. 1749. — 844, 904.

BERNARD (Jacques), N. à Rennes en 1589, M. à Mons (Belgique), 22 avril 1652. — 382.

BERNARD (Jean Jacques), de la province de Lyon, N. le 2 août 1723. — 802.

BERNARDI (Jean Antoine), N. à Padoue, 18 avril 1670, M. à Bologne, 26 juil. 1745. — 489, 927.

BERNARDIN (Théophile), N. à Sedan en 1560, M. à Arras, 15 août 1625. — 740.

BERNOU (Etienne), Français, M. à Nimes vers 1711. — 105, 113, 153, 446, 548, 689, 741, 861, 862.

BERRUYER (Isaac Joseph), N. à Rouen, 7 nov. 1682, M. à Paris, 18 févr. 1758. — 188, 189, 386, 419, 509, 511, 636, 807, 906[2].

BERTARELLI (Alphonse), N. à Milan, M. à Milan, 10 févr. 1734. — 490.

BERTHIER (Guillaume François), N. à Issoudun, 7 avril 1704, M. à Bourges, 15 déc. 1782. — 385, 801.

BERTHOLET (Jean), N. à Vieil-Salm (Belgique), 30 déc. 1688, M. à Liège, 26 févr. 1755. — 382.

BERTON (Emile), N. à Châteauroux, 12 déc. 1850, V. — 522.

BERTOUX (Guillaume François), N. à Arras, 14 nov. 1723, M. à Senlis après 1773. — 32², 388.

BERZETTI (Nicolas), N. à Verceil en 1574, M. à Rome, 28 mars 1644. — 93, 738, 744, 1070.

BESNIER (Pierre), N. à Tours en 1648, M. à Constantinople, 8 sept. 1705. — 633.

BESSE (Célestin), N. à Bousies (Nord), 6 avril 1811, V. — 266, 548.

BESSON (Charles François), de la province de Lyon, N. le 26 févr. 1724. — 802.

BESSON (Jules), N. à Bordeaux, 21 oct. 1855, V. — 67, 1005.

BETTI (Antoine Marie), N. à Bologne, en 1658, M. à Forli, 25 juin 1720. — 927.

BETTINELLI (Xavier), N. à Mantoue, 18 juil. 1718, M. à Mantoue, 13 sept. 1808. — 21, 318, 319, 324, 436, 490, 492², 599, 706, 851, 893, 929, 990, 1028², 1029, 1113, 1140, 1151.

BETTOLINI (Maur) (?), N. à Chiari, 18e S. — 1028.

BETTONAGLI (François), N. à Bergame, 10 avril 1819, V. — 1167.

BEUVRON (Eugène de), N. à Orléans, 27 sept. 1816, V. — 788.

BEVILACQUA (Vincent), N. à Caltanissetta (Sicile), 1er avril 1704, M. à Messine, 21 juin 1743. — 867.

BEX (Henri), M. à Liège, 16 nov. 1705. — 751, 911.

BEZE (Claude de), Français, M. au Bengale en janv. 1695. — 650.

BIALOWICZ (Valentin), N. en Lithuanie en 1637. — 17, 18, 180, 268, 522, 653, 693, 916.

BIANCHI (André), N. à Gênes en 1587, M. à Gênes, 29 mars 1657. — 104, 662, 672, 690, 723, 737.

BIBER (Wolfgang), N. à Bamberg, 11 mai 1595, M. à Mayence en 1665. — 452.

BICHETTO (Marien), N. à Palerme, M. à Palerme, 17 juil. 1647. — 1118.

BIDERMANN (Jacques), N. à Ehingen (Würtemberg) en 1578, M. à Rome, 20 août 1639. — 659.

BIENVILLE (Olivier), N. à Paris en 1603, M. à Nancy, 31 août 1680. — 652.

BIESMAN (Gaspar), N. à Düsseldorf en 1639, M. après 1696. — 974.

BIEZANOWSKI (Jean), N. en Russie, 1er oct. 1620, M. le 30 juill. 1658. — 1076.

BILE (Erard), N. à Avallon (Yonne) en 1591, M. en mer près de la Martinique, 30 déc. 1650. — 504.

BILLIONI (Jean François), Italien, 18e S. — 1113.

BILLY (Jacques de), N. à Compiègne (Oise), 18 mai 1602, M. à Dijon, 14 janv. 1679. — 910.

BILLY (Jean), N. à Mézières (Ardennes), 21 sept. 1755, M. à Paris, 17 nov. 1829. — 86, 287, 324, 501, 538, 776, 805, 831.

BINET (Etienne), N. à Dijon en 1569, M. à Paris, 4 juil. 1639. — 162, 285, 320, 356, 497, 775, 837, 1037, 1052.

BINNER (Thomas), N. à Weiden (Haut-Palatinat) vers 1675, M. à Neubourg, 26 août 1743. — 715, 734.

BIRON (J. B.), N. à Chaudes-Aigues (Cantal), 25 déc. 1825, V. — 443, 551, 554.

BISCIOLA (Lelius), N. à Modène en 1539, M. à Milan, 10 nov. 1629. — 221.

BISDOMINI (Thomas), N. à Arezzo en 1582, M. à Tivoli, 19 oct. 1633. — 966.

BISSEL (Jean), N. à Babenhausen (Souabe) en 1601, M. à Amberg en 1677. — 136, 684, 947.

BISSO (J. B.), N. à Palerme, vers 1620, M. à Palerme, 18 janv. 1696. — 683.

BISSO (Jean-Baptiste), N. à Palerme en 1712, M. après 1773. — 1072.

BITINO (Jean), N. à Marsala (Sicile), 10 nov. 1794, M. à Palerme, 24 févr. 1857. — 273.

BIWALD (Léopold), N. à Vienne (Autriche), 27 févr. 1731, M. à Gratz, 8 sept. 1805. — 894.

BONNET (Antoine), N. à Limoges en 1634, M. à Lunel, 22 mai 1700. — 771.

BONNET (Pierre), de la province de Lyon, M. au Maduré, après 1716. — 803.

BONNIOT (Joseph de), N. à Aspres-les-Veynes (Hautes-Alpes), 20 avril 1831, V. — 314, 527, 1006.

BONO (Michel del), N. à Palerme, 28 sept. 1697, M. à Viterbe, 3 nov. 1775. — 603, 746, 747, 788, 867.

BONOLA (Roch), N. à Novare ou à Bergame, 18e S. — 478, 484, 486, 1148.

BONOMI (Etienne), de la province de Venise, N. le 29 déc. 1812, M. à Raguse, 14 déc. 1860. — 1170.

BONUCCI (Antoine Marie), N. à Arezzo vers 1650, M. à Rome en 1729. — 41, 1116.

BOONAERT (Nicolas), N. à Bruxelles en 1562, M. à Valladolid, 9 mars 1610. — 95.

BOONE (J. B.), N. à Poperinghe (Belgique), 1er nov. 1794, M. à Bruxelles, 2 févr. 1871. — 2, 4, 63, 80, 203, 251, 293, 531, 559, 591, 596, 746, 760, 761, 770, 945, 963.

BORDE (J. B. de la), Français, N. le 9 juin 1730, M. en 1777 (?) — 186.

BORDES (Jean de), N. à Bordeaux en 1560, M. à Ste-Marie, près Oloron (Basses-Pyrénées), 2 avril 1620. — 287.

BORDIER-DELPUITS (J. B.), N. en Auvergne, vers 1736, M. à Paris, 15 déc. 1811. — 7, 450.

BORELLY (Jean-Marie), N. à Avignon, 1er mai 1723, M. à Marseille, 7 avril 1808. — 801, 802.

BORGO (Charles), N. à Vicence, 26 juil. 1731, M. à Modène (?) en 1794. — 106, 483, 575, 639, 889.

BORGONDIO (Horace), N. à Brescia en 1679, M. à Rome, 1er mars 1741. — 329.

BORN (Henri Van), N. à Gangelt (Province Rhénane), 28 janv. 1835, V. — 375.

BOROS (Joseph), N. à Cziki (Transylvanie), 24 févr. 1699, M. à Klausembourg, 14 juil. 1757. — 717.

BOSCH (Jacques), allemand, 17e-18e S. — 685.

BOSCHET (Antoine), N. à St-Quentin (Aisne), 7 avril 1642, M. à La Flèche, 30 mars 1699. — 804, 808.

BOSCOVICH (Roger Joseph), N. à Raguse, 18 mai 1711, M. à Milan, 12 févr. 1787. — 37, 67, 131, 140, 199, 227, 228, 229, 255, 285, 415, 478, 480, 530², 536, 583, 606², 614, 637, 640, 649, 991, 1030, 1058.

BOSENDORFF (Hermann), N. à Münster en 1566, M. à Mayence, 23 sept. 1623. — 46², 199, 931.

BOSQUETE (J. B.), N. à Madrid, 22 oct. 1615, M. à Valence, 18 juil. 1690. — 171.

BOSSANYI (André), N. à Nagy-Bossanyi (Hongrie), 13 nov. 1673, M. à Tyrnau, 19 nov. 1730. — 337.

BOSSES (Barthélemi des), N. à Hervé (Belgique) en 1663, M. à Cologne en 1738. — 37, 271, 353, 360.

BOSSICART (Nicolas), N. en Belgique le 24 août 1740, M. à Bruxelles après 1780. — 255².

BOSSU (Simon le), N. à Paris en 1606, M. à Paris, 3 mars 1665. — 258, 377, 732.

BOTTALLA (Emmanuel), N. à Palerme, 26 mai 1826, V. — 1016.

BOUCHAUD (Edouard de), N. au Péage de Roussillon (Isère), 29 févr. 1816, M. à Mongré, près Villefranche (Rhône), 26 déc. 1875. — 873.

BOUCHER (Claude), N. à Paris en 1603, M. à Auxerre, 1er mai 1669. — 840.

BOUCHOT (Nicolas), N. à Vaudrémont (Haute-Marne), 7 août 1816, V. — 669, 673².

BOUCHY (Philippe), N. à Chièvres (Belgique) en 1574, M. à Liège, 9 févr. 1657. — 29, 58, 158, 471, 716, 798, 978, 980.

BOUDREAUX (Florentin J.), N. à Terrebonne (Louisiane), 22 mai 1821, V. — 353, 368, 1161.

BOUÉ (Fulgence), N. à Loches (Indre-et-Loire), 13 mai 1814, V. — 288, 550.

BOUFFIER (Gabriel), N. à Manosque (Basses-Alpes), 19 févr. 1817, V. — 325.

BOUGEANT (Guill. Hyacinthe), N. à Quimper, 4 nov. 1690, M. à Paris, 7 janv. 1743. — 29, 56, 240, 316, 503, 592, 773, 800, 822, 872, 1085.

BOUHOURS (Dominique), N. à Paris en 1628, M. à Paris, 27 mai 1702. — 31, 127, 132, 176, 244, 265, 384, 494³, 495, 496, 506, 540, 559², 604, 633, 664, 686, 703, 704², 800, 803, 805, 806, 830, 832, 899, 939, 1025, 1038, 1047, 1053.

BOUILLE (Pierre), N. à Dinant (Belgique) en 1576, M. à Valenciennes, 22 déc. 1641. — 383.

BOUISSET (Adrien), N. à Brassac (Tarn), 25 mars 1848, V. — 102.

BOUIX (Marcel), N. à Bagnères-de-Bigorre (Hautes-Pyrénées), 25 juin 1806, V. — 295, 656.

BOUJART (François-Xavier), N. à Bar-le-Duc, 29 janv. 1729, M. à Vienne (Autriche), après 1788. — 363.

BOULLEAU (Adolphe), N. à Nantes, 27 oct. 1828, sorti en 1878. — 1041.

BOULOGNE (Antoine), N. en Flandre, 17° Siècle. — 835.

BOUNIOL (Emile), de la province de Toulouse, N. le 22 juil. 1825, V. — 1179.

BOURDALOUE (Louis), N. à Bourges, 20 août 1632, M. à Paris, 13 mai 1704. — 70, 379, 907.

BOURDIN (Pierre), N. à Moulins en 1594, M. à Paris, 27 déc. 1653. — 915.

BOURGEOIS (François), N. à Puttigny (Meurthe), 21 mars 1723, M. à Pékin, 29 juil. 1792. — 572.

BOURGONGNE (Antoine François de), N. à Gand, 2 août 1632, M. à Gand, 14 avril 1676. — 745.

BOUTAULD (Michel), N. à Paris en 1604 (ou 1607), M. à Pontoise, 12 mai 1689. — 158, 587, 938, 965.

BOUVET (Joachim), N. au Mans, 18 juillet 1656, M. à Pékin, 28 juin 1730. — 94.

BOVIO (Charles), N. à Asti en 1614, M. à Rome, 19 déc. 1705. — 345, 731, 996.

BOVIO (Jean Philippe), de la province de Milan, M. après 1757. — 1011.

BOYLESVE (Marin de), N. à la Coltrie, près St-Lambert-la-Poterie (Maine-et-Loire), 28 nov. 1813, V. — 22, 63, 173, 242, 328, 536, 770.

BOYMAN (Jacques), N. à Juliers en 1605, M. à Aix-la-Chapelle, 20 oct. 1660. — 887.

BRAAKE (Henri Te), N. à Groenlo (Hollande), 21 juin 1829, V. — 214, 253, 516, 615, 1095, 1103.

BRADLEY (Aloys J. D.), N. à Liverpool, 24 janv. 1844, V. — 577.

BRAEM (Antoine), N. à Lille en 1617, M. à Valenciennes, 16 oct. 1650. — 969.

BRANDI (Salvator), de la province de Naples, N. le 2 mai 1852, V. — 998, 1184.

BRANDICOURT (Charles), N. à Amiens, 15 oct. 1789, M. à N. Dame de Liesse, 15 juin 1866. — 1026.

BRANDOLINI (Broglia Antoine), N. à Forli vers 1680, M. dans les Indes en 1747. — 350, 854.

BRAUN (Antoine), N. à Saint-Avold (Moselle), 5 févr. 1815, V. — 570.

BRAUS (Antoine), N. 26 févr. 1772, M. à Galloro, 19 août 1823. — 477.

BREAN (François-Xavier), N. à Vienne (Autriche), 20 déc. 1678, M. à Vienne, 15 juill. 1735. — 468, 1168.

BRÉBEUF (Jean de), N. à Condé-sur-Vire ou à Bayeux (Calvados), 14 mars 1593, M. en Canada, 16 mars 1649. — 237.

BRENNA (Aloys), N. à Rome, 17 avril 1737, M. à Rome, 27 janv. 1812. — 493, 919.

BRESCIANI (Antoine), N. à Ala, 24 juil. 1798, M. à Rome, 14 mars 1862. — 247, 841.

BRESCIANI (Pierre), N. à Venise, 15 nov. 1684, M. le 3 mars 1736. — 1070.

BRETON (Charles le), N. à Rennes en 1604, M. à Paris, 18 déc. 1686. — 978.

BRETONNEAU (François), N. à Tours, 31 déc. 1660, M. à Paris, 22 mai 1741. — 120, 183, 657, 667, 687, 704, 832, 905, 906².

BREUER (Christophe), N. à Weidhoff (Autriche), 29 juil. 1693, M. à Lintz, 27 mai 1741. — 1092.

BREUIL (Jean du), N. à Paris, 22 juil. 1602, M. à Dijon, 27 avril 1670. — 59, 709, 890, 995.

BRICTIUS (Jean), N. à Varmie, 4 avril 1654, M. à Vilna, 10 oct. 1710. — 655.

BRIDEL (Frédéric), N. à Hohenmaut (Bohème), en 1619, M. à Kuttenberg, 15 oct. 1680. — 117, 330, 1103.

BRIDGWATTER (Jean), N. dans le Yorkshire (Angleterre) au XVI° S., M. après 1600. — 152, 156.

BRIET (Philippe), N. à Abbeville (Somme) en 1601, M. à Paris, 9 déc. 1668. — 259, 400, 641, 694, 1123².

BRIGNOLE (Jean-Charles), N. à Gênes, 22 juil. 1721, M. à Gênes, 7 mars 1808. — 787.

BRIGNOLE SALE (Antoine Jules), N. à Gênes, 23 juin 1605, M. à Gênes, 20 mars 1662. — 140, 217.

BRIGNON (Jean), N. à Saint-Malo en 1627, M. à Paris, 17 juin 1712. — 69, 84, 85, 236, 342, 539, 565, 901, 988.

BRILLMACHER (Pierre Michel), N. à Cologne en 1542, M. à Mayence, 25 août 1595.— 34, 80, 116, 118³, 129², 167, 908, 956.

BRISACIER (Jean de), N. à Blois, 9 juin 1592, M. à Blois, 10 septembre 1668. — 441, 837, 838.

BRITI (Patrice), N. dans l'Abruzze en 1592, M. en 1656. — 1071.

BRIVIO (François), N. à Milan en 1597, M. à Rome, 12 mars 1666. — 811, 902, 925.

BROECKAERT (Joseph), N. à Lokeren (Belgique), 5 mai 1807, M. à Louvain, 13 févr. 1880. — 628, 758, 800, 918, 945.

BROTIER (Gabriel), N. à Tannay (Nièvre), 5 sept. 1723, M. à Paris, 12 févr. 1789. — 291.

BROUART (Louis), N. à Aire (Pas-de-Calais) en 1582, M. à Cambrai, 11 oct. 1645. — 710.

BROWN (Ignace), N. à Waterford (Angleterre) en 1630, M. à Valladolid en 1679. — 1007.

BRU (François), N. à Barcelone en 1664. — 153.

BRUCKER (Pierre), N. à Eguisheim (Haut-Rhin), 29 juin 1842, V. — 1178.

BRUMOY (Pierre), N. à Rouen, 26 août 1688, M. à Paris, 16 avril 1742. — 49, 157, 240, 292, 603, 800, 979, 1041.

BRUN (Jean), N. au diocèse d'Alais (Gard) en 1660, M. à Turin, 10 juin 1719. — 121.

BRUNNER (André), N. à Hall (Tyrol) en 1589, M. à Innsbruck, 20 avril 1650. — 313, 613, 964, 1183.

BRUSATI (Jules César), N. à Belinzago (près Novare) en 1693, M. en 1743 à Milan (?). — 324, 485.

BRUSLÉ DE MONTPLEINCHAMP (Jean Chrysostome), N. à Namur, 15 févr. 1641, sortit de la Compagnie vers 1680, M. à Bruxelles, 29 déc. 1724. — 159, 774.

BRZOZOWSKI (Raymond), N. en Lithuanie, 7 déc. 1763, M. à Naples, 23 août 1848. — 229, 1012.

BRZOZOWSKI (Thaddée), N. à Varmie, 21 oct. 1749, M. à Polock, 5 févr. 1820. — 614, 641, 743, 1012.

BUCELLENI (Jean), N. à Brescia en 1600, M. à Vienne, 13 nov. 1669. — 9, 342, 406, 438, 745², 817, 895, 930, 1079.

BUCHET (Jean), N. à Ponts-de-Cé (Maine-et-Loire), 25 janv. 1828, V. — 260.

BUCK (Victor de), N. à Audenarde (Belgique), 24 avril 1817, M. à Bruxelles, 23 mai 1876. — 68, 125, 156, 173, 293, 346², 395, 514, 516, 555, 647, 715, 918, 921, 1017, 1094, 1051, 1057.

BUCZYNSKI (Vincent), N. dans la Russie-Blanche, 17 mars 1789, M. à Louvain, 29 mars 1853. — 179, 616, 860.

BUDARDI (Charles), N. à Rome, 28 nov. 1743, M. à Grottaferrata, 15 nov. 1812. — 983.

BUDRIOLI (André), N. à Forli, 22 déc. 1679, M. après 1756. — 120, 536, 688.

BUFFIER (Claude), N. en Pologne, 25 mai 1661, M. à Paris, 17 mai 1737. — 218, 238, 292, 379, 382, 386, 397, 804, 953, 1022, 1053.

BUNOU (Philippe), N. à Rouen en 1670, M. à Rennes, 11 oct. 1739. — 3, 285.

BUONANNI (Philippe), N. à Rome, 7 janvier 1638, M. à Rome, 30 mars 1725. — 111, 480, 850.

BURGI (François), N. en Sicile, 20 avril 1674, M. à Palerme, 23 janv. 1761. — 217, 482², 722, 1084.

BURNICHON (Joseph), N. à Blacé (Rhône), 18 juil. 1847, V. — 800.

BURRIEL (André Marc), N. à Buennache de Alarcon (Espagne), 13 nov. 1719, M. à Buennache, 19 juin 1762. — 421, 628, 683, 1175.

BUSÆUS (Charles), N. à Mayence, 3 déc. 1714, M. à Bamberg en 1782. — 228.

BUSCEMI (Thomas), N. à Sciacca (Sicile) en 1619, M. en 1687. — 93.

BUSÉE (Jean), N. à Nimègue en 1547, M. à Mayence, 30 mai 1611. — 16, 295, 782², 783², 784, 859, 932, 1058, 1137.

BUSÉE (Pierre), N. à Nimègue vers 1540.— M. à Vienne, 12 avril 1587. — 793.

BUSHART (Léopold), N. à Renaix (Belgique), le 27 janv. 1833, V. — 1096.

BUSQUETS (Sauveur), N. à Barcelone, 18ᵉ S.
— 1034.

BUSSEY (Claude de), N. à Langres, 23 juill.
1622, M. à Rouen, 18 déc. 1677. —
445.

BUSSIÈRES (Jean de), N. à Beaujeu (d'après
Sotwel) ou à Villefranche (Rhône), 14 nov.
1607, M. à Lyon, 26 oct. 1678 — 61,
197, 323, 572, 654, 1056.

BUTINA (François), N. à Bañolas (Espagne),
16 avril 1834, V. — 358.

BUYNOWSKI (Michel), N. dans la Russie-
Blanche, 7 mars 1632, M. à Nieswicz,
20 oct. 1690. — 243.

BYSTRZONOWSKI (Adalbert), N. dans la Petite
Pologne, 15 avril 1699, M. après 1770.
— 399.

C

CABALLERO (Raymond Dieudonné), N. à
Palma (Majorque), 21 juil. 1740, M. à
Rome en 1820. — 69, 81, 352.

CABRAL (Antoine), Italien (?), 18ᵉ S. —
826.

CABRAL (Etienne), N. à Tinelhas (Portugal),
M. le 1ᵉʳ févr. 1811. — 1056.

CABRAL (Georges), N. à Tornos (Portugal)
en 1571, M. à Tornos en 1637. — 817.

CABRÉ (Antoine), N. à Tarragone, 18 nov.
1829, M. à Madrid, 17 déc. 1883. — 108,
253, 543.

CABUT (Pierre), N. dans le diocèse d'Evreux,
4 avril 1732, M. après 1773. — 584,
1169.

CACHET (Jean), N. à Neufchâteau (Vosges)
en 1597, M. à Pont-à-Mousson, 28 déc.
1634. — 1043.

CADRÈS (Antoine), N. à Paris, 1ᵉʳ nov. 1810,
M. à Paris, 9 août 1872. — 749.

CAHIER (Charles), N. à Paris, 26 févr. 1807,
M. à Paris, 26 févr. 1882. — 200, 144,
568, 921.

CAHOUR (Arsène), N. à Saint-Hilaire (Manche),
8 juin 1806, M. au Mans, 14 sept. 1871.
— 205, 444.

CALAVERONI (Jean Guillaume), N. à Cairo
en 1587, M. à Milan, 19 juil. 1665. —
670.

CALINI (Ferdinand), N. à Brescia, 25 mai
1713, M. après 1787. — 672.

CALLENBERG (Gaspar), N. à Castrup (dioc.
de Cologne), en 1678, M. à Coesfeld en
1742. — 47, 193, 236.

CALLOUET (Pierre), N. à Morlaix, en 1617,
M. à Vannes, 10 nov. 1668. — 259.

CAMARET (Louis de), N. à Avignon, 14 sept.
1626, M. à Avignon, 10 nov. 1693. —
304, 765.

CAMEROTA (Jean), N. à Gravina, dans la
Pouille, en 1559, M. à Rome, 7 févr.
1644. — 112.

CAMPIAN (Edmond), N. à Londres, 29 janv.
1539, M. à Londres, 1ᵉʳ déc. 1581. —
796.

CAMPISI (J. B.), N. à Palerme, 12 mars
1710. — 234.

CAMPOS (Emmanuel de), N. à Lisbonne en
1681, M. après 1737. — 816.

CAMUS (André le), Français, N. vers 1665,
M. à Paris, 13 sept. 1740. — 408.

CANAYE (Jean), N. à Paris en 1594, M. à
Rouen, 26 févr. 1670. — 801.

CANBÈRE (Matthieu), de la province de Toulouse, N. vers 1680, M. après 1733. —
980.

CANISIUS (Pierre), N. à Nimègue, 8 mai
1521, M. à Fribourg (Suisse), 21 déc.
1597. — 262, 695, 941.

CANONICI (Matthieu Aloys), N. à Venise,
5 août 1727, M. à Trévise en sept. 1805
ou 1806. — 631, 761.

CANTELLI (Charles), Italien, 17ᵉ S. — 165.

CANTOVA (Jean Antoine), N. près du lac Ma-
jeur, M. après 1731 aux îles Carolines. —
881.

CANTOVA (Joseph Antoine), Italien, 18ᵉ S.
— 672, 985, 1113.

CAPELLUCHI (Jean), Italien, 18ᵉ S. — 865.

CAPRIATI (J. B.), Italien, de la province de
Milan, 18ᵉ S. — 824.

CAPRINI (Jean Antoine), N. à Aquila (Abruzze)
en 1614, M. à Rome, 3 janv. 1694. —
45, 759, 943.

CARACCIOLO (Jean), N. à Naples, 8 juin 1721,
M. à Naples, 26 nov. 1798. — 1000.

CARAFA (Jérôme), N. à Palerme vers 1628,
M. à Palerme, 20 mai 1708. — 583.

CARAFFA (Vincent), N. à Naples, mai 1585, M. à Rome, 8 juin 1649. — 104, 132, 311, 707, 901.

CARAYON (Auguste), N. à Saumur, 31 mars 1813, M. à Poitiers, 15 mai 1874.— 351, 559, 587, 950, 1036, 1085.

CARBONE (François), N. à Bunnanaro (Sardaigne), 12 mars 1746, M. à Rome, 22 avril 1817. — 252.

CARBONELLE (Ignace), N. à Tournai, 1er févr. 1829, V. — 419.

CARDENAS (Natale de), Sicilien, 18e S. — 435.

CARDULUS (Fulvius), N. à Narni en 1526, M. à Rome, 15 mai 1591. — 696, 879.

CARETTONI (François), N. à Rome en 1556, M. à Rome, 21 juil. 1639. — 37.

CARITÉ (Pierre), N. à Evreux en 1640, M. à Tours, 22 août 1694. — 686.

CARLI (Antoine Louis de'), N. à Milan, 28 sept. 1732, M. après 1780. — 748.

CARMINATI (Isaïe), N. à Bergame, 12 janv. 1798, M. à Reggio, 29 avril 1851.— 568, 1153.

CARNOLI (Aloys), N. à Bologne en 1618, M. à Bologne, 28 juil. 1693.— 145, 404, 668, 1068, 1078.

CARPANI (Joseph Henri), N. à Rome, 2 mai 1683, M. à Rome, 1er nov. 1762. — 14, 23, 191, 557, 706, 892, 1002.

CARPENTIER (Edouard), N. à Meulebeke (Belgique), 26 mars 1822, M. à Monaco, 29 oct. 1868. — 640, 1074.

CARRARA (François), N. à Bergame, 25 sept. 1737, M. à Venise, juin 1801. — 645.

CARRERA (François), N. en Sicile, *Siclensis*, en 1627, M. à Palerme en 1683. — 598.

CARRÈRE (Raymond), N. à Loubajac (Hautes-Pyrénées), 26 nov. 1830, V. — 704.

CARRETTO (Gaspar Ignace del), Italien, 18e S. — 1113.

CARREZ (Louis), N. à La Couture (Pas-de-Calais), 15 mars 1833, V. — 63.

CARTA (Gavin), N. à Sassari (Sardaigne), en 1604, M. à Sassari, 9 août 1653. — 364.

CASAJOANA (Valentin), N. à Castellgali (Espagne), 29 déc. 1828, V. — 150.

CASALETTI (Antoine), N. à Palerme en 1632, M. en 1683. — 104, 732.

CASANOVA (Joseph), N. à Barcelone, 11 janv. 1725, M. après 1784, en Italie (?).— 1152.

CASATI (Paul), N. à Plaisance en 1617, M. à Parme, 22 déc. 1707. — 679.

CASAUS (François Antoine), N. à Guadalcanal (Estramadure), 3 mars 1656, M. à Madrid, 3 oct. 1689. — 284, 773.

CASINI (Antoine), N. à Florence, 5 août 1687, M. à Rome, 4 janv. 1755. — 885.

CASORLA (Blaise Antoine), N. à Alicante en 1679, M. à Gandie en 1759. — 231, 817.

CASSEDA (Pierre Xavier), N. à Pampelune, 2 août 1739, M. à Barcelone, juin 1816. — 518, 796, 915.

CASTEL (Louis Bertrand), N. à Montpellier, 5 nov. 1688, M. à Paris, 11 janv. 1757. — 296, 397, 504, 508, 557, 725, 838.

CASTELEIN (Auguste), N. à Menin (Belgique), 23 nov. 1840, V. — 1006.

CASTELLI (Raphael), N. à Bologne en 1591, M. à Ferrare, 5 avril 1656. — 608, 948, 1135, 1147.

CASTRO (François de), N. en Espagne, 27 août 1677, M. à Reggio, 11 août 1760. — 671, 1072.

CASTROGIOVANNI (Jean), N. à Vallelonga (Sicile), 7 juin 1818, sorti (?). — 434, 674.

CASTULUS ou KASTEL (Georges), N. à Neiss (Silésie), 7 janv. 1629, M. le 9 mai 1699.— 96, 110, 151, 215, 218, 312, 578, 707, 884, 1078.

CATALA (J. B.), N. à Moncada, près Valence (Espagne), en 1624, M. à Valence, 11 oct. 1678. — 200.

CATALANI (Michel), N. à Fermo, 27 sept. 1750, M. à Bologne après 1803. — 580.

CATER (Jacques de), N. à Anvers en 1593, M. à Bruxelles, 6 avril 1657. — 9, 406, 1056, 1059.

CATROU (François), N. à Paris, 28 déc. 1659, M. à Paris, 18 oct. 1737. — 252, 385, 386.

CATTANEO (Callimero), Italien, 18e S. — 646.

CAUCHIE (Antoine de la), N. à Mons en 1583, M. à Douai, 27 sept. 1625. — 723.

CAUSSADE (Jean Pierre de), Français, de la province de Toulouse, M. après 1730. — 429.

CAUSSÈQUE (Pierre), N. à Lit (Landes), 7 mai 1832, V. — 495.

CAUSSIN (Nicolas), N. à Troyes, en mai 1583, M. à Paris, 2 juill. 1651. — 33, 454, 732.

CAVARD (André), N. à Cayres (Haute-Loire), sorti vers 1700, M. à Saint-Front, 6 mars 1728. — 573.

CAVEZUDO (André), de la province de Castille, N. en 1702, M. après 1740. — 1075.

CAYRON (Pierre Jean), N. à Rodez, 13 janv. 1672, M. à Toulouse, 31 janv. 1754. — 618.

CELLA (Antoine), N. à Modène, 16e S. — 335, 997.

CELLARIUS (Jacques). — Voir KELLER (Jac.)

CELLESI (Jacques), N. à Pistoie en 1619, M. après 1676. — 488.

CELLIÈRES (Laurent de), N. à Saint-Didier d'Allier (Haute-Loire), en 1630, M. à Chambéry (?) après 1716. — 57, 1119.

CENTURIONE (Jean-Baptiste), N. à Gênes, 22 sept. 1816, M. à Gênes, 4 mai 1882. — 752, 933².

CEPARI (Virgile), N. à Panicale, près de Pérouse, en 1564, M. à Rome, 14 mars 1641. — 1065.

CERASOLI (Alphonse), N. le 8 août 1854, V. — 1082.

CERCEAU (Jean Antoine du), N. à Paris, 12 nov. 1670, M. à Veret (Indre-et-Loire), 4 juil. 1730. — 163, 267, 275, 382, 384, 385, 386, 494, 728, 801.

CERCIA (Raphaël), N. à Naples, 2 avril 1814, V. — 975.

CERDA (Jean Louis de la), N. à Tolède vers 1560, M. à Madrid, 6 mai 1643. — 16.

CÉRISIERS (René de), N. à Nantes en 1603, sorti de la Compagnie en 1642, M. en 1662. — 409.

CERUTTI (Jos. Ant. Joach.), N. à Turin, 13 juin 1738, M. à Paris, 3 févr. 1792. — 1, 18, 49, 92, 164, 224, 225, 236, 287, 304, 430, 442, 501, 513, 570, 650, 695, 733, 735, 746, 838, 840, 882.

CESPEDES (Valentin de), N. à Puiva (Pérou), 17e S. — 352.

CEVA (Thomas), N. à Milan, 20 déc. 1648, M. à Milan, 3 févr. 1737. — 20, 275, 295, 539, 675, 726, 824², 826, 849, 851, 852, 993, 1065, 1068, 1072, 1130, 1141.

CHABERT (Paul), N. à Gardanne (Bouches-du-Rhône), 8 juin 1812, M. à Romans (Drôme), 30 juin 1880. — 160.

CHADEYRON (Michel), N. à Messeix (Puy-de-Dôme), 25 déc. 1838, M. à Toulouse, 19 août 1875. — 1149.

CHAHU (Philippe), N. à Tours en 1602, M. à Paris, 28 mars 1679. — 69, 194, 510, 911.

CHAIGNON (Pierre), N. à Saint-Pierre-la-Cour (Mayenne), 8 oct. 1791, M. à Angers, 20 sept. 1883. — 876, 1048.

CHAIZE (François d'Aix de la), N. au château d'Aix-en-Forez (Loire), 25 août 1624, M. à Paris, 20 janv. 1709. — 834.

CHAMBERS (Sabin), N. dans le comté de Leicester (Angleterre) en 1559, M. le 10 mars 1633. — 336.

CHAMPION (François-Xavier), Français, N. en 1666, M. à Chamaki (Perse [?]), 12 oct. 1715. — 408.

CHAMPION (Pierre), N. à Saint-Martin de Chaulieu (Manche). 19 oct. 1631. M. à Nantes, 28 juin 1701. — 238, 962, 1044, 1049, 1051, 1054.

CHAMPION DE NILON (Charles François), N. à Rennes, 2 févr. 1724, M. à Orléans en 1795. — 29, 115, 176, 637, 805, 1114.

CHAMPION DE PONTALIER (François), N. à Rennes, 21 oct. 1731, M. à Rennes, 30 déc. 1812. — 966, 1015.

CHAMPON (Régis), N. à St-Etienne de St-Geoirs (Isère), 16 juil. 1821, M. à Marseille, 8 déc. 1883. — 285.

CHAMPSNEUFS (Pierre des), N. à Nantes, 10 mai 1602, M. à Paris, 20 mai 1675. — 321, 326, 560.

CHAPELAIN (Charles Jean-Baptiste le), N. à Rouen, 18 août 1710, M. à Malines, 26 déc. 1779. — 906.

CHAPPUIS (Jean), de la province de Lyon, 17e-18e S. — 666.

CHARBONNEAU (Charles), de la province de Toulouse, 17e-18e S. — 601.

CHARENTON (Joseph Nicolas), N. à Blois, 9 févr. 1659, M. à Paris, 10 août 1735. — 265, 938.

CHARLES (Claude Aimé), N. à Besançon, 13 sept. 1718, M. à Besançon, 19 nov. 1768. — 264.

CHARLEVAL (Charles François de), N. à Argentan (Orne), 5 janv. 1667, M. à Rennes, 29 nov. 1747. — 409, 1041.

CHARLEVOIX (Pierre François-Xavier de), N. à Blois, 9 févr. 1659, M. à Paris, 10 août 1735. — 1047.

CHARONIER (Gaspar Joseph). Français, M. à Lyon, 19 mai 1719. — 134, 200², 267, 304, 324, 532, 653, 958.

CHARRON (Etienne Léonard), N. à Castel-Sarrasin (Tarn-et-Garonne), 4 févr. 1696, M. après 1762. — 574.

CHASTAIN (Claude), de la province d'Aquitaine, N. vers 1640, M. à Agen, 1er mai 1700. — 740.

CHASTILLON (?) — 948.

CHAURAND (Honoré), N. à Valensolle (Basses-Alpes), 15 févr. 1617, M. à Avignon, 19 nov. 1697. — 71.

CHAZOURNES (Léon de), N. à Lyon, 13 juil. 1824, M. à Genève, 16 août 1871. — 711, 921.

CHESNE (J. B. Philipoteau du), N. à Sy (Ardennes), 21 déc. 1682, M. à Reims, 24 janv. 1755. — 194, 501, 503, 1024, 1026.

CHEVALIER (Jean), N. à Poligny (Jura) en 1586, M. à La Flèche, 4 déc. 1654. — 1123.

CHEVALIER (Jean), N. à Mortagne (Orne) en 1590, M. dans l'île Saint-Christophe, 31 oct. 1649. — 838, 1051.

CHIABERGE (Joseph Ignace), N. à Turin vers 1650, mort à Rome (?) après 1729. — 138.

CHIARAVELLI. — Voir : Chiavarelli.

CHIAVACCI (Jean), Italien, 18e S. — 360.

CHIAVARELLI (Nicolas), N. à Palerme, 17e-18e S. — 687, 1177.

CHIFFLET (Laurent), N. à Besançon en 1598, M. à Anvers, 9 juill. 1658. — 199, 202, 205.

CHIFFLET (Pierre François), N. à Besançon en 1592, M. à Paris, 5 mai 1682. — 248.

CHILESI (Dominique), N. à Vienne (Autriche), 28 avril 1630, M. à Steyr, 14 mars 1696. — 476, 517.

CHOMENTOWSKI (Jean), N. en Pologne vers 1597, M. à Lublin, 18 janv. 1641. — 648, 857.

CHRESTIEN (Michel), N. à Anvers, 19 août 1662, M. à Louvain, 21 janv. 1734. — 268.

CHRISTEL (Barthélemi), N. à Mügliz (Moravie) en 1624, M. à Prague, 11 mai 1701. — 1007.

CHRISTOFLE (Martin), N. à Tours en 1585, M. à Cambrai en 1615. — 1053.

CIBOT (Pierre Martial), N. à Limoges, 14 août 1727, M. à Pékin, 8 août 1780. — 502, 505, 572.

CICALA (Pierre Marie), N. à Palerme en 1616, M. à Palerme en 1680. — 1074, 1127.

CICHOCKI (Nicolas), N. dans la Grande-Pologne vers 1596, M. à Cracovie, 27 mars 1669. — 614.

CIMATTI (Eugène), N. à Forli, 31 mars 1804, M. à Rome, 15 août 1880. — 595, 1069.

CINAMI (Léonard), N. à Naples vers 1605, M. aux Indes après 1671. — 435, 869.

CIRINO (Charles), N. à Messine en 1580, M. à Messine, 17 avril 1641. — 671.

CLAERENS (Jacques), N. à Malines, 31 déc. 1640, M. à Aix-la-Chapelle, 12 juin 1696. — 275, 1012.

CLAESSENS (Léopold), N. à Anvers, 14 nov. 1832, V. — 547, 549.

CLAGIUS ou KLAGE (Thomas), N. à Allenstein (Ruthénie) en 1598, M. à Roessel, 19 juin 1664. — 228.

CLAIR (Charles), N. à Valence (Drôme), 17 mars 1835, V. — 223, 264, 277, 306, 421, 444, 509, 526, 759, 761, 1006, 1080, 1086.

CLAIRÉ (Martin), N. à Saint-Valery sur Somme en 1612, M. à La Flèche, le 25 mai 1690. — 403.

CLAUDIUS (Vincent), N. à Gandie, 11 avril 1620, M. à Valence, 11 mai 1697. — 869.

CLAVÉ (Jean), N. à Ponteux (Landes), 24 oct. 1843, V. — 667.

CLAVERA (Joseph François), N. à Capella, dioc. de Lerida (Espagne), 4 févr. 1724, M. à Bologne en juil. 1788. — 89, 629, 896.

CLAVIGERO (François-Xavier), N. à Vera-Cruz (Mexique), 9 sept. 1731, M. à Bologne, 2 avril 1787. — 89.

CLAVIUS (Christophe), N. à Bamberg en 1538, M. à Rome, 6 févr. 1612. — 13, 842.

CLÉMENT (Claude), N. à Ornans (Doubs) en 1594, M. à Madrid, 23 (ou 29) nov. 1642 (ou 1643). — 248.

CLERC (Paul le), N. à Orléans, en 1657, M. à Paris, 31 oct. 1740. — 4, 160, 705, 808, 1024, 1052.

CLERCQ (Liévin de), N. à Essche St-Liévin (Belgique) en 1597, M. à Courtrai, 22 févr. 1652. — 395.

CLORIVIÈRE (Pierre Joseph Picot de), N. à Saint-Malo, 29 janv. 1735, M. à Paris, 9 janv. 1820. — 12, 160, 296, 306, 472, 547, 596, 725², 912.

COCCONATI (Lelius Ignace), N. à Casal, 30 juill. 1688, M. à Mantoue, 26 déc. 1762. — 855.

COCCONATO (Jean Humbert di), N. à Casal, 24 juil. 1681, M. à Mantoue, 27 avril 1748. — 222.

COCQ D'ARMANDVILLE (Corneille Le), N. à Maestricht, 29 mars 1849, V. — 19.

COFFIN (Édouard), N. à Exeter (Angleterre), en 1570, M. à Saint-Omer, 17 avril 1626. — 59, 604, 998.

COLENDALL (Henri), N. à Cologne, 15 avril 1672, M. à Cologne, 23 janv. 1729. — 970.

COLERIDGE (Henri), N. en Angleterre, 20 sept. 1822, V. — 397, 1164.

COLETI (Jean Dominique), N. à Venise, 27 sept. 1727, M. à Venise en déc. 1798. — 630, 647, 692, 1168.

COLLAS (Jean Paul Louis), N. à Thionville (Moselle), 13 sept. 1735, M. à Pékin, 22 janv. 1781. — 572.

COLLIGNON (Théodoric), de la province de Champagne, N. en déc. 1733. — 633.

COLOMBIER (Henri), N. à Lille, 21 août 1829, V. — 98, 778.

COLONIA (Dominique de), N. à Aix (Bouches-du-Rhône), 31 mai 1658, M. à Lyon, 12 sept. 1741. — 5, 37, 43, 82, 104, 185, 231, 325, 345, 427, 451², 618, 740, 803, 818, 939, 976.

COLUMBI (Jean), N. à Manosque (Basses-Alpes), en 1592, M. à Lyon, 11 déc. 1679. — 631.

COMIRE (Lucien), N. à Pibrac (Haute-Garonne), 7 janv. 1833, V. — 122, 1130.

COMMIRE (Jean), N. à Amboise, 25 mars 1625, M. à Paris, 25 déc. 1702. — 183, 408, 414.

COMPOSTELLA (Christophe), N. à Bassano vers 1570. — 175.

COMTE (Louis le), N. à Bordeaux, 10 oct. 1655, M. à Bordeaux, 19 avril 1728. — 506.

CONART (Louis), N. à Paris en 1612, M. à l'île Saint-Christophe (Antilles), 8 sept. 1648. — 1046.

CONDÉ (Nicolas de), N. à Clermont en Argonne (Meuse), en 1609, M. à Dijon, 5 oct. 1654. — 36.

CONRAD (Balthasar), N. à Neiss (Silésie) en 1599, M. à Glatz, 17 mai 1660. — 41, 238.

CONSTABLE (Jean), N. dans le Lincolnshire (Angleterre), 10 nov. 1676 (ou 1678), M. à Swynnerton, 27 avril 1740. — 830.

CONTI (Odon de), N. à Rome en 1598, M. en 1677. — 473, 942.

CONTI (Sébastien), N. à Pistoie en 1623, M. après 1690. — 28, 313, 920, 1073.

CONTINI (?), Italien, 19e S. — 630.

CONTINO (Jean Xavier), N. à Palerme, 5 oct. 1710. — 739.

CONTUCCI (Contuccio), N. à Montepulciano, 21 mai 1688, M. à Rome, 19 mars 1768. 329, 608.

COPPA (Evasio), N. à Casal, 18e S. — 1126.

COPPA (Pierre Jacques), Italien, 18e S. — 1113.

COPPENS (Prosper), N. à Gand, 30 oct. 1801, M. à Gand, 15 mai 1870. — 174, 761.

COR (Émile), N. à Vitré (Ille-et-Vilaine), 3 févr. 1814, M. à Vannes, 7 nov. 1871. — 37, 431, 534³.

CORBIE (Ambroise), N. près de Durham (Angleterre), 7 déc. 1604 (ou 1605), M. à Rome, 11 avril 1649. — 122.

CORDARA (Jules César), N. à Alexandrie (Piémont), 16 déc. 1704, M. à Alexandrie, 6 mars 1785. — 98, 105, 151, 152, 252, 286, 323, 469, 604, 630, 676, 855, 940.

CORET (Jacques), N. à Valenciennes en 1631, M. à Liége, 16 déc. 1721. — 33, 353, 715.

CORRADI (Joseph), N. à Milan, M. à Milan, 17e-18e S. — 359, 789.

CORREARD (François Rodolphe), de la province de Lyon, N. le 25 avril 1725. — 573.

CORREDOR (Martin), N. à Saragosse, 29 mars 1686, M. après 1746. — 473, 1169.

CORSETTI (Joseph), N. à Velletri, le 12 déc. 1843, M. à Guatemala, 5 déc. 1870. — 145.

CORTES OSSORIO (Jean), N. à Sanabria (Espagne), 8 févr. 1623, M. à Madrid, 23 juil. 1688. — 577.

CORTÈS (Mariano), N. à Ambran, diocèse de Tolède, 24 mars 1812, V. — 1173.

COSSART (Gabriel), N. à Pontoise (Seine-et-Oise), 22 nov. 1615, M. à Paris, 18 sept. 1674. — 410, 538, 1123².

COSTER (François), N. à Malines en 1531, M. à Bruxelles, 6 déc. 1619. — 97, 172, 518, 720, 968.

COSTER (Jean Louis), N. à Nancy, 15 juin 1728, M. à Nancy, 24 août 1793 (ou à Liège, en 1780). — 284.

COTEL (Pierre), N. à Hangest (Somme), 16 mai 1800, M. à Nancy, 4 juil. 1884. — 113, 428.

COTON (Pierre), N. à Néronde (Loire), 7 mars 1564, M. à Paris, 19 mars 1626. — 166, 725, 965.

COTONI (Tancrède), N. à Sienne en 1589, M. à Rome, 16 sept. 1653. — 976.

COTTIN (André), N. le 9 mars 1676, M. à Lyon, 4 sept. 1760. — 803.

COULTURE (Jules César de la), N. à Bruxelles en 1597, M. à Wartenberg (Bohême), 9 avril (ou août) 1651. — 923, 1184.

COUPLET (Philippe), N. à Malines, 31 mai 1623, M. en mer, près de Goa, 15 mai 1693. — 111.

COUR (Louis Corvizart de la), N. à Soissons, 14 sept. 1702, M. après 1762. — 1112.

COURBALAY (Hippolyte), N. à Brain-sur-l'Authion (Maine-et-Loire), 14 janv. 1834, V. — 628.

COURBEVILLE (Joseph de), N. à Orléans, 12 nov. 1668, M. à Paris, 23 juin 1746. — 167, 176, 219, 375, 398, 478, 559, 730, 749, 753, 827, 845, 900, 1053, 1165.

COURCIER (Pierre), N. à Troyes en 1608, M. à Auxerre, 5 janv. 1692. — 665.

COURNAULT (Pierre), N. à Montigny (Haute-Marne), 27 oct. 1720, M après 1771. — 976.

COURTENAY (Edouard), N. à Wappingthorne (Sussex) en 1598, M. à St Omer, 3 oct. 1677. — 541, 785, 812, 1181.

COURTOIS (Jean Louis), N. à Charleville (Ardennes), 8 janv. 1712, M. à Saint-Laurent, près Charleville, 1er juin 1772. — 748.

COUTO (Sébastien de), N. à Olivenza (Portugal) en 1567, M. à Evora, 21 nov. 1639. — 140.

COUTURIER (Jean), N. à Minot (Côte-d'Or) en février 1731, M. à Léry (Côte-d'Or), 22 mars 1799. — 311, 873.

COUVREUR (Séraphin), N. à Varennes (Somme), 14 janv. 1835, V. — 209.

COXON (Thomas), Anglais, N. dans le comté de Durham en 1654, M. à St-Omer, 6 mai 1735. — 525.

COYSSARD (Michel), N. à Besse (Puy-de-Dôme), 25 sept. 1547, M. à Lyon, 10 juin 1623. — 3, 192, 389, 506, 523, 563, 691, 765, 813, 824, 967, 1009, 1164.

CRABEELS (Michel), N. à Aerschot (Belgique), 22 nov. 1605, M. à Bruges, 12 juin 1672. — 833.

CRASSET (Jean), N. à Dieppe en 1618, M. à Paris, 4 janv. 1692. — 77, 157, 381, 586, 1043.

CREDER (Léonard), N. à Feldkirch (Tyrol) en 1594, M. à Constance, 18 sept. 1653. — 303.

CREMONA (François-Xavier), N. à Salemi (Sicile), 27 oct. 1711. — 923.

CRÉSOL (Louis), N. dans le diocèse de Tréguier (Côtes-du-Nord) en 1568, M. à Rome, 11 nov. 1634. — 422, 670.

CREST (Daniel), N. à Langendorff (duché de Juliers) en 1670, M. en 1711. — 652.

CRESWELL (Joseph), N. à Londres en 1557, M. à Gand, 19 févr. 1623. — 15, 52, 1164.

CRIÉ (?). — 1155.

CROISET (Jean), N. à Marseille en 1656, M. à Avignon, 31 janv. 1738. — 4, 204, 607, 813, 846.

CROISSANT (Albert), N. à Liège en 1598, M. à Liège, 12 juil. 1651. — 524, 766.

CROIX (Camille de la), N. à Tournai, 14 juil. 1831, V. — 122.

CROIX (Étienne de la), N. à Ceaulmont (Indre), 27 sept. 1706, M. après 1773. — 809.

CROM (Adrien), N. à Oirschot (Brabant) en 1591, M. à Louvain, 11 mai 1651. — 1090.

CROMBACH (Hermann), N. à Cologne en 1598, M. le 7 février 1681. — 1020.

CROS (Henri), N. à Vabres (Aveyron), 14 oct. 1833, V. — 922.

CROS (Léonard), N. à Vabres (Aveyron), 31 oct. 1831. V. — 53, 263, 556, 591, 751, 873, 1005², 1045.

CRUCIUS (Adrien), N. à Gand en 1578, M. à Anvers, 23 oct. 1629. — 841, 842.

CRUZ (Joseph da), N. à Covilhã (Portugal), 9 déc. 1847, V. — 709.

CSERNOVICS (François), N. en Hongrie en 1680, M. à Kassau, 4 févr. 1736. — 39, 674, 1116.

CUCCAGNI (Louis), n'est pas jésuite. — 853, 1182.

CURCI (Charles Marie), N. à Naples, 4 sept. 1810, sorti en oct. 1877. — 192, 222, 780, 897, 908.

CURLEY (Jacques), N. à Albany (Etats-Unis), 25 oct. 1796, V. — 36.

CURTI (François), Italien, 18e S. — 271.

CURTZ (Albert), N. à Munich en 1600, M. à Munich, 19 déc. 1671. — 29, 157, 369, 725, 963.

CUSTERER (Jacques), 226. — Voir : CUSTURER (Jac.).

CUSTURER (Jacques), N. à Palma (Baléares), 15 avr. 1657, M. à Calatayud, 18 févr. 1715. — 226, 1144.

CUTRONA (Ignace), N. à Trapani (Sicile), 12 déc. 1803, M. à Avignon, 6 nov. 1873. — 434, 761, 787, 884, 935.

CUVELIER (Michel), N. à Soignies (Hainault) en 1600, M. à Cologne, 10 déc. 1651. — 784, 1116.

CYGNE (Martin du), N. à Saint-Omer en 1619, M. à Saint-Omer, 29 mars 1669. — 1119.

CZEZOWSKI (Yves), N. à Kolodziejówka (Galicie), 15 oct. 1814. V. — 65, 137, 242, 341, 368², 461, 464, 466, 468, 480, 523, 546, 591, 597, 611², 613, 721², 730, 1001, 1094.

D

DABLON (Claude), N. à Dieppe en 1619, M. au Canada, 3 mai 1697. — 819.

DAGONEL (Pierre), N. à Liffol-le-Grand (Vosges) en 1582, M. à Pont-à-Mousson, 7 déc. 1650. — 16, 70, 924.

DAGUET (Pierre-Antoine-Alexandre), N. à Baume-les-Dames (Doubs), 25 nov. 1707, M. à B sançon, 25 avr. 1782. — 160, 162, 297.

DAMBOURNAY (Claude), Français, 17e S., M. à Lyon, 3 nov. 1646. — 142.

DAMIANI (Antoine), N. à Naples en 1623, M. à Naples, 16 juil. 1679. — 46, 685, 748.

DANDINI (Jérôme), N. à Césène en 1554, M. à Forli, 29 nov. 1634. — 593.

DANGALIERES (Antoine), N. à Grenoble vers 1600 (?). — 24.

DANGLES (Bernard), N. à Mende en 1580 (ou 1585), M. à Dijon, 10 oct. 1658. — 153.

DANIEL (Charles), N. à Beauvais, 31 déc. 1818, V. — 503, 594, 618, 710.

DANIEL (François), Hongrois (?), 18e S. — 139.

DANIEL (Gabriel), N. à Rouen, 8 févr. 1649, M. à Paris, 23 juin 1728. — 19, 231², 265, 292, 379, 406, 496², 497², 498, 501², 503, 506, 512, 514, 636, 832, 837, 839, 889, 939, 975, 1084, 1144, 1170.

DANO (Jean), N. à Sarzeau (Morbihan), 1er janv. 1821, V. — 96, 97.

DANZETTA (Fabius), N. à Pérouse, 2 nov. 1692, M. à Rome en 1766. — 232.

DARDE (Jean), N. à Vendôme en 1592, M. à Paris, 27 avr. 1641. — 8, 380³, 1162.

DARMY (Philippe), N. à Bruxelles, 14 nov. 1708, M. à Amsterdam, 7 avr. 1764. — 356, 361.

DAROCZI (Georges), N. à Baranyi (Hongrie), 28 avril 1699, M. à Edenburg, 10 oct. 1756. — 674, 1178.

DARRELL (Guillaume), N. à Bucks (Angleterre) en 1651, M. à St-Omer, 28 févr.

1721. — 109, 225, 343, 603, 986, 1056.

DAUGIÈRES (Albert), N. à Arles, 12 sept. 1634, M. à Lyon, 7 févr. 1709. — 733, 808.

DAVID (Jean), N. à Courtrai en 1545, M. à Anvers, 9 août 1613. — 208, 239, 240, 443, 459, 526, 527, 622, 734.

DAVILA (J. B.), N. à Madrid en 1598, M. à Madrid, 8 mai 1664. — 696.

DAVRYAC (?), de la province de Lyon, 17e S. — 667.

DAZA (Diego), N. à Calmenaro de Oreja (Espagne) en 1579, M. en mer, sur les côtes d'Angleterre, 16 oct. 1623. — 417.

DEBROSSE (Robert), N. à Chatel (Ardennes), 26 mars 1768, M. à Laval, 18 févr. 1848. — 294, 375, 597, 801, 846, 1055.

DEBUSSI (Louis), N. à Rouvrel (Somme), 14 déc. 1788, M. à Saint-Acheul, près Amiens, 9 févr. 1822. — 632, 637, 725.

DECHAMPS (Etienne), N. à Bourges en 1613, M. à la Flèche, 31 juil. 1701. — 44, 189, 432, 890, 891, 970, 1123².

DEFOUR (Paul), N. à Saint-Etienne (Loire), 6 mai 1828, V. — 706.

DEHAM (Alphonse), N. à Seneffe (Belgique), 20 août 1832, V. — 802.

DEHARBE (Joseph), N. à Strasbourg, 1er avril 1800, M. à Maria-Laach, 8 nov. 1871. — 459, 542.

DELAMARS (Adam), N. dans la Petite Pologne, 22 janv. 1664, M. à Vilna, 22 avril 1735 (ou à Brzescie, 10 avril 1729). — 719.

DELAVENNE (Henri), N. à Framerville (Somme), 18 janv. 1827, V. — 748.

DELBRUN (Pierre), N. à Cahors en 1605, M. après 1674. — 1132.

DELMAS (Joseph Antoine), N. à Rodez, M. à Toulouse, 13 juil. 1754. — 1109.

DELRIO (Martin Antoine), N. à Anvers en 1551, M. à Louvain, 19 oct. 1608. — 390, 702, 857.

DELVIGNE (Jean), N. à Bruxelles, 30 nov. 1705, M. à Anvers, 21 avr. 1780. — 339, 660.

DEMARCO (Xavier), de la province de Naples, N. le 5 nov. 1727, M. après 1795. — 580.

DEMARTIAL (Gabriel), N. à Limoges, 18 déc. 1833, V. — 1172.

DEMONTÉZON (Fortuné), N. à Paris, 2 févr. 1800, M. à Paris, 1er août 1862. — 7, 113, 161, 238, 426, 512, 548, 587, 593.

DENEYRON (Claude), de la province de Lyon, 18e S. — 803.

DENIS (Michel), N. à Scharding (Bavière) en 1729, M. à Vienne, 29 sept. 1800. — 950.

DENNET (Jacques), N. dans le Lancashire (Angleterre), 11 juin 1702, M. à Bury St-Edmund's, 1er mars 1789. — 823.

DEPLACE (Charles), N. à Saint-Étienne (Rhône), 24 févr. 1808, sorti en 1846. — 542, 906.

DERKER (J. B. van), N. à Vilvorde (Belgique), 16 mai 1813, V. — 326, 481.

DESBILLONS (François Joseph), N. à Château-neuf-sur-Cher (Cher), 8 janv. 1711, M. à Manheim, 17 janv. 1789. — 11, 260, 309², 509.

DESCHAMPS (Nicolas), N. à Villefranche (Rhône), 12 déc. 1797, M. à Aix, 29 mai 1872. — 113, 123, 174, 207, 310, 359, 495, 519², 556, 600, 682, 836, 913, 921, 1005, 1009².

DESCHARRIÈRES (Joseph Claude), N. au Valdajol (Vosges), 20 juin 1744, M. à Strasbourg, 5 mai 1831. — 285, 383, 1043.

DÉSERTS (Josselin des), N. à Saint-Malo vers 1600, M. à Paris, 17 juin 1685. — 834.

DESJACQUES (François), N. à Reignier (Haute-Savoie), 10 janv. 1831, V. — 135, 776.

DESJARDINS (Eugène), N. à Toulouse, 12 déc. 1820, M. à Pau, 6 juin 1878. — 86², 262, 896.

DESJARDINS (Gabriel), N. à Toulouse, 6 déc. 1823, V. — 1043.

DESWAZIERS (?). — 5.

DEULIN (J. B.), Belge (?), N. 10 sept. 1704, M. après 1761. — 228.

DEVILLE (Jean Claude), N. à Mirecourt (Vosges), 17 août 1675, M. à Nancy, 10 nov. 1720. — 450, 617, 1049, 1109.

DEVILLEZ (Henri), N. à Ansart (Belgique), 14 (ou 24) févr. 1730, M. à Tintigny, 17 févr. 1801. — 107.

DEVIS (J. B.), N. à Auderghem (Belgique), 14 avr. 1796, V. — 337², 338, 460, 1010.

DEYNOODT (François), N. à Gand, 15 oct. 1821, V. — 242, 507.

DEZ (Jean), N. près Sainte-Menehould (Marne), 3 avril 1643, M. à Strasbourg, 12 sept. 1712. — 60, 499, 849.

DIANI (J. B.), Italien, 18e S. — 21, 50.

DIAZ (Emmanuel), N. à Aspalham (Portugal) en 1559, M. à Macao, 10 juil. (ou 28 nov.) 1639. — 920.

DIEL (J. B.), N. à Bonn, 16 nov. 1843, M. à Toulouse, 1er août 1876. — 679.

DIERTINS (Ignace), N. à Bruxelles, 27 avril 1626, M. à Rome, 4 oct. 1700. — 699.

DIFORTE (Joseph), N. à Calanatissa (Sicile). 1er mars 1801, M. à Malte, 22 févr. 1878. — 619, 1175.

DIFORTIS (Jos.). — Voir DIFORTE.

DIJKCMANN (Joseph), N. à Rotterdam, 8 sept. 1820, V. — 42, 338. 365², 463, 535², 616, 661, 901, 1093, 1125.

DIOTALLEVI (Alexandre), N. à Rimini en 1648, M. à Rimini, 19 sept. 1721. — 436.

DOBEILH (François), N. à Moulins en 1634, M. à Moulins, 20 avril 1716. — 387, 1037, 1053.

DOISSIN (Louis), N. en Amérique, 6 avril 1727, M. à Paris, 21 sept. 1753. — 361.

DOLFINGER (Charles), N. à Weil (Würtemberg), 14 janv. 1819, V. — 397, 895.

DOLLER (Jean Laurent), N. à Bretten (Allemagne), 3 oct. 1750, M. à Mayence, 30 janv. 1820. — 76, 444, 1096.

DOMAYRON (Louis). N. à Béziers, 23 août 1743, M. à Paris, 16 janv. 1807. — 1085.

DOMINIS (Marc Antoine de), N. dans l'île d'Arbe, près les côtes de la Dalmatie, en 1560, sorti en 1596. — 888.

DONYOL (?), N. à Auzon (Haute-Loire), M. après 1622. — 551.

DORÉ (Pierre), N. à Longwi (Ardennes), 2 mars 1733, M. à Nancy, 22 mai 1816. — 598, 1060.

DORIGNY (Jean), N. à Reims, M. à Châlons, 13 avril 1731. — 1040, 1050.

DORISY (Jean), N. à Mouzon (Ardennes), en 1587, M. à Paris, 12 mars 1657. — 840. 1181.

DORIVAL (Pierre René), N. à Verthose (Seine-

Inférieure), 27 mai 1682, M. au Verthose, 13 sept. 1748. — 3.

DOSS (Adolphe von), N. à Pfarrkirchen (Bavière), 10 sept. 1825, V. — 1020.

DOUCIN (Louis), N. à Vernon (Eure), 21 août 1652, M. à Orléans, 21 sept. 1726. — 13, 427, 570 (?), 571, 833, 972, 978.

DOWNAROWICZ (Élie). Polonais. N. dans le Palatinat de Witepsk en 1624, M. à Vilna, 7 nov. 1669. — 398.

DOYAR (Pierre de), N. à Hermalle-sous-Argenteau (Belgique). 28 févr. 1728, M. à Clermont, 5 nov. 1806. — 139, 248, 508, 633, 758, 838, 992.

DOZENNE (Pierre), N. à Falaise (Calvados), 11 mars 1625, M. à Paris, 19 janv. 1709. — 234, 603.

DRACH (J. B.), N. à Kirchberg, canton d'Argovie (Suisse), 7 juin 1780, M. à Schwitz, 9 janv. 1846. — 570.

DRACO (Pierre), N. à Palerme, M. à Palerme, 8 nov. 1647. — 87.

DRAGHETTI (André), N. à Varallo (Italie) vers 1735, M. en 1825. — 254, 434, 1143.

DRECKER (Urbain), N. le 5 juill. 1833, V. — 457.

DREVON (Victor), N. à Grenoble, 22 sept. 1820. M. à Rome, 8 mars 1880. — 137, 142, 174, 252, 503, 723, 989, 1006, 1052.

DREWS (Jean), N. à Warmie, 1er sept. 1646, M. à Varsovie, 21 déc. 1710. — 323, 331.

DREWS (Jean), N. à Varmie. 14 déc. 1740. — 595, 1174.

DRUILHET (Julien). N. à Orléans, 8 janv. 1768, M. à Toulouse, 30 août 1845. — 68, 666, 704.

DUARTE (François). Portugais, 18e S. — 42, 407.

DUBOIS DE LAUNAY (Henri [?]), de la province de Champagne, M. à Nancy, 18 août 1794. — 830.

DUBOST (Francisque), N. à Riom (Puy-de-Dôme), 15 mai 1820, V. — 847, 988².

DUC (Fronton du), N. à Bordeaux en 1558. M. à Paris, 25 sept. 1624. — 389, 432.

DUCHESNE (J. B.), N. à Tourteron (Ardennes), 12 oct. 1731, M. à Tourteron. 24 mai 1797. — 249, 729, 959. 1148², 1172, 1179.

DUEZ (Paul), N. à Liége en 1585, M. à Metz, 14 avril 1644. — 528.

DUFAU (Toussaint), N. à Rochechouard (Haute-Vienne [?]), 31 oct. 1807, M. à Liége, 21 oct. 1881. — 682.

DUFÉ (François), Français, de la province d'Aquitaine, M. à Angoulème, 8 déc. 1703. — 564.

DUFFELS (Arnold), N. à Delft (Hollande), 13 févr. 1835, V. — 21.

DUFRÈNE (Maximilien), N. à Landshut en 1688, M. à Munich, 6 déc. 1768. — 861.

DUGAS (Joseph), N. à Lyon, 30 sept. 1843, M. à Alger, 24 nov. 1877. — 359, 692.

DULCEBENI (Aloys), N. à Fermo en 1595, M. à Rome, 27 mars 1659. — 146, 490.

DUMAS (Etienne Luc), N. à Bordeaux, 25 nov. 1707, M. après 1762. — 653.

DUMAS (Jean), N. à Lyon, 10 sept. 1696, M. à Lyon en 1770. — 955.

DUNIN (Pierre Stanislas), Polonais, N. en 1635, M. à Cracovie, 10 mai 1704. — 481, 960.

DUNOD (Pierre Joseph), N. à Moirans (Jura) en 1657, M. à Besançon en 1725. — 185, 186², 494, 758, 1052.

DUPARC (Jacques Lenoir), N. à Pont-Audemer (Eure), 15 nov. 1702, M. à Paris vers 1789. — 650, 657.

DUPONCET (Jean Nicolas), N. en Lorraine vers 1660, M. à Pont-à-Mousson, 13 déc. 1723. — 741, 742.

DUPRÉ (Thomas), N. à Coutances ou à Angoville (Manche), 6 janv. 1680, M. à Paris, 14 juin 1758. — 981.

DURAND (Alexandre), N. à Lunel (Hérault), 11 oct. 1802, M. à Bordeaux, 1er mars 1870. — 76, 369².

DURANQUET (Dominique), N. à Chalus (Puy-de-Dôme), 20 janv. 1813, V. — 627.

DUTARI (Jérôme), N. à Pampelune, 21 avril 1671, M. à Compostelle, 15 août 1717. — 20, 1032.

DUTAU (Adolphe), N. à Châtellerault (Vienne), 30 juin 1829, V. — 501.

DUVERNET (?). — 294.

E

ECHABURU Y ALCARAZ (Joseph), N. à Murcie, 6 sept. 1640, M. à Madrid, 26 févr. 1697. — 127, 156, 178, 187, 206, 417, 519, 703, 963.

EDSCHLAGER (Christian), N. à Vienne (Autriche) en 1699, M. à Steyer, 2 mars 1741. — 275.

EGGS (Léonce), N. à Rhinfelden, canton d'Argovie, 19 août 1666, M. devant Belgrade, 16 août 1717. — 656.

EGLAUER (Antoine), N. à Lintz, 12 juin 1752, M. à Vienne en 1824. — 331, 346, 594.

EHRENSBERGER (André), N. à Eichstætt, (Bavière), 25 mars 1814, V. — 858.

EICHER (Alfred), N. à Sierck (Moselle), 16 juin 1818, V. — 1129.

EISENPEITL (Mathias), N. à Maria-Puch (Styrie), 19 nov. 1722, M. à Waitzen (Hongrie) en 1796. — 262.

ELFFEN (Nicolas), N. à Trarbach (diocèse de Trèves) en 1626, M. à Cologne, 14 déc. 1706. — 687, 707.

ELGER (Georges), N. à Volmar (Livonie) en 1585, M. à Dunabourg, 30 sept. 1672. — 423.

ELIZALDE (Michel de), N. en Espagne, *Echalarensis*, dans le diocèse de Pampelune, en 1616, M. en 1678. — 799.

ELIZONDO (Joachim), N. à Sarragosse, 8 janv. 1726, M. à Ferrare après 1794 — 89.

ELLIOT (Nathanael), Anglais, N. le 20 mars 1704 (ou le 1er mai 1705), M. à Holt, 10 oct. 1780. — 451, 652.

EMONTS (Ferdinand), N. à Cornelymünster (Province Rhénane), 19 oct. 1831, V. — 460.

ENDE (Georges am), N. à Bresde (Misnie) en 1572, M. à Vienne, 17 juil. 1624. — 332.

ENGEL (Arnold), N. à Utrecht en 1620, M. à Komotau (Bohème), 26 avril 1690. — 112.

ERCOLANI (François), N. à Ferrare en 1659, M. à Brescia, 19 janv. 1731. — 829, 851, 1157.

ERTL (Thomas), N. à Zwettel (Autriche), 3 déc. 1700, M. à Vienne, 2 mars 1757. — 313, 1122.

ESCHENBRENDER (André), N. à Breidtbach (diocèse de Cologne) en 1676, M. à Cologne, 16 mai 1739. — 425.

ESCHENBRENDER (Pantaléon), N. à Breidtbach, diocèse de Cologne en 1689, M. après 1745. — 1002.

ESCHERICH (Jean), N. à Amsterdam, 15 juin 1817, V. — 366.

ESCHINARDI (François), N. à Rome en 1623, M. près de la ville de Rota, le 12 janv. 1703. — 55², 221, 591.

ESCOULANT (Pierre), Français, de la province de Paris, M. à Rouen, 1er janv. 1738. — 357.

ESMOND (Barthélemy), 206. — Voir ESMONDE.

ESMONDE (Barthélemy), N. dans le comté de Kildare (Irlande), 12 déc. 1789, M. à Dublin, 15 déc. 1862. — 206, 1140.

ESPINAY (Julien de l'), Français, N. en 1670, M. à Rennes 21 janv. 1746. — 408.

ESSEIVA (Joseph), N. à Fribourg (Suisse), 10 déc. 1814, V. — 10.

ESSEIVA (Pierre Louis), N. à Crêt (Suisse, canton de Fribourg), 24 sept. 1738, M. à Fribourg, 2 janv. 1799. — 237.

ESTEVENS (Simon), N. à Balcizão (Portugal) en 1675. — 88.

ESTKO (Pierre), N. en Pologne. 4 févr. 1749. M. dans la Russie-Blanche, 19 févr. 1802. — 60, 424.

ESTRIX (Egide), N. à Malines en 1624, M. à Rome en 1694. — 156, 330, 809, 930.

ETTORI (Camille), Italien, M. après 1728. — 855.

EVERARD (Henri), N. à Bury St Edmunds (Angleterre), 27 sept. 1826, V. — 419.

EVERARD (Thomas), N. à Linstead (comté de Suffolk), 8 févr. 1560, M. à Londres, 16 mai 1633. — 564, 592, 940.

EWICH (Engelbert), N. à Clèves en 1599, M. à Aschaffenbourg, 28 juil. 1637. — 781.

EXIMENO (Antoine), N. à Valence ou à Balbastro (Espagne), 26 sept. 1729, M. à Rome, 9 juin (ou juillet) 1808. — 175.

EYRAUD (J. B.), N. à Asques (Gironde),

20 déc. 1853, V. — 66, 397, 922, 1112.

F

FABER (Grégoire), N. à Morsebourg (diocèse de Constance) en 1567, M. à Constance, 29 avril 1653. — 83.

FABER (Sébastien), N. à Lisbonne, 18 mai 1718, M. le 21 déc. 1758. — 23, 480.

FABRE (Jérôme), Italien, 18e S. — 1113.

FABRE (Pierre), de la province de Lyon, M. après 1730. — 803.

FABRI (Honoré), N. dans la Bresse (Ain) en 1607, M. à Rome, 9 mars 1688. — 170, 289, 454, 528. 624, 665, 757, 766.

FABRI (Philippe), N. à Rome, 17e-18e S. — 892.

FABRYCY (Pierre), N. à Zadzin (Grande Pologne), vers 1550, M. à Breslau, 25 nov. 1622. — 972.

FACCANONI (Dominique), N. à Venise, 5 mars 1702, M. après 1762. — 893.

FALCKENBERG (André), N. à Cologne en 1663, M. le 5 juin 1710. — 56.

FALCONER (Jean), N. à Lytton (Dorsetshire, Angleterre), en 1573, M. le 17 juil. 1656. — 312, 521, 527, 810.

FANTIN (Henri), N. à Strasbourg, 17 févr. 1800, M. à Strasbourg, 10 janv. 1858. — 2, 263.

FANTIN-DES-ODOARDS (Ant. Etienne Nicolas), N. à Pont-de-Beauvoisin (Isère), 26 déc. 1738, M. à Paris, 25 sept. 1820. — 32, 161, 383, 954.

FASSATI (Gaëtan), Italien, 18e S. — 1113.

FASTRÉ (Joseph A.), N. à Wavre Notre-Dame (Belgique), 7 févr. 1823, M. à Cincinnati, 22 sept. 1878. — 411.

FAUNT (Laurent Arthur), N. dans le Leicestershire en 1554, M. à Vilna, 28 févr. 1591. — 974.

FAURA (Frédéric), N. à Antes, diocèse de Vich (Espagne), 30 sept. 1840, V. — 1171.

FAURE (J. B.), N. à Rome, 25 oct. 1702, M. à Viterbe, 25 avril 1779. — 12, 21. 52, 82, 142, 229³, 315, 413, 579, 630, 631², 869, 870, 945.

FAUTEREL (Georges), N. à Pontoise (ou à Rouen), en 1613, M. à Rouen, 28 mars 1682. — 383, 501, 548.

FAVA (Léonard), N. à Bologne, 10 juin 1798, M. à Rome, 23 nov. 1873. — 109.

FAVARD (François), N. à Limoges en 1562, M. à Lyon, 26 mai 1644. — 1046.

FAY (Gaspar du), N. à Callombey (Valais, Suisse), 16 déc. 1664, M. à Sion, 14 avril 1742. — 907.

FEBVRE (Jacques Le), N. à Glajeon (Nord), 1er nov. 1694, M. à Valenciennes, 19 avril 1755. — 75, 266, 291, 909.

FEBVRE (Pierre Le), de la province de France, M. à Caen, 23 août 1740. — 1133.

FEBVRE (Turrieu le), N. à Douai en 1608, M. à Douai, 28 juin 1672. — 1039.

FEDELI (Barthélemi), Italien, sorti après 1706, M. à Modène, 15 févr. 1722. — 82, 424.

FÉLIX (Joseph), N. à Neuville-sur-l'Escaut (Nord), 28 juin 1810, V. — 664.

FELLER (Fr. Xav. de), N. à Bruxelles, 17 août 1735, M. à Ratisbonne, 23 mai 1802. — 3, 114, 173, 188, 211², 224, 227, 266, 291, 292², 293, 449, 452, 502, 505, 538 (?), 608, 650², 651, 805, 808, 944², 981, 1023, 1054.

FELLON (Thomas Bernard), N. à Avignon, 12 juill. 1672, M. à Lyon, 25 mars 1759. — 115, 376, 976.

FENIS (Jean Léonard de), N. à Tulle, vers 1620, M. après 1686. — 166, 426, 635.

FÉRAUD (Jean François), N. à Marseille, 17 avril 1725, M. 8 févr. 1807. — 211, 632, 712, 802, 980².

FERLEY (Paul), N. à Dublin, 22 juil. 1785, M. à Clongowes, 3 janv. 1850. — 206.

FERNANDEZ (Pascal), N. au Mexique, 18e S. — 335.

FERRAND (Jean), N. au Puy (Haute-Loire) en 1586, M. à Lyon, 30 oct. 1672. — 35, 84.

FERRANDO (François), N. à Oliva (Espagne), 7 juin 1638, M. à Valence, 9 juillet 1723. — 305, 539, 1153.

FERRARI (Dominique), N. à Castelnuovo, 4 oct. 1793, M. à Monaco, 27 mai 1880. — 348.

FERRARI (Grégoire), N. à Port-Maurice (État de Gênes), en 1579, M. à Côme, 10 mars 1659. — 132, 180, 1130, 1138.

FERRARI (Gui), N. à Novarre, 6 févr. 1717, M. à Monza, 11 févr. 1791. — 646, 1127, 1165.

FERRARI (Horace), N. à Modène en 1575, M. à Modène, 5 sept. 1630. — 90, 318.

FERRARI (Roch Marie), Italien, 17e S. — 1126.

FERRAZZI (Emmanuel), N. à Æsiago (diocèse de Vicence), 11 févr. 1846, V. — 722.

FERRER (Jean), N. à Tremp, diocèse d'Urgel (Espagne) en 1558, M. à Barcelone, 20 nov. 1636. — 982.

FERRERO (Charles Hyacinthe), N. à Valperga en 1648, M. en 1730. — 483, 1081.

FERREYRA (Emmanuel), N. à Lisbonne en 1631, M. à Macao, 15 mai 1699. — 629.

FERRIER (Jean), N. à Rodez, 20 janv. 1614, M. à Paris, 29 oct. 1674. — 69, 920.

FERRONI (Joseph), Italien, 17e S. — 1141.

FERRUGGIA (Joseph), N. à Raffadali (Sicile), 9 janv. 1618, M. à Palerme, 16 déc. 1693. — 849.

FERVAUX (Jean), Lorrain, 17e S. — 1164.

FESSARD (Michel), N. aux Baons-le-Comte (Seine-Inférieure) le 10 févr. 1811, V. — 308.

FIARD (J. B.), N. à Dijon, 22 nov. 1736, M. à Dijon, 30 sept. 1818. — 610.

FICHET (Alexandre), N. au Petit-Bornand (Savoie) en 1588, M. à Chambéry, 30 mars 1659. — 124, 315, 1038.

FIGUERA (Gaspar de la), N. à Bilbao (ou à Calatayud) en 1579, M. à Valladolid, 22 mars 1637. — 940.

FILERE (Joseph), N. à Lyon en 1686, M. à Lyon, 29 août 1658. — 175, 872.

FILLIUCCI (Vincent), N. à Sienne en 1566, M. à Rome, 5 avril 1622. — 929.

FINICCHIARO (Laurent), N. à Catane (Sicile) en 1609, M. à Catane, 15 août 1682. — 63, 1072.

FISCHER (Antoine), N. à Kirchberg (Nassau) en 1657, M. à Cologne en 1741. — 254, 624.

FISCHER (Léopold), N. à Vienne (Autriche), 28 mars 1703, M. à Vienne, 11 avril 1787. — 94.

FITA (Fidèle), N. à Arenys de Mar (Espagne), 31 déc. 1835, V. — 881.

FITER (Louis), N. à Urgel (Espagne), 5 mai 1852, V. — 393, 736.

FITZHERBERT (Thomas), N. à Swynnerton, dans le Staffordshire en 1552, M. à Rome, 17 août 1640. — 648.

FLEURIAU (Bertrand Gabriel), N. à Rennes, 8 août 1693, M. à Nantes, 11 mars 1773. — 209, 728, 753², 821.

FLEURIAU (Jean François), N. à Rennes, 2 févr. 1700, M. à Rennes en 1767. — 963.

FLEURIAU (Thomas Charles), N. à Paris, 20 nov. 1651, M. à Paris, 15 juin 1735. — 287², 634, 972.

FLOYD (Jean), N. dans le comté de Cambridge (Angleterre) en 1572 ou 1573, M. à Saint-Omer, 16 sept. 1649. — 39, 50, 121, 131, 190, 247, 374, 404, 599, 678, 766, 949, 973.

FOIX (Marc Antoine de), N. au château de Fabas (Ariège), en 1627, M. à Billom (Puy-de-Dôme), 24 mai 1687. — 58², 59.

FOLARD (Melchior de), N. à Avignon en 1683, M. à Avignon, 19 févr. 1739. — 497, 655, 964.

FOLEY (Henri), N. à Astley (Angleterre), 9 août 1811, V. — 445, 522, 798.

FOMPEROSA Y QUINTANA (Pierre de), N. à Madrid, 29 sept. 1639, M. à Madrid, 19 mars 1689. — 209, 358.

FONS (Jean Paul), N. à Piera (Espagne), en 1576, M. à Barcelone, 29 juin 1622. — 1034.

FONSECA (François da), N. à Evora, 12 oct. 1668, M. à Rome, 3 mai 1738. — 143, 552.

FONSECA (Gaëtan da), N. à Lisbonne en 1694, M. le 4 avril 1766 (?). — 147.

FONTAINE (Charles Louis), N. à Fribourg (Suisse), 14 juin 1754, M. à Fribourg, 12 mai 1834. — 257, 838.

FONTAINE (Jacques de la), N. à Bergues-St-Winoc (Nord), 28 févr. 1650, M. à Rome, 18 févr. 1728. — 11, 156, 217, 269, 270, 330, 843, 878, 930.

FONTAINE (J. B. Fouet de la), N. à Paris, 30 mai 1739, M. à Paris, 27 mars 1821. — 265³, 266.

FONTANEY (Jean de), N. en Bretagne, dans le diocèse de St-Pol-de-Léon (Finistère), 17 févr. 1643, M. à la Flèche, 16 janv. 1710. — 350, 650, 818.

FONTE (André Diego), N. à Guanaxuato (Mexique), 21 mai 1719, M. à Bologne, 24 févr. 1801. — 32.

FOPPA (Jules), N. à Milan, 17e S. — 664.

FORBES (James), N. à La Chaussée (Loir-et-Cher), 1er oct. 1834, V. — 711.

FORER (Laurent), N. à Lucerne en 1580, M. à Ratisbonne, 7 janv. 1659. — 279, 471, 1094.

FOREST (Jean), N. à Lugano (Tessin, Suisse), 13 déc. 1624, M. à Leoben (Autriche), 3 avril 1682. — 136, 913, 1050.

FOREST DU CHESNE (Nicolas), N. au Chesne-Populeux (Ardennes), en 1595, sorti en 1638, M. après 1650. — 321.

FORESTIER (Mathurin Le), N. à Landerneau (Finistère), 22 nov. 1697, M. à Rome vers août 1780. — 79, 994.

FOUCAULT (François), N. à Caen, vers 1658, M. à Arras, 25 févr. 1734. — 286, 529.

FOUJOLS (Antoine), N. à St-Etienne (Loire), 18 févr. 1850, V. — 1005.

FOULLON (Jean Erard), N. à Liège en 1609, M. à Tournay, 25 oct. 1668. — 394, 596, 872, 1025.

FOURCROY (Louis de), N. à Noyon (Oise) en 1614, M. à Bourges, 6 nov. 1705. — 530.

FOURNIER (Georges), N. à Caen en 1595, M. à la Flèche, 13 avril 1652. — 980.

FOX (Guillaume), N. à Müllendorf (Würtemberg), 22 juil. 1833, V. — 30.

FOXA (Raymond), N. à Barcelone, 28 sept. 1729, M. à Ferrare, le 31 juil. 179.. (?). — 581.

FOZI (Joseph), N. à Reggio en 1606, M. à Rome après 1683. — 60, 64, 109, 162, 167, 316, 487, 662, 708, 853, 918, 922, 934.

FRAGUIER (Claude François), N. à Paris, 28 août 1666, sorti en 1694 (?), M. à Paris, 31 mai 1728. — 441.

FRANC (Antoine), Français, de la province de Lyon, M. à Avignon (?) après 1730. — 4, 588.

FRANCIOSI (Xavier de), N. à Arras, 13 déc. 1819, V. — 297, 629, 657.

FRANCO (Antoine), N. à Montalvao (Portugal) en 1662, M. à Evora, 3 mars 1732. — 165, 409, 638, 1166.

FRANCO (Michel), N. à Turin, 17 déc. 1819, V. — 226.

FRANCO (Secondo), N. à Turin, 22 janv. 1817, V. — 123, 436.

FRANCOLINI (Balthasar), N. à Fermo en 1650, M. à Rome, 10 févr. 1709. — 136, 786.

FRANCOZ (François), N. à St-Michel-de-Maurienne (Savoie), 30 sept. 1817, V. — 62, 219, 239, 601, 633, 840.

FRAYE (Léonard de), N. à Bruxelles en 1560, M. à Anvers, 6 mai 1625. — 227.

FREIRE (François), N. à Estremoz (Portugal) en 1597, M. à Lisbonne, 16 août 1644.— 796.

FRESIA (César), Piémontais, 17e S. — 131.

FRESSENCOURT (Félix), N. à Chaumont-Porcien (Ardennes), 9 mars 1802, V. — 565, 701, 812, 845.

FREUX (André des), N. à Chartres après 1500, M. à Rome, 25 oct. 1556. — 300, 535, 941, 1012.

FREVIER (Charles Joseph), N. à Arras, 11 nov. 1689, M. après 1770. — 1088.

FREYLIN (Jean Marie), N. à Villanuova (Piémont) en 1591, M. à Truxillo (Venezuela), 6 févr. 1655. — 259, 1150.

FRIZ (André), N. à Barcelone, 28 juil. 1711, M. à Goritz, nov. 1790. — 93, 467.

FRIZON (Léonard), N. à Périgueux ou à Brantôme (Dordogne), en 1628, M. à Bordeaux, 22 oct. 1700. — 877.

FRIZON (Nicolas), N. à Reims vers 1670 (?), M. à Nancy, 28 févr. 1737. — 378, 692, 1038, 1085.

FROELICH (Christophe), Allemand, M. après 1770. — 72, 1059, 1157.

FROELICH (Erasme), N. à Gratz en 1700, M. à Vienne, 7 juil. 1758. — 53², 643, 960, 1151, 1181.

FROMENT (Antoine), N. à Caylus (Tarn-et-Garonne), 15 juin 1836, V. — 549.

FROMENT (François), Français, de la province de Lyon, M. à Gray, 21 oct. 1702. — 205, 740, 1022.

FUENSALIDA (Diego Joseph), N. à Santiago (Chili), 12 nov. 1744 (ou 12 janv.), M. à Imola, 1er oct. 1803. — 30, 331, 484, 675, 756, 1178.

FUENTE (André Prudence), N. à Guanaxuato (Mexique), 21 mai 1719, M. à Bologne, 24 févr. 1801. — 32.

FUGA (Vincent), N. à Rome, 3 janv. 1737, M. à Rome, 19 juin 1815. — 487, 940.

FUGGER-GLOTT (Hermann Joseph von), N. à Augsbourg, 3 févr. 1833, V. — 929, 1082.

FULIGATTI (Jacques), N. à Rome en 1577, M. à Rome, 12 nov. 1653. — 554, 856, 1065.

FUNEZ (Martin de), N. à Valladolid en 1560, M. près de Sienne, 25 févr. 1611. — 589.

FURSAC (Amable de), N. à Limoges, 10 juin 1838, V. — 733.

G

GABARDI (Joachim), N. à Carpi (Modenais), 6 août 1719, M. à Carpi, 22 août 1790. — 96, 522, 870, 884, 934, 1113, 1115.

GACHET (François Xavier), N. à Ellwangen en 1710, M. après 1772. — 696, 727, 738, 885, 1114, 1156, 1174.

GACHET (J. B.), N. à Elwangen, 4 novembre 1705, M. à Œlenberg, 4 novembre 1752. — 302 [1].

1. Je viens de découvrir, dans des notes Mss, qu'il est le traducteur des *Exercitia spiritualia* du P. Judde.

GAGARIN (Jean), N. à Moscou, 1er août 1814, M. à Paris, 19 juil. 1882. — 590, 757, 776.

GAGLIARDI (Achille), N. à Padoue en 1537, M. à Modène, 6 juil. 1607. — 87.

GAGNA (Gaspar Joseph), N. à Cherasso (Piémont) en 1686, M. à Turin, 25 mars 1755. — 490.

GAILLARD (Honoré), N. à Aix, 9 mars 1641, M. à Paris, 11 juin 1727. — 133, 751.

GALEOTTI (Nicolas), N. à Sienne en 1692, M. à Rome, 30 déc. 1758. — 329.

GALIMARD (Jean), Français, de la province de Toulouse, M. à Aubenas (Ardèche), 22 mai 1694. — 388.

GALLIFET (Joseph de), N. près d'Aix en 1663, M. à Lyon, 31 août 1749.— 294, 765, 1027.

GALLUZZI (François Marie), N. à Florence, 9 janv. 1671, M. à Rome, 7 sept. 1731. — 52², 638², 790, 864, 932, 1064, 1067.

GALLUZZI (Tarquin), Italien, N. dans la Sabine en 1574, M. à Rome, 28 juill. 1649. — 402.

GAMARD (Pierre), N. à Francières (Somme), 27 oct. 1803, V. — 1044.

GAMBERTI (Dominique), N. à Plaisance en 1627, M. 4 janv. 1700. — 322.

GANCHET (Claude), de la province de Lyon. N. le 11 nov. 1664, M. après 1752. — 803.

GARASSE (François), N. à Angoulême en 1585, M. à Poitiers, 14 juin 1631. — 71, 74, 122, 257, 400, 632, 772, 786, 797, 839, 860.

GARBELLI (Antoine), N. à Brescia, M. à Novellara, 13 oct. 1714. — 491.

GARCIA (Emmanuel), N. dans le diocèse de Tolède en 1715, M. en Italie en 1782. — 220.

GARCIA (François), N. à Ballecas (Espagne), 16 mars 1641, M. à Madrid, 3 août 1685. — 1035.

GARCIA (Isidore), N. à Paniza (Espagne), M. après 1763. — 87.

GARCIA (Raymond), N. à Nijar (Espagne), 22 sept. 1798, M. à Madrid, 23 mars 1877. — 105², 254, 1036.

GARNIER (Jean), N. à Paris, 11 nov. 1612, M. à Bologne, 26 oct. 1681. — 974.

GARNIER (Pierre Ignace), N. à Lyon, 7 sept. 1692, M. à Avignon en 1763. — 704.

GARNIER (Valentin), N. à St-Germain-en-Coglès (Ille-et-Vilaine), 6 mai 1825, V. — 600.

GAROFALO (Vincent), N. en Sicile en 1794, M. à Malte, 25 mai 1863. — 793.

GARREAU (Jean Claude), N. à Saint-Pourçain (Allier), 26 juill. 1715, M. à Chaumont après 1778. — 551, 1048, 1171.

GARULLI (Camille), N. à Fermo, 19 oct. 1743, M. à Fermo, 25 janv. 1816. — 243, 685.

GARZIA DE RENGIFO (Diego), N. à Avila (Espagne), en 1553, M. à Monforte, 11 févr. 1615. — 60.

GASSOT (Jean), N. à Bourges, 26 janv. 1661, M. à Bourges, 25 nov. 1734. — 1052.

GAUDIER (Antoine le), N. à Château-Thierry (Aisne), en 1571, M. à Paris, 14 avril 1622. — 968.

GAULTRAN (François), N. à Gravelines (Nord), en 1591, M. à Tournay, 11 juil. 1669. — 5.

GAULTRUCHE (Pierre), N. à Orléans en 1602, M. à Caen, 30 mai 1681. — 388.

GAUTRELET (Franç. Xavier), N. à Sampigny (Saône-et-Loire), 15 févr. 1807, V. — 50, 171, 234, 481, 549, 550, 587, 588², 633.

GEIGER (Mathias), N. à Kolosvar ou Klausenbourg (Transylvanie), 24 févr. 1720, M. après 1774. — 317.

GENESTOUT (Paul), N. à Terrasson (Dordogne), 14 janv. 1852, V. — 749.

GENNES (Henri Anne Daniel de), N. à Rennes, 28 nov. 1684, M. après 1727. — 113, 193, 441.

GENTIL (Claude), de la province de France, N. en 1646, M. à Rennes, 4 mars 1704. — 844.

GENTILI (Joseph), Italien, de la province Romaine, 18e S. — 161, 983.

GENTILINI (J. B.), N. à Vesio (diocèse de Brescia), 26 nov. 1745, M. à Rome, 16 déc. 1816. — 235, 484, 567, 690.

GEOFFROY (J. B.), N. à Charolles (Saône-et-Loire), 24 août 1706, M. à Semur (Côte-d'Or), 20 sept. 1782. — 296, 511, 801.

GEOFFROY (Louis), N. à Echallans, canton de Vaud (Suisse), 3 juin 1793, M. à Maria-Laach, 14 févr. 1870. — 812, 874.

GEOFFROY (Pierre), de la province de Champagne, M. à Metz, 29 oct. 1731. — 666.

GEORGE (Jacques), N. à Bourges vers 1570, M. à Roanne (Loire), 31 déc. 1640. — 120.

GEORGEL (Jean François), N. à Bruyères (Vosges), 29 janv. 1731, sorti en 1763, M. à Bruyères, 14 nov. 1813. — 574.

GEORG (Henri), Allemand, 17e S. — 646, 1176.

GÉRARD (Jean), N. à Edimbourg, 30 mai 1840, V. — 579.

GERBILLON (Jean François), N. à Verdun, 11 (ou 21) janv. 1654, M. à Pékin, 22 mars 1707. — 94.

GERLACHE (Eugène de), N. à Saint-Mard (Belgique), 15 mai 1826, V. — 551, 602.

GERMON (Barthélemy), N. à Orléans, 17 juin 1663, M. à Orléans, 2 oct. 1718. — 277, 494, 776, 832.

GESSI (Jérôme), N. à Bologne vers 1570. M. à Bologne en 1623. — 1073.

GESTEL (Adrien Van). N. à Geldrop (Hollande), 30 janv. 1830, V. — 125, 611, 661, 677, 698, 794, 911, 1125.

GHEERAERDTS (Gilles), N. à Anvers en 1596, M. à Anvers, 17 janv. 1655. — 927.

GHERARDELLI (Matthieu), Italien, M. à Rome, 18 mai 1678. — 121, 318, 319, 917, 1030.

GHESQUIÈRE (Joseph), N. à Courtrai, 27 févr. 1731, M. à Essen (Allemagne), 23 janv. 1802. — 111, 230², 512, 649.

GHEZZI (Nicolas), N. à Domaso, sur le lac de Côme, en avril 1680, M. à Venise (?), 13 nov. 1766. — 1061, 1071.

GIANNOPOLI (Antoine), N. en Sicile en 1587, M. à Messine vers 1640. — 993.

GIAMBRUNO (César), ?. — 487, 697.

GIANNUZZI (Joseph), N. à Poggiardo (Naples), 31 mars 1841, V. — 349, 661.

GIANOTTI (Alphonse), N. à Correggio, 28 janv. 1596, M. à Bologne, 29 sept. 1649. — 595.

GIATTINI (J. B.), N. à Palerme en 1601, M. à Rome, 19 nov. 1672. — 395, 823.

GIBBONS (Richard), N. près de Wells (Somersetshire) en 1549, M. à Douai, 28 juin 1632. — 927.

GIL (Emmanuel), N. à Madrid, 4 janv. 1794, M. à Fiesole, 8 févr. 1880. — 793.

GIL (Emmanuel Gervais), N. à Villanova (Espagne), 24 juin 1745, M. à Mantoue, 14 févr. 1807. — 227, 229.

GILLIODTS (Auguste), N. à Bruges, 15 mars 1798, M. à Alost, 2 juin 1873. — 467.

GINNARO (Bernardin), N. à Naples en 1577, M. à Naples, 16 déc. 1644. — 394, 614, 957.

GIORGI (Jean Vincent), N. à Caprarola, près de Viterbe, 12 juill. 1738, M. à Rome, 30 janv. 1803. — 747.

GIOVINAZZI (Vite Marie), N. à Castellaneta (Pouille), 20 févr. 1727, M. à Rome, 28 juill. 1805. — 870.

GIRARD (Antoine), N. à Corbigny (Nièvre) en

1603, M. à la Flèche, 15 déc. 1679. — 74, 410, 497, 813, 973, 1051.

GIRARDI (Félix), N. à Nola en 1597, M. à Naples, 3 juil. 1665. — 221.

GIRAUDEAU (Bonaventure), N. à St-Vincent-sur-Jard (Vendée) (ou dans l'île de Ré [?]), 1er mai 1697, M. aux Sables-d'Olonne, 14 sept. 1774. — 18, 290.

GISBERT (Blaise), N. à Cahors, 21 févr. 1657, M. à Montpellier, 27 févr. 1731. — 83, 718.

GIUDICE (Cajétan de), N. en Sicile, 19 déc. 1735, M. à Rome en 1795. — 46.

GIULI (Jean Dominique), N. à Fano San Georgio (Piémont), M. après 1814. — 632.

GIULIANI (Jean), N. à Imola, 17°-18° S. — 1063.

GIUNTA (Paul), N. à Rocca (Sicile), 26 nov. 1631, M. après 1714. — 90, 1066.

GIUPPONI (Barthélemy Pie), N. à Padoue, 28 janv. 1714, M. après 1762. — 20.

GIURICEO (Antoine), Italien, N. le 7 févr. 1819, M. à Goritz, 13 févr. 1878. — 1170.

GIUSTINELLI (Pierre), N. à Brescia en 1579, M. à Castiglione, 13 juil. 1630. — 41.

GIUSTINIANI (Benoît), N. à Gênes en 1550, M. à Rome, 19 déc. 1622. — 47, 243, 852.

GIUSTINIANI (Jérôme), N. à Chio vers 1670 (?). — 91, 121, 865, 937.

GLORIOT (Charles Joseph), N. à Pontarlier (Doubs), 17 sept. 1768, M. à Avignon, 18 févr. 1844. — 81, 701.

GOBIEN (Charles le), N. à Saint-Malo en 1653, M. à Paris, 6 mars 1708. — 453, 495, 505, 511, 634, 690.

GODFROY (Eusèbe), N. à Nancy, 15 déc. 1817, V. — 30, 551, 618, 1007, 1083.

GODIGNO (Nicolas), N. à Lisbonne en 1559, M. à Rome, 7 déc. 1616. — 1077.

GODSCALK (Ignace), M. à Lille après 1666. — 6.

GOEGGER (François), N. à Vienne (Autriche), 16 oct. 1681, M. à Vienne, 3 nov. 1760. — 128.

GOENNER (Gaspar), N. en Autriche (?), 6 janv. 1744, M. à Laybach en 1794. — 277, 1103.

GOES (Emmanuel de), N. à Portella (Portugal), en 1547, M. à Coimbre, 13 févr. 1593. — 140.

GOLDHAGEN (Hermann). N. à Mayence, 14 avril 1718, M. à Munich, 18 (ou 22) avril 1794. — 278, 362, 423, 424², 718, 829, 1166.

GOLLETTI (Antoine), N. à Attignat (Ain), en 1607, M. à Lyon, 26 mai 1695. — 831.

GOMEZ RODELES (Cœcilio). N. à Olite (Navarre), 22 nov. 1842, V. — 201, 253, 543.

GONDI (Octave), N. à Florence, M. à Florence, 30 août 1706. — 1061.

GONDINO Y GARCIA (Jean), N. à Munebriga (Espagne), 5 mars 1569, M. à Tolède, 2 juil. 1629. — 363.

GONNELIEU (Jérôme de), N. à Soissons en 1640, M. à Paris, 28 févr. 1715 — 297, 410, 587, 741.

GONTERY (Jean), N. à Turin en 1562, M. à Paris, 11 nov. 1616. — 171, 184, 833, 1086.

GONZAGA (Louis), N. à Lisbonne en 1666, M. à Lisbonne, 14 mars 1747. — 816.

GONZALEZ (Diego Paul), N. à Utrera (Espagne), en 1690, M. après 1740. — 544.

GONZALEZ CUMPLIDO (Félix), N. à Madrid, 21 févr. 1817, M. à Madrid, 3 août 1872. — 1035, 1172.

GONZALVEZ (Gaspar), N. à Coimbre en 1540, M. à Rome, 9 août 1590. — 793.

GOOD (Guillaume), N. à Glastonbury (Angleterre), en 1527, M. à Naples, 5 juil. 1586. — 1147.

GOODWIN (Ignace), N. à Somerset (Angleterre), en 1601, M. à Londres, 26 nov. 1667. — 471.

GOTTIFREDI (Alexandre), N. à Rome, 3 mai 1595, M. à Rome, 12 mars 1651. — 1149.

GOTTIGNIES (Gilles François de), N. à Bruxelles en 1630, M. à Rome, 6 avril 1689. — 755.

GOUILLOUD (André), N. à Montbrison, 14 avril 1816, V. — 636.

GOVILLE (Pierre de), N. à Rouen, 20 sept. 1668, M. à Paris, 23 janv. 1758. — 408.

GRACCHI (Barthélemy), N. à Forno (Piémont), 19 nov. 1776, M. à Dresde, 20 mai 1845. — 237.

GRACIAN (Balthasar). N. à Calatayud (Espagne), en 1593, M. à Tarragone, 6 déc. 1658. — 18, 176, 226, 375, 648, 665, 730.

GRAINVILLE (Pierre Joseph de), N. à Rouen en 1642, M. à Rouen, 2 févr. 1730. — 99, 102.

GRAMMATICI (Nicaise), N. à Trente en 1684, M. à Ratisbonne 17 (ou 28) sept. 1736. — 228, 1011, 1154, 1180.

GRAND (François le), N. à Nevez (?) (Finistère) en 1597, M. à Quimper, 1er janv. 1663. — 423.

GRANDJACQUET (Pierre Augustin). N. à Pontarlier (Doubs), 6 mai 1738, M. à Angoulême en 1793. — 608.

GRANELLI (Charles), N. à Milan, 21 févr. 1671, M. à Vienne, 3 mars 1739. — 345.

GRANELLI (Jean), N. à Gênes, 15 avril 1703, M. à Modène, 3 mars 1770. — 218, 539, 892, 1171.

GRAS (Jacques le). Français, M. à Chambéry, 2 avril 1679. — 532, 828.

GRAS (Pierre). Français, de la province de Lyon, M. à Avignon, 1er août 1671. — 60.

GRASSETTI (Jacques). N. à Modène en 1579, M. à Rimini, 2 déc. 1656. — 145, 1066.

GRASSI (Horace), N. à Savone en 1582, M. à Rome, 23 juil. 1654. — 133, 519, 794, 990.

GRATZ (Jacques). N. à Neiss (Silésie), 29 avril 1629, M. à Prague, 10 nov. 1700. — 79.

GRAVINA (Joseph Marie). N. à Palerme, 17 mars 1702, M. à Modène vers 1780. — 436, 735, 794.

GRECH (Baltazar), N. à Malte, 31 janv. 1698, M. après 1750. — 183.

GREEN (Martin), N. en Irlande en 1616, M. à Watten, 2 oct. 1667. — 9.

GRESSET (J. B. Louis). N. à Amiens en 1709, sorti en 1737. — 728, 1028.

GRETSER (Jacques), N. à Marckdorf (Souabe) en 1561, M. à Ingolstadt, 28 janv. 1625. — 36, 46, 47, 143, 206, 269, 415, 416, 624, 669, 784, 996, 1029.

GRIENBERGER (Christophe). N. à Hall (Tyrol) en 1561, M. à Rome, 11 mars 1636. — 925.

GRIETENS (Pierre). N. à Meerhout (Belgique), 11 févr. 1810, M. à Tronchiennes, 1er juin 1882. — 339, 514, 858, 1090.

GRIFFET (Henri), N. à Moulins, 17 nov. 1698, M. à Bruxelles, 22 févr. 1771. — 37, 172, 191, 193, 297, 381, 384, 385, 494, 502, 564, 569, 570, 573², 574, 575, 634, 751, 801, 831.

GRIMALDI (Philippe), N. à Coni (Piémont) en 1639, M. à Pékin, 8 nov. 1712. — 94.

GRIVEL (Fidèle de), N. à Cour-Saint-Maurice (Doubs), 17 déc. 1769, M. à Georgetown (États-Unis), 26 juin 1842.— 1049.

GRODZICKI (Stanislas), N. à Posen en 1541, M. à Posen, 4 mars 1613. — 743.

GROSEZ (Jean Étienne), N. à Arbois (Jura), vers 1630 (?), M. à Dole, 2 sept. 1718.— 449.

GROSSI (Charles), N. à Lucques, 13 déc. 1787, sorti (?) en 1848, M. à Milan en 1855. — 1011, 1078.

GROU (Jean Nicolas), N. au Calaisis (Pas-de-Calais), 24 nov. 1731, M. en Angleterre, 13 déc. 1803. — 207, 493, 527, 836, 841, 886, 887, 889, 1141.

GRYZE (Michel de), N. à Anvers, 12 déc. 1595, M. à Bruxelles, 8 juill. 1651. — 399.

GUALANDI (Aloys), N. à Bologne, 12 oct. 1832, V. — 942.

GUARINI (Ignace), Italien, de la province Romaine, M. à Dresde, 4 mai 1748. — 377, 601.

GUÉNARD (Antoine), N. à Damblain (Vosges), 16 déc. 1726, Sorti en 1761. — 918.

GUÉRIN (François), de la province de Lyon, M. après 1716. — 803.

GUÉRIN (Franç. Xavier), N. au Boussac (Ille-et-Vilaine, 31 oct. 1854, V. — 19.

GUÉRIN DU ROCHER (François Robert), N. à St-Julien-du-Repos (Calvados), 23 oct. 1736, M. à Paris, 3 sept. 1792. — 499.

GUERRERO (Louis), N. à Grenade en 1584, M. à Grenade, 18 août 1658. — 420.

GUESNAY (J. B.), N. à Aix en 1585, M. à Marseille, 4 nov. 1658. — 64, 991.

GUIDÉE (Achille), N. à Amiens, 18 août 1792, M. à Amiens, 13 janv. 1866. — 110, 309, 548, 550⁴, 551, 627, 969, 1053.

GUIGOU (Justin), N. à Apt (Vaucluse), 24 févr. 1830, V. — 878.

GUILHERMY (Elesban de), N. à Paris, 16 févr. 1818, M. à Paris, 6 août 1884. — 10, 112, 124, 260, 313, 324, 383, 439, 524, 525, 560, 861, 1080².

GUILLERMET (Philibert), N. à Ampuis (Rhône), 19 févr. 1793, M. à Avignon, 1er mai 1873. — 526, 775, 1051.

GUISANI (Antoine), Italien, 16e S. — 793.

GUITTON (René), N. à Saint-Étienne (Loire), 8 nov. 1850, V. — 529, 921, 1156.

GUMMERSBACH (Pierre), N. à Cologne en 1679, M. à Duren en 1730. — 340.

GUMPPENBERG (Guillaume), N. à Munich en 1609, M. à Inspruck, 8 mai 1675.— 892.

GURY (J. B.), N. à Mailleroncourt (Haute-Saône), 30 sept. 1773, M. à Dôle, 6 mai 1854. — 565, 701.

GURY (Jean Pierre), N. à Mailleroncourt (Haute-Saône), 23 janv. 1801, M. à Mercœur (Haute-Loire), 18 avril 1866. — 548.

GUSTA (François), N. à Barcelone, 9 janv. 1744, M. à Palerme, 19 mai 1816. — 243, 580, 850, 870, 963, 1031, 1071, 1125.

GUTIERREZ (Michel), N. à Cadix, 9 mars 1704, M. après 1750. — 244.

GUYON (Ferdinand), N. à Dôle en 1599, M. à Forli, 5 août 1645. — 36, 1048.

H

HAAKMAN (André), N. à Enkhuyzen (Hollande), 11 mars 1810, M. à Utrecht, 18 oct. 1881. — 339, 535, 677.

HABBEKE (Gaspar Maximilien van), N. à Bruxelles en 1580, M. à Anvers, 8 févr. 1837. — 878, 1013.

HACCART (Jacques), Flamand, M. à Liège, 25 mars 1653 (?). — 449.

HACKI (Jean François), Polonais, 17e S. — 888.

HAERING (Joachim), N. à Gratz, 6 mai 1630, M. à Vienne en 1694. — 476.

HAGEL (Balthasar), N. à Murnau (Bavière) en 1551, M. à Ingolstadt en 1616. — 327, 560, 808.

HALDE (J. B. du), N. à Paris, 1er févr. 1674, M. à Paris, 18 août 1743. — 511.

HAMEAU (Pierre du), N. à Bellesme (Orne), en 1589, M. à Moulins, 25 juil. 1631. — 1046.

HAMER (Jean), N. à Nymègue (Hollande), 30 juin 1831, V. — 640.

HAMERIUS (Pierre), N. à Munte (Belgique) en 1570, M. à Ypres, 24 juil. 1640. — 771.

HAMMER (Jean), N. à Gozlar (Saxe) en 1547, M. à Hildesheim, 30 mai 1606. — 747.

HAMY (Alfred), N. à Boulogne-sur-Mer, 25 mars 1838, V. — 22.

HANDLER (François Xavier), N. à Vienne (Autriche), 30 nov. 1665, M. à Vienne, 15 avril 1728. — 750.

HANEL (Antoine), N. à Prague en 1670, M. à Olmutz, 26 août 1732. — 233.

HANOTEL (Philippe), N. à Hesdin (Pas-de-Calais) en 1600, M. à Douai en 1637. — 302, 416.

HARDOUIN (Jean), N. à Quimper, 23 déc. 1646, M. à Paris, 3 sept. 1729. — 15, 188, 241, 839.

HAREL (Jean François), N. à Carentan (Manche), 14 mai 1711, M. après 1784. — 1044.

HARTZHEIM (Joseph), N. à Cologne en 1694, M. à Cologne, 17 janv. 1763. — 47, 110, 421, 422, 941.

HASENFORDER (Victor), N. à Rouffach (Haut-Rhin), 20 déc. 1819, M. à Rouffach, 24 janv. 1882. — 219[3], 296, 297, 1005, 1007, 1023.

HASIUS (Jean), N. à Bois-le-Duc en 1543, M. le 25 mars ou avril 1624, à Emmerich (?). — 914.

HATÉ (Achille), N. à Toutencourt (Somme), 11 août 1829, V. — 888.

HATTLER (François Séraphin), N. à Anras (Tyrol), 11 sept. 1829, V. — 87, 259, 459.

HANNENBERG (Godefroi), Polonais, 18e S. — 331, 332.

HATHAWAY (Frédéric), N. à Londres, 3 oct. 1814, V. — 164.

HAULT (Galaad de), de la province de Champagne, M. à Chaumont, 26 mai 1681. — 1155.

HAUSHERR (Melchior), N. à Cham, canton de Zug (Suisse), 9 avril 1830, V. — 185, 1091.

HAUTECOUR (Jacques Louis d'), N. à Caen, 22 mars 1705, M. à Saint-Dizier (Haute-Marne) en 1778. — 29.

HAWKINS (Henri), N. à Londres en 1572 (ou 1575), M. à Gand, 18 août 1646. — 122, 521[2], 522, 695.

HAYE (Jacques de la), N. à Paris en 1599, sorti après 1644. — 830, 836.

HAYES (Jacques des), N. à Herve (Duché de Limbourg) en 1615, M. à Luxembourg, 6 avril 1682. — 114.

HAYKO (Mathias), N. à Neustift (Moravie) en 1680, M. à Neuhaus, 25 juin 1742. — 732.

HAYNEUFVE (Julien), N. à Laval en 1588, M. à Paris, 31 janv. 1663. — 152.

HECKE (Joseph Van), N. à Bruges, 6 janv. 1795, M. à Tronchiennes, 27 juil. 1874. — 361, 553, 761, 793, 1039, 1040.

HECKERMANN (Jacques), Allemand, N. en 1712, M. après 1773. — 451.

HEERE (Augustin de), N. à Bailleul (Nord), 27 août 1810, V. — 774.

HEIZLER (Léopold), N. à Vienne (Autriche) vers 1715, M. à Clagenfurt, 26 mai 1749. — 1122.

HELEMANS (Pierre), Flamand, 17e-18e S. — 172.

HELLMAYR (Antoine), N. à Malaczka (Hongrie), 28 nov. 1700, M. à Bude, 1er janv. 1744. — 558.

HEMPEL (Raphaël), N. en Pologne, M. à Dunabourg, 22 juin 1758. — 538.

HENAO (Gabriel de), N. à Valladolid en 1612, M. à Salamanque, 11 févr. 1704. — 1081.

HENESSY (Jean), N. à Clonmel (Irlande), 17e-18e S. — 986.

HENRIET (Augustin), N. à Inor (Meuse), 4 mars 1817, V. — 338, 367[2], 1019.

HENSELER (Louis), N. à Osnabruck, M. après 1723. — 99.

HÉRAUDEAU (Ferdinand), N. à Ars, île de Ré (Charente-Inférieure), 18 août 1846. V. — 856.

HERCE (Joseph), N. à Logrono, en août 1735, M. à Rome, 9 oct. 1815. — 944.

HERINGSDORFF (Jean), N. à Neukirchen (Westphalie) en 1606, M. à Paderborn, 20 févr. 1665. — 764.

HERMITE (François Ier), N. à Anvers en 1598, M. à Malines, 7 janv. 1690. — 931.

HERMITE (Martin l'), N. à Armentières (Nord) en 1796, M. à Douai, 6 oct. 1652. — 114, 386, 389.

HERNANDEZ (François-Xavier), N. à Villaroya (Espagne), 23 juin 1714, M. à Rome, 4 avril 1777. — 543.

HERRERA (Augustin de), N. à Saint-Étienne de Gormaz (Espagne) en 1623, M. à Alcala, 18 déc. 1684. — 140.

HERRERA (Emmanuel de), 17e S. — 1065.

HERVAS Y PANDURO (Laurent), N. à Horcajo (Espagne), 1er mai 1735, M. à Rome, 24 août 1809. — 390.

HERVÉ (François Marie), N. à Rennes, 6 févr. 1722, M. après 1762. — 686, 804.

HERVIEU (Julien Placide), N. dans le diocèse de St-Malo, 14 janv. 1671, M. à Macao, 26 août 1766. — 408.

HERZ (Gaëtan), N. à Werthach (Souabe), 7 août 1728, M. après 1773. — 178, 1137, 1139.

HESER (Georges), N. à Weyr (Bavière) en 1609, M. après 1676. — 1076.

HESIUS (Guillaume), N. à Anvers en 1600 (?), M. à Bruxelles, 4 mars 1690. — 478, 597.

HESPING (Charles), N. à Emstetten (Westphalie) le 22 nov. 1844, M. à Lembeck (Westphalie), 19 mars 1878. — 372.

HESS (François Van), Flamand, 17e S. — 337.

HESS (Georges), N. à Glatz en 1672, M. à Kameniz (Bohême), 21 nov. 1738. — 463.

HEUDE (Pierre), N. à Fougères (Ille-et-Vilaine), 25 juin 1836, V. — 572.

HEUVELMANS (Jean), N. à Vught (Hollande), 27 nov. 1842, V. — 1168.

HEVENESI (Gabriel), N. à Miczka (Hongrie), 24 mars 1656, M. à Vienne, 11 mars 1715. — 29, 57, 102, 103, 177, 178³, 321, 331, 699, 722, 864, 888, 925, 927, 1146.

HEYNEN (Frédéric), N. à Oud-Zevenaer (Hollande), 30 janv. 1828, V. — 250, 367, 432, 535, 698³, 850, 1087, 1130, 1182.

HEYST (Goswin Van), N. à Waalwijk (Hollande), 28 mars 1840, V. — 250.

HICKMANN (Gaspar), N. à Zittau (Saxe) en 1563, M. à Gratz, 13 janv. 1617. — 670.

HIER (François Van), N. à Bruges, 15 janv. 1659, M. à Anvers, 17 déc. 1732. — 341.

HILAIRE (Louis), N. à Orléans, 29 juill. 1798, M. à Angers, 19 juil. 1867. — 659, 1040.

HILDEBRAND (Thomas), N. à Cham (Zug, Suisse) en 1717, M. à Fribourg en Suisse, 22 avril 1759. — 914.

HILLEBRANDT (Jean), N. à Znaim (Moravie), 4 mai 1686, M. à Madrid, 11 janv. 1761. — 216.

HILLEBRANDT (Pierre), N. à Vienne (Autriche), 21 avril 1717, M. à Lintz, 15 nov. 1770. — 1078.

HILLEGEER (Josse), N. à Beveren (Belgique), 14 juil. 1805, M. à Gand, 17 nov. 1883. — 125, 370, 1089, 1090.

HOCHENBURGER (François), N. à Mœdlingen (Autriche), 13 sept. 1660, M. à Gratz, 28 juil. 1718. — 373.

HOCHMAYR (Matthieu), N. à Wildschœnau (Tyrol), 10 mars 1824, M. à Kalksbourg, 20 août 1858. — 474.

HOECKEN (Christian), N. à Tilbourg (Hollande), 28 févr. 1808, M. à Council Bluffs (Missouri), 21 juin 1851. — 714, 734².

HOELBLING (François), N. à Lintz, 4 oct. 1665, M. à Passau, 15 févr. 1723. — 473.

HOELLER (François), N. à Vienne (Autriche), 16 févr. 1694, M. à Lintz, 14 févr. 1732. — 418, 892.

HOFFÆUS (Paul), N. à Bingen (Hesse-Darmstadt) en 1524, M. à Ingolstadt, 17 déc. 1608. — 142, 858.

HOFSTETTER (Félix), N. à Vienne (Autriche), 4 oct. 1741, M. le 22 août 1814. — 1091².

HOLDERMANN (J. B.), Français, de la province de Champagne, N. en 1692, M. à Constantinople, 13 nov. 1730. — 357.

HOLIWOOD (Christophe), N. à Dublin en 1562, M. en Irlande, 4 sept. 1626. — 585.

HOLLAND (Gui), N. dans le Lincolnshire (Angleterre) vers 1587, M. 26 nov. 1660. — 359.

HOLLNER (Charles), N. à Lintz (Autriche), 26 janv. 1667, M. à Schurz, 10 mai 1724. — 342, 1146.

Holowska (Casimir Aloys), N. dans le district de Pinsk (Russie), 4 mars 1718, M. après 1767. — 343.

Holtzhay (Georges), *Algoius*, N. en 1571, M. à Ingolstadt, 9 mai 1646. — 347.

Holtzletner (Christophe), N. à Braunau (Bavière) en 1562, M. à Passau, 18 août 1620. — 785, 962.

Holubowicz (Joseph), N. à Roznow (Galicie), 20 févr. 1825, V. — 225, 684, 750².

Holvoet (J. B.), N. à Bruges, 7 juil. 1691, M. à Malines, 25 mai 1766. — 295, 339, 677, 1183.

Holzapfel (Guillaume), N. à Neckarsulm (Würtemberg), 23 mars 1837, M. à Aalbeck, 27 juin 1880. — 356, 477.

Holzer (Jean), N. en Autriche, 27 déc. 1817, V. — 999, 1184.

Hongnant (Claude René), N. à Paris, 14 nov. 1671, M. à Paris, 15 mars 1745. — 49, 292, 505², 510, 835.

Horrion (Jean), N. dans le diocèse de Liège en 1575, M. à Cologne, 21 août 1641. — 1075.

Horwath (Gabriel), N. à Raab (Hongrie), en 1669, M. à Gran, 14 juin 1740. — 480.

Hoskins (Antoine), N. dans l'Herefordshire (Angleterre), en 1568, M. à Valladolid, 10 sept. 1615. — 95, 326.

Hosschius (Sidronius), N. à Merckem (Flandre Orientale), en 1596, M. à Tongres, 4 sept. 1653. — 409.

Houdry (Vincent), N. à Tours, 22 janv. 1631, M. à Paris, 29 mars 1729. — 81, 908, 978.

Huby (Vincent), N. à Hennebon (Morbihan), 15 mai 1608, M. à Vannes, 22 mars 1693. — 740.

Huggle (Jules), N. à Fribourg en Brisgau, le 11 juillet 1840, M. à Maria-Laach, 22 avril 1870. — 10.

Hugo (Hermann), N. à Bruxelles en 1588, M. à Rhinberg, 11 sept. 1639. — 311, 524, 734, 1179.

Hunter (Thomas), N. en Northumberland, 6 juin 1666, M. à Liège (?), 21 fév. 1725. — 597.

Huylenbroucq (Alphonse), N. à Bruxelles, 2 août 1667, M. près de Salzbourg, 31 mai 1722. — 278, 366, 888, 1056².

I

Idiaquez (François-Xavier), N. à Pampelune, 24 (ou 18) févr. 1711, M. à Bertaglia (Italie), 1er sept. 1790. — 226, 310, 970.

Imbert (Benoît), N. à Viverol (Puy-de-Dôme), mars 1630, M. au Puy, 16 déc. 1690. — 163, 408, 891.

Inchofer (Melchior), N. à Vienne (Autriche), en 1584, M. à Milan, 28 sept. 1648. — 288, 293, 358², 794, 966.

Ines (Albert), N. en Pologne en 1620, M. à Cracovie, 5 juil. 1658. — 400.

Ingels (Théodore), N. à Ertvelde (Belgique), 19 mars 1823, M. à Calcutta, 13 juin 1862. — 661.

Ingoult (Nicolas Louis), N. à Gisors (Eure), 15 août 1689, M. à Paris, 4 juil. 1753. — 634.

Intorcetta (François), N. à Piazza (Sicile), en 1625, M. à Hang-Tcheou (Chine), 3 oct. 1696. — 89.

Inviziati (Octave), N. à Alexandrie (Italie), 2 mai 1623, M. à Milan, 19 juin 1691. — 1058, 1070, 1185.

Iseghem (André van), N. à Ostende, 30 juin 1799, M. à Alost, 19 août 1869. — 256, 357, 423, 431, 651, 795, 813, 892, 894, 944.

Isla (François Joseph de), N. à Villavidanes (Espagne), 24 mars 1703, M. à Bologne, 2 nov. 1781. — 69, 391, 456, 1033.

Isnard (Jacques), N. à Sauxillanges (Puy-de-Dôme), en 1587, M. à Aix, 28 déc. 1629. — 583.

Ituren (Thomas de), N. à Ituren, dioc. de Pampelune (Espagne), en 1555, M. à Tolède, 19 avril 1630. — 140.

Iturriaga (Emmanuel Marian de), N. à Puebla de los Angeles, 24 déc. 1728, M. à Fano, 31 août 1819. — 939, 1145².

Iworski (François), N. en Prusse en 1647, M. le 30 juil. 1700. — 856.

J

Jacobi (Louis), N. à Bruxelles en 1594, M. à Courtrai, 8 déc. 1661. — 926, 1096.

JACOBS (Pierre), N. à Diest (Belgique), 16 mai 1781, M. à Presbourg, 12 déc. 1870. — 301, 340.

JACOLET (François-Xavier), N. à Porentruy (Suisse), 18e S. — 582, 1179.

JACQUEMART (Jean François), N. à Charleville (Ardennes), 14 févr. 1718, M. à Rotterdam, 23 janv. 1793. — 364.

JACQUET (Louis), N. à Lyon, 6 mars 1732, M. à Lyon en 1793. — 173, 574, 690.

JACQUINOT (Barthélemi), N. à Dijon en 1569, M. à Rome, 1er août 1647. — 14.

JAGER (Antoine), N. à Constance en 1701, M. après 1778. — 785.

JAGERHUBER (Ignace), N. à Thürnstein (Autriche), 22 mars 1714, M. à Judembourg, 24 oct. 1765. — 299, 957.

JANIN (Louis), N. à Nantua (Ain), en 1590, M. à Lyon, 22 juil. 1672. — 221, 226, 756, 781, 862, 1074², 1078.

JANNOTTI (Joseph Marie), N. à Ceppaloni (Naples), 17 sept. 1803, M. à Naples, 21 avril 1879. — 520.

JARDIN (Jean du), N. à Douai en 1565, M. à Valenciennes, 16 juil. 1644. — 544, 545, 977², 978.

JARRIC (Pierre du), N. à Toulouse en 1565, M. à Saintes, 2 mars 1617. — 689.

JAVELLE (Nicolas), N. à Dôle en 1589, M. à Besançon, 2 mars 1667. — 282.

JAWORSKI (Balthasar), N. en Masovie, 21 nov. 1636, M. à Vilna, 29 août 1710. — 949.

JAY (Gabriel le), N. à Paris en 1657, M. à Paris, 21 févr. 1734. — 201, 895, 970, 992, 1023, 1130.

JEAN (Armand), N. à Reviers (Calvados), 25 sept. 1823, V. — 524, 911.

JEEN (Jean), N. à Schiedam (Hollande), 16 juil. 1830, V. — 1000.

JÉGOU (Jean), N. à Guingamp (Côtes-du-Nord) en 1616, M. à Rennes, 6 juil. 1701. — 318.

JENISON (Robert), N. dans le comté de Durham (Angleterre) en 1590, M. le 10 oct. 1656. — 682.

JEUNE (Paul le), N. à Vitry (Marne) en 1592, M. à Paris, 7 août 1664. — 205, 275, 298, 819², 917².

JOBERT (Louis), N. à Paris, 27 avril 1637, M. à Paris, 30 oct. 1719. — 205, 325, 493, 733, 739, 886.

JOSSELIN (Jean Ignace), N. à Verdun, 28 oct. 1677, M. à Saint-Mihiel, 4 oct. 1749. — 666.

JOSSET (Pierre), N. à Bordeaux en 1589, M. à Tulle, 10 mai 1663. — 212.

JOUBERT (Antoine), de la province de Lyon, M. à Toulon, 4 mai 1697. — 916.

JOUBERT (Joseph Antoine), de la province de Lyon, M. le 16 mai 1725. — 802.

JOUVANCY (Joseph de), N. à Paris, 14 sept. 1643, M. à Rome, 29 mai 1719. — 66, 135², 181, 399, 408², 414, 415, 424, 441, 446, 605, 641, 692, 895, 902, 960, 968.

JOUVE (Joseph), N. à Embrun, 1er nov. 1701, M. à Lyon, 2 avril 1758. — 382, 384.

JUDDE (Claude), N. à Rouen, 21 déc. 1661, M. à Paris, 11 mars 1735. — 304, 804, 968.

JUGE (Christophe le), N. à Paris en 1604, M. à Dieppe, 12 mai 1670. — 104.

JULIAN (Jérôme), N. à Valence (Espagne), 1er mars 1660, M. à Valence, 7 janv 1736. — 299, 868, 1034, 1081, 1102, 1140.

JULLIEN (Michel), N. à Lyon, 23 juin 1827, V. — 629.

JUNG (Ignace), N. à Trachau (Bohème), 14 janv. 1631, M. à Millstadt, 3 mars 1696. — 737.

JUNG (Jean), N. à Bingen en 1727, M. à Mayence, 10 sept. 1793. — 393, 797.

JUNIEWICZ (Michel), Polonais, 18e S. — 523.

JURSA (Jacques), Hongrois, M. en Moravie, 24 août 1688. — 712.

JUSTER (Jules), N. à Belfort (Haut-Rhin), 18 janv. 1822, M. à La Motte, commune de Quetigny (Côte-d'Or), 1er nov. 1882. — 356, 451.

K

KAPPENSTEIN (François), N. à Siegen, (Westphalie) en 1668, M. le 20 nov. 1727. — 356, 371, 1093.

KASCHUTNIG (Antoine), N. à Tarvis (Carinthie), 4 nov. 1686, M. à Tyrnau, 22 juil. 1745. — 317, 330, 421, 622, 1054, 1175.

KASCHUTNIGG (Jean Baptiste), N. à Sonnegen ou à Villach (Carinthie), 16 juin 1714, M. à Marbourg, 22 juil. 1787. — 1121.

KASSICH (Barthélemi), N. à Curicta (Dalmatie) en 1577, M. à Rome, 28 sept. 1650. — 1100[2].

KATONA (Étienne), N. à Pappa (Hongrie), 13 déc. 1732, M. le 17 août 1811. — 472, 949, 1057[2].

KAUFFMANN (Georges), N. à Gratz, 24 mai 1683, M. à Neustadt, 15 févr. 1742. — 347, 617, 1055.

KAZY (François), N. à Leven (Hongrie), 7 avril 1695, M. à Presbourg, 11 juin 1763. — 734.

KEDD (Josse), N. Emmerich (Westphalie) en 1597, M. à Vienne, 27 mars 1657. — 344.

KELCZ (Emeric), N. à Petersdorf (Autriche), 20 déc. 1707, M. à Raab, 13 nov. 1792. — 273.

KELLER (François), N. à Lintz, 16 avril 1700, M. à Presbourg, 10 mars 1762. — 228, 602, 1121.

KELLER (Jacques), N. à Seckingen (Souabe) en 1568, M. à Munich, 23 févr. 1631. — 105, 149, 164, 306, 312, 335, 525, 528, 610, 716, 848, 908, 935, 1000, 1082, 1172.

KELLER (Joseph E.), de la province de Missouri, N. le 25 juil. 1827, V. — 680, 1177.

KERCHOVE (Isidore Van de), N. à Ingelmunster, 15 juin 1790, M. à Gand, 24 janv. 1791. — 428.

KERI (Valentin), N. à Tyrnau, 17 mars 1712, M. le 21 juil. 1763. — 178, 431, 531, 903.

KERNATOUX (François), N. à Plabennec (Finistère), 1er mai 1601, M. à Vannes, 8 oct. 1667. — 351.

KESSELKAUL (Ferdinand), N. à Sittard (Hollande), 30 oct. 1820, M. à Katwyk-sur-mer, 31 mai 1863. — 1055.

KESTENS (François), N. à Bruxelles, 19 nov. 1824, M. à Louvain, 8 avril 1876. — 594, 1039, 1041.

KEYNES (Georges), N. dans le Sommersetshire (Angleterre) en 1628, M. aux îles Philippines en 1659. — 857.

KEYNES (Jean), N. à Compton Pauncafoot, comté de Sommerset (Angleterre) en 1624,

M. à Watten (Nord), 15 mai 1697. — 322, 794.

KHELL (Joseph), N. à Lintz, 13 août 1714, M. à Vienne, 4 nov. 1772. — 68, 643, 1151.

KIELPSZ (Michel), Polonais, 18e S. — 892.

KILBER (Henri), N. à Mayence, 8 mars 1710, M. à Heidelberg, 25 oct. 1783. — 31.

KIRCHER (Athanase), N. à Ghysen, près de Fulde, 2 mai 1602, M. à Rome, 28 nov. 1680. — 924.

KIRIS (François), N. en Hongrie, 22 juin 1659, M. à Presbourg, 9 avril 1736. — 919.

KISELIUS (Philippe), N. à Fulde, 15 mars 1609, M. à Wiesbaden après 1679. — 609.

KLAGE (Thomas), N. à Allenstein en 1598, M. à Roessel, 19 juin 1664. — 40, 56, 443.

KLAUS (Jean), N. dans le palatinat de Polock, 27 déc. 1675, M. à Sluk, 20 juin 1737. — 999.

KLEIN (Joachim), Polonais (?), N. le 3 déc. 1716, M. après 1773. — 539.

KLEINER (Joseph), N. à Bischoffsheim (Bas-Rhin), 16 juin 1725, M. à Heidelberg, 14 mai 1786. — 966.

KLEUTGEN (Joseph), N. à Dortmund (Westphalie), 9 sept. 1811, M. à Kaltern (Tyrol), 13 janv. 1883. — 857, 858, 1003.

KMICIC (Nicolas), N. dans le palatinat de Vitepsk en 1601, M. à Vilna, 24 fév. 1632. — 448.

KNAUFF (Georges), Allemand 18e S. — 401.

KOBAVIO (André), N. à Cirknitz (Illyrie) en 1593, M. à Trieste, 12 févr. 1644. — 1076.

KOEVER (André), N. à Erzek (Hongrie), 12 mars 1699, M. en 1765. — 272.

KOGLER (Antoine), N. à Vienne (Autriche), 25 févr. 1673, M. à Dresde, 2 mai 1721. — 924.

KOJALOWICZ WIJUK (Albert), N. à Kowno (Lithuanie) en 1609, M. à Vilna, 6 oct. 1677. — 360, 464.

KOJALOWICZ WIJUK (Casimir), N. à Kowno en 1617, M. à Polock, 9 nov. 1674. — 731, 752, 755, 916, 1030.

KOLLER (Joseph), N. à Ovar (Hongrie), 14 déc. 1703, M. le 24 juil. 1766. — 121, 313.

KONONOWICZ (Mathias), N. le 24 sept. 1710, M. à Dunabourg, 11 mai 1779. — 1103.

KONSKI (André), Polonais, 17e S. — 1106.

KORN (Henri), N. à Sagan (Silésie) en 1612, M. à Znaïm (Moravie), 22 août 1676. — 130, 259, 558, 718.

KORSAK (Antoine), N. dans la Russie-Blanche, 13 juin 1764, M. à Scarawies, 11 août 1831. — 209.

KORSAK (Jean), N. en Russie, 24 juin 1703, M. après 1773. — 416, 461.

KOWALICKI (François), Polonais, 17o-18e S. — 458.

KOWALSKI (Jean), N. dans la Petite Pologne, 23 avril 1711, M. à Lemberg en 1789. — 717.

KRAUS (Jean), N. à Eiche (Bohême), 22 mai 1649, M. à Gitschin, 18 mars 1732. — 239, 717, 915, 1119.

KRAZ (Georges), N. à Schongau (Bavière) en 1713, à Munster, 20 août 1766. — 589.

KREITZ (Charles), N. dans le cercle de Misnie en 1607, M. près de Lomza (Lithuanie), 30 sept. 1660. — 117, 253.

KRENMAYR (André), N. à Judembourg, M. à Gratz, 11 mars 1692. — 858.

KRESA (Jacques), N. à Smrschitz (Moravie) en 1648, M. à Brünn, 28 juil. 1715. — 56.

KRITZRAEDT (Jacques), N. à Gangelt (Allemagne), 1er mai 1602, M. à Cologne, 1er janv. 1672. — 375.

KROPFF (François-Xavier), N. à Tirschenreuth (Palatinat), 20 janv. 1691, M. à Munich, 22 juin 1746. — 793.

KROSNOWSKI (François), N. dans la Grande Pologne, 18 sept. 1734, M. après 1773. — 915.

KROUST (Jean Michel), N. dans le diocèse de Bâle, 25 nov. 1694, M. à Porrentruy, 10 nov. 1770. — 301.

KRZYKOWSKI (Wenceslas), Polonais, M. à Lublin en 1660. — 868.

KUHN (Paul), N. à Posen en 1603, M. à Jaroslaw, 23 févr. 1649. — 411, 997, 1118.

KUROWSKI (Antoine), N. en Galicie, 21 juin 1811, M. à Nancy, 8 août 1863. — 1076, 1098, 1106.

KURZENIECKI (Martin), N. en Mazovie, 11 nov. 1705, M. après 1769. — 848.

KWIATKOWSKI (Albert), N. dans la Grande Pologne en 1634, M. le 5 juil. 1676. — 1002.

L

LAAGE (Clément de), N. à Saint-Omer, 3 juin 1817, V. — 628, 1040.

LABBE (Louis Philippe), N. à Bourges (?), M. à Paris, 1er avril 1720. — 902.

LABBE (Philippe), N. à Bourges, 10 juillet 1607, M. à Paris, 17 mars 1667. — 42, 81, 103, 110, 172, 223, 620, 734, 955, 995.

LABBÉ (Pierre), N. à Clermont (Puy-de-Dôme) en 1594, M. à Lyon, 15 janvier 1678. — 258, 259, 271, 529, 1032.

LABECKI (Adam), N. en Pologne, 17 avril 1730, M. après 1773. — 735.

LABONDE (Pierre), N. à Amiens, 1er août 1795, M. à Angers, 15 janvier 1883. — 549.

LACARRY (Gilles), N. dans le diocèse de Castres (Tarn) en 1605, M. à Clermont, 21 juillet 1684. — 92, 100, 557.

LACASSIN (Georges), N. à Castera-Verduran, (Gers), 21 août 1834, V. — 803.

LACHAU (Edmond de), N. à Nyons (Drôme), 16 nov. 1821, V. — 921.

LACHAUX (Joseph), N. à Limoges, 7 juillet 1845, sorti en 1882. — 108.

LACOSTE (Charles), N. à Épernay (Marne), 22 juill. 1806, V. — 733.

LACOUTURE (Henri), N. à Gyé-sur-Seine (Aube), 9 juin 1838, V. — 697.

LACUNZA (Emmanuel), N. à Santiago (Chili), 19 juillet 1731, M. à Imola, 17 juin 1801. — 1016.

LACY (Guillaume), N. à Scarborough (Angleterre) en 1587, M. à Oxford, 13 juil. 1673. — 438.

LADESOU (Othon), N. à Lille en 1587, M. à Hesdin, 7 mai 1630. — 652.

LAEMICHEN (Frédéric), N. à Arbach (Province Rhénane), 5 mars 1718, M. à Trentchin, 5 août 1764. — 1121.

LAEN (Pierre van der), N. à Amsterdam, 2 févr. 1618, M. à Haarlem, 10 juil. 1669. — 481.

LAFITAU (Joseph François), N. à Bordeaux vers 1685, M. à Bordeaux, 3 juil. 1746. — 381.

LAGOMARSINI (Jérôme), N. à Puerto de Santa-Maria (Espagne), 30 sept. 1698, M. à Rome, 18 mai 1773. — 12, 20, 349, 469, 482, 492, 680, 853, 1064.

LAGRANGE (Louis), N. à Mâcon, 9 novembre 1711, M. en 1783. — 573, 650.

LAGUILLE (Louis), N. à Autun, 1er octobre 1658, M. à Pont-à-Mousson, 18 avril 1742. — 750.

LALLEMAND (Alphonse), N. aux Bulles (Belgique), 16 nov. 1847, V. — 109.

LALLEMAND (René), N. à Vannes, 24 déc. 1844, V. — 627, 1175.

LALLEMANT (Jacques Philippe), N. à Saint-Valery (Somme), 18 sept. 1660, M. à Paris, 24 août 1748. — 261, 265, 266², 385, 442, 449, 496 (?), 500, 706, 764, 805, 838, 898, 899, 939, 1023.

LALLEMANT (Jérôme), N. à Paris en 1593, M. à Québec, 26 janv. 1673. — 819³.

LAMART (Pierre), N. à Auxonne (Côte-d'Or) en 1587, M. à Dôle, 19 sept. 1636. — 281, 427.

LAMBERT (Jacques), N. à Paris, 28 févr. 1615, M. à Paris, 24 mai 1670. — 14, 16, 84, 263.

LAMBERTZ (Jean), N. à Vlatten (duché de Juliers), 14 juil. 1682, M. à Cologne, 8 juil. 1757. — 203, 897.

LAMBERTZ (Pierre), N. à Leutz (près Cologne), 6 sept. 1833, V. — 680.

LAMORMAINI (Henri de), N. à Dochan (Luxembourg) en 1596, M. à Vienne, 26 nov. 1647. — 34, 270, 730, 817, 842.

LAMPARTER (Henri), N. à Lucerne en 1591, M. à Augsbourg, 14 oct. 1670. — 541, 680, 902.

LAMPARTH (Joseph Ignace), N. en Bavière, M. à Münich en 1790. — 621.

LANCELLA (Antoine), N. à Palerme en 1647, M. à Palerme après 1714. — 1060.

LANCICIUS (Nicolas), N. à Nieswiesz (Lithuanie) en 1574, M. à Kowno, 31 mars 1652. — 352.

LANDOLINA (Joseph), N. à Noto (Sicile) en 1602, M. à Palerme après 1652. — 599.

LANDOVICS (Georges), Hongrois, 17e S. — 430, 620.

LANDSHEERE (Guillaume de), N. à Cassel (Nord), 22 févr. 1605, M. à Gand, 7 déc. 1666. — 312, 439, 876, 1088, 1139², 1141.

LANGLOIS (J. B.), N. à Nevers, 8 mars 1663, M. à Paris, 12 oct. 1706. — 154, 502, 569, 1170.

LANGLOIS (Louis), N. à Caen, 18 juin 1829, M. à Poitiers, 4 févr. 1871. — 894.

LANGUEDOC (Michel), N. à Rennes, 3 nov. 1670, M. à Paris, 28 mai 1742. — 805.

LANGUILLAT (Adrien), N. à Chante-Merle (Marne), 28 sept. 1808, M. à Shang-hai (Chine), 30 nov. 1878. — 600.

LANNSER (Sigismond), N. à Botzen (Tyrol), en 1621, M. à Amberg en 1689. — 372, 902.

LANS (Jean), N. à Ath (Belgique), M. à Jaroslaw (Pologne), en 1591. — 622.

LANTEAUME (Pierre François), de la province de Lyon, M. après 1751. — 652, 759.

LANUSSE (Michel), N. à Arrens (Hautes-Pyrénées), 7 avril 1830, V. — 207, 357, 363, 407, 848.

LANUZA (Louis), N. en Sicile, 21 juin 1591, M. à Palerme, 21 oct. 1656. — 746.

LANZI (Louis), N. à Monte del Olmo, près Macerata, 14 juin 1732. M. à Florence, 31 mars 1810. — 234², 401, 566, 638, 792, 937, 982.

LANZILLI (Aloys), N. à Naples, 22 févr. 1818, V. — 598, 961, 1005.

LAPORTÉ (Étienne), N. à Saint-Geniès (Aveyron), 4 déc. 1837, V. — 922.

LARA (Joseph de), Italien, 18e S. — 1063.

LARBOULETTE (Pierre), N. à Ciouhinec (Morbihan), 22 févr. 1810, V. — 363.

LARCHER (Pierre), de la province de France, 18e S. — 1133.

LARRAIN (Toussaint), Espagnol, 18e S. — 299.

LARRAMENDI (Emmanuel de), N. à Andoain (Guipuzcoa), 24 déc. 1690, M. à Loyola, 28 janv. ou 29 juil. 1766. — 625, 643, 1175.

LASKOWSKI (Martin), N. dans la Petite Pologne en 1693, M. à Krzemieniec, 6 avril 1760. — 315.

LASSALA (Manuel), N. à Valence (Espagne), 25 déc. 1738, M. à Valence, 22 mars 1806. — 905, 1127.

LASSEUR (François le), N. à Nantes, 29 mars 1814, M. à Paris, 21 avril 1881. — 1050.

LASZCZ (Martin), N. à Calisz en 1551, M. à Cracovie, 24 mai 1615. — 452, 659, 796, 943, 1095.

LATOUR (Frédéric), N. à Paris, 27 oct. 1798, V. — 534, 920.

LATTAIGNANT (Charles Jean de), N. à Eu (Seine-Inférieure), en 1641, M. à Paris, 30 janv. 1728. — 540.

LAUBRUSSEL (Ignace de), N. à Verdun, 27 sept. 1663, M. à Puerto de Santa-Maria (Espagne), 9 oct. 1730. — 635.

LAUGIER (Marc-Antoine), N. à Manosque (Basses-Alpes), 25 juin 1711, sorti en 1755, M. à Venise (?), 7 avril 1769. — 48, 285, 452, 691, 1040.

LAURAS (Matthieu), N. à Paris, 31 août 1813, M. à Paris, 23 janv. 1882. — 288.

LAURENT (Augustin), N. à Troyes, 21 déc. 1795, M. à Nantes, 15 juin 1870. — 628.

LAURIA (Joseph), N. à Caltagirone en 1612, M. à Palerme, 9 mars 1693. — 1068.

LAURIFICI (Philippe), Sicilien, 17e S. — 721.

LAVAL (Jean), N. à Limoges en 1600, M. à Limoges, 30 mai 169?. — 560.

LAYMAN (Paul), N. à Inspruck en 1575, M. à Constance, 13 nov. 1635. — 681.

LAZERI (Pierre), N. à Sienne, 16 oct. 1710, M. à Rome, mars 1789. — 59, 175, 270, 366, 593, 712, 868, 1129.

LEANZA (Placide), N. à Palerme, 29 mai 1697, M. après 1727. — 29, 789.

LEAU (Corneille), Français, de la province de Lyon, M. entre 1720 et 1730. — 542, 564.

LEBLANC (Pierre Charles Marie), N. à Caen, 16 oct. 1774, M. à Tronchiennes, 12 janv. 1851. — 3, 428, 513, 739, 750, 844, 1082.

LEBRUN (Laurent), N. à Nantes, 4 mars 1606, M. à Paris, 10 sept. 1663. — 422.

LECCHI (Jean Antoine), N. à Milan, 17 nov. 1702, M. à Milan, 25 juil. 1776. — 71.

LECHNER (François), N. à Vienne (Autriche), 6 févr. 1712, M. à Bruxelles en 1788. — 919.

LECHNER (Gaspar), N. à Hall, diocèse de Salzbourg, en 1583, M. à Prague, 31 mars 1634. — 218, 322, 914.

LEDOUX (Claude André), N. à Bourré (Loir-et-Cher), 28 avril 1827, M. à Poitiers, 22 juil. 1861. — 159.

LEFEBVRE (Alexis), N. à Reims, 20 mars 1804, M. à Paris, 28 nov. 1882. — 114.

LEGRAND (Étienne), N. à Châtillon-sur-Seine (Côte-d'Or) en 1600, M. à Dijon, 26 févr. 1681. — 890.

LEHEN (Édouard de), N. à Saint-Malo, 8 sept. 1807, M. à Angers, 12 déc. 1867. — 422, 429, 588.

LEHMKUHL (Auguste), N. à Hagen (Westphalie), 23 sept. 1834, V. — 375.

LELEU (Jean François), N. à Chépy (Somme), 17 déc. 1773, M. à Vannes, 1er août 1849. — 14.

LEMPEREUR (Jacques), N. à Epernay, 17 févr. 1656, M. à Pont-à-Mousson, 14 févr. 1724. — 232, 379, 508.

LENTI (François), Italien, 18e S. — 1113.

LEON (Jean), N. à Liège, M. à Turin, 19 nov. 1584. — 815.

LEON (Jean-Baptiste de), N. à Valence, 6 janv. 1661, M. à Madrid en 1729. — 967.

LÉONARD (Guillaume), Français, 17e S. — 343, 1123².

LEONARDELLI (Annibal), N. à Rimini vers 1620, M. après 1696. — 360.

LEONETTI (Aloys), N. le 7 sept. 1791, M. à Rome, 15 juin 1859. — 34.

LEPKOWSKI (Ignace), N. en Pologne, 10 déc. 1722, M. à Kaminiec en 1784. — 1095.

LEPOINTE (?). — 230.

LERCARI (Xavier), Italien, 18e S. (?). — 581, 1173.

LERCHENFELDT (Léonard), N. à Münich en 1607, M. à Hall, 1er juil. 1674. — 751, 1154.

LEROUX (Albin), N. à Amiens, 1er nov. 1798, M. à Paris, 28 sept. 1869. — 524.

LESCALOPIER (Pierre), N. à Paris en 1608, M. à Dijon, 6 août 1673. — 885.

LESLIE (Ernest), N. en Écosse, 16 févr. 1713, M. à Nancy, 8 janv. 1779. — 4.

LESIOWSKI (Jean), Polonais, M. à Cracovie en 1633. — 1098.

LESNIEWSKI (Michel), N. dans la Petite Pologne, 29 sept. 1720, M. après 1770. — 69, 1012, 1128.

LESSIUS (Léonard), N. à Brecht, près Anvers, 1er oct. 1554, M. à Louvain, 25 janv. 1623. — 226, 320, 1125.

LETHMUELLER (Ignace), N. à Freystadt, 31 mai 1743, M. à Vienne, 14 avril 1800. — 1028.

LETIERCE (Edmond), N. à Albert (Somme), 27 janv. 1825, V. — 861.

LEUCKART (André), Allemand, M. à Ebersperg, 14 mars 1713. — 329.

LEURECHON (Jean), N. à Bar-le-Duc en 1590, M. à Pont-à-Mousson, 17 janv. 1670. — 799, 987.

LEURENIUS (Jean), N. à Randenradt (duché de Juliers) en 1606, M. à Coblentz, 3 déc. 1656. — 1077, 1122.

LEVÉ (Honoré), N. aux Sables d'Olonne (Vendée), 11 mai 1797, V. — 588.

LI (Laurent), N. à Ten-men-Kiao (Chine), 12 avril 1840, V. — 110, 586.

LIBERATORE (Matthieu), N. à Salerne, 14 août 1810, V. — 88.

LICALSI (Vincent), N. à Palerme, 20 juin 1843, V. — 149.

LIGNY (François de), N. à Amiens, 4 mai 1709, M. à Avignon, 21 sept. 1789. — 1042.

LIMPENS (Ferdinand), N. à Bongard, près Aix-la-Chapelle, vers 1682, M. à Trèves, 15 déc. 1745. — 1013.

LIPSKI (François), Polonais, N. 4 déc. 1733, M. après 1773. — 465.

LISCUTIN (Alexandre), N. à Judemburg (Styrie), 21 mai 1635, M. à Leoben, 8 déc. 1709. — 466.

LIZARGARATE (Joseph Marie), N. à Tolosa (Espagne), 29 mars 1825, V. — 144, 264, 1036².

LLAMPILLAS (François-Xavier), N. à Jaen (Espagne) en 1739, M. à Sexti, près de Gênes, 20 août 1810. — 486.

LLANOS (Bernardin de), N. à Ocaña (Espagne) en 1559, M. à Mexico, 22 oct. 1639. — 127, 729, 1167.

LLOPIS (Jean), N. en Espagne en 1727, M. à Ferrare en 1794. — 796.

LLOSES (François), N. à Barcelone, 10 août 1728, M. à Ferrare en 1782. — 843.

LOBO (Alvare), N. à Villareal (Portugal) en 1551, M. à Coimbre, 23 avril 1608. — 555.

LODIEL (Désiré), N. à Bourgon (Mayenne), 30 mai 1833, V. — 193.

LOEFFS (Dorothée), N. à Grave (Brabant septentrional) en 1603, M. à Bruges, 17 déc. 1685. — 93.

LOESCHER (Michel), N. à Salzbourg en 1574, M. à Burghausen, 30 oct. 1636. — 261, 784.

LOHMANN (J. B.), N. à Etteln (Westphalie), 24 mai 1834, V. — 617.

LOHNER (Tobie), N. à Neu-Oettingen (Bavière) en 1619, M. le 25 mai 1697. — 578.

LOLGEN (Henri), N. à Bonn, mai 1677, M. après 1731. — 288, 480.

LOLLI (Joseph Marie), de la province de Turin, N. le 15 nov. 1796, M. à Rome, 5 mars 1858. — 106.

LOMBARD (Jean), Français, de la province de Lyon, 17e-18e S. — 6, 586.

LOMBARD (Nicolas), N. à Mézières (Ardennes) en 1590, M. à Paris, 5 mars 1646. — 497, 510.

LOMBARD (Théodore), N. à Annonay (Ardèche), 21 juillet 1699, M. à Annonay, 2 nov. 1773. — 835.

LOMBARDI (Jérôme), N. à Vérone, 16 nov. 1707, M. à Venise, 9 mars 1792. — 344, 773.

LONDEL (Jean Étienne du), N. à Rennes vers 1650, M. à Paris, 14 mars 1697. — 312², 313, 449.

LONDRES (Théophile Ignace Ansquer de), N. à Quimper, 1er oct. 1728, M. après 1774. — 906, 1015.

LONGHAYE (Georges), N. à Rouen, 8 sept. 1839, V. — 277, 554, 1013.

LONGUEVAL (Jacques), N. à Bacquencourt ou à Fouquescourt (Somme), 18 mars 1680, M. à Paris, 14 janv. 1735. — 980.

LOPEZ (François), N. à Saragosse, 15 avril 1648, M. à Madrid, 9 juin 1696. — 1180.

MAHONY (Constantin), N. à Muskerry (Irlande), avant 1600, M. à Lisbonne en 1650. — 227.

MAHY (Bernard), N. à Namur, 21 août 1684, M. à Liège, 8 avril 1744. — 387.

MAILLARD (Jean), Français, N. en 1619, M. à Paris, 7 juin 1704. — 65, 991², 1045.

MAILLART (Pierre), N. à Ipres, 9 févr. 1585, M. à Rotterdam, 12 nov. 1640. — 963.

MAILLET (Pierre), N. à Monteux (Vaucluse), 4 juil. 1831, V. — 182, 328.

MAIMBOURG (Louis), N. à Nancy en 1610, sorti en 1682, M. à Paris, 13 août 1686. — 190, 498, 800, 839, 889.

MAINERI (Alexandre), Italien, de la province de Milan, 18e S. — 541.

MAIR (Simon), Allemand, 17e S. — 659.

MAIRE (Claude Antoine), Français, de la province de Lyon, N. 7 févr. 1694, M. à Avignon, 7 févr. 1761. — 43, 493, 507.

MAISTER (François-Xavier), N. à Gratz, 20 nov. 1699, M. à Clagenfurt, 12 mai 1735. — 314, 585, 1116.

MAISTER (Joseph), N. à Gratz, 6 déc. 1714, M. à Gratz, 18 sept. 1794. — 1025.

MAJOR (Jean), N. à Arras vers 1512, M. à Douai, 8 sept. 1608. — 538.

MAKEBLYDE (Louis), N. à Poperingue (Belgique), 15 janv. 1564, M. à Delft, 17 août 1630. — 116.

MALATRA (Jean François), N. à Pernes (Vaucluse) vers 1640, M. à Vienne (Isère), 21 déc. 1720. — 624.

MALBOAN (Claude Adolphe), N. à Besançon, 2 févr. 1663, M. à Madrid en 1725. — 947.

MALDONADO (J.-B. de), N. à Mons (Belgique), 17e S. — 684.

MALEBRANCQ (Jacques), N. à Saint-Omer en 1599, M. à Tournai, 5 mai 1653. — 603, 785.

MALLERINI (François), N. en 1815, M. à Castel-Gandolfo, 19 mars 1876. — 759, 1060.

MALLET (Alexandre), N. à Amiens, 22 sept. 1799, M. à Saint-Acheul, près Amiens, 16 janv. 1856. — 626, 628².

MAMBELLI (Marc-Antoine), N. à Forli en 1582, M. à Ferrare, 24 oct. 1644. — 675.

MAMBRUN (Pierre), N. à Thiers (Puy-de-Dôme), en 1600, M. à La Flèche, 31 oct. 1661. — 163, 1137.

MAMIANI DELLA ROVERE (Louis Vincent), N. à Pesaro, 20 janv. 1652, M. après 1726. — 676.

MANCUSO (Antoine Ignace), N. à Palerme, 16 août 1677, M. 1er mars 1745. — 222, 853, 855, 993, 1070.

MANDOSIO (Charles), N. à Rome, M. à Prato vers 1740. — 645.

MANENTI (Jean Marie), N. à Venise, 1er janv. 1739, M. à Bologne en 1803. — 747.

MANERA (François), N. le 22 août 1798, M. à Rome, 27 sept. 1847. — 793.

MANFREDINI (Joseph Marie), N. à Ferrare, 6 août 1807, M. à Rome, 2 août 1872. — 234.

MANGIONI (Valentin), N. à Pérouse en 1573, M. à Rome, 11 févr. 1660. — 261.

MANGOLD (Maxime), M. à Relingen (Souabe), en 1722, M. à Augsbourg, 23 mars 1797. — 674.

MANSI (Fabius), N. à Lucques vers 1650, M. à Sienne, 21 nov. 1712. — 825.

MARAZZANI (François), N. à Rimini, M. après 1713. — 552, 630.

MARC (Guillaume), N. à Dinant (Belgique), vers 1550, M. à Valenciennes, 7 janv. 1638. — 859.

MARCHANT (Michel), Français, de la province de Paris, N. vers 1640, M. à La Flèche, 27 déc. 1713. — 378.

MARCHE (Jean François de la), N. dans le diocèse de Quimper, 25 octobre 1700, M. 16 oct. 1762. — 7, 324.

MARCHI (Joseph), N. à Tolmezzo (district d'Udine), 22 févr. 1795, M. à Rome, 10 févr. 1860. — 17, 477, 791, 1169.

MARCHINI (Jean), Italien, 17e S. — 422.

MARÉCHAL (Nicolas) (?). — 511, 958.

MAREUIL (Pierre de), Français, M. à Paris, 19 avr. 1742. — 201, 657, 689.

MARGAT (J. B.), N. en Berry, 18 févr. 1689, M. à Saint-Domingue, 24 mars 1747. — 306, 384.

MARIANI (Antoine François), N. en Savoie, 23 août 1680, M. à Bologne, 16 mars 1751. — 739.

MARIANO (Pierre Joseph), N. à Turin, 17 nov.

1643. M. à Mondovi, 20 nov. 1679. — 591, 889.

MARINO (Nicolas), N. à Semelli (?) (Sicile), 21 sept. 1826, V. — 933.

MARINOVICH (Joseph), N. à Perasto (Dalmatie), 9 juin 1741, M. à Rome, 13 sept. 1801. — 147, 280, 852, 1145.

MARION (Pierre Xavier), N. à Marseille, 25 nov. 1704, M. à Marseille en août 1781. — 176.

MARIS (Jean-Baptiste), N. à Trouville (Eure), 20 mai 1814, sorti en 1864. — 867.

MAROLLES (Charles François-Xavier de), N. à Bourges, 12 avril 1712, sorti en 1760, M. après 1785. — 224, 568.

MARQUET (Édouard), N. à Port-Louis (Morbihan), 13 févr. 1822, V. — 62.

MARQUIGNY (Eugène), N. à Barby (Ardennes), 18 déc. 1836, V. — 317.

MARSY (François Marie de), N. à Paris en 1714, sorti vers 1740, M. à Paris, 16 déc. 1763. — 9.

MARTAUX (Émile), N. à Saint-Sulpice (Haute-Loire), 9 août 1828, V. — 626, 710.

MARTEL (Jean), N. à Rouen en 1619, M. à Rennes, 4 nov. 1673. — 666, 1039.

MARTI (Bruno), N. à Barcelone, 17 nov. 1727, M. à Faenza, 25 juin 1778. — 447, 485, 492.

MARTIN (Arthur), N. à Auray (Morbihan), 4 sept. 1801, M. à Ravenne, 24 nov. 1856. — 568, 701.

MARTIN (Félix), N. à Auray (Morbihan), 4 oct. 1804, V. — 550, 554, 593, 618, 627, 712.

MARTINE (Jean), Français, N. en 1646, M. à Paris, 23 mai 1717. — 408.

MARTINEAU (Isaac), N. à Angers en 1640, M. à Paris, 20 déc. 1720. — 505, 764.

MARTINENGO (J. B.). N. à Brescia en 1589, M. à Bologne, 6 juil. 1630. — 373.

MARTINEZ RIERAS (Nicolas), N. à Fuente Albilla (Castille), 11 avril 1672, M. à Valence, 6 oct. 1727. — 762.

MARTINON (Jean), N. à Brioude (Haute-Loire) en 1585, M. à Bordeaux, 5 févr. 1662. — 42.

MARTINOV (Jean), N. à Karan (Russie), 7 oct. 1821, V. — 1172.

MARTORELL (Onuphre), N. en Catalogne, 18e S. — 736.

MARTY (Rodolphe), N. à Altendorf (Suisse), 17 avril 1828, V. — 829.

MARURI (François de Paule), N. à Séville, 24 oct. 1820, V. — 201.

MARYNEN (Henri), N. à Bois-le-Duc (Hollande), 22 déc. 1828, V. — 367.

MASCAMBRUNO (Thomas), N. à Bénévent en 1583, M. à Naples, 17 janv. 1662. — 544.

MASDEU (Jean François), N. à Palerme, 14 oct. 1744, M. à Valence (Espagne), 11 avril 1817. — 410, 577, 854, 984, 1146.

MASDEU (Joseph), N. à Palerme en juin 1739, M. à Rome, 29 déc. 1810. — 233.

MASENIUS (Jacques), N. à Daelhem, province de Liège, en 1606, M. à Cologne, 27 sept. 1681. — 589.

MASO (Jacques), N. à Syracuse en 1624, sorti de la Compagnie. — 957.

MASSA (Jean André), N. à Finale (Modène), M. à Palerme, 30 déc. 1708. — 909.

MASSARUTI (Félix), N. à Rome, 15 février 1823, V. — 826.

MASSEI (Joseph), Italien, 17e-18e S. — 89.

MASSELOT (Jean), Français, de la province de Champagne, N. vers 1670, M. vers 1710. — 59, 64, 622.

MASSET (Guillaume). 336. — Voir : MAZET (G.).

MASSOLA (François Antoine), N. dans les États de Gênes, 17e S. — 969.

MATIENZO (Sébastien de), N. à Burgos en 1588, M. à Pampelune, 20 mars 1644. — 140, 848.

MATIGNON (Ambroise), N. à Cholet (Maine-et-Loire), 4 févr. 1824, V. — 627.

MATMAN (Rodolphe), N. à Lucerne en 1567, M. à Munich, 18 sept. 1612. — 169.

MATTEI (Charles Aloys), N. à Rome, 20 oct. 1746, M. à Rome, 7 août 1802. — 673.

MATTEI (Pascal de), N. à Lecce (Naples), 4 avril 1705, M. à Rome, 20 févr. 1779. — 243, 349², 484, 486, 697, 1146.

MATTEIS (Sertorius de), Napolitain, N. le 26 juill. 1688, M. après 1762. — 484.

MAUCORPS (Pierre), N. à Verneuil (Eure) en

1581, M. à Alençon, 4 sept. 1649. — 223.

MAURACH (Matthieu), N. à Presbourg en 1579, M. à Presbourg, 17 févr. 1648. — 103.

MAURAGE (Jean-Baptiste), M. à Valenciennes, 5 juill. 1702. — 412, 992, 1029, 1054.

MAUREL (Antonin), N. à Apt (Vaucluse), 6 avril 1803, M. à Autun, 26 déc. 1874. — 82, 362, 427, 711, 723, 735, 818.

MAURICI (Sauveur), N. à Ciminna (Sicile), 10 juillet 1695, M. après 1753. — 1069.

MAURISPERG (Antoine), N. à Cilli (Styrie), 4 mars 1678, M. à Vienne, 12 déc. 1748. — 866.

MAVEL (Joseph), N. à Ambert (Puy-de-Dôme), 11 août 1847, V. — 264; 277, 519, 909.

MAYA (Mathias de), N. à Atalaya (Portugal) vers 1610, M. en mer vers 1670. — 816.

MAYER (Barthélemi), Allemand, 18e S. — 1121.

MAYR (Antoine), N. à Nesselwangen en 1673, M. à Ingolstadt, 3 juill. 1749. — 1075, 1077.

MAYR (Georges), N. à Rain (Bavière) en 1565, M. à Rome, 25 août 1623. — 523, 712, 1076.

MAYRHOFFER (Ignace), N. à Vienne, 13 sept. 1715, M. à Gratz, 13 avril 1788. — 601.

MAZARA (Joseph Marie), N. en Sicile en 1619, M. à Noto, 7 juin 1661. — 727.

MAZET (Guillaume), de la province de Lyon, M. à Avignon, 19 février 1641. — 336, 1157.

MAZOYER (Pierre), N. à Lyon, 7 févr. 1840. V. — 262, 873.

MAZZARA (Balthasar), N. à Siela (Sicile) en 1636, M. à Siela, 2 janv. 1683. — 360.

MAZZARA (Joseph Marie), N. à Siela (Sicile) en 1619, M. à Noto, 7 juin 1661. — 287, 595, 984, 1141.

MAZZAROZA (Pierre Philippe), N. à Lucques, 28 oct. 1658, M. à Bologne, 17 janvier 1743. — 576.

MAZZOLARI (Joseph Marie), N. à Pesaro, 11 juill. 1712, M. à Rome, 14 sept. 1786. — 90, 208, 259, 448, 479, 552, 584, 787, 790[2], 882.

MEARINI (Camille), N. à Cortone, 24 déc. 1809, M. à Castel-Gandolfo, 7 juin 1882. — 20.

MÉDAILLE (Jean), Français, de la province de Toulouse, N. 8 sept. 1638, M. à Toulouse, 8 sept. 1709. — 163.

MEDERER (Jean Népomucène), N. à Stöcklberg (Haut-Palatinat), 2 juin 1734, M. à Ingolstadt, 13 mai 1808. — 346, 626.

MEDICI (Joseph), N. à Crespino, 4 mai 1738, M. à Rome, 29 mai 1814. — 948, 1128.

MEERBEECK (Jean), N. à Anvers en 1592, M. à Anvers, 8 sept. 1670. — 1116.

MEHLEM (Philippe de), N. à Rome, 16 févr. 1822, M. à Aalbeek (Hollande), 9 nov. 1881. — 356.

MELANDRI (Joseph), N. à Bagnacavallo, 4 mai 1826, M. à Castel-Gandolfo, 6 févr. 1882. — 89, 373, 866.

MELIS (Frédéric de), N. 19 déc. 1837, V. — 1064.

MELL (Michel), N. à Vienne (Autriche), 1er déc. 1643, M. à Vienne, 22 juin 1698. — 919.

MELLA (Camille Arborio), N. à Verceil, 13 sept. 1828, V. — 346.

MENCHACA (Roch), Espagnol, de la province de Castille, 18e-19e S. — 273, 863.

MENDES (Paul), à Monte-Mór (Portugal), en 1614, M. à Evora, 2 avril 1687. — 908.

MENENDEZ (François), N. à Madrid, 25 mars 1815, V. — 697.

MENESTRIER (Claude François), N. à Lyon, 9 mars 1631, M. à Paris, 21 janv. 1705. — 13, 21, 29, 61, 68, 73, 74, 81, 85, 121, 123, 163, 174, 185[2], 195[5], 196[4], 197, 198[2], 200[2], 201, 202[2], 224, 229, 230, 283, 287, 292, 306, 310, 317, 332, 342, 356, 399, 400, 402 (?), 408, 446, 454, 495[2], 498[2], 499, 505, 529[2], 558, 613, 623, 635, 636, 638, 733, 797, 807, 810, 815[3], 820[2], 821[2], 822, 840, 842, 889[3], 919, 920, 930[2], 958[2], 959, 980, 1022[2], 1029, 1058.

MENOCHIO (Jean Étienne), N. à Pavie en 1576, M. à Rome, 4 févr. 1655. — 936.

MENOUX (Joseph de), N. à Besançon, 14 août 1695, M. à Nancy, 4 février 1766. — 172, 191, 376, 416, 629, 657, 835.

MENTZ (Georges), N. à Amorubarg (?), diocèse de Mayence, 29 sept. 1602, M. à Würtzbourg, 30 oct. 1672. — 214.

MERCIER (François Joseph le), N. à Paris, 19 oct. 1614, M. à la Martinique, 12 juin 1690. — 819[2].

MEREA (Aloys), N. à Gênes, 15 mai 1814, M. à Chieri, 9 avril 1880. — 63, 492.

MERLIN (Charles), N. dans le diocèse d'Amiens, 6 sept. 1678, M. à Paris, 22 nov. 1747. — 231, 293, 810.

MERMILLOD (Laurent), N. à Vill. Thône (Haute-Savoie), 29 août 18\. à Aix, 3 nov. 1873. — 119.

MERTIAN (Henri), N. à Strasbourg, 22 janv. 1821, V. — 1026.

MESCHLER (Maurice), N. à Brigg (Valais, Suisse), 23 août 1830, V. — 640.

MESTRE (Pierre), N. à Lacalm (Aveyron), 14 févr. 1832, V. — 551.

METTERNICH DE GRACHT (Guillaume), N. dans le diocèse de Cologne en 1563, M. à Cologne, 30 mars 1636. — 437.

MEURIN (Léon), N. à Berlin, 23 juin 1825, V. — 602.

MEURS (Bernard van), N. à Nimègue, 29 avril 1835, V. — 344, 345, 639, 640, 655, 678, 705, 850, 857, 1055, 1087, 1125.

MEURS (J. B. van), N. à Amsterdam, 20 août 1828, V. — 342, 460, 530, 617, 878.

MEYER (Antoine), Allemand, 18° S. — 899.

MEYERE (Liévin de), N. à Gand, 25 févr. 1655, M. à Louvain, 19 mars 1730. — 119², 131, 239, 269, 270, 394, 430, 541, 582, 662, 697, 700, 809, 930, 975, 1064.

MEYNIER (Bernard), N. à Clermont (Hérault) en 1604, M. à Paris, 12 déc. 1682. — 873, 1022.

MEZBURG (Georges Ignace), N. à Gratz, 21 juin 1735, M. à Vienne, 3 mai 1798. — 13.

MICHAELER (Charles), N. à Insprück, 6 déc. 1735, M. après 1796. — 956.

MICO (Édouard), N. dans le comté d'Essex en 1628, M. dans la prison de Newgate, 3 déc. 1678. — 1172.

MIGLIACCIO (Conrad), N. à Palerme, 18° S. — 855.

MIGLIANI (François), N. à Tolentino en 1610, M. après 1676. — 943.

MIKONI (Antoine), Polonais, 18e S. — 609.

MILKOVITS (Michel), N. à Hornstein (Hongrie), 17 mars 1709, M. le 17 oct. 1759. — 1116.

MILLER (Antoine), N. à Fiume (Autriche),

11 déc. 1722, M. à Vienne (?), 14 oct. 1794. — 254.

MILLER (Jean), N. à Erlau ou Eger (Hongrie) en 1772, M. à Kassa en 1790. — 314.

MILLET (Jacques), N. à Brienne-le-Château (Aube), 24 déc. 1797, M. à Laon, 7 avril 1873. — 445.

MILLOT (Claude François-Xavier), N. à Ornans (Doubs), 5 mars 1726, M. en 1785. — 199.

MILSONNEAU (Louis), de la province d'Aquitaine, N. vers 1600, M. à Limoges, 25 mars 1678. — 761.

MINDSZENTI (Antoine), N. à Tyrnau, 19 juil. 1687, M. à Klausenbourg, 15 avril 1736. — 761.

MINDSZENTI (Émeric), N. à Tyrnau en 1676, M. à Raab, 10 mars 1722. — 315.

MINIMI (Louis), de la province de Sicile, M. à Salerne, 3 août 1724. — 854.

MININI (Ferdinand), N. à Turin, 31 déc. 1796, M. à Rome, 14 avril 1870. — 221, 258, 283.

MINTEGUIAJA (Venance), N. à Saint-Sébastien (Espagne), 1er avril 1838, V. — 291.

MIR (Michel), N. à Palma (Majorque), 11 déc. 1841, V. — 108, 1036.

MIRABELLO (Robert), N. à Scigliano (Calabre) en 1593, M. à Amantea, 27 janv. 1656. — 791, 1178.

MIRNYK (Thomas), N. en Hongrie, 18 déc. 1656, M. à Tyrnau, 14 sept. 1713. — 300, 931.

MIRO (Jacques), N. à Ruçafa, près de Valence (Espagne), M. à Rome, 25 août 1590. — 814.

MITTERDORFFER (Sébastien), N. à Clagenfurt, 18 janv. 1686, M. à Steyer, 12 juil. 1743. — 955, 1054.

MLODZIANOWSKI (André), N. dans le district de Kowno, en Lithuanie, en 1626, M. à Vilna, 10 janv. 1685. — 919.

MLODZIANOWSKI (Thomas), N. dans la Mazovie, 21 déc. 1622, M. à Cracovie, 9 oct. 1686. — 19.

MOERE (Joseph Van der), N. à Menin (Belgique), 17 févr. 1791, M. à Tronchiennes, 6 mars 1875. — 314, 412, 665, 760², 761, 875.

MOGAS (Pierre), N. à Amedila (Chili),

22 janv. 1733, M. en Italie après 1791. — 518.

MOIGNARD (Stanislas), N. à Aubeterre (Charente), 17 août 1727, M. à Tours, 24 sept. 1778. — 749.

MOIGNO (François), N. à Guéméné (Morbihan), 15 avril 1804, sorti en 1843. — 124.

MOINE (Simon le), N. à Beauvais en 1604, M. au Canada, 24 nov. 1665. — 819.

MOKRZONOWSKI (Albert), N. en Masovie, 23 mai 1723, M. à Grodzisko en 1789. — 911.

MOLÆUS (Lambert), N. à Liège en 1584, M. à Liège, 17 sept. 1644. — 91, 1126.

MOLINA (Jean Ignace), N. à Talca (Chili), 20 juin 1740, M. à Bologne, 23 oct. 1824. — 1133.

MOLINDES (François), N. à Mayence, 6 juin 1678, M. à Vienne, 28 mai 1768. — 722.

MOLNAR (J. B.), N. à Csecseny (Hongrie), 13 juin 1728, M. à Zips, 15 févr. 1804. — 795.

MONACI (Philippe), N. à Viterbe, 27 avril 1808, V. — 579, 1162.

MONCEAUX (Jean du), N. à Hannut (Belgique), en 1569, M. à Namur, 28 oct. 1651. — 1037.

MONESTIER (Blaise), N. à La Sauvetat (Puy-de-Dôme), 18 avril 1717, M. à Clermont-Ferrand en 1776. — 1086.

MONET (Philibert), N. à Bona (Ain), en 1566, M. à Lyon, 31 mars 1643. — 37, 413, 673, 971, 1008, 1030.

MONNERET (Florian), N. à Saint-Maurice (Doubs), 4 mai 1835, M. à Aix, 7 févr. 1880. — 260, 401, 813.

MONNIN (Alfred), N. à Coligny (Ain), 12 févr. 1823, V. — 712.

MONOD (Pierre), N. à Bonneville (Haute-Savoie), en 1586, M. au fort de Miolans, 31 mars 1644. — 27, 49, 107, 374, 982.

MONTALDO (Horace), de la province de Milan, 16e-17e S. — 1127.

MONTALIS (Grégoire), N. à la Spezia (Italie), en 1597, M. à Gênes, 5 févr. 1668. — 310.

MONTAUZAN (François de), N. à Villefranche (Rhône), 15 déc. 1697, M. à Vienne, le 3 déc. 1751. — 449, 946, 965.

MONTECATINI (Balthazar), Italien, 17e-18e S. — 226, 280, 421.

MONTENGON (Pierre), N. à Alicante, 17 juil. 1745, M. à ... des après 1815. — 654.

MONTON (Jean), N. à Orio, diocèse de Teruel (Espagne), 2 oct. 1739. — 157.

MONTPELIER (N.), N. à Liège, 17e S. — 711, 955.

MONTVILLE (Albert de), N. à Belley, 15 janv. 1691, M. après 1764. — 608.

MOQUOT (Étienne), N. à Nevers en 1571, M. à Bordeaux, 6 nov. 1628. — 185, 528, 621, 1050.

MORAES (Emmanuel), N. à Portel (Portugal), en 1610, M. à Evora, 27 août 1683. — 355.

MORAES (Sébastien de), N. à Funchal (île Madère), en 1544, M. en mer, 19 août 1588. — 1069.

MORAND (Jean Antoine), Français, de la province de Lyon, M. entre 1744 et 1751. — 616.

MORAWSKI (Jean), N. dans la Petite Pologne en 1633, M. à Posen, 25 juin 1700. — 169, 887.

MORCELLI (Étienne Antoine), N. à Chiari, 17 janv. 1737, M. à Chiari, 1er janv. 1821. — 418, 517, 585, 676, 690, 705, 849, 869³, 990³, 1030, 1132, 1136, 1146.

MORE (Henri), N. à Essex (Angleterre), en 1586, M. à Watten (Nord), 8 déc. 1661. — 368, 521.

MOREL (Andoche), N. à Dijon, 17 janv. 1599, M. à Grenoble, 7 avril 1674. — 499, 839, 975, 1144.

MOREL (Philippe André), N. en 1688, M. à Rennes, 7 mars 1737. — 1172.

MORET (Joseph de), N. à Pampelune en 1615, M. vers 1700. — 1125.

MORRIS (Sylv.), 765. — Voir : NORRIS (Sylv.).

MORSZTYN (Paul), N. en Pologne, M. en 1734. — 942.

MORTIER (Jean), Belge (?), 17e S. — 130.

MOSCA (Jean Baptiste), N. à Vaciago, diocèse de Novare, 17e-18e S. — 792.

MOTHES (Jacques des), N. dans le diocèse d'Angers, 1er janv. 1645, M. à Orléans, 27 juil. 1725. — 201, 915, 1054.

MOURGUES (Michel), N. près de Saint-Flour,

17 juin 1650, M. à Toulouse, 26 juin 1713.
— 799, 979.

Moya (François de), de la province de Castille, N. en janv. 1696, M. après 1761.
— 648, 995.

Moya (Matthieu de), N. à Moral, diocèse de Tolède, 10 sept. 1610, M. à Madrid, 23 févr. 1684. — 15, 24, 471.

Moyne (Pierre le), N. à Chaumont (Haute-Marne), en 1602, M. à Paris, 22 août 1671. — 258, 329 [1], 359, 504, 572, 733, 869, 919, 992, 1123, 1182.

1. La date de cet ouvrage est 1831, au lieu de 1821

Mozzi de' Capitani (Louis), N. à Bergame, 26 mai 1746, M. à Milan, 24 juill. 1813. — 482, 757, 814, 933, 1017, 1062, 1079.

Mulder (Henri), N. à Arnhem (Hollande), 8 sept. 1825, V. — 57, 516, 1055.

Mulliez (Floris), N. à Mouscron (Belgique), 2 nov. 1811, M. à Bruxelles, 24 déc. 1872. — 174.

Mulmann (Jean), N. à Leipzig en 1600, M. à Hadamar, 10 févr. 1651. — 452.

Mumford (Jacques), N. à Norfolk en 1606, M. le 9 mars 1666. — 776, 832.

Munier (Adrien), N. à Jarny (Meurthe-et-Moselle), 3 mars 1848, V. — 373.

Muriel (Dominique), N. à Tamames en Castille, 12 mars 1718, M. à Faenza, 23 janv. 1795. — 313, 393, 754, 1132.

Murphy (Corneille), N. en Irlande, 24 oct. 1696, M. dans le Lancashire, 31 oct. 1766. — 521, 998.

Musart (Charles), N. à Aire (Pas-de-Calais), en 1582, M. à Vienne (Autriche), 17 janv. 1653. — 169.

Musca (Jean Baptiste), N. à Vaciago (Lombardie), 17e-18e S. — 876.

Musto (Michel), N. à Aversa (Naples), 17 déc. 1834, V. — 142.

Muszka (Nicolas), N. à Szœllœssa (Hongrie), 3 déc. 1714, M. à Neussoll en 1783. — 272, 682, 686.

Muzani (Christophe), N. à Vicence, 28 avril 1724, M. à Vicence en 1813. — 491, 900, 1113, 1142, 1150.

Muzzarelli (Alphonse), N. à Ferrare, 22 août 1749, M. à Paris, 25 mai 1813. — 108, 280, 348, 430, 483, 579, 584, 937, 1113, 1175.

N

Nadasi (Jean), N. à Tyrnau en 1614, M. à Vienne, 3 mars 1679. — 37, 38³, 64, 66, 215², 232, 369, 552, 667.

Nakcyanowicz (Jacques), N. en Pologne, 1er mai 1725, M. à Grodno en 1790. — 737.

Naramowski (Adam), N. dans la Grande Pologne, 5 févr. 1686, M. à Cracovie, 1er août 1736. — 315.

Narbone (Alexis), N. à Caltagirone (Sicile), 9 août 1789, M. à Palerme, 12 déc. 1860. — 424, 434, 673, 787, 814, 933, 1069.

Naruszewicz (Adam Stanislas), N. en Lithuanie, 20 oct. 1733, M. à Janow, 6 juil. 1796. — 30, 245, 396.

Nau (Michel), N. à Paris en 1631, M. à Paris, 8 mars 1683. — 1085.

Nazari (Joseph Auguste), Italien, 18e S. — 1113.

Neale (Léonard), N. dans le Maryland, 15 oct. 1746, M. à Baltimore en 1817. — 736.

Nedetzki (Ladislas), N. à Kis-Kotcsov (Hongrie), 17 janv. 1703, M. à Judembourg, 17 févr. 1759. — 861.

Neerincq (François), 514. — Voir : Nerrincq (Fr.).

Nègre (Louis), N. à Bédarrieux (Hérault), 27 sept. 1811, V. — 526.

Negrone (Jules), N. à Gênes en 1553, M. à Milan, 17 janv. 1625. — 56, 412, 525.

Nennichen (Mathias), N. à Allenstein en 1590, M. à Brunn, 4 déc. 1656. — 13, 546.

Nerrincq (François), N. à Courtrai, 5 août 1638, M. à Malines, 4 févr. 1712. — 461, 514, 1170.

Neuhauser (François Antoine), N. à Sigenburg (Bavière), 18e S. — 876, 1091.

Neumann (Mathias), N. à Olmutz en 1633, M. à Neuhaus, 21 sept. 1685. — 552.

Neumayr (François), N. à Münich en 1697, M. à Augsbourg, 1er mai 1765. — 700, 737, 990, 1136, 1140, 1166, 1173, 1176.

Neuville (Charles Frey de), N. à Coutances,

23 déc. 1693, M. à Saint-Germain-en-Laye, 13 juil. 1774. — 650.

NEUVILLE (Pierre Claude Frey de), N. à Granville (Manche) ou à Rennes, 5 sept. 1692, M. à Rennes, août 1773. — 495, 650, 1169.

NEUVILLE (Anne Joseph de la), N. dans le diocèse de Trèves, 7 mai 1672, M. à Paris, 4 avril 1750. — 603, 617, 619, 900, 1051.

NICOLAI (Laurent), N. en Norwège en 1538. M. à Vilna, 5 mai 1622. — 809.

NICOLAS (J. B.), N. à Alise-Sainte-Reine (Côte-d'Or), 15 août 1823, V. — 295, 599.

NICQUET (Honoré), N. à Avignon en 1585, M. à Rouen, 22 mai 1667. — 382, 878.

NIEPRSKI (Alexandre), N. en Pologne en 1677, M. à Lemberg en 1727. — 1105.

NIEREMBERG (Jean Eusèbe), N. à Madrid en 1590, M. à Madrid, 7 avril 1658. — 1035.

NIESS (Jean), N. en Souabe, *Holzensis*, en 1584, M. à Hall, 13 nov. 1634. — 22, 23, 103.

NIEWENHOFF (Guillaume van), N. à La Haye, 25 juin 1843, V. — 337, 515², 554.

NIKOWSKI (Simon), N. à Lobzenie (Grande Pologne) en 1555, M. à Cracovie, 11 sept. 1591. — 555.

NILLES (Nicolas), N. à Ruppweiler (Luxembourg), 21 juin 1828, V. — 519.

NOBLITZ (Jean), N. à Styenitz (Bohème), 31 mars 1747, M. 24 août 1797. — 300.

NOCETI (Charles), N. à Pontremoli (Toscane) vers 1695, M. à Rome en 1759. — 1024.

NOCETI (J. B.), N. à Gênes en 1586, M. à Gênes après 1677. — 31, 120.

NOE (Louis de la), Français, 17e-18e S., M. après 1709. — 157.

NOEL (Étienne), N. dans le Bassigny, diocèse de Toul, en 1581, M. à La Flèche, 16 oct. 1659. — 45.

NOEL (François), N. à Hestrud (Nord), 18 août 1651, M. à Lille en 1729. — 650, 1176.

NOGHERA (J. B.), N. à Berbeno (Valteline), 9 mai 1719, M. à Berbeno, nov. 1784. — 280, 850², 940, 1066, 1113.

NONELL (Jacques), N. à Argentona (Espagne), 11 janv. 1844, V. — 137.

NONNOTTE (Claude Adrien), N. à Besançon, 29 juil. 1711, M. à Besançon, 3 sept. 1793. — 213, 261, 277, 284, 291, 498, 840.

NORRIS (Richard), N. à Martinscroft (Angleterre), 13 avril 1792, M. à Worcester, 5 mai 1846. — 1001.

NORRIS (Sylvestre), Anglais, N. dans le comté de Somerset en 1572, M. dans le district de Hants, 16 mars 1630. — 40, 53, 765, 999, 1180.

NOTO (Gaétan Marie), N. à Palerme, 17 juil. 1702, M. après 1756 (?). — 639, 788, 789, 937.

NOUET (Jacques), N. au Mans en 1605, M. à Paris, 21 mai 1680. — 86, 504², 749, 837², 890, 988.

NOVAES (Joseph de), N. à Villa-Real (Portugal), 13 avril 1736, M. après 1792. — 255, 869.

NOVOTHA (Étienne), N. à Vag-Ujhelinä (Hongrie), 10 août 1697, M. après 1773. — 409.

NUIX (Raphaël), N. à Tora, diocèse de Solsona (Espagne), 17 févr. 1741, M. à Ferrare en 1802. — 20, 971.

NUNES (Joseph Marie), N. à Lisbonne, 4 févr. 1849, V. — 543.

NUYTS (Philippe), N. à Anvers, 8 mars 1597, M. à Malines, 17 avril 1661. — 1083, 1092.

NYEL (Louis), N. à Sommerecourt (Aube) en 1622, M. à Montbard, 30 nov. 1685. — 1038.

NYON (Michel), N. à Orléans en 1627, M. à Rennes, 30 nov. 1695. — 512.

NYRO (Adam), Hongrois, N. le 8 sept. 1723, M. après 1773. — 272.

O

OBERT (Louis François), N. à Lille, sorti vers 1686. — 530.

OBRY (Philippe Regnier d'), 17e S. — 658.

ODDI (Longaro degli), N. à Pérouse, 6 mars 1685, M. à Rome en 1773. — 1061, 1066.

ODERICO (Gaspar Aloys), N. à Gênes, 24 déc.

1725, M. à Gênes, 10 déc. 1803.— 232, 486.

OKOLICZANY (Alexis), N. dans le comté de Liptau (Hongrie) 16 avril 1711, M. à Koloswar, 2 oct. 1757. — 1016.

OLDOINI (Augustin), N. à la Spezzia en 1601, M. à Pérouse, 23 mars 1683. — 1112.

OLIVA (Antoine), N. à Sampedor (Espagne), 16 août 1733, M. à Imola en 1797. — 486, 1127, 1137.

OLIVA (Marc Antoine), N. à Brescia en 1552, M. à Busseto, 22 oct. 1629. — 597.

OLIVIER (Vincent), N. à Ardoye (Belgique), 24 juin 1827, V. — 955.

OLLER (Raphaël), N. dans l'île de Majorque en 1556, M. dans l'île de Minorque, 19 févr. 1621. — 418.

OLOHPATACKI (Paul), N. à Gyœngyœs (Hongrie), 24 janv. 1677, M. à Tyrnau, 15 août 1710. — 997.

OLSZEWSKI (Martin), N. dans la Grande Pologne en 1608, M. à Posen, 30 mars 1667. — 452, 861.

ONCLAIR (Auguste), N. à Gand, 4 oct. 1822, sorti en 1864. — 204.

ONOFRIO (Jean), N. à Palerme en 1607, M. à Palerme, 17 déc. 1674. — 859, 973, 993.

ONORATI (Antoine), N. à Ferentino, 12 janv. 1829, M. à Campolide, près Lisbonne, 15 août 1881. — 589, 1069.

OPDENOORDT (Jacques), N. à Venloo (Hollande), 28 août 1820, V. — 913.

OPFFERMANN (Paul), N. à Diligenstadt 10 avril 1725, M. après 1779. — 964.

ORBANO (Jacques), N. en Sicile, 17e S. — 687.

ORLANDINI (Nicolas), N. à Florence en 1554, M. à Rome, 17 mai 1606. — 37.

ORLANDO (Joseph), N. à Palerme, 10 avril 1828, V. — 773, 1029.

ORLÉANS (Pierre Joseph d'), N. à Bourges en 1641, M. à Paris, 31 mars 1698. — 379, 1043, 1044.

ORMAZA (Joseph de), N. à Salamanque en 1616, M. après 1684. — 120.

OROSZ (Ladislas), N. en Hongrie, 18 déc. 1697, M. à Tyrnau après 1773. — 778.

ORSINI (François Marie), N. à Todi, 6 sept. 1807, M. à Todi, 9 déc. 1871. — 258.

ORTA (Pierre François), Italien, 17e-18e S. — 672.

ORTEGA (Joseph), N. à Tlascala (Mexique), 15 avril 1700, M. à Puerto di Santa Maria (Espagne), 2 juil. 1768. — 51.

ORTH (Henri), N. à Rohsdorf (Hesse), 18 oct. 1823, M. à Aix-la-Chapelle, 23 déc. 1885. — 10.

ORTIGAS ou HORTIGAS (Emmanuel), N. à Saragosse en 1609, M. à Saragosse, 13 sept. 1678. — 299.

ORTIZ (Ambroise), N. à Villar (Espagne), 21 nov. 1638, M. à Naples, 13 nov. 1708. — 1130.

OTERO (?), Espagnol, 18e S. — 798.

OTT (Christophe), N. à Fribourg en Brisgau en 1612, M. à Hall, 4 mai 1684. — 681, 877, 1183.

OTTONELLI (Dominique), N. à Fanano (Modène) en 1583, M. à Florence, 14 mars 1670. — 126, 213, 322, 577, 849, 881, 983.

OUDIN (François), N. à Vignory (Haute-Marne), 1er nov. 1673, M. à Dijon, 28 avril 1752. — 404, 727, 797, 910.

OUTREMAN (Pierre d'), N. à Valenciennes en 1591, M. à Valenciennes, 23 avril 1656. — 955, 1038.

OWEN (Jean Hugues), N. dans l'île d'Anglesey en 1615, M. à Holywell, 28 déc. 1686. — 660.

OWEN (Thomas), Anglais, N. dans le Hamptshire en 1556, M. à Rome, 6 déc. 1618. — 168, 187.

P

PACE (Marius), N. à Malte en 1578, M. à Palerme, 6 mars 1643. — 40, 653.

PACE (Stanislas del), N. le 16 sept. 1781, M. à Rome, 16 avril 1845. — 116, 141, 314, 434, 479, 670, 706, 788, 854.

PACHTLER (Michel), N. à Mergentheim (Allemagne), 14 sept. 1825, V. — 10, 289, 340², 366, 467, 518, 679, 886, 932.

PAEUW (Benoît de), N. à Bergues St-Winoc (Nord), 25 avril 1733, M. à Ypres, 20 mars 1810. — 481, 515.

PAGELLI (Livio), N. à Vicence, 26 oct. 1643, M. à Parme, 8 févr. 1733. — 868.

PAILLOUX (Xavier), N. à Varennes-la-Grande (Saône-et-Loire), 3 déc. 1814, V. — 364.

PAJOT (Charles), N. à Paris, 6 déc. 1609, M. à la Flèche, 13 oct. 1686. — 1119.

PALATRE (Gabriel), N. à Châteaugiron (Ille-et-Vilaine), 2 juil. 1830, M. à Chang-Haï, 13 août 1878. — 820.

PALAZUELOS (Antoine Fernandez de), N. à Santander, 16 juil. 1748. — 1151.

PALAZZI (Augustin), N. à Brescia, 24 nov. 1725, M. après 1800. — 289.

PALKOVITS (Émeric), N. en Hongrie, en 1704, M. à Ofen en 1769. — 1136.

PALLAVICINI (Frédéric Marie), N. à Crémone, 27 oct. 1709, M. après 1773. — 867.

PALLAVICINI (Jules), N. à Gênes en 1597, M. à Gênes, 11 juil. 1657. — 132.

PALLAVICINO (Hortense), N. à Milan, 8 juin 1607, M. à Milan, 10 juin 1691. — 422.

PALLAVICINO (Sforza), N. à Rome, 28 nov. 1607, M. à Rome, 5 juin 1667. — 72, 276, 826.

PALLU (Martin), N. à Tours, 7 déc. 1661, M. à Paris, 21 mai 1742. — 872.

PALOMBA (David), N. à Naples, 20 févr. 1814, V. — 1143.

PALOMBI (Nicolas), Italien, 17e S. — 702.

PAMER (Antoine), N. à Mürzethol (Styrie), 4 oct. 1709, M. à Lintz en 1781. — 554, 841

PANCIROLI (Hippolyte), N. à Reggio di Modena en 1554, M. à Tivoli, 14 mars 1624. — 961.

PANEL (Alexandre Xavier), N. à Nozeroy (Jura), 10 sept. 1699, M. à Madrid en 1777. — 831.

PANIZZONI (Aloys), N. à Vicence, 11 juin 1729, M. à Rome, 11 août 1820. — 723, 867.

PAOLINI (Thomas), Italien, N. le 26 déc. 1801, M. à Monaco, 13 janv. 1874. — 1080.

PAOLUCCI (Scipion), N. à Naples en 1625, M. à Naples, 27 avril 1665. — 594, 754, 1062.

PAPA (Léonard), N. à Palerme, 27 juil. 1704, M. à Naples, 19 sept. 1760. — 567.

PAPE (Libert de), N. à Bruxelles, 20 juillet 1638, M. à Malines, 2 août 1714. — 56, 182.

PAPENBROECK (Daniel van), N. à Anvers, 17 mars 1628, M. à Anvers, 28 juin 1714. — 561.

PAPINI (Charles), N. à Rome en 1586, M. à Rome, 18 juil. 1648. — 319, 721, 1134.

PAPON (Jean), de la province de Lyon, M. à Chambéry, 2 janv. 1703. — 602, 723.

PAPROCKI (Barthélemi), N. dans la Grande Pologne en 1587, M. à Bydgoszcz, 10 juin 1650. — 530, 687, 715, 763, 1099.

PAPROCKI (François), N. dans la Russie Blanche, 10 juil. 1723, M. après 1780. — 83, 1094.

PAPUS (François), de la province de Toulouse, 17e S. — 917.

PARA DU PHANJAS (François), N. au château de Phanjas, en Champsaur, commune de Chabottes (Basses-Alpes), 13 févr. 1724, M. à Paris, 7 août 1797. — 256, 654, 753, 954, 959.

PARDIES (Ignace Gaston), N. à Pau en 1636, M. à Paris, 22 avril 1673. — 592.

PARIA (Joseph), N. à Pocapaglia (Piémont), 15 juill. 1814, M. à Castel-Gandolfo, 13 oct. 1881. — 432, 695.

PARIS (François), N. à Chartres en 1627, M. à La Flèche, 28 juin 1703. — 797.

PARIS (Jules), N. à Paris, 2 août 1813, M. à Angers, 17 août 1880. — 383, 766, 1180.

PARRENIN (Dominique), N. au Russey (Doubs), 1er sept. 1665, M. à Pékin, 29 sept. 1741. — 94.

PARSONS (Robert), Anglais, N. à Nether-Stowey (Somersetshire), 24 juin 1546, M. à Rome, 15 avril 1610. — 15, 39, 48, 77, 85, 95², 125, 154, 187, 225², 239, 244, 257, 299, 320, 327, 708, 772, 777, 796, 823, 833, 847, 957, 986, 987, 998². 1091.

PARTINGER (François), N. à Vienne (Autriche), 14 janv. 1675, M. à Vienne, 28 oct. 1727. — 794.

PASSAGLIA (Charles), N. à Lucques, 2 mai 1812, sorti en 1858, V. — 19, 261, 279, 940.

PASSARD (François-Xavier), N. à Plainoiseau (Jura), 22 avril 1834, V. — 710.

PATERNIANI (Charles), N. en 1800, M. à Rome, 28 mars 1872. — 961, 962.

PATISS (Georges), N. à Tiers (Tyrol), 4 juil. 1814, V. — 1096.

PATORNAY (Léonard), N. à Salins (Jura) en 1569, M. à Besançon, 15 mai 1639. — 541.

PATOUILLET (Louis), N. à Dijon, 31 mars 1699, M. à Avignon en 1779. — 48², 109, 210, 225, 386, 498, 505², 511, 758, 804, 810, 944, 1049, 1142, 1170.

PATRIGNANI (Joseph Antoine), N. près de Sinigaglia en 1659, M. à Rome, 15 févr. 1733. — 30, 419, 608, 881.

PAULIAN (Aimé Henri), N. à Nîmes, 23 juil. 1722, M. à Manduel (Gard) en 1802. — 30, 210, 213, 254, 363, 950.

PAULIN (François), de la province de Lyon, M. après 1727. — 803.

PAVONE (François), N. à Catanzaro (Naples) en 1569, M. à Naples, 25 févr. 1637. — 28, 545, 562, 566², 694.

PAYVA (Jean de), N. à Lisbonne en 1606, M. à Lisbonne, 23 mars 1682. — 144.

PAZ (Jean de), N. à Bletes (Espagne), 10 juil 1703. — 1058.

PAZMANY (Pierre), N. à Varadin (Hongrie), 1er oct. 1570, M. à Gran, 19 mars 1637. — 23, 447, 526, 953.

PECHA (Ferdinand), Espagnol, 17e S. — 392.

PEDRUSI (Paul), N. à Mantoue, 16 août 1644, M. à Parme, 20 janv. 1720. — 557, 811.

PELLEGRINI (Joseph Aloys), N. à Vérone, 21 janv. 1718, M. à Vienne, 13 avril 1799. — 1132.

PELLETIER (Gérard), N. dans le diocèse de Toul vers 1586, M. à Paris, 4 nov. 1648. — 682, 812.

PELLICANI (Antoine), N. à Nonantola, 13 juin 1817, sorti en 1863. — 407.

PÉLOT (Jules), N. à Belfort (Haut-Rhin), 24 mai 1850, V. — 238, 753.

PEMBLE (Joseph), N. à Inspruck, 13 déc. 1717, M. à Münich, 24 sept. 1781. — 752, 827², 828, 899, 987, 1112, 1125.

PEPE (François), N. en Italie en 1685, M. à Naples, 29 mai 1759. — 1069.

PERCOTE (Antoine), N. à Udine, 18e S. — 614, 728.

PERDICARO (Joseph), N. à Palerme en 1619, M. à Palerme, 8 févr. 1692. — 791.

PERDUYN (Gislain), N. à Middlebourg (Hollande) en 1630, M. à Bruxelles en 1703. — 798.

PEREA (Jérôme de), N. à Madrid en 1597, M. à Madrid, 20 janv. 1670. — 129.

PERELLI (Jean), N. à Naples, 18 sept. 1735, M. à Naples, le 7 déc. 1828. — 157, 639².

PEREYRA (Thomas), N. à Martinho dr Valle (Portugal), 1er nov. 1645, M. à Pékin, 24 déc. 1708. — 94.

PEREZ (François), N. à Bobeda (Espagne), 12 oct. 1720, M. à Bologne, avril 1807. — 484, 1146.

PÉRIGAUD (Jean), Français, de la province d'Aquitaine, N. vers 1625 (?), M. à Poitiers, 14 févr. 1695. — 336, 730.

PÉRIN (Léonard), N. à Stenay (Meuse), en 1567, M. à Besançon, 10 févr. 1638. — 82, 142, 332, 559, 867.

PERKOWICZ (Thomas), N. dans la Grande Pologne en 1652, M. à Lemberg, 25 juil. 1720. — 396.

PERKOWSKI (Joseph), N. à Ostrowno (Russie Blanche), 17 sept. 1781, M. à Staniatki, 20 sept. 1857. — 179, 246, 464, 465, 556, 597, 612², 735, 1094.

PERNON (Louis), Français, 17e-18e S., M. à Pékin en nov. 1705 [1]. — 94.

1. C'est ce Père qui a signé *Pernoti*, la *Brevis relatio*.

PEROTES (François-Xavier), N. à Curiel (Espagne), en nov. 1742, M. à Parme (?), après 1815. — 829.

PERRY (Claude), N. à Châlon-sur-Saône en 1602, M. à Dijon, 1er févr. 1685. — 538, 647, 1111.

PERSICO (Pierre Anel), N. à Massalubra (Naples), en 1587, M. à Massalubra, 18 mars 1644. — 197, 1139.

PERUSSAULT (Sylvain), N. à Bourges, 19 juil. 1679, M. à Paris, 30 avril 1753. — 905.

PESCH (Christian), N. à Mülheim am Rhein (Prusse Rhénane), 25 mai 1853, V. — 972.

PESCH (Tilmann), N. à Cologne, 1er févr. 1836, V. — 445.

PETAU (Denis), N. à Orléans, 21 août 1583, M. à Paris, 11 déc. 1652. — 44², 433, 529, 537, 657, 686, 732, 920, 1123.

PETERFY (Charles), N. à Presbourg, 21 août 1700, M. à Presbourg, 24 août 1746. — 178, 1138.

PETISCO (Joseph), N. à Ledesma (Espagne), 29 sept. 1724, M. à Ledesma, 19 janv. 1800. — 141.

PETIT (Nicolas le). N. à Caen, 11 sept. 1696, M. à Caen en 1782. — 1048.

PETITDIDIER (Jean Joseph), N. à Saint-Nicolas de Port (Meurthe), 23 oct. 1664, M. à Pont-à-Mousson, 10 août 1756. — 231, 507, 508, 571, 807, 810, 831, 1046.

PETRACCI (Barthélemy), N. à Messine en 1559, M. à Naples, 22 mai 1622. — 1073.

PETRA-SANCTA (Sylvestre), N. à Rome en 1590, M. à Rome, 8 mai 1647. — 437², 788.

PETRUCCI (Jérôme), N. à Camerino en 1585, M. à Rome, 5 mars 1669. — 402, 778.

PETRUCCI (Joseph), N. à Terni, 15 mars 1747, M. à Rome, 20 avril 1820. — 414.

PEULTIER (Eugène), N. à St-Julien (Moselle), 2 juin 1834, V. — 909.

PEXENFELDER (Michel), N. à Arnsdorf (diocèse de Passau) en 1613, M. à Landshut, 23 févr. 1685. — 659.

PEYSSARD (Adrien), N. à Chambéry, 11 oct. 1804, M. à Chambéry, 7 janv. 1880. — 619.

PÉZENAS (Esprit), N. à Avignon, 28 nov. 1692, M. à Avignon, 4 févr. 1776.— 63, 173, 213, 263, 379, 540, 573, 632, 634, 753, 955.

PFEFFER (Guillaume), N. à Wallerstein (Souabe) en 1589, M. le 26 janv. 1633. — 313.

PFEIFFERSBERG (Charles), N. à Gratz, 18 oct. 1671, M. à Traunkirchen, 2 juil. 1741.— 858.

PFISTER (Aloys), N. à Gerbéviller (Meurthe), 24 avril 1833, V. — 143.

PHELIPON (Charles), N. à Paris, 19 mai 1786, M. à Lille, 2 mars 1852. — 65², 527 (?).

PHELIPPEAUX (Jean), N. à Angers, 26 févr. 1577, M. à Paris, 2 août 1643. — 792.

PHILIPPI (Henri), N. près Saint-Hubert (Luxembourg) en 1573, M. à Ratisbonne, 30 nov. 1636. — 130, 431, 974.

PHILIPS (Thomas), N. à Ickford (Angleterre), 5 juil. 1708, M. à Liège, juil. 1774.— 482.

PIANCIANI (Jean-Baptiste), N. à Spolète, 26 oct. 1784, M. à Rome, 23 mars 1862. — 791, 872.

PICARD (Antoine Joseph), N. à Hesdin (Pas-de-Calais), 2 nov. 1727, M. à Hesdin, 8 mai 1771. — 5.

PICCIRILLO (Charles), N. à Naples, le 25 déc. 1821, V. — 998, 1184.

PICHER (Jean), N. à Neustadt, 5 mai 1677, M. à Crems, 18 févr. 1721. — 410.

PICHI (Alexis), de la province Romaine, N. 18 juil. 1707, M. après 1769. — 517.

PICHLER (Joseph), N. à Vienne (Autriche), 1er oct. 1682, M. à Vienne, 17 nov. 1742. — 1059, 1121, 1136.

PICHON (Jean), N. à Lyon, 3 févr. 1683, M. à Sion (Suisse), 5 mai 1751. — 1049.

PIEN (Ignace), N. à Gand, 27 oct. 1681, M. à Rome, 25 juin 1763. — 77, 713³, 714², 960.

PIERIK (Rodolphe Jean), N. à Zeddam (Hollande), 20 juin 1827, V. — 463.

PIERRE (François de), Français, de la province de Lyon, M. après 1730. — 428, 511, 651, 813.

PILA (Antoine), N. à Syracuse, 7 mars 1706. — 937.

PINAMONTI (Jean Pierre), N. à Pistoie en 1632, M. à Orta, 25 juin 1703. — 281, 282, 305, 120, 922, 1018, 1138.

PINEDA (Jean de), N. à Séville, en 1558, M. à Séville, 27 janv. 1637. — 417.

PINELL (Adam), N. à Vienne (Autriche), 20 janv. 1668, M. à Vienne, 22 juil. 1704. — 728.

PINTER (Joseph), N. à Sator-Ujhely (Hongrie), 11 juil. 1717, M. à Erlau en 1780. — 130, 162.

PINTHEREAU (François), N. à Chaumont-en-Vexin (Oise), en 1605, M. à Paris, 30 janv. 1664. — 233, 277, 412, 613, 637, 758, 830, 838, 965, 1145, 1180.

PIOVANO (?), Italien, 18e S. — 1142.

PIRAMOWICZ (Grégoire), N. à Lemberg, 25 nov. 1735, M. à Miedzyrzec, 29 déc. 1801. — 245, 315, 615, 735, 1128.

PIROT (Georges), N. à Nantes en 1599, M. à Paris, 6 oct. 1659. — 50, 834.

PLAINEMAISON (Émile), N. à Limoges, 18 nov. 1822, V. — 600.

PLANCK (Jean Baptiste), N. à Neumarkt (Haut-Palatinat), 9 août 1696, M. à Munich, 17 oct. 1765. -- 1008.

PLATA (François Marie), N. à Palerme, 22 sept. 1710. — 582.

PLATEL (Jacques), N. à Bersée (Nord), en 1698, M. à Douai, 7 janv. 1681. — 64.

PLAZZA (Benoît), N. à Syracuse, 28 oct. 1677, M. à Palerme, 6 mars 1761. — 842.

PLENGG (J. B.), N. à Spital am Pyrhn (Illyrie), en 1620, M. après 1677. — 720.

PLESSE (Pierre Joseph), N. à Saint-Brieuc, 23 nov. 1704, M. à Paris, 1er déc. 1766. — 652.

PLOWDEN (Charles), N. à Plowden Hall (Salopshire), 1er mai 1743, M. à Jougne (Doubs), 13 juin 1821. — 512 (?).

PLOWDEN (Percy), N. à Londres (ou dans l'Oxfordshire), en 1672, M. à Watten (Nord), 21 sept. 1745. — 206, 736.

PLOWDEN (Robert), N. à Plowden Hall (Salopshire), 27 janv. 1740, M. à Wappenbury, 17 juin 1823. — 256, 482, 1184.

POCZOBUT (Ignace), N. à Poczobut, district de Grodno (Russie), 30 oct. 1728, M. à Dunabourg, 8 févr. 1810. — 245.

POCZOBUT (Martin Odlanicki), N. à Poczobut (Grodno), 30 oct. 1728, M. à Dunabourg, 8 févr. 1810. — 726.

POGATSCHNIG (Joseph), N. à Clagenfurt, 17 mars 1671, M. à Laibach, 25 août 1712. — 1160.

POGGI (Simon Marie), N. à Castel-Bolognese, 27 mai 1685, M. à Faenza, 22 août 1749. — 106, 406, 487, 580, 851.

POHL (Joseph), N. à Vienne (Autriche), 17 déc. 1711, M. à Vienne, 8 avril 1786. — 314.

POIRRÉ (Félix), N. à Paris, 8 juil. 1837, M. à Lille, 20 août 1878. — 252.

POIRTERS (Adrien), N. à Oisterwyck (Hollande), 2 nov. 1605, M. à Malines, 4 juil. 1674. — 17, 244, 251, 354, 377, 460, 515, 622, 701².

POLANCUS (Jean), N. à Burgos, M. à Rome, 21 déc. 1577. — 163.

POLI (Joseph), N. à Bergame, 29 nov. 1693, M. à Bologne, 3 mars 1758. — 452, 1148.

POLIDORO (Charles), N. à Strasbourg, 16 août 1833, V. — 1², 627².

POLIZZI (Joseph Marie), N. à Palerme, 27 mai 1640, M. après 1706. — 56, 96, 401, 1118.

POLLA (Pierre), de la province de Lyon, M. à Avignon, 29 mai 1699. — 667.

POLLIONI (Alexandre), N. à Terni, 17e-18e S. — 1120.

POMEY (François), N. à Pernes (Vaucluse), en 1618, M. à Lyon, 10 nov. 1673. — 115, 139², 323, 418, 709, 710², 731³, 946, 1142.

PONCET (Jean François), N. à Bourg-le-Péage (Drôme), 19 sept. 1811, M. à Marseille, 30 juin 1883. — 106.

PONGA (François), N. à Côme en 1607, M. à Milan, 12 avril 1652. — 701, 1031,

PONINSKI (Étienne), N. en Pologne, M. à Posen en 1733. — 928.

PONLEVOY (Armand de), N. à Vitré (Ille-et-Vilaine), 25 sept. 1812, M. à Paris, 27 nov. 1874. — 626, 846.

PONTI (Denis François), de la province de Naples, N. le 9 mars 1716, M. à Terracine vers 1785. — 568.

PORCHELT (Louis), N. à Caburne (Charente-Inférieure), 10 nov. 1840, V. — 138.

PORRO (François), Italien, 18e S. — 280.

PORTALUPI (Louis), Italien, M. en 1763. — 934.

PORZECKI (Jean), N. dans le district de Liden (Lithuanie), 20 déc. 1687, M. après 1757. — 910.

PORZIA (Charles di), N. dans le Frioul, 26 mars 1740, M. à Palerme en 1815. — 1027, 1114.

POSSEVINO (Antoine), N. à Mantoue en 1534, M. à Ferrare, 26 févr. 1611. — 183, 268, 290, 473, 600, 621, 644, 688, 825, 853, 982.

POSSOZ (Alexis), N. à Douai, 25 août 1803, M. à Lille, 27 juin 1870. — 204, 626, 845, 879, 1040.

POSTEL (Henri), N. à Binche (Belgique), 28 mai 1707, M. à Douai, 7 nov. 1786. — 416, 1025.

POSTLEWITHE (Georges), N. en Angleterre, 29 nov. 1858, V. — 1170.

POSZAKOWSKI (Jean), N. à Stradowitz (palatinat de Trose), 14 févr. 1686, M. en 1757. — 616.

POTENZA (Ignace), de la province de Naples, N. à Marsico-Nuovo, 7 févr. 1731, M. après 1803. — 579.

POTTGEISSER (Julien), N. à Coblentz, 10 mars 1813, V. — 4.

POTTIER (Henri), N. à Saint-Martin (Mayenne), 15 juil. 1819, V. — 18, 137, 155, 156, 205, 206, 359, 430, 445, 610, 766, 878, 886, 891, 977, 978, 989, 1036, 1122, 1134², 1150, 1152, 1153.

POU (Barthélemi), N. à Algaide (Iles Baléares), 21 juin 1727, M. à Palma, 17 avril 1802. — 47.

POUGET (Firmin), N. à Marvejols (Lozère), 29 août 1800, M. à Toulouse, 9 avril 1870. — 598, 859, 1044, 1129.

POULAIN (Gustave), N. à Avallon (Yonne), 3 juil. 1821, M. à Aix, 10 mai 1880. — 137.

POURCELET (Alexandre), N. à Paris, 8 sept. 1797, M. à Saint-Acheul, près Amiens, 20 avril 1872. — 587, 906.

POUSSINES (Pierre), N. à Laure (Aude) en 1609, M. à Toulouse, 2 févr. 1686. — 12.

POUTY (J. B.) N. à Le Cellier (Loire-Inférieure), 4 nov. 1791, M. à Poitiers, 14 mai 1858. — 727.

POZA (J. B.), N. à Bilbao en 1588, M. à Cuenca, 6 févr. 1659. — 45, 62, 148, 291, 418, 577², 733, 761, 771, 877, 956, 1084.

POZZE (Laurent del), N. à Florence en 1568, M. à Florence, 8 juin 1653. — 91.

PRANDTNER (Léopold), N. à Vienne, 13 juil. 1685, M. à Gratz, 27 mai 1758. — 602.

PRASZALOWICZ (Camille), N. à Sanock (Galicie), 14 juil. 1817, M. à Cracovie, 6 avril 1883. — 236.

PRAT (Jean Marie), N. à Montélimar (Drôme), 5 mai 1809, V. — 221, 256, 386.

PRAT DE SABA (Onuphre), N. à Vich (Espagne), 31 mars 1735, M. à Rome, 16 nov. 1810. — 119, 662, 871.

PRATI (Jean Marie), Italien, 18e S. — 1113.

PRAY (Georges), N. à Ersek-Ujvarini (Hongrie), 11 janv. 1723, M. à Pesth, 23 sept. 1801. — 11, 35.

PREISS (Joseph), N. à Fribourg en Brisgau en 1657, M. à Augsbourg en 1737. — 1078.

PREMBSEL (Sigismond), N. à Laybach, 8 févr. 1690, M. à Fünfkirchen, 23 juil. 1745. — 276, 955, 1054, 1152.

PREMOLI (Victorien), N. à Crémone en 1570, M. à Castiglione en sept. 1630. — 579.

PRETERE (Guillaume de), N. à Bruxelles en 1578, M. à Anvers, 10 nov. 1626. — 515 (?)

PREVI (François), N. en Sicile, M. à Messine en 1670. — 1068.

PREVOSTET (Antoine), N. dans le diocèse de Besançon en 1584, M. à Dôle, 5 janv. 1655. — 1017.

PREVOT (Charles), de la province Gallo-Belge, N. le 9 oct. 1691, M. en 1760. — 1082.

PRICE (Jean), Anglais, N. à Cheshire en 1576, M. 27 févr. 1645, en Angleterre. — 42.

PRILESZKY (J. B.), N. à Prileszky, comté de Trentschin (Hongrie), 16 mars 1709, M. à Trentschin en 1790. — 10, 630, 864.

PRINCIPE (Paul), N. à Naples en 1560, M. à Naples, 17 avril 1613. — 33, 742, 961.

PROLA (Joseph Marie), Italien, 17e-18e S. — 488.

PROSPERI (Louis), N. en Italie, 18 août 1824, V. — 824.

PROST (Gabriel François), de la province de Lyon, N. le 17 déc. 1693, M. après 1762. — 570.

PROVIN (Godefroi), N. à Dorbach (Autriche), en 1707, M. à Prague, 20 nov. 1777. — 1155.

PRUVOST (Alexandre), N. à Tourcoing (Nord), 21 janv. 1823, M. à Liège, 2 avril 1874. — 364, 911.

PRZERACKI (Antoine), N. en Pologne, 22 juin 1727, M. vers 1768. — 558.

PUBETZ (Adalbert), N. à Klattau (Bohême), 23 avril 1677, M. à Heiligenberg, 15 janv. 1748. — 67.

PUCCINELLI (Laurent), N. à Lucques, 20 août 1812, M. à l'île Maurice, 12 juil. 1872. — 120.

PUEYO (Albert), N. à Palma (Baléares), 2 nov. 1671, M. après 1729. — 144, 273, 392, 393.

PUITS (Jean du), Français, de la province de Lyon, M. à Paris, 1er févr. 1716. — 500.

PURGSTALL (Albert Christian), N. à Gratz, 12 avril 1671, M. à Vienne, 24 déc. 1744. — 1162.

PUSCH (Sigismond), N. à Gratz, 16 août 1669, M. à Gratz, 29 juil. 1735. — 130.

Puyal (Marian), N. à Barbaster (?) (Espagne), 14 oct. 1792, M. à Madrid, 6 oct. 1855. — 391, 1034.

Puzyna (Étienne), N. en Pologne, *Upirensis*, 21 déc. 1667, M. à Vilna, 5 mars 1738. — 54.

Pypers (Henri), N. à Anvers, 17 juil. 1807, M. à Nimègue, 24 nov. 1870. — 1114, 1148, 1157, 1160, 1182.

Q

Quadrio (François-Xavier), N. à Ponte (Valteline), 1er déc. 1695, sorti en 1748, M. à Milan, 21 nov. 1756. — 727.

Quadros (Diego de), N. à Madrid, 12 nov. 1617, M. à Madrid, 1er avril 1746. — 101.

Quartier (Philibert), Français, N. en 1543, M. à Blois, 25 sept. 1694. — 363.

Quattrofrati (François Marie), N. à Modène en 1646, M. à Parme en 1704. — 471.

Quen (Jean de), de la province de France, N. en 1600, M. à Québec, le 8 oct. 1659. — 819.

Querbeuf (Yves Mathurin Marie de), N. à Landerneau (Finistère), 3 janv. 1726, M. à Brunswick en 1797. — 385, 656, 666, 730, 754, 765, 906.

Quintanaduenas (Antoine de), N. à Alcantara en 1599, M. à Séville, août 1651. — 1036.

R

Raczynski (Ignace de), N. à Maloszyn (Palatinat de Posen), 6 août 1741, M. à Presmylz, 19 févr. 1823. — 951, 1098.

Radau (Michel), N. à Braunsberg en 1617, M. à Nieswiz, 17 avril 1687. — 62.

Rader (Matthieu), N. à Inichingen (Tyrol) en 1561, M. à Munich, 22 déc. 1634. — 996.

Raditschnigg (Jean), N. à Eberndorf (Carinthie), 21 juin 1681, M. à Vienne, 5 juin 1748. — 936.

Radziminski (Adrien), N. à Radzimin (Ma-

sovie) en 1555, M. à Sandomir, 12 avril 1615. — 1144.

Raffei (Étienne), N. à Orbitello (Toscane), 21 nov. 1712, M. à Rome en 1788. — 706.

Raffo (Jérôme), N. à Gênes, 29 nov. 1824, V. — 1072.

Ragueneau (Paul), N. à Paris, 18 mars 1608, M. à Paris, 3 sept. 1680. — 819².

Ragusa (Jérôme), N. à Modica (Sicile) en 1665, M. vers 1715. — 35, 695.

Raicsani (Georges), N. à Bars (Hongrie), 8 sept. 1670, M. à Vasarhely, 5 juin 1734. — 78, 1002².

Raicsani (Jean), N. à Neutra (Hongrie), 23 juin 1671, M. à Tyrnau, 12 mars 1733. — 438.

Rainaldi (François), N. à Matelica, dans la marche d'Ancône, en 1600, M. après 1676. — 131, 349, 530, 578, 597, 1000, 1068, 1139.

Rajas (Paul Albinien de), N. à Valence (Espagne) en 1586, M. à Valence, 24 déc. 1667. — 164, 1128.

Ramart (Grégoire), N. dans le diocèse de Besançon, en 1621, M. à Aix, 25 août 1670. — 135.

Ramière (Henri), N. à Castres (Tarn), 10 juil. 1821, M. à Toulouse, 3 janv. 1884. — 51, 220, 268, 317, 657, 812, 859², 1143, 1178.

Ramus (Marc), N. à Chêne (Genève, Suisse), 6 juil. 1818, V. — 548, 1178, 1181.

Ranzon (Pascal), N. à Tarazone, 19 sept. 1646, M. à Saragosse, 7 avril 1711. — 351.

Rapin (René), N. à Tours, 3 nov. 1621, M. à Paris, 27 oct. 1687. — 60, 93, 143³, 222, 224, 285, 324, 359, 412, 413, 427, 537, 651, 667, 681, 707, 806, 807², 811, 959, 1054.

Rasles (Sébastien), N. en Franche-Comté, 4 janv. 1657, M. au Canada, 23 août 1724. — 938.

Rasponi (François), Italien, 17e S. — 1017.

Rassler (Christophe), N. à Constance en 1654, M. après 1724. — 1057.

Rassler (Maximilien), N. à Waldsee, diocèse de Constance, 20 janv. 1645, M. à Ebersberg, 2 févr. 1718. — 189, 398, 425[2], 467, 925, 1018.

RATHOUIS (Charles), N. à Angers, 11 août 1834, V. — 572.

RATTI (Jean Marie), N. à Codogno, 28 févr. 1787, M. à Tivoli, 7 mai 1851. — 593, 639.

RAVAGO (François), N. à Santander (Espagne), M. en 1764. — 41, 129.

RAVIGNAN (Xavier de), N. à Bayonne, 1er déc. 1795, M. à Paris, 26 févr. 1858. — 921.

RAYÉ (Nicolas), N. à Bruxelles, 7 févr. 1660, M. à Bruxelles, 14 sept. 1715. — 270.

RAYNAUD (Théophile), N. à Sospello, comté de Nice, en 1583, M. à Lyon, 31 oct. 1663. — 68, 92, 104, 183, 288, 374, 377, 593, 623, 722, 928, 964, 970, 974.

REBELLO (Joachim), N. en Portugal, 18° S. — 846.

REBOUL (Pierre), N. en Auvergne, M. à Aurillac, 31 déc. 1633. — 387.

RECHBACH (Jean), N. à Tarvis (Carinthie), 27 déc. 1675, M. à Clagenfurt, 3 janvier 1757. — 1147, 1154.

RECHEISEN (Ferdinand), N. à Gmunden (Autriche), 22 nov. 1682, M. à Laybach, 22 mars 1753. — 924.

RECHTENBERG (Wolfgang), N. à Vienne (Autriche), 7 juill. 1715, M. à Vienne, 24 déc. 1751. — 936[2].

RECUPITO (Jules César), N. à Naples en 1581, M. à Naples, 8 août 1647. — 640.

REDELHAMER (Ignace), N. Erlau (Autriche), 6 nov. 1719, M. à Eberstorf, 22 janvier 1795. — 763.

REGELSPERGER (Christophe), N. à Stazendorf (Autriche), 23 sept. 1734, M. à Vienne, 21 déc. 1797. — 762, 1180.

REGGIONI (Maurice), N. en Sardaigne, 18e S. — 581.

REGIS (J. B.), N. à Istres (Bouches-du-Rhône), 29 janv. 1664, M. à Pékin, 24 nov. 1738. — 94.

RÉGNAULT (Noël), N. à Arras, 5 sept. 1683, M. à Paris, 14 mai 1762. — 500.

REGOLI (Jean), N. à Bertinoro (Italie), 28 sept. 1764, M. à Ferrare, 10 août 1844. — 107[2], 164, 576 (?), 599, 771[2], 850, 871, 889, 916, 936, 1021, 1031.

REGOLINI (Jean-Baptiste), de la province de Venise, 18° S. — 923.

REGOURD (Alexandre), N. à Castelnaudary (Aude) en 1585, M. à Cahors, 26 avril 1635. — 198.

REGUERA (Emmanuel Ignace), N. à Aquila, diocèse de Burgos, 6 août 1668, M. après 1740. — 628, 817.

REGUESCO (Valérien), N. à Concha (Espagne), 14 avril 1624, M. à Villafranca, 25 févr. 1685. — 138.

REIFFENBERG (Frédéric de), N. dans le pays de Trèves en 1719, M. en 1764. — 592.

REMY (François), N. à Frameries (Belgique), 29 déc. 1815, V. — 174.

RENAUDIE (Jean de la), N. à Brives (Corrèze) en 1588, M. à Bordeaux, 1er (ou 5) août 1646. — 759.

RENAULT (François), N. à Ploubalay (Côtes-du-Nord), 3 avril 1788, M. à Paris, 8 déc. 1860. — 588, 873.

RENAULT (Jacques), N. à Verdun en 1598, M. à Paris, 4 mai 1660. — 71, 154.

REPSZELI (Ladislas), N. à Stein-am-Anger (Hongrie), 24 avril 1703, M. à Ofen, 24 avril 1763. — 950.

RESTIVO (Paul), N. à Mazarini (Sicile), 30 août 1658, M. dans la mission des Guaranis, après 1724. — 304, 544.

REULOS (Alexandre), N. à Marcey (Manche), 24 mars 1792, M. à Nantes, 1er janv. 1865. — 627, 812.

REUSER (Michel), N. à Utrecht, 27 août 1841, V. — 590, 661.

REYRE (Joseph), N. à Eyguières (Bouches-du-Rhône), 25 avril 1735, M. à Avignon, 4 févr. 1812. — 28, 32, 82, 582, 963.

REYSER (Jean de), N. à Amsterdam en 1572, M. à Anvers en 1650. — 947.

REZER (Ferdinand), N. à Vienne, 12 févr. 1647, M à Raab, 13 mars 1684. — 1015.

REZZONICO (Aurèle Marie), N. à Côme, 16 sept. 1723, M. à Côme en 1777. — 975.

RHEITT (Jean), N. à Cologne en 1532, M. à Cologne, 26 oct. 1574. — 535.

RHO (Jean), N. à Milan en 1590, M. à Rome, 10 sept. 1662. — 555.

RHODES (Alexandre de), N. à Avignon, 15 mars 1591, M. à Ispahan, 16 nov. 1660. — 819.

RICCA (François), N. à Novare, 21 oct. 1755, M. à Vilna, 15 mars 1809. — 1150.

RICCATI (Vincent), N. à Castel-Franco, 11 janv. 1707, M. à Castel-Franco, 17 janv. 1775. — 118, 121, 479, 761, 1016.

RICCIOLI (Jean-Baptiste), N. à Ferrare, 17 avril 1598, M. à Bologne, 25 juin 1671. — 762, 1057, 1119.

RICHARD (Claude), N. à Ornans (Doubs) en 1589, M. à Madrid, 20 oct. 1664. — 673.

RICHARDOT (Didier), N. à Langres, 29 janv. 1769, M. à Metz, 5 mai 1849. — 396, 465.

RICHELMI (Jean François), N. à Turin, M. à Turin, 1er févr. 1751. — 487[2], 751, 871[3], 891.

RICHEOME (Louis), N. à Digne en 1544, M. à Bordeaux, 15 sept. 1625. — 123, 500, 503, 725, 839, 840, 988, 1026.

RICHTENBURG (Joachim von), N. à Brig (Silésie), 18 août 1736, M. à Gross-Taja (Moravie) après 1786. — 530.

RICHTER (Ferdinand), N. à Lintz, 15 mars 1711, M. à Clagenfurt en 1790. — 613.

RIDOLFI (Christophe), N. à Venise, 20 juil. 1732, M. à Venise, 1er janvier 1800. — 106, 654, 1177.

RIERA (Narcisse), Espagnol, 18e S. — 643.

RIEU (Samson du), N. dans le diocèse de Comminges en 1589, M. à Auch, 9 mai 1652. — 980.

RIGORD (Aloys), N. à Malte, 4 mai 1737, M. à Malte après 1807. — 100.

RIGORD (François-Xavier), N. à Marseille, M. à Paris, 10 avril 1739. — 158.

RIGORDI (François), N. au Luc (Gard) en 1609, M. à Marseille, 24 févr. 1679. — 830.

RINALD (Jacques), N. dans le diocèse de Reims en 1598, M. à Auxerre, 28 oct. 1665. — 390.

RINALDI (Camille Marie), N. à Florence, M. à Rome après 1694. — 738, 900, 1068, 1133, 1143.

RINCONE (François), N. dans le diocèse de Tolède en 1600, M. après 1676. — 352.

RITTER (Joseph), N. en Autriche, 20 oct. 1695, M. à Vienne, 8 mai 1761. — 665, 936.

RIVIÈRE (Edme), N. à Orléans, 1er janvier 1659, M. à Paris, 5 mai 1746. — 48, 494, 617, 939.

RIVIÈRE (Ernest), N. à Saint-Louis (île Bourbon), 4 avril 1854, V. — 66.

RIVIÈRE (Joseph), N. à Vinsobres (Drôme), 10 mai 1853, M. au Zambèze, 18 juillet 1883. — 164, 212.

RIVOIRE (Antoine), N. à Lyon, 19 mars 1709, M. à Lyon, vers 1789. — 635, 1040.

ROA (Martin de), N. à Cordoue en 1558, M. à Montilla, 5 avril 1637. — 9, 817.

ROBERTI (Antoine), N. à Oxford, 17e S. — 134.

ROBERTI (François), N. à Naples, 27 juin 1726, M. après 1788. — 1129.

ROBERTI (J. B.), N. à Bassano, 4 mars 1719, M. à Bassano, 19 juil. 1786. — 140, 328, 479, 488, 489, 531, 595, 690, 1028, 1113, 1143, 1155.

ROBILLART (Pierre), N. à Arras en 1554, M. à Rome, 24 févr. 1630. — 264, 947.

ROBIN (François), N. à Abbeville en 1591, M. à Amiens, 12 mars 1681. — 1042.

ROBINET (Pierre), N. à Stenay (Meuse), en 1656, M. à Strasbourg, 7 nov. 1738. — 636.

ROBUSTEL (André), N. à Chambi (Palatinat supérieur), 3 mars 1665, M. à Gratz, 2 mai 1712. — 919.

ROCHEMONTEIX (Camille de), N. à Pradines (Corrèze), 15 mai 1834, V. — 1179, 1182.

ROCHEMURE (Henri de), N. à Largentière (Ardèche), 7 oct. 1824, V. — 686[2].

ROCHETTE (Henri), N. à Nohanent (Puy-de-Dôme), 29 déc. 1834, V. — 735.

ROCHON (Antoine), N. à Bordeaux vers 1640, sorti en 1685, puis Bénédictin. — 500.

RODER (Georges), N. à Walpershof (Bavière), 2 juin 1812, V. — 96.

RODRIGUEZ (François), N. à Montemaior (Espagne), en 1593, M. à Braga, 26 mai 1654. — 1129.

RODRIGUEZ (Jean), N. à Alcouche (Portugal), en 1539, M. au Japon en 1633. — 209.

RODRIGUEZ DE MELLO (Joseph), N. à Porto, 18e S., M. à Bahia après 1817. — 1074.

ROGACCI (Benoît), N. à Raguse en 1646, M. à Rome, 8 févr. 1719. — 742.

ROGALINSKI (Joseph), N. dans la Grande Pologne, 20 nov. 1728, M. le 6 nov. 1802. — 952.

ROGER (Alexandre), N. à Rouen, 10 janv. 1675, M. à Paris, 17 févr. 1757. — 634, 1176.

ROGER (Claude Félix), N. à Ornans (Doubs), 30 août 1725, sorti (?) en 1759, M. à Pontarlier, 11 nov. 1810. — 206.

ROGER (Nicolas), N. à Fismes (Marne), en 1603, M. à Sens, 26 janv. 1679. — 416, 839.

ROGERIUS (Louis), N. à Arezzo en 1549, M. à Pultusk, 25 déc. 1602. — 190.

ROLAND (Ferdinand), N. à Celles (Belgique), 21 avril 1821, M. à Ragatz (Suisse), 29 août 1862. — 569.

RÖLLI (François-Xavier), N. à Ebersecken (Suisse), 26 août 1825, V. — 368.

ROMANO (Joseph), Italien, 18e S. — 760.

ROMEO (Michel), N. à Marsala (Sicile), 28 avril 1675, M. à Trapani, 6 janv. 1729. — 522, 917.

RONAN (William), N. dans le comté de Down (Irlande), 13 juil. 1825, V. — 862.

RONDINA (François-Xavier), N. à Fano, 28 févr. 1827, V. — 1015.

RONDOT (Louis), N. à Lyon, 19 mars 1796, sorti en 1830. — 1052.

RONSIN (Pierre), N. à Soissons, 18 janv. 1771, M. à Toulouse, 23 août 1831. — 426.

ROOTHAAN (Jean), N. à Amsterdam, 23 nov. 1785, M. à Rome, 8 mai 1853. — 302, 795.

ROQUELAURE (Louis), N. à Nîmes, 18 oct. 1848, V. — 1186.

ROSCISZEWSKI (Adalbert), N. à Borkowo (Palatinat de Plock), en 1556, M. à Sandomir, 7 janv. 1619. — 11, 12², 93, 227, 591.

ROSEL (Jacques du), Français, M. à Paris, 13 juin 1697. — 154, 902.

ROSENBUSCH (Christophe), N. à Landshut, 22 juil. 1538, M. à Augsbourg, 15 mai 1623. — 79, 898, 1102.

ROSIGNOLI (Pierre François), N. à Novare,

9 sept. 1690, M. à Macerata, 5 févr. 1775. — 825.

ROSINI (François), Italien, 17e S. — 1126.

ROSIS (Diego de), N. à Aquila en 1590, M. à Naples, 23 nov. 1655. — 251.

ROSSI (J. B.), N. à Mondovi en 1577, M. à Rome, 6 juin 1656. — 348, 484.

ROSSI (Jean-Baptiste), N. en 1811, M. à Naples, 5 janv. 1882. — 890.

ROSSI (Joseph), N. à Modène, 15 juin 1820, M. à Padoue, 6 juil. 1883. — 905, 930, 931.

ROSSI (Joseph Ange), N. à Crémone en 1688, M. à Crémone, 2 févr. 1756. — 60.

ROSSI (Pierre Paul), N. à Rome en 1559, M. à Rome, 4 nov. 1600. — 823, 1182.

ROSSI (Quirico), N. à Lonigo, 21 oct. 1696, M. à Parme, 14 mars 1760. — 1113.

ROSSI (Sigismond), N. à Naro (Sicile), 21 nov. 1628, M. à Palerme, 20 nov. 1705. — 871.

ROST (Thomas), N. à Tyrnau, 31 oct. 1695, M. à Presbourg, 12 déc. 1765. — 264.

ROSWEYDE (Héribert), N. à Utrecht en 1569, M. à Anvers, 5 oct. 1629. — 326, 554, 1057.

ROTA (André), N. à Reggio, 8 mars 1787, M. à Vérone, 15 août 1741. — 487.

ROTARIUS (Jean), N. en Bohême, 16e-17e S. — 528.

ROTH (Hugues), N. à Augsbourg en 1570, M. le 17 févr. 1636. — 119.

ROUBAUD (Joseph Marie), N. à Avignon, 15 janv. 1735, M. à Avignon après 1787. — 702, 1043, 1044, 1045.

ROUBAUD (Pierre Antoine), N. à Avignon (?), 28 mai 1724, M. à Paris (?) après 1781. — 493, 802.

ROUILLÉ (Pierre Julien), N. à Tours, 11 janv. 1681 (ou avril 1682), M. à Paris, 7 mai 1740. — 292.

ROUSSEAU (Joseph), N. à Étampes, 9 avril 1845, V. — 879.

ROUSSELET (Jean), N. à Reims en 1591, M. à Auxerre, 30 oct. 1636. — 329.

ROUTH (Bernard), N. à Spire, 12 févr. 1696, M. à Mons, 18 janv. 1768. — 507, 508, 797, 823, 938, 1170.

ROUVIER (Frédéric), N. à Marseille, 21 mars 1851, V. — 199, 200, 328³, 446, 478, 603, 625², 756, 848, 910, 1005.

ROUVILLE (Alexandre Joseph de), N. à Lyon, 24 juin 1716, M. après 1779. — 284, 410, 477, 618.

ROUVILLIERS (?), Français, de la province de Toulouse, 17e-18e S. — 1150.

ROUX (Guillaume le), N. en Bretagne, dans le diocèse de Léon, M. en Bretagne le 17 juil. 1725. — 692.

ROVERO (Emm.), Italien, 18e S. — 1113.

ROXAS (Alphonse), N. au Mexique (?), 17e S. — 1112.

ROY (le) (?), N. à Angers. — 883.

ROY (Alard le), N. à Lille en 1588, M. à Liège, 14 déc. 1653. — 150.

ROYO (?), Espagnol, 18e S. — 798.

ROYS (François-Xavier), N. à Neusoll (Autriche), 23 sept. 1713, M. à Vienne, 1er mars 1768. — 1115, 1154.

ROZAVEN (Jean Louis de Leissegues de), N. à Quimper, 9 mars 1772, M. à Rome, 2 avril 1851. — 252, 776, 1026.

RUANO (François), N. à Cordoue, 6 févr. 1704, M. à Cordoue en 1767. — 1128.

RUBBI (André), N. à Venise, 2 nov. 1738, M. à Venise, 3 mars 1817. — 96, 342, 503, 693², 728, 884, 1004, 1112, 1148.

RUBÉ (Antoine), N. à Rouen, 14 août 1596, M. à Compiègne, 10 févr. 1669. — 208.

RUCKHABER (Jean), N. à Rottenbourg (?), 18e S. — 1158.

RUDZKI (André), N. dans la Grande Pologne, 29 nov. 1714, M. à Kroze, 7 mai 1766.— 717.

RUE (Charles de la), N. à Paris, 3 août 1643, M. à Paris, 27 mai 1725. — 259, 268, 408, 414, 529, 654, 803, 907, 946.

RUTKA (Théophile), N. dans le Palatinat de Kiev, M. à Lemberg, 18 mai 1700. — 33, 75, 96, 350, 457, 816.

S

SACCHERI (Jérôme), N. à San-Remo, 5 sept. 1667, M. à Milan, 25 oct. 1733. — 71, 155, 165, 190, 280, 421, 1144.

SACCHINI (François), N. à Pacciano, près de Pérouse, en 1570, M. à Rome, 16 déc. 1625. — 269², 487, 1077.

SACCONE (Antoine), N. à Patti (Sicile), 10 août 1671, M. à Palerme, 22 juin 1747. — 235, 517.

SACRÉ (Servais), N. à Liège en 1603, M. après 1676. — 262.

SAGARRA (Emmanuel), N. à Lerida, 2 mars 1655, M. à Barcelone, 20 juin 1701. — 175.

SAILLY (Thomas), N. à Bruxelles en 1553, M. à Bruxelles, 8 mars 1623. — 94, 175, 1115.

SAINT-ALBAN (Charles Emmanuel de), Français, de la province de Lyon, N. vers 1650, M. à Marseille, 1er avril 1718. — 103.

SAINT-JURE (Jean-Baptiste), N. à Metz en 1588, M. à Paris, 30 avril 1657. — 1038.

SAINT-JUST (J. B. de), Français, de la province de Lyon, M. à Aix, 16 sept. 1710. — 197.

SAINT-MARTIN (Raymond de), N. à Bassane (Gironde) en 1600, M. à Montauban, 25 juin 1679. — 233.

SAINTE-VALIÈRE (Paul de), N. à Limoux (Aude), 18 mai 1841, V. — 343.

SAIVE (B. de), N. à Visé (Belgique), 18e-19e S. — 343, 344, 944.

SALAZAR (Jean Climaque), N. à Caravaca (Espagne), 30 mars 1744, M. à Hellin vers 1815. — 1028.

SALE (Edmond), N. dans le comté de Lancastre (Angleterre) en 1604, M. à Londres, 18 juil. 1648. — 683.

SALERNO (Pierre), N. à Palerme en 1583, M. à Palerme, 12 mai 1666. — 865.

SALHAUSER (Côme), N. à Naabburg (Haut Palatinat), en 1571, M. à Munich, 15 juin 1639. — 1111.

SALIGNY (Louis de), N. dans le diocèse de Bourges, 3 janv. 1657, M. à La Flèche, 16 juil. 1723. — 604, 605.

SALIS SEEWIS (François), N. à Modène, 25 mai 1835, V. — 852.

SALISBURY (Jean), Anglais, N. dans le Monmouthshire en 1575, M. en 1625. — 252.

SALLIER (Jean), Français, de la province de Lyon, 17e-18e S. — 700.

SALTON *ou* SALLETON (?) (Jean Joseph), Français, de la province d'Aquitaine, N. vers 1665. — 147.

SALVATORI (Philippe Marie), N. à Rome, 16 nov. 1740, M. à Rome, 7 nov. 1824.— 145, 146, 347, 348, 436, 688, 849, 1061, 1067.

SAMBIN (Jules), N. à la Tour-du-Pin (Isère), 1er déc. 1819, V. — 760.

SAMPERI (Placide), N. à Messine vers 1593, M. à Messine, 28 août 1654. — 316.

SAMUEL (André), N. à Avignon, 14 juillet 1831, V. — 921.

SANADON (Noël Étienne), N. à Rouen, 16 févr. 1676, M. à Paris, 22 oct. 1733. — 413, 653, 714, 975.

SANCTIUS (Léon), N. à Sienne en 1584, M. à Rome, 3 févr. 1651. — 262, 348, 350, 1137.

SANDRAL (Louis), N. à Pouthomys (Aveyron), 21 janv. 1834, V. — 1170.

SANFELICE (Joseph), Napolitain, 18e S. — 441, 849.

SANGEORGIUS (Hippolyte), N. à San-Georgio (Piémont) en 1620, M. après 1676. — 411.

SAN GERMAM (Mathias), N. à Aldea de Matto, près de Montaras, diocèse d'Evora, vers 1665, M. à Evora, 24 févr. 1699. — 762.

SANGIOVANNI (Scipion), Italien, 17e-18e S. — 281.

SANGUINETTI (Sébastien), N. à Gênes, 12 oct. 1829, V. — 349.

SANNA (Demetrius), N. en Sardaigne, M. après 1804 à Fano. — 699.

SANNA SOLARO (Jean Marie), N. à Sorso (Sardaigne), 28 juin 1824, V. — 364.

SANS (Joseph), N. en Catalogne, 18e S. — 777.

SANSA (François), N. à Altron (Espagne), 24 mars 1825, V. — 318.

SANTE (Gilles Anne Xavier de la), N. à Vannes, 22 déc. 1684, M. à Paris, 16 janv. 1762. — 108.

SANTI (Charles Antoine), N. à Modène, 17e S. — 1118.

SANTINI (Noël), de la province de Turin, N. le 25 déc. 1819, M. à Madrid, 29 mai 1862. — 1069.

SANTOCANALE (Alexis), N. à Palerme,

21 mars 1679, M. à Palerme, 27 mai 1746. — 94, 175, 483, 1136.

SANVITALE (Frédéric), N. à Parme, 19 mai 1704, M. à Brescia, 8 déc. 1761. — 273.

SANVITALE (Jacques), N. à Parme, 20 févr. 1668, M. à Bologne, 5 août 1753. — 21, 34, 53, 91, 148, 214, 235, 240, 350, 363, 411, 491, 493, 556, 567 2, 568, 580, 581, 585, 606 2, 658, 639 2, 671, 675, 689, 690, 699, 787, 788, 883, 917, 926, 985, 1064, 1069, 1070, 1073, 1079 3, 1080, 1131.

SANVITORES (Diego Louis de), N. à Burgos, 12 nov. 1627, M. à Guam, dans une île de l'Océan Pacifique, 2 avril 1672. — 1083, 1117.

SARACINELLI (Antoine), N. à Orvieto, 14 oct. 1725, M. à Tivoli en 1782. — 255.

SARASA (Alphonse Antoine de), N. à Nieuport en 1618, M. à Anvers, 5 juil. 1667. — 1119.

SARBIEWSKI (Mathias), N. en Masovie en 1593, M. à Varsovie, 2 avril 1640. — 649.

SARRABAT (Nicolas), N. à Lyon, 7 févr. 1698, M. à Paris, 17 avril 1739. — 230.

SAULGER (Robert), N. à Paris, 3 juil. 1637, M. dans l'île de Naxos, 14 sept. 1709. — 387, 634.

SAUSSIÉ (Auguste), N. à Brognon (Côte-d'Or), 1er avril 1826, V. — 20, 255.

SAUTIER (Henri), N. à Fribourg en Brisgau, 10 avril 1746, M. à Fribourg, 31 mars 1810. — 773, 1003, 1006, 1091, 1117, 1152, 1156, 1160, 1167.

SAUTTER (Marc), N. à Nytenau (Haut-Palatinat), 18 déc. 1680, M. à Leoben, 16 mars 1749. — 693, 1137, 1151.

SAUVAGE (Henri Michel), N. à Verdun, 19 mai 1704, M. à Nancy, 28 oct. 1791. — 506, 508, 676, 795, 836.

SAUVAGE (Théodore Ignace), N. à Verdun en févr. 1699, M. à Verdun en 1782. — 965.

SAVI (Pierre Marie), Italien, N. le 4 sept. 1721, M. à Turin après 1773. — 1113.

SAWICKI (Gaspar), N. à Vilna en 1552, M. à Francfort-sur-l'Oder, 19 janvier 1620. — 206, 208, 860.

SCAFILIS (Philippe), N. à Trapani en 1623, M. à Palerme, 15 mai 1680. — 826.

SCAMMACCA (Hortense), N. en Sicile en 1562, M. à Palerme, 16 févr. 1648. — 976.

SCARDUCCI (Sauveur), Italien, 17e S. — 1126.

SCARISBRICK (Édouard), Anglais, N. dans le Lancashire en 1639, M. le 17 févr. 1709. — 522, 862.

SCARLATI (Pierre), N. à Calatanisetta (Sicile), 27 septembre 1690, M. à Palerme, 6 janv. 1757. — 644, 1110.

SCARPONIO (Nicolas), N. à Posta, près de Monte Leone, 21 avril 1709, M. à Rome, 10 janvier 1784. — 928.

SCHACHNER (Ignace), N. à Waidhofen, 17 août 1700, M. à Lintz. — 531, 1148.

SCHAUMBURG (Ludolphe), N. à Rechlinghaus en 1674, M. après 1731. — 110.

SCHEDLER (Antoine), N. en Autriche, 24 juin 1742, M. en Polock, 6 sept. 1794. — 138.

SCHEFFMACHER (Jean Jacques), N. à Kientzheim (Haut-Rhin), 27 avril 1668, M. à Strasbourg, 18 août 1733. — 113, 188, 508², 509, 520², 932.

SCHEGA (Jean), N. à Laybach (Autriche), en 1594, M. à Vienne, 14 juin 1664. — 450, 1029.

SCHEINER (Christophe), N. à Wald (Souabe) en 1575, M. à Neiss (Silésie), 18 juil. 1650. — 536.

SCHELLENBERG (Jean-Baptiste), N. à Augsbourg en 1586, M. à Ebersperg, 23 janv. 1645. — 898.

SHERER (François-Xavier), N. à Ingolstadt, 4 déc. 1737, M. à Münich, 18 mai 1800. — 338, 700, 865, 990, 1134.

SCHERFFER (Charles), N. à Gmunden (Autriche), 3 nov. 1716, M. à Vienne, 25 juil. 1783. — 11, 94, 102, 133, 856.

SCHETTINI (Benoît), N. à Guimaraes (Portugal), 7 août 1845, V. — 444.

SCHEYFVE (Claude Christophe), N. à Louvain, 5 mai 1594, M. après 1640. — 117.

SCHEZ (Pierre), N. à Vienne (Autriche), 11 janv. 1691, M. à Gratz, 25 avril 1756. — 343, 392, 585.

SCHEZER (Urbain), N. à Mein (Tyrol), 22 mai 1636, M. à Krems, 12 févr. 1702. — 1122.

SCHIEHEL (Guillaume), N. à Lorch (Autriche) en 1601, M. à Vienne, 20 avril 1668. — 1169.

SCHIFFERMILLER (Ignace), N. à Hellmondseed (Autriche), 4 nov. 1727, M. à Lintz en 1806. — 950.

SCHILDE (Théophile), N. à Drebel (Saxe), 14 mars 1739, M. à Vienne après 1773. — 413.

SCHIJNDEL (Henri van), N. à Gemert (Hollande), 9 juil. 1835, V. — 353, 354, 458, 518, 1094.

SCHLEINIGER (Nicolas), N. à Klingnau, canton d'Argovie (Suisse), 14 oct. 1817, V. — 79.

SCHMID (François Antoine), N. à Augsbourg, 22 janv. 1806, M. à Linz, 10 mai 1873. — 476, 542, 599.

SCHMID (Théodore), N. à Dillingen, 9 nov. 1837, V. — 662.

SCHMIDL (Jean), N. à Olmutz, 22 déc. 1693, M. à Prague, 13 mars 1762. — 989.

SCHMITMAN (Pierre), N. à Minden (Westphalie) en 1666, M. à Cologne, 6 mars 1730. — 300, 829.

SCHMITTH (Nicolas), N. à Nagy-Martony (Hongrie), 6 déc. 1707, M. à Tyrnau, 24 août 1767. — 682, 994.

SCHMITZ (François), N. à Cologne, 3 déc. 1660, M. le 7 févr. 1731. — 1162.

SCHNABEL (Ambroise), N. à Gaubickelheim, 16 déc. 1740, M. après 1790. — 371, 458.

SCHNEEMANN (Gérard), N. à Wesel, 12 févr. 1829, V. — 10, 275, 330, 444, 472, 623, 751.

SCHNEIDER (Jos.), N. à Friesheim (province Rhénane), 5 sept. 1824, M. à Rome, 7 janv. 1884. — 2, 186, 469, 1016.

SCHŒNBERG (Mathias von), N. à Ehingen (Souabe), 9 nov. 1732, M. à Münich, 20 avril 1792. — 35, 244, 267, 458, 625.

SCHŒNENBUSCH (Herman), N. à Dusseldorf en 1727, M. à Bilk, 24 nov. 1810. — 1010.

SCHŒNMANN (Marc), N. à Heiligenstadt, 10 janv. 1613, M. à Erfurth en 1683. — 355, 362.

SCHŒNSLEDER (Wolfgang), N. à Münster en 1579, M. à Halle, 17 déc. 1651. — 55, 868.

SCHOOFS (Philippe Jacques), N. à Saint-Josse-ten-Noode (Belgique), 14 avril 1803, M. à Louvain, 28 oct. 1878. — 80.

SCHOTT (André), N. à Anvers, 12 sept. 1552,
M. à Anvers, 23 janv. 1629. — 112, 169,
378, 894, 1124.

SCHOTT (Gaspar), N. à Koenigshofen (Bavière)
en 1608, M. à Würtzbourg, 12 mai 1666.
— 447.

SCHREIER (Joseph), N. à Abensberg (Bavière)
en 1681, M. à Straubingen, 5 avril 1754.
— 1154, 1180.

SCHRENCK (Barthélemy), N. à Munich, vers
1560. — 393.

SCHRETTER (Charles), N. à Kremnitz (Hongrie), 14 févr. 1644, M. à Raab, 20 juil.
1718. — 153.

SCHRICK (Matthieu), N. à Aix-la-Chapelle,
M. à Aix-la-Chapelle, 2 mars (ou 18 mai)
1646. — 526, 561, 736.

SCHROETELIUS (Georges), N. à Donauwerth
(Souabe) en 1561, M. à Bonn, 5 mars
1642. — 134.

SCHUECKING (Jean), N. en Westphalie, *Da-
rubdiensis*, en 1596, M. à Dusseldorf,
18 nov. 1660. — 426.

SCHUETZ (Henri), N. à Neckar-Ulm (Franconie), 22 juin 1714, M. à Ingolstadt,
13 sept. 1768. — 330.

SCHWARZ (Joseph), N. à Amberg, 19 déc.
1715, M. à Munich, 25 avril 1802. —
1024.

SCHYNCKELE (Henri), N. à Pollinckhove
(Flandre occidentale), en 1708, M. à Ypres
en 1785. — 76.

SCIMONE (André Marie), N. à Messine, M.
après 1724. — 854.

SCORRAILLE (Raoul de), N. à Périgueux,
24 janv. 1842, V. — 224.

SCORSO (François), N. à Palerme en 1593,
M. à Palerme, 19 oct. 1656. — 728,
1074.

SCORSO (Jean), N. à Palerme en 1599, M. à
Palerme, 20 avril 1674. — 1015.

SCORTIA (François), N. à Gênes en 1584,
M. à Bologne, 20 sept. 1629. — 790²,
854².

SCOTTI (Jean), N. à Mantoue, 13 déc. 1678,
M. à Rome, 23 déc. 1755. — 214.

SCOTTI (Jules Clément), N. à Plaisance en
1602, sorti en 1645, M. en 1669. —
528, 600.

SCOUVILLE (Philippe de), N. à Luxembourg,

17 nov. 1622, M. à Luxembourg, 17 nov.
1701. — 802.

SCRIBANI (Charles), N. à Bruxelles en 1561,
M. à Anvers, 24 juin 1629. — 57, 132,
134, 239, 397, 1021.

SECCHI (Ange), N. à Reggio, 29 juin 1818,
M. à Rome, 26 févr. 1878. — 791, 793.

SECCHI (Jean Pierre), N. à Reggio (?),
15 juil. 1798, M. à Rome, 10 mai 1857.
— 253, 871, 933.

SEEDORF (François Fégely de), N. à Fribourg
(Suisse), 31 déc. 1694, M. à Schwetzin-
gen, 10 juil. 1758. — 509, 513, 658,
748.

SEGAUD (Guillaume de), N. à Paris, 1er févr.
1675, M. à Paris, 19 déc. 1748. —
906.

SEGNERI (Paul), N. à Nettuno, 22 mars 1624,
M. à Rome, 9 déc. 1694. — 311, 490,
558, 908.

SEGNERI (Paul), le jeune, N. à Rome,
18 oct. 1673, M. à Sinigaglia, 25 juin
1713. — 430.

SEGUIN (Eugène), N. à Lyon, 14 oct. 1820,
V. — 1058.

SEGUIN (Jérôme), N. à Paris en 1607, M. à
Paris, 29 oct. 1655. — 54, 118, 833,
918.

SEGUIRAN (Gaspar de), N. à Aix en 1568,
M. à Paris, 21 nov. 1644. — 905.

SEIGNETTE (Hermann), N. le 5 août 1844,
M. à Mariendaal, 3 nov. 1873. — 250.

SEISL (Martin), N. le 21 oct. 1814, M. à
Saint-Louis (États-Unis), 5 oct. 1878. —
459, 474, 677.

SEISER (Georges), N. à Fribourg en Brisgau
en 1601, M. à Münich, 10 déc. 1665. —
103.

SELLENITSCH (Joseph), N. à Laybach, 16 févr.
1658, M. à Lintz, 11 sept. 1712. —
1120.

SELLIER (Louis), N. à Hangest-sur-Somme
(Somme), 20 juil. 1772, M. à Saint-
Acheul, près Amiens, 14 mars 1854. —
547, 633, 636.

SEMERY (André), N. à Reims, 8 févr. 1630,
M. à Rome, 26 janv. 1717. — 88, 1134,
1176.

SENEMAUD (Pierre), N. à Limoges, 10 févr.
1699, M. après 1756. — 704.

SENGLER (Antoine), N. à Schlestadt (Bas-
Rhin), 21 avril 1835, V. — 249², 527.

SEQUEYRA (Louis de), Portugais, 18e S. — 1145.

SEQUI (Joseph), N. à Sassari, 17e S. — 1110.

SERAFINI (François), Italien, 17e S. — 668.

SEREL (Jean-Baptiste), N. à Avranches (Manche), 30 janv. 1725, M. après 1762. 846.

SERRANO (Thomas), N. à Castalla (Espagne), 7 nov. 1715, M. à Bologne, 1er févr. 1784. — 584, 1031.

SESTI (Curtius), Italien, 17e S. — 274.

SEYBOLD (Jacques), N. à Vienne, 9 oct. 1719, M. après 1773. — 314.

SEYFRIED (Jean), N. à Mayence, 15 sept. 1678, M. à Wurtzbourg en 1742. — 546.

SGAMBATA (Scipion), N. à Naples en 1595, M. à Naples, 5 févr. 1652. — 790, 1149², 1150².

SHARPE (Jean), Anglais, N. dans le Yorkshire en 1576, M. le 11 nov. 1630. — 293.

SHEA (Henri), N. à Gibraltar, 21 oct. 1827, V. — 419.

SHERLOCK (Paul), N. à Waterford, 14 août 1595, M. à Compostelle, 9 août 1646. — 698.

SICA (Aloys), N. à Naples, 6 sept. 1814, V. — 111, 593.

SIDECIUS (Simon), N. en Bohême, 16e-17e S. — 83.

SIESS (Placide), N. à Lambach (Autriche), 8 mai 1642, M. à Vienne, 21 sept. 1710. — 155.

SILVESTRO (Côme de), N. à Caltagirone, 20 déc. 1704, M. à Messine, en juin 1743. — 1063.

SIMEONS (Joseph), N. à Portsmouth en 1596, M. à Londres, 24 juil. 1671. — 39.

SIMOES (Jean), Portugais, 18e S. — 1145.

SIMON (Jacques), N. à Tournay en 1577, M. à Tournai, 8 oct. 1649. — 1043.

SINIO (Jules), N. à Forli en 1582, M. à Ancône, 4 oct. 1626. — 235.

SIRMOND (Antoine), N. à Riom (Puy-de-Dôme) en 1591, M. à Paris, 12 janv. 1643. — 747.

SIRMOND (Jacques), N. à Riom (Puy-de-Dôme), 22 oct. 1559, M. à Paris, 7 oct. 1651. — 42, 440, 1030.

SKARGA (Pierre), N. à Grodziec en 1536, M. à Cracovie, 27 sept. 1612. — 86, 245, 246, 756, 1011.

SKORSKI (Jean), N. dans la Petite Pologne en 1691, M. à Lublin, 26 févr. 1752. — 1116.

SKORULSKI (Joseph), N. en Pologne, 24 mars 1718, M. après 1773. — 1097.

SKORULSKI (Raphaël), N. en Pologne, 13e S. — 997.

SMACKER (Théodore), N. à Liège en 1659, M. à Neubourg, 30 janvier 1730. — 1131, 1178.

SMARZEWSKI (Alexandre), Polonais, N. en 1671, M. à Jaroslaw, 17 mai 1722. — 642.

SMET (Corneille), N. à Moorsel (Belgique), 10 juil. 1740, M. à Bruxelles, 11 févr. 1812. — 306, 1001.

SMIDT (François de), N. à Anvers en 1576, M. à Lierre, 7 juil. 1659. — 250, 352, 521, 656 (?), 1020.

SMIGLECKI (Martin), N. à Lemberg en 1562, M. à Calisz, 26 juil. 1618. — 763.

SOAREZ (Cyprien), N. à Ocaña (Espagne) en 1521, M. à Placencia, 19 août 1593. — 168.

SOCHER (Antoine), N. à Saint-Pœlten (Autriche), 5 sept. 1695, M. à Vienne, 18 mars 1771. — 659.

SOKULSKI (Stanislas), N. dans le palatinat de Minsk, 14 févr. 1678, M. à Polock, 17 avril 1740. — 453, 928.

SOLIER (François), N. à Brives (Corrèze) en 1560, M. à Bordeaux, 16 oct. 1628. — 6, 223, 294, 315, 381, 511, 547 (?), 555, 707, 977², 979, 989, 1039, 1045, 1153.

SOLIMANI (Jules), N. à Fermo en 1595, M. à Rome, 14 mai 1639. — 163, 409.

SOLITO (François), N. à Termini (Sicile), 30 nov. 1613, M. à Palerme, 19 déc. 1679. — 961.

SOLLANOS (Bernardin), 424, 1166. — Voir LLANOS (Bernardin de).

SOMMERVOGEL (Carlos), N. à Strasbourg, 8 janvier 1834, V. — 82, 107, 219, 277, 1006.

SONNENBERG (?), Allemand, 17e S. — 659.

SOPRANI (Jean Jérôme), N. à Gênes en 1572, M. à Viterbe, 11 nov. 1629. — 90, 146, 1056.

SORDI (Séraphin), N. à Plaisance, 11 févr. 1793, M. à Vérone, 17 mai 1865. — 240.

SOTOMAYOR (Joseph Marie), Italien, 18e S. — 537, 881, 916, 1011.

SOUASTRE (Joseph de Bonnières de), N. en Artois en 1658, M. à Lille en 1726. — 507.

SOUCIET (Étienne), N. à Bourges, 12 oct. 1671, M. à Paris, 14 janv. 1744. — 176, 213, 541, 800, 1171.

SOUQUAT (Pierre), N. à Neuwiller (Bas-Rhin), 22 avril 1802, M. à Reims, 7 févr. 1880. — 811.

SOUSA (Mathias de), N. à Amarante (Portugal) en 1596, M. à Lisbonne, 1er juin 1647. — 144.

SOUTHWELL (Robert), N. à Horsham St. Faith's en 1560, M. à Tyburn, 21 févr. 1595. — 268, 537, 556, 709, 865, 873, 909, 945, 995.

SOZZIFANTI (Joseph François), Italien, 17e S. — 91.

SPATAFORA (Placide), N. à Palerme en 1628, M. à Palerme en 1691. — 746.

SPEE (Frédéric von), N. à Langenfeld, près de Kayserswerth, en 1595, M. à Trèves, 7 août 1635. — 15, 119.

SPEELMAN (Edmond), N. à Gand, 10 sept. 1819, sorti en 1859. — 76, 77.

SPEETEN (Prosper van den), N. à Alost (Belgique), 3 mars 1835, V. — 565, 656.

SPENCER (Jean), N. dans le Lincolnshire en 1601, M. dans le comté de Worcester, 17 janvier 1671. — 990.

SPERONI (Charles), N. à Gênes, 17e S. — 795.

SPILLEBOUT (Charles), N. à Roulers (Belgique), 26 avril 1800, M. à Louvain, 18 mai 1860. — 366, 550, 711, 884, 988.

SPILLHOFFER (Maximilien), N. à Laibach, 12 oct. 1683, M. à Neustadt, 2 févr. 1755. — 592, 602.

SPINELLI (Jacques), N. à Naples en 1555, M. à Rome, 14 déc. 1615. — 249.

SPINELLI (Pierre Antoine), N. à Naples en 1555, M. à Rome, 14 déc. 1615. — 544.

SPINOLA (Aloys), N. à Gênes en 1597, M. à Rome, 16 oct. 1673. — 438.

SPINOLA (Fabius Ambroise), N. à Gênes en 1593, M. à Gênes, 18 août 1671. — 562.

SPLENYI DE MIHALDI (Joseph), N. en Hongrie, 23 août 1709, M. après 1773. — 421.

SPUCCES (Joseph), N. à Palerme en 1599, M. à Madrid, 4 janv. 1668. — 578, 584, 671, 685, 823.

STABER (François-Xavier), N. à Clagenfurt, 30 oct. 1704, M. le 3 mars 1753. — 1146.

STANISLAWSKI (Joseph), Polonais, M. à Vilna, 15 janv. 1772. — 595, 1174.

STANYHURST (Guillaume), N. à Bruxelles en 1602, M. à Bruxelles, 10 janv. 1663. — 19, 191.

STARCK (Joseph), N. à See (Tyrol), 17 déc. 1750, M. à Gerstofen, 21 déc. 1816. — 1003.

STECCANELLA (Valentin), N. à Vérone, 14 févr. 1819, V. — 1005.

STEFANOWSKI (Jérôme), N. dans le palatinat de Cracovie en 1565, M. à Vilna en août 1606. — 120, 655, 960.

STEFANUCCI (Horace), N. à Anagni, 10 oct. 1706, M. à Rome, 3 févr. 1775. — 1064.

STEINKELLNER (Aloys), N. à Saint-Vite (Carinthie), 21 août 1707, M. à Clagenfurt, 20 oct. 1770. — 314.

STEIZINGER (Antoine), N. à Stainz (Styrie), 17 mars 1696, M. à Passau, 12 janv. 1759. — 1155.

STENGEL (Georges), N. à Augsbourg en 1584, M. à Ingolstadt, 10 avril 1651. — 17, 44, 392, 935, 1014.

STEPHENS (Thomas), Anglais. N. dans le comté de Salisbury en 1549, M. à Goa en 1619. — 222, 241, 357, 414.

STIGLIOLA (Nicolas), Italien, 17e-18e S. — 263, 1058.

STILLER (François), N. à Prague, 3 févr. 1641, M. le 25 sept. 1721. — 8.

STIWAR (François), N. à Austerlitz en 1672, M. à Brünn en 1742. — 698.

STOECKLEIN (Joseph), N. à Oettingen (Bavière), 30 juill. 1676, M. à Gratz, 28 déc. 1733. — 847.

STŒGER (Jean Népomucène), N. à Clagenfurt, 5 nov. 1792, M. à Vienne, 16 avril

1880. — 22, 35, 82, 362, 443, 445, 464, 689, 888.

STOERGLER (Pierre), N. à Bischofflack (Carniole) en 1595, M. le 8 août 1642. — 60.

STOJALOWSKI (Stanislas), N. à Znicsienie, près Lemberg, 14 mai 1845, M. (?). — 611, 1001, 1106.

STOKVIS (Tilman), N. à Bois-le-Duc (Hollande), 17 juin 1829, V. — 423.

STORCHENAU (Sigismond), N. à Hollenburg Carinthie), 17 août 1751, M. à Clagenfurt, 15 avril 1797 (ou 1798). — 350, 602, 718, 895, 1020, 1103.

STRADA (Famien), N. à Rome en 1572, M. à Rome, 6 sept. 1649. — 402.

STRANGE (Richard), N. dans le Northumberland en 1611, M. à Saint-Omer, 7 avril 1682. - - 521.

STRASSMAIER (Jean Népomucène), N. à Hagnberg (Bavière), 15 mai 1846, V. — 10.

STRATIUS (Jacques), N. à Anvers en 1559, M. à Louvain, 7 avril 1634. — 1113.

STRICKLAND (Guillaume), N. à Longhglyn (Irlande), 7 juil. 1819, V. — 444.

STROZZI (Jean François), N. à Florence, 8 oct. 1699, M. à Rome, 12 juil. 1772. — 580.

STRUNCK (Michel), N. à Paderborn, 1er nov. 1677, M. à Wildbaesen, 4 déc. 1736. — 1094.

STUART (William), N. en Écosse, M. dans le Yorkshire, 21 mai 1677. — 749, 1180.

STUMPF (Kilian), N. en Bavière, 14 sept. 1655, M. à Pékin, 24 juil. 1720. — 94.

STURM (Ernest), missionnaire en Courlande, 17e S. — 447.

SUARES (Joseph), N. en Portugal, 15 févr. 1656, M. à Pékin, 14 sept. 1736. — 94.

SUDAN (Claude), N. à Broc (canton de Fribourg) en 1578, M. à Fribourg, 2 déc. 1655. — 1123.

SUFFCZYNSKI (Michel), Polonais, N. 21 avril 1670, M. le 27 mai 1714. — 171.

SUFFREN (Jean), N. à Salon (Bouches-du-Rhône) en 1565, M. à Flessingue, 15 sept. 1641. — 907, 962.

SURIN (Jean Joseph), N. à Bordeaux, 9 févr. 1600, M. à Bordeaux, 22 avril 1665. — 106, 115, 207, 325, 504, 512, 703.

SUSIUS (Nicolas), N. à Bruges en 1572, M. à Courtrai, 6 févr. 1619. — 554.

SWEET (Jean), N. à Modbury (Devonshire) en 1570, M. à Saint-Omer, 26 févr. 1632. — 601.

SWEETNAM (Jean), N. dans le comté de Northampton (Angleterre) en 1577, M. à Lorette, 4 nov. 1622. — 689, 758, 986.

SWIERCZYNSKI (Antoine), Polonais, N. en 1671, M. à Cracovie, 10 juil. 1728. — 216, 243.

SWITKOWSKI (Pierre), Polonais, N. le 28 juin 1744, M. après 1793. — 537.

SYRACUSA (Jacques), N. à Palerme en 1620, M. à Palerme, 31 oct. 1687. — 143, 179, 1138.

SZAPIEL (Jean), Lithuanien, N. le 24 nov. 1663, M. à Bobroysk, 17 août 1720. — 1180.

SZCZANIECKI (Étienne), Polonais, N. en 1655, M. en 1736. — 466.

SZEGEDI (J. B.), N. dans le comté d'Eisenstadt (Hongrie) en 1699, M. à Tyrnau, 8 déc. 1760. — 180.

SZEMBEK (Frédéric), N. à Cracovie en 1575, M. à Thorun, 10 janv. (ou 12 juin) 1644. — 159, 360, 764, 858, 1000, 1001.

SZERDAHELYI (Gabriel), N. à Mungatsch (Hongrie), 20 sept. 1660, M. à Kassa, 25 janv. 1726. — 665.

SZILATSEK (Paul), N. à Szkalhocza (Hongrie), 14 janv. 1706, M. après 1773. — 181.

SZYRMA (Joseph), N. en Pologne, 15 mars 1706, M. à Pinsk, 9 mai 1749. — 972.

T

TACHARD (Guy), Français, de la province d'Aquitaine, M. au Bengale, 21 oct. 1712. — 209, 650, 1084.

TACON (François), Lorrain, du diocèse de Toul, N. en 1569, M. à Paris, 13 mars 1663. — 184.

TAFFERNER (Paul), N. à Clagenfurt en 1608, M. après 1672. — 101.

TAGLIAVIA (Georges), N. à Castelvetrano (Sicile) en 1596, M. à Rome, 21 août 1659. — 870, 1004.

TAILHAN (Jules), N. à Limoux (Aude), 16 janv. 1816, V. — 68, 783, 861, 1047.

TAISNE (Philippe François), N. à Bruxelles, 24 août 1627, M. à Bruxelles, 4 avril 1691. — 365, 462, 516.

TALON (Nicolas), N. à Moulins en 1605, M. à Paris, 29 mars 1691. — 1109.

TAMBURELLO (Darius), N. à San Genesio, dans la Marche d'Ancône, en 1570, M. à Rome, 7 févr. 1618. — 771.

TAMBURINI (Thomas), N. à Calatanisetta (Sicile) en 1591, M. à Palerme, 10 oct. 1675. — 305, 344, 789.

TANNEMAR (Jean), Allemand, 16e-17e S. — 302.

TANNER (Adam), N. à Inspruck en 1572, M. à Unken (Tyrol), 25 mai 1632. — 46, 47, 470.

TANNER (Jean), N. à Pilsen (Bohême) en 1623, M. à Prague, 4 nov. 1694. — 207, 326, 997.

TANNER (Mathias), N. à Pilsen (Bohême) en 1630, M. à Prague, 8 févr. 1692. — 207, 912.

TAOC (Louis), N. à Muzillac (Morbihan), 12 mai 1825, V. — 124, 921.

TAPARELLI D'AZEGLIO (Louis), N. à Turin, 24 nov. 1793, M. à Rome, 20 sept. 1862. — 120.

TARILLON (François), N. à Paris, 23 juin 1666, M. à Naxos (Archipel), 7 déc. 1735. — 409.

TARLATINI (Antoine), N. à Città di Castello en 1595, M. à Rome, 9 janv. 1665. — 315, 721, 1166.

TARTAGNI (J. B.), N. à Forli, 31 oct. 1753, M. après 1793. — 28, 161, 435, 1060, 1061.

TARTERON (Jérôme), N. à Paris, 7 févr. 1644, M. à Paris, 12 juin 1720. — 975.

TASCHINI (Joseph Marie), N. à Novellara (Modène), 18 juin 1727, M. à Novellara, 5 sept. 1808. — 1014, 1066.

TEIXELBERGER (François), N. à Komorn (Hongrie), 27 oct. 1705, M. à Szathmar, 12 oct. 1742. — 1059.

TELLIER (Michel le), N. à Coulonces ou à Viessoix (Calvados), 16 déc. 1643, M. à La Flèche, 2 sept. 1719. — 188, 277, 408, 498, 570, 633, 637, 651, 706, 803, 807, 840, 899, 1122.

TEMBERSKI (André), N. en Pologne, M. à Jaroslaw, 25 juill. 1726. — 743.

TENTORI (Christophe), N. à Utrera (Espagne), 10 juill. 1745, M. après 1796 en Italie (?). — 222, 676, 786, 1141 [2], 1152.

TERMANINI (Thomas), Italien, N. le 17 févr. 1730, M. vers 1800. — 593.

TERRASSE (François), N. à Murols (Puy-de-Dôme), 28 févr. 1831, V. — 813.

TERRET (Régis), N. à Lyon, 28 juin 1824, M. à Marseille, 21 août 1878. — 195.

TERRIEN (Jacques), N. à Saint-Laurent-des-Autels (Maine-et-Loire), 12 juil. 1837, V. — 619.

TERRIEN (J. B.), N. à Saint-Laurent-des-Autels (Maine-et-Loire), 26 août 1832, V. — 163.

TERTRE (Rodolphe du), N. à Alençon, 18 avril 1677, M. à Paris, 24 janvier 1762. — 717, 809.

TERWECOREN (Édouard), N. à Vilvorde (Belgique), 17 juin 1815, M. à Bruxelles, 1er juin 1872. — 22, 76 [2], 79, 165, 285, 316, 332, 397, 547, 619, 632, 662, 673, 754, 808, 875, 1005, 1047.

TESAURO (Emmanuel), N. à Turin en 1581, sorti peut-être après 1630. — 788 [2].

TESSIERI (Pierre), Italien, N. le 24 juil. 1802, sorti (?). — 17.

TETAMO (Benoît), N. à Palerme, 4 avril 1741, M. à Venise en 1803. — 878.

TEYLINGEN (Augustin van), N. à Harlem en 1587, M. à Amsterdam, 4 août 1665. — 307, 663.

THERON (Vital), N. à Limoux (Aude) en 1572, M. à Toulouse, 25 févr. 1657. — 192, 529.

THIÉRY (Joseph), N. à Saint-Clément (Meurthe), 18 décembre 1828, V. — 626.

THICLEN (Laurent Ignace), N. en Suède, 2 nov. 1746, M. à Bologne, 5 déc. 1833. — 40, 692, 849, 850, 934.

THOMAS (Antoine), N. à Namur, 25 janv. 1644, M. à Pékin, 29 juil. 1709. — 94.

THOMASSEN (Alexandre), N. à Maestricht, 25 déc. 1725, M. après 1780. — 724.

THOROLD (Thomas), Anglais, N. dans le Lincolnshire en 1600, M. à Londres, 9 août 1664. — 470.

TIBERIUS (J. B.), N. à Brescia en 1578, M. à Novellara, 31 juil. 1630. — 425.

TIBIN (Jacques), N. à Witgenau (Bohême),

1er août 1656, M. près de Belgrade,
17 août 1693. — 754.

TICHAWSKY (Tobie), N. à Prague, 12 sept.
1652, M. à Vienne, 10 avril 1694. —
1027.

TILMEZ (Frédéric), N. à Lintz, 24 févr.
1691, M. à Krems, 20 oct. 1730. — 575.

TIMON (Samuel), N. dans le comté de Trent-
sin (Hongrie) en 1675, M. à Kassa, 7 avril
1736. — 665, 767.

TINNEBROEK (Antoine), N. à Waalwyk
(Belgique), 4 sept. 1816, M. à Bruxelles,
6 mars 1855. — 173, 293.

TIPHAINE (Claude), N. à Notre-Dame-des-
Vertus (Seine) en 1571, M. à Sens,
27 déc. 1644. — 15, 672.

TIRABOSCHI (Jérôme), N. à Bergame, 18 déc.
1731, M. à Modène, 3 juin 1814. — 483,
645, 1165.

TISSIER (Nicolas), N. à Troyes (Aube),
2 oct. 1800, V. — 19, 204, 342.

TLUCZYNSKI (Mathias Ignace), N. dans la
Grande Pologne en 1606, M. à Cracovie
en 1684. — 522, 684, 795, 951, 1095,
1105, 1106, 1115.

TOLOMAS (Charles Pierre Xavier), N. à Avignon, 17 mars 1706, M. à Lyon, 21 sept.
1762. — 225, 230², 494.

TOLOMEI (Lælius), N. à Sienne en 1565, M.
à Sienne, 9 nov. 1652. — 599.

TOLOMEI (Nicolas), N. à Sienne, 24 oct.
1699, M. à Florence en 1774. — 1081.

TOLRA (Jean Joseph), N. à Badajoz, 4 mai
1739, M. à Madrid, 19 mars 1830. —
145, 147, 798.

TOLVAY (Éméric), N. à Holitz (Hongrie),
8 oct. 1694, M. à Tyrnau en 1775. —
473, 674, 758.

TOMSCHIZ (Joseph), N. à Laybach en 1696,
M. à Gratz, 15 mars 1742. — 1160.

TORNIELLI (Jérôme), N. à Cameri, près de
Novarre, 1er févr. 1693, M. à Bologne,
16 avril 1752. — 855, 908.

TORRE (François), N. à Modène, 21 juil.
1662, M. à Modène en 1758. — 934,
1063.

TORRE (Jean Joseph de la), N. à Novales
(Espagne), 19 mars 1830, V. — 108,
1033.

TORSELLINO (Horace), N. à Rome en 1545,
M. à Rome, 6 avril 1599. — 37.

TORTOSA (François), N. à Vicence, 10 juin
1717, M. à Bologne en 1800. — 966.

TOULEMONT (Pierre), N. à Plobannalec (Finistère), 27 mars 1826, V. — 1044.

TOUR (de la) ou LATOUR (Gratien) (?), de
la province d'Aquitaine, N. vers 1660, M.
2 janv. 1726. — 147.

TOUR (J. B. Bonaffos de la), N. à Montréal
(Aude), 12 avril 1712, M. à Montréal,
11 mars 1777. — 105, 1041.

TOURNÉ (Jacques), M. à Paris, 3 févr. 1717.
— 1144.

TOURNEMINE (René Joseph de), N. à Rennes,
25 avril 1661, M. à Paris, 16 mai 1739.
— 193, 497.

TRANNIN (Joseph), N. à Lille, 29 avril 1825,
V. — 677.

TREFFLINGER (Paul), Autrichien, 17° S. —
473, 1118.

TREVINNIUS (Melchior), N. à Xencvilla (Navarre), en 1551, M. à Prague, 28 sept.
1628. — 561.

TREVISI (Bernard), Italien, 17°-18° S. —
606.

TRIBOLET (Bernard), N. à Autun vers 1656,
M. à Nancy, 10 oct. 1734. — 806.

TRICHT (Victor van), N. à Audenarde (Belgique), 27 avril 1842, V. — 113, 131.

TRIEST (Michel van), N. à Anvers en 1602,
M. le 18 sept. 1668. — 781.

TRIGAULT (Nicolas), N. à Douai, 3 mars
1577, M. à Nankin (ou à Hang-Tcheou),
14 nov. 1628. — 814.

TRIGONA (Charles), N. à Piazza, 6 janv.
1615, M. à Messine vers 1703. — 947.

TRIGONA (Vespasien Marie), N. à Piazza
(Sicile), 20 févr. 1692, M. à Rome,
14 janv. 1761. — 59, 281, 486, 490,
492, 789, 982.

TRIQUET (André), N. à Maubeuge (Nord),
en 1591, M. à Tournay, 18 déc. 1668. —
918.

TRIQUEVILLE (René de), N. à La Goula-
frière (Eure), 22 sept. 1836, M. à Laval,
29 oct. 1871. — 294.

TROILI (Dominique), N. à Macerata, 11 avril
1722, M. à Macerata, 14 févr. 1792. —
870, 934.

TROMBACCO (Louis), N. le 26 août 1817,
sorti en 1848. — 357.

TUCCI (Étienne), N. à Montfort (Sicile), en
1522, M. à Rome, 27 juin 1597. — 793.

TULLE (Charles Joseph), de la province de
Lyon, M. à Avignon, 7 juin 1705. —
815.

TURANO (Dominique), N. en Sicile, 4 août
1679, M. à Rome, 15 nov. 1759. —
420.

TUROTZI (Ladislas), N. à Unguar (Hongrie),
28 mai 1682, M. à Tyrnau, 8 févr. 1765.
— 140, 1007.

TURQUAND (Léon), N. à Tours, 28 août 1814,
V. — 295, 656.

TWRDY (Jean), N. à Ratibor (Silésie),
24 mars 1846. — 586.

TYLKOWSKY (Adalbert), N. en Masovie,
19 avril 1625, M. à Vilna, 14 janv. 1695.
— 43, 215, 616.

TYRIE (Jacques), Écossais, N. en 1543, M.
à Rome, 20 mars 1597. — 43, 793.

TYSKIEWICZ (Georges), N. en Podlachie en
1571, M. à Cracovie, 14 août 1625. —
644, 842.

U

UBELGUN (Jean), Allemand, 17e S. — 994.

UGNIEWSKI (Simon), N. en Masovie en 1584,
M. à Vilna, 11 oct. 1647. — 604, 1106.

UHL (Léopold), N. à Vienne, 14 oct. 1720,
M. après 1754. — 117.

UWENS (Laurent), N. à Nimègue en 1590,
M. à Anvers, 2 oct. 1641. — 1111.

V

VAILLANT (Florent), N. à Béthune (Pas-de-
Calais), en 1591, M. à Béthune, 30 sept.
1652. — 429.

VAIRANI (?), Italien, 18e S. — 1113.

VALCAVI (Jean Xavier), N. à Reggio, 21 déc.
1701, M. à Reggio, 17 oct. 1781. —
643.

VALDORY (Claude), N. à Rouen en 1601,
M. à Pontoise, 4 juil. 1681. — 834, 874.

VALENTINI (Antoine), N. à Padoue en 1541,
M. à Novellara, 24 nov. 1611. — 561.

VALLADIER (André), N. à Saint-Pol en Cha-
lencon (Loire), en 1565, sorti en 1609,
M. en 1638. — 470.

VALLARTA Y PALMA (Joseph Mariano), N.
à Puebla (Mexique), 18 juil. 1719, M. à
Bologne, 3 juil. 1790. — 190, 247, 271,
857.

VALLÉE (?), 18e S. — 1014.

VALOIS (Louis le), N. à Melun, 16 déc.
1639, M. à Paris, 12 sept. 1700. — 900.

VALOIS (Yves), N. à Bordeaux, 2 nov. 1694,
M. vers 1769. — 70, 71, 417, 478, 499,
649, 800.

VALTRINI (Jean Antoine), N. à Rome (ou à
Sienne), en 1554, M. à Lorette, 31 août
1601. — 37.

VANBLOTACQ (Pierre Nicolas), N. à Givet-
Saint-Hilaire (Ardennes), 8 févr. 1734, M.
à Paris, 1er déc. 1824. — 153, 158, 296,
525, 844, 1037.

VANIÈRE (Jacques), N. à Causses (Hérault),
9 mars 1664, M. à Toulouse, 22 août 1739.
— 356.

VANNI (Jean François), N. à Lucques, 17e S.
— 1135.

VANNUCCI (Pierre), N. à Pistoie, 18 sept.
1825, V. — 276.

VANOSSI (Antoine), N. à Raab (Hongrie),
30 juin 1683, M. à Rome, 11 avril 1757.
— 729, 828.

VARGAS MACCIUCCA (Joseph Salvador), N. à
Puerto di Santa Maria (Espagne), 31 janv.
1745, M. à Monte-Nuovo en 1807. — 696,
814, 1067, 1146.

VARIN (Joseph), N. à Besançon, 7 févr.
1769, M. à Paris, 19 avril 1850. — 163,
813, 814, 931.

VASCO (Jules), N. à Mondovi en 1640, M.
après 1675. — 401, 620, 669, 995.

VASCONCELLOS (Jean de), N. à Leiria (Portugal) en 1592, M. à Coimbre, 21 sept.
1661. — 843.

VASSEUR (Adolphe), N. à Bernay (Eure),
7 sept. 1828, V. — 274.

VAULX (Léonard de), Belge (?), 17e S. —
78.

VAVASSEUR (François), N. à Paray-le-Monial
(Saône-et-Loire), en 1605, M. à Paris,
16 déc. 1681. — 44, 831.

VAZQUEZ (Augustin), N. à Cadix, vers 1615,
M. à Cadix, 16 mars 1676. — 1032.

VECCHI (Jacques Félix), N. à Modène, 12 août 1696, M. à Forli, 22 déc. 1767.— 685.

VEGA (Christophe de), Espagnol, N. à Tafalla (Navarre), en 1595, M. à Valence, 18 juin 1672. — 109.

VEKEN (François van der), N. à Anvers en 1596, M. à Rome, 28 avril 1664.— 691, 692.

VELASTI (Stanislas Thomas), N. à Chio, 15 janv. 1736, M. après 1772. — 91, 213.

VELLIET (Jean Marie), de la province de Lyon, N. le 21 sept. 1722. — 802.

VENANZI (François), de la province de Venise, N. le 19 sept. 1841, V. — 1021, 1185.

VENEDIEN (Henri), N. à Calcar (duché de Clèves) en 1668, M. à Cologne, 5 mars 1735. — 1007.

VENTURI (Pompée), N. à Sienne, 21 sept. 1693, M. à Ancône, 12 avril 1752. — 183, 671.

VERAMBEL (Jean Nicolas), de la province de Champagne, N. 29 janv. 1697, M. à Dijon en 1776. — 509.

VERANUS (J. B.), N. à Milan en 1578, M. à Milan , 5 janv. 1660. — 597.

VERBIEST (François), N. à Bruges, 14 mars 1660, M. après 1714. — 462, 1085.

VERCRUYSSE (Bruno), N. à Courtrai (Belgique), 2 juil. 1797, M. à Bruxelles, 9 oct. 1880. — 637.

VERDI (Simon), Maronite, N. le 1er sept. 1714, M. après 1752. — 90.

VERDINO (Vincent Marie), N. à Palerme en 1680, M. le 1er janv. 1703. — 553.

VERGA (Jean Sauveur), N. à Vizzini (Sicile), 8 août 1698, M. à Bivona, 17 août 1734. — 144, 260, 349.

VERGNE (Edmond), N. à Bulgnéville (Vosges), 18 juil. 1848, V. — 99.

VERJUS (Antoine), N. à Paris, 24 janv. 1632, M. à Paris, 16 mai 1706. — 8, 223, 894, 1039, 1045.

VERON (François), N. à Paris vers 1575, sorti en 1620, M. à Charenton, 6 déc. 1649. — 545.

VERRON (Nicolas), N. à Quimper, 7 nov. 1740, M. à Paris, 3 sept. 1792. — 14, 620, 844, 907,

VERWEERD (Antoine), N. à Utrecht, 5 juin 1854, V. — 251, 655.

VETTER (Conrad), N. à Engen (Souabe), en 1554, M. à Münich, 11 oct. 1622. — 9, 32, 45, 80, 170, 183, 193, 242, 263, 361², 362, 532, 533², 543, 605, 624, 848, 883, 884, 1010, 1104², 1095².

VIA (Jacques François), N. à Plaisance en 1602, M. à Pisciota, 15 nov. 1671. — 184.

VIALD (Georges), N. à Vendôme (Cher) en 1597, M. à la Flèche, 28 févr. 1663. — 967.

VICO (François de), N. à Macerata, 17 mai 1805, M. à Londres, 15 oct. 1848. — 251, 576², 644.

VIETOR (Jean), N. à Spire en 1619, M. à Cologne, 23 avril 1699. — 1096.

VIGER (François), N. à Rouen en 1590, M. à Paris, 15 déc. 1647. — 737.

VIGNANCOUR (Jean de), N. à Moulins, 24 août 1625, sorti après 1672. — 69, 1039, 1056.

VIGNET (Charles), N. à Chambéry, 10 août 1803, V. — 127.

VIGNIER (Jacques), N. à Bar-sur-Seine (Aube) en 1603, M. à Dijon, 13 déc. 1669. — 183, 740, 954.

VILLADA (Paul), N. à Burgos, 27 juin 1845, V. — 961, 1129.

VILLANI (Thomas), Italien, 18e S. — 624.

VILLERS (Jean de), N. à Liège en 1547, M. après 1603. — 565.

VILLIERS (Pierre de), N. à Cognac (Charente), 10 mai 1648, sorti en 1689, M. à Paris, 14 oct. 1728. — 58, 267.

VILLOTTE (Jacques), N. à Bar-le-Duc, 1er nov. 1656, M. à Saint-Nicolas, près de Nancy, 14 janv. 1743. — 1085.

VINCART (Jean), N. à Lille en 1593, M. à Tournai, 4 févr. 1679. — 272, 771, 1152.

VIO (Ignace de), N. à Palerme, 1er déc. 1659, M. en 1714 (?) — 96, 261, 311, 337, 349, 595, 625.

VIOLLET (Pierre), N. à Seyssel (Ain), M. à Lyon, 13 déc. 1709. — 981.

VIONNET (Barthélemi), N. à Lyon, 3 janv. 1704, M. après 1762. — 24.

VIREAU (Jean), N. dans le diocèse de Bordeaux, en 1558, M. à Paris, 18 oct. 1638. — 380².

VIS (Herman), N. à Amsterdam, 21 juin 1641, M. à Malines, 7 nov. 1731. — 1103.

VISCONTI (Galéas Marie), Italien, 18e S. — 1113.

VISCONTI (Jean-Baptiste), N. à Milan, M. à Milan, 23 août 1658. — 1126.

VITRY (Édouard de), N. à Châlons-sur-Marne, 31 mars 1666, M. à Rome, 30 oct. 1729. — 494, 971.

VITSE (Pierre), N. à Bollezéelle (Nord), 2 juil. 1802, M. à Lille, 18 oct. 1881. — 383, 1055.

VIVIEN (Antoine), N. à Périgueux en 1576, M. à Toulouse, 1er janv. 1623. — 275.

VOGEL (Matthieu), N. à Waldershoff, 11 nov. 1695, M. après 1766. — 278, 1025.

VOGELWEID (Antoine), N. à Huningue (Haut-Rhin), 5 nov. 1832, V. — 68, 527.

VOGL (Jacques), N. à Gratz, 19 janv. 1700, M. après 1773. — 924.

VOLPI (Benoît), N. à Bergame, 5 juil. 1730, M. après 1793. — 1067.

VRIES (Jean de), N. à Makkum (Hollande), 13 mai 1823, V. — 116, 337, 460.

W

WAGEMANN (Louis), N. à Biberach, 26 juil. 1713, M. le 20 janv. 1792. — 527.

WAGNER (Albert), N. à la Nouvelle-Orléans (États-Unis), 18 avril 1846, V. — 255.

WAGNER (François), N. à Wangen (Souabe), 14 août 1675, M. à Vienne, 8 févr. 1738. — 253², 431, 475, 581, 795, 1074, 1075, 1076.

WAGNER (Georges), N. à Saint-Quirin (Meurthe), 25 juin 1809, M. à Dijon, 7 févr. 1884. — 1149.

WAHA (Guillaume de), N. à Melreux (Luxembourg), en 1615, M. à Liège, 11 nov. 1690. — 318.

WALDSCHACHER (Georges), N. à Brixen, 24 avril 1646, M. à Gratz, 10 juil. 1707. — 1110.

WALDTNER (François), N. en Autriche, 4 oct. 1666, M. devant Belgrade, 16 août 1717. — 532.

WALISCH (?), N. en Bohême, 17e S. — 343.

WALLIUS (Jacques), N. à Courtrai, 14 sept. 1599, M. le 9 mars 1690. — 409.

WALPOLE (Henri), N. à Norfolk (Angleterre) en 1558, M. à York, 7 avril 1595. — 998.

WALPOLE (Michel), N. à Norfolk, 28 sept. (?) 1570, M. à Séville en 1620. — 13, 40, 320, 521, 987.

WANDELMAN (Godefroi), N. à Amsterdam en 1590, M. à Malines, 12 oct. 1654. — 1092.

WANGNERECK (Henri), N. à Münich en 1595, M. à Dillingen, 11 nov. 1664. — 446, 452, 929, 1103.

WAPY (Louis), N. à Verdun en 1586, M. à Pont-à-Mousson, 6 nov. 1638. — 398.

WARD (Jean), N. dans le comté de Dublin en 1705, M. en Irlande, 12 oct. 1775. — 585.

WARFORD ou WARNEFORD (Guillaume), N. à Bristol en 1560, M. à Valladolid, 3 nov. 1608. — 95, 585, 986.

WARNER (Jean), Anglais, N. dans le comté de Warwick en 1628, M. à Saint-Germain-en-Laye (Seine-et-Oise), 2 nov. 1692. — 242, 847, 1057.

WASER (Gaspar), Suisse, N. à Stanz (canton d'Unterwald), 24 mars 1802, M. à Steinerberg, 17 mars 1856. — 75, 96, 278, 599, 1096.

WASOWSKI (Barthélemi Nathanael), N. à Kujaw (Pologne), en 1610, M. à Posen, 4 oct. 1687. — 866.

WASTELAIN (Charles), N. à Marimont (Hainaut), 22 sept. 1695, M. à Lille, 24 déc. 1782. — 65, 196², 197². 199, 422, 958, 1119.

WATRIGANT (Henri), N. à Lille, 28 févr. 1845, V. — 846, 1170.

WAUDRIPONT (J. B. de), N. à Tournai vers 1660, M. à Tournai en 1742. — 506, 891.

WEBER (Joseph), N. à Tuggen (Suisse), 15 oct. 1815, V. — 211, 1142.

WEIMERS (Josse), Allemand, N. 18 juil. 1642, M. 15 déc. 1704. — 319.

WEINHART (Ignace), N. à Inspruck, 19 août 1705, M. à Inspruck, 22 mai 1787. — 67.

WEIS (Georges), N. à Kœniggrætz (Bohême), 23 avril 1636, M. à Olmutz, 18 févr. 1687. — 352.

WEISSENBACH (Joseph Antoine), Suisse, N. à Bremgarten (Argovie), 15 oct. 1734, M. à Zurzach (?), 11 avril 1801. — 64, 338, 341, 518, 613, 1005, 1083, 1093.

WEISWEILER (Henri), N. dans le duché de ..liers en 1634, M. à Cologne, 24 sept. 1714. — 80.

WENINGER (François-Xavier), N. au château de Wildhaus (Styrie), 31 oct. 1805, V. — 475.

WERNZ (François-Xavier), N. à Rottweil (Würtemberg), 4 déc. 1842, V. — 7.

WERTENBERG (Joseph), N. à Allschwil (Suisse), 23 nov. 1814, M. à Rome, 5 déc. 1882. — 31.

WEYER (Godefroi), N. à Paffrath (duché de Berg), 9 août 1610, M. à Aix-la-Chapelle, 19 nov. 1682. — 786, 1151, 1159.

WIDL (Adam), N. à Munich en 1639, M. après 1695. — 1076.

WIECZORKOWSKI (Michel Ignace), Polonais, N. en 1674, M. à Jaroslaw, 26 févr. 1751. — 88, 443, 542.

WIELENS (Joseph), N. à Lille, 29 mai 1690, M. à Anvers, 18 juil. 1773. — 806.

WIERUSZEWSKI (Casimir), Polonais, M. à Lenczycy, 15 janv. 1744. — 289, 523.

WIJTVLIET (Henri Van), N. à La Haye, 22 janvier 1848, V. — 598.

WILCZEK (Ignace), N. en Hongrie, 29 juil. 1728, M. après 1773. — 1128.

WILDE (Guillaume), N. à Amsterdam, 10 août 1825, V. — 250, 341, 347, 366, 439, 596, 972.

WILDE (Léon), N. à Amsterdam, 29 avril 1820, V. — 677.

WILLEMS (Corneille), N. à Osterhout (Hollande), 1er oct. 1817, V. — 421, 1015.

WILLOT (Baudouin), N. à Binche (Belgique), vers 1585, M. à Lille, 17 mars 1663. — 979.

WILMERS (Guillaume), N. à Boke (Westphalie), 30 janv. 1817, V. — 35, 464, 602.

WILSON (Thomas), N. à Wilts (Angleterre), en 1614, M. à Liège, 6 mai 1672. — 699.

WINTER (Thomas), N. à Vienne (Autriche), 7 janv. 1654, M. à Vienne, 30 juin 1733. — 664.

WISSENKERCKE (Guillaume van), N. en Bel-

gique, 8 févr. 1616, M. à Anvers, 20 oct. 1678. — 1088.

WOELFINGER (Aloys), N. à Rothenbourg (Bavière), 15 déc. 1736, M. le 4 mars 1799. — 659.

WOELKER (François), N. à Prague, 4 oct. 1654, M. près de Padoue, 2 sept. 1714. — 942.

WOESTWINCKEL (Pierre), N. à Bruges, 11 avril 1595, M. à Courtrai, 22 mars 1673. — 191.

WOLLOWICZ (Vincent Pierre), N. en Lithuanie en 1672, M. à Vilna, 9 nov. 1737. — 1101.

WORPITZ (George), N. à Churgast (Silésie), 10 avril 1645, M. 4 mars 1720. — 133.

WORSLEY (Édouard), Anglais, N. dans le Lancashire en 1604, M. à Anvers, 2 sept. 1676. — 419, 763, 796, 999.

WORTHINGTON (Laurent), N. à Blensco (Lancashire), M. en Lorraine, 19 oct. 1637. — 563.

WRIGHT (Guillaume), N. à York en 1562, M. dans le comté de Leicester, 18 janv. 1639. — 95, 482, 985, 986.

WUJEK (Jacques), N. à Vagrovek, dans le palatinat de Gnesne (Pologne), en 1540, M. à Cracovie, 27 juil. 1597. — 452.

WULFERS (Jean), N. en Masovie, 22 janv. 1741, M. après 1787. — 461, 607, 1002.

WURZ (Ignace), N. à Neustadt (Autriche), 28 déc. 1731, M. 29 août 1784. — 253.

WYRWICZ (Charles), N. en Samogitie, 2 oct. 1717, M. à Varsovie, 20 déc. 1793. — 7, 343, 457, 673, 684, 1102.

WYSOCKI (Simon), N. à Kursany en 1542, M. à Cracovie, 12 juin 1622. — 236, 615, 663, 887, 972, 1104.

X

XARAMILLO (Antoine Mathias), N. dans le diocèse de Zafra (Espagne), 23 févr. 1648, M. à Ocaña, 30 déc. 1707. — 518.

XARQUE (Jean Antoine), N. à Albarracin en 1600, M. à Saragosse, 2 juil. 1666. — 872, 1033, 1036.

XIMENES (Léonard), N. à Trapani (Sicile), 27 déc. 1616, M. à Florence, 3 mai 1786. — 280, 934.

XIMENEZ (Pierre), N. à Tolède en 1554, M.
à Millestadt (Bohême), 29 nov. 1633. —
149, 670.

Z

ZABALA (Michel), N. à Zornoza (Espagne)
en 1742, M. à Rome après 1802. — 483.

ZACCARIA (François Antoine), N. à Venise,
27 mars 1714, M. à Rome, 10 oct. 1795.
— 10, 12, 41 [2], 52, 81, 139, 167, 194,
217 [2], 221, 222, 240, 241, 268, 271,
280, 414, 415, 431, 434 [2], 472, 484,
485 [3], 486, 488, 489, 490, 491 [2], 492,
502, 568 (?), 581, 631, 644 [2], 645, 664,
675 [2], 747, 749, 783 [2], 785, 828, 832,
870, 877, 927, 934, 935, 966, 984,
1004, 1017, 1021, 1032, 1082, 1114,
1115, 1125.

ZALENSKI (Stanislas), N. à Cracovie, 11 sept.
1843, V. — 180.

ZALESKI (Josaphat), N. à Czeczersk (Russie
Blanche), 16 sept. 1785, M. à Tarnopol,
2 janv. 1864. — 911.

ZALLINGER (Jacques Antoine), N. à Botzen
(Tyrol), 26 juil. 1735, M. à Botzen,
11 janv. 1813. — 44, 396.

ZAMAROCZ (Paul), Hongrois, 18° S. — 772.

ZAMBERTI (Charles), N. à Plaisance en 1596,
M. à Faenza, 27 avril 1650. — 184.

ZANDT (Jules Marie), N. en Allemagne, M. à
Venise vers 1800. — 545.

ZANONI (Bernardin), N. à Reggio en 1533,
M. à Gênes, 29 mars 1620. — 859, 931.

ZECH (François-Xavier), N. à Ellingen
(Franconie), 25 déc. 1692, M. à Munich,
15 mars 1772. — 1145.

ZEIDLER (Adam), N. à Hambourg, 22 sept.
1640, M. à Prague, 22 avril 1698. —
340, 620.

ZEIDLER (Matthieu), N. à Eger (Hongrie),
26 nov. 1626, M. à Olmutz, 12 juin 1697.
— 475.

ZENEGG (Christophe), N. à Togenburg (Carinthie), 22 avril 1666, M. à Vienne,
3 juil. 1712. — 1160.

ZETL (François-Xavier), Allemand, 18° S. —
303.

ZETL (Paul), N. à Schleissheim (Bavière) en
1680, M. à Hall (Tyrol), 30 mars 1740.—
301.

ZIENIEWICZ (André), N. dans le palatinat de
Novogrodek (Pologne), en 1609, M. à
Nieswiesz, 20 mars 1687. — 715, 725,
1138.

ZIERNDORF (Antoine), N. à Vienne (Autriche),
14 sept. 1667, M. à Vienne, 28 déc. 1714.
— 530, 1138.

ZIMMERMAN (Henri), N. à Broich (Province
Rhénane) en 1689, M. à Coblentz, 9 oct.
1727. — 1155.

ZIMMERMANN (Joseph Ignace), N. à Sursee,
canton de Lucerne (Suisse), 15 oct. 1737,
M. à Merischwanden, 9 janv. 1797. —
433.

ZOCCHI (Gaëtan), N. à Milan, 17 juillet 1846,
V. — 99.

ZOES (Gérard), N. à Amersfort (Hollande), en
1579, M. à Malines, 21 sept. 1628.— 348,
405.

ZUCCARONE (François), N. à Aquila en 1621,
M. à Barletta, 29 sept. 1656. — 789.

ZUCCHI (Nicolas), N. à Parme, 6 déc. 1586,
M. à Rome, 21 mai 1670. — 418, 538.

ZUCCONI (Ferdinand), N. à Monte Casciano
(Marche d'Ancône), en 1649, M. à Florence, 4 mai 1732. — 364, 1032.

ZUZZERI (Bernard), N. à Raguse, 2 janv.
1683, M. à Rome en 1762. — 282.

ZWAKENBERG (Adolphe), N. à Zwolle (Hollande), 28 avril 1831, V. — 535.

ZWARTE (Charles de), N. à Gand, 27 mars
1677, M. à Anvers, 25 avril 1727. —
70 [2].

ZWICKHLIN (Antoine), Allemand, M. à Amberg, 3 janv. 1764. — 370 [2].

ERRATA

Col. 26 : *Ame (L') embrasée...*; la 1re édit. me semble être : *Excellence (L') et la pratique...* (Col. 294.)

Col. 140 : *Commentarii de rebus gestis...*; ajouter : *Par le P. Egide* ESTRIX.

Col. 252 : *Église Saint-François-Xavier...*; lire : *1873, pp. 41.*

Col. 302 : *Exercitia spiritualia pro religiosis...*; ajouter : *Par le P. J. B.* GACHET.

Col. 319 : *Fiori (I) de' Salmi...* (Par le P. Gherardello)...; lire : *Gherardelli.*

Col. 328 : *France (La) guerie...*; lire M.DC.XXXI.

Col. 576 : *Memoria della vita...*; lire : *Memorie...*

Col. 671 : *Orazione funerale detta...*; je crois que le titre est plutôt : *Predica fatta nel funerale...*

Col. 679 : *P. Fr. Arias...*; lire : *Par le P. J. B. Diel.*

Col. 696 : *Passion del Hombre...*; lire : *Par le P. J. B. Davila.*

Col. 714 : *Pewani...*; lire : *Par le P. Hoecken.*

Col. 793 : *Ratio atque institutio...*; dans la liste des auteurs, lire : *Gonzalvez.*

Col. 912 : *Societeit (De)...*; lire : *Opdenoordt.*

Col. 1241 : Ajouter : *Quidam ejusdem Societatis Prov. Germ. Sup. Sacerdos.* — GACHET (J. B.), 302.

Col. 1258 : *Aguilera :* M. le *27 août.*

Col. 1266 : *Barmy;* lire : *Barny.*

Col. 1268 : *Beckers (Adam) :* M. à *Krijtberg, 1er août* 1806.

Col. 1274 : *Bonis (De) :* M. le *3 sept.*

Col. 1276 : *Bosses (Des) :* M. le *24 avril* 1738.

Col. 1279 : *Brusati :* M. le *1er janv.* 1743.

Col. 1280 : *Buscemi :* M. le *14 juil.*

Col. 1284 : *Caussade :* M. à *Toulouse, 8 déc.* 1751.

Col. 1292 : *Crésol.* Son vrai nom est *de Cressolles.*

Col. 1301 : *Estrix...*; ajouter : *140.*

TABLE

ACHEVÉ D'IMPRIMER

le dix octobre mil huit cent quatre-vingt-quatre

PAR ALPH. LE ROY FILS

A RENNES

POUR LA

LIBRAIRIE DE LA SOCIÉTÉ BIBLIOGRAPHIQUE

195, boulevard Saint-Germain, 195

A PARIS

GLOSSAIRE ARCHÉOLOGIQUE

DU MOYEN AGE & DE LA RENAISSANCE

PAR

VICTOR GAY

ANCIEN ARCHITECTE DU GOUVERNEMENT, ASSOCIÉ CORRESPONDANT DE LA SOCIÉTÉ DES ANTIQUAIRES
DE FRANCE

2 Volumes grand in-8° de 800 pages, ornés de plus de 2,000 figures.

PRIX DE SOUSCRIPTION

FORMAT GRAND IN-8°. . . . . **90** fr.
FORMAT IN-4° GRAND PAPIER. . . . . **150** fr.

L'ouvrage paraîtra en 10 fascicules, du prix de 9 francs, et de 15 francs pour le grand papier.

En vente : Fascicules I, II et III

Arrivé, après vingt ans de recherches, au terme d'un ouvrage que nous avons le dessein de soumettre au jugement du public, il nous incombe de lui expliquer quels en sont la nature et le but, et de l'intéresser, s'il se peut, à l'étude d'une période de notre histoire que nous avons passionnément aimée, et dont nous avons, pour la faire mieux connaître, emprunté la langue.

Ce répertoire archéologique du moyen âge et de la renaissance, ou glossaire spécial, donne, à l'appui des termes, une série de plus de trente mille textes originaux, avec figures d'après les monuments contemporains, la plupart inédits. Ce n'est point, à proprement parler, une histoire, mais une sorte de tableau, où les érudits trouveront souvent, avec l'explication de mots aujourd'hui inusités ou mal définis, l'image des objets qu'ils expriment, et dans lequel les collectionneurs et les curieux rencontreront, sur ces mêmes objets figurés, les renseignements historiques qui leur manquent.

Après les travaux de du Cange et des Bénédictins, après les essais de Monteil et les savantes publications archéologiques de notre époque, parmi lesquelles une mention spéciale est due au marquis de Laborde, qui nous a suggéré la première pensée de ce livre, nous avons cru qu'il restait à les étendre, à les compléter par la comparaison des textes avec les monuments figurés, et à les expliquer les uns par les autres. En présentant au lecteur le résultat de nos recherches, nous avons voulu abreger les siennes : la forme alphabétique, un peu aride, mais appropriée aux habitudes d'un travail rapide, nous a paru la meilleure.

Le *Glossaire*, puisé aux sources originales, contiendra, sous la rubrique de cinq mille mots environ, tout ce qu'il nous a été donné de rencontrer d'intéressant ou de peu connu dans les monuments de l'histoire, de l'art et des sciences, durant une période généralement comprise entre l'époque carlovingienne et celle de la renaissance. L'une des tables qui le terminent rapporte à cinquante chapitres les matières principales disséminées dans l'ordre alphabétique et traitées au cours de l'ouvrage. Ces citations ainsi groupées permettront au lecteur de se faire l'idée, sinon la plus complète, du moins la plus exacte, des arts de la paix et de la guerre, des mœurs, du costume, des usages religieux et des croyances.

Outre cette table, nous donnerons à la fin du dernier volume un vocabulaire et une nomenclature chronologique de tous les comptes et inventaires manuscrits cités ; enfin, deux tableaux géographiques formant une sorte de statistique de l'industrie et du commerce au moyen âge.

RENNES, ALPH. LE ROY FILS, IMPRIMEUR BREVETÉ.